Medieval Lives
and the Historian

Proceedings of the First International

Interdisciplinary Conference on Medieval Prosopography

University of Bielefeld

3-5 December 1982

Medieval Lives
and the Historian
Studies in Medieval Prosopography

Edited by
Neithard Bulst
Jean-Philippe Genet

MEDIEVAL INSTITUTE PUBLICATIONS
Western Michigan University
Kalamazoo, Michigan 1986

Library of Congress Cataloging in Publication Data

Main entry under title:

Medieval lives and the historian.

"Proceedings of the First International
Interdisciplinary Conference on Medieval Prosopography,
University of Bielefeld, 3-5 December, 1982"--
1. Middle Ages--Historiography--Congresses.
2.Prosopography--Congresses. 3. Biography--Middle Ages,
500-1500--Congresses. I. Bulst, Neithard.
II. Genet, Jean-Philippe. III. International
Interdisciplinary Conference on Medieval Prosopography
(1st : 1982: Universität Bielefeld)
D116.M38 1985   909.07   85-28360
ISBN 0-918720-69-9
ISBN 0-918720-70-2

Cover Design by Elizabeth King
Printed in the United States of America

CONTENTS

Preface

Introduction

PART I
Methodological Problems

PART II
Prosopography of the Early Middle Ages
(before the Twelfth Century)

PART III
Prosopography of Ecclesiastical Elites

PREFACE

'Prosopography,' in the last few years, has received ever increasing attention in the field of medieval research. The publication of a new journal, *Medieval Prosopography*, begun in 1980 and edited by B. Bachrach, G. Beech, and J. T. Rosenthal, reflects this new interest and has made the former lacuna quite obvious.

1982 seemed an opportune time to organize an International Inter-disciplinary Conference on Medieval Prosopography, where scholars could report on results obtained so far and on the problems and possiblities of the prosopographical approach. The conference was held at the University of Bielefeld on 3-5 December 1982 and was organized by the editors, members, respectively, of the Faculty of History and Philosophy of the University of Bielefeld and of the Equipe de traitement automatique des sources du moyen âge (E.R.A. 713 of the Centre National de la Recherches Scientifique, Paris).

Their initiative has been followed by the readiness of the participants to discuss these problems and prepare their papers for publication: Gerd Althoff (Freiburg), Françoise Autrand (Paris), Jean-Claude Cheynet (Paris), Philippe Contamine (Paris), Alain Demurger (Paris), R. B. Dobson (York), Arnold Esch (Bern), Ralph Evans (Oxford), Lucie Fossier (Paris), Dieter Geuenich (Freiburg), Michael Hainsworth (Paris), Maria Hillebrandt (Münster), Jean Kerhervé (Brest), Christiane Klapisch-Zuber (Paris), Gert Melville (Munich), Hélène Millet (Paris), Elisabeth Mornet (Paris), Nicholas Orme (Exeter), Michel Parisse (Nancy), Agostino Paravicini Bagliani (Lausanne), Werner Paravicini (Paris), Joanna Pomian-Turquet (Paris), Lawrence Poos (Washington D.C.), Hilde de Ridder-Symoens (Ghent), Heinrich Rüthing (Bielefeld), Monique de Saint Martin (Paris), Klaus Schreiner (Bielefeld), Christiane Schuchard (Giessen), Thomas Schuler (Bielefeld), Christoph Schwinges (Giessen), Jacques Verger (Paris), Stefan Weinfurter (Eichstätt), Klaus Wriedt (Osnabruuck), Herbert Zielinski (Giessen). The contributions to this conference should be regarded as the beginning of a discussion which will continue both in the pages of *Medieval Prosopography* and elsewhere. Further meetings have been planned to include both historians of the ancient world and of the modern period. Two of them, 'Electronic Data Processing and Prosopography,' organized by H. Millet, and 'Prosopography and History of the State,' organized by F. Autrand, took place in Paris in October

1984. We wish to thank very sincerely the Center of Interdisciplinary Studies of the University of Bielefeld for financing this conference and for help in organizing it. Finally, our cordial thanks go as well to Medieval Institute Publications of Western Michigan University (Kalamazoo) and its editor, Thomas Seiler, who agreed to publish the proceedings of this conference. We are especially grateful also to our friends George Beech (Kalamazoo) and Michael Jones (Nottingham) for their help in preparing this publication.

Neithard Bulst
Jean-Philippe Genet

INTRODUCTION

The association between the Middle Ages and prosopography has a long story: after all, both the *Legenda Aurea* and the *De Casibus Virorum Illustrium* are but prosopographical collections, not to mention the extraordinary popularity enjoyed by the *De Viris Illustribus* during the whole period. Nevertheless, it is fair to say that the word 'prosopography' itself does not come from the field of medieval studies but is borrowed from the practice of classical scholars; and it is to specialists of modern history, first and foremost to Sir Lewis Namier, that we owe the extension of the method to other fields of history. Hence, among medievalists, there is a certain amount of uncertainty (pleasantly enough combined with a considerable freedom of use of the method) about what exactly prosopography is.

Among the problems with which we have to deal is the definition of prosopography, or rather the typology of prosopographical methods. Most of Neithard Bulst's contribution is centered upon this problem, but it may be found also, for example, in those of R. B. Dobson or George Beech. Etymologically speaking, prosopography means description, the description of external characteristics: that is to say, the soul, the inner spirit of the individual, is normally missing in a prosopographical approach. In truth, prosopography consists in collecting the largest possible bundle of material elements allowing us to describe an individual, and those spiritual elements which would enable us to go from the person to the personality are excluded. Here lies the difference between prosopography and biography, though this does not mean that prosopography does not play an essential part in biography and vice-versa. Hence the absolute necessity to proceed from individual prosopography to collective prosopography; hence also the necessity to define clearly the populations under scrutiny, in order to give some significance to similarities and dissimilarities; hence, finally, the necessity of choosing the best adapted methods to get the most precise and accurate results.

Beyond the diversity which the reader will easily discover in the following pages, it is on all these points that participants in the Bielefeld Conference examined their views on the theoretical as well as the methodological side of the subject. To introduce this volume, we would like to state, both as an acknowledgment and as a call to future research, the points which, in one way or another, have seemed to raise particular difficulties.

First, theoretical points. The underlying problem in every prosopography is that of the specificity of the field in which the members of the group under study have been acting: to which field—political, cultural, or ideological—does the group, or sub-group, constituted by the historian, belong? Necessarily, the historian has to think carefully both about his own theoretical assumptions and the characteristics of grouping in medieval societies. The group may be the reflection of an exclusively medieval structure, entirely foreign to our own mentality: this is the case with the *amicitiae* studied by Gerd Althoff, or the *Versippung* studied by Klaus Schreiner. It may also derive from an institution: cathedral chapters (Barrie Dobson, Hélène Millet, Elisabeth Mornet), episcopal bench (Herbert Zielinski, Stefan Weinfurter), *curia* and courts (Agostino Paravicini Bagliani, Werner Paravicini, Arnold Esch), officers (Jean Kerhervé), universities (Jacques Verger, Ralph Evans, Rainer Christoph Schwinges, Hilde de Ridder-Symoens), schools (Nicholas Orme), town councils (Klaus Wriedt). In that case, the historian must first scrutinize the position occupied by the institution on which he has focused his attention and establish its relationship with other social structures. Through a theoretical analysis, the group may be the observation post from which social evolution is perceived, the dynamic for which lies elsewhere (see the papers of Jacques Verger and Hilde de Ridder-Symoens). But the group may also be an active and dynamic element, playing a strategic part in the social development (see Arnold Esch's paper). Another possibility for the historian is to incorporate a fictitious population, i.e., a group whose cohesion depends entirely upon the role attributed to it by the researcher (either an active part—for instance in the case of decision-makers—or a passive one—as an observation post): this is true, here, for authors (Michael Hainsworth and Jean-Philippe Genet) and for migrants (Claudine Billot).

The nature of the incorporated population, the rules observed by the historian for its constitution, these are key problems for the medievalist confronted with the need for a sociology of the Middle Ages very different from what he has been used to with social history. But this is not the only theoretical problem which may trip us up. Most of the prosopographies which are dealt with here are diachronistical: hence the necessity to establish a correspondence between prosopographical cycles and economic and demographic cycles. Christiane Klapisch-Zuber, exploring the difficult question of the relations between prosopography and demography, Nicholas Orme, Rainer Christoph Schwinges, and L. R. Poos have all underlined this point in their papers. This might lead us to a new appreciation of what a generation is; this concept, though familiar to the demographer, has never been accepted as scientific by social historians, and they leave it cautiously alone. In the same direction, we could perhaps go as far as saying that prosopography is the demography of the history of institutions, or of cultural history! In any case, the construction of explanatory schemes to elucidate the discrepancies observed in the study of diachronistical prosopographies brings us back to the problem of fields (to use the word with the meaning given to it by Pierre Bourdieu) and more generally to a comprehensive view of medieval society: if determinedly empiricist from the start, since the process of incorporating a group may be compared with that of a chemist preparing an experiment, prosopography of necessity leads to an indispensable theory.

Empiricism, experiment, we said: this explains the vital importance of the methodological problems involved. They depend upon several parameters: the source structure itself, the goal of the researcher, the method selected. As regards the source structure, it is obvious that there must be a distinction between prosopographies based on a single source (fraternity rolls, university registers or the 'escroes des gaiges' studied by Werner Paravicini, for instance). The structure of the list itself must also receive due attention, to discover the significance of the names themselves: statistics, as well as onomastic evidence and anthroponymy, are therefore very useful to the historian. When, on the contrary, sources are numerous, one of the chief difficulties is to link data concerning the same individual (whose name may be different or simply differently spelt in various sources) or, inversely, to disentangle what belongs to one individual from what belongs to another; this is the classic computer problem called record-linkage. And how is it possible to check on an identity between two individuals with a satisfying degree of probability? This is a point which L. R. Poos and Heinrich Rüthing (stressing the part played by names according to social hierarchy) have both dealt with. Let us add that one may be drawn into intricate record-linkage problems with lists, when trying to complete the data offered by them, and the problem here is further complicated by the fact that the list has a structure of its own, which must always be kept in mind.

All this explains why, among historical methodological approaches, prosopography is perhaps one of those which lends itself to computerization best. The subject was only partially discussed in Bielefeld, because a meeting devoted entirely to it was planned at the same time and took place in October 1984 in Paris (*Prosopographie et Informatique*, ed. H. Millet, [Paris 1985]). The papers of Gerd Althoff, Ralph Evans, Dieter Geuenich, Joanna Pomian-Turquet and Monique Ornato, Jean-Philippe Genet, and Michael Hainsworth may be considered as an introduction to it. It is fair to admit that a systematic coverage of the subject was not attempted in Bielefeld and that most of the questions raised by the use of computers, starting with the possibilities offered by modern statistical methods, were left aside.

It was thus impossible to say everything during this first meeting, which was conceived as a prelude to further discussions. The use of genealogy (dealt with by Klaus Schreiner, but only as an appendix to his prosopographical work), the use of heraldry (the value of which for the subject has been recently demonstrated by Michel Pastoureau's books), the use of sigillography (in spite of Jean-Claude Cheynet's presence), were ignored. And if we try to draw a list of the lacunae of this conference, we must stress the fact that some of the fields of medieval history with special characteristics as regards prosopography have been touched on only very lightly, if at all: the very early Middle Ages or Byzantine history, for instance. If Germany, France, and England have been covered, little has been done about Italy, Spain, or Eastern Europe. Little also was said about armies and retinues (though Philippe Contamine added useful comments during the discussions) and too little done about peasants, feudal groups, or the bourgeoisie as such. One of the most useful sources for prosopographical research, wills, has not been studied; neither have the methodological problems implied by their use (the issue of *Le Médiéviste et l'Ordinateur*, xi [1984], is devoted to it).

There is still much to be done. But one of the advantages of such a meeting is to make both the participants in the conference and—we sincerely hope—the readers of this volume conscious of the most urgent needs. Rather than hurriedly collect and outline the specificities of this or that field of medieval history (and those specificities do indeed exist and are numerous), the participants in the conference have thought that it would be convenient, for the future, to focus the debate and research on some general problems. First, to whom, and for what, is prosopographical research useful? It is obvious that, done with care and rigor, it may pave the way to comparative history, as R. B. Dobson claimed, though stressing the need for a searching enquiry first. On the other hand, little has been done on the application of prosopography as a method to what could be termed imaginary prosopographies: the saints of the *Legenda Aurea*, the knights of the Round Table (but see Pastoureau), or the astrologers listed by Simon de Pharès, to quote but a few examples. Prosopography is here one of the channels to the *histoire des mentalités*, or ideology. Moreover, there still remains the chief problem, that of the nature of groups, as we were reminded by Monique de Saint Martin. The populations studied differ widely. Some are real groups, as we said before, such as students or canons, which existed as such in the social reality of their time, at a given place and a given moment; but other groups are made up by historians with people whose lives were not coterminous or who never felt they were members of a distinct body (authors, for instance). This means that the interpretation of the internal working of the group, or of the interaction between the group and the individual (in both directions) may vary widely according to the nature of the group. In any case, this last question (i.e., interaction between group and individual) leads us to the point where prosopography stops and biography begins.

Neithard Bulst
Jean-Philippe Genet

Zum Gegenstand und zur Methode von Prosopographie

Neithard Bulst

Prosopographie ist nicht neu, weder dem Wort noch der Sache jach. Das Wort kommt, wie Karl Ferdinand Werner nachwies, schon 1537 zuerst im Plural in einer Schrift mit dem Titel *Prosopographiarum libri quator, in quibus personarum illustrium descriptiones aliquot seu imagines . . . continentur* vor. Der erste Nachweis des Gebrauchs im Singular fällt in das Jahr 1565, als in Basel eine *Prosopographia heroum atque illustrium virorum totius Germaniae* publiziert wurde.[1] Wenige Jahre später fand der Terminus in Frankreich auch Eingang in die Volkssprache. 1573 veröffentlichte Antoine du Verdier ein Werk mit dem Titel *La Prosopographie ou Description des personnes insignes qui ont esté depuis le commencement du monde, avec leurs effigies*[2] und 1583 beschrieb Nicholas Bergeron in seinem *Le Valoys royal* sein Vorgehen als 'prosopographie ou déduction généalogique et historiale des seigneurs et dames, successeurs proprietaires de ce duché.'[3] Neu ist aber wohl die Intensität und das methodische Verständnis, mit denen Prosopographie heute in der historischen Forschung betrieben wird.[4] Gewandelt haben sich auch die Erwartungen und die Ziele, die an prosopographische Forschungen geknüpft werden, sowie ihre Gegenstände.

Auf systematischer personengeschichtlicher Forschung aufbauende Arbeiten reichen bis ins 19. Jahrhundert zurück. Die Liste der herausragenden prosopographischen Untersuchungen auf allen Gebieten der Geschichte, von denen nur H. Berves *Alexanderreich auf prosopographischer Grundlage* (1926),[5] L. Namiers *The Structure of Politics at the Accession of George III* (1929),[6] R. Symes *Roman Revolution* (1939),[7] oder G. Tellenbachs *Königtum und Stämme in der Werdezeit des deutschen Reiches* (1939)[8] genannt seien, ist lang.[9] Auch fehlt es nicht an programmatischen Aufsätzen, angefangen mit J. E. Neales 'Biographical approach to History' (1951) und dem von G. Tellenbach 'Zur Bedeutung der Personenforschung für die Erkenntnis des früheren Mittelalters' (1957).[10] Doch ist festzustellen, dass im Anschluss an die fast gleichzeitig (1970/71) erschienenen Aufsätze von Nicolet und Chastagnol zur Prosopographie als Methode der Erforschung der römischen Republik und der Spätantike sowie den von Stone, der einen kritischen Überblick über Entstehung, Begrenztheit und Gefahren der Prosopographie gab, sich die Diskussion über Prosopographie bzw. ihren Wert und Unwert stark, sowohl quantitativ, als auch qualitativ intensiviert hat,[11] begleitet von einem vor allem in den letzten Jahren merklichen Anstieg von auf prosopographischen Forschungen basierenden Publikationen.[12]

Da prosopographische Forschung wesentlich auch quantifizierende Forschung ist, kam ein Anstoss für dieses wachsende Interesse natürlich auch von der Bedeutung, die die Quantifizierung durch die sich ständig wandelnden und besser an die verschiedenen Belange von Geisteswissenschaften angepassten Techniken der EDV gewonnen hat.[13] So fand auch in Deutschland Stones Beitrag übersetzt in einem Sammelband über Quantifizierung in der Geschichtswissenschaft (1976) Verbreitung. Auch historische Fachkongresse begannen, mittelalterliche Prosopographie als eigenes Thema zu berücksichtigen. Zwei mediävistische Sektionen auf deutschen Historikertagen 1974 und 1978, jeweils eine von zwei bzw. drei Sektionen, die sich überhaupt mit dem Mittelalter befassten, sowie auf einem deutsch-französischen Historikertreffen 1979[14] zeugen von der Bedeutung, die diesem Thema offensichtlich beigemessen wird. Deutsche und internationale Tagungen über den Einsatz elektronischer Datenverarbeitung etwa 1975 in Rom, 1978 in Paris oder 1979 in Tübingen behandelten prosopographische Zugriffe.[15] Der augenblicklich letzte Akt—bis auf diese Tagung, die sich wohl als erste ausschliesslich mit Prosopographie auseinandersetzt—ist die Gründung der Zeitschrift *Medieval Prosopography* 1980 von B. Bachrach, G. Beech, und J. Rosenthal.

Wie ist nun dieses neu erwachte Interesse an Prosopographie zu erklären? Entspringt es nur einer letztlich sterilen Sammelleidenschaft, wie sie von Stone polemisch formuliert wurde: 'In terms of psychological motivation, these obsessive collectors of biographical information belong to the same category of anal-erotic males as the collectors of butterflies, postage stamps, or cigarette cards; all are byproducts of the Protestant Ethic.'[16] Oder passt das pessimistisch-materialistische Menschenbild, das nach Meinung vieler der Prosopographie zugrundeliegt und der Syme mit folgenden Worten Ausdruck verliehen hatte: 'The design has imposed a pessimistic and truculent tone, to the almost complete exclusion of the gentler emotions and the domestic virtues,'[17] erneut besser in unsere Zeit als andere Zugriffe der Geschichtswissenschaft? Dieses Argument allerdings dürfte kaum weniger Gültigkeit haben für historische Ansätze wie wirtschafts-, sozial- oder politikgeschichtliche usw. Im übrigen scheint diese Konzeption stark auf einen bestimmten sehr eingegrenzten Gegenstand prosopographischer Forschung, nämlich politische Führungsgruppen bezogen zu sein, wo häufig der Gewinn des einen einen Verlust für den anderen bedeutet[18]—ein Mechanismus, der keineswegs ausschliesslich gilt.

Eine Beantwortung dieser Frage soll versucht werden, indem wir zuerst auf die Frage nach der Bedeutung und dem Verständnis von Prosopographie sowie nach ihrem Gegenstand eingehen und dann in einem zweiten Schritt nach dem Zugriff, den Möglichkeiten und Grenzen prosopographischer Forschung fragen. Dabei verzichten wir allerdings zugunsten der uns wesentlich scheinenden Aspekte darauf, die bisherige prosopographische Forschungsdiskussion in ihrer ganzen Breite hier zur Sprache zu bringen und uns mit ihr auseinanderzusetzen.

Was bedeutet Prosopographie? Die Unsicherheit über das, was darunter zu verstehen ist,[19] machen am besten zwei Beispiele deutlich: Zum einen sind dies die in der deutschen Forschung konkurrierenden Termini 'historishe Personenforschung' und 'Prosopographie.' Die Beiträge der schon genannten Sektion des Historikertages 1974 zur 'Personenforschung im Spätmittelalter' gingen von einer vorher abgesprochenen Definition von 'Prosopographie' als 'Sammlung und Verzeichnis aller Personen eines nach Raum und Zeit abgesteckten Lebenskreises' und von 'historischer Personenforschung' als 'Auswertung prosopographischen Materials nach unterschiedlichen Gesichtspunkten historischer Interpretation'[20] aus. Prosopographie wurde nach dieser Definition der Personenforschung unter- bzw. vorgeordnet, was letztlich zu einer Verselbständigung[21] führen kann und ihr so geradezu den Charakter einer Hilfswissenschaft verleiht. Dieser Hilfswissenschaft Prosopographie weist Werner den Platz 'zwischen Anthropologie, Genealogie, Demographie und Sozialgeschichte, zwischen der Einmaligkeit des Ereignisses und der Individualität und dem seriellen Nachweis sozialer Phänomene und langfristiger Entwicklungen'[22] zu. Die Personenforschung wiederum wird in ihrem Anliegen, nämlich der 'Erforschung und Darstellung des Lebens der einzelnen Menschen vergangener Zeiten,' so Tellenbach,[23] abgegrenzt von der biographischen Forschung, der gegenüber sie die soziale Komponente stärker betont.[24] Zum anderen sei auf die Kritik von J. Rogozinski an Stone verwiesen:

> L. Stone confounds prosopography and interpretative essays making use of prosopographical evidence. Whatever the merit to his criticisms of Syme, Namier, and Beard, their books are not prosopography; they are interpretative syntheses of data taken from earlier historians who used numerous other techniques besides those of prosopography.[25]

Die präzisen Vorstellungen von prosopographischem Zugriff, Stringenz der Quellenaufbereitung und Auswertung, die hier zum Ausdruck kommen, können allerdings kaum als verbindlich angesehen werden. Stone hatte 'Prosopography' sehr viel weiter gefasst und darunter die klassische Prosopographie der Althistoriker, die 'collective biography' (Sammelbiographie) der Neuhistoriker und die 'multiple career line analysis' (multiple Karrierewege) der Sozialwissenschaftler gefasst.[26] Der letzte Terminus ist gleichbedeutend mit dem neuerdings häufiger vor allem auch von Soziologen verwandten Terminus der 'collective life histories.'[27] Einen anderen Aspekt betont der Terminus 'quantitative Personenforschung'[28] Zumindest in der anglo-amerikanischen Forschung scheint sich diese Gleichsetzung von 'collective biography' und 'prosopography' durchgesetzt zu haben.[29] Es mag bezweifelt werden, ob es sehr sinnvoll ist, den Terminus Prosopographie—übrigens auch entgegen seinem historischen Wortsinn—in Anlehnung an die althistorischen Sammelwerke[30] auf das reine Datensammeln zu Personen und Personengruppen einzuschränken. Ein einheitlicher Sprachgebrauch schiene auch im Hinblick auf den internationalen Wissenschaftsaustausch sinnvoll, da im Englischen und Französischen nur 'prosopography' bzw. 'prosopographie' verwendet wird, und ein Äquivalent zu 'Personenforschung' fehlt.[31] Grundsätzlicher scheint uns jedoch ein methodischer Einwand gegen diese Unterscheidung von Prosopographie und Personenforschung. Zwar sind rein vom Vorgehen her das Sammeln und die Auswertung von Daten getrennte Vorgänge, aber sie sind inhaltlich so stark interdependent, dass die geplante Auswertung das Sammeln definiert und die Art der Datensammlung von vornherein nur bestimmte Auswertungen zulässt (und andere ausschliesst). Da zumindest ausserhalb von Antike und Frühmittelalter eine Totalerfassung in den meisten Fällen undurchführbar sein dürfte, kann prosopographisches Datensammeln sinnvoll nur unter einer vorgegebenen Fragestellung[32] erfolgen. Das bedeutet, dass von vornherein eine Auswahl bei der Erfassung der personenbezogenen Daten getroffen werden muss. Eine Auswertung älterer prosopographischer Kataloge, aber auch neuerer entsprechender Arbeiten, oder gar eine quantifizierende Auswertung unter differenzierten Fragestellungen erweist sich im allgemeinen als undurchführbar.[33] Dies liegt u.a. auch daran, dass häufig die für eine statistische Auswertung unerlässliche Information nicht weitergegeben wird, ob nämlich ein lückenhafter Nachweis für bestimmte Merkmale auf Lücken in der Überlieferung, mangelnde systematische Erfassung oder gar redaktionelle Straffungen eines im Umfang begrenzten Textes zurückzuführen ist. D.h. prosopographisches Datensammeln erfordert ein der Fragestellung entsprechendes standardisiertes Aufnahmeverfahren, während der daran anschliessende Katalog möglichst detailliert die Erhebungskriterien und Überlieferungslücken dokumentieren muss, um auch in anderem Zusammenhang eine uneingeschränkte Nützlichkeit zu bewahren.

Die Definitionen von Prosopographie sind vielfältig, was auf dem Hintergrund des oben Erörterten nicht überrascht. Ein Kernelement aber, das fast allen Definitionen gemeinsam ist, ist die Erforschung des Einzelnen im Hinblick auf eine Gesamtheit, der er zuzurechnen ist. Diesen Aspekt des Einzelnen in seiner Funktion zur Gesamtheit enthält auch die Definition von Stone: 'Prosopography is the investigation of the common background characteristics of a group of actors in history by means of a collective study of their lives.'[34] Falls man unter 'actor' nicht nur handelnde Personen im Sinne von Theodor Mayer verstehen will, der bei der von ihm angestrebten deutschen Prosopographie 'die einzelnen Personen als geschichtliche Gestalten erfassen und ihre Handlungen und Hintergründe klar legen' wollte,[35] sondern darunter neben 'politisch und gesellschaftlich relevanten Personen'[36] jede soziale Gruppe verstehen will und als Kriterium der Gemeinsamkeit neben Amt und Funktion auch jegliche Art von Tätigkeit und Status[37] mit einbeziehen will, wenn man also neben den Akteuren der Geschichte, auch diejenigen, die die Geschichte nur passiv erleben, ertragen oder erleiden, nicht per definitionem ausschliessen will, ist dem zuzustimmen. Denn trotz aller Schwierigkeiten, die die tatsächliche Erforschung von Personengruppen unterhalb sozialer oder funktionaler Eliten bietet, ist es doch ein Charakteristikum der jüngsten Forschung, dass z.B. auch Bauern in das Blickfeld prosopographischer Forschungen geraten sind.[38] Das Vorgehen des Prosopographen zielt dabei auf den Vergleich ab, der neben den Gemeinsamkeiten auch den Abweichungen nachforscht. Weniger explizit gehen die Definitionen auf einen zweiten komplementären, aber ebenfalls wichtigen Aspekt ein, nämlich auf die Gesamtheit in ihrer Funktion für den Einzelnen.

Bei der Konstituierung seiner Gruppen oder—im Hinblick auf das Folgende —besser seiner Gesamtheiten scheinen dem Prosopographen keine Grenzen gesetzt. Genannt sei nur die von Werner initiierte 'Prosopographia regnorum orbis latini' (PROL), die auf Erfassung sämtlicher nachgewiesener Personen, mit oder ohne Namen, zwischen dem 3. und 12. Jahrhundert zielt, das konsequenteste, allerdings auch schwierigste prosopographische Forschungsvorhaben.[39]

Nicht unbeträchtliche Schwierigkeiten gilt es auch bei der von Namier angeregten *History of Parliament* zu überwinden, in der die Biographien aller Mitlieder der Commons seit den Anfängen bis 1901, die von Namier ausdrücklich als Gruppe definiert wurden, erfasst werden sollen. Von schwerwiegender Konsequenz ist bei diesem Unternehmen der Verzicht auf Erfassung ihrer 'extra-parliamentary activities,' da dadurch die Arbeit mit den ermittelten Daten von vorherein eingeschränkt wird. Man kann sich fragen, ob die Trennung in Aktivitäten innerhalb und ausserhalb des Parlaments sinnvoll ist, bzw. wieweit historische Analysen der Commons tragen können, die auf einer solcherart eingeschränkten Dokumentationsbasis gründen.[40]

Bei der Erörterung der bisherigen prosopographischen Forschung führte Stone eine Klassifizierung in eine 'elitist school' und eine 'more statistically minded mass school' ein.[41] Auf dem Hintergrund der obigen Erörterungen erscheint eine solche Untergliederung, mag sie für die Forschung vor 1970 noch zutreffend sein, als Forschungskonzept nicht sinnvoll und ist wohl auch auf die jüngste Forschung nicht anwendbar.

Eine Einschränkung bzw. Präzisierung ist bei der Verwendung des Wortes 'life' angebracht, da sich prosopographische Forschung, besonders im Mittelalter, häufig mit wenigen aus den Quellen nur ermittelbaren personenbezogenen Daten begnügen muss, infolgedessen die Kenntnis vom Leben Einzelner oder der Gruppe sehr bruchstückhaft bleibt. Eine wichtige Aufgabe und Möglichkeit der Prosopographie besteht jedoch in der Erforschung des Lebenszyklus—möglicherweise von Stone unter dem Terminus 'life' mitverstanden —, auf der eine vergleichende Analyse basieren kann. Dabei gehören zum Lebenszyklus ebenso die eigentlichen demographischen Daten, die allerdings nur in Ausnahmefällen ausreichend dicht ermittelbar sind, wie Daten zur beruflichen Karriere, sowie ganz allgemein zur Lebens- und Arbeitswelt der jeweils erforschten Gesamtheit.

An dieser Stelle ist es wichtig, auf das Verhältnis von Biographie und Prosopographie einzugehen. Beech stellte 1976 die These auf, dass der Mediävist auf Prosopographie verzichten könnte, falls ihm nur genügend Quellen mit ausreichenden Nachrichten zur Verfügung stünden, wobei er allerdings im wesentlichen an Forschungen über Führungsgruppen dachte. Gleichzeitig stellte er die Prosopographie als einzigen Ausweg aus diesem Dilemma heraus, da sie nicht auf lückenlose Biographien angewiesen sei, sondern sich in ihrem Zugriff auf bestimmte Merkmale, die durch den Charakter der untersuchten Gesamtheit definiert werden, beschränken könne.[42] Damit ist von einem der Prosopographie nahestehenden Genre der Geschichtsforschung und Geschichtsschreibung die Frage nach der Bedeutung von Prosopographie erneut gestellt. Diese Frage steht in engem Zusammenhang mit einer Forschungskontroverse, die bisher ausgeklammert wurde, nämlich um das Verhältnis von Biographie und Prosopographie, wobei besonders auf die Beiträge von J. Alexander[43] und R. Pillorget[44] hinzuweisen ist. Sicher ist es richtig, worauf Moraw[45] aufmerksam gemacht hat, dass Prosopographie (historische Personenforschung) 'biographisches Interesse' im strengen Wortsinn wenig fordert. Wenn allerdings Pillorget und S. Romano in scharfer Polemik gegen die 'Annales-Schule'—und zugleich auch gegen marxistisch geprägte Historie—die These vertreten, dass sie zum Ziel habe, die Geschichte zu entpersonalisieren bzw. 'Pest, Hunger, Tod, Furcht, Familientraditionen usw.' als neue Personen einzuführen, und damit 'der Entwicklung des biographischen Genre sehr geschadet 'habe,[46] so ist diese Kritik sicher überzogen, da hier ein Gegensatz formuliert wird, der in dieser prinzipiellen Schärfe nicht besteht.[47] Vielmehr handelt es sich bei Biographie und Prosopographie um unterschiedliche Fragestellungen und Interessen, die beide nebeneinander ihre Berechtigung haben. Während die Biographie den Einzelnen erfassen will, gilt das Interesse der Prosopographie der Gesamtheit, wobei der Einzelne immer in Beziehung zur Gesamtheit gesetzt wird. Dass entsprechend den unterschiedlichen Fragestellungen in sehr unterschiedlicher Weise Dinge wichtig werden, in den Hintergrund treten oder gar keine Berücksichtigung finden können, liegt auf der Hand. Wie wenig allerdings Prosopographie auf Biographie verzichten kann, wurde von Namier mit seinem berühmten Bild veranschaulicht: dass

500 Menschen zusammengenommen keinen Tausendfüssler ergeben, sondern 500 Menschen bleiben, von denen man jeden einzelnen kennenlernen müsste.[48] Auf die Gruppe bezogen hat Neale, der mit seinem Aufsatz 'Biographical Approach to History' ja prosopographisches Verfahren meint, zu Recht davor gewarnt, die arithmetische Summe des Wollens der Einzelnen als Willen der Gesamtheit anzusehen.[49] Nun ist eine Biographie von gleichzeitig 500 Personen nicht darstellbar. Jedoch muss jede prosopographische Bearbeitung einer Gesamtheit, etwa der genannten 500 Personen, mit Versuchen zu Einzelbiographien beginnen, die später, sei es als repräsentativ oder als Ausnahme für die Gesamtheit, ihre Bedeutung—gegebenenfalls auch in der Darstellung, die sich natürlich auf Einzelfälle beschränken muss—behalten. Allerdings bedarf es zu dieser Erkenntnis erst des Vergleichs. Hier öffnen sich der Prosopographie Erkenntnismöglichkeiten, die die Biographie nicht hat und auch nicht haben kann, da es bei der Mehrzahl der prosopographisch untersuchten Gruppen, seien es Ratsmitglieder oder Mönchskonvente, Parlamentarier oder Universitätsabsolventen usw., wenig Sinn machen würde, Einzelpersonen herauszunehmen und sie biographisch zu behandeln, ohne dabei auf einen späteren Vergleich abzustellen, der den einzelnen Biographien den Charakter des Singulären nimmt.

Schliesslich sei eine weitere Möglichkeit der Prosopographie erwähnt, die eine Ausnutzung der oft spärlichen Überlieferung ermöglicht und die über den biographischen Zugriff im herkömmlichen Sinne nicht gegeben ist. Gemeint sind Forschungen über Personen und Personengruppen, von denen kaum mehr als der Name bekannt ist,[50] ja sogar über Personen, von denen nicht einmal der Name überliefert ist, die nur ein N in einer genealogischen Tabelle darstellen.[51] Dass der biographische Ansatz einen wesentlichen Aspekt vieler prosopographischer Forschungen, die Diachronie, im allgemeinen ausschliesst, braucht nicht eigens erörtert zu werden.

Diese Kontroverse leitet über zu unserer zweiten Frage nach dem Zugriff (approach), den Möglichkeiten und Grenzen der Prosopographie. Das Wort 'Zugriff' steht hier anstelle des im Titel verwandten Vortrags 'Methode,' da man sich fragen muss, ob es denn überhaupt eine im strengen wissenschaftstheoretischen Sinne der Prosopographie eigene und nur ihr eigene Methode gibt. Stone begann seinen Aufsatz zur Prosopographie mit der Feststellung: 'Prosopography . . . has developed into one of the most valuable and most familiar techniques of the research historian.' In der deutschen Übertragung wurde aus den 'techniques' 'Methoden.' Kurz darauf spricht Stone von der relativ jungen Erfindung der 'prosopography as a historical method.'[52] Ein ähnlich schwankender Wortgebrauch findet sich in vielen Arbeiten, wo Prosopographie als Methode, Technik oder Zugriff—bisweilen auch vom selben Autor—klassifiziert wird.[53]

Falls man nicht die Summe historischer und sozialwissenschaftlicher Methoden, einschliesslich der in ihnen angewandten Techniken, des Einsatzes von Datenverarbeitungssystemen und der anschliessenden statistischen Auswertung, deren Verwendung jedoch je nach Quellenlage und Fragestellung sehr variieren kann,[54] als Methode ansehen will, erscheint es schwierig, von Prosopographie als neuer historischer Methode zu sprechen. Sie kann jedoch auch nicht als Hilfswissenschaft angesehen werden. Meines Erachtens ist sie am ehesten als sozialgeschichtlicher Frageansatz zu verstehen,[55] wo andere Fragen gestellt und neue Lösungswege gesucht werden, wobei die angegangenen und zu bewältigenden historischen Probleme jeweils den Rückgriff auf ein breites Spektrum primär historischer und darüber hinaus teilweise auch der Methoden anderer Disziplinen erfordern. Auf die Namenkunde,[56] deren der Mediävist vor allem zur Lösung der schwierigen Identifikationsprobleme bedarf, sei wenigstens hingewiesen. Da es *die* prosopographische Methode nicht gibt, muss je nach Fragestellung und Überlieferung nach geeigneten, sehr unterschiedlichen Lösungsmöglichkeiten gesucht werden. Hierin liegt sicher eine der grossen Schwierigkeiten prosopographischer Forschung.

Was erwarten wir nun von prosopographischer Forschung und wo liegen ihre zusätzlichen Möglichkeiten zu historischer Erkenntnis? Weshalb ist die Frage, 'wer waren sie,' oder wie es Gillespie salopp formuliert hat, 'who the guys were,'[57] so interessant? Was rechtfertigt den erheblichen Aufwand zur Auffindung und zur Sichtung geeigneten Quellenmaterials, der jede prosopographische Arbeit belastet, ja zum Teil dazu führt, dass auf die Sammelphase keine oder nur eine zu kurze Auswertungsphase folgt? Die Antwort ist relativ unumstritten. Viele Forschungen im Bereich der politischen Geschichte,[58] der Institutions-, Verwaltungs- und Verfassungsgeschichte,[59] sozialer Bewegungen oder im Bereich der Geistes- und Kulturgeschichte,[60] um nur einiges zu nennen, sind offenkundig an kaum überwindbaren Grenzen angelangt.[61] Der Versuch, diesen Engpass zu überwinden und damit auch bisher wenig oder nicht herangezogene Zeugnisse der Vergangenheit zur Beantwortung alter und neuer Fragen zu nutzen, kann als wesentlicher Anstoss für prosopographische Forschung angesehen werden. Oft kann allein ein Versuch, die 'actors,' möglicherweise auch die übrigen 'Beteiligten' zu erfassen, weiterführen. Dazu nur drei Beispiele: Die Erforschung der Repräsentativversammlungen in Frankreich und speziell der französischen Generalstände kann nur dann vorangetrieben werden, wenn die Repräsentanten selbst untersucht werden, was zumindest für das 15. Jahrhundert möglich ist und zu überraschenden Ergebnissen führt.[62] Soziale Unruhen, wie die grossen Bauernaufstände in Frankreich 1358 und in England 1381 werden wohl erst dann besser analysiert werden können, wenn es gelingt, die Führer und Protagonisten und darüber hinaus auch weitere Beteiligte zu fassen, was immerhin zumindest für die Führer bzw. als solche später Bezeichnete und auch z. T. darüber hinaus gelingen kann.[63] Schliesslich sei noch auf die Universitätsgeschichte hingewiesen, wo sich die prosopographische Forschung geradezu als zentral erweist, da die

Universität als Ort der Begegnung, wo soziale Kontakte geknüpft werden, oder als Wendemarke für sozialen Aufstieg, eine entscheidende Rolle spielen kann und mithin Kenntnis universitärer Vergangenheit eine unabdingbare Voraussetzung zum Verständnis von Karrierewegen von Führungsgruppen usw. sein kann.[64]

Ganz generell lassen sich politische und soziale Strukturen von Gruppen, Phänomene wie Kontinuität und Diskontinuität, Aufstieg und Niedergang politischer Systeme, weltlicher oder geistlicher Institutionen, politisches Handeln, soziale Mobilität, sozialer Wandel u.ä. erst über die Kenntnis von Personen näher analysieren. Erst über sie gelingt es, auch verschiedene Gruppen miteinander in Beziehung zu setzen, da einzelne Personen häufig im Beziehungsfeld mehrerer Gruppen stehen. Dass auch in dem hier behandelten Zeitraum Personen in sehr unterschiedlicher Weise Institutionen geprägt haben bzw. von ihnen geprägt wurden,[65] gilt es bei jeder prosopographischen Analyse zu berücksichtigen.

Neben ihren zweifellos grossen Möglichkeiten steht die Prosopographie jedoch auch vor erheblichen Schwierigkeiten und schwer überwindbaren Hindernissen, über die viel geschrieben wurde,[66] weshalb sich die Erörterung hier auf wenige zentrale Punkte beschränken soll. Die Vorteile der Quantifizierung prosopographischen Materials bergen auch die nicht zu unterschätzende Gefahr, dass Zufallskonvergenz von Phänomenen Kausalität vorspiegelt. Dass die Prosopographie häufig auf Familienbande abheben muss, die aufgrund gemeinsamer Interessen als konstitutiv für ein soziales System, das Macht und Einfluss ausübt, angesehen werden, ist das Dilemma[67] jeglicher Familienforschung und der sich ihr bedienenden Prosopographie. Gleichwohl sind mögliche innerfamiliäre Gegensätze auch nicht überzubewerten, solange sie nicht offen zu Tage treten und dadurch das System insgesamt gefährden. Ziel prosopographischer Forschung ist es in diesem Fall ja nicht in erster Linie, die Familie und das Verhältnis der einzelnen Mitlieder zueinander, sondern die Familie bzw. den Familienverband in ihrem Verhältnis nach aussen, in ihrem politischen Handeln und dessen Konsequenzen für die Gruppe oder die Gruppen, zu analysieren. Dass äusserer Druck, d. h. gemeinsame Interessen, innere Differenzen zurücktreten lassen konnten, dürfte häufig der Fall gewesen sein. Dasselbe Argument gilt für nicht familiale rechtliche, soziale oder ökonomische Abhängigkeiten, etwa bei Lehensbanden oder Klientelverhältnissen im Bereich von Verwaltung und Bürokratie, bei Amts- und Funktionsträgern usw.[68]

Ein weiteres Problem stellt die Repräsentativität der Ergebnisse.[69] Wie ist das Verhältnis des Ausschnitts zur Gesamtheit, etwa einer Gruppe zur Schicht oder zur Gesamtbevölkerung, zu bewerten? Die Schwierigkeiten steigern sich noch, wenn, wie in vielen prosopographischen Projekten, die Gruppe nicht eindeutig eingrenzbar oder nur unvollständig erfassbar ist.[70] In welchem Masse sind Rückschlüsse erlaubt? Machen nicht die zumeist quellenbedingten zu geringen Zahlen jedes Ergebnis von vorherein angreifbar? In ähnlicher Weise stellt sich das umgekehrte Problem, dass mangels ausreichender Differenzierung innerhalb der Untersuchungsgruppe—ein Mangel, der auch durch die Zwänge der Quantifizierung bei der Erstellung einer Datenbank als 'métasource'[71] noch zusätzlich eingeführt werden kann—die Ergebnisse von vornherein den wahren Sachverhalt aufgrund des zu groben Rasters verfälschen.[72] In beiden Fällen bestehen zwar objektive Schwierigkeiten, die jedoch nicht unbedingt einseitig der Prosopographie anzulasten oder nur ihr inhärent sind. Konsequenzenreicher scheint die Warnung vor der Auswertbarkeit des überlieferten Materials, das allein durch die Tatsache, dass es überliefert ist, in gewisser Weise untypisch sein kann. Stone,[73] der diese Bedenken äussert, geht dabei soweit, zu behaupten, dass vor dem 16. Jahrhundert, als nach Verbreitung des Buchdrucks die Quellen in bisher ungekannter Weise sich häuften, die Prosopographie zur Erforschung der meisten sozialen Gruppen keinen sinnvollen Zugang darstellt. Diese Feststellung ist allerdings zu stark von der Vorstellung einer gerichteten und bewusst selektiven Überlieferung geprägt und unterschätzt den Verlust von Quellen durch den blinden Zufall. Das Beispiel der prosopographischen Auswertung der Generalständeversammlung von 1468 kann dies illustrieren. Zwar liess sich nur ein knappes Drittel der 200 gewählten Delegierten aufgrund der lokalen Überlieferung ermitteln, da es keine Namensliste gibt. Ihre soziale Auswertung erscheint trotzdem signifikant, da sie auch aufgrund anderer Faktoren plausibel wird und das Fehlen der restlichen Namen lediglich dem Faktum zuzuschreiben ist, dass die entsprechenden Ratsprotokolle oder die Rechnungsführung in den meisten Städten Frankreichs für diese Zeit nicht mehr vorhanden sind. Dies gilt für die grossen Städte ebenso wie für die kleinen, wobei es auch in der geographischen Verteilung keine signifikanten Disparitäten gibt. Die so bedingte Zufallsauswahl bildet durchaus eine Basis für eine repräsentative prosopographische Analyse.[74]

Nicht leicht ist es allerdings, einer weiteren Schwierigkeit, die die quantifizierende Prosopographie mit sich bringt, zu begegnen, nämlich der Schwierigkeit, die sich bei der Vermittlung und Darstellung des erarbeiteten Materials ergibt. Moraw[75] sprach von einem 'einseitig gezeichneten Durchschnittsbild mit wenig Farben,' da die grosse Zahl von Einzelfällen häufig zu Vergröberungen zwingt, was auch durch signifikante und anschauliche Einzelbeispiele nur schwer ausgeglichen werden kann. Der Gefahr, dass die darstellende Analyse zur Statistik 'verkommt,' ist zu begegnen, wobei man sich ihr sicher leichter entziehen kann als bei der Demographie.[76] Die biographischen Repertorien, die sich immer häufiger im Anhang prosopographischer Arbeiten finden oder getrennt veröffentlicht werden,[77] machen den Ausweg, aber auch die Aporie deutlich, vor der viele Prosopographen stehen.

Versucht man die Vorteile und Nachteile der Prosopographie, ihre

Grenzen und ihre Möglichkeiten gegeneinander abzuwägen, so scheinen doch die Vorteile zu überwiegen und sich sehr weitgehende Möglichkeiten zu bieten. Sicher sind die Grenzen der Prosopographie nicht enger gesteckt als die der übrigen Näherungsversuche an die soziale, politische und wirtschaftliche Wirklichkeit im Bereich der Mediävistik.

Dieser zwangsläufig nur auf wenige wichtige Aspekte beschränkte Überblick sollte zeigen, dass sich trotz grosser Inhomogenität etwa in den letzten eineinhalb Jahrzehnten ein neues Verständnis von Prosopographie herauskristallisiert hat. Die Akzentuierung der Sozialgeschichte, der interdisziplinäre Charakter moderner Historiographie und ihr Bemühen um Auseinandersetzung mit den benachbarten Humanwissenschaften hat sicher entscheidend zu ihrem starken Anstieg beigetragen. Weniger eine pessimistische Grundeinstellung als eine stärkere Hinwendung zur Rolle des Menschen und nicht der 'grossen Männer' in der Geschichte, die auch am Anfang der Mentalitätsgeschichte und der Geschichte der Gebärden (gestes), der Geschichte der Randgruppen und Unterschichten oder der Geschichte des täglichen Lebens und der materiellen Kultur gestanden und sie stimuliert hat, trug zum Durchbruch der Prosopographie bei. Moderne Datenverarbeitungstechniken und deren sprunghaft gewachsene Zugänglichkeit und Verfügbarkeit kommen als zusätzlicher Faktor ins Spiel.[78] Zumindest für die Mediävistik dürfte dieses neu gewonnene Verständnis von Prosopographie als eigentlicher und bisher noch keineswegs ausgeschöpfter Zugang zu einer sozialgeschichtlichen Analyse in Zukunft noch an Bedeutung gewinnen. Doch sollte der Mediävist und Prosopograph nicht vergessen, dass Prosopographie nur ein Zugriff unter anderen ist und nicht dem 'law of the instrument'[79] erliegen, wonach ein Kleinkind, dem man einen Hammer in die Hand gibt, glaubt, alles und jedes damit bearbeiten zu müssen. . . .

ANMERKUNGEN

[1] K. F. Werner, 'Problematik und erste Ergebnisse des Forschungsvorhabens "PROL" (Prosopographia Regnorum Orbis Latini). Zur Geschichte der west- und mitteleuropäischen Oberschichten bis zum 12. Jahrhundert,' *Quellen und Forschungen aus italienischen Archiven und Bibliotheken*, lvii (1977), 70.

[2] Cf. Nicolas de Cholières, *Oeuvres*, vol. 2: *Les Après-Dinées*, ed. E. Tricotel (Paris, 1879, repr. Genève, 1969), 393. De Cholières, der seine *Après-Dinées* 1585/87 verfasste, benutzte im ursprünglichen Wortsinn, d.h. auf die Wiedergabe von Gesichtern bezogen, das Adjektiv 'prosopographique': 'S'il vous plaist visiter les figures et pourtraits qui sont dans l'Histoire Prosopographique d'un de nostre pays,' *ibid.*, 257.

[3] Zitiert nach C. Barré, *Annuaire-Bulletin de l'histoire de France*, années 1976-77 (1978), 49.

[4] Es ist jedoch auffällig, dass weder die *Bibliographie annuelle de l'histoire de France du cinquième siècle a' 1945* noch die *Jahresberichte für deutsche Geschichte*

das Stichwort 'Prosopographie' enthalten. Es fehlt auch im Lexikon *La Nouvelle Histoire*, ed. J. Le Goff (Paris, 1978). Zur englischen Situation siehe den Beitrag von Dobson, *infra*, 181 ff.

[5] (München, 1926, 2 vols.).

[6] (London, 1929, 2 vols.).

[7] (Oxford, 1939).

[8] (Quellen und Studien zur Verfassungsgeschichte des Deutschen Reiches in Mittelalter und Neuzeit, 7,4, Weimar, 1939.)

[9] Vgl. die Literatur in den Aufsätzen von Stone, Beech und Schmid, cf. *infra*, note 11.

[10] *History*, N.S. (1951), 193-203; (Freiburger Universitätsreden NF 25, Freiburg, 1957), 5-24.

[11] C. Nicolet, 'Prosopographie et histoire sociale: Rome et l'Italie à l'époque républicaine,' *Annales E.S.C.*, xxv (1970), 1209-28 u. A. Chastagnol, 'La prosopographie, méthode de recherche sur l'histoire du Bas-Empire,' *ibid.*, 1229-35; cf. J. Maurin, 'La prosopographie romaine: pertes et profits,' *ibid.*, xxxvii (1982), 824-36, der eine kritische Bilanz für die alte Geschichte versucht, und dabei trotz aller Einschränkungen zum Ergebnis kommt, dass bei der Beschäftigung mit römischen sozialen Eliten kein Weg an ihr vorbeiführt. L. Stone, 'Prosopography,' *Daedalus*, c (1971), 46-79; deutsche Übersetzung mit dem Titel 'Prosopographie—englische Erfahrungen,' *Quantifizierung in der Geschichtswissenschaft. Probleme und Möglichkeiten*, ed. K. H. Jarausch (Düsseldorf, 1976), 64-97; T. F. Carney, 'Prosopography: Payoffs and Pitfalls,' *Phoenix: The Journal of the Classical Association of Canada*, xxvii (1973), 156-79; G. Beech, 'Prosopography,' *Medieval Studies*, ed. J. M. Powell (Syracuse, 1976), 151-84; K. Schmid, 'Prosopographische Forschungen zur Geschichte des Mittelalters,' *Aspekte der Historischen Forschung in Frankreich und Deutschland. Schwerpunkte und Methoden* (Veröffentlichungen des Max-Planck-Instituts für Geschichte, 39, Göttingen, 1981), 54-78; F. Autrand, 'Prosopographie et histoire de l'état,' *ibid.*, 43-53.

[12] Verwiesen sei hier lediglich auf die umfängliche Bibliographie zur mittelalterlichen prosopographischen Forschung in den USA, in England, Wales, Frankreich, Deutschland, Österreich und der Schweiz in *Medieval Prosopography* ab ii, 1 (Kalamazoo, 1981 ff.).

[13] Vgl. die Stichworte: 'Quantitative' und 'Informatique' in *La Nouvelle Histoire*, s.v. Zum Mittelalter s. besonders *Le Médiéviste et l'ordinateur*, i ff. (Paris, 1979 ff.) und *infra*, note 15.

[14] Die Vorträge der Sektion 'Personenforschung im Spätmittelalter' auf dem Historikertag in Braunschweig von J. Petersohn, 'Zu Forschungsgeschichte und Methode,' von P. Moraw, 'Personenforschung und deutsches Königtum,' von K. Wriedt, 'Personengeschichtliche Probleme universitärer Magisterkollegien' und W. von Stromer, 'Wirtschaftsgeschichte und Personengeschichte', *Zeitschrift für Historische Forschung*, ii (1975), 1-42. *Prosopographie als Sozialgeschichte? Methoden personengeschichtlicher Erforschung des Mittelalters* (München, 1978), mit Beiträgen von K. Schmid, J. Mehne, G. Althoff, E. Freise, O. G. Oexle u. J. Wollasch enthält die Sektionsbeiträge des Hamburger Historikertages. Zu den Beiträgen von K. Schmid und F. Autrand auf dem deutsch-französischen Historikertreffen in Göttingen cf. *supra*, note 11.

[15] *Informatique et histoire médiévale. Communications et débats de la Table Ronde CNRS (Rome, 20-22 mai 1975)*, ed. L. Fossier, A. Vauchez u. C. Violante

(Coll. de l'Ecole française de Rome, 31, Rome, 1977), 227-46 mit Beiträgen von J. Glénisson, J.-P. Genet u. F. Autrand zum Thema 'Prosopographie et Histoire sociale.' *L'histoire médiévale et les ordinateurs—Medieval History and Computers. Rapports d'une Table ronde internationale Paris 1978*, ed. K. F. Werner (Documentations et recherches publ. p. l'Institut Historique Allemand, München/New York, 1981), 61-109 mit Beiträgen von K. Schmid, J. Wollasch und F. Neiske. '19. Kolloquium über die Anwendung der EDV in den Geisteswissenschaften (Tübingen, 1979),' *ALLC-Bulletin*, ix, 3 (1981), 19-21 mit Beitrag von D. Geuenich. Vgl. auch die Beiträge von K. Schmid, D. Geuenich u. J. Wollasch, 'Auf dem Weg zu einem neuen Personennamenbuch des Mittelalters,' zum Kongress für Namenforschung (Bern 1975), *Onoma*, xxi (1977), 355-83.

[16] Stone, 'Prosopography,' 49.

[17] *The Roman Revolution*, ed. Ronald Syme (Oxford, 1974), viii. Cf. Stone, *ibid.*, 54; J. G. Gillespie, 'Medieval Multiple Biography: Richard II's Cheshire Archers,' *The Historian*, xl (1977), 678 f.; und dazu Dobson, *infra*, 181 ff.

[18] Carney, 'Prosopography,' 168.

[19] Diese Unsicherheit unterstreicht auch G. Beech in seinem einleitenden Aufsatz 'The Scope of Medieval Prosopography,' zu *Medieval Prosopography*, i, 1 (1980), 6.

[20] Petersohn, 'Zu Forschungsgeschichte,' 1.

[21] Vgl. etwa G. Kampers, dessen Arbeit ursprünglich als 'reine Prosopographie' geplant war, *Personengeschichtliche Studien zum Westgotenreich in Spanien* (Spanische Forschungen der Görresgesellschaft, 2. Reihe, 17, Münster, 1979), vii.

[22] 'Problematik,' 71 u. ders., Problèmes de l'exploitation des documents textuels concernant les noms et les personnes du monde latin (IIIe-XIIe siècle),' *Informatique et histoire médiévale*, 208.

[23] 'Zur Bedeutung,' 6.

[24] K. Schmid, 'Programmatisches zur Erforschung der mittelalterlichen Personen und Personengruppen,' *Frühmittelalterliche Studien*, viii (1974), 129.

[25] 'Ennoblement by the Crown and Social Stratification in France 1285-1322: A Prosopographical Survey,' *Order and Innovation. Essays in Honor of Joseph R. Strayer*, ed. W. Jordan, B. McNab, T. Ruiz (Princeton, 1976), 500 f. note 6.

[26] 'Prosopography,' 46 (Übersetzung p. 64). Daneben wird auch der Terminus 'kollektive Biographie' verwendet, cf. *Quantitative Methoden in der historisch-sozialwissenschaftlichen Forschung*, ed. H. Best u. R. Mann (Hist.-Sozialwiss. Forschungen, 3, Stuttgart, 1977), 88. Im Französischen: 'Biographie collective.'

[27] W. H. Schröder, 'Quantitative Analyses of Collective Life Histories: The Case of the Social Democratic Candidates for the German Reichstag 1898-1912,' *Historical Social Research: The Use of Historical and Process-Produced Data*, ed. J. Clubb u. E. Scheuch (Hist.-Sozialwiss. Forschungen, 6, Stuttgart, 1979), 203 sowie weitere Beiträge darin.

[28] W. Blockmans, 'Verwirklichungen und neuere Orientierungen in der Sozialgeschichte der Niederlande im Spätmittelalter,' *Niederlande und Nordwestdeutschland. Franz Petri zum 80. Geburtstag*, ed. W. Ehbrecht und H. Schilling (Köln/Wien, 1983), 57 f.

[29] Beech, 'The Scope,' 3.

[30] Zur Literatur cf. *supra*, note 11.

[31] Cf. Beech, 'The Scope,' 6.

[32] Vgl. dazu auch Neale, 'Biographical Approach,' 196. Wenn man der

Fragestellung eine zentrale Bedeutung zumisst, wie wir es tun, wird man kaum von gleichsam unbewusster prosopographischer Forschung sprechen können, anders Barré, 54 u. R. Turner, 'Twelfth- and Thirteenth-Century English Law and Government: Suggestions for Prosopographical Approaches,' *Medieval Prosopography*, iii, 2 (1983), 21.

[33] Beispiele s. N. Bulst, 'Studium und Karriere im königlichen Dienst in Frankreich im 15. Jahrhundert,' *Schulen und Studium im sozialen Wandel des hohen und späten Mittelalters*, ed. J. Fried (Vorträge und Forschungen, 30, Sigmaringen, 1985), 375-405.

[34] 'Prosopography,' 46.

[35] *Blätter für deutsche Landesgeschichte*, xiiic (1957), 458. Dieser Auffassung, dass nur über sie 'das wahre Bild von der Leistung dieser. . . Ordnung' erkennbar sei, ist nicht zuzustimmen.

[36] Wriedt, 'Personengeschichtliche Probleme,' 19.

[37] Cf. Beech, 'Prosopography,' 152.

[38] Vgl. dazu den Beitrag von L. Poos, *infra*, 201 ff.

[39] Werner, 'Problematik,' 73 ff.

[40] Cf. F. Venturi, *Historiens du XXe siècle. Jaurès, Salvemini, Namier, Maturi, Tarle*, trad. par M. Chevalier (Genève, 1966), 89 ff. u. bes. 94; L. Clark, C. Rawcliffe, 'The History of Parliament, 1386-1422. A Progress Report,' *Medieval Prosopography*, iv, 2 (1983), 9-41; P. W. Hasler, ed., *The History of Parliament. The Commons 1558-1603* (London, 1981).

[41] 'Prosopography,' 47 f.

[42] 'Prosopography,' 153.

[43] J. W. Alexander, 'Medieval Biography: Clio Lo Volt,' *The Historian*, xxxv (1972), 355-64.

[44] R. Pillorget, 'Die Biographie als historiographische Gattung. Ihre heutige Lage in Frankreich,' *Historisches Jahrbuch*, ic (1979), 327-54 u. ders., 'La biographie comme genre historique: sa situation actuelle en France,' *Revue d'histoire diplomatique*, xvic (1982), 5-42 (eine leicht erweiterte Fassung). Cf. F. Ferrarotti, 'Sur l'autonomie de la méthode biographique,' *Sociologie de la connaissance*, ed. J. Duvignaud (Paris, 1979), 131-52.

[45] 'Personenforschung,' 9.

[46] Pillorget, 'Die Biographie,' 329; S. Romano, 'Biographie et historiographie,' *Revue d'histoire diplomatique*, xvic (1982), 51.

[47] Pillorgets eigene Ausführungen ('La biographie,' 22 u. 24) machen dies deutlich, wenn er einen Gegensatz zwischen einer 'approche biographique de l'histoire,' womit die Prosopographie gemeint ist, die Charaktere und Persönlichkeiten verschwinden lässt, und einer von ihm akzeptierten 'biographie quantitative' oder 'biographie sérielle,' die diesem Fehler nicht verfällt, herausstellt. Ein Unterschied scheint hier jedoch eher in Worten als in der Sache zu bestehen.

[48] Cf. Venturi, *Historiens*, 94.

[49] 'Biographical Approach,' 195 u. 199. Eine Gleichsetzung auch bei A. Paravicini Bagliani, *Cardinali di curia e 'familiae' cardinalizie dal 1227 al 1254* (Italia Sacra, 18, Padova, 1972, vol. i) xi u. 2, der gleichbedeutend von 'riconstruzione prosopografica' und 'riconstruzione biographica' spricht.

[50] Vgl. dazu etwa die Beiträge von G. Althoff und D. Geuenich in diesem Band.

[51] Tellenbach, 'Zur Bedeutung,' 8 u. Werner, 'Problematik,' 58.

[52] 'Prosopography,' 46 u. 49 (Übersetzung p. 64).

[53] Beech, 'Prosopography,' 157, 171, 173; Werner, 'Problèmes,' 205 ff. u. 209; Nicolet, 'Prosopographie,' 1209 f.; Autrand, 'Prosopographie,' 46; Maurin, 'La prosopographie,' 824.

[54] Cf. Carney, 'Prosopography,' 164.

[55] Cf. Blockmans, 'Verwirklichungen,' 45 ff., der prosopographische Forschung in dem Abschnitt 'Neue Problematik und Interpretationen' erörtert; Maurin, 'La prosopographie,' 824 u. 833. Vgl. A. Kaplans Warnung vor der Identifizierung eines bevorzugten Satzes von Techniken mit wissenschaftlicher Methode, *The Conduct of Inquiry: Methodology for Behavioral Science* (San Francisco, 1964), 28 u. 23.

[56] Vgl. dazu auch den Beitrag von H. Rüthing in diesem Band.

[57] 'Medieval Multiple Biography,' 675; Stone, 'Prosopography,' 53; Beech, 'Prosopography,' 153.

[58] Cf. Autrand, 'Prosopographie,' 43.

[59] Cf. P. Moraw, 'Beamtentum und Rat König Ruprechts,' *Zeitschrift für die Geschichte des Oberrheins*, cxvi (1968), 60 f.; ders., 'Kanzlei und Kanzleipersonal König Ruprechts,' *Archiv für Diplomatik*, xv (1969), 433 u. ders., 'Personenforschung,' 9. Neale, 'Biographical Approach,' 196 u. 201; Turner, 'Suggestions,' 22 f.

[60] Cf. die Beiträge in diesem Band, Part vi.

[61] Zur Landesgeschichte cf. F. V. Klocke, 'Prosopographische Forschungsarbeit und Moderne Landesgeschichte,' *Westfälische Forschungen*, xi (1958), 195-206 u. xii (1959), 204-12; zur Wirtschaftsgeschichte cf. v. Stromer, 'Wirtschaftsgeschichte,' 31 ff.

[62] N. Bulst, 'The Deputies at the French Estates General of 1468 and 1484. A Prosopographical Approach,' *Medieval Prosopography*, v, 1 (1984), 65 ff.

[63] A. Prescott, 'London in the Peasants' Revolt: A Portrait Gallery,' *London Journal*, vii, 2 (1981), 125-43.

[64] Cf. bes. den Beitrag von R. Schwinges, *infra*, u. Bulst, 'Studium.'

[65] Stones Kritik an Syme, Namier und Neale ('Prosopography,' 63 f.) wird man allerdings nur sehr abgeschwächt übernehmen können, da wohl zu allen Zeiten Institutionen auch von ihren Trägern geprägt werden und diese nie einen solchen Eigenwert gewinnen, dass sie unbeeinflussbar werden.

[66] Stone, 'Prosopography,' 57-65; Petersohn, 'Personenforschung', 3; Wriedt, 'Personengeschichtliche Probleme,' 20.

[67] In seiner Kritik überzogen Stone, 'Prosopography,' 60; cf. Beech, 'Prosopography,' 151 u. 164 f.; Tellenbach, 'Zur Bedeutung,' 16; Gillespie, 'Medieval Multiple Biography,' 678.

[68] Zur Notwendigkeit der 'Kenntnis persönlicher Abhängigkeiten, Freundschaften und Feindschaften' bei Konzilsmitgliedern cf. H. Müller, 'Zur Prosopographie des Basler Konzils: Französische Beispiele,' *Annuarium Historiae Conciliorum*, xiv (1982), 140.

[69] Cf. Stone, 'Prosopography,' 61; Maurin, 'La Prosopographie,' 832.

[70] J.-P. Genet, 'Die kollektive Biographie von Mikropopulationen: Faktorenanalyse als Untersuchungsmethode,' *Quantitative Methoden in der Wirtschafts- und Sozialgeschichte der Vorneuzeit*, ed. F. Irsigler (Hist.-Sozialwiss. Forschungen, 4, Stuttgart, 1978), 71 ff.

[71] Ders., 'Histoire sociale et ordinateur,' *Informatique et Histoire médiévale*, 232.

[72] Cf. Stone, 'Prosopography,' 60 f.; Gillespie, 'Medieval Multiple Biography,' 681.

[73] 'Prosopography,' 58.

[74] N. Bulst, *Die französischen Generalstände von 1468 und 1484. Prosopographische Untersuchungen zu den Delegierten* (Pariser Historische Studien, Bonn, 1987).

[75] 'Beamtentum,' 61.

[76] Cf. Chr. Klapisch-Zuber, *infra*, 29 ff.

[77] Z. B. Chr. Renardy, *Le monde de maîtres universitaires du diocèse de Liège 1140-1350*. vol. i: *Recherches sur sa composition et ses activités*. vol. ii: *Répertoire biographique (1140-1350)* (Bibl. de la Fac. de Philosophie et Lettres de l'Univ. de Liège, ccxxvii u. ccxxxii, Paris, 1979-81); H. Millet, *Les chanoines du chapitre cathédral de Laon 1272-1412* (Coll. de l'Ec. franc. de Rome 30, Rome, 1982), 319-417 (Notices biographiques).

[78] Dies soll allerdings nicht als Forderung missverstanden werden, dass prosopographische Forschung in Zukunft nur noch mit Hilfe der EDV möglich sein sollte. Gleichwohl ist unverkennbar, dass sich die Standards statistischer Auswertung im Gegensatz zu noch vor wenigen Jahren erheblich verändert haben. Neben den Beiträgen in Part vii cf. auch P. Burke, *Sociology and History* (London, 1980), 37-42.

[79] Kaplan, *The Conduct*, 28; cf. Carney, 'Prosopography,' 178 f.

SUMMARY

On the Object and Method of Prosopography

In recent research on medieval history the proportion of prosopographical studies has increased significantly. What are the reasons of this new interest in prosopography? This paper discusses the importance, different conceptions and aims of prosopography and also deals with its possibilities and limits. Further questions are discussed on the relation between prosopography and biography and on prosopographical method. Does a genuine prosopographical method exist or is prosopographical research based on a combination of historical methods and those of other disciplines as well as of computer techniques? The conclusion is drawn that there is no genuine prosopographical method but a special formulation of questions in social history. Why do we ask "who were they" and what justifies the enormous labor of prosopographical research? Here one must refer to the limits which narrow the results of historical research in many fields (e. g. institutional history, history of social movements, etc.). A better knowledge of the actors can only lead us to a new and better perception. The limits of prosopographical research finally do not seem to be narrower than those of other approaches to medieval political, social, and economic reality. In spite of the difficulties which prosopographical research presents and the difficulties of presenting its results in a readable form, prosopography seems to be at its earliest stage and its possibilites for the extension of historical knowledge in the field of social sciences is only just beginning; indeed its importance will increase rapidly.

Quelques remarques à propos de quelques questions posées par l'étude sociologique de la classe dominante

Monique de Saint Martin

Ce texte se propose d'être une contribution méthodologique à l'étude de la classe dominante. A partir d'une expérience de recherche, à la demande des historiens, j'ai tenté de présenter un ensemble de notations ou de remarques méthodologiques, ou plutôt de répondre par une série d'exemples ou d'illustrations à des questions pratiques de recherche. Ce texte renvoie à des études où on trouvera exposées de façon plus systématique les hypothèses et les méthodes des recherches sociologiques sur la classe dominante réalisées au Centre de sociologie européenne.[1]

> *Pourquoi et comment un agent singulier ou une famille singulière peut constituer un objet d'études sociologiques? Comment construire sociologiquement une biographie?*

Ce qui distingue, me semble-t-il, la biographie du duc de Brissac que j'ai tenté de construire d'une biographie ou d'une monographie au sens ordinaire, c'est le double souci de chercher à faire une histoire structurale des espaces sociaux (champs) où s'engendrent et s'effectuent les dispositions des différents membres de la famille (et principalement du duc de Brissac lui-même) et le souci de chercher à comprendre le sens des actions du duc de Brissac. J'ai voulu noter, dans les mondes sociaux qu'il traversait successivement, ce qui l'intéressait et ce qui ne l'intéressait pas et pourquoi, ce qui le sollicitait, l'interpellait, le provoquait, déterminant ainsi les choix successifs qui font sa biographie.[2]

Porteur d'un titre et d'un nom des plus prestigieux, héritier d'une grande famille de la noblesse militaire où l'on 'sert la France depuis 500 ans,' ancien élève de l'Ecole polytechnique, et Président directeur général d'une société filiale du groupe Schneider, le douzième duc de Brissac, qui est au centre de cette étude, est né en 1900. Il a épousé May Schneider,

17

descendante d'une des plus grandes familles de maîtres des forges et il représente en quelque sorte la forme réalisée de l'aristocrate accompli.

Pour rendre compte aussi complètement que possible de la trajectoire du duc de Brissac, de ses dispositions, il a fallu reconstituer ce qu'était aux principaux tournants de cette trajectoire, l'espace des possibilités qui s'offrait à lui. Ceci comprend l'espace des établissements d'enseignement secondaire pour les enfants de la bourgeoisie et de l'aristocratie au début du siècle, l'espace des établissements d'enseignement supérieur, l'espace des 'partis' (alliances matrimoniales) convenables pour lui, le champ des carrières possibles pour un jeune aristocrate, etc. Il a fallu bien sûr aussi prendre en compte la position du duc de Brissac dans sa propre famille et dans sa phratrie. Pour comprendre par exemple ce que peut signifier dans son cas le fait d'avoir préparé Polytechnique, il faut savoir que les jeunes aristocrates de sa génération ne faisaient guère d'études supérieures, ou bien ils préparaient l'école militaire de Saint-Cyr lorsqu'ils appartenaient à la noblesse militaire.[3] Ce choix tout à fait exceptionnel pour l'époque se comprend mieux si l'on sait d'une part qu'après avoir fréquenté des établissements privés, le duc de Brissac a achevé ses études secondaires dans des lycées publics et que, d'autre part il était le cadet et non l'aîné. C'était donc lui qui, au départ, ne devait pas hériter du titre et de la position de chef de famille et qui a pu être encouragé à cultiver ses goûts et même son 'don' pour les mathématiques. Cependant, ce qui a intéressé le plus le duc de Brissac à l'Ecole Polytechnique, c'est beaucoup moins, semble-t-il, les mathématiques qui lui ont permis d'opérer un début de reconversion et d'échapper au déclassement ou au déclin que connaissaient alors les aristocrates, que les possibilités et occasions de divertissement que lui offrait cette institution.

Au lieu de raconter rituellement l'enfance ou l'adolescence du duc de Brissac, on peut interroger son enfance et son adolescence à partir de l'âge adulte en se demandant comment et pourquoi se sont constituées les dispositions qui se manifestent dans tel ou tel moment stratégique. Ainsi l'étude des conditions sociales qui ont formé le duc de Brissac, et plus précisément l'étude de l'éducation qu'il avait reçue dans la prime enfance, du processus d'apprentissage dans sa famille, des manières d'être, de sa façon de se tenir en société, permet de comprendre pour une part ce qui fait qu'ensuite les mondanités prennent tant de place dans sa vie. Car il maîtrisa parfaitement l'art de parler 'incidemment' de questions, y compris d'affaires qui lui tenaient à coeur lors d'une chasse, par exemple. C'est au cours d'une de ces chasses que le duc de Brissac s'était 'entretenu avec Valéry Giscard d'Estaing, ministre des finances, de la solution peu satisfaisante mise en place pour assurer la gérance de Schneider après la disparition du dernier gérant du nom.'[4]

Au risque de simplifier, on peut dire que ce qui caractérise en propre le duc de Brissac, par opposition à un président directeur général ou à un haut fonctionnaire de la même génération que lui, passé par Polytechnique comme lui, mais issu de la grande bourgeoisie et non de l'aristocratie, c'est le sentiment de l'appartenance à une lignée, de la possession d'un titre et d'un nom prestigieux. C'est le souci de manifester qu'il est le chef d'une 'grande' famille, et que cette 'grande' famille continue. Et tout donne à penser que ce qui lui prend le plus de temps, ce qui l'intéresse le plus, c'est le travail d'accumulation, d'entretien et de gestion des relations. Pour lui, c'est une tâche de tous les instants (réceptions, excursions, voyages, croisières, spectacles, conférences, réunions, participation à de nombreux groupements, cercles, clubs, associations, sociétés d'amis, inaugurations d'usines, conseils d'administration, etc.). L'étude a en effet permis de retracer non seulement l'histoire des stratégies matrimoniales de la famille, de ses reconversions, mais aussi et surtout elle a permis de saisir dans le détail les mécanismes d'accumulation, d'entretien et de gestion du capital social.

Ce qu'on pourrait appeler le travail de construction sociologique de la biographie du duc de Brissac a consisté pour une part à sélectionner dans la masse des données et des informations recueillies et à en ordonner les traits les plus pertinents, s'agissant d'expliquer et de comprendre la logique spécifique d'accumulation et de transmission de cette forme spécifique de capital qu'est le capital social. Il a fallu aussi référer et comparer, implicitement au moins, la famille Brissac à d'autres familles plus ou moins proches d'elle par leurs caractéristiques sociales (autres familles de la noblesse terrienne, familles de la noblesse de robe, etc.).[5]

Dans quelle mesure le sociologue peut-il faire confiance aux documents écrits (ouvrages de mémoires, dictionnaires biographiques?

Les mémoires du duc de Brissac

La recherche sur la famille Brissac avait eu pour point de départ la lecture des trois volumes de mémoires rédigés par le duc de Brissac entre 1972 et 1977, c'est-à-dire peu après qu'il eut pris sa retraite professionnelle. Ces mémoires se présentent comme un récit des événements familiaux ou autres auxquels le duc de Brissac a été associé, ou plutôt comme une sorte de carnet mondain sur lequel sont consignés, année après année, de 1900 à nos jours, les noms des parents, des amis ou des personnalités rencontrés. On ne peut utiliser un tel document, au demeurant très riche, qu'à condition de s'interroger d'abord sur les fonctions qu'il remplit pour l'auteur. Il semble bien que ces mémoires, de même que la plupart des nombreux autres ouvrages écrits, soit par le duc de Brissac, soit par d'autres membres de sa famille, aient été pour la plupart écrits à l'intention des membres de l'in-group, au sens large, avec à la fois beaucoup de naïveté et d'assurance et qu'ils participent, sans que leurs auteurs en soient nécessairement conscients, à des degrés divers et avec des modalités variables, de l'entreprise de célébration de la famille, donc de l'entretien du capital social (qui était précisément l'objet de la recherche).[6] Il a donc fallu procéder à un travail (très difficile à décrire) d'accumulation méthodique d'informations fournies par d'autres sources biographiques. Il a fallu constituer des généalogies, procéder à des observations du château familial, réaliser des entretiens, analyser aussi les entretiens accordés par le duc de Brissac à la presse et à la radio, surtout faire un long travail de reconstitution et de rassemblement de petits faits et de données en apparence anodins pour faire apparaître ainsi les relations cachées que les écrits voilent en même temps qu'ils les dévoilent, mais à condition d'être soumis à une interrogation systématique. Ainsi le mariage du duc de Brissac avec May Schneider est assez largement évoqué dans ses mémoires. Cependant pour en comprendre la signification, pour comprendre notamment que May Schneider, descendante d'une famille de la grande bourgeoisie industrielle et non de l'aristocratie, représentait sans doute l'un des meilleurs 'partis' que le duc de Brissac pouvait choisir, si ce n'est le meilleur, il a fallu analyser dans le détail le mariage de tous ses frères et soeurs et l'histoire sociale des deux lignées Brissac et Schneider spécialement sous le rapport des mariages. Cette recherche a fait apparaître qu'il existait en fait de nombreux 'points communs' entre les Brissac et les Schneider. Chez les Brissac, il y avait déjà eu plusieurs alliances avec des représentantes de la grande bourgeoisie industrielle et commerciale qui avaient permis aux Brissac de maintenir ou d'accroître leur capital économique. Et les Schneider, qui sont connus pour être des industriels et des banquiers, sont aussi des propriétaires terriens et fonciers et surtout ont recherché les alliances avec la haute noblesse terrienne. En outre, la confrontation de nombreux documents et témoignages a fait apparaître que le style de vie, l'éducation, les occupations des deux familles n'étaient pas aussi éloignés qu'on aurait pu le croire. Et on pouvait noter par exemple qu'Eugène Schneider, le père de May Schneider, avait fait une partie de ses études secondaires chez les jésuites, en même temps que le père du duc de Brissac. C'est en rapprochant et en confrontant systématiquement de nombreux documents et témoignages écrits *ou oraux*, qu'il a été possible peu à peu de construire la biographie du duc de Brissac et par exemple de comprendre que ce mariage, après le passage par l'Ecole polytechnique, constituait d'une certaine manière la meilleure façon d'échapper au déclin de l'aristocratie et de maintenir la position de la famille.

Les annuaires biographiques (Who's Who, etc.)

Lors de la recherche sur le patronat qui portait entre autres sur les Présidents directeurs généraux des plus grandes sociétés industrielles, commerciales, des banques en 1972 (n = 216), nous avions analysé les données biographiques provenant de sources très variées: dépouillement de la presse spécialisée (*L'Expansion*, *Entreprise* notamment), des dictionnaires biographiques, des curriculum vitae recueillis auprès des services de presse, des services de relations publiques ou des secrétariats des différentes sociétés, des annuaires des grandes écoles, des clubs, des recueils généalogiques, tout en recueillant nombre d'informations rares par entretien avec les intéressés ou avec des informateurs.

La confrontation des différentes sources a permis d'établir en quelque sorte les limites et le degré de fiabilité de chacune d'elles. Ainsi le *Who's Who* qui constitue en France la seule source prise en compte par un grand nombre de travaux sociologiques[7] apparaît relativement fiable, bien qu'imprécis, en ce qui concerne les études secondaires et supérieures des PDG, mais très insuffisamment précis en ce qui concerne la carrière professionnelle ou l'origine sociale. Les déclarations de professions n'indiquent que de façon très approximative la profession réellement exercée par le père. La seule prise en compte du *Who's Who* conduirait par exemple à une sous-estimation de la part des PDG dont les familles étaient liées au monde des affaires. Ainsi, le père de l'un des PDG étudiés dont on peut lire dans le *Who's Who* qu'il était 'avocat au Conseil d'état' était aussi membre du conseil d'administration de plusieurs grandes banques et grandes sociétés. Le père d'un autre PDG dont il était écrit dans le *Who's Who* qu'il était 'universitaire' était professeur à la faculté de droit (ce qui n'est pas indifférent) et son beau-père était administrateur de nombreuses sociétés. En d'autres cas les déclarations de professions sont très vagues: 'fonctionnaire,' 'cadre,' etc.

De plus, le *Who's Who*, à travers le questionnaire adressé à ceux qui y seront inclus, impose une certaine définition des propriétés pertinentes et exerce un effet d'homogénéisation artificielle entre les différents PDG. Les curriculum vitae distribués par les services de presse des entreprises proposent eux l'image du PDG que le PDG veut plus ou moins consciemment contribuer à faire connaître; tel met l'accent sur les différentes opérations: fusion, diversification des activités du groupe dont il a été l'initiateur, mais ne dit rien ou presque des différentes étapes de sa carrière; tel autre met l'accent sur sa participation à de nombreuses associations professionnelles et locales dont on ne trouvait aucune trace dans les annuaires biographiques; tel autre fait une très large place à ses publications, articles, ouvrages, communications à des symposiums (indicateur important de ses relations avec le champ universitaire, le champ du journalisme, le champ politique), alors qu'une seule de ces publications est mentionnée dans le *Who's Who*.[8] On comprend donc que ces documents écrits: annuaires biographiques de types divers, curriculum vitae, etc., ne peuvent être utilisés que si on s'est interrogé sur les fonctions sociales qu'ils remplissent, aussi bien pour leurs éditeurs que pour leurs lecteurs et que pour ceux qui y figurent.

A quelles conditions le sociologue peut-il entreprendre la comparaison diachronique des différents états d'un groupe donné (épiscopat, patronat)?

Ayant entrepris une étude sur l'épiscopat français en fonction en 1972, il nous est apparu nécessaire de comparer entre elles les différentes générations d'evêques en poste à ce moment et aussi d'étendre la comparaison aux évêques en fonction avant la guerre de 39-45 et aux évêques en fonction au début des années 50. On observe ainsi que la part des évêques issus de l'aristocratie ou de la bourgeoisie a tendu à diminuer, de même d'ailleurs que la part des fils d'ouvriers ou de salariés agricoles. Par contre, la part des évêques issus de la petite bourgeoisie et notamment des fils d'artisans et de petits commerçants a tendu à augmenter. Enfin, alors que la part de la population employée dans l'agriculture a diminué régulièrement entre 1876 et 1931 (période de naissance de la plupart des évêques concernés), la part des évêques, fils de cultivateurs ou de propriétaires terriens a relativement peu diminué.

Du fait du changement du poids relatif des différentes catégories dans la population, la constance nominale peut donc, comme dans le cas des fils d'agriculteurs, masquer le changement, et inversement. En outre, la composition même des classes, et des fractions de classe où sont prélevés les évêques, a changé. Ainsi, alors que les évêques fils de cultivateurs proviennent parfois en 1932 de régions de grande agriculture (Beauce, Brie, etc.) et de grandes propriétés, les évêques fils de cultivateurs proviennent souvent en 1972 de régions d'agriculture de montagne et de familles n'exploitant que quelques hectares.

Selon la même logique, on peut très difficilement comparer les évêques, fils d'industriels en 1932, et les évêques, fils d'industriels en 1972. Les premiers provenaient plus fréquemment que les seconds de la grande bourgeoisie industrielle. En outre, la catégorie des industriels s'est profondément transformée pendant la période.

Pour comprendre ce que peuvent signifier les variations observées dans la composition sociale du corps épiscopal, il nous a fallu prendre en compte les transformations de la structure du champ religieux et des postes offerts pendant la même période.[9] C'est en effet qu'en même temps qu'ont changé les classes et les fractions de classe dont sont issus les évêques, il y a eu des changements dans les modes de formation des prêtres, les postes offerts aux séminaristes, les carrières possibles, et les manières d'exercer le magistère. Sans retracer ici l'histoire sociale des transformations du champ religieux, on citera seulement quelques faits particulièrement significatifs et caractéristiques de cette évolution. Tout d'abord, il y a eu un accroissement du nombre et de la part des prêtres remplissant des fonctions de gestion, de coordination ou de direction de services de concertation de l'Eglise. Il y a eu une diminution du nombre et de la part des prêtres affectés dans les paroisses. Il y a eu également une diminution de la valeur et du prestige de certaines formes d'apostolat telles que l'Action catholique, de certaines formations telles que le séminaire français de Rome (lieu traditionnel de formation de l'élite des prêtres), et de la position d'évêque elle-même. On sait par exemple que la fonction de l'évêque s'est profondément transformée. Autrefois l'évêque était le maître dans son diocèse, portait solennellement dans les cérémonies la crosse et la mitre, et allait recevoir l'hommage de ses paroissiens dans les paroisses. Son rôle actuel est plus proche de celui d'un gestionnaire qui court à longueur d'année de réunion en rencontre, de commission en conférence. On comprend ainsi que les membres du clergé d'origine aristocratique ou bourgeoise qui entraient quasi naturellement dans le rôle de l'évêque d'avant-guerre s'en détournent maintenant et s'orientent plutôt vers des postes comme celui de théologien ou de religieux. S'il arrive qu'ils deviennent évêques, il évitent le plus souvent les positions trop centrales et seront plus enclins à accepter un évêché 'missionnaire' dans une banlieue ouvrière, par exemple. Selon la même logique, si le fait de favoriser l'Action catholique ouvrière ou rurale, qui était plutôt un indice de 'modernisme' dans les années 1930 ou même 1950, est devenu un indice de 'conservatisme' dans les années 1970 ou 1980, où l'avant-garde s'intéresse plus aux communautés de base ou au catéchuménat des adultes, il y a toutes chances pour que ce ne soient pas des évêques ayant les mêmes dispositions ou ayant suivi les mêmes trajectoires qui soutiennent l'Action catholique aux différents moments. De fait, l'étude a fait apparaître que parmi les évêques en poste en 1972, ceux qui soutenaient le plus fortement l'Action catholique dans la génération la plus ancienne (ceux qui ont été sacrés avant 1960) étaient souvent originaires de la bourgeoisie, et que par contre ceux qui la soutiennent le plus dans la génération la plus récente (ceux qui ont été sacrés évêques récemment) étaient presque toujours issus des classes populaires et moyennes.

Les relations entre les dispositions des évêques et le champ du pouvoir religieux n'ont rien de mécanique ou d'automatique. D'une part, l'espace des positions offertes (telles que celle d'archevêque de Paris, d'évêque d'Amiens, de secrétaire général de l'épiscopat, etc.) contribue à déterminer les propriétés attendues, voire exigées, des candidats éventuels à ces positions à un moment donné, donc les catégories d'agents qu'elles peuvent attirer ou au contraire éloigner. D'autre part, l'appréhension de l'espace des différentes positions du champ du pouvoir religieux et l'appréciation de la valeur de chacune d'elles dépendent des dispositions des agents.

Pourquoi est-il nécessaire de procéder à un ensemble de comparaisons synchroniques lorsqu'on étudie un groupe ou une fraction donnée de la classe dominante (patronat, épiscopat, etc.)?

La compréhension des caractéristiques et des propriétés d'une caté-gorie ou d'une fraction de la classe dominante (patronat, épiscopat, etc.) n'est possible qu'en relation et en comparaison avec d'autres catégories ou d'autres fractions, sous peine de 'projeter sur le passé la hiérarchie présente'[10] ou de projeter sur le présent la hiérarchie ancienne. Contre la tentation permanente de l'étude strictement monographique d'un milieu précis, il paraît important de rappeler la nécessité de replacer la fraction étudiée par rapport aux fractions proches d'elle et surtout dans l'ensemble du champ de la classe dominante.

Ainsi, la recherche sur l'épiscopat a fait apparaître que les évêques doivent une partie importante de leurs propriétés à ce qu'ils se trouvent de fait en concurrence (ce qui n'exclut pas la complémentarité) avec tous ceux qui exercent, directement ou indirectement, le pouvoir proprement symbolique d'imposer et d'inculquer une vision du monde, et notamment les théologiens, clercs ou laïcs, les responsables d'organisations centrales.[11] Les évêques s'opposent surtout à des degrés différents, selon leur position dans le champ de l'épiscopat et selon leur trajectoire, d'un côté aux théologiens et aux religieux, plus tournés vers le pouvoir symbolique central, vers les grandes revues et les organes de presse nationaux, les groupes intellectuels de recherche et de réflexion, et moins soucieux qu'eux des questions temporelles. D'un autre côté ils s'opposent aux responsables des grands organismes centraux de coordination et de concertation de l'Eglise (Secrétariat général de l'épiscopat, Secrétariat général de l'enseignement catholique, etc.), plus tournés qu'eux vers le pouvoir politique central et plus coupés des réalités locales (dites 'pastorales'). C'est sans doute avec les théologiens et les religieux qu'en l'état actuel la concurrence est la plus forte et ce d'autant plus que les théologiens cherchent à s'adresser à un public plus large que celui des seuls producteurs de biens religieux.

L'histoire de la constitution des institutions 'collégiales,' en particulier de l'Assemblée plénière des évêques, des commissions épiscopales, du Conseil permanent, etc., peut être lue pour une part comme l'histoire d'un corps cherchant à défendre son autonomie aussi bien par rapport à la Curie romaine que par rapport au pouvoir des mouvements nationaux d'Action catholique ou au pouvoir des religieux: dominicains et jésuites principalement. Si les évêques actuels, à part quelques exceptions, ne se hasardent plus guère à faire des déclarations individuelles que s'il s'agit de problèmes locaux, c'est peut-être pour une part parce que les déclarations communes (sur les questions générales: avortement ou enseignement privé, par exemple) constituent l'instrument de défense de l'ordre et du corps qui leur paraît le plus efficace contre la constitution de nouveaux pouvoirs et en particulier contre le pouvoir de certains groupes de prêtres, séculiers ou réguliers, et de laïcs.[12]

Certaines des propriétés les plus importantes des évêques ne se révèlent que dans la relation qui les unit objectivement aux autres fractions de la classe dominante: professeurs de l'enseignement supérieur, patrons, hauts fonctionnaires, etc. Elles se déduisent en quelque sorte de leur position de dominés parmi les dominants (une comparaison avec la position des évêques allemands dans le champ de la classe dominante allemande serait très éclairante et utile). Les évêques apparaissent beaucoup plus proches par leur origine sociale et aussi par la place qu'ont occupée les activités d'enseignement dans leur carrière des professeurs d'enseignement supérieur que des PDG ou des hauts fonctionnaires (directeurs de ministères, inspecteurs des finances). Cependant, ils sont d'une certaine façon moins éloignés des PDG ou de l'univers des entreprises que ne le sont les professeurs. En effet, les évêques sont passés presque toujours par des établissements d'enseignement privé (ce qui n'est que très rarement le cas des professeurs) et sont beaucoup plus souvent fils d'artisans, commerçants, de petits ou moyens entrepreneurs ou négociants que les professeurs. Le fait que par leur origine, leur formation et leur expérience professionnelle, les évêques participent d'une certaine façon des deux pôles de la classe dominante (c'est-à-dire du pôle des professeurs et du pôle des patrons) contribue pour une part à les prédisposer à leur tâche collective de conciliation des opposés.

Plus encore, la comparaison avec les autres fractions de la classe dominante permet de voir que les évêques réalisent au plus haut degré toutes les contradictions inscrites dans la position de dominant dominé: ils exercent un pouvoir temporel dans l'univers du spirituel, ils ne possèdent ni l'autorité proprement religieuse (monopole des théologiens et des religieux), ni même le prestige attaché au renoncement au pouvoir. Ils doivent se satisfaire d'un pouvoir officieux, voué à la mauvaise foi, aux compromis, à l'euphémisme.

NOTES

[1] Voir notamment P. Bourdieu, M. de Saint Martin, 'Le patronat,' *Actes de la recherche en sciences sociales*, xx-xxi (mars-avril, 1978), 3-82; P. Bourdieu, M. de Saint Martin, 'La sainte famille. L'épiscopat français dans le champ du pouvoir,' *Actes de la recherche en sciences sociales*, xliv-xlv (Nov., 1982), 2-54; M. de Saint Martin, 'Une grande famille,' *Actes de la recherche en sciences sociales*, xxxi (Janv., 1980), 4-21.

[2] Plus généralement, comme l'explique Pierre Bourdieu, 'Pour convaincre complètement et constituer en chronique logique la chronologie des relations entre Monet, Degas et Pissarro, ou entre Lénine, Trotski, Staline et Boukharine ou encore entre Sartre, Merleau-Ponty et Camus, il faudrait se donner une connaissance suffisante de ces deux séries causales que sont d'une part les conditions sociales de production des protagonistes ou, plus précisément, de leurs dispositions durables, et d'autre part la logique spécifique de chacun des champs de concurrence dans lesquels ils engagent ces dispositions, champ artistique, champ politique ou champ intellectuel, sans oublier, bien sûr, les contraintes conjoncturelles ou structurales qui pèsent sur ces espaces relativement autonomes.' Voir P. Bourdieu, *Leçon inaugurale faite le 23 avril 1982 au Collège de France* (Collège de France, Paris, 1982), 25.

[3] Ce qu'on a cherché à étudier, c'est chaque fois l'Xaetat du champ des possibles qui s'offrait objectivement au duc de Brissac, et qu'il a pour une part combattu. Une des erreurs caractéristiques de l'histoire de l'art, par exemple, pourrait tenir 'au fait que ne s'intéressant par définition qu'à des gens qui ont assez réussi pour "survivre," et, la plupart du temps, pour modifier la structure du champ des possibles (en

imposant par exemple une nouvelle hiérarchie des genres ou des styles), elle prend inconsciemment pour référence l'état du champ des possibles qu'ils ont imposé par la lutte au lieu de considérer celui qu'il leur a fallu combattre pour l'imposer et qui fait le sens même de leur lutte.' P. Bourdieu, M. de Saint Martin, 'La sainte famille,' *art. cit.*, 17.

⁴ Duc de Brissac, *Le temps qui court, 1959-74* (Paris, 1977), 105.

⁵ Il devrait à peine être utile de rappeler que ce n'est pas parce qu'on prend pour objet d'étude un agent singulier ou une famille singulière qu'on ne fait pas une analyse sociologique, à condition bien sûr de poser les questions sociologiquement pertinentes; et inversement, que l'accumulation d'individus ou de familles ne garantit pas par soi que l'on fasse une analyse proprement sociologique.

⁶ A noter aussi que les mémoires du duc de Brissac qui a écrit plusieurs autres ouvrages (récits de voyages, de chasse, souvenirs de sa grand'mère, ouvrage décrivant le château de Brissac) ont été, d'une certaine façon l'occasion de son plus grand investissement intellectuel; il a en effet cherché à conférer à ses mémoires une valeur de document historique et de témoignage sur une époque et à faire une fresque où l'autobiographie prend l'allure d'un regard objectif et serein sur le destin d'une famille prestigieuse, la sienne, et aussi sur le destin de toute la société française. Sur les fonctions que peuvent remplir les mémoires pour différentes catégories d'écrivains, on trouvera des analyses précises dans S. Miceli, *Les intellectuels et le pouvoir au Brésil (1920-45)* (M.S.H., Paris, 1981), 15-19.

⁷ Voir par exemple P. Birnbaum, C. Barucq, M. Bellaiche, A. Marié, *La classe dirigeante française* (Paris, 1978).

⁸ Il faudrait aussi bien sûr analyser la sélection opérée par le *Who's Who* dans l'ensemble de la classe dominante. Si la quasi totalite des évêques et des présidents directeurs généraux étudiés étaient inscrits dans le *Who's Who*, il n'en est pas de même par exemple des universitaires.

⁹ Selon la même logique, cherchant à expliquer pourquoi les patrons de 1932 issus de la bourgeoisie des affaires n'avaient souvent aucun diplôme d'enseignement supérieur et pourquoi les PDG de 1972 issus des mêmes fractions étaient plus souvent passés par Sciences Po ou par l'Ecole des hautes études commerciales, il a fallu prendre en compte les transformations de la structure du champ du pouvoir économique (avec par exemple la montée des financiers, l'accroissement du nombre de sociétés liées à l'Etat), les transformations du mode de domination dans le champ du pouvoir économique et les transformations du mode de légitimation de la domination.

¹⁰ C. Charle, 'Les milieux d'affaires dans la structure de la classe dominante vers 1900,' *Actes de la recherche en sciences sociales*, xx-xxi (mars-avril, 1978), 84.

¹¹ S'agissant d'étudier le patronat, il était selon la même logique nécessaire de replacer les PDG des grandes sociétés industrielles dans l'ensemble du champ du pouvoir économique et plus précisément d'étudier les relations de concurrence qu'ils entretiennent avec les PDG des grandes banques et sociétés d'assurances, bien sûr, mais aussi avec les directeurs de ministères (au Ministère de l'Industrie ou des Finances), les membres des cabinets ministériels, les Inspecteurs des Finances, etc.

¹² Il faudrait aussi montrer dans le détail les propriétés que l'épiscopat doit aux relations qu'il entretient avec l'ensemble des clercs.

SUMMARY

Some Remarks on Questions Arising from Sociological Studies of the Dominating Class

This study contains a set of methodological observations, which rest on sociological studies of the dominating class. Starting from experience gained during research on patrons, the episcopal bench, and aristocratic families in France, we try to solve practical research problems, such as those posed by the sociological elaboration of biographies of a family or of an individual, or by the use of records such as memoirs and biographical dictionaries. We also study the posssibilites and limits of diachronistic comparison of different configurations of a given group. We emphasize the necessity of comparison between the group under study and other groups or other fractions of the dominating class. Thus the French episcopal group is seen to owe an important part of its characteristics to the fact that it is in competition in the field of religious power with theologians, members of religious orders, and the leaders of the central institutions of the church. Other characteristics of the bishops will only appear if set against the whole background of the dominating class.

Quelques réflexions sur les rapports entre prosopographie et démographie historique

Christiane Klapisch-Zuber

Dessiner la 'figure,' saisir l'individu dans le groupe avec lequel il partage au moins un trait commun.

Restituer le collectif, par l'addition d'innombrables comportements individuels, afin de saisir le sens et les modes de l'évolution d'une population, les mécanismes de sa reproduction.

Peut-on imaginer deux procédures plus opposées? La première, celle de la prosopographie (entendue ici, selon l'usage de la plupart des historiens du bas Moyen-Age et de l'époque moderne, comme biographie collective), s'affirme comme une approche du social qui respecte constamment les éléments biographiques qu'elle rassemble et s'attache à ne pas emmêler les fils parallèles qu'elle allonge patiemment.

La seconde, celle de la démographie historique, reconstitue sommairement les destinées individuelles à partir de quelques variables seulement, mais fond au plus tôt dans l'anonymat ces ébauches de biographies. Suivant la loi des grands nombres, elle préfère les moyennes statistiques aux variantes individuelles. Par là elle s'efforce de privilégier la masse des sans-histoire, des humbles dont les attitudes devant la vie ou la mort et les réactions aux mouvements de la conjoncture ne sont accessibles à l'historien que comme comportements collectifs, devinés par la lecture d'indices et de courbes.

A l'inverse, la biographie collective pose crûment la problématique du pouvoir. Elle veut en démonter les mécanismes et braque ses projecteurs surtout sur ceux qui se sont fait un nom et que leur fonction, leur formation, leur statut social ou leur rôle historique ont distingués de la masse. La démarche prosopographique reste donc attentive à la singularité des groupes sociaux et des individus qui les composent quand elle les place sous sa loupe grossissante. Au contraire, la démographie historique, telle qu'elle s'est pratiquée pendant les deux dernières décennies, écrase les variantes sociales. Elle réduit dans son creuset non seulement les dimensions individuelles, mais les caractéristiques sociales des sous-groupes examinés, pour mieux

considérer la communauté—villageoise et, depuis peu, urbaine—où s'inscrivent morts, naissances et mariages.

Ne poussons pas trop loin l'opposition formelle entre les deux approches: les collectes sont différentes parce que les cibles et les intérêts ne sont
pas les mêmes. Aussi la vertu cardinale—et bien entendu inaccessible—de
la prosopographie est-elle l'exhaustivité, puisque, idéalement, elle se propose de couvrir tous les champs de l'activité privée et publique des membres
du groupe étudié, si restreint soit-il, afin de comprendre les ressorts de leur
action dans l'histoire. La vertu correspondante serait la précision absolue,
dans le cas de la démographie historique, laquelle ne repère que quelques
variables individuelles, bases des calculs ultérieurs, mais place un point
d'honneur sourcilleux à les établir très exactement.

Forcer la comparaison peut paraître d'autant moins justifiable que les
tendances neuves de la recherche en démographie historique l'encouragent à
intégrer toujours plus de données annexes et à les croiser avec les pures et
respectables variables démographiques. L'urgence de diversifier l'observation démographique s'est en effet imposée lorsqu'on est sorti du cadre
villageois pour aborder les sociétés urbaines, de structure sociale infiniment
plus complexe que les paroisses rurales. Il est devenu nécessaire de distinguer des sous-ensembles, socio-professionnels par exemple, et d'en dégager
les particularités démographiques. Ceci amène à rassembler autour des
individus et des lignées des informations tirées de sources diverses—
registres de taille, actes notariés, archives privées, etc.—qui permettent
d'étudier, au delà du mouvement général d'une population, les disparités des
courbes propres aux groupes qui la constituent.

Récupérant l'ensemble des données sociales et suivant au fil du temps
les devenirs individuels et collectifs, la démographie historique sort ainsi de
son splendide isolement et se rapproche, chemin faisant, de la méthode
prosopographique. Et si les stratégies sociales que l'une et l'autre examinent
ont leur spécificité, la mobilité, géographique ou sociale, dont l'étude attire
aujourd'hui les historiens de la population, est aussi l'une des composantes
principales des matériaux de la biographie collective.

Ces dernières remarques valent naturellement surtout pour l'histoire
des populations modernes, née de l'exploitation des registres paroissiaux.
En revanche, les études de démographie médiévale, en recourant aux sources
de type fiscal ou administratif, ont échappé davantage à la tentation d'oublier
les variations sociales: leurs maigres informations se coulaient souvent
d'emblée dans les catégories des classements économiques ou fiscaux.

Il reste que ces nouvelles conjonctions, ces partages d'expériences
somme toute communes, soulèvent un problème que démographie historique et biographie collective affrontent un peu différemment, celui de la
représentativité des populations étudiées. On s'est avisé dès longtemps, du
côté des démographes, que la méthode de la reconstitution des familles sur
laquelle s'est fondée notre connaissance de la démographie moderne, opérait

une sélection redoutable des individus et des couples qu'elle prenait pour objets, puisque tous ceux qui changeaient de paroisse sortaient de son champ d'observation. Et rien ne permettait de dire qu'ils obéissaient aux mêmes contraintes et suivaient les mêmes comportements que leurs congénères restés au village. Incertitude qui a constitué une puissante incitation à ne plus considérer seulement l'individu dans la famille conjugale, ni le couple dans la communauté villageoise, mais à les pister dans leurs déplacements et leurs destins ultérieurs propres. Une microdémographie, longitudinale et mobile, naît ainsi, par bricolages successifs, d'une déficience des méthodes d'analyse fondées sur la reconstitution des familles, férues pourtant de statistique, à répondre pleinement au sacro-saint principe de la représentativité des sous-ensembles étudiés. Le remède, là encore, a porté les chercheurs à réorienter leurs histoires de populations vers une histoire sociale de la population nourrie de biographies parallèles et d''histoires de famille.'

Il reste que la représentativité visée par la démographie historique porte sur la couverture géographique et que la parade à la petitesse des ensembles villageois étudiés a consisté à multiplier, comme en tache d'huile, les paroisses connues par leurs principales coordonnées démographiques. Pour la prosopographie, il s'est agi plutôt de multiplier, pour les groupes que l'on définissait à partir d'au moins une caractéristique commune (qu'elle soit géographique, temporelle ou sociale), les renseignements concernant tous les membres de ce groupe. La question de la représentativité s'y est posée sous deux angles: d'une part, la dimension du groupe, considéré comme un monde clos, doit être assez large cependant pour que les indices de différenciation interne soient significatifs; d'autre part, le groupe doit pouvoir être confronté à la société ambiante, ou à des groupes voisins si l'on veut justifier la détermination de ses contours. Dans le premier cas, sont mises en cause la pertinence des rapports de l'individu avec son groupe et la cohérence des critères permettant de les rassembler et de juger des écarts internes par rapport à la moyenne du groupe. Dans le second cas, le prosopographe qui souhaite esquiver l'affrontement a beau jeu d'arguer des vastes *terrae incognitae* entourant le petit îlot qu'il a repéré et décrit.

Pourtant, sans points de référence plus généraux, l'enquête prosopographique semble devoir se cantonner dans des conclusions incertaines quant à l'originalité des comportements et des stratégies développées par le groupe étudié. Si par exemple, on ignore tout des modèles d'alliance dominants ou de l'âge au mariage dans la société environnante, ou de l'âge de l'accès normal à la majorité, à la maturité socialement reconnue, etc., il devient très risqué de juger les stratégies de pouvoir et de réussite d'un groupe restreint. Comment mesurer la place qu'il accorde à l'alliance dans cet ensemble de conduites, l'usage qu'il en fait, si on ne peut rapporter ces observations à une connaissance plus générale de l'utilisation des règles de la parenté et de l'alliance dans cette société? Le propos même de la prosopographie me paraît bien menacé lorsqu'elle amasse des informations sur un groupe limité, éclairé par une bonne documentation, sans rien savoir des comportements des collectivités plus larges où il s'insère.

On plaidera donc ici pour le croisement systématique des données de la démographie et de la prosopographie, dans la mesure où la première constitue l'un des arrière-plans de la seconde, et où celle-ci propose des modèles d'intégration des données démographiques dans l'histoire sociale, dans ses dimensions politiques tout particulièrement.

Dans ces échanges, les emprunts ne sont pas à sens unique. En s'ouvrant à l'histoire sociale et en intégrant davantage de données prosopographiques à ses fichiers, la démographie historique a commencé à prendre plus précisément en considération le nom, matériau de base tant de ses études que de celles de la prosopographie, porteur des identifications indispensables à l'une et l'autre méthodes. Il me paraît symptômatique que les problèmes liés à la nomination et à l'identité, ou aux identités, des individus et des groupes familiaux soient examinés pour eux-mêmes seulement depuis peu par les historiens de la population, alors même qu'ils manipulaient depuis des décennies cette variable par contingents impressionnants, puisque toute reconstitution des familles ne peut se faire qu'en identifiant anthroponymiquement les gens de façon rigoureuse. Ainsi a été accumulée une somme fantastique d'informations sur le nom sans que, pour la plupart, les historiens de la population se soient, jusqu'à il y a peu de temps, inquiétés des fonctions du nom, et de l'interprétation à donner des règles de transmission ou d'attribution qu'ils mettaient ingénuement en lumière. En cela, ils restaient très loin derrière les historiens de sociétés plus anciennes, que le manque d'autres informations poussaient au contraire à explorer ces traces, souvent les seules laissées de leur existence par les gens ayant vécu dans un lointain passé.

Aujourd'hui, on s'avise, dans le royaume de la démographie historique, que les individus ne sont pas seulement des acteurs biologiques, procréant et engendrant, élevant et nourrissant des enfants, se mariant et décédant, malades ou bien portants; ni même seulement des acteurs matrimoniaux, épiant les bons partis, cherchant par l'alliance à améliorer ou maintenir une position sociale ou à élever celle de leurs enfants. Ce sont aussi des êtres dont les actions s'appuient sur un monde de représentations très souvent implicites, des êtres parlés autant que parlants; des individus, par exemple, dont la personnalité morale ou sociale peut être induite par le nom qu'on leur attribue à telle étape de leur vie; ou bien qui, en choisissant le nom de leur enfant, vont l'agréger plus ou moins consciemment à un groupe de personnes vivantes ou mortes et vont le faire du même coup bénéficier des biens matériels et des qualités spirituelles qui leur sont attachés.

Ici s'ouvre à l'historien des populations, scrutant les baptêmes ou suivant, d'acte de naissance en acte de mariage, puis en acte de décès, une même personne, un champ d'observation aussi riche que celui défriché depuis plus longtemps en amont: les historiens de l'Antiquité ou du haut

Moyen-Age nous ont montré ce qu'on pouvait tirer d'une interprétation attentive des stocks onomastiques et de leur évolution, de la structure de l'ensemble de noms portés par un individu et par sa descendance. Les démographes des XVe-XVIIIe siècles s'ouvrent à des recherches du même type, où ils ont beaucoup à retenir de l'expérience des spécialistes du haut Moyen-Age. Et à leur tour, leur expérience peut mettre en garde les prosopographes contre des conclusions trop rapides. J'en prendrai un exemple. Les registres de baptême ou ce qui peut en tenir lieu—des livres de famille bien tenus, comme ceux de la bourgeoisie florentine du XVe siècle— montrent la diversité des règles présidant au choix des parrains et marraines et à la sélection du prénom donné à l'enfant. Du nord au sud de l'Europe, et du Moyen-Age à notre époque, la parenté spirituelle a grandement varié, ses modalités successives répondant probablement à des fonctions différentes, qu'il est évidemment impossible d'étudier à travers les seuls registres paroissiaux. Le cercle où l'on recrute les parents spirituels peut inclure les parents proches, les exclure, ou se limiter à eux. Ces parrains, quel que soit le mode de leur recrutement, ont ou non la capacité de choisir le prénom de leur filleul; ailleurs on les choisit parce qu'ils vont donner automatiquement leur nom à celui-ci. La combinaison de ces diverses possibilités offre un champ d'enquête passionnant; je ne veux pourtant insister ici que sur une consé-quence de ces variations.

Il est clair que la méconnaissance des règles communes, à un moment et en un lieu donnés, peuvent entraîner généalogistes et prosopographes à des conclusions inconsistantes. Philip Niles le rappelle opportunément dans le numéro de printemps 1982 de *Medieval Prosopography*. De ce point de vue, ses propres observations sur la nomination de l'enfant par son parrain dans l'Angleterre du bas Moyen-Age ne valent que pour l'aristocratie anglaise de cette époque et ne peuvent être généralisées pour l'Europe entière: il faudrait beaucoup d'études très précises pour tirer une conclusion sûre quant à l'homonymie postulée du parrain et de son filleul. Toute étude des stratégies de nomination doit pouvoir s'appuyer sur la connaissance des règles prévalant dans le groupe social considéré si l'on souhaite mesurer les écarts à la norme ou la conformité à la règle dominante. Alors, et seulement alors, on peut juger si les parents cherchent à assigner à leurs nourrissons un destin particulier ou à quelle lignée ils l'agrègent—lignée spirituelle, agna-tique, fantastique, etc. Je noterai de même qu'il faut connaître toute les naissances, et non pas seulement celles des enfants survivants, pour reconna-ître les substitutions d'un enfant à un autre et lire, à travers les homonymies dans une fratrie et les reports de prénoms, les transferts d'espérances des parents de l'un de leurs descendants sur un autre.

On ne peut que souscrire dans ces conditions, à l'appel que lançait Karl Ferdinand Werner en 1974 en faveur de l'établissement d'une véritable 'grammaire des relations de parenté, des règles du jeu qu'il fallait connaître et respecter et que personne, à l'époque, n'osait éluder.' Une véritable identification des individus, et cela vaut tant pour les démographes que pour les prosopographes, doit prendre en compte les relations spirituelles et les conceptions portant sur le nom et sur la sphère de la parenté.

On a enfin souvent remarqué—et ici même H. Rüthing le note pour la ville de Höxter—combien les modes de désignation des femmes se révélaient plus flous, plus fragiles, moins précis et plus mobiles que les désignations masculines. C'est que, bien sûr, les femmes constituent des proies de moindre importance pour les multiples instances qui veulent repérer, à travers leur anthroponymie, les personnages à capter dans leurs filets. Elles sont de bien modestes agents économiques, de la mauvaise chair à arbalète, de menues et piètres contribuables. Une référence à leur père, leur époux ou leur maître suffit bien souvent à les caractériser aux yeux des pouvoirs. Le médiéviste en saisit donc mal les nombres et les destinées. Il est rarement en mesure de les compter: la démographie médiévale est trop souvent toute vouée au sexe masculin.

Cela est bien plus vrai encore de la prosopographie. Car de quelles femmes peut-il s'agir? Hors du contexte familial, quelles sont les femmes qui appartiennent à un groupe, à une collectivité repérable, sinon les nonnes et les prostituées? Il n'est pas lieu de s'étonner que les projecteurs se braquent sur celles-ci. Serait-ce que les historiens qui, du Moyen-Age au XIXe siècle, montrent leur prédilection pour elles, les retrouvent plus aisément dans les archives de monastères ou d'institutions de contrôle et de répression? De fait, ces femmes-là ont une particularité: elles ont une histoire, et pas seulement une fonction reproductrice. Leur vie se pose en termes d'échec, de carrière, de réussite, non pas en termes de mariage(s) et de procréation.

Cette prosaïque constatation renvoie à une interrogation plus gênante. La prosopographie, conçue pour éclairer les avenues du pouvoir, ne peut-elle conduire qu'à la connaissance des destinées masculines? La manière dont sont menées les recherches de biographie collective le laisserait penser, puisque les historiens y ont surtout recouru pour éclairer le comportement et les caractéristiques des 'élites,' bref, pour retracer les stratégies de pouvoir en reconstituant les carrières. Ceci laisse peu de chances à une prosopographie féminine aussi riche et large que les biographies collectives masculines. Pouvoir et carrières: deux termes qui entrent rarement comme des variables importantes dans les biographies de femmes.

Dans la mesure où la recherche prosopographique s'élargit pour inclure les faibles, les 'deuxième classe' de l'histoire, qu'ils soient paysans d'Angleterre ou menu peuple des cités, elle peut admettre des femmes parmi ses ressortissants; mais c'est au risque de voir discutées l'authenticité et la spécificité de sa démarche dès lors qu'elle passe du groupe socialement déterminé à l'ensemble ouvert d'une population aux contours flous. On peut certes imaginer une prosopographie des dames de la Cour, ou des chefs d'entreprises parisiennes; mais est-il licite de parler de prosopographie à propos de nourrices (voire de leurs nourrissons!), ou de servantes, dont les fonctions sociales sont étroitement liées à leur histoire biologique? Ici, la distinction entre la collecte prosopographique et la constitution du fichier démographique n'est plus très claire. La question soulevée à propos de la 'masculinité' de la démarche prosopographique nous ramène donc à un point plusieurs fois évoqué dans ces lignes et portant sur les définitions respectives des objets propres de la prosopographie et de la démographie historique.

La démographie historique a pu apparaître parfois comme l'ébauche, un peu rude et brutale, d'une prosopographie, et la prosopographie une amorce de recherche démographique qui n'irait pas jusqu'au bout de ses possibilités. Leurs confins ne vont pas de soi, j'espère l'avoir suggéré. Mais, pour conclure, je dirai qu'il vaut sans doute la peine d'y réfléchir, d'un côté et de l'autre d'une frontière méthodologique qui vient à s'effacer dès lors qu'est récusée la surdétermination élitiste de la biographie collective.

SUMMARY

Some Reflections on the Relations between Prosopography and Demography

In this study, the scope and methods of historical demography are contrasted with those of prosopography or collective biography. The problem of the representivity of the groups built according to these two approaches is then discussed. There follows an enquiry into the borrowings which may be made from one method to the other, and on the conditions under which it is possible to enlarge their respective scope. In particular, is it legitimate to include under-rated characteristics (such as name), or neglected subjects (such as women), without negating their specificity?

Unerforschte Quellen aus quellenarmer Zeit (IV): Zur Verflechtung der Führungsschichten in den Gedenkquellen des frühen zehnten Jahrhunderts

Gerd Althoff

Prosopographischer Methodik bedient sich der Historiker in aller Regel, um einer Überfülle an Quellen oder Nachrichten zu Personen, Gruppen oder Schichten gerecht zu werden.[1] Die möglichst umfassende Sammlung und Ordnung von Informationen bildet bekanntlich die unabdingbare Voraussetzung prosopographischer Untersuchungsverfahren wie der Verflechtungsanalysen, der Erstellung 'kollektiver Biographien' oder der Fixierung 'multipler Karrierewege.'[2] Dagegen mag es zunächst überraschen, wenn diese Methodik zur Erforschung der Geschichte des frühen zehnten Jahrhunderts herangezogen wird, denn gerade diese Zeit ist im Bereich der deutschen Mediävistik durch eine Quellenlage charakterisiert, die man noch jüngst als 'trostlos' bezeichnet hat.[3] In der Tat: Mit der Krise und dem Zerfall des Karolingerreiches verfiel auch die reiche und differenzierte Produktion von Überlieferung. Die letzten bedeutenden erzählenden Quellen, die Chronik Reginos von Prüm und die Fuldaer Annalen, endeten mit dem Beginn des zehnten Jahrhunderts. Andere Quellengattungen verloren erheblich an Quantität, wie die Königs- und die Privaturkunden, oder verschwanden gänzlich, wie die Kapitularien oder die Briefe. Die Erkenntnismöglichkeiten des Historikers sind zudem nicht unerheblich dadurch behindert, dass eine Reihe erzählender Quellen aus der Retrospektive der 60er Jahre des zehnten Jahrhunderts durchaus differenzierte Urteile über diese Zeit bereitstellt. Es handelt sich vor allem um die bekannten Geschichtsschreiber der Ottonenzeit, um Widukind von Corvey, Adalbert von Magdeburg, Hrotswith von Gandersheim und Liutprand von Cremona, deren Darstellung man als 'ottonische Hausüberlieferung' gekennzeichnet hat,[4] und die in mehrfacher Hinsicht im Verdacht stehen, zumindest auch 'ottonisches Wunschdenken' überliefert zu haben.[5] Die notwendige Quellenkritik erweist sich angesichts dieser Situation bisher als ausgesprochen schwierig.

Trotz, oder vielleicht auch wegen dieser Quellenlage haben sich jedoch deutsche Historiker immer intensiv mit Problemen des frühen zehnten Jahrhunderts beschäftigt. Dies einmal, weil in dieser Zeit Entwicklungen ihren Anfang nahmen, die für die nationale Geschichte von Bedeutung blieben, zum zweiten aber wohl auch deshalb, weil die 'Anfänge der deutschen Geschichte' in der Ottonenzeit eine Zeit darstellen, auf die nationalgestimmte Geschichtsbetrachtung in besonderer Weise glaubte, stolz sein zu können.[6]

Den Anlass zu prosopographischen Untersuchungen im frühen zehnten Jahrhundert gaben denn auch in der Tat nicht die angesprochenen erzählenden Quellen dieser Zeit, sondern Beobachtungen, die bei der Untersuchung von Memorial- oder Gedenkquellen gemacht wurden.[7] Zunächst unabhängig voneinander unternommene Analysen der Memorialüberlieferung des Klosters Fulda,[8] der Reichenau[9] und sächsischer Necrologien der Ottonenzeit[10] erbrachten nämlich jeweils den Befund, dass in der ersten Hälfte des zehnten Jahrhunderts eine bemerkenswerte Intensivierung des Gedenkens an den verschiedenen Orten zu verzeichnen ist, von der in erster Linie die weltliche und geistliche Führungsschicht des Reiches erfasst wurde. Dieser Vorgang ist von der Forschung jedoch bisher weitgehend unbemerkt geblieben, und er konnte wohl auch nicht bemerkt werden, wenn man den derzeitigen Stand der Erschliessung dieser Zeugnisse in Rechnung stellt.[11] Man muss sich jedoch wohl mit allem Nachdruck fragen, warum gerade in dieser Zeit, in der die traditionellen Quellengattungen in Quantität und Qualität auf einen Tiefststand abgesunken sind, mehrere Memorialquellen in erstaunlicher Dichte Personen aus den Führungsschichten zu erfassen beginnen.

Eine neue Basis zur Beurteilung des Phänomens ergab sich dadurch, dass Karl Schmid und ich in Zürich bei der paläographischen Abgrenzung der Einträge ins Reichenauer Verbrüderungsbuch darauf aufmerksam wurden, dass die Einträge des zehnten Jahrhunderts zu einem grossen Teil in dem kurzen Zeitraum zwischen 929 und 937 gemacht wurden.[12] Es spricht mit anderen Worten alles dafür, dass die Einträge auch inhaltlich in bestimmter Hinsicht zusammengehören, dass sie der Niederschlag bisher unbekannter Verbindungen der Personen untereinander sind.

Diese neue Einschätzung basiert auf mehreren voneinander unabhängigen Beobachtungen:

1.) Die eingetragenen Personengruppen setzen sich zum grossen Teil zusammen aus Angehörigen, Verwandten und Freunden sächsischer, fränkischer und lothringischer Adelsgruppen, deren engere Kontakte zu Heinrich I. auch aus anderen Quellen zumindest andeutungsweise deutlich werden. Zu nennen sind in diesem Zusammenhang unter anderem eine Reihe von Einträgen der sogenannten Gero-Sippe, der der Erzieher Heinrichs I., der Graf Thietmar (†932), der 'Legat' Siegfried (†937) und der

Markgraf und dux Gero (†965) zuzurechnen sind.[13] Zu nennen ist auch eine stattliche Reihe von Einträgen, in deren Mittelpunkt der Graf Meginwarch (†937) mit seiner Gemahlin Gerlind (†948) steht, den man auf Grund seines Namens in den Verwandtschaftszusammenhang der sogenannten 'Immedinger' einordnet.[14] Zu erwähnen sind ferner mehrere Einträge der Konradiner, der Sippe König Konrads I., die sich nicht nur zur Übergabe der Königswürde an den Liudolfinger Heinrich bereitfand, sondern die auch in dessen Regierungszeit loyal zu dem ersten sächsischen Herrscher gestanden zu haben scheint.[15] Und zu nennen sind weiter mehrere Einträge niederlothringischer und flandrischer Adelsgruppen um die Grafen von Flandern und Hamalant, zu denen auch ein Eintrag Bischof Balderichs von Utrecht aus der gleichen Zeit zu rechnen ist.[16] Anzuführen ist schliesslich ein Eintrag, der vom königlichen Kapellan Adaldag, dem späteren Erzbischof von Hamburg/Bremen, veranlasst wurde und unter anderem seine Verwandten aus dem Umkreis der 'Nachfahren Widukinds' und der frühen Billunger enthält.[17] Alle diese Einträge von Adelsgruppen, die in enger Verbindung mit den Ottonen standen, werden sozusagen komplettiert durch mehrere Einträge der ottonischen Sippe selbst, von denen einer eine necrologisch geordnete Zusammenstellung der verstorbenen Verwandten und Freunde der Liudolfinger/Ottonen darstellt, die aus einem Necrolog der Familie abgeschrieben wurde.[18]

2.) Es gibt bei keinem der zahlreichen Einträge Anhaltspunkte dafür, dass er nach 937 gemacht worden wäre. Für eine ganze Reihe von ihnen lässt sich jedoch zeigen, dass sie zwischen 929 und 937 in das Verbrüderungsbuch der Abtei Reichenau eingeschrieben worden sind. Sicher lassen sich die Einträge der Königsfamilie selbst datieren, die sich auf p. 63 des Reichenauer und auf p. 63 des St. Galler Verbrüderungsbuches finden: Sie wurden 929 gemacht.[19] Die Necrologabschrift aus einem Hauskloster der Königsfamilie stammt dagegen aus dem Jahre 932/33.[20] Ein weiterer Eintrag, der Otto den Grossen, seine Frau Edith und seinen Sohn Liudolf in Zusammenhang mit dem Utrechter Bischof Balderich auf pp. 24-25 des Reichenauer Verbrüderungsbuches wiedergibt, wird in das Jahr 931 gehören, da das zweite Kind Ottos und Ediths, Liudgard, im Gegensatz zum 930 geborenen Liudolf noch nicht genannt ist.[21] Sicher in den genannten Zeitraum gehören auch die Einträge des englischen Königs Adelstan, die im Zusammenhang mit dem Ehebündnis von 930 zwischen dem ottonischen und dem englischen Königshaus stehen.[22] Vor 936 zu datieren ist auch der Eintrag, den der Kapellan Adaldag veranlasste, da dieser 936 zum Erzbischof erhoben wurde, im Eintrag diesen Titel im Gegensatz zu mehreren anderen Bischöfen jedoch noch nicht trägt.[23] Vor 937 zu datieren sind schliesslich die Einträge mit den Grafen Meginwarch und Siegfried, da diese 937 verstarben und aller Wahrscheinlichkeit nach noch als Lebende verzeichnet sind.[24]

3.) Weitere Bestätigung bekommt die Datierung auch durch eine Gegenprobe: Personen, die erst nach 936 ein Amt erlangten, oder Familien der Zeit nach 936 aus dem Kreis der weltlichen Führungsschicht lassen sich in den Verbrüderungsbüchern nicht nachweisen. Zu denken wäre hier etwa an die Erzbischöfe Friedrich von Mainz und Adaldag von Hamburg/Bremen, die 936/37 erhoben wurden, oder an den 'princeps militiae' Hermann Billung und seine Familie, der sein Amt 936 antrat. Genannt werden könnte auch Heinrich, der Bruder Ottos, mit seiner bayerischen Verwandtschaft und nicht zuletzt Otto selbst mit seiner zweiten Gemahlin Adelheid. Es ist jedoch mit einiger Sicherheit auszuschliessen, dass eine der genannten Personen noch nach 936 in eines der Verbrüderungsbücher eingetragen wurde.

Schon durch diese ersten Beobachtungen und Datierungshinweise dürfte der Stellenwert des Phänomens deutlich geworden sein. Wir fassen in der Endphase der Regierungszeit Heinrichs I. eine Fülle von Einträgen in alemannische Verbrüderungsbücher, die Personen aus der weltlichen und auch aus der geistlichen Führungsschicht des Reiches enthalten. Vor allem Mitglieder der wichtigsten sächsischen Adelsgruppen sind sehr zahlreich unter den Eingetragenen vertreten. Sie scheinen sogar in einer ganzen Reihe von Fällen die Initiatoren der Eintragungen zu sein.[25] Allein im Verbrüderungsbuch der Abtei Reichenau sind in dieser Zeit rund vierzig Seiten, die seit der Anlage des Buches 825 in vier Kolumnen allein die Namen verbrüderter Mönche aus verschiedenen Klöstern des Karolingerreiches enthielten,[26] mit einer Fülle von Einträgen übersät worden. In der Regel schrieb man die Namen im frühen zehnten Jahrhundert zunächst zwischen die Kolumnen und dann auch an die Ränder der Seiten.[27] Selbst wenn bisher nicht alle Einträge, die in diesen Zusammenhang gehören, exakt zu bestimmen sind, kann schon jetzt kein Zweifel mehr daran bestehen, dass zwischen 929 und 937 weit mehr als tausend Personen auf die geschilderte Art allein in das Reichenauer Verbrüderungsbuch eingetragen wurden. Im Falle des St. Galler Verbrüderungsbuches verhindern die Verluste eine genauere Einschätzung der Grössenordnung des Phänomens.[28] Insgesamt jedenfalls darf diese aussergewöhnliche Intensivierung des Gedenkens in einer Zeit, in der andere Quellen fast gänzlich fehlen, wohl höchste Aufmerksamkeit beanspruchen.

Die prosopographischen Untersuchungen der eingetragenen Personengruppen, die von den Einträgen in die alemannischen Verbrüderungsbücher ausgingen, hatten zum Ergebnis, dass die geschilderte Intensivierung des Gedenkens nicht auf die Reichenau und St. Gallen beschränkt war, sondern in vergleichbarer Weise auch in den Memorialquellen mehrerer anderer kirchlicher Institutionen festzustellen ist. Auch in diesen Institutionen wurde im wesentlichen der gleiche Personenkreis im Gedenken bewahrt, wenn auch jeweils in unterschiedlicher Dichte. Der komplexe Befund kann hier nur exemplarisch verdeutlicht werden. Vorweg ist jedoch zu betonen, dass ohne die Unterstützung elektronischer Datenverarbeitung und ohne die Benutzung lemmatisierter Personennamenregister ein Überblick über die Belegsituation kaum möglich gewesen wäre.[29] Mit Hilfe verschiedener Beispiele soll versucht werden, den Erkenntnisprozess nachvollziehbar und überprüfbar zu machen. Dieser ging sozusagen stufenweise vor sich: Erst nachdem der Befund der Verbrüderungsbücher und ihrer Überschneidungen untereinander einigermassen deutlich war, und damit auch die Grössenordnung des behandelten Vorgangs sichtbar wurde, konnten andere Quellengattungen der Memorialüberlieferung, wie Necrologien und Totenannalen, darauf befragt werden, inwieweit auch sie Spuren des Vorgangs überliefert haben. Im Vordergrund der Beispiele und Überlegungen stehen daher zunächst die Verbrüderungsbücher der Abtei Reichenau, von St. Gallen und von Remiremont.[30]

Beispiel 1: Auf p. 6r des Verbrüderungsbuches von Remiremont, in einem Bereich des Verbrüderungsbuches, in dem sich auch ein Eintrag der Könige Heinrich I., Rudolf von Burgund und Robert von Frankreich mit einer Fülle weltlicher Grosser findet,[31] steht folgende Personengruppe: *Hugo com., Hildesint, Uuito, Algoz, Burchardus, Rodulfus, Liutfridus, Luduicus, Irmingart, Liutfridus, Uuilla, Liutfridus, Uuito, Uuernerio, Cuonradus, Uodelrih, Eburhardus, Hugo, Berta, Alburc, Lantbertus, Rotbertus, Uuito.* Die Herausgeber rechneten sie der Hand 26 zu und datierten die Eintragung in das zweite und dritte Jahrzehnt des zehnten Jahrhunderts. Keine der Personen dieses Eintrags kann bisher als bekannt gelten.[32] Sucht man jedoch nach Einträgen, in denen die hier aufgeführten Namen ebenfalls begegnen, wird man im Reichenauer Verbrüderungsbuch erstaunlich fündig:[33]

1.) Dort erscheinen auf p. 24 B1-2 in einem Eintrag die Namen: *Hug, Liutfrid, Irmengart, Hiltesind, Liutfrid, Ludouuig.* Es kann also kein Zweifel daran bestehen, dass ein Teil der Personen, die im Verbrüderungsbuch von Remiremont in unmittelbarer Nähe zu einem Eintrag mit König Heinrich I. stehen, auch in das Verbrüderungsbuch der Reichenau eingetragen wurden. Hier nun erscheinen sie über einem grossen Eintrag, der mit den Namen *Otto, Atchid, Liutolf, Balderih* beginnt und den Utrechter Bischof Balderich zusammt mit Otto dem Grossen, seiner Gemahlin Edith und seinem Sohn Liudolf wiedergibt.[34]

2.) Auf p. 45 A2 des Reichenauer Verbrüderungsbuches stehen in einem Eintrag die Namen: *Odalrih, Managolt, Adalbret, Liutfrid, Uuito, Christan, Chonrat,* von denen die besonders hervorgehobenen in Remiremont begegnen.

3.) Auf p. 49 des Reichenauer Verbrüderungsbuches erscheinen in einem grösseren Eintrag, der in die Zwischenräume zwischen mehrere Kolumnen geschrieben wurde,[35] aus dem hier behandelten Eintrag in Remiremont die Namen: *Uuilla, Liutfrid, Purchart* (B4), *Chuonrat* (C1), *Eberhart* (C2), *Ruodolf, Ruodpr(et), Vodalrih* (C3).

4.) Ferner erscheinen weitere Namen unserer Gruppe in einem Eintrag auf p. 66 C1-3 des Reichenauer Verbrüderungsbuches, nämlich: *Eberhart, Vuodalrih, Purchart, Liutfrid, Perehta, Chuonrat.* Dieser Eintrag ist von der Forschung bereits behandelt worden und enthält Angehörige der alemannischen Adelssippe der Udalrichinger.[36] Auf der gleichen Seite des Reichenauer Verbrüderungsbuches aber steht ein Eintrag lothringischer Adeliger, der uns noch beschäftigen wird,[37] ein Eintrag der Konradiner,[38] und eine Necrologabschrift, die ein Necrolog aus dem Umkreis der sächsischen Gero-Sippe wiedergibt.[39] Die Zwischenräume zwischen den Kolumnen sind auf dieser Seite also gänzlich mit Einträgen gefüllt worden, die in unseren Untersuchungszusammenhang gehören.

5.) Schliesslich wurden auf pp. 80-81 des Reichenauer Verbrüderungsbuches quer auf den oberen Rand beider Seiten insgesamt 28 Namen eingeschrieben. Eine Reihenfolge ist nicht sicher festzulegen, da die Namen auf den oberen Rändern der beiden Seiten verstreut wurden, wie es der noch vorhandene Platz erlaubte: *Lantpr(et), Anno, Piritelo, Perterat, Lantpr(et), Heberhart, Theithalm, Peringer, Liutfrid, Liutp(et), Adalhart, Berehta, Vuito, Porn, Vuolfgang,* (p. 81) *Herolt, Sigebold, Aba, Heberchar, Cunderunt, Matgund, Eberhart, Uodalrih, Haderih, Theitpric, Immo, Otine, Hadepruc.* Von diesen begegnen wiederum die besonders hervorgehobenen auch in dem hier behandelten Eintrag aus Remiremont. Von dem Eintrag auf pp. 80-81 des Reichenauer Verbrüderungsbuches führen wiederum signifikante Namenübereinstimmungen zu weiteren Einträgen auf den Seiten 4, 52 und 71 des gleichen Codex, unter anderem zu einem Eintrag, der die Mainzer Erzbischöfe Hatto und Heriger enthält.[40]

Insgesamt wird schon an diesem ersten Beispiel deutlich, was sich auch weiterhin sozusagen als Strukturelement der Einträge erweisen wird: Teile der einzelnen Gruppen begegnen in neuen Zusammenhängen an anderen Stellen der Verbrüderungsbücher wieder. Diese Verflechtung der Einträge untereinander, die sich in den Verbrüderungsbüchern von der Reichenau, St. Gallen und Remiremont feststellen lässt, führt in vielen Fällen bis zur Familie Heinrichs I. oder zumindest bis zu Personen, deren enger Kontakt zur Königsfamilie in der Regierungszeit Heinrichs I. bekannt ist.[41] Damit ist aber mehr als wahrscheinlich, dass die Einträge einen Niederschlag des gleichen historischen Phänomens oder Prozesses darstellen. In der Zeit Heinrichs I. haben sich offensichtlich Personengruppen mehrfach und in wechselnder Zusammensetzung dem Gebetsgedenken der Mönche in den genannten Klöstern anvertraut.

Beispiel 2: Der grosse Eintrag auf p. 49 des Reichenauer Verbrüderungsbuches ist in dem ersten Beispiel schon angesprochen worden. Er wurde über drei Kolumnen verteilt, so dass die Rekonstruktion seiner Reihenfolge nicht sicher gelingt. Wir geben daher die Namen kolumnenweise von links nach rechts wieder: (A4) *Clismot, Ratolt, Adaburg,* (B2) *Hartrat, Hartman, Mahtsuuind, Mahtgund, Radeboto, Ruodolf, Gerung, Keroh, Kerolt, Purchart, Folchnant, Cundolt, Pernhart, Kerolt, Vuigo, Adaluuar, Erlolf, Tuto, Adalrih, Cundram, Vuilla, Gerburg, Liutfrid, Purchart, Albuuin, Immat,* (C1) *Pernhart, Irmingart, Chuonrat, Adalbero, Fizila, Libo, Ruodgart, Eberhart, Loha, Vuanger, Crispio, Crispio, Susinna, Egilolf, Ruodolf, Reginart, Hartman, Ruodpr(et), Cundram, Vodalrih, Hiltegart, Vogo, Vogo, Vto, Voto, Vualere, Fonteia, Meginuuarch, Folchuuart, Emma.* Sicher bekannt ist bisher keine der eingetragenen Personen, doch können auch in diesem Fall wieder zahlreiche Hinweise auf korrespondierende Einträge gegeben werden.

1.) Ausser den schon behandelten Übereinstimmungen mit dem Eintrag auf p. 6r des Verbrüderungsbuches von Remiremont lassen sich in Remiremont auch solche mit einem Eintrag auf p. 57r feststellen. Dort stehen nämlich unter der Überschrift *Nomina Defunctorum* unter anderem die Namen *Harterat, Radeboto, Mahtgund, Hartman,* die in ähnlicher Reihenfolge im Reichenauer Eintrag in Kolumne B2 begegnen. Zudem erscheinen auch die Namen *Meginuuarc, Guntrammus, Adeluuar, Gundolt* in beiden Einträgen, so dass kein Zweifel bestehen kann: zu einem Teil sind die in beiden Einträgen genannten Personen identisch. Wir werden dem Eintrag auf p. 57r des Verbrüderungsbuchs von Remiremont in Beispiel 3 noch weiter nachgehen.

2.) Die Namenfolge (B2) *Mahtcund, Radeboto, Keroh,* kehrt im Reichenauer Verbrüderungsbuch als kleiner Eintrag von drei Namen auf p. 25 D3 wieder.

3.) Die Kombination der Namen in Kolumne C1 *Pernhart, Irmingart, Chuonrat* wiederholt sich nicht nur im Reichenauer Verbrüderungsbuch auf p. 19 X2, sondern in dem dortigen Eintrag sind weiter die Namen *Cundram, Oudalrih,* und *Kerlot* (= Kerolt) als Überschneidungen zu notieren. Die angesprochene Namenskombination erscheint ferner auf p. 77 des St. Galler Verbrüderungsbuches mitten unter mehreren anderen Einträgen, die sich in die Regierungszeit Heinrichs I. datieren lassen.[42]

4.) Die Folge der Namen (C2) *Vuanger, Crispio, Crispio, Susinna, Egilolf* begegnet in ganz ähnlicher Reihenfolge im Reichenauer Verbrüderungsbuch auch auf p. 41 X3-5 (*Chrispio, Susanna, Uuanger, Chrispio, Sigeburg, Heiluuih, Egilolf* usw.) und auf p. 63 D2-3 (*Chrispio, Heluuih, Vuanger, Chrispio, Vuillo, Florentio, Engildiu, Sigeburch, Theongun, Egilolf, Susanna,* usw.) Besonders erwähnenswert an dem letzten Eintrag ist die Tatsache, dass er direkt neben dem bekannten Eintrag der Familie Heinrichs I. steht, der in das Jahr 929 zu datieren ist.[43]

5.) Die Namenskombination *Cundram, Hiltegart, Vogo, Vogo,* die in unserem Eintrag in Kolumne C3 begegnet, führt wiederum zurück in das Gedenkbuch von Remiremont, wo im Eintrag 8 auf p. 6v eben diese Namen wiederkehren. Sie stehen dort in einem bestimmten Zusammenhang mit einem *nobillissimus nobilior Guntram.*[44]

6.) Schliesslich ist darauf hinzuweisen, dass sich unter den letzten Namen jeder Kolumne dieses Eintrags typische 'Immedinger'- Namen finden: *Clismot* (A4), *Immat* (B4), *Meginuuarch* und *Emma* (C4). Angesichts der Tatsache, dass ein Graf Meginuuarch aus der Zeit Heinrichs I. im Zentrum einer ganzen Reihe von Einträgen steht, dürfte dieses Zusammentreffen der zum Teil sehr seltenen Namen kaum auf Zufall beruhen.

Auch in diesem Beispiel lassen sich also mindestens fünf zusammengehörige Gruppen unterscheiden, die in neuen Konstellationen noch einmal oder sogar noch mehrmals in die Verbrüderungsbücher aufgenommen wurden. Und wieder verweist in mehreren Fällen die Eintragssituation nachhaltig auf den Zusammenhang mit den Personengruppen der Regierungszeit Heinrichs I.

Beispiel 3: Wie schon angesprochen, begegnen auf fol. 57r des Verbrüderungsbuchs von Remiremont unter der Überschrift *Nomina Defunctorum* folgende achtundzwanzig Namen: *Hiltibrhat, Vogo, Rihgovuo, Gerhart, Meginuuarc, Eberhart, Megingoz, Iudita, Rihchilt, Harterat, Radeboto, Mahtgund, Hartman, Guntrammus,* item *Guntrammus, Harterat, Adeluuar, Folkerat, Gundolt, Sigehart, Berenger, Adelrat, Gimmunt, Hiltigart, Bilidrud, Adeluuin, Suonheri, Adelheid.* Neben den Überschneidungen mit dem schon behandelten Eintrag auf p. 49 des Reichenauer Verbrüderungsbuches ist zu bemerken, dass *Gimmunt* und *Hiltigart* ohne weitere Personen auch auf p. 85 C1 des Reichenauer Verbrüderungsbuches eingetragen sind. Wichtiger aber ist die Entdeckung, dass die Namengruppe *Megingoz, Iudita, Rihchilt* in mehreren Eintragsgruppen des Reichenauer Verbrüderungsbuches wiederkehrt, die bekannte Personen aus der Regierungszeit Heinrichs I. enthalten: Zunächst auf der schon in Beispiel 1 angesprochenen p. 66 A1 in dem Eintrag *Megingoz, Iudith, Cundram, Rihhilt, Meginhart, Rihhilt, Puabo, Suidpurg, Puabo, Chunigund, Managolt, Erchanbold, Ekkiburg, Ruodhart, Kiso* und weiter auf p. 44 A1 in wieder neuer Konstellation: *Vuigman, Cundram,*

Meginhart, Pilidrud, Megingoz, Iudith, Rihhilt, Puabo, Kerhart, Meginhart, Suidpurg, Remming, Eribo, Ratger, (B2) *Manegolt, Chunigund.* Diese Entdeckung schafft den Anschluss an mehrere Einträge aus dem Umkreis der Grafen von Flandern und Hamalant, in denen die Namen Wichmann, Meginhart, Pilidrud und Chunigund wiederkehren.[45] Eberhard von Hamalant aber war mit einer Schwester der Königin Mathilde verheiratet.

Auch bei diesem dritten Beispiel ist also nicht zu übersehen, dass kleinere Personengruppen in mehrfach wechselnden Konstellationen erscheinen und wir auf Umwegen zu Personen geführt werden, die zu dem engeren Kreis der Adelsgruppen um Heinrich I. gehören. Besondere Aufmerksamkeit aber darf bei diesem Beispiel die Überschrift über dem Eintrag beanspruchen, die ausweist, dass in diesem Fall Verstorbene verzeichnet sind. Deshalb ist zumindest darauf hinzuweisen, dass im Jahre 937 der Mainzer Erzbischof Hildebert und der schon mehrfach erwähnte Graf Meginuuarch, deren Namen unter den ersten des Eintrags zu finden sind, starben. Leider lässt sich bisher nicht durch weitere Parallelfälle zeigen, dass hier Verstorbene aus dem Jahre 937 verzeichnet sind.[46]

Durch die bisherigen Beispiele sollte einmal ein Eindruck von der Dichte der Befunde vermittelt, zum anderen aber die erstaunliche Geschlossenheit der Personengruppen gezeigt werden. Obwohl wir uns in einer Zeit bewegen, in der selbst aus den Führungsschichten nur wenige Personen bekannt sind, gelingt es immer wieder, das Verflechtungsnetz bis zu bekannten Personen zu verfolgen und so den Nachweis zu führen, dass inhaltliche Zusammenhänge der Gruppen untereinander in der Tat gegeben sind. Nach der Diskussion der ersten Beispiele ist jedenfalls festzuhalten, dass die Einträge, deren gesicherter Zusammenhalt ja zunächst nur darin besteht, dass die Namen von einem Schreiber geschrieben wurden, sich auf Grund ihrer Überschneidungen als Vereinigungen mehrerer kleinerer Personengruppen erkennen lassen, die zumeist nicht nur einmal, sondern mehrfach in das Gebetsgedenken aufgenommen wurden. Was wechselte, waren jedoch die anderen Kleingruppen, mit denen sie zusammengestellt wurden. Ausserdem wurden in den bisher untersuchten Klöstern, auf der Reichenau, in St. Gallen und in Remiremont, allem Anschein nach die übermittelten Personengruppen sehr häufig auf die gleichen Seiten der Verbrüderungsbücher eingetragen, was den Eindruck eines zusammengehörigen Vorgangs nur noch verstärkt.

Die Grössenordnung, in der sich die Eintragung von Personengruppen aus der Regierungszeit Heinrichs I. in die Verbrüderungsbücher feststellen lässt, ist überdies so beachtlich, dass sich dieser Vorgang mit ziemlicher Sicherheit auch in anderen Memorialquellen niedergeschlagen haben muss. Eine solche Annahme liegt deshalb besonders nahe, weil in das Gedenken der Verbrüderungsbücher auch die Verstorbenen einbezogen wurden, deren Namen man aus necrologischen Vorlagen abschrieb, wie mehrere Beispiele zeigen.[47] Dies beweist, welche Anstrengungen zur Intensivierung des Gedenkens unternommen wurden. In diesem Zusammenhang sind besonders die Necrologien von Interesse, in denen das Gedenken an die verstorbenen Mitglieder, Verwandten und Freunde der ottonischen Familie selbst bewahrt wurde.

Das Gedenken, das von der Königsfamilie in ihren Hausklöstern angeregt und veranlasst wurde, ist in zwei necrologischen Zeugnissen erhalten geblieben: Einmal in einer Necrologabschrift im St. Galler Verbrüderungsbuch, die auf eine Vorlage aus Gandersheim zurückgeht. Sie wurde im Jahre 931/32 angefertigt. Zum anderen ist es überliefert in dem sogenannten Merseburger Totenbuch, in das in den Jahren 1017/18 auf Grund einer Stiftung Heinrichs II. die bis dahin in Quedlinburg bewahrte Gedenktradition der Ottonen eingeschrieben wurde.[48]

Mit den beiden Quellen, die sich nur für die Königszeit Heinrichs I. in ihrem Personenbestand überschneiden, ist uns das Gedenken, das die liudolfingisch/ottonische Familie in ihren Hausklöstern ableisten liess, weitgehend vollständig erhalten. Untersucht man es auf Parallelen zu den in den Verbrüderungsbüchern festgestellten Befunden, so ergibt sich folgendes: Auch die ottonische Memoria weist in der Königszeit Heinrichs I. eine beträchtliche Intensivierung des Gedenkens an die weltlichen und geistlichen Führungsschichten des Reiches aus. So sind von den Reichsbischöfen, die in der Regierungszeit Heinrichs I. verstarben, in beiden Quellen verzeichnet: Hermann von Köln, Nidhart von Münster, Liuthar von Minden und Thioto von Würzburg.[49] Im Merseburger Necrolog erscheint ausserdem Waldbert von Hildesheim, Hilduin von Augsburg, Sehard von Hildesheim sowie die nach Anfertigung der Gandersheimer Necrologabschrift und vor dem Tode Heinrichs I. - also zwischen 932 und 936 - verstorbenen Bischöfe Adalward von Verden, Richwin von Strassburg, Unwan von Paderborn und Unni von Hamburg/Bremen.[50] Allein in der Gandersheimer Necrologabschrift begegnet schliesslich Sigimunt von Halberstadt, der im Januar verstarb, in einem Monat also, aus dem das Merseburger Necrolog keine Einträge überliefert, da die betreffenden Seiten verloren gegangen sind.[51]

Ein Vergleich mit den gesamten Todesfällen im Reichsepiskopat aus dieser Zeit zeigt, dass die Bischöfe im ottonischen Gedenken bis auf wenige Ausnahmen bewahrt wurden, wenn man von den bayerischen Bischöfen absieht, die vollständig fehlen.[52] Ein Vergleich mit den Bischofseintragungen vor 919 macht wiederum deutlich, dass vor der Königszeit der Liudolfinger Gedenkbeziehungen zu den Bischöfen nur sporadisch festzustellen sind.[53] Erst seit der Übernahme des Königtums bewahrte also die Familie Heinrichs I. die Reichsbischöfe in ihrem Gedenken, dies dann jedoch in einer erstaunlichen Vollständigkeit. Eine gravierende Änderung dieser Gebetsbeziehungen zum Episkopat ist nach dem Tode Heinrichs I. nicht zu bemerken. Man hat vielmehr, wie das Merseburger Necrolog ausweist, in Quedlinburg auch weiterhin sehr viele Reichsbischöfe ins Gebetsgedenken aufgenommen.[54]

Fragt man dagegen nach der Bewahrung der weltlichen Führungsschichten in der ottonischen Memoria, so ist zu konstatieren, dass zwar aus der Zeit bis 936 eine ganze Reihe von Adeligen aus den Adelsgruppen im ottonischen Gedenken begegnen, die wir auch in den Verbrüderungsbüchern nachweisen können, dass dies für die Zeit nach 936 aber nicht mehr der Fall ist. So können wir aus der St. Galler Necrologabschrift auf folgende zu diesem Kreis gehörigen Personen hinweisen: Nr. 6 *Thiomar* ist der 932 verstorbene Vater Markgraf Geros;[55] Nr. 10 *Ekkepret* einer der frühen Billunger;[56] Nr. 57 *Liuthere* ist entweder der 'Stammvater' der Grafen von Walbeck oder von Stade, die beide diesen Namen trugen und beide 929 in der Schlacht bei Lenzen fielen;[57] bei den Namen Nr. 11 *Chunigund* und Nr. 80 *Chuonradus* handelt es sich schliesslich um König Konrad I. und seine Gemahlin Kunigunde.[58] Im Merseburger Necrolog ist weiter hinzuweisen auf den 935 verstorbenen Grafen Bernhard, der in den billungischen Verwandtschaftszusammenhang gehört und wahrscheinlich mit dem Führer des sächsischen Aufgebots in der Schlacht von Lenzen identisch ist.[59] Und nicht zuletzt bemerken wir im ottonischen Gedenken vor 936 eine ganze Reihe der Namen, die auch in den einschlägigen Gedenkeinträgen der Verbrüderungsbücher wiederkehren, ohne dass wir stringent nachweisen könnten, dass auch hier dieselben Personen gemeint sind.[60] Der Zusammenhang zwischen den Personen in der ottonischen Memoria und in den untersuchten Gedenkbucheinträgen wird durch diese Überschneidungen aber weiter verdeutlicht. Wir können also konstatieren, dass sich auch im Gedenken der Königsfamilie Personen nachweisen lassen, die zu den laikalen Gruppen gehörten, die die Herrschaft Heinrichs I. stützten. Es ist allerdings zu betonen, dass im necrologischen Gedenken der Königsfamilie nicht annähernd die Dichte der Eintragungen erreicht wird, die die Verbrüderungsbücher ausweisen.

Mit grosser Sicherheit aber kann man auch feststellen, dass die Berücksichtigung dieser Adelsgruppen im ottonischen Gedenken mit dem Jahre 936 geradezu schlagartig abbricht. Es zeigt sich mit anderen Worten das gleiche Phänomen wie in den Verbrüderungsbüchern, in denen ja gleichfalls die Einträge in dieser Zeit aussetzen.[61] Das Urteil über den schlagartigen Abbruch ist deshalb mit grosser Sicherheit zu fällen, weil im Jahre 937 zwei sächsische Grafen verstarben, die als wichtige Helfer Heinrichs I. bekannt sind, und die sich beide mehrfach in den Verbrüderungsbüchern nachweisen lassen: Es handelt sich um den 'Legaten' Siegfried aus der Gero-Sippe und um den Grafen Meginwarch.[62] Beide fehlen im Merseburger Necrolog. Insgesamt blieb das Gedenken der ottonischen Familie nach 936 den Adelsgruppen, die im Zentrum der Gedenkeinträge vor 936 stehen, verschlossen. Dieser Ausschluss war so vollständig, dass sich aus der Regierungszeit Ottos des Grossen nur ganz wenige laikale Grosse im Merseburger Necrolog nachweisen lassen, die nicht mit der Königsfamilie verwandt waren.[63] Dieser Befund wird noch erstaunlicher, wenn man bedenkt, dass die Königin Mathilde sich nach dem Zeugnis mehrerer Quellen seit dem Tode Heinrichs I. mit grossem Eifer der Pflege des Totengedenkens in Quedlinburg widmete.[64] Die Personen, die mit Heinrich I. zusammen zu dessen Lebzeiten in die Verbrüderungsbücher eingetragen worden waren, wurden bei dieser Pflege jedoch nicht berücksichtigt.

Das ottonische Gedenken erfasste nach 936 nur noch die Mitglieder und Verwandten der Königsfamilie sowie geistliche Würdenträger.[65] Es dokumentiert damit in gleicher Weise tiefgreifende Änderungen wie sie durch das Aussetzen der Gedenkbucheinträge deutlich wurden. Damit lässt sich als ein weiteres Zwischenergebnis formulieren: Die Intensivierung des Gedenkens, die in der Regierungszeit Heinrichs I. zu einer Fülle von Eintragungen adeliger Gruppen in die Verbrüderungsbücher führte und die auch Personen aus den gleichen Gruppen die Aufnahme in die Memoria der Königsfamilie sicherte, wurde mit dem Regierungsantritt Ottos des Grossen abrupt beendet. Die Einträge setzen in allen bisher untersuchten Überlieferungen so schlagartig aus, dass es naheliegt anzunehmen, es handele sich um einen bewusst herbeigeführten Abbruch. Dessen Ursachen allerdings sind bis jetzt unbekannt.

Nicht von diesem Abbruch betroffen war, so weit bisher zu sehen, nur eine Überlieferung, in die auch nach 936 Personen aus der geistlichen und der weltlichen Führungsschicht in erstaunlicher Dichte aufgenommen wurden: die Fuldaer Totenannalen. Die Intensität und Kontinuität, mit der das Gedenken des fuldischen Konvents genau die Personengruppen erfasste, die wir auch in den Verbrüderungsbüchern und in der ottonischen Memoria vor 936 feststellen konnten, lässt Fulda als einen weiteren Ort in Erscheinung treten, an dem das Gedenken für die Führungsschichten der Zeit Heinrichs I. geleistet wurde. Die so dringend gebotene Einbeziehung der fuldischen Memorialüberlieferung hat folgende Voraussetzungen zu berücksichtigen: Aus Fulda ist kein Verbrüderungsbuch überliefert, und für die hier zur Frage stehende Zeit auch kein Necrolog, sondern die sogenannten 'Annales necrologici' oder Totenannalen, in die die verstorbenen Mitglieder, Freunde und Wohltäter des fuldischen Konvents jahrweise geordnet aufgenommen wurden.[66] Im Kloster Fulda fand ausserdem auf eigenen Wunsch König Konrad I. sein Grab.[67] Dies ist deshalb ungewöhnlich und wichtig, weil die Konradiner in Weilburg bereits eine Familiengrablege eingerichtet hatten und weil ausserdem Konrads Gemahlin Kunigunde plante, sich in Lorsch begraben zu lassen.[68] Vor dem Hintergrund des Zusammenhangs zwischen Grablege und Memoria wird die Bedeutung Fuldas für unsere Untersuchung unmittelbar deutlich. Diese Bedeutung wird zusätzlich dadurch akzentuiert, dass Heinrich I. schon in den ersten Jahren seiner Regierung zweimal *orationis causa* in Fulda weilte.[69] Schon diese Hinweise lassen erwarten, dass der fuldische Konvent dem uns interessierenden Gedenken in besonderer Weise verpflichtet war.

Und in der Tat ist in Fulda in der Endphase der Regierungszeit Konrads I. eine gravierende Erweiterung des Personenkreises festzustellen, der in die Totenannalen aufgenommen wurde. Waren diese die gesamte Karolingerzeit hindurch den Mitgliedern des eigenen Konvents, den Angehörigen der Herrscherfamilie und ausser dieser nur wenigen Personen vorbehalten gewesen, die besonders enge Beziehungen zur fuldischen Klostergemeinschaft unterhalten hatten, so wurden vom zweiten Jahrzehnt des zehnten Jahrhunderts an in die Totenannalen in zunehmend stärker werdendem Masse auch Personen aus der geistlichen und weltlichen Führungsschicht des Reiches aufgenommen.[70] Ausserdem organisierte der fuldische Konvent zu Beginn und im Verlaufe der 20er Jahre des zehnten Jahrhunderts sein Gedenken mehrfach neu und fertigte zu diesem Zweck nicht nur eine Abschrift der Totenannalen an, sondern auch mehrere Konventslisten der eigenen Gemeinschaft und nicht zuletzt ein Diptychon, das neben König Heinrich I. und seiner Gemahlin Mathilde auch eine grössere Anzahl lebender geistlicher Würdenträger aufnahm.[71] Alles deutet also darauf hin, dass in Fulda das Gedenken in ähnlicher Weise intensiviert wurde wie in den alemannischen und lothringischen Verbrüderungsbüchern und in den sächsischen Necrologien.

Betrachtet man die Äbte und Bischöfe des Diptychons näher, so ist festzustellen, dass es sich grösstenteils um wichtige Helfer Heinrichs I. handelt, die folgerichtig zumeist auch in den anderen Memorialquellen unseres Untersuchungszusammenhangs begegnen. Es sind dies im Einzelnen: Erzbischof Hermannn von Köln,[72] Bischof Thioto von Würzburg,[73] Sigimund von Halberstadt,[74] Adalward von Verden,[75] Rihgouo von Worms,[76] Bernhard (von Trient?),[77] Abt Folcmar von Corvey,[78] Bischof Dracholf von Freising,[79] Udalfrid von Eichstätt,[80], Sehard von Hildesheim,[81] Abt Thiethard von Hersfeld,[82] und nicht zuletzt Hildebert von Fulda, der spätere Erzbischof von Mainz.[83] Die Anlage des Diptychons lässt sich mit einiger Sicherheit in die Zeit zwischen Oktober 923 und Januar 924 datieren.[84] Mit dieser Datierung aber wird es zu einem eminent wichtigen Zeugnis, vereinigt es doch mit dem König neben seinen vertrauten sächsischen Bischöfen zwei bayerische, über deren Beziehungen zu Heinrich man bisher nichts wusste, und einen lothringischen (Hermann von Köln), der zwei Jahre zuvor noch auf Seiten Karls des Einfältigen den Bonner Vertrag unterschrieben hatte.[85] Es kennzeichnet die ganze Trostlosigkeit der Quellenlage, dass man über die Aktivitäten Heinrichs im Jahre 923 sonst nur weiss, dass er Bischof Thioto von Würzburg im April dieses Jahres in Quedlinburg die Privilegien seiner Kirche bestätigte.[86] Um so wertvoller ist das Zeugnis, dass er sich im Herbst oder Winter 923 mit den genannten geistlichen Würdenträgern in das besondere Gebet der Fuldaer Mönche aufnehmen liess. Man wird das Fuldaer Diptychon daher als Niederschlag eines Gebetsbundes verstehen müssen, wie er aus der späteren Ottonenzeit mehrfach bezeugt ist.[87] Die Eigenart dieser Bindung zwischen König, Bischöfen und Äbten ist aber bisher nicht im Blickfeld der Forschung gewesen, die Heinrich als ungesalbtem König ein eher distanziertes Verhältnis zur Reichskirche attestierte.[88] Unzweifelhaft erweist jedoch schon dieses Diptychon das Gedenken als einen Teil des 'servitium regis,' das der fuldische Konvent zu leisten hatte.

Dieser Eindruck wird durch den Gesamtbefund der Fuldaer Totenannalen nachhtig bestätigt: Das Gedenken der Fuldaer Mönche galt in den Jahren nach 920 in hohem Masse den Personen, die auch in den Verbrüderungsbüchern im Umkreis Heinrichs I. festzustellen waren. Zwar wurden—wie im Falle der ottonischen Necrologien auch—erheblich weniger Personen in die Totenannalen aufgenommen als in die Verbrüderungsbücher, doch handelt es sich bei den aufgenommenen um solche, die in den Einträgen der Verbrüderungsbücher an hervorgehobener Stelle, oder auch besonders oft erscheinen. Da die geistlichen Würdenträger schon im Zusammenhang des Diptychons behandelt wurden, sei im folgenden der Blick auf die weltlichen Grossen gerichtet.

Neben den Ottonen sind es, wie angesichts der Grablege Konrads I. in Fulda kaum anders zu erwarten, die Konradiner, die in besonders dichter Folge in den Totenannalen vertreten sind. Aus ihrer Sippe finden sich: (906) Konrad der Ältere, der Vater Konrads I.; (924) Glismut, die Mutter Konrads; (939) Eberhard von Franken, der Bruder Konrads; (948) Konrad 'Kurzbold;' (949) Hermann von Schwaben und der Graf Udo; (955) Konrad der Rote; zu dieser Sippe zu rechnen ist vielleicht auch der 938 eingetragene *Otto comes*, der ein weiterer Bruder Konrads I. sein könnte.[89] Von den in erster Linie sächsischen Adeligen, deren Sippen in die Verbrüderungsbücher eingetragen wurden, begegnen in den Totenannalen: (932) Graf Thietmar und (965) Markgraf Gero aus der sogenannten Gero-Sippe;[90] (937) Graf Meginwarch und (948) seine Gemahlin Gerlind, die man den 'Immedingern' zurechnet;[91] (936) Graf Eberhart aus der Sippe der Grafen von Hamalant.[92] Mit (957) Deti, (963) Wilhelm, (962 und 965) Asig, (944) Wichmann und (964) Liuthar sind schliesslich Grafen aus den einflussreichen Adelssippen der Wettiner, der Weimarer Grafen, der Billunger und der Walbecker Grafen in die Totenannalen aufgenommen, deren Namen auch in den Verbrüderungsbüchern so markant vertreten sind, dass ein Zweifel an dem Zusammenhang ausgeschlossen ist.[93] Hinzu kommen eine Reihe bisher nicht identifizierter Grafen, deren Namen jedoch nach Lothringen oder Alemannien weisen und die gleichfalls in den einschlägigen Einträgen in Verbrüderungsbüchern begegnen. Unter ihnen finden sich mehrere Namen von Grafen, die im Gefolge Heinrichs I. an hervorragender Stelle bezeugt sind.[94] Der Kreis der weltlichen Grossen in den Fuldaer Totenannalen ist also entscheidend geprägt von Personen, die auch in den Einträgen in die Verbrüderungsbücher an hervorragender Stelle vertreten sind.

Dieser Gesamteindruck lässt sich durch zwei Beobachtungen zu der Gewissheit verdichten, dass der sehr ähnliche Horizont in der Tat durch einen gemeinsamen Anlass der Eintragungen bedingt ist. Auf der Reichenau wurde nämlich im beginnenden zehnten Jahrhundert neben dem Verbrüderungsbuch ein Necrolog geführt, in das erheblich weniger Personen aufgenommen wurden als in das Verbrüderungsbuch. Das necrologische Gedenken, so liess sich auch bei den Zeugnissen der ottonischen Memoria feststellen, war einem kleineren Personenkreis vorbehalten. Ein Vergleich dieses Necrologs mit den Fuldaer Totenannalen aber hatte zum Ergebnis, dass für einige Jahre in der Endphase der Regierung Heinrichs I. fast der gleiche Kreis von weltlichen und geistlichen Grossen in beide Quellen aufgenommen wurde.[95] Ein solcher Befund kann in den Gedenkquellen weit entfernt liegender Klöster wohl nur dadurch auftreten, dass beide zum Gedenken für diesen Personenkreis von den gleichen Stiftern verpflichtet wurden. Gedenkverpflichtungen für einen Personenkreis aber, zu dem König Rudolf von Burgund, Herzog Arnulf von Bayern, sächsische Grafen und fränkische Bischöfe gehörten, hatte in dieser Zeit wohl nur Heinrich I. selbst. Er ist sozusagen der einzig denkbare Mittelpunkt dieses scheinbar sehr heterogenen Kreises.

Eine zweite Beobachtung ist geeignet, die Stringenz dieser Interpretation zu unterstreichen. Bei den weltlichen Grossen in den Fuldaer Totenannalen handelt es sich in nicht geringer Anzahl um Personen, die an Aufständen gegen Otto den Grossen beteiligt waren. Es scheint unter diesem Blickwinkel geradezu so, als habe der fuldische Konvent nach 936 bevorzugt Adelige in das Gedenken aufgenommen, die an Aufständen gegen Otto teilgenommen hatten, oder sogar im Verlaufe der Erhebungen im Kampfe fielen. In diesem Zusammenhang zu nennen sind vor allem die Herzöge Eberhard von Franken und Giselbert von Lothringen, die 939 nach der Schlacht bei Andernach umkamen.[96] Zu diesem Kreis gehören aber auch der Billunger Wichmann der Ältere, der Walbecker Liuthar und die Grafen Dedi und Wilhelm, die wegen der Beteiligung an Aufständen ihre Ämter verloren;[97] und zu diesem Kreis gehört nicht zuletzt auch der Königssohn Liudolf von Schwaben, Herzog Konrad der Rote und der Markgraf Gero.[98]

Da aber die Beteiligung an Erhebungen gegen den König kaum der Grund für die Aufnahme der Personen in das Gedenken des Reichsklosters Fulda sein kann, muss nach einer anderen Erklärung des auffälligen Phänomens gesucht werden. Und diese liegt nach unseren Untersuchungen in der Tat auf der Hand. Beteiligt an den Aufständen in der Anfangsphase Ottos des Grossen waren nämlich vor allem die Adelsgruppen, die sich in der Zeit Heinrichs I. in den Verbrüderungsbüchern im Zusammenhang mit dem König nachweisen lassen: Dies gilt für die Konradiner ebenso wie für Giselbert von Lothringen, für die Billunger ebenso wie für die Gero-Sippe. Einmal auf dieser Spur, stellt man schnell fest, dass auch andere Grosse in den Fuldaer Totenannalen nach 936 enge und besondere Kontakte zu

Heinrich I. unterhalten hatten: Dies gilt etwa für den Herzog Arnulf von Bayern und den König Rudolf von Burgund. Der bis in die 60er Jahre des zehnten Jahrhunderts in die Totenannalen aufgenommene Kreis weltlicher Grosser hat mit anderen Worten als hervortretenden gemeinsamen Nenner eine ausgeprägte Beziehung zu Heinrich I. Der fuldische Konvent hat also aller Wahrscheinlichkeit nach die Personen berücksichtigt, weil er hierzu schon zur Zeit Heinrichs I. verpflichtet worden war. Er erfüllte diese Verpflichtungen, obgleich die politische Situation sich seit der Stiftung des Gedenkens grundlegend gewandelt hatte, und er auf Grund dieser Veränderung vornehmlich für das Seelenheil der Gegner des neuen Königs betete.

Mit diesen Beobachtungen können wir die Untersuchung der Memorialquellen abschliessen, in denen sich im frühen zehnten Jahrhundert geistliche und weltliche Führungsgruppen in grosser Dichte nachweisen lassen. Alle Untersuchungen erbrachten gleiche oder sehr ähnliche Befunde und erlauben eine Beschreibung des Phänomens, das sie spiegeln. Der König hat sich und seine Familie an unterschiedlichen Orten zusammen mit wichtigen weltlichen und geistlichen Grossen dem Gebetsgedenken anvertraut. Von dieser Bewegung wurden nahezu alle die Personen und Gruppen erfasst, über deren politische Wirksamkeit wir auch durch andere Quellen informiert sind. Vor allem die Verbrüderungsbücher erweisen die beachtliche Grössenordnung dieser Bewegung zur Intensivierung des Gedenkens, die dadurch nur noch interessanter wird, dass sie offensichtlich mit dem Tode Heinrichs I. beendet war.

Nun sagen die Namenreihen in den Verbrüderungsbüchern und die Toteneinträge in den Necrologien und Totenannalen nichts aus über die Bindungen und Beziehungen, die die Einrichtung des Gebetsgedenkens bewirkten. Angesichts der Grössenordnung des Befundes und der politischen Bedeutung der vom Gedenken erfassten Personen ist aber kaum Zweifel daran angebracht, dass hinter dem im Gedenken fassbaren Befund neuartige Bindungen und Kontakte zwischen König und Grossen stehen, die von erheblicher politischer Relevanz gewesen sein müssen.

Zur Frage steht daher die historische Einordnung und Bewertung dieser Bindungen. Eine Antwort auf diese Frage ist aber nur dann zu geben, wenn mit Hilfe anderer Quellen sozusagen der Brückenschlag zu dem Phänomen gelingt, das sich im Gedenken so massiv niederschlug. Setzt man die bisherigen Beobachtungen in Beziehung zu dem, was die Quellen an Charakteristik der Regierungszeit Heinrichs I. hervorheben, so wird man auf Heinrichs nachhaltige Bemühungen um die Herstellung und Festigung des Friedens gestossen.[99] Diese werden zu häufig erwähnt, um in ihnen nur stereotype Prädikate des Herrscherlobs zu sehen. Es scheint nach den zentralen Quellen geradezu so, als sei die herrscherliche Tätigkeit Heinrichs am besten mit Begriffen wie *pacificare, sociare, adunare* oder Substantiven und Adjektiven aus diesen Wortfeldern zu beschreiben.[100] Das Beispiel des Westfranken Flodoard von Reims weist im übrigen nach, dass diese Beurteilung der Herrschaft Heinrichs keineswegs auf die spezifisch 'ottonische' Historiographie beschränkt war.[101]

Ein Zentralbegriff ist allem Anschein nach in diesem Zusammenhang der Terminus *amicitia*. *Amicitiae* schloss Heinrich I. nach dem Zeugnis der Quellen mit einer ganzen Reihe von Personen ab, mit denen er in politische Kontakte gekommen war. Bezeugt ist eine *amicitia* mit den Königen Karl dem Einfältigen, Robert von Frankreich, und Rudolf von Hochburgund,[102] ebenso mit den Herzögen Eberhard von Franken, Arnulf von Bayern und Giselbert von Lothringen;[103] schon das Verhältnis Heinrichs zu König Konrad I. wird ferner mit dem Begriff *amicitia* beschrieben.[104] Verbindet man diese Nachrichten mit dem Gesamturteil der Quellen über Heinrich I. als den Bewahrer von *pax* und *concordia*, so folgt, dass Heinrich seine Bemühungen um Frieden und Eintracht konkretisierte, indem er mit den politisch relevanten Kräften seiner Zeit Bündnisse einging, die die Zeitgenossen als *amicitiae* charakterisierten.

Das Bündnis in Form einer *amicitia* ist nun aber keineswegs eine Erfindung der Zeit Heinrichs I., es hat vielmehr eine lange und vielschichtige Tradition. Es genügt, auf die Bemühungen der Forschung um Phänomene wie die 'fränkische Schwurfreundschaft,'[105] die 'karolingische Brüdergemeine'[106] oder das 'geistliche Bündnis der Päpste mit den Karolingern'[107] hinzuweisen, die alle in den Quellen mit dem Begriff *amicitia* bezeichnet werden können, um die Forschungsfelder abzustecken, auf die die Bündnisse Heinrichs I führen. Daneben oder darüber hinaus ist bekannt, dass der Begriff *amicitia* im Mittelalter häufig gebraucht wurde, um Vereinigungen genossenschaftlicher Art zu bezeichnen, die auf niedrigerem sozialen Niveau angesiedelt waren, als die hier zu untersuchenden *amicitiae*.[108] Dieser Vielfalt der möglichen Bedeutungsinhalte von *amicitia* steht die Tatsache gegenüber, dass die Quellen wenig über den Inhalt der *amicitiae* Heinrichs I. aussagen. Es scheint daher nicht geraten, den 'Typus" dieser *amicitiae* vorschnell festlegen zu wollen.[109] Sicher ist jedoch, dass es sich um Bündnisse handelte, die die Partner zu gegenseitiger Hilfe und zu Wohlverhalten in allen Lebensbereichen verpflichteten. Und sicher ist deshalb auch, dass der König sich mit dieser Verpflichtung sozusagen auf die gleiche Stufe mit denen stellte, denen er versprach, sich ihnen gegenüber wie ein *amicus* zu verhalten. Im 'Bonner Vertrag' von 921 ist uns eine Formel überliefert, mit der die Bindung eingegangen wurde: Die Partner versprachen sich zu verhalten, *sicut amicus per rectum debet esse suo amico, secundum meum scire ac posse*.[110] Nichts vermag den Ernst, der hinter diesem Versprechen stand, besser zu verdeutlichen als die Nachricht, dass Karl der Einfältige später aus der Not der Inhaftierung seinem *amicus* Heinrich die Reliquien schicken liess, bei denen dieser ihm geschworen hatte, künftig sein 'Freund' zu sein (*si me Deus adiuvet et istae sanctae reliquiae*).[111]

Will man den Charakter der *amicitiae* Heinrichs I. näher beschreiben, ist sicher auch eine Quellenstelle heranzuziehen, mit der die Forschung bisher einige Schwierigkeiten hatte. Zum Jahre 931 berichtet nämlich der Regino-Fortsetzer: *Eodem anno rex ab Eberhardo aliisque Franciae comitibus seu episcopis in Franciam vocatus singillatim ab unoquoque eorum in domibus suis vel ecclesiarum sedibus regem decentibus est conviviis et muneribus honoratus.*[112] Die Begebenheit wird wohl zurecht in das Jahr 930 datiert und gilt als eine der wenigen Belege für die Gastungspflichten von weltlichen Grossen im Mittelalter.[113] Bemerkt man jedoch, dass die Nachricht als Beleg für die Gastungspflicht von Grafen völlig singulär dasteht, und dass mit den Begriffen *convivia* und *munera* Termini angesprochen sind, die als inhaltliche Füllung dessen angesehen werden können, was *amicitia* meint,[114] wird eine neue Deutung dieser ungewöhnlichen Nachricht möglich und nahegelegt: Der König erfüllte die *amicitiae*, die er mit Eberhard und den Grossen Frankens abgeschlossen hatte, mit Leben, indem er diese aufsuchte und sich von ihnen beherbergen und beköstigen liess. Die Grossen erfüllten ihrerseits die eingegangenen Verpflichtungen durch *convivia* und *munera regem decentibus*. Es mag dahingestellt bleiben, ob mit der Formulierung *regem decentibus* ein Hinweis auf das Ungewöhnliche und Problematische dieses Vorgangs gegeben ist,[115] in jedem Fall aber zeigt die ungewöhnliche Aufnahme des Königs durch die Grossen, dass Heinrich I. zu ihnen in ein anderes Verhältnis getreten war als seine Vorgänger—und auch als seine Nachfolger.

Sieht man die eingangs behandelte Intensivierung des Gebetsgedenkens vor dem Hintergrund der besprochenen *amicitiae*, so liegt es nahe, beide Vorgänge in einen kausalen Zusammenhang zu bringen. Es kann ja zweifelsohne als eine wichtige Pflicht innerhalb der *amicitia* gelten, dass die *amici* für ihre gegenseitige Gebetshilfe zu sorgen hatten.[116] Unter diesem Gesichtspunkt aber wird es wohl zur Gewissheit, dass es sich bei dem Personenkreis, der in den einschlägigen Memorialquellen im Umfeld Heinrichs I. begegnet, um nichts anderes handelt als um den Kreis, der in die *amicitiae* zwischen Heinrich I. und den politisch relevanten Kräften seiner Zeit eingebunden war. Der König löste seine Verpflichtung zur Gebetshilfe für seine *amici* dadurch ein, dass er bestimmten Reichsklöstern das Gebetsgedenken an diese und an deren Umfeld auftrug. Die *amici* wiederum machten von der Möglichkeit, sich das Gebet der Mönche zu sichern, intensiven Gebrauch, indem sie sich, ihre Familien und Verwandten, aber auch ihre Vorfahren und Freunde in unterschiedlichen Zusammensetzungen in die Memorialquellen der Klöster einschreiben liessen. Angesichts der Konsequenzen, die eine solche Interpretation des Befundes für die Beurteilung der Regierungszeit Heinrichs I. und darüber hinaus für die Beurteilung des ottonischen Königtums überhaupt hat, lohnt sich weitere Anstrengung zur Absicherung dieses Urteils.

Für die Stichhaltigkeit der Interpretation spricht zunächst, dass in den Gedenkquellen in der Tat die Personen besonders häufig begegnen, die wir auch aus anderen Quellen als wichtige Helfer Heinrichs I. kennen.[117] Besonders evident ist dies bei den sächsischen Grafen Thietmar, Meginwarch und Gero, die alle in mehreren Einträgen in die Verbrüderungsbücher von St. Gallen und der Reichenau begegnen,[118] die ausserdem in die Memorialüberlieferung des Klosters Fulda aufgenommen wurden,[119] und von denen der in der Regierungszeit Heinrichs I. verstorbene Graf auch in den Memorialquellen der ottonischen Familie erscheint.[120] Aus dem Bereich des lothringischen Adels ist dies etwa zu zeigen für den Herzog Giselbert und in gewisser Hinsicht auch für die Grafen Megingoz, Gottfrid, Eremfrid und Otachar, die sich zwar als Individuen nicht klar erkennen lassen, die jedoch gleichfalls in mehreren Memorialquellen in signifikanten Zusammenhängen auftauchen.[121] Aus dem Bereich des fränkischen Adels sind vor allem die Konradiner zu nennen, deren Vertreter zahlreich in den einschlägigen Quellen und Einträgen nachgewiesen werden können.[122] Stellvertretend für den alemannischen Adel sei die Familie der sogenannten Udalrichinger genannt, für die ähnliches gilt wie für die Konradiner.[123] Aus Bayern begegnet zumindest Herzog Arnulf in mehreren einschlägigen Quellen, während andere Vertreter des bayerischen Adels bisher nicht eindeutig nachgewiesen werden können.[124]

Das gleiche Ergebnis wie bei den Vertretern der weltlichen Führungsgruppen ergibt auch die Suche nach den geistlichen Würdenträgern, den Bischöfen. Dies ist deshalb besonders bemerkenswert, weil Heinrich I. ja von der Forschung eine gewisse Kirchenferne attestiert wurde, die er erst im Laufe seiner Regierungszeit abgelegt habe.[125] Demgegenüber ist nachdrücklich darauf hinzuweisen, dass sich Heinrich I. bereits 923 zusammen mit zehn Reichsbischöfen und mehreren Reichsäbten ins Gedenken des fuldischen Konvents aufnehmen liess.[126] Dazu passt, dass auch in der Memoria der Königsfamilie die Bischöfe seit dem Regierungsantritt Heinrichs I. eine hervorragende Berücksichtigung fanden.[127] Zeugnis von der engen Verzahnung geistlicher und weltlicher Führungsgruppen gibt auch die Beobachtung, dass sich Reichsbischöfe mehrfach in unterschiedlicher Umgebung in Gedenkbucheinträgen nachweisen lassen: So begegnet etwa der Halberstädter Bischof Sigimund, der ein wichtiger Vertrauter Heinrichs I. war, nicht nur in der ottonischen Memoria und in der fuldischen Memorialüberlieferung, sondern auch im Reichenauer Verbrüderungsbuch und, was man bisher ebenfalls noch nicht berücksichtigt hat, im Necrolog des bayerischen Klosters Niederaltaich.[128] Ähnliches liesse sich etwa für den Verdener Bischof Adalward, den Würzburger Bischof Thioto oder den Bischof Dado von Verdun zeigen.[129]

Von einer anderen Fragestellung her lässt sich der Zusammenhang der Einträge in die Memorialquellen mit den *amicitiae* der Zeit Heinrichs aber noch besser verdeutlichen. Es wurde schon darauf hingewiesen, dass die Massierung der Einträge in einen relativ kurzen Zeitraum fällt, ja, dass mit dem Tode Heinrichs I. sozusagen ein Abbrechen der Eintragungen zu konstatieren ist. Auch die Quellen der ottonischen Memoria weisen für die gleiche Zeit gewissermassen einen Bruch in der Kontinuität des Gedenkens aus: Nach 936 werden Vertreter der Adelsgruppen, die die Herrschaft Heinrichs I. gestützt hatten, nicht mehr in das Gedenken aufgenommen. Dieser auffällige Unterbruch in den Memorialquellen wird sozusagen erklärt durch die erzählenden Quellen, die seit dieser Zeit nicht mehr über *amicitiae* zwischen Otto I. und den Grossen des Reiches berichten. Sie melden im Gegenteil, Otto habe es abgelehnt, *pacta mutua* mit den Grossen einzugehen, wie es eben diese Grossen von ihm erwarteten.[130] Damit stimmen erneut die Befunde der Memorialzeugnisse mit den Nachrichten der erzählenden Quellen überein: So wie die Nachrichten über *amicitiae* aus der Zeit Heinrichs I. in den erzählenden Quellen sozusagen konkretisiert wurden durch die Zeugnisse von der Intensivierung des Gedenkens, so erklären andererseits die erzählenden Quellen das Ende dieser Intensivierung durch die Nachricht, dass Otto I. sich weigerte, wechselseitige Bündnisse mit den Grossen einzugehen.

Die Konsequenzen dieser Weigerung, so sieht man neuerdings immer klarer, zeigen sich nicht zuletzt in den Erhebungen gegen die Herrschaft Ottos I., die zwar von Mitgliedern der Königssippe ausgingen, die jedoch jeweils auch von mächtigen Adelsgruppen getragen wurden. Seitdem bekannt ist, dass die sogenannten 'Aufständischen' miteinander in Formen verbunden waren, die den *amicitiae* nah verwandt sind, darf dieser Zusammenhang noch grössere Aufmerksamkeit beanspruchen.[131] Es ist in der Tat so, dass der Personenkreis, der sich als Niederschlag der *amicitiae* in der Regierungszeit Heinrichs I. in den Gedenkbüchern und anderen Memorialquellen zeigt, mehr als auffällge Übereinstimmungen mit den Personengruppen aufweist, die sich an den Aufständen gegen Otto den Grossen beteiligten.

So sind die beiden aufständischen Herzöge Eberhard und Giselbert, die 939 nach der Schlacht bei Andernach umkamen, in den Memorialzeugnissen mehrfach genannt.[132] Verschiedene Billunger des sogenannten 'Wichmann-Zweiges' beteiligten sich mehrfach und führend an Aufständen, auch sie lassen sich in den Memorialquellen nachweisen, und nicht zuletzt nahm auch das Totengedenken der billungischen Sippe selbst eine ganze Reihe von Aufständischen auf.[133] An den Aufständen beteiligten sich auch die Bischöfe Friedrich von Mainz, Thiedrich von Metz und später Egbert von Trier; sie aber stammten aus Familien, die in den Verbrüderungsbüchern vertreten sind, und die somit zu dem Kreis der in die *amicitiae* Heinrichs I. eingeschlossenen Adelsgruppen gehörten.[134] Im Jahre 952 verurteilte Otto der Grosse den elsässischen Grafen Gunthram wegen Infidelität. Zusammenhänge mit dem Aufstand Liudolfs liegen nahe, und auch hier ist wieder darauf hinzuweisen, dass Einträge mit Grafen namens Gunthram im Umkreis Heinrichs I. in besonderer Weise in Erscheinung treten.[135] Schliesslich tragen sächsische Grafen aus den Sippen der Wettiner, der Weimarer und der

Meissener Grafen Namen, die in einschlägigen Einträgen in Verbrüderungsbücher auch vertreten sind.[136] Gerade Grafen aus diesen Sippen
aber bildeten einen wichtigen Rückhalt der Aufständischen.

Einzig der fuldische Konvent trug auch noch nach 936 Personen in seine
Totenannalen ein, die an den *amicitiae* der Zeit Heinrichs I. beteiligt waren.
Dies hatte zur Folge, dass der Horizont der Einschreibungen weltlicher
Grosser geradezu geprägt ist von Personen, die zu den Aufständischen zu
zählen sind.[137] Ihre Bewahrung im fuldischen Gebetsgedenken ist mit
anderen Worten aus der Zeit Ottos I. nicht zu erklären.

Insgesamt kann es keinen Zweifel daran geben, dass der Personenkreis
der *amicitiae* Heinrichs I. und der Kreis der Aufständischen Übereinstimmungen von solcher Signifikanz aufweist, dass sich der Eindruck einer
Kontinuität geradezu aufdrängt. Sicher nicht unwichtig ist in diesem
Zusammenhang der Hinweis, dass sich im früheren Mittelalter *amicitiae* und
inimicitiae auch vererben konnten;[138] eine Beobachtung, durch die die
Kontinuität der Personenkreise, die an den Aufständen der Ottonenzeit
beteiligt waren, noch besser verständlich wird.

Damit aber ergeben sich neue Kriterien zur Beurteilung der ottonischen
Königsherrschaft im frühen zehnten Jahrhundert. Es geht um die Herrschaftsauffassung und Herrschaftspraxis Heinrichs I. und Ottos des Grossen,
die sich angesichts der zusammengetragenen Indizien als sehr unterschiedlich darstellen. Während sich Heinrich um *pax* und *concordia*
bemühte, und hierbei *amicitiae* mit den Grossen des Reiches einging,
verweigerte sein Sohn den Grossen Bündnisse, die als *pacta mutua* den
Charakter wechselseitig bindender Verträge zwischen gleichberechtigten
Partnern beanspruchen konnten. Während aus der Regierungszeit Heinrichs
I. kein Fall von Widerstand oder Erhebung gegen das ottonische Königtum
bekannt ist—ganz im Gegensatz zu den unablässigen Kämpfen aus der Zeit
seiner Vorgänger—begann bald nach dem Regierungsantritt Ottos eine
Welle von Aufständen, die genau von den Kräften ausgelöst wurde, die die
Herrschaft Heinrichs I. nie in Frage gestellt hatten. Die Grossen haben
offensichtlich sehr sensibel auf den Wechsel in der Herrschaftsauffassung
reagiert, wie er in der Verweigerung der *amicitiae* deutlich wird.

Es fällt angesichts der Belege für die *amicitiae* aus der Regierungszeit
Heinrichs I. und ihrem Charakter als Bündnisse von gleichberechtigten
Partnern schwer, nicht auch die Tatsache mit in die Überlegungen
einzubeziehen, dass Heinrich I. 919 auf die Salbung 'verzichtete,' Otto I.
sich dagegen 936 salben liess.[139] Fast scheint es so, als liefere die
Untersuchung der *amicitiae* auch neue Möglichkeiten, die Problematik der
Salbung zu verstehen. Liest man vor dem Hintergrund der bisherigen
Überlegungen den Bericht Widukinds über die Königserhebung Heinrichs I.
(I,26), so fällt folgendes auf: Der Bericht beginnt mit *pax* und *amicitia*, die
Eberhard von Franken und Heinrich vor der Königserhebung eingehen. Der
folgende Hinweis Widukinds, dass Eberhard *pax* und *amicitia fideliter*

familiariterque usque in finem obtinuit, gewinnt einiges Gewicht, wenn man sich vergegenwärtigt, dass zum Zeitpunkt der Niederschrift dieser Wertung Eberhards Ende im Kampf gegen Otto den Grossen nicht nur Widukind bekannt war. Danach 'designiert' im Bericht Eberhard Heinrich zum König *congregatis principibus et natu maioribus exercitus Francorum*. Es folgt die berühmte 'Ablehnung' des Salbungsangebots (*nec sprevit, nec tamen suscepit*), das Heriger von Mainz Heinrich gemacht hatte. Zur Begründung dieser Ablehnung legt Widukind Heinrich eine Rede in den Mund, die, wie aus dem Kontext klar ersichtlich, an die ganze Versammlung gerichtet ist: *Satis, inquiens, michi est, ut pre maioribus meis rex dicar et designer, divina annuente gratia ac vestra pietate; penes meliores nobis unctio et diadema sit: tanto honore nos indignos arbitramur.* Was heisst das?

Wir meinen, dass die zentrale Stelle sozusagen als Schlüssel für die Herrschaftsauffassung Heinrichs I. angesehen werden kann, wenn man nicht mehr, wie die bisherige Forschung, die *maiores* als die Ahnen Heinrichs versteht, sondern als die *natu maiores*, die Grossen, vor denen Eberhard Heinrich gerade zum König designiert hatte.[140] Eben diese sind es ja auch, die nach der Rede Heinrichs in Hochrufe für den neuen König ausbrechen. Dieses neue Verständnis der Rede hat für sich, dass die wörtliche Rede so eine wirklich zentrale Aussage über Heinrichs Königtum und sein Selbstverständnis als Herrscher enthält: Heinrich tut kund, dass er seine Königsstellung als 'primus inter pares' auffasst, der eine Erhöhung durch die Salbung nicht braucht. Dies deshalb nicht, so muss man erläuternd hinzufügen, weil seine Herrschaft auf den Bündnissen mit den Grossen ruhte. Versteht man unter den *maiores* dagegen die Ahnen Heinrichs, so bringt der neue König als Begründung seines Salbungsverzichts lediglich eine Bescheidenheitsfloskel, die inhaltlich kaum etwas aussagt. Man sollte daher den dramatischen Akzent, den Widukind setzte, ernst nehmen, und in der Rede eine Aussage erwarten, die den Verzicht begründet. Dies ist dann der Fall, wenn man unter den *maiores* die Grossen versteht.

Unter diesem Aspekt ist auch leicht einzusehen, warum die *amicitiae* Heinrichs so weite Personenkreise einschlossen, wie die Gedenkquellen zeigen. Wenn der König sich nämlich überhaupt in solche Bündnisse einbinden liess, dann konnte er dies nur, wenn alle relevanten Kräfte seines Reiches dies gleichermassen taten und so *pax* und *concordia* in allgemeiner Verantwortung bewahrt wurden. Dieses Ziel scheint Heinrich mit einem Netz von *amicitiae* erreicht zu haben. Zerriss dieses Netz jedoch an einer Stelle, so konnte es für den König nur die Konsequenz geben, derartige Verbindungen gänzlich zu meiden, um nicht zur Parteinahme gefordert zu werden und so seiner königlichen Würde zu schaden. Es fragt sich, ob hierin nicht auch der tiefere Grund für die Weigerung Ottos des Grossen liegt, *pacta mutua* abzuschliessen, wie es vordem sein Vater getan hatte.

So führen die prosopographischen Untersuchungen zur frühen Ottonenzeit zu zentralen Fragen der Königsherrschaft im zehnten Jahrhundert, von deren Beantwortung das Bild dieser Zeit und die Beurteilung des mittelalterlichen Königtums nicht unwesentlich abhängt. Es scheint eine lohnende Aufgabe, die Konsequenzen der vorgeführten Beobachtungen für die Geschichte des zehnten Jahrhunderts zu überdenken, die hier jedoch nicht mehr ausgeführt werden kann.[141]

ANMERKUNGEN

Der Beitrag erwuchs aus Arbeiten des Freiburger Forschungsprojekts 'Gruppenbildung und Gruppenbewusstsein im Mittelalter' im weiteren und aus gemeinsamen Arbeiten von Karl Schmid und dem Verf. an der Abgrenzung von Eintragsgruppen im Reichenauer Verbrüderungsbuch im engeren Sinne. Diese Abgrenzungsarbeit begleiteten zahlreiche Diskussionen zwischen Karl Schmid und mir, in denen sich Erklärungsmöglichkeiten für die erhobenen Befunde immer deutlicher abzeichneten. Dieses Wachsen der Erkenntnis im Gespräch, in das beide Partner ihre sich ergänzenden Vorarbeiten einbringen konnten, liess es sinnvoll erscheinen, die aus dieser Zusammenarbeit und Diskussion erwachsenen Publikationen einem bereits von K. Schmid für eine Studie (II) gewählten Obertitel zuzuordnen. Konzipiert sind bisher:

Unerforschte Quellen aus quellenarmer Zeit:

I.   K. Schmid, 'Das Gebetsgedenken für Grafenfamilien im Umkreis der Bündnisse Heinrichs I. mit Karl dem Einfältigen (921) und König Robert von Frankreich (923).'
II. K. Schmid, 'Wer waren die "fratres" von Halberstadt aus der Zeit König Heinrichs I.?,' *Festschrift für B. Schwineköper*, ed. H. Maurer und H. Patze (Sigmaringen, 1982), 117-40.
III. G. Althoff, 'Necrologabschriften aus Sachsen im Reichenauer Verbrüderungsbuch,' *Zeitschrift für die Geschichte des Oberrheins*, cxxxi, NF xcii (1983), 91-108.

In Vorbereitung ist überdies eine gemeinsame Buchpublikation unter dem Arbeitstitel: Personengruppen des frühen zehnten Jahrhunderts in den Memorialquellen und ihre wechselseitigen Beziehungen. Eine kommentierte Dokumentation.

[1] Zur Forschungsgeschichte vgl. K. Schmid, 'Bemerkungen zur Frage einer Prosopographie des früheren Mittelalters,' *Zeitschrift für Württembergische Landesgeschichte*, xxiii (1964), 215-27; ders., 'Prosopographische Forschungen zur Geschichte des Mittelalters,' *Aspekte der historischen Forschung in Frankreich und Deutschland*, ed. G. A. Ritter und R. Vierhaus (Göttingen, 1981), 54-78; F. Autrand, 'Prosopographie et Histoire de L'Etat,' *ibid.*, 43-53; G. Beech, 'Prosopography,' *Medieval Studies. An Introduction*, ed. J. M. Powell (New York, 1976), 151-84; s. auch die Ausführungen von N. Bulst in diesem Band S. 1-16.

[2] Zum Problem der 'Verflechtung' vgl. neuerdings W. Reinhard, *Freunde und Kreaturen. "Verflechtung" als Konzept zur Erforschung historischer Führungsgruppen. Römische Oligarchie um 1600* (München, 1979); aus der reichhaltigen Literatur s. ferner L. Stone, 'Prosopography,' *Daedalus*, c (1971), 46-79, Neudruck:

60   G. ALTHOFF

Historical Studies Today, ed. F. Gilbert und St. Graubard (New York, 1972), 107-40, deutsche Übersetzung: *Quantifizierung in der Geschichtswissenschaft. Probleme und Möglichkeiten*, ed. K. H. Jarausch (Düsseldorf, 1976), 64-97; W. Schaub, 'Sozialgenealogie—Probleme und Methoden,' *Blätter für deutsche Landesgeschichte*, cx (1974), 1-28; *Quantitative Methoden in der historisch-sozialwissenschaftlichen Forschung*, ed. H. Best und R. Mann (Stuttgart, 1977) jeweils mit weiteren Hinweisen.

³ So urteilte W. Schlesinger, 'Die Königserhebung Heinrichs I. zu Fritzlar im Jahre 919,' *Fritzlar im Mittelalter, Festschrift zur 1250-Jahrfeier* (Fritzlar, 1974), 125 zu Recht im Blick auf die Quellen zur Königserhebung Heinrichs I., s. dazu auch unten Anm. 139.

⁴ Vgl. dazu die Diskussion zwischen K. Hauck, 'Widukind von Korvey,' *Die deutsche Literatur des Mittelalters. Verfasserlexikon*, ed. K. Langosch, IV (Berlin, 1953) 946-58, bes. 951f. und H. Beumann, 'Historiographische Konzeption und politische Ziele Widukinds von Corvey,' *Settimane di studio del Centro italiano di studi sull' alto medioevo xvii: La Storiografia altomedievale* (Spoleto, 1970), 875-94, auch in ders., *Wissenschaft vom Mittelalter. Ausgewählte Aufsätze* (Köln/ Wien/Graz, 1972), 71-108, dort bes. 80 über Widukind von Corvey; s. weiter L. Bornscheuer, *Miseriae regum. Untersuchungen zum Krisen-und Todesgedanken in den herrschaftstheologischen Vorstellungen der ottonisch-salischen Zeit* (Arbeiten zur Frühmittelalterforschung 4, Berlin, 1968), 17 ss.; W. von Stetten, *Der Niederschlag liudolfingischer Hausüberlieferung in den ersten Werken der ottonischen Geschichtsschreibung* (Phil. Diss. (masch.) Erlangen, 1954); H. Lippelt, *Thietmar von Merseburg. Reichsbischof und Chronist* (Mitteldeutsche Forschungen 72, Köln-Wien, 1973), 173 ss.

⁵ Die Formulierung übernehme ich von K. Hauck, der sie benutzte bei der Diskussion von G. Althoff, 'Der Sachsenherzog Widukind als Mönch auf der Reichenau. Ein Beitrag zur Kritik des Widukind-Mythos,' *Frühmittelalterliche Studien*, xvii (1983).

⁶ Stellvertretend für viele Wertungen dieser Art seien genannt die Bemerkungen von Leopold von Ranke in seiner Vorrede zu G. Waitz, *Jahrbücher des deutschen Reichs unter König Heinrich I.*, 4th ed. (Darmstadt, 1963), 10 und R. Holtzmann, *Otto der Grosse* (Berlin, 1936), 7.

⁷ Vgl. K. Schmid - J. Wollasch, 'Die Gemeinschaft der Lebenden und Verstorbenen in Zeugnissen des Mittelalters,' *Frühmittelalterliche Studien*, i (1967), 365-405; dies., *Societas et Fraternitas. Begründung eines kommentierten Quellenwerkes zur Erforschung der Personen und Personengruppen des Mittelalters* (Berlin, 1975) auch in *Frühmittelalterliche Studien*, ix (1975), 1-48; O. G. Oexle, 'Memoria und Memorialüberlieferung im früheren Mittelalter,' *Frühmittelalterliche Studien*, x (1976), 70-95; K. Schmid 'Das liturgische Gebetsgedenken in seiner historischen Relevanz,' *Freiburger Diözesan-Archiv*, 3. Folge, xxxi (1979), 20-44.

⁸ Vgl. *Die Klostergemeinschaft von Fulda im früheren Mittelalter*, ed. K. Schmid u. a. (Münstersche Mittelalter-Schriften 8, München, 1978, 3 vols.).

⁹ Vgl. *Das Verbrüderungsbuch der Abtei Reichenau. Einleitung, Register, Faksimile*, ed. J. Autenrieth, D. Geuenich und K. Schmid (MGH Libri memoriales et Necrologia NS 1, Hannover, 1979).

¹⁰ Vgl. G. Althoff, *Adels- und Königsfamilien im Spiegel ihrer Memorialüberlieferung. Studien zum Totengedenken der Billunger und Ottonen* (Münstersche Mittelalter-Schriften 47, München 1984).

[11] Vgl. die Bemerkungen zum Forschungsstand bei Schmid - Wollasch, *Societas* (wie Anm. 7), 13 ss.

[12] Das Jahr 929 ergibt sich durch die Datierung des Eintrags der Familie Heinrichs I. in die Verbrüderungsbücher von St. Gallen und der Reichenau, vgl. K. Schmid, 'Neue Quellen zum Verständnis des Adels im 10. Jahrhundert,' *Zeitschrift für die Geschichte des Oberrheins*, cviii, NF lxix (1960), 185-232, bes. 188 ss., Teilabdruck: *Königswahl und Thronfolge in ottonisch-frühdeutscher Zeit*, ed. E. Hlawitschka (Wege der Forschung 178, Darmstadt, 1971), 391 ss. Die Grenze 937 ist durch die Beobachtung gegeben, dass eine Necrologabschrift auf pag. 66 des Reichenauer Verbrüderungsbuches, die von der Sippe des sächsischen Grafen Christian veranlasst wurde, als letzten datierbaren Eintrag den 937 verstorbenen Mainzer Erzbischof Hildibert enthält; vgl. dazu Althoff (wie Anm. 10) Einleitung bei Anm. 82. Mit diesen Jahresangaben ist jedoch lediglich ein Zeitraum markiert, in dem sich die Einträge der Gruppen in besonders dichter Folge und in besonders engen Zusammenhängen untereinander zeigen lassen. Es ist nicht zu übersehen, das eine verstärkte Einschreibung laikaler Gruppen bereits einige Jahrzehnte vorher beginnt, und es ist auch nicht anzunehmen, dass sie nach 937 gänzlich abbrach.

[13] Vgl. dazu Schmid (wie Anm. 12), 211 ss.; heranzuziehen sind Einträge im Reichenauer Verbrüderungsbuch auf den paginae 20 Kolumne A2 *Liutgart* - C4 *Tuotilo*; p. 59 C2 *Sigifrid* - C4 *Reginhere*; p. 66 B2 *Sigimundus* - C5 *Haburh* und p. 67 A1 *Christin* - A4 *Hageburc*; im St. Galler Verbrüderungsbuch ferner der Eintrag auf p. 53 *Thiotmar-Hadeuui, MGH Libri Confraternitatum Sancti Galli Augiensis Fabariensis*, ed. P. Piper (Berlin,1884), 74.

[14] Vgl. dazu ausführlich Schmid, Unerforschte Quellen (II) (wie Anm. zum Titel); die einschlägigen Einträge stehen im Reichenauer Verbrüderungsbuch auf p. 56 C1 *Meginuuarch* - C4 *Ruodolf* (unter der Überschrift *HAEC SUNT NOMINA FRATRUM HALUERSTADENSIS*); p. 31 B1-3, C4-5, D2-5 *Meginuuarch-Paldram*; p. 59 B2 *Meginuuarhc* - B3 *Thieto*; p. 74 A1 *Iudita* - D1 *Heriman* (quer oberhalb der Kolumnen), der Eintrag ist wahrscheinlich fortgesetzt in D1-D3.

[15] Zur Übergabe der Herrschaft an Heinrich I. vgl. zuletzt zusammenfassend W. Giese, *Der Stamm der Sachsen und das Reich in ottonischer und salischer Zeit* (Wiesbaden, 1979), 19 ss. und 62 ss. Bisher nicht im Zusammenhang untersuchte Einträge der Konradiner oder Einträge mit Konradinern finden sich im Reichenauer Verbrüderungsbuch auf p. 35 D1 *Gebehart* - D3 *Enna*; 66 A3 *Uto* - A5 *Ruodman* und B1 *Uuicnant* - B2 *Liebecha*; p. 67 C1 *Kebehart* - C4 *Gerdrud*; p. 71 C3 *CHUONRAT DUX* - C5 *Sigiburch*; p. 74 C3 *Beretdrud* - C5 *Vuillihelm*. Aus dem Verbrüderungsbuch in Remiremont (wie Anm. 30) sind zu nennen die Einträge auf fol. 5v Nr. 6 und 7; fol. 6v Nr. 1 und fol. 54r Nr. 1.

[16] Vgl. Schmid (wie Anm. 12), 203 ss.; die Einträge finden sich im Reichenauer Verbrüderungsbuch auf p. 10 B1 *Hug* - B4 *Liutolt*; p. 44 A1 *Vuigman* -B2 *Chunigund*; p. 68 A5 *Meginhart* - D5 *Cunigund* (quer unter den Kolumnen); p. 24-25 enthält den Eintrag mit Bischof Balderich von Utrecht, abgedruckt bei Schmid, Unerforschte Quellen (II) (wie Anm. zum Titel), 130 s.; ferner findet sich im Gedenkbuch von Pfäfers auf p. 116 ein Eintrag von acht Namen, der in den gleichen Zusammenhang gehört, vgl. Piper (wie Anm. 13), 383; Schmid (wie Anm. 12), 206.

[17] Vgl. K. Schmid, 'Religiöses und sippengebundenes Geminschaftsbewusstsein in frühmittelalterlichen Gedenkbucheinträgen,' *Deutsches Archiv*, xxi (1965), 18-81, bes. 19 ss.; s. auch ders., Unerforschte Quellen (II) (wie Anm. zum Titel), 130 s.

18 Zu den Einträgen der Königsfamilie vgl. Schmid (wie Anm. 12), 186 ss.; G. Althoff, 'Unerkannte Zeugnisse vom Totengedenken der Liudolfinger,' *Deutsches Archiv*, xxxii (1976), 370-404; die Einträge der Königsfamilie finden sich im Reichenauer Verbrüderungsbuch auf p. 63 D1 *Heinricus - D5 Piso*, im St. Galler Verbrüderungsbuch auf p. 63 *Heinrich - Pia* und auf p. 86 *Friderich - Geua*. Unbedingt zu berücksichtigen ist in diesem Zusammenhang auch ein Eintrag aus dem verlorenen Teil des St. Galler Verbrüderungsbuches, der nur durch Melchior Goldast überliefert ist, vgl. Piper (wie Anm. 13), 84.

19 Vgl. Schmid (wie Anm. 12), 206 ss.

20 Vgl. Althoff (wie Anm. 18), 376.

21 Vgl. Schmid, Unerforschte Quellen (II) (wie Anm. zum Titel), 131; Ottos Tochter Liudgard wurde wohl 931 geboren, vgl. R. Köpke - E. Dümmler, *Kaiser Otto der Grosse* (Leipzig, 1876), 12 mit Anm. 3.

22 Sie finden sich im Reichenauer Verbrüderungsbuch auf p. 70 D3; im St. Galler Verbrüderungsbuch auf p. 77 in der 2. Kolumne *Adalsten rex -Keondrud cum ceteris*; im Gedenkbuch von Pfäfers auf p. 33 *Adalsten rex -Odo archiepiscopus*, vgl. Piper (wie Anm. 13), 363 und die Faksimile-Ausgabe *Liber Viventium Fabariensis* (Alkuin-Verlag, Basel, 1973). Zur Datierung und Einordnung der Einträge vgl. Schmid (wie Anm. 12), 192.

23 Zur Datierung vgl. Schmid (wie Anm. 17), 19 ss. und 69 ss.; s. auch dens., Unerforschte Quellen (II) (wie Anm. zum Titel), 130.

24 Vgl. Schmid, Unerforschte Quellen (II) (wie Anm. zum Titel), 120, 133 und 139.

25 Man geht bisher wohl zu Recht davon aus, dass die an der Spitze der Einträge genannten Personen um die Aufnahme ins Gebetsgedenken baten, obgleich das im Einzelfall nicht zu beweisen ist, und es sicher auch Fälle gibt, in denen diese Annahme nicht zutrifft.

26 Zur Anlage vgl. die Ausführungen von J. Autenrieth, 'Beschreibung des Codex,' bes. xxi ss. und K. Schmid, 'Wege zur Erschliessung des Verbrüderungsbuches,' bes. lx ss. in *Das Verbrüderungsbuch der Abtei Reichenau* (wie Anm. 9). Die uns interessierenden Einträge sind nicht auf die Seiten geschrieben, die für das Gedenken an die lebenden (p. 98 ss.) und die verstorbenen Wohltäter (p. 114 ss.) vorgesehen waren, sondern sie wurden auf den Seiten eingetragen, die mit den Mönchslisten und -gruppen der karolingerzeitlichen Klosterverbrüderung bereits mehr oder weniger gefüllt waren. Zu nennen sind besonders die Seiten 1, 2, 3, 17, 20, 24, 25, 29, 31, 44, 46, 49, 50, 51, 56, 57, 59, 63, 64, 66, 67, 68, 69, 70, 71, 72, 73, 74, 80, 81, 86, 87, 89.

27 Versuche, die chronologische Eintragsfolge auf den Seiten festzulegen, sind deshalb gescheitert, weil deutlich wurde, dass die mittelalterlichen Schreiber die Zwischenräume zwischen den Kolumnen keinesfalls nach einem System füllten, sondern den Platz für den jeweiligen Eintrag recht willkürlich wählten. Zur geplanten Dokumentation der Eintragsgruppen aus der Zeit Heinrichs I. vgl. die Anm. zum Titel.

28 Zur Rekonstruktion der ursprünglichen Reihenfolge der Lagen und Blätter vgl. K. Schmid, 'Auf dem Wege zur Wiederentdeckung der alten Ordnung des St. Galler Verbrüderungsbuches,' *Florilegium Sangallense. Festschrift für Johannes Duft zum 65. Geburtstag* (Sigmaringen, 1980), 213-41, bes. 238 ss.

29 Vgl. dazu die Ausführungen von D. Geuenich, *infra*, 405.

30 Vgl. *Liber Memorialis von Remiremont*, bearb. v. E. Hlawitschka, K. Schmid und G. Tellenbach (MGH Libri Memoriales, Zürich, 1970).

Schmid und G. Tellenbach (MGH Libri Memoriales, Zürich, 1970).

[31] Zu diesem Eintrag vgl. demnächst K. Schmid, Unerforschte Quellen (I) (wie Anm. zum Titel).

[32] Vgl. Liber Memorialis (wie Anm. 30) 166; mehrere der Namen (Hugo, Eberhard, Liutfrid) weisen allerdings eindeutig in den Zusammenhang der elsässischen 'Etichonen,' vgl. dazu F. Vollmer, 'Die Etichonen,' *Studien und Vorarbeiten zur Geschichte des grossfränkischen und frühdeutschen Adels*, ed. G. Tellenbach (Freiburg, 1957), bes. 174 ss.; Keller (wie Anm. 44), 14 ss.

[33] Die in diesem Falle mit Hilfe der verschiedenen Register sozusagen per Hand durchgeführten Vergleiche bedürfen der Kontrolle und Ergänzung mittels maschineller 'Gruppensuchprogramme,' die im Projekt B des Sonderforschungsbereichs 7, Münster erfolgreich erprobt worden sind; vgl. dazu M. Hillebrandt, 'The Cluniac Charters: Remarks on a Quantitative Approach for Prosopographical Studies,' *Medieval Prosopography*, 3, 1 (1982), 3-25. Zu den bekannten Personen mit dem Namen Hugo s. auch K. Schmid, 'Ein karolingischer Königseintrag im Gedenkbuch von Remiremont,' *Frühmittelalterliche Studien*, ii (1968), 96-134, bes. 128 ss.; und dens., Unerforschte Quellen (I) (wie Anm. zum Titel).

[34] Vgl. oben bei Anm. 16 und 21.

[35] Er wird unten in Beispiel 2 näher behandelt.

[36] Vgl. Keller (wie Anm. 44), 83 Anm. 241; B. Bilgeri, *Geschichte Vorarlbergs I. Vom freien Rätien zum Staat der Montforter* (Wien/Köln/Graz, 1971), 272s. mit Anm. 3. Zu dem Eintrag s. demnächst auch Rappmann (wie Anm. 95) mit dem Kommentar zum Grafen Udalrich, der nach dem Reichenauer Necrolog am 30. September starb.

[37] Vgl. unten im Beispiel 3 vor Anm. 45.

[38] In Kolumne A3 bis A5 (vgl. Anm. 15) mit den typischen 'Konradinernamen' Uto, Hermann, Konrad und Heribert.

[39] Vgl. dazu Althoff (wie Anm. 10) Einleitung und dens., Unerforschte Quellen (III) (wie Anm. zum Titel).

[40] Heranzuziehen sind auf p. 4 A1-D1 quer (über der Überschrift NOMINA VIVORUM FRATRUM):HATHO archieps., Heriger archieps., Heriger, Heriman, Porn, Vuito. Von diesen Namen begegnen Porn und Vuito nebeneinander auch im Eintrag auf p. 80. Der Name Porn erscheint in dieser Schreibung im ganzen Verbrüderungsbuch nur an den beiden angegebenen Stellen, so dass die Identität der Personen wohl gesichert ist. Auf p. 52/53 sind quer über den unteren Rand der Seiten folgende Namen geschrieben, von denen die besonders hervorgehobenen auch auf p. 80/81 begegnen: (p. 52) ANNO, LANTPRHET, Pirittilo, Erchantbret, Nandger, Hatto, Nandger, Hiltimuot, Aba, Hospirint, (p. 53) Ruodpr(et), Luituuart, HATTO, Vuolfprant. Auf p. 71 D2-D3 erscheinen schliesslich weitere Namenübereinstimmungen: HELMERIH, KERHILT, Manegolt, Ruodpret, Ruodpret, Sigehart, Nandger, Hatto, Liutuuart.

[41] Hier darf auch der in erstaunlicher Dichte auftretende Befund, dass viele der Einträge solchen benachbart sind, die sicher in die Regierungszeit Heinrichs I. gehören, als Hinweis auf einen inhaltlichen Zusammenhang gewertet werden.

[42] Auf der gleichen Seite beginnt nämlich der Eintrag des englischen Königs Adelstan (s. Anm. 22). Unter dem hier behandelten Eintrag steht ferner die Namenfolge *Puobo, Puobo, Suitpurg, Chunigund, Adalb (er)t, Uualtfrid, Alttuom, Suitpurg, Thietprigh, Manegolt, Suitker, Kemmund*, aus der die besonders hervorgehobenen Namen auch im Reichenauer Verbrüderungsbuch auf p. 66 A1-A3 und

p. 44 A1-A2 wiederkehren, s. dazu unten das Beispiel 3.

[43] Vgl. Anm. 19. Es ist nicht zu entscheiden, welcher der beiden Einträge eher geschrieben wurde.

[44] Vgl. dazu demnächst Schmid, Unerforschte Quellen (I) (wie Anm. zum Titel); s. auch H. Keller, *Kloster Einsiedeln im ottonischen Schwaben* (Forschungen zur oberrheinischen Landesgeschichte 13, Freiburg, 1964), 15 mit Anm. 18 und 21, sowie 99 s. die Bemerkungen zum Vorgehen Ottos gegen den elsässischen Grafen Guntram im Jahre 952; ferner Th. L. Zotz, *Der Breisgau und das alemannische Herzogtum. Zur Verfassungs- und Besitzgeschichte im 10. und beginnenden 11. Jahrhundert* (Vorträge und Forschungen, Sonderband 15, Sigmaringen, 1974), 187 ss.

[45] Vgl. oben Anm. 16.

[46] Gerade der Name Meginwarch ist jedoch so selten, dass kaum ein Zweifel daran bestehen kann, dass mit diesem Namen der 937 verstorbene sächsische Graf gemeint ist. Im Verbrüderungsbuch von Remiremont (wie Anm. 30) Register p. 263 erscheint er nur an der zitierten Stelle; im Verbrüderungsbuch der Abtei Reichenau (wie Anm. 9) Register p. 127 Belegeld m48 beziehen sich sieben der acht Belege auf unseren Grafen, der achte (p.31 C2) meint wahrscheinlich einen Verwandten.

[47] So eine Necrologabschrift, die durch die ottonische Familie von einem Necrolog ihres Stiftes Gandersheim genommen wurde (vgl. dazu Althoff, wie Anm. 18); so ferner zwei Abschriften von Necrologien, die im Umfeld sächsischer Adelsfamilien geführt wurden; vgl. dazu Althoff, Unerforschte Quellen (III) (wie Anm. zum Titel).

[48] Zur Gandersheimer Tradition vgl. schon Althoff (wie Anm. 18); zu beiden s. jetzt jedoch Althoff (wie Anm. 10), Teil II Kap. 6c.

[49] Vgl. Althoff (wie Anm. 18), 384 mit Anm. 49; zu den Bischöfen s. die Kommentare bei Althoff (wie Anm. 10), B 24, B 47, B 87, B 163.

[50] Vgl. ibid. die Kommentare B 156, B 159, B 141, B 150, B 113, B 82, B 124.

[51] Zu Sigimunt vgl. den Kommentar B 124 in: *Die Klostergemeinschaft von Fulda* (wie Anm. 8), II, 340 und unten Anm. 74.

[52] Es fehlen von den in der Regierungszeit Heinrichs I. verstorbenen Bischöfen Sachsens, Frankens und Alemanniens nur Heriger von Mainz (†927) und Noting von Konstanz (†934). Aus Bayern fehlen Tuto von Regensburg (†930), Gundbolt von Passau (†930?), Dracholf von Freising (†926) und Wolfram von Freising (†937); Pilgrim von Salzburg (†923) und Udalbert von Salzburg (†935). Udalfrid von Eichstätt verstarb am 1. Januar 933 und kann deshalb im Merseburger Necrolog nicht mehr verifiziert werden. In Lothringen verstarben zwischen 925 und 936 ausser Erzbischof Hermann von Köln nur die Bischöfe Ruotger von Trier und Wigerich von Metz, diese jedoch im Januar bzw. März, so dass sie nicht mehr zu verifizieren sind.

[53] Es lassen sich in der Necrologabschrift aus Gandersheim nur die im Jahre 880 gegen die Dänen gefallenen Bischöfe Markward von Hildesheim und Thiedrich von Minden sowie Biso von Paderborn feststellen; vgl. Althoff (wie Anm. 18), 400 ss.

[54] Vgl. dazu das Diagramm und die Ausführungen bei Althoff (wie Anm. 10), Teil II.

[55] Vgl. Althoff (wie Anm. 18), 400.

[56] Vgl. Althoff (wie Anm. 10), Kommentar G 15 mit weiteren Hinweisen.

[57] Vgl. *ibid.* Kommentar G 112 mit weiteren Hinweisen.

[58] Vgl. Althoff (wie Anm. 18), 400 und 404.

[59] Vgl. Althoff (wie Anm. 10), Kommentar G 177.

[60] So ist etwa in der Necrologabschrift aus Gandersheim hinzuweisen auf die Namen Nr. 22 *Sigiurid*, 27 *Thiomar*, 29 *Mainuuarcus*, 38 *Brun*, 66 *Amalung*, 79 *Bardo*, die bisher nicht zugeordnet werden konnten. Es handelt sich jedoch um das typische Namengut der zur Frage stehenden sächsischen Adelssippen.

[61] Vgl. oben nach Anm. 18.

[62] Vgl. Schmid, Unerforschte Quellen (II) (wie Anm. zum Titel), 139.

[63] Bisher sind dies nur die Grafen Wilhelm von Weimar (†963) und die Grafen Meingot und Drudwin (†959); vgl. dazu die Kommentare G 38 und G 108 bei Althoff (wie Anm. 10).

[64] Vgl. dazu G. Althoff, 'Beobachtungen zum liudolfingisch-ottonischen Gedenkwesen,' *Memoria. Die geschichtliche Bedeutung des liturgischen Gedenkens im Mittelalter*, ed. K. Schmid und J. Wollasch (Münstersche Mittelalterschriften 48, München, 1984); s. auch ders. (wie Anm. 10), Teil II, Kap. 5a.

[65] Vgl. *ibid*. Teil II, Kap. 7.

[66] Zur Überlieferung vgl. O. G. Oexle, 'Memorialüberlieferung und Gebetsgedächtnis in Fulda vom 8. bis zum 11. Jahrhundert,' *Die Klostergemeinschaft* (wie Anm. 8), I. 136-77.

[67] Vgl. H. P. Wehlt, *Reichsabtei und König dargestellt am Beispiel der Abtei Lorsch mit Ausblicken auf Hersfeld, Stablo und Fulda* (Göttingen, 1970), 237.

[68] Vgl. *ibid.*, 39.

[69] Vgl. *ibid.*, 238; s. auch M. Sandmann, 'Die Folge der Äbte,' *Die Klostergemeinschaft* (wie Anm. 8), I. 189.

[70] Vgl. F. J. Jakobi, 'Die geistlichen und weltlichen Magnaten in den Fuldaer Totenannalen,' *ibid.*, II, 2. 845 ss. und 866.

[71] Vgl. dazu F. J. Jakobi, 'Zu den Amtsträgerlisten in der Überlieferung der Fuldaer Totenannalen,' *ibid.*, II, 2. 505 ss.; O. G. Oexle, 'Die Überlieferung der fuldischen Totenannalen,' *ibid.*, 480 ss.; ders., (wie Anm. 66), 166 ss.

[72] Vgl. Kommentar B 92, *ibid.*, II. 335; Hermann erscheint auch in der Necrologabschrift aus Gandersheim und im Merseburger Necrolog, s. oben Anm. 49.

[73] Vgl. Kommentar B 129, *ibid.*, 341; Thioto erscheint auch in beiden Zeugnissen der ottonischen Memoria, s. oben Anm. 49.

[74] Vgl. Kommentar B 124, *ibid.*, 340; Sigimunt begegnet auch in der Necrologabschrift aus Gandersheim, s. oben Anm. 51.

[75] Vgl. Kommentar B 52, *ibid.*, 329 s.; Adalward begegnet auch in der ottonischen Memoria, vgl. oben Anm. 50. Er erscheint ferner in dem in Anm. 23 angesprochenen Eintrag ins Reichenauer Verbrüderungsbuch, der von dem späteren Hamburger Erzbischof Adaldag veranlasst wurde! Sein in Sachsen nicht häufig belegter Name (s. R. Wenskus, *Sächsischer Stammesadel und fränkischer Reichsadel* [Göttingen, 1976], 149 ss.) begegnet im Reichenauer Verbrüderungsbuch auch noch in den 'Sachsen-Einträgen' auf 9 B1, 12 D4, 24 D3 (zu diesem Eintrag s. auch Anm. 21) und 81 C3. Es ist also nicht ausgeschlossen, dass der Verdener Bischof noch in weiteren Zeugnissen unseres Untersuchungszusammenhangs genannt ist. Sicher aufgenommen wurde er auch in eine der in Anm. 47 genannten Necrologabschriften, s. dazu Althoff (wie Anm. 10), Einleitung.

[76] Vgl. Kommentar B 119 (wie Anm. 8), 339; da der Todestag des Wormser Bischofs nicht bekannt ist, kann hier nicht entschieden werden, ob er im Merseburger Necrolog fehlt oder eventuell im verlorenen Teil gestanden hat. Der sehr seltene Name *Richgowo* begegnet auch in dem im Beispiel 3 behandelten Eintrag in das

Verbrüderungsbuch von Remiremont.

[77] Vgl. Kommentar B 60 (wie Anm. 8), 330. Die Identifizierung ist ungesichert. Angesichts der Tatsache, dass Anfang 924 in Halberstadt Bischof Bernhard Nachfolger des verstorbenen Bischofs Sigimunt wurde und zu diesem Zweck an den Königshof reiste (vgl. *Thietmar*, wie Anm. 104, I.22), ist zu erwägen, ob nicht auch er gemeint sein könnte. Das Diptychon wäre dann im Januar/Februar 924 entstanden. Dem steht vor allem der im Jahre 932 in die Totenannalen eingetragene Bischof Bernhard entgegen, der nicht der Halberstädter ist. Er könnte jedoch wohl auch der im Diptychon genannte Bischof sein.

[78] Vgl. Kommentar A 21 (wie Anm. 8), 363.

[79] Vgl. Kommentar B 134 (wie Anm. 8), 342; der bayerische Bischof begegnet auch in einem Gedenkeintrag im Reichenauer Verbrüderungsbuch auf 56 B2, der neben dem oben in Anm. 14 angesprochenen Eintrag mit dem sächsischen Grafen Meginwarch plaziert ist.

[80] Vgl. Kommentar B 113 (wie Anm. 8), 338; Udalfrid verstarb am 1. Januar und kann im Merseburger Necrolog daher nicht mehr nachgewiesen werden.

[81] Vgl. Kommentar B 121 (wie Anm. 8), 340; Sehard erscheint ausserdem im Merseburger Necrolog, vgl. oben bei Anm. 50.

[82] Vgl. Kommentar B 130 (wie Anm. 8), 341; Thiethard wurde später Bischof von Hildesheim und steht als solcher auch im Merseburger Necrolog.

[83] Vgl. Sandmann (wie Anm. 69), 189 s.; Hiltibert begegnet auch im Merseburger Necrolog und in zwei Einträgen ins Reichenauer Verbrüderungsbuch (p. 37 A1 und p. 66 C3). Der zweite Eintrag stellt eine Necrologabschrift dar, vgl. dazu Althoff (wie Anm. 10), Einleitung.

[84] Vgl. Jakobi (wie Anm. 71), 519 und die Überlegungen oben in Anm. 77.

[85] Vgl. *MGH Constitutiones I*, ed. L. Weiland (Hannover, 1893), 1, Nr. 1; zur Bedeutung des Vertrags im Zusammenhang der lothringischen Politik Heinrichs I. s. Schmid, Unerforschte Quellen (I) (wie Anm. zum Titel).

[86] Vgl. Waitz (wie Anm. 6), 72 s.; zu Thioto vgl. Anm. 73.

[87] Vgl. dazu J. Wollasch, 'Geschichtliche Hintergründe der Dortmunder Versammlung von 1005,' *Westfalen*, lviii (1980), 55-69; G. Althoff, 'Gebetsgedenken für Teilnehmer an Italienzügen. Ein bisher unbeachtetes Trienter Diptychon,' *Frühmittelalterliche Studien*, xv (1981), 36-67.

[88] Vgl. dazu J. Fleckenstein, *Die Hofkapelle der deutschen Könige 2. Die Hofkapelle im Rahmen der ottonisch-salischen Reichskirche* (Stuttgart, 1966), 4 mit Anm. 8; Schlesinger (wie Anm. 3), 132 ss.

[89] Vgl. dazu die Überlegungen im Kommentar G 30 (wie Anm. 72).

[90] Vgl. *ibid.* die Kommentare G 78 und G 53.

[91] Vgl. *ibid.* den Kommentar G 70; zu Gerlint (G 54), die erst später identifiziert werden konnte, vgl. Schmid, Unerforschte Quellen (II) (wie Anm. zum Titel), 128.

[92] Vgl. Kommentar G 48 (wie Anm. 72).

[93] Vgl. die Kommentare G 26, G 27, G 68, G 77, G 84, G 85. Die in der Anmerkung zum Titel angeführte 'Kommentierte Dokumentation' bringt Übersichten über das Namengut der einzelnen einschlägigen Einträge in die Verbrüderungsbücher; vgl. einstweilen z. B. das Auftreten der sächsischen Namen Asig und Wichmann im Verbrüderungsbuch der Abtei Reichenau (wie Anm. 9), 44 (a510) und 172 (w318).

[94] Zu nennen sind die bisher nicht zugeordneten Grafen Otto (G 30) und Gottfrid (G 57), deren Namen auch unter den Unterzeichnern des Bonner Vertrages begegnen;

als alemannischer Graf kann der zu 924 in die Totenannalen aufgenommene Graf Udalrich (G 73) gelten, wie Rappmann (wie Anm. 95) mit neuen Argumenten zeigen kann; auf lothringische Adelige weisen die Namen der Grafen Gotfrid (G 57), Irmfrid (G 51), Megingoz (G 69), Drudwin (G 80) und Walager (G 81). Von diesen begegnen Megingoz und Drudwin auch im Merseburger Necrolog, vgl. Althoff (wie Anm. 10) Kommentar G 108. Zum Grafen Megingoz in den sogenannten 'Grafen-Einträgen' in Remiremont vgl. schon G. Tellenbach, 'Der Liber Memorialis von Remiremont. Zur kritischen Erforschung und zum Quellenwert liturgischer Gedenkbücher,' *Deutsches Archiv*, xxv (1969), 102; demnächst Schmid, Unerforschte Quellen (I) (wie Anm. zum Titel); die Grafen Gotfrid und Irmfrid begegnen auch in einem Reichenauer Gedenkeintrag auf p. 74 D3-D5, vgl. dazu demnächst die 'Kommentierte Dokumentation' (wie Anm. zum Titel).

95 Die älteren Editionen dieses jüngeren Reichenauer Necrologs (zu ihnen vgl. Schmid - Wollasch, *Societas*, wie Anm. 7, 16 Anm. 10) werden durch eine kommentierte Ausgabe ersetzt, die Roland Rappmann (Freiburg) im Rahmen seiner vor dem Abschluss stehenden Dissertation erarbeitet. Der Vergleich der Necrologeinträge mit den Einträgen in die Fuldaer Totenannalen, den R. Rappmann durchführte, hatte zum Ergebnis, dass sich für den Zeitraum zwischen 933 und 942 nicht nur Reichenauer Mönche in den Fuldaer Totenannalen und Fuldaer Mönche im Reichenauer Necrolog nachweisen lassen, sondern dass sich auch folgende Würdenträger in beiden Quellen finden: 933 Richwin von Strassburg, 936 Heinrich I., 937 Hildibert von Mainz, Graf Meginwarch, Herzog Arnulf von Bayern, König Rudolf von Hochburgund, 941 Burghard von Würzburg, Amalrich von Speyer, 942 Abt Liuthart von der Reichenau.

96 Vgl. die Kommentare H 8 und H 10 (wie Anm. 72), 399; zu den Ereignissen s. Köpke - Dümmler (wie Anm. 21), 75 ss.

97 Vgl. die Kommentare G 84, G 68, G 76, G 86 (wie Anm. 72); zum Teilnehmerkreis der Aufstände gegen Otto den Grossen vgl. G. Althoff, 'Zur Frage nach der Organisation sächsischer coniurationes in der Ottonenzeit,' *Frühmittelalterliche Studien*, xvi (1982), 131 ss.

98 Vgl. die Kommentare H 21 und H 18 (wie Anm. 72); zu Geros Kontakten zu den Aufständischen vgl. Althoff (wie Anm. 97), 139 s.

99 Vgl. etwa die Wertungen des Regino-Fortsetzers (*Reginonis abbatis Prumiensis chronicon cum continuatione Treverensi*, ed. F. Kurze (MGH SSrG, Hannover, 1890), 154-79) a. 920: *qui initium sui regni disciplina servandae pacis inchoavit . . . a. 936 . . . precipuus pacis sector . . .* oder das Urteil Widukinds von Corvey (*Die Sachsengeschichte des Widukind von Korvei*, ed. P. Hirsch und H. E. Lohmann (MGH SSrG, 5th ed., Hannover, 1935), I. 27: *Cumque regnum ab antecessoribus suis ex omni parte confusum civilibus atque externis bellis colligeret, pacificaret et adunaret. . . .*

100 Vgl. neben den in Anm. 99 angeführten Belegen auch die bei Waitz (wie Anm. 6), 112 zusammengestellten Wertungen.

101 Vgl. die schöne Formulierung bei Flodoard von Reims (*Les annales de Flodoard*, ed. Ph. Lauer (Collection des Textes 39, Paris, 1906), a. 926, der die im Auftrage Heinrichs I. durchgeführte Mission Eberhards nach Lothringen so charakterisiert: *Ebrardus . . . in regnum Lotharii mittitur ab Heinricum iustitiam faciendi causa, et Lotharienses inter se pace consociat.*

102 Vgl. hierzu ausführlich Schmid, Unerforschte Quellen (I) (wie Anm. zum Titel).

[103] Nachricht über die *amicitia* mit Eberhard bei *Widukind* (wie Anm. 99), I. 26; mit Arnulf von Bayern, *ibid.*, I. 27; mit Giselbert von Lothringen, *ibid.*, I. 30.

[104] So von Thietmar von Merseburg, *Die Chronik des Bischofs Thietmar von Merseburg und ihre Korveier Überarbeitung*, ed. R. Holtzmann (MGH SSrG NS 9, 2nd ed., Berlin, 1955), I. 7; zu dem Ausgleich zwischen Heinrich und Konrad I. vgl. H. Büttner - I. Dietrich, 'Weserland und Hessen im Kräftespiel der karolingischen und frühen ottonischen Politik,' *Westfalen*, xxx (1952), 146.

[105] Vgl. W. H. Fritze, 'Die fränkische Schwurfreundschaft der Merowinger, ihr Wesen und ihre politische Funktion,' *Zeitschrift für Rechtsgeschichte, Germ. Abt.*, lxxi (1954), 74-125; M. Wielers, *Zwischenstaatliche Beziehungsformen im frühen Mittelalter (pax, foedus, amicitia, fraternitas)* (Phil. Diss. München, Münster, 1959).

[106] Vgl. R. Schneider, *Brüdergemeine und Schwurfreundschaft. Der Auflösungsprozess des Karolingerreiches im Spiegel der caritas-Terminologie in den Verträgen der karolingischen Teilkönige des 9. Jahrhunderts* (Lübeck-Hamburg, 1964), 75 ss. und 106 ss.

[107] W. H. Fritze, *Papst und Frankenkönig. Studien zu den päpstlich-fränkischen Rechtsbeziehungen von 754 bis 824* (Sigmaringen, 1973); A. Angenendt, 'Das geistliche Bündnis der Päpste mit den Karolingern,' *Historisches Jahrbuch*, c (1980), 1-94.

[108] Zu den terminologischen Problemen bei der Bezeichnung sozialer Gruppen im Mittelalter vgl. P. Michaud-Quantin, *Universitas. Expressions du mouvement communautaire dans le Moyen Age latin* (Paris, 1970).

[109] Zu den verschiedenartigen Ausformungen 'genossenschaftlicher' Vereinigungen im Mittelalter und den terminologischen Unsicherheiten vgl. O. G. Oexle, 'Gilden als soziale Gruppen in der Karolingerzeit,' *Das Handwerk in Mittel- und Nordeuropa in vor- und frühgeschichtlicher Zeit*, ed. H. Jankuhn u. a. (Abh. d. Ak. d. Wiss. in Göttingen, 1981) 284 ss. mit weiteren Hinweisen.

[110] Vgl. *Constitutiones I* (wie Anm. 85), 1.

[111] Vgl. die Formulierung im Bonner Vertrag (wie Anm. 85), 1; zum Bericht über die Sendung der Reliquien des hl. Dionysius vgl. *Widukind* (wie Anm. 99), I. 33. Das Patrozinium der Hl. Dionysius und Servatius in Quedlinburg und des Hl. Mauritius in Magdeburg weist auf einen Zusammenhang mit den *amicitiae* der Zeit Heinrichs I. hin, da die Ottonen Reliquien dieser Heiligen von König Rudolf von Hochburgund (Mauritius) und von Herzog Giselbert (Servatius in Maastricht) erhalten haben.

[112] Vgl. *Reginonis abbatis Prumiensis chronicon* (wie Anm. 99), a. 931.

[113] Vgl. C. Brühl, *Fodrum, gistum, servitium regis. Studien zu den wirtschaftlichen Grundlagen des Königtums im Frankenreich und in den fränkischen Nachfolgestaaten Deutschland, Frankreich und Italien vom 6. bis zur Mitte des 14. Jahrhunderts* (Köln/Graz, 1968), 179 mit weiteren Hinweisen; zur Datierung vgl. schon Waitz (wie Anm. 6), 139.

[114] *Convivium* ist der Terminus für das Mahl, das zu den konstitutiven Elementen genossenschaftlicher Vereinigungen zu zählen ist; vgl. dazu O. G.Oexle, 'Die mittelalterlichen Gilden: Ihre Selbstdeutung und ihr Beitrag zur Formung sozialer Strukturen,' *Soziale Ordnungen im Selbstverständnis des Mittelalters 1, Miscellania Mediaevalia*, xii, 1 (1979), 212 ss.; durch eine ganz ähnliche Formulierung in den Fuldaer Annalen a. 847 anlässlich einer Zusammenkunft der karolingischen Könige Lothar und Ludwig (*nam uterque eorum ad domum alterius*

invitatus conviviis et muneribus regiis honoratus est) zeigt sich, dass das gemeinsame Mahl und die gegenseitigen Besuche und Geschenke auch wesensmässig zur *amicitia* der karolingischen Könige gehörten, s. dazu Schneider (wie Anm. 106), 113 mit weiteren Hinweisen.

[115] So wie hier der Regino-Fortsetzer betont, dass der König nichts mit seiner Würde Unvereinbares tat oder geschehen liess, sagt *Widukind* (wie Anm. 99), I. 39 in einem Zusammenhang, in dem er Heinrich charakterisiert als einen König, *qui nihil negaret amicis*, auch: *Et licet in conviviis satis iocundus esset, tamen nichil regalis disciplinae minuebat.*

[116] Die gegenseitige Verpflichtung zur Gebetshilfe darf als konstitutives Moment mittelalterlicher Gemeinschaftsbildung gelten; vgl. Oexle (wie Anm. 109) 336 s.

[117] Wobei zu betonen ist, dass es angesichts der Quellenlage für die Forschung schon ausreichte, eine Person als 'wichtigen' Helfer Heinrichs I. zu deklarieren, wenn sie überhaupt in der Umgebung des Königs bezeugt war.

[118] Vgl. oben bei Anm. 13.

[119] Vgl. die Kommentare G 78 (Thietmar), G 70 (Meginwarch), G 53 (Gero) in *Die Klostergemeinschaft von Fulda* (wie Anm. 8), II, 1.

[120] Nämlich der Graf Thietmar, vgl. Althoff (wie Anm. 18), 400.

[121] Herzog Giselbert begegnet im Reichenauer Verbrüderungsbuch (wie Anm. 9) im Eintrag der Königsfamilie auf p. 63; im Verbrüderungsbuch von Remiremont (wie Anm. 30) p. 6r Eintrag Nr. 6; aufgenommen wurde er auch in die Fuldaer Totenannalen. Zu den lothringischen Grafen namens Meingot, Gotfrid und Irmfrid in den Fuldaer Totenannalen vgl. die Kommentare G 69, G 57 und G 45 in *Die Klostergemeinschaft von Fulda* (wie Anm. 8) II, 1; zum Namen Meingoz in den Verbrüderungsbüchern vgl. die Bemerkungen oben in Beispiel 3; die Namen Gotfrid und Irmfrid begegnen in signifikanter Umgebung im Reichenauer Verbrüderungsbuch auf den Seiten 56 und 74; zu den Einträgen des Grafen Gotfrid in das Verbrüderungsbuch von Remiremont vgl. E. Hlawitschka, *Die Anfänge des Hauses Habsburg-Lothringen. Genealogische Untersuchungen zur Geschichte Lothringens und des Reiches im 9., 10. und 11. Jahrhundert* (Saarbrücken, 1969), 57 ss.; zum Grafen Otachar vgl. dens., *Lotharingien und das Reich an der Schwelle der deutschen Geschichte* (Stuttgart, 1968), 168 mit Anm. 33, dort auch 110 ss. das Nötige zu dem bekannten Grafen Megingaud von Mayenfeld. Ausführlich Auskunft über sichere und mögliche Bezeugungen der genannten Personen gibt die geplante 'Kommentierte Dokumentation' (wie Anm. zum Titel).

[122] Zu den Einträgen in die Verbrüderungsbücher, in denen Konradiner begegnen, vgl. oben Anm. 15; zu Konradinern in der Fuldaer Memorialüberlieferung, s. oben bei Anm. 89; zu Konradinern in der ottonischen Memoria s. oben Anm. 58.

[123] Vgl. oben Anm. 36.

[124] Er erscheint im Verbrüderungsbuch von Remiremont in einem Eintrag mit Heinrich I.; vgl. dazu Schmid, Unerforschte Quellen (I) (wie Anm. zum Titel); ferner wurde er ins Reichenauer Necrolog mit dem Titel *rex* (!) eingetragen, s. dazu demnächst Rappmann (wie Anm. 95); schliesslich begegnet er in den Fuldaer Totenannalen (wie Anm. 8) II, 1, Kommentar H 2.

[125] Vgl. oben Anm. 88; zusammenfassend zuletzt Giese (wie Anm. 15), 79 ss., bes. 86 s.

[126] Vgl. oben bei Anm. 71 ss.

[127] Vgl. oben bei Anm. 49 ss.

[128] Im Reichenauer Verbrüderungsbuch steht Sigimunt auf p. 66 am Beginn einer Necrologabschrift, vgl. dazu Althoff (wie Anm. 10), Einleitung; wahrscheinlich begegnet er auch auf p. 81 C2, da dort nach seinem Namen die Namen Adalward und Uualtfrid eingetragen sind, die in der Regierungszeit des Halberstädter Bischofs die Bischöfe von Verden und Hildesheim trugen. Zu seiner Eintragung ins Necrolog von Niederaltaich vgl. *MGH Necrologia* iv, ed. M. Fastlinger (Berlin, 1920), 29: 14. 1. *Sigismundus episcopus.*

[129] Vgl. zu den Bischöfen die Kommentare B 53, B 129 und B 68 in *Die Klostergemeinschaft von Fulda* (wie Anm. 8) II, 1; zu Adalward und Thioto s. auch die Kommentare B 150 und B 163 bei Althoff (wie Anm. 10); auf einen Eintrag mit Bischof Dado im Reichenauer Verbrüderungsbuch sei noch besonders aufmerksam gemacht. Er findet sich auf p. 73 C3-C5 und wird von Dados Verwandten und Nachfolger im Bischofsamt Bernwin angeführt, den Heinrich I. in Verdun eingesetzt hatte; vgl. zu dieser Sippe Hlawitschka, *Die Anfänge* (wie Anm. 121), 71 ss.

[130] Zur Bedeutung dieser Weigerung vgl. schon H. Naumann, 'Rätsel des letzten Aufstandes gegen Otto I.,' *Archiv für Kulturgeschichte*, xlvi(1964), 133-84, zitiert nach Neudruck in *Otto der Grosse*, ed. H. Zimmermann (Darmstadt, 1976), 97 ss.

[131] Vgl. Althoff (wie Anm. 97).

[132] Vgl. oben Anm. 121 und 122.

[133] Vgl. Althoff (wie Anm. 97), 133s.

[134] Zur verwandtschaftlichen Zugehörigkeit der drei Bischöfe, die den Adelssippen der Wettiner, der Grafen von Hamalant und der Grafen von Flandern entstammten, vgl. Althoff (wie Anm. 97), 132; Gedenkbucheinträge der Hamaländer Grafen und der Grafen von Flandern sind untersucht von Schmid (wie Anm. 12), 203 ss.

[135] Vgl. dazu Schmid, Unerforschte Quellen (I) (wie Anm. zum Titel).

[136] Eine 'Kommentierte Dokumentation' dieser Übereinstimmungen im Namengut ist in Vorbereitung; vgl. die Anm. zum Titel.

[137] Vgl. oben bei Anm. 96 ss.

[138] Vgl. Fritze (wie Anm. 107), 104 mit Hinweis auf die Germania des Tacitus cap. 21: *Suscipere tam inimicitias seu patris seu propinqui quam amicitias necesse est.*

[139] Vgl. oben bei Anm. 125.

[140] Dies schlug bereits vor G. Wolf, '"Designation" und "designare" bei Widukind von Corvey,' *Zeitschrift der Savigny-Stiftung für Rechtsgeschichte, Germ. Abt.*, lxxiii (1956), 372-75, 373. Den Hinweis verdanke ich E. Karpf (Marburg) anlässlich einer Diskussion seines Vortrags zum Königtum Heinrichs I. im Konstanzer Arbeitskreis für mittelalterliche Geschichte am 22. Januar 1983. Das bei dieser Interpretation auffällige *meis* wäre zu verstehen als Deixis.

[141] Neben der in der Anm. zum Titel angeführten 'Kommentierten Dokumentation,' die zusammen mit K. Schmid vorgelegt werden soll, ist in der Reihe 'Persönlichkeit und Geschichte' in Zusammenarbeit mit H. Keller (Münster) ein Doppelband 'Heinrich I. und Otto der Grosse' in Vorbereitung. Wesentliche neue Anstösse zum Verständnis der ottonischen Königsherrschaft gab bereits H. Keller, 'Reichsstruktur und Herrschaftsauffassung in ottonisch-frühsalischer Zeit,' *Frühmittelalterliche Studien*, xvii (1982), 74-128.

SUMMARY

Little Known Sources from Poorly Documented Times (IV):
Relations between Elites in the Memorial Sources of the Early Tenth Century

The result of a collection of prosopographical material on elites in the early tenth century has been that an astonishing number of lay and ecclesiastical magnates can be traced in the memorial tradition of several monasteries of the Empire. We can speak of a flood of entries in the books of confraternities at Reichenau, St. Gallen, and Remiremont. But the death-annals of Fulda and Saxon necrologies also show clear traces of the same group. We must ask, therefore, what the reasons are for this phenomenon. In spite of the very few surviving sources for this period, it is possible to link these entries with historiographical sources which mention repeatedly that King Henry I formed alliances with the magnates. These alliances were called 'amicitiae.' The flood of entries may be interpreted as a result of these 'amicitiae.' If this is so, we get a new criterion for the conception of power and self-consciousness of the first Ottonian king who tried to come to terms with the magnates by using forms which were usual among equals. But it is a temporary measure for a judgement on Ottonian government, because his son, Otto, refused to form 'amicitiae' with the magnates and because entries in the memorial sources stop at the beginning of his reign.

Contemporary Views of William the Troubadour, IXth Duke of Aquitaine, 1086-1126

George T. Beech

The reputation of William the Troubadour, 9th Duke of Aquitaine and 7th Count of Poitiers from 1086-1126, has reached impressive proportions in recent years especially among literary historians. An enormous and ever increasing volume of studies of his poems in the past one hundred years has strengthened the conviction of these scholars that William, whose eleven poems on the subjects of women, love, and sex are the earliest known in Europe in a vernacular language, ranks as one of the founders of courtly love literature and one of the great figures in the history of European literature. They also see him as a spectacular example of a new type of European in his day, an irreverent, anti-clerical materialist, a passionate advocate of sexual liberation, who mockingly flaunted the conventions of his day. It is tempting to assume that he enjoyed the same fame and reputation in his own day, but that, to my knowledge, has not been demonstrated on the basis of contemporary sources. The historian Alfred Richard in 1903 and the literary historian R. Bezzola in 1940 assembled some early testimonies about the Count, but they were both interested mainly in what kind of a person he was, not what his contemporaries thought of him.[1] Moreover, neither attempted to comb the sources in a systematic way: each chose only those accounts which supported his own conceptions of William's personality and character. As a result they overlooked or neglected a number of important, relevant documents. In addition, neither distinguished between contemporary and later accounts or between local and distant observers; that is, they did not seek to determine where early writers obtained their information or to question its accuracy. My aim here, using this latter approach, is to reveal some curious facts and hypotheses about William's reputation in his own time.

My concern with this question is part of my current work on a biography of William IX which is in turn part of a prosopography of the ruling elite in northern Aquitaine around 1100. In view of the huge amount of recent research on William IX, the utility of another biography might be doubted, but almost all of the articles and books—(the latest came out in the United States in October 1982)—come from literary historians analyzing the poems and, surprisingly enough, nothing like an adequate historical, as opposed to literary, biography exists.[2] Richard's chapter in a 1903 book on the history of the Counts of Poitou is the only biography which attempts to treat the entire life and career of the Count.[3] Three more recent scholars, R. Bezzola in 1940, the American James Cate in 1943, and François Villard in 1973, added important elements to the picture, but each concerned himself with only a single phase or event in the Count's life.[4] Lack of good scholarly editions of the original sources caused Richard's treatment to be incomplete and often uncritical. No one has yet published even a register of all William's acts or of the documents mentioning him, not to mention the documents themselves. Nor has anyone worked out the Count's genealogy or established an itinerary of his movements. Nor do lists exist of the people he knew or was acquainted with. Nor is there any overall assessment of his importance as a political figure in his day. For the past eighty years literary and other historians have simply borrowed from Richard as their authority for whatever information they wanted about William, apparently not realizing how incomplete and tentative his work is.

Charters, narrative accounts, letters, and monastic obituaries, materials which are almost exclusively monastic in origin and some of which are unpublished and unknown, constitute the original sources for this study. Since this paper deals with what others thought of him, William's poems are of little use. But in passing it should be noted that the attribution of the famous poems to William IX is based on indirect evidence only and cannot be taken for granted. The ten surviving manuscripts of the poems date from the late thirteenth and early fourteenth centuries and all simply name the Count of Poitiers as their author; none identifies which Count it was.[5] The same is true for the other well-known source, the Lives of the Troubadors, of the later thirteenth century.[6]

The search for contemporary views of Count William naturally focusses first on the evidence from his own town and county during his lifetime. A survey of these reveals a number of interesting points. First of all, contemporaries had very little to say about the Count's life and career. Many monastic scribes dated their charters with references to the reigning King, Duke of Aquitaine, local bishop, etc., and in the process frequently mentioned William, but almost never did they write anything other than his name. An exception occurs at the abbey of Saint-Maixent where scribes several times called attention to his involvement in local wars but never with any judgment on his role in those conflicts.[7] The chronicle of Saint-Maixent was written after 1126, according to the latest scholarly edition of 1979, by a monk of that abbey, which is thirty miles from the Count's capital of Poitiers, and is by far the most substantial contemporary narrative source. It also is reticent in detail on William IX.[8] Its annalistic yearly entries are very valuable for Poitevin history at this time, providing information on many aspects of local history not documented elsewhere and demonstrating that its unknown author was a knowledgeable observer of people and events of William's day. A number of charters from Saint-Maixent prove also that William stopped at that abbey on a number of occasions and must have been known personally to the monks and presumably the author of the chronicle. In view of this, the chronicles' entries on the Count are curious. The chronicler faithfully lists key events in Willaim's life and career such as his birth, his marriage, the birth of his children, and his death. Most prominent are references to William's wars with the local Poitevin aristocracy which are described in a detail unusual to this chronicle.[9]

But much more interesting are the silences and omissions in the chronicle. After a very lengthy and detailed description of the 1099 Jerusalem campaign (William IX did not participate in this), the author makes only two very brief and laconic entries about William's taking the cross, organizing an army, then being defeated by the Turks, in 1101.[10] There is nothing about the annihilation of the Count's army, his humiliation, his forced flight on foot, his reduction to beggary prior to his final escape—stories which, as will be seen shortly, are recounted by other contemporary observers. Then, when reporting on the tumultuous council of Poitiers in 1100 in which papal legates excommunicated King Phillip I, the Saint-Maixent chronicler once again passed over in silence William's controversial role in the proceedings.[11] Another contemporary author, resident much further from the scene, Hugh of Flavigny, was scandalized by William's leaving the meeting precipitously and threatening violence to those who remained.[12] Even more striking is the Saint-Maixent chronicler's account of William's embroglio with the bishop of Poitiers, Peter II. Another contemporary writer to be discussed later tells us that the Count threatened to kill the bishop as the latter pronounced excommunication over him for his persistence in adultery and abandonment of his wife. It is said that William stopped short of physical violence to the bishop but that he mocked and exiled his opponent and later gloated over his death.[13] The Saint-Maixent chronicler describes very briefly and enigmatically the main phases of the conflict but mentions nothing of the Count's adultery, his threats, his mockery.[14] But he did copy into his chronicle bishop Peter's epitaph which lauds the bishop for his courage in refusing to unbind what was already bound (i.e., the Count's marriage; William presumably had requested an annullment) even when threatened with chains, captivity, exile, and death—thus proving that the chronicler knew perfectly well what had happened.[15]

A similar picture emerges from a survey of the surviving materials of the abbey of Montierneuf in Poitiers with which William IX had close ties. His father, Count Guy-Geoffroi (1058-86), had founded Montierneuf, and both he and William IX were buried there. Montierneuf scribes repeatedly lavished fulsome praise on William's father in charters issued both during and after his lifetime and in a short chronicle written by a local monk, Martin c. 1106, describing the foundation and early history of the abbey. In sharp contrast to this is the muted tone of the same writers when referring to the son, William IX. In the year 1096 Martin mentions in the simplest way possible that William IX attended the great dedication ceremony of the abbey church along with Pope Urban II and other dignitaries.[16] Then later, after describing Guy-Geoffroi's death and transcribing his glowing epitaph, he speaks of the latter's endowments to the abbey and concludes dryly that because of the youthfulness, *pueritia*, of his son who succeeded him, the abbey lost some of those endowments.[17] The unnamed son was William IX, then in his early thirties. This brief phrase reveals clearly that the writer, and presumably the entire monastic community, blamed and resented the Count for these losses. In charters of confirmation issued after his death, the Montierneuf monks occasionally referred back to William IX as they had to his father, but it is noteworthy that all references are to him as simply the Duke of Aquitaine or the son of the founder Guy-Geoffroi, with no laudatory adjectives attached as they were to his father.[18] A posthumous document of unknown date from Montierneuf reveals that the monks later commemorated the anniversary of William IX's death, February 10, but it is interesting to note that the instructions for the service begin by stating: 'On the 10th day of February is celebrated a memorial service for the son of the noble count of the Poitevins, our founder, whose body is buried in the chapter house.'[19] Notice that these instructions do *not* say the *noble* son of the noble founder of the abbey but simply the son of the noble founder. Obviously the son ranked lower in the monk's eyes than the father.

It is not necessary to continue this survey through all the Poitevin houses with which William IX came into contact on a regular basis. The results are uniformly the same. There are well over one-hundred references to the Count, especially in the dating clauses in charters, but rarely anything more than simply the mention of his name with no qualifying adjectives attached to indicate whether the writers in question regarded him as famous, distinguished, or something else. The few exceptions to this read as follows: in 1089 a scribe at the abbey of Saint-Jean d'Angély in the Saintonge called him *gloriosus comes*; and in 1095 the author of a charter of Marmoutiers for one of its priories in the Vendée spoke of him as a *magnus vir*.[20] Another Saint-Jean document of 1104 calls him *nobilissimus dux*.[21] The scribe of a Saint-Maixent charter of 1111 refers to him as *precellens potestate et virtute*.[22] Four other references date posthumously from the years 1126, 1127, 1132, and 1139. One terms William the *Dux venerabilis* and another *dux precelsus*, but the latter came from William's nephew, the Viscount of Thouars, and we may suspect that family ties and loyalty influenced his choice of words.[23] The last two are more remarkable. At the end of the 1127 charter from the abbey of Talmond in the Vendée, the scribe wrote a long eulogy to the memory of William who was a *great prince*, the *speculum probitatis*, the image of Philip, Alexander, and the Roman Pompey, and the embodiment of all generosity and many other virtues.[24] To be sure, in the main body of this charter the scribe had just finished describing an incident in which William's son, William X, had inflicted damage on his abbey's lands, so the suspicion arises that the father's virtues may have been exaggerated in order to underline the failings of the son. Nonetheless, this tribute is unique in its length and detail and is not easily explained given the rarity of other such comments.

But it is the testimony of that same son, William X, which leaves the strongest impression. In an original charter of April 11, 1126, two months after his father's death, William X tells how he came back to the abbey for the first time since the funeral to see his father's tomb and was received by the monks:

> But seeing the sepulcher of such a famous and victorious duke, I was touched by a heartfelt pain, and all my insides were stirred within on account of my father. And after many tears and mournful sighs and comforted by the consolation afforded by my barons and those standing about me, my spirit revived.[25]

This moving account bears the stamp of authenticity and was doubtless dictated verbatim by William X himself. But once again, because of the family tie, one is tempted to treat the reference to the famous and victorious duke more as the sentiment of a grief-stricken son than as the dispassionate assessment of an independent observer. Furthermore, William X may have had more than ordinary reasons for grief on this occasion for, as will be seen shortly, in his youth he had rebelled for seven long years against his father. Self-recrimination at his possible mistreatment of his father may well be mixed with sorrow at his death.

Another gauge of contemporary opinion of a prominent person is the note taken of his death. Two chroniclers from the province of Poitou mentioned William's death, Saint-Florent of Saumur and Saint-Maixent, and the latter added briefly that the Count had distinguished himself above all other worldly princes by his talent as a warrior.[26] I have found only one Poitevin charter among those dated in the year following his death in which the scribe commented on his death.[27] The few references suggest that William's death and the transition to his son's rule passed virtually unnoticed. Very few of the Poitevin monastic obituaries have survived, so it is impossible to know whether the local abbeys all commemorated his death on the anniversary. As pointed out earlier, the monks at Montierneuf in fact did, and so did the canons of the house of Saint-Hilaire de la Celle in Poitiers.[28] So also did the nuns of Saintes in the Saintonge, but they may have been influenced by the presence there of one of William's daughters as abbess after his death.[29] William's tomb must have had an epitaph, and that would, indeed, have been most interesting to see. Unfortunately, however, nothing of the tomb itself has survived to the present, and even its exact location is unknown. The monks of Montierneuf carefully copied the epitaphs of his father and his son into their documents which survive today, but it is significant that no contemporary even referred to one for William.

This brief survey of contemporary Poitevin references to William IX thus reveals that monastic writers of the province, while mentioning him frequently in charters and narrative histories, gave very little detailed information about him. They very rarely revealed their personal views of the man and, never criticizing him openly (aside from the veiled Montierneuf allusion to his having been responible for the loss of some of their estates during his youth), praise him on only five or six occasions. The abbeys of the county appear to have taken very little notice of his death, and his memory seems to have faded rapidly, at least in monastic minds. Finally, none of the Poitevin sources makes any reference or even allusion to the poems attributed to William or to the character traits for which he was known elsewhere, the bawdy sense of humor, the love of women, the irreverent secularism.

A rapid tour of contemporary written records from neighboring counties to the North (Brittany, Anjou, Touraine), to the East (Berry), and to the South in William's own duchy of Aquitaine (Limoges, Angoulême, Saintonge, Aunis, etc.), yields even less information about the Count. There are almost no references from chroniclers and only about a dozen charters which the Count issued, or in which he is mentioned, originating from monasteries with which he had occasional business. Once again, however, none of these gives any clue as to the views of their writers toward the Count. When the inquiry is extended to take into account all of France, it appears that of all the French historians of that time only Orderic Vitalis in Normandy and the Chronicler of Vézelay in Burgundy noted William IX's death.[30] The priory of Fontaines in the diocese of Meaux near Paris observed the anniversary of William's death on February 10, perhaps because of some unknown ties between the Count and its mother house, the Poitevin abbey of Fontevrault.[31]

Among the distinguished men of letters of this period were several who lived north of the Loire close to William's lands and who knew or had met him. These include Geoffroi of Vendôme, Marbode of Rennes, Baudri of Bourgueil, Hildebert of Lavardin, and Ivo of Chartres. Well-known bishops or abbots carried on wide correspondance with the leading princes of northern France at this time, but of these only Geoffroi of Vendôme exchanged letters with the count, while the others never mentioned him in their writing, even though charter witness lists prove that William had met personally and presumably knew all of them, especially Baudri whose abbey was located at the northern edge of Poitou.[32] Baudri composed poems and epitaphs for scores of people from Poitou, Anjou, and neighboring regions at this time, some famous, some so obscure as to be unknown to us today.[33] But he never mentions William IX.[34] Geoffroi of Vendôme exchanged a sizeable number of letters with the Count (only Geoffroi's letters survive), so one looks eagerly into these for his views of the latter.[35] Unfortunately, these are pleading letters of an abbot seeking favors; hence, a flattering tone pervades them and makes it impossible to learn Geoffroi's real feelings. In any case, these missives contain no hint that William was a poet or a man of earthy, secular, or witty temperament.

But if Hildebert of Lavardin had no known correspondance with William IX, he left several detailed contemporary testimonials on the Count which make it clear that this cultivated, urban humanist despised him. Hildebert dedicated four poems to the bishop of Poitiers, Peter II, whom the Count drove into exile in 1114 where he died in 1115: two are epitaphs, and one is in the form of a lament on the city which was deprived of its bishop.[36] Neither Richard nor Bezzola took account of these poems, and they thus overlooked a valuable contemporary opinion of the Count. Without once mentioning him by name, Hildebert scathingly denounces the Count for having contaminated the city by rejecting his wife for a concubine, by refusing to heed the counsel of the saintly bishop, then by exiling him, and introducing into the comital palace a crowd of anti-clerical advisors.[37] The bitterness of this denunciation is impressive: particularly if it is to be taken as representative of the views of men of letters in general. But Hildebert, like all the other observers considered so far, makes no reference to William as a poet, nor does he say anything about his having a witty, humorous temperament.

Curiously enough, all contemporary accounts which describe the Count's personality, character, and temperament come from northern France and Southern England, far distant from Poitiers. At first this seems surprising, but a closer look brings the explanation. With just one exception, all of these accounts occur in histories of the crusades of 1101, and almost all were written by northern writers. The earliest is Guibert of Nogent who, in his reworking of the anonymous *Gesta Francorum et Aliorum Hierosolymitanorum*, tells us with dry disapproval that William IX brought swarms of girls, *examina puellarum*, along with him.[38] Far more important, in fact most important of all both in length and detail, is the history of the Englishman Orderic Vitalis writing at his Norman abbey of St.-Evroul between 1114 and 1141. Born in 1075, Orderic had been a monk at St.-Evroul since 1085 and had probably been collecting materials for his history from the time of the first crusade. His account, then, can be considered contemporary. Orderic writes:

> So in the year of our Lord 1101 William Duke of Poitou, gathered a great army from Aquitaine and Gascony and set out joyfully on a holy pilgrimage. He was a bold and upright man and so gay that he could outdo even the wittiest minstrels with his many jests.[39]

Oderic also informs his readers that William was a proud man, enthusiastic for the crusade, and terror-stricken when his soldiers were overwhelmed and annihilated by Turks in Asia Minor. One of only a handful of survivors, he escaped by a hair's breadth fleeing into the bush where local peasants saved him from starvation. He finally staggered to safety in Antioch, by that time reduced to a state of begging, and, having completed his crusaders' vow at Jeruslaem, returned directly home, where, as Orderic describes his life, 'once restored to prosperity, being a gay and light-hearted man, he often recited the trials of his captivity in the company of kings and throngs of Christians, using rhythmic verses with skillful modulations.'[40]

The other detailed and informative vignette on William IX comes from the English monk William of Malmesbury writing at his abbey in southwest England in 1135 within nine years of the Count's death. While some of William's account resembles that of Orderic—it is assumed, but not proven, that they knew each other's writings—he adds some new information. He tells us that William IX was deeply impressed by the reversal of fortune which plunged him from great power as leader of a huge army to lonely poverty in a foreign country. We learn that when the Count returned home he abandoned himself to a life of vice and debauchery. He was an unstable man who uttered absurdities to make his hearers laugh. He proposed to turn some buildings he had had erected near Niort in Poitou into a convent for nun-prostitutes with the most depraved of all being made the abbess. And it is William of Malmesbury who recounts the episode, discussed earlier, when William, faced with excommunication, insulted, mocked, threatened, and finally exiled the local bishop.[41]

The descriptions of Orderic and William of Malmesbury not only are the most extensive and detailed to survive, but also furnish the main basis for the conclusion of modern literary historians that William IX is the Count of Poitou named by the two aforementioned thirteenth century sources as the author of the famous poems.

Other northern chronicles written within his lifetime also provide data on William in the 1101 crusade, but none of them matches the wealth of detail found in Orderic and William nor tells us anything of poetry or of his secular, jocular spirit. In the decades after the Count's death, the number of references to him diminishes, as might be expected. Nonetheless, later writers did not repeat stories taken from earlier ones but added information which is new, or new to us at least. I call attention to the most important. Geoffroi le Gros, a monk of the abbey of Tiron in the Perche, when writing, c. 1149 a biography of Bernard of Tiron, the famous founder of his abbey, speaks with disgust of William IX as the enemy of all modesty and saintliness because of his actions at the Poitiers council of 1100.[42] The most substantial and interesting of all the later accounts is that of Geoffroi de Vigeois, a monk at Saint-Martial of Limoges when he wrote his chronicle between 1158-62. Geoffroi calls William a great lover of women and tells three separate stories involving the Count's relations with nobility of the Limousin.[43] Two of these are relevant here in that they have as their purpose the demonstration that William was a person who enjoyed a good joke, both giving and taking. Geoffroi does not mention William as a poet, but he does comment in one aside that Ebles de Ventadorn—another early troubadour, none of whose poems survives—found favor with the Count because of his charm in singing his songs, a clear implication that William himself also sang songs.[44]

Three English historians writing at the end of the twelfth century incorporated stories about the Count into their histories. Ralph de Diceto, Dean of St. Paul's Cathedral in London (1180-1201), writes that William was called *facetus* (witty) and also tells that William X, the Count's son, rebelled for seven years against his father from 1112-19 out of resentment at the humiliation inflicted on his mother by his father's rejecting her for a courtesan.[45] William of Newburgh, an Augustinian canon at Newburgh priory in Scotland, referred to William as a spendthrift.[46] Gerald of Wales in his *Liber de principis instructionibus* recounts a curious tale in which William appears as a worldly skeptic who refuses to heed the advice of a holy hermit who warns him against marrying his mistress and prophesies that their offspring will be damned.[47]

In the thirteenth century, two writers tell of an unnamed Count of Poitiers whom modern scholars have identified with William. Étienne de Bourbon, a friar famed for his preaching in France and Italy, included a story involving the Count of Poitiers in his widely read collection of *exempla* for the use of preachers, the *Tractatus de septem donis spiritus sancti* dating from around 1260.[48] The Count is described as a man who, curious to determine which status in society would be most enjoyable, tried them all, then pronounced that to be merchant on market day was best, for the merchant can slip easily into the nearby tavern and find the best delights already prepared for him. Having to pay the costs is the only disadvantage. Then the later thirteenth century Provençal author of the lives of the troubadours begins his collection with a brief notice on the unnamed Count of Poitiers:

> The Count of Poitiers was one of the greatest courtiers of the world and one of the greatest deceivers of ladies, and a good knight in arms and generous in his courting; and he knew well how to compose and sing. And he travelled a long time throughout the world in order to trick ladies.[49]

Finally, there remain the manuscripts of the poems themselves. Ten of these dating from the late-thirteenth to the mid-fourteenth century survive, each containing anywhere from one to ten poems. From these a corpus of eleven poems has been established at the present time. In each case the manuscript ascribes the poems to an unnamed Count of Poitiers.[50]

The results of this survey may be summarized as follows. All surviving sources save the poems themselves and the biography are of ecclesiastical origin, mostly monastic. Contemporary local and regional writers refer to William frequently but only in conventional terms. A few times they praise his military accomplishments, but none mentions poems or attributes to him a humorous, licentious, materialistic mentality. At the same time, it is clear that at least some well-informed local writers chose not to describe certain controversial actions of the Count which might have cast him in a bad light and that some took a severely disapproving view of him. A number of contemporary writers of northern origin, especially Norman and southern English, describe William, in the context of histories of the 1101 crusade, as a carefree, witty materialist who told stories of his troubles on the crusade in clever verses and who cruelly mocked and threatened saintly ecclesiastics. Stories emphasizing qualities such as this appaar in his own territory only once and then thirty years after his death. But new illustrations of these character traits are told by several different English writers some seventy years after his death and by two southern French writers well over a century later. Finally a dozen manuscripts dating from 150-200 years after his time attribute eleven poems to an unnamed Count of Poitiers, presumably William IX.

On the surface these accounts present two rather different pictures of the man, one which forces the historian, first, to question their accuracy and, then, to seek an explanation which either reconciles or takes account of both. Instinctively he is led to doubt the authenticity of the northern accounts since they were written far from the scene. Where did the northern writers, and especially Orderic and William of Malmesbury, get their information, and how reliable is it? Without exception, the modern English and French editors of the published editions of these historians have been unable to find written sources for the stories concerning William IX. Thus I find the hypothesis of Marjorie Chibnall regarding Orderic's sources most plausible: these stories came from oral accounts and most likely from returning fellow crusaders.[51] Orderic may even have met the Count personally. William of Malmesbury's detailed story of the count's rude treatment of the Poitevin bishop, Peter II in 1114, found in no other writer, also probably came from eye witnesses of the bishop's disgrace. In his recent edition of the lesser poems of Hildebert of Lavardin, Brian Scott posits the existence of a now lost mortuary roll for Peter II into which Hildebert copied a poem as tribute to the dead bishop.[52] Hildebert also wrote the two poems celebrating Peter II which William of Malmesbury cites anonymously in his version of the dispute and which William Stubbs left unidentified in his edition of 1877.[53] It is quite conceivable that William learned of the quarrel when the bearer of the roll visited Malmesbury then decided to incorporate an account of it into his chronicle and illustrate it with two of Hildebert's poems which he found in the roll. With regard to the later-twelfth century English stories about William IX, I think it highly likely that these came from Poitevins resident with Queen

Eleanor at the English royal court after the 1150s. Eleanor of Aquitaine, born c. 1122, would have known her grandfather, William IX, when growing up as a small child in Poitiers, and she certainly heard her parents and other relatives speak about him after his death. She may well be the source of the stories told by William of Newburgh, Ralph de Diceto, and Gerald of Wales. Although otherwise unverifiable, the English and Norman accounts are consistent in the picture they give of William IX and too precise and detailed to have been simply invented. On the whole, I consider them accurate and reliable.

But, then, why did the local writers not tell the same or similar stories? A number of possible explanations come to mind, and in considering the question I will deal with the Count's reputation and the authorship of the poems separately, beginning with the former. A first possibility, that local writers were silent through ignorance, seems unlikely. Would not returning crusaders have repeated the same stories in Poitou? The likelihood that the Poitevin sources kept silence through disinterest is also weakened by the fact that similar northern writers told the stories with obvious interest. A more serious possibility is that fear of incurring the Count's wrath and displeasure caused those on the local scene to pass over these episodes in silence. But that would presume that the count himself would have been embarrassed by such tales, and that presumption runs directly into the face of Orderic's statement that William loved to tell stories to kings, magnates, and throngs of Christians.[54] I think it most likely that local writers, who were all ecclesiastics, kept silent out of a combination of fear, disgust, and embarrassment. Hildebert's poems about bishop Peter reveal that that writer felt deep revulsion for William as a man who represented everything the bishop of Le Mans disliked—persecution of the church, neglect of his subjects, disregard for justice, sexual immorality—and Hildebert could write his condemnations without naming the Count personally from the safety of his episcopal see north of the Loire. It might well have been more dangerous for one living in Poitou to make such criticism.

With regard to the poems, I accept the conclusion of the literary historians who with virtual unanimity credit William IX with authoring the poems even though the evidence is indirect and not explicit. It is quite conceivable that monastic writers of the time knew of them but kept silent out of sheer embarrassment at the explicit sexual references which might have seemed obscene. Fellow poets such as Baudri of Bourgueil and Hildebert of Lavardin might well have ignored them for quite different reasons. Is it not possible that these men, urban cultivated poets, proud of their Latin styles, were contemptuous of the poems not only for their subject matter but also because they were written in the vernacular? It is, however, more likely that only a small group of people, namely members of William's court, had ever heard the poems and that most clerics and lay people were entirely unaware of them. Supporting this view is a recent literary study which finds that

William's poems had only a limited influence on other troubadours and poets in the twelfth century after his death.[55]

But if only a few knew them, and if the learned clerics who had a virtual monopoly of archives and books at the time paid no attention to them, then how did the poems survive at all? Presumably, they were preserved in manuscripts handed down among descendants of the families of the small number of men who made up his court, the same descendants who may also have preserved the stories to which Geoffroi de Vigeois, Étienne de Bourbon, and the biographer of the troubadours had access in the thirteenth century.

In summary, some tentative conclusions may be advanced about the reputation of William IX in his own day, although these must be preceded by words of caution. When evaluating the judgments of contemporaries who transmitted information or expressed opinions about him, it must be borne in mind that these writers were all ecclesiastics whose expectations about the desirable qualities, duties, and objectives of a ruler may have affected their attitudes toward him. In any case, ecclesiastics, although an educated and influential elite, constituted a very small minority of the population, and it would be unjustified to assume they represented a broad cross section of public opinion. One must also recognize that in William's case his office alone elevated him to the highest rank of the aristocracy and entitled him to respect and deference from his fellows regardless of his traits of character, his accomplishments, and his strengths or weaknesses. Thus words of praise for a prince of his high rank cannot automatically be taken at face value as proof that the writer in fact thought highly of him. However much these considerations may complicate the question, it seems reasonably clear that William IX was not well-known and did not enjoy international stature in the Europe of his day except for a brief period at the time of the crusade of 1101, when nearly every historian of that campaign mentioned his leading role in it. He is mentioned, however, not as a great military leader or conquering hero, but as one of the very few lucky enough to escape with his life. In addition to this, he had the reputation, particularly among Anglo-Norman writers, for having an unusual temperament, for being a happy-go-lucky materialist with a fine sense of humor, who loved women, stories, and songs, but who also had a pronounced anti-clerical streak which could lead him to acts of vicious cruelty. But after the crusade of 1101, and indeed before it as well, historians and men of letters from Europe at large did not mention William IX, and he cannot be ranked as a great international figure of the time. Even within his own province where he was clearly well-known, his subjects do not seem to have considered him a great or distinguished man. Very few local writers presented him as an exceptional warrior; none admired him as a benefactor or friend of the church; and many of the clergy doubtless saw him as their foe. Whether the broad mass of common people outside clerical circles viewed him in the same way cannot be known. Still it is not improbable that only a very small, select group of aristocracy at his court admired him for the very qualities disdained by the ecclesiastics. Finally it is ironical to consider that in his own day he may have been virtually unknown for the poems which have earned him such great renown in the twentieth century. With his sense of humor William certainly would have enjoyed having the last laugh on his detractors.

NOTES

[1] A. Richard, *Histoire des comtes de Poitou 778-1204* (Paris, 1903, 2 vols.); R. R. Bézzola, 'Guillaume IX et les origines de l'amour courtois,' *Romania*, lxvi (1940), 130-220.

[2] Gerald A. Bond, *The Poetry of William VII, Count of Poitiers, IX Duke of Aquitaine* (New York, 1982).

[3] See note 1.

[4] J. L. Cate, 'A Gay Crusader,' *Byzantion*, xvi (1942-43), 503-26; Fr. Villard, 'Guillaume IX d'Aquitaine et le concile de Reims de 1119,' *Cahiers de Civilisation Médiévale*, xvi (1973), 295-302.

[5] Bond, *Poetry*, 55-56.

[6] *Ibid.*, 136-39.

[7] A. Richard, ed., *Chartes et Documents pour servir à l'histoire de l'Abbaye de Saint-Maixent* (Archives Historiques du Poitou, xvi, Poitiers, 1886), i, 241-42; '. . . regnante Ludovico rege et Guillelmo comite debellante contra Ugonem et Simonem de Parteniaco. . . .' See also 265-66, 271-72, 275-76.

[8] Jean Verdon, ed., *La Chronique de Saint-Maixent 751-1140* (Classiques de l'Histoire de France au Moyen Age, Paris, 1979), ix.

[9] *Ibid.*, 141, 146, 150, 170, 182, 188, 190, 196.

[10] 'Guillelmus, consul Pictavorum, accepit Lemovicas crucem, et cum eo multi alii suorum procerum,' *ibid.*, 172; 'Willelmus dux et alii principes, itinerantes Jerusalem, pugnaverunt cum Solimanno et Turcis et devicti sunt,' *ibid.*, 174.

[11] *Ibid.*, 172.

[12] *Chronicon Hugonis . . . Abbatis Flaviniacensis*, ed. G. H. Pertz (Monumenta Germaniae Historica, Scriptores, viii, 1848), 493.

[13] *Willelmi Malmesbiriensis Monachi de Gestis Regum Anglorum*, ed. W. Stubbs (Rolls Series, London, 1887), ii. 510-12.

[14] *La Chronique de Saint-Maixent*, 184.

[15] *Ibid.*

[16] Fr. Villard, *Recueil des documents relatifs à l'Abbaye de Montierneuf de Poitiers (1076-1319)* (Archives Historiques du Poitou, lix, Poitiers, 1973), 348.

[17] '. . . De possessionibus vero, non ei licuit multas tribuere, morte subripiente: tantum tamen dedit que possent sufficere eciam centum monachis si ibi remansissent; sed puericia filii ejus qui remansit passa est inde aliqua aufferri . . . ,' *ibid.*, 434.

[18] *Ibid.*, 115, 120, 124, 136, 182.

[19] 'Decima die Februarii celebratus obitus pro filio nobilis comitis pictavorum fundatoris nostri, cuius corpus sepelitur in capitulo . . .' J. Besly, *Histoire des comtes de Poictou et ducs de Guyenne* (Paris, 1647), 452.

[20] *Cartulaire de Saint-Jean d'Angély*, ed. G. Musset (Archives Historiques de

la Saintonge et de l'Aunis, xxx, Saintes, 1901), 62-63; *Cartulaires du Bas-Poitou*, ed. P. Marchegay (Les Roches-Baritaud, 1877), 204.

[21] *Cartulaire de Saint-Jean d'Angély*, i. 398.

[22] *Chartes de Saint-Maixent*, i. 274-75.

[23] *Ibid.*, 321-22. *Chartularium Sancti Jovini*, ed. Ch. Grandmaison (Société de Statistique du Département des Deux-Sèvres, xvii, Niort, 1854), 34.

[24] '. . . ipso scilicent anno quo Willelmus consul, totius speculum probitatis, obierat, quem instar Alexandri, Philippi vel Pompei Romani, seu quoque juxta nomen magnorum qui sunt in terra virorum, ob magnam suam prerogativam virtutum universalis urbanitas vocari censeat magnum; cui munerum universa strenuitas, universa humana liberalitas eo tenus se minerceraverat ut nichil supra, nichil extra putaretur, presertim quia quantum hominis interest experientia, omnes actus, omnes mores noverat mortalium, cunctos motus et item omnimodos humanorum affectus comprehenderat animorum, ut nulli unquam injuste irasci, nulli unquam incompetenter videretur misereri; quem si mundus aliorum mortibus redimere posset, ad omnium bonorum arbitrium, decimum quemquam quos substinet hominum haud injuria pro eo dare deberet.' *Cartulaire de Talmond*, ed. L. de la Boutetière (Mémoires de la Société des Antiquaires de L'Ouest, xxxvi, Poitiers, 1872), 227.

[25] '. . . Videns vero sepulcrum tam clarissimi et victoriosissimi ducis, tactus dolore cordis, intrinsecus commota sunt omnia viscera mea super patre meo. Et post multas lacrimas et egra suspiria et consolacione procerum memorum et circumstancium relevatus, revixit spiritus meus . . . ,' *Recueil Montierneuf*, 115-16.

[26] *La Chronique de Saint-Maixent*, 194; *Breve Chronicon Sancti Florentii Salmurensis*, ed. P. Marchegay and E. Mabille, in *Chroniques des Églises d'Anjou* (Paris, 1869), 190.

[27] *Cartulaire de Talmond*, 227.

[28] Montierneuf, 'IIII Id. Februar. Depositio Domni Guillermi Ducis Aquitanorum qui jacet in capitulo'; Saint-Hilaire de la Celle, 'IIII Id. Februar. Obiit Guillelmus Comes et Dux Aquitanorum Amicus et Defensor Ecclesie nostre,' both cited in Besly, *Histoire des Comtes de Poictou*, 452.

[29] Abbaye de Notre-Dame de Saintes, *Kalendarius liber*, in Yale University Library, Marston Ms. 25, fol. 5v.

[30] *Chronicon Vizeliacensum* (Recueil des historiens des Gaules et de la France, Paris, 1738-1904), xii, 344. *The Ecclesiastical History of Orderic Vitalis*, ed. M. Chibnall (Oxford, 1978), v. 366.

[31] *Recueil des Historiens de la France. Obituaires de la Province de Sens*, vol. iv, *Diocèses de Meaux et de Troyes* (Paris, 1923), 189.

[32] Marbode of Rennes and Ivo of Chartres were in Poitiers on March 30, 1096, *Cartulaire de Cormery*, ed. J. Bourasse (Mémoires de la Société Archéologique de Touraine, Tours, 1861), 88-90. Ivo attended the November 24, 1100 council in Poitiers, *Chartes et Documents pour servir à l'histoire de l'abbaye de Charroux*, ed. P. de Monsabert (Archives Historiques du Poitou, xxxix, Poitiers, 1910), 117-18. Baudri of Bourgueil participated in a meeting with William IX in Poitiers in 1105, *Chartes de Saint-Maixent*, i. 240-44. Hildebert of Lavardin was at the 1106 council in Poitiers, J. D. Mansi, *Sacrorum conciliorum nova et amplissima collectio* (Venice, 1759-98), xx, col. 1208.

[33] Ph. Abraham, *Baudri de Bourgueil. Oeuvres Poétiques; Édition critique d'après le manuscrit du Vatican* (Paris, 1926). *Baldricus Burgulianus Carmina*, ed. K. Hilbert (Editiones Heidelbergenses, xix, Heidelberg, 1979).

[34] Hilbert, *ibid.*, 65 and 70, identifies the Count of Poitiers who is featured in two of Baudri's poems as William IX, but Abrahams, *Baudri*, 95-96 and 101-02, is certainly correct in identifying this count as William's father. Baudri speaks of this count William as the builder of the church where he now lies buried, and such a description can apply only to Guy-Geoffroi-Guillaume who died in 1086.

[35] *Goffridi abbatis Vindocinensis Epistolae*, Patrologiae Latinae (Paris, 1854), clvii. cols. 200-04.

[36] These poems are edited and studied by J. Descroix, 'Poitiers et les lettres latines dans l'Ouest au début du XIIe siècle,' *Bulletin de la Société des Antiquaires de l'Ouest*, xiii (1942-45), 645-61.

[37] *Ibid.*, 650-51.

[38] '. . . quid de Pictavensi comite loquar, qui, praeter militiae grandis, quem secum proposuit ductare, globum etiam examina contraxerat puellarum? . . .' Guibert of Nogent, *Gesta Dei per Francos* (Recueil des Historiens des Croisades, Paris, 1879), iv. 243.

[39] *Orderic*, ed. Chibnall, v. 324.

[40] *Ibid.*, 328, 330, 336, 338, 340, 342.

[41] 'Erat tunc Willelmus comes Pictavorum fatuus et lubricus; qui, postquam de Jerosolima, ut superiori libro lectum est, rediit, ita omne vitiorum volutabrum premebat quasi crederet omnia fortuitu agi, non providentia regi. Nugas porro suas, falso quadam venustate condiens, ad facetias revocabat, audientium rictus cachinno distendens . . . ,' *Willelmi Malmesbiriensis . . . de Gestis Regum*, ed. Stubbs, ii. 510-12.

[42] '. . . Qua excommunicatione comperta, Guillelmus dux Aquitanorum, qui aderat totius pudicitiae ac sanctitatis inimicus, timens ne similem vindictam pro actis pateretur, nimio furore succensus, jussit omnes illos depraedari, flagellari, occidi . . . ,' Gaufredus Grossus, *Vita Bernardi primi abbatis Tironiensis*, ed. Mansi, *Sacrorum conciliorum*, xx. col. 1120.

[43] '. . . Dux Aquitanorum Guillelmus cum multis aliis Hierosolymam perrexit: veruntamen nomini Christiano nihil contulit: erat nempe vehemens amator foeminarum; idcirco in operibus suis inconstans exstitit,' Geoffroi de Vigeois, *Chronicum* (Recueil des historiens des Gaules et de la France), xii. 430, also 443-45.

[44] '. . . Ebolus, frater Petri de Petra-Bufferia ex Almode matre, erat valde gratiosus in cantilenis. Qua de re apud Guillelmum filium Guidonis est assecutus maximum favorem . . . ,' *ibid.*, 445.

[45] '. . . Willelmus comes Pictavie, qui vocatus est facetus, multa sustinuit a filio suo Willelmo . . . ,' *Radulfi de Diceto decani Lundoniensis opera historica*, ed. W. Stubbs (Rolls Series, London, 1876), i. 240. For the story about his son's rebellion see *ibid.*, 366.

[46] '. . . Comes Pictavensis, qui et dux Aquitanus, avus scilicet Alianoris . . . cum esset in expensis profusior . . . ,' William of Newburgh, *Historia Rerum Anglicarum*, ed. Richard Howlett, *Chronicles of the Reigns of Stephen, Henry II and Richard I* (Rolls Series, London, 1884-89), i. 121.

[47] *Giraldi Cambrensis Opera. De Principis Instructione Liber*, ed. G. F. Warner (Rolls Series, London, 1891), viii. 298-99.

[48] Étienne de Bourbon, *Tractatus de diversis materiis praedicabilibus*, ed. A. Lecoy de La Marche, *Anecdotes historiques, légendes et apologues* (Paris, 1877), 478.

[49] J. Boutière and A.-H. Schutz, *Biographies des troubadours* (Toulouse, 1950), 7.

[50] Bond, *Poetry*, 55-56.

[51] Chibnall, *The Ecclesiastical History of Orderic Vitalis*, v. xviii.

[52] *Hildebertus, Carmina Minora*, ed. A. Brian Scott (Bibliotheca Teubneriana, Leipzig, 1969), xxxi.

[53] *Willelmi Malmesbiriensis . . . de Gestis Regum*, ed. Stubbs, ii. 510-12.

[54] Chibnall, *The Ecclesiastical History of Orderic Vitalis*, v. 342.

[55] Bond, *Poetry*, lxxi-lxxvi. It is conceivable that William's poems attracted little attention simply because they were not widely circulated and read.

RÉSUMÉ

Comment ses contemporains voyaient Guillaume le Troubadour, IXeme duc d'Aquitaine, 1086-1126

L'objet de cette étude est d'établir la réputation contemporaine de Guillaume IX, duc d'Aquitaine de 1086 à 1126, aujourd'hui considéré comme l'un des fondateurs de la littérature courtoise amoureuse et l'une des grandes figures dans l'histoire de la littérature européenne. En son temps, Guillaume IX était mal connu au-delà des frontières de sa province et il ne bénéficia d'une stature internationale que pendant le bref épisode de la croisade de 1101 qui lui valait la notoriété non comme un héros conquérant, d'ailleurs, mais comme l'un des très rares croisés assez heureux pour s'en sortir vivants. Les auteurs contemporains locaux et régionaux le mentionnent fréquemment mais seulement en des termes conventionnels et ne le considèrent pas comme un grand homme ou même un individu particulièrement distingué. En plus de cela, il avait la réputation, en particulier chez les auteurs anglo-normands, d'avoir un tempérament inhabituel, d'être un matérialiste bon vivant doté d'un sens de l'humour prononcé, aimant les femmes, les belles histoires et les chansons, mais avec aussi une composante anticléricale très marquée qui pouvait l'entraîner à des actes de cruauté maléfique. Qu'il était un poète peut être déduit de deux auteurs contemporains seulement, Orderic Vital et Guillaume de Malmesbury, tous deux aussi des auteurs anglo-normands éloignés de la scène aquitaine. La conclusion incontournable est donc que dans la tradition écrite au moins (par opposition à ce qui peut fort bien avoir été une tradition orale très différente) Guillaume IX était pratiquement inconnu en son temps pour les poèmes qui lui ont valu un tel renom aux XIXe et XXe siècles.

ZUSAMMENFASSUNG

Zeitgenoössische Ansichten über den Troubadour Wilhelm IX., Herzog von Aquitanien (1086-1126)

Ziel dieser Studie ist es, die zeitgenössische Einschätzung des Herzogs von Aquitanien, Wilhelms IX. (1086-1126), der heute als einer der Begründer der höfischen Liebesdichtung und eine der grossen Gestalten in der Geschichte der abendländischen Literatur angesehen wird, zu untersuchen. Zu seinen Lebzeiten war Wilhelm IX. ausserhalb seiner eigenen Provinz kaum bekannt und erfreute sich keines internationalen Ansehens, wenn man einmal von der kurzen Zeit des Kreuzzugs von 1101 absieht, als er zwar nicht als erobernder Held aber als einer der wenigen, die glücklich genug waren, mit dem Leben davon zu kommen, Berühmtheit erlangte. Zeitgenössische lokale und regionale Autoren erwähnen ihn zwar oft, aber nur mit den konventionellen Bezeichnungen. Sie sahen in ihm keinen grossen oder bedeutenden Mann. Darüberhinaus hatte er besonders unter den anglo-normannischen Autoren den Ruf eines ungewöhnlichen Temperaments, eines sorglosen Materialisten mit einem feinen Sinn für

Humor, der Frauen, Geschichten und Lieder liebte, der aber auch einen starken Hang zum Antiklerikalen hatte, der ihn zu Handlungen von bösartiger Grausamkeit verleiten konnte. Dass er ein Dichter war, kann lediglich aus dem Zeugnis von zwei zeitgenössischen Autoren, Ordericus Vitalis und Wilhelm von Malmesbury, beides anglo-normannische Autoren und mithin weit entfernt von Aquitanien, geschlossen werden. So drängt sich der unvermeidbare Schluss auf, dass zumindest in der schriftlichen Überlieferung—im Gegensatz zur mündlichen Überlieferung, die ganz anders ausgesehen haben mag—Wilhelm IX. mit seinen Gedichten, die ihm im 19. und 20. Jahrhundert ein so hohes Ansehen eingebracht haben, praktisch unbekannt war.

GEISTLICHER WERDEGANG UND WAHL PIBOS VON TOUL

Die Grafik versucht das Beziehungsgeflecht darzustellen, das der Erhebung Pibos von Toul 1069 zugrundelag. Für seine Wahl hatten sich Siegfried von Mainz, Benno II. von Osnabrück und Burchard II. von Halberstadt verwandt. Zu einem früheren Zeitpunkt wird auch Anno II. von Köln die Karriere Pibos gefördert haben. Die Zahlen 1-5 neben den Aufenthaltsorten Pibos markieren die zeitliche Abfolge seiner Karriere. Sein Kanonikat am Mainzer Kapitel ist nicht gesichert.

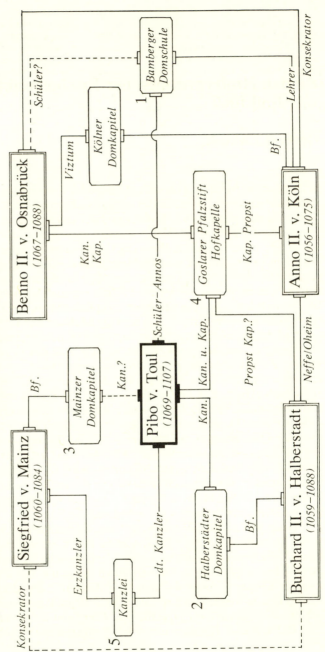

Zu den Hintergründen der Bischofswahl Pibos von Toul 1069

Herbert Zielinski

Seit langem weiss sich die Forschung darin einig, dass das ottonisch-salische Königtum die Bischofswahlen des ostfränkisch-deutschen Reiches bis zum Ausbruch des sogenannten Investiturstreits weitgehend in seinem Sinne gelenkt hat.[1] Sofern sich vor dem Investiturstreit herrscherspezifische Unterschiede etwa zwischen Heinrich II., Konrad II. oder Heinrich III. aufzeigen lassen, sind sie in erster Linie durch die Quellenlage bedingt. Die jüngere Forschung hat auch gezeigt, dass dem Erfolg der Kandidaten für das Bischofsamt nicht etwa königliche Willkür zugrundelag, sondern dass jede Bischofserhebung das Ergebnis eines komplizierten Auswahlverfahrens und Interessenausgleichs darstellt, bei dem die Laufbahn des Kandidaten, seine während der Ausbildung und im Verlauf der geistlichen Karriere geknüpften Beziehungen, soziale Spielregeln im weitesten Sinne also, den Ausschlag gaben. Zu erinnern ist in diesem Zusammenhang vor allem an die grundlegende Arbeit von Josef Fleckenstein über die Rolle der Hofkapelle im bischöflichen Kandidatenkarussel.[2] Wenn ich heute Ihre Aufmerksamkeit auf die Bischofswahl Pibos von Toul lenken möchte, so nicht nur deshalb, weil wir in seinem Fall—bedingt durch eine besonders günstige Quellenlage—auf personen- und laufbahngeschichtliche Hintergründe stossen, die unser Bild einer Bischofswahl auf dem Höhepunkt des ottonisch-salischen Reichskirchensystems noch um einige Nuancen erweitern können, sondern auch, weil sich an seinem Beispiel der Nutzen der prosopographischen Methode für die Sozial- und Verfassungsgeschichte des hohen Mittelalters besonders gut aufzeigen lässt.[3]

Hauptquelle für den Werdegang Pibos, der aus Sachsen stammte, ist die Touler Bistumsgeschichte.[4] Pibos adelige Eltern (*parentibus non infimis*) hiessen Thietmar und Dudicha; wahrscheinlich waren sie Angehörige einer sächsischen Grafensippe. Sie vertrauten das Kind zur Erziehung dem späteren Kölner Erzbischof Anno II. (1056-1075) an, der, wie wir aus anderer Quelle wissen, etwa von 1035 bis 1049 am Bamberger Domstift als Scholaster tätig war.[5] Im jugendlichen Alter (*iam adolescentulus*) wurde Pibo Halberstädter Domkanoniker. Im dortigen Kapitel durchlief er nach und nach alle Ämter (*cuncta officia ipsius ecclesiae paulatim susciperet*).[6] Daraufhin wurde er in die Hofkapelle aufgenommen,[7] Kanoniker am Goslarer Pfalzstift (*sublatus in regali palatio*)[8] und von Heinrich IV. schliesslich mit dem Amt des Kanzlers betraut; als Kanzler rekognoszierte er vom 14. Mai 1068 bis zum 15. August 1069.[9] Wohl noch vor dem 6. Oktober 1069[10] wurde er schliesslich mit dem im romanischen Teil Lothringens gelegenen, im Vergleich zu dem benachbarten Metz eher unbedeutenden Touler Bischofssitz investiert,[11] ohne dass wir über die näheren Umstände seiner Erhebung informiert würden. Dass aber der Einfluss des Hofes bei der Nominierung Pibos ausschlaggebend war,[12] liegt auf der Hand.[13]

Weitere Einzelheiten seiner Erhebung erfahren wir in einem Schreiben, das Erzbischof Udo von Trier (1066-1078) zu Beginn des Jahres 1075 an Gregor VII. gerichtet hat. Der Trierer Metropolit war 1074 vom Papst mit der Untersuchung einer Simonieanklage eines Touler Kanonikers gegen Pibo beauftragt worden, die Aufsehen erregte, aber eindeutig zugunsten Pibos ausging.[14] Im Verlauf der Untersuchung hatte, wie wir aus dem genannten Schreiben erfahren, der von Heinrich IV. nach Toul entsandte Benno II. von Osnabrück (1067-1088) ausgesagt, dass Pibo durch seine Empfehlung sowie die Fürsprache Siegfrieds von Mainz (1060-1084) und Burchards II. von Halberstadt (1059-1088) auf völlig kanonische Weise gewählt worden sei: (Benno) *surrexit, quod nulla pactione episcopatus donum a rege accepisset, primum ipsius regis nomine, deinde sua etiam attestatione illum purgavit; se et Magontinum atque Halberstatensem episcopos mediatores fuisse asseruit; eum invitum et non nisi illorum consilio suscepisse ecclesiasticę fraternitatis attestatione et regię fidei iuramentis se obligans affirmavit.*[15] Die drei genannten Bischöfe haben sich nicht zufällig für die Erhebung Pibos verwandt.[16] Ihre damalige Stellung am Hof, vor allem aber ihr geistlicher Werdegang weisen nämlich enge Berührungspunkte mit der Laufbahn Pibos auf.

Da ist zunächst Benno II. von Osnabrück.[17] Schon während Pibos Bamberger Schulzeit könnten beide etwa gleichaltrigen Kleriker einander begegnet sein; da Benno nämlich nach dem Studium in Strassburg und auf der Reichenau gegen Ende der 1030er Jahre *more studentium* noch weitere berühmte Bildungsstätten aufgesucht hat, wird er die glanzvolle Bamberger Schule kaum ausgelassen haben. Spätestens bei der Aufnahme Pibos in die Hofkapelle und ins Goslarer Pfalzstift, wo Benno etwa seit 1048 wirkte, müssen die beiden sich kennengelernt haben. Förderlich für Pibos Karriere wird es auch gewesen sein, dass Benno etwa 1067 Anno von Köln als Viztum gedient hat; den Lehrer Pibos hatte Benno vielleicht schon vorher in Bamberg und später sicherlich in Goslar kennengelernt. Dass Anno seinen Schüler Pibo 1067 der Protektion des ehrgeizigen Benno, der das Ohr des Königs besass,[18] anempfahl, ist leicht vorstellbar.

Wir kommen zu Burchard II. von Halberstadt, der schon wegen seiner Verwandtschaft mit Anno von Köln—er war Annos Neffe und ihm wohl auch wegen seiner eigenen Wahl zum Bischof verpflichtet—in den Kreis der für die Karriere Pibos entscheidenden Personen rückt.[19] Noch aufschlussreicher als diese verwandtschaftlichen Bindungen ist die Tatsache, dass Pibo noch dem Halberstädter Kapitel—wahrscheinlich in gehobener Funktion—angehörte, als Burchard den dortigen Bischofsstuhl bestieg.[20] Wenn Pibo bald darauf nach Goslar ging und Hofkapellan wurde, erinnern wir uns daran, dass Burchard vor seiner Bischofserhebung Goslarer Propst war.[21] Als Bischof hat er sich häufig am Königshof aufgehalten und lebhaften Anteil an den Regierungsgeschäften genommen. In dieser Position dürfte es für ihn nicht schwer gewesen sein, Pibos Übernahme in die Hofkapelle—vielleicht im Verein mit Anno von Köln—in die Wege zu leiten.

Auch für die Fürsprache Siegfrieds von Mainz lassen sich plausible Motive anführen. Als Erzkanzler für Deutschland hat der Mainzer Pibo spätestens 1068, als dieser deutscher Kanzler wurde, kennengelernt.[22] Wahrscheinlich ist ihre Bekanntschaft aber schon älteren Datums. Nach einer unbestätigten Nachricht Benoits nämlich wäre Pibo von Heinrich III. auch mit einem Mainzer Kanonikat betraut worden.[23] Diese Nachricht scheint mehr Vertrauen zu verdienen, als man ihr bislang entgegengebracht hat. Wahrscheinlich hat Pibo bereits seine Ernennung zum Kanzler der Fürsprache Siegfrieds zu verdanken.[24]

Aufschlussreich ist auch der Werdegang Annos von Köln. Dieser hat zwar nach dem Zeugnis Bennos von Osnabrück die Bischofserhebung Pibos nicht unmittelbar gefördert, doch hat er als Lehrer Pibos sicherlich die früheren Stadien seiner Laufbahn beeinflusst. Wir erinnern uns, dass Anno seit 1054 Propst des Goslarer Pfalzstifts war.[25] Seine mit dem Staatsstreich von Kaiserswerth 1062 eingeleitete zeitweilige Vormachtstellung am Hof, die er ziemlich rücksichtslos zur Förderung seiner Verwandten und seiner Schüler genutzt hat, hat ihm sicherlich auch die Gelegenheit geboten, Pibo etwa eine Pfründe am Goslarer Pfalzstift zu verschaffen.

Bislang haben wir keine Anhaltspunkte dafür gefunden, dass die Herkunft Pibos für seine Karriere entscheidend gewesen wäre. Familiäre Bande und daraus resultierende politische Überlegungen und Rücksichten des Hofes scheinen in der Tat keine ausschlaggebende Rolle für die Erhebung Pibos gespielt zu haben. Auch für die Fürsprache der genannten Bischöfe können keine verwandtschaftlichen Bindungen als Motiv angeführt werden. Benno II. von Osnabrück kam aus Schwaben und war nicht adlig. Aus unbedeutender gleichfalls schwäbischer Familie stammte Anno von Köln. Sein Neffe Burchard ist wahrscheinlich bereits im Goslarer Raum aufgewachsen. Einer fränkischen Grafenfamilie schliesslich ist Siegfried von Mainz entsprossen. In keinem Fall lassen sich also Verbindungslinien zur sächsischen Herkunft Pibos oder gar zu seiner mutmasslichen Familie ziehen.

Auch lothringische Kreise scheinen bei der Erhebung Pibos keinen Einfluss ausgeübt zu haben, obwohl doch der Bischofssitz Pibos, Toul, in jenem Teil Lothringens lag, in dem sich örtlicher Adelseinfluss bei den Bistumsbesetzungen besonders häufig Geltung verschaffte. Wäre Udo von Trier (1066-78), der als zuständiger Metropolit noch am ehesten Anrecht auf vorherige Konsultierung gehabt hätte, bei der Erhebung Pibos aktiv geworden, hätte er solches in seinem Schreiben an Gregor VII. kaum verschwiegen.[26]

Die aufgezeigten persönlichen und laufbahnspezifischen Beziehungen, die ausschlaggebend für Pibos Nominierung 1069 waren, habe ich in einer Grafik darzustellen versucht. Als Fazit scheinen mir folgende Beobachtungen bemerkenswert: Verwandtschaftliche Beziehungen und Herkunftsfragen haben bei der Nominierung Pibos keine Rolle gespielt. Entscheidend war der geistliche Werdegang Pibos bereits in einem relativ frühen Stadium, in dem er Beziehungen zu später am Hof einflussreichen Persönlichkeiten geknüpft hat. Alle vier Bischöfe, die sich später für Pibo verwandt haben,[27] hat er entweder bereits während seines Studiums in Bamberg (Anno, wahrscheinlich auch Benno) oder während seiner Tätigkeit in Halberstadt (Burchard) bzw. in Mainz (Siegfried) kennengelernt. Dass die Weichen für Pibos Karriere nicht erst am Hof gestellt wurden, hat bereits der Verfasser der Touler Bistumsgeschichte klar erkannt und ausgesprochen: In Halberstadt hat Pibo *laudabiliter perageret, quin etiam honores ecclesiae cunctos praeter pontificium adeo probabilius disponeret, ut exinde sublatus in regali palatio primum capellanus, postmodum factus sit cancellarius.*[28]

ANMERKUNGEN

[1] Vgl. etwa H. Lippelt, *Thietmar von Merseburg. Reichsbischof und Chronist* (Köln/Wien, 1973), 43-44, 128; J. Fleckenstein, 'Hofkapelle und Reichsepiskopat unter Heinrich IV.,' *Investiturstreit und Reichsverfassung*, ed. J. Fleckenstein (Vorträge und Forschungen, xvii, Sigmaringen 1973), 117-40; H. Fuhrmann, *Deutsche Geschichte im hohen Mittelalter* (Göttingen, 1978), 47-48.

[2] J. Fleckenstein, *Die Hofkapelle der deutschen Könige* (Stuttgart, 1959-1966, 2 vols.).

[3] Die folgenden Ausführungen beruhen auf Forschungen, die ich im Rahmen einer umfassenden personengeschichtlichen Untersuchung des deutschen Episkopats in spätottonischer und salischer Zeit unternommen habe: *Der Reichsepiskopat in spätottonischer und salischer Zeit (1002-1125)* (Giessener Habilitationsschrift, 1980), Teil i, Stuttgart 1984. Vgl. auch H. Zielinski, 'Probleme statistischer Erfassung des deutschen Episkopats im 11. und 12. Jahrhundert,' *Le istituzioni ecclesiastiche della "societas christiana" dei secoli xi-xii. Diocesi, pievi e parrocchie* (Atti della VI Settimana internazionale di studio, Milano, 1974, Miscellanea del Centro di studi medioevali, 8, Mailand, 1977), 628-40.

[4] *Gesta episcoporum Tullensium*, cc.45-50, ed. G. Waitz (MGH,SS,viii, 646-648, part. c. 45, 646). Ergänzend heranzuziehen sind an erzählenden Quellen *Lampert von Hersfeld, Annales*, ed. O. Holder-Egger (MGH,SS in us. schol., 1894), 105,111 (der nur knapp von der Kanzlerschaft und der Bischofspromotion Pibos berichtet), sowie *Seher v. Chaumouzey, Primordia Calmosiacensis monasterii*, ed.

Ph. Jaffé (MGH,SS,xii, 340), zur Weihe der Klosterkirche 1107. In ihrem Wert umstrittene Nachrichten steuert auch bei F. Benoit, *Histoire ecclésiastique et politique de la ville et du diocèse de Toul* (Toul, 1707), vgl. unten Anm. 23. Unter der Literatur vgl. J. Choux, 'Pibon, évêque de Toul et la querelle des investitures (1069-1107),' *Annales de l'Est*, 5e sér., i (1950), 77-104; ders., *L'épiscopat de Pibon 1069-1107* (Nancy, 1952); R. Schieffer, 'Spirituales latrones. Zu den Hintergründen der Simonieprozesse in Deutschland zwischen 1069 und 1075,' *Historisches Jahrbuch*, xcii (1972), 19-60, part. 41-46; Ch. Schneider, *Prophetisches Sacerdotium und heilsgeschichtliches Regnum im Dialog 1073-1077. Zur Geschichte Gregors VII. und Heinrichs IV.* (München, 1972), 97-104.

    [5] Vgl. D. Lück, 'Erzbischof Anno II. von Köln. Standesverhältnisse, verwandtschaftliche Beziehungen und Werdegang bis zur Bischofsweihe,' *Annalen des Historischen Vereins für den Niederrhein*, clxxii (1970), 7-112, part. 77-78.

    [6] Danach wäre Pibo im Halberstädter Kapitel bis zum Propst aufgestiegen, was bislang von der Forschung nicht berücksichtigt worden ist; vgl. aber Choux, 'Pibon' (wie Anm. 4), 80, Anm. 3.

    [7] Wann Pibo in die Hofkapelle aufgenommen wurde, steht nicht fest. Choux, 'Pibon' (wie Anm. 4), 80-81, vermutet ohne nähere Begründung nach 1063. Sollte er nicht bereits Hofkapellan geworden sein, als sein Lehrer Anno noch die Regierungsgeschäfte führte, also 1062-63 oder schon während der Regentschaft der Kaiserin Agnes? Vgl. auch Fleckenstein, 'Hofkapelle und Reichsepiskopat' (wie Anm. 1), 126.

    [8] Vgl. R. Meier, *Die Domkapitel zu Goslar und Halberstadt in ihrer persönlichen Zusammensetzung im Mittelalter* (Göttingen, 1967), 235; Lück (wie Anm. 5), 73.

    [9] H. Bresslau, *Handbuch der Urkundenlehre für Deutschland und Italien* (4th ed., Berlin, 1969, 2 vols.), i. 476; D. v. Gladiss/A. Gawlik, Einleitung zu MGH, DD H. IV, Teil 3, xxxv-vi, lix.

    [10] Zu diesem Zeitpunkt ist Pibos Nachfolger im Amt des Kanzlers, Adalbero, erstmals bezeugt: v. Gladiss/Gawlik (wie Anm. 9), xxxvi.

    [11] Sein Vorgänger Udo war am 14. Juli 1069 verstorben: *Gesta ep. Tull.*, c. 42, ed. Waitz (wie Anm. 4), 645.

    [12] Nach Benoit (wie Anm. 4), 388, hätte sich der König zum Zeitpunkt der Vakanz zusammen mit seinem Kanzler Pibo in Toul aufgehalten und die Wahl beeinflusst, was im Itinerar Heinrichs IV. keine Stütze findet, aber auch nicht ganz ausgeschlossen werden kann; vgl. Choux, 'Pibon' (wie Anm. 4), 81-82 u. Anm. 5.

    [13] Die *Gesta ep. Tull.*, c. 45, ed. Waitz (wie Anm. 4), 646, berichten nur: *Pibo ad eandem sedem mox successit ordinandus*, und ebd. c. 46, 646: *Qui (Pibo) Omnipotentis occulta dispositione conceditur antistes et ordinatur Tullensi ecclesiae.* Vgl. auch den unten zit. Brief Udos von Trier.

    [14] Zu den damaligen Vorgängen Schieffer (wie Anm. 4), 41-46.

    [15] *Hannoversche Briefsammlung*, Nr. 17, ed C. Erdmann (MGH, Briefe Dt. Kaiserzeit, v), 38-41, part. 40. Das Schreiben Gregors VII. an Udo findet sich im Register des Papstes (II,10), ed. E. Caspar (MGH, Epp. sel., ii/1), 140-42.

    [16] Bereits Schieffer (wie Anm. 4), 45, konstatiert beiläufig, dass der Brief uns 'bemerkenswerte Einblicke . . . in die Praxis der Bischofserhebung' vermittelt.

    [17] Zu Benno vgl. insbesondere *Vita Bennonis II episcopi Osnabrugensis*, ed. H. Bresslau (MGH, SS in us. schol., 1902); E. N. Johnson, 'Bishop Benno II of Osnabrück', *Speculum*, xvi (1941), 389-403.

[18] *Vita Bennonis*, c. 9, ed. Bresslau (wie Anm. 17), 10. Anno hat Benno später auch zum Bischof geweiht: G. Jenal, *Erzbischof Anno II. von Köln (1056-1075) und sein politisches Wirken* (Stuttgart, 1974, 2 vols.), i. 42.

[19] Zu Burchard vgl. neuerdings vor allem L. Fenske, *Adelsopposition und kirchliche Reformbewegung im östlichen Sachsen* (Göttingen, 1977), 100-33.

[20] Einen Zusammenhang vermutet auch Schneider (wie Anm. 4), 98-99, Anm. 303.

[21] Meier (wie Anm. 8), 191.

[22] Zu Siegfried von Mainz als Erzkanzler vgl. Bresslau (wie Anm. 9), 475-76; v. Gladiss/Gawlik (wie Anm. 9), xxii-iii.

[23] Benoit (wie Anm. 4), 387; skeptisch zu Benoit Lück (wie Anm. 5) 73, Anm. 398. Immerhin scheint Benoit eine nicht erhaltene Vita des Bischofs benutzt zu haben: Choux, 'Pibon' (wie Anm. 4), 78, Anm. 2.

[24] Zur Stellung Siegfrieds am Hofe vgl. Jenal (wie Anm. 18), ii. 220, 340 u. passim.

[25] Zur Laufbahn Annos s. Lück (wie Anm. 5), 60-102.

[26] Udo von Trier stammte aus dem schwäbischen Adelsgeschlecht der Nellenburger: K. Hils, *Die Grafen von Nellenburg im 11. Jahrhundert* (Freiburg i. Br., 1967), 77ss.

[27] Hierzu rechnen wir neben Benno von Osnabrück, Burchard von Halberstadt und Siegfried von Mainz auch Anno von Köln; vgl. *supra*, 92-93.

[28] *Gesta ep. Tull.*, c. 45, ed. Waitz (wie Anm. 4), 646. Der Passus hat schon die Aufmerksamkeit von v. Gladiss/Gawlik (wie Anm. 9), xxxv, gefunden: 'als ob damit nicht nur die zeitliche Reihenfolge, sondern auch ein kausaler Zusammenhang ausgedrückt werden sollte.''

SUMMARY

The Background to the Promotion of Pibo as Bishop of Toul

The example of the promotion of Pibo as bishop of Toul by Henry IV in 1069 can show us that for a successful candidature for a bishopric during Ottonian and Salian times, it was less a question of kindred ties and origins being all important but more of relationships with people later dominant in the king's council—relationships that were formed during an ecclesiastical career. Contemporaries already recognized the importance of such personal contacts and dependence which dated before promotion.

'Series episcoporum'—Probleme und Möglichkeiten einer Prosopographie des früh- und hochmittelalterlichen Episkopats

Stefan Weinfurter

Das im folgenden zu skizzierende prosopographische Projekt 'Series episcoporum,'[1] eine Neubearbeitung des alten 'Gams,'[2] für die mittlerweile über hundert Mitarbeiter in ganz Europa gewonnen werden konnten,[3] befindet sich trotz erster Publikationen[4] noch in der Anfangsphase, so dass das Schwergewicht meiner Ausführungen notwendigerweise auf Problemen und Beobachtungen liegen wird, die sich auf dieser Stufe ergeben.[5]

Prosopographie in der allgemeinen, von Jürgen Petersohn getroffenen und hier verwendeten Definition heisst 'Sammlung und Verzeichnis aller Personen eines nach Raum und Zeit abgesteckten Lebenskreises.'[6] Die in diesem Sinne zu leistenden *Abgrenzungen* sind bei der 'Zielgruppe' Bischöfe im Rahmen des Projekts 'Series episcoporum' scheinbar leicht zu ziehen. Die Personengruppe ist durch das Amt bestimmt.[7] Der Zeitraum reicht von den Anfängen der Kirche bis zum Jahre 1198, da für die Zeit nach 1198 bereits die Überarbeitung des 'Gams' durch die 'Hierarchia Catholica' vorliegt.[8] Die räumliche Abgrenzung schliesslich ist durch die jeweils grösste Ausdehnung des westlichen Patriarchats gegeben. Dass freilich bereits auf der Ebene solcher Vor- und Generalüberlegungen Probleme auftauchen müssen, ist offenkundig. Das Ordnungsprinzip dieses Unternehmens muss das Bistum, genauer: der *Bischofssitz* sein.[9] Er ist Grundlage und Bezugspunkt des Bischofsamtes, durch das wiederum die zu untersuchende Personengruppe bestimmt ist. Im Verlauf des zugrundezulegenden Zeitraums von beinahe tausend Jahren haben sich aber zahlreiche Bistümer aufgelöst, wurden neugegründet, wurden Bistümer verlegt und zusammengelegt. Hier liegt wohl überwiegend ein verfahrensmässiges Problem vor, das dadurch gelöst werden soll, dass in der Regel vom Stand der Diözesanordnung von 1198 ausgegangen wird und die in anderen Bistümern aufgegangenen Bistümer jeweils dort mitbehandelt werden. Auch damit sind freilich nicht alle Probleme beseitigt, denkt man nur an die Bistumsverhältnisse in Spanien, wo man angesichts der tiefgreifenden

Verschiebungen zwischen westgotischer Kirchenorganisation und der-jenigen der Reconquista[10] das Prinzip durchbrechen und eine Aufteilung in zwei Stufen vornehmen muss. Auch in Süditalien ist mit dem Vordringen der griechischen und dann wieder der römischen Kirche eine Zuordnung erheblichen Schwierigkeiten ausgesetzt. Dasselbe gilt in Anbetracht der wechselvollen Verhältnisse für die Klosterbistümer im hibernisch-schot-tischen Bereich. Im übrigen verlangt der Grundsatz, dass jeweils die grösste Ausdehnung der westlichen Kirche massgebend sein soll, auch die Berücksichtigung untergegangener und nicht wiedererrichteter Diözesen, wie der Kirche von Nordafrika. Hier muss der Stand kurz vor dem Untergang verbindlich sein. Noch schwieriger sind Missionsbischöfe ohne festen Sitz unterzubringen, zumal wenn sich im Anschluss an ihre Missionstätigkeit keine Bistumsgründung ergeben hat. Auch hier muss das Ordnungsprinzip durchbrochen werden. Eine besondere Behandlung verlangt ferner die Einrichtung des irischen Klosterbischofs, denn dort wechselten nicht nur, wie erwähnt, die Zentren des bischöflichen Amtes mitunter in kurzen Abständen, hier unterschied sich vielmehr auch die Stellung des Bischofs von der üblichen darin, dass seine Funktion nur den seelsorgerischen Bereich umfasste, während die Jurisdiktion dem Abt zustand. Wer hat dort demnach als Bischof zu gelten? Die Entscheidung wurde zugunsten des Seelsorgers getroffen. Dies sind nur wenige Beispiele für die Problematik der Abgrenzung des Personenkreises 'Episkopat' und seiner Zuordnung, ja des Ordnungsprinzips dieses prosopographischen Unternehmens überhaupt. Bei einer Gesamtzahl von über fünfzehnhundert Bistümern für den genan-nten Zeitraum ist sie nicht immer einheitlich aufzulösen.

Ein weiteres Problem entwickelt sich aus der Frage nach der Be-handlung bzw. Berücksichtigung der sogenannten Gegenbischöfe. Sollen sie wie reguläre Bischöfe aufgenommen werden? Wohl nur, wenn sie die Voraussetzungen für die Amtsübernahme oder Amtsausübung erlangt haben. Abgesehen davon, dass wir schon auf Grund der Quellenüberlief-erung diese Frage gar nicht immer eindeutig beantworten können, ist es auch erforderlich, das für unser Projekt massgebende *Kriterium für die Amtsüber-nahme* selbst zu bestimmen.[11] Ist dies die Wahl oder die Weihe oder gar erst die Einsetzung, die Investitur? Die Investitur in die weltlichen Güter als selbständiger Akt wird erst für das zwölfte Jahrhundert relevant, war dann aber von der Übernahme der geistlichen Amtsfunktionen getrennt. Ist also das Kriterium die Weihe? Im streng kanonischen Sinne sicherlich, aber dann dürfte etwa ein Bischof wie Markward von Osnabrück nicht berücksichtigt werden, der keine Weihe empfangen hat, aber dennoch von 1088 bis 1093 als Bischof fungierte.[12] Auch ein Bischof wie Reinald von Dassel, Erzbischof von Köln (1159-67), hat die längste Zeit sein Amt ohne Bischofsweihe, ja sogar ohne Priesterweihe ausgeübt, nämlich von 1159 bis 1165.[13] Die deutliche Unterscheidung zwischen *electus* und *episcopus*, die im früheren Mittelalter in den Quellen durchaus festgehalten wird[14] und dementsprechend auch in den 'Series episcoporum' berücksichtigt werden muss, verwischt sich zusehends seit dem Investiturstreit, obwohl man aus der Regelung des mehrstufigen Erhebungsvorgangs im Wormser Konkordat die umgekehrte Entwicklung erwarten möchte. Aus solchen Beobachtungen ergibt sich, dass auch der Elekt in unsere Untersuchungsgruppe aufgenommen werden muss, dass für uns die Wahl das entscheidende Kriterium sein muss und dass somit jeder gewählte Gegenbischof zu erfassen ist, auch wenn er sein Amt im streng kanonischen Sinne gar nicht angetreten hat. Problematisch bleibt indessen der Fall der Bistumsverwaltung mit allen Kennzeichen der Bischofsgewalt, aber ohne förmliche Bischofswahl, wie dies etwa auf den Abt Gregor von St. Martin in Utrecht zutrifft, der nach dem Tod des Bischofs Eoba (754) von seinem Kloster aus das gesamte Bistum leitete.[15] So homogen sich also die Personengruppe 'Episkopat' im ersten Moment darstellen mag und so eindeutig man die Kriterien für die Zuordnung aus dem Amt abzuleiten vermeint, so schwierig erweist sich die Abgrenzung dennoch angesichts der historischen Vielfalt.

Im Grunde wird hierbei schon ein spezifisches Problem der prosopographischen Methode sichtbar, das verstärkt zutage tritt bei einem Projekt, das einen Zeitraum von beinahe tausend Jahren umfasst: Um die Vergleichbarkeit der Personen, der Daten und Informationen zu gewährleisten[16], muss die Gleichförmigkeit und Schematisierung der Angaben einen hohen Grad erreichen, ohne aber die historischen Prozesse und Veränderungen und die Vielfalt der Realität ausser Acht zu lassen oder gar in das Schema zu pressen. Überdies und zum zweiten muss diese Grundforderung in Einklang gebracht werden mit der Frage: Was muss eine Prosopographie eines bestimmten Personenkreises, hier des Episkopats, zumindest vorlegen, damit sie den Anforderungen der modernen historischen Personenforschung, die in der Auswertung des prosopographischen Materials besteht, noch gerecht werden kann? Und ein dritter Gesichtspunkt darf nicht unerwähnt bleiben: Wieweit kann der Informationsrahmen gesteckt werden, damit ein Projekt dieser Grössenordnung einerseits sinnvoll, andererseits aber auch noch durchführbar wird? Mit diesen drei Aspekten stossen wir an den Problemkern, wie ihn wohl in modifizierter Form jedes vergleichbare prosopographische Projekt aufweisen dürfte.

Ein blosses Datengerüst aus der Abfolge der Pontifikatszeiten, worauf sich Bonifatius Gams noch beschränken durfte, wäre heute sicherlich nicht mehr vertretbar; es würde der Personenforschung keine Anhaltspunkte liefern. Als wesentliche Forderung von Seiten der Personenforschung gilt natürlich die möglichst umfassende, genaue *genealogische Einordnung* mit Hinweisen auf das Herkunftsgeschlecht, die Eltern, Geschwister und Verwandten. Abgesehen davon, dass damit—vor allem für die frühere Zeit—all die bekannten Probleme der genealogischen Forschung im Hinblick auf die Personenidentifikation[17] einfliessen, ist bei der Gruppe der Verwandten die Grenzziehung ausgesprochen problematisch: Bis zu welchem Grad nämlich ist sie auszuweiten? Ist es nicht sinnvoller, anstelle einer Abgrenzung durch beispielsweise den dritten Verwandtschaftsgrad—der sich angesichts der Quellenterminologie, wo sich ein *nepos* oder *consanguineus* findet, vielfach gar nicht bestimmen liesse—das für den Historiker viel wichtigere Kriterium der historischen Bedeutung und Stellung des Verwandten zugrundezulegen? So ist es zweifellos wichtig zu vermerken, dass Erzbischof Gunther von Köln (850-63) mit seinem Amtsvorgänger Hilduin (842-848/849) verwandt war,[18] auch wenn man über den Verwandtschaftsgrad nichts weiss, oder dass der Utrechter Bischof Radbod (899-917) dieser Sippe in nicht näher bestimmbarer Beziehung angehörte.[19] Damit wird ein Geflecht sichtbar, in dem eine Sippe längere Zeit über im neunten und beginnenden zehnten Jahrhundert Bischofsstühle besetzt hat und geradezu als 'Bischofssippe' hervortritt. Das Beispiel macht deutlich, dass die prosopographische Methode, wie sie für das vorgestellte Projekt definiert wurde, schon auf der Ebene der Informationsauswahl nicht frei von der Orientierung an auswertenden historischen Fragestellungen sein kann. Die sich daran anschliessende Frage, wer nun im Verwandtenkreis eines Bischofs zu den historisch bedeutenden Personen zu zählen hat und daher aufzunehmen ist, kann nicht mehr allgemeinverbindlich und schematisierend beantwortet werden, ist vielmehr bis zu einem gewissen Grad eine Ermessensfrage des Prosopographen.

Eine Prosopographie des Episkopats hat sodann Auskunft zu geben über Zeit und Ort bzw. Orte der *Ausbildung* des jeweiligen Bischofs. Hier besteht das Problem eher darin, dass wir in den meisten Fällen darüber aus den Quellen gar nichts erfahren oder auf Vermutungen angewiesen sind. Eher ist der Werdegang zu erfassen über die verschiedenen *Ämter*, die ein Bischof vor oder auch während seines Pontifikats bekleidet hat. Hier ist der Prosopograph aufgefordert, möglichst präzise Angaben zur Amtszeit eines Scholasters, Dekans, Abts oder Propsts zu liefern—angesichts häufig fehlender Vorarbeiten ein mitunter entmutigendes Unterfangen. Es genügt dafür ja nicht, alle erreichbaren Nachrichten über die zu behandelnde Person zusammenzutragen und auszuwerten, dies muss ebenso für den jeweiligen Amtsvorgänger und -nachfolger geleistet werden. Diese Mosaikarbeit führt in vielen Fällen freilich dazu, dass bislang angenommene Daten der *Bischofswahl* oder *Bischofserhebung*, ein zentraler Punkt einer Bischofsprosopographie, korrigiert oder präzisiert werden können. Bischof Alfrid von Utrecht etwa, vorher Abt von Saint-Amand-les-Eaux, muss sein Bischofsamt vor dem 18. Oktober des Jahres 867 angetreten haben, weil zu diesem Zeitpunkt sein Nachfolger im Klosteramt schon bezeugt ist.[20] Solche Beispiele der Datenpräzisierung können beliebig vermehrt werden. Entsprechende Rückschlüsse lassen sich natürlich ziehen, wenn der Bischof vorher das Kanzleramt innehatte und die erste Erwähnung seines Nachfolgers als Kanzler die Übernahme des Bischofsamtes anzeigt.[21] Geradezu komplizierte Berechnungen können entstehen, wenn zu solchen

Anhaltspunkten noch Datierungshilfen aus Bischofsurkunden hinzugezogen werden können, etwa eine Zeitangabe nach eigenen Pontifikatsjahren,[22] oder wenn in mittelalterlichen Bischofskatalogen, wie gewöhnlich, lediglich die Pontifikatsdauer erwähnt wird, die nun in der Hoffnung, sie möge auf verlorenen, aber zuverlässigen Vorlagen basieren, mit den anderen Zeittermini in Einklang gebracht werden soll.[23]

Im Zusammenhang mit diesem zentralen Komplex des Erfassens von Ämtern und der Bestimmung der Amtsdaten, vor allem der Pontifikatsdaten, sei auf einige Beobachtungen und Probleme hingewiesen. Die erste Bemerkung gilt einer bislang wenig beachteten Quellengruppe, nämlich den durchaus häufig überlieferten *mittelalterlichen Bischofskatalogen*.[24] Sie müssen, wie eben erwähnt, zur Bestimmung der Pontifikatsdaten mit herangezogen werden. Freilich wird man von der Unzuverlässigkeit des Datenmaterials solcher Kataloge zumeist enttäuscht sein. Es gehört eher zur Seltenheit, dass dort angegebene Amtszeiten mit den aus anderen Quellen gewonnenen Anhaltspunkten übereinstimmen. Immerhin führt aber die erforderliche Berücksichtigung dieser Kataloge, die ja für eine Reihe von Bischöfen unsere einzige Überlieferung darstellen, zu einer eingehenderen Beschäftigung mit dieser Quellengattung. Der Bischofsprosopograph sieht sich gewissermassen seinem mittelalterlichen Kollegen gegenübergestellt und beginnt sich zu fragen, weshalb dieser damals, im Unterschied zur heutigen Zeit, der exakten Datenbestimmung so wenig Wert beigemessen hat. Sicherlich wird man ihm zugestehen, dass er bei Bischöfen, die lange vor seiner Zeit amtiert haben, vielfach über weniger Material verfügt hat, als wir, denn er war auf dasjenige angewiesen, was er in der eigenen Bibliothek und in der Umgebung finden konnte. Was aber überrascht, ist die Tatsache, dass auch die Daten zu den Bischöfen aus der unmittelbaren Vergangenheit des Katalogverfassers durchaus nicht immer stimmen, ja mitunter um mehr als zehn Jahre korrigiert werden müssen. Ein Beispiel aus der Kirchenprovinz Lund: Für das Bistum Schleswig wurde um die Mitte des elften Jahrhunderts der erste Bischofskatalog erstellt. Über Bischof Esiko, der nachweislich vor dem Jahre 1000 Bischof wurde und 1026 starb, heisst es, er habe elf Jahre amtiert.[25] Entsprechende Unstimmigkeiten finden sich auch bei den anderen Schleswiger Bischöfen. Was hat den Schreiber zu solch falschen Angaben veranlasst? Zur Beantwortung dieser Frage könnte entscheidend beitragen, dass er den Bischof Marco, der in der zweiten Hälfte des zehnten Jahrhunderts lebte und für den nach anderen Quellen eine Amtszeit von bestenfalls drei Jahren zur Verfügung steht, mit zwanzig Jahren bedacht hat. Der Verfasser wollte möglicherweise—und dieses Bestreben wird aus anderen Bischofskatalogen dieser Zeit, etwa dem Eichstätter,[26] bestätigt—jedem seiner Bischöfe soviele Jahre zuweisen, dass insgesamt eine ausgewogene Abfolge von Amtszeiten zustandekommen konnte. Es mussten nicht alle Bischöfe gleich lang amtieren, aber doch eben so lange, dass sie alle ihr Amt gut und vollständig ausfüllen konnten. Solche

Bischofskataloge stellen demnach eher eine auf das Gerüst der Bischofsab-
folge reduzierte Geschichte des jeweiligen Bischofssitzes und Bischofsamtes
dar zu dem Zweck, die kontinuierliche Amtsführung und ihre berechtigte
Eigenständigkeit zu dokumentieren. Dass wir diese Kataloge erstmals in
grösserer Anzahl aus der Zeit um die Mitte des elften Jahrhunderts überliefert
haben, könnte als Hinweis darauf zu werten sein, dass gerade damals ein
Bestreben nach Begründung und Herleitung des Bischofsamtes aus selbständiger und erwiesener Tradition zum Ausdruck gebracht werden sollte und
sich darin das veränderte Selbstverständnis des Episkopats und die immer
stärker hervortretende Ablösung der Kirche von den Normen der ottonisch-
salischen Reichskirche bereits vor dem eigentlichen Ausbruch des Investiturstreits manifestierten.[27]
     Eine zweite Beobachtung zum Komplex *Ämter und Amtsdaten* ergibt,
dass mit der Übernahme des Bischofsamtes durchaus nicht immer bisherige
Kloster- oder Stiftsämter abgelegt worden sind. Dies bezieht sich nun nicht
auf Klosterbischöfe, wie etwa den Bischof von Salzburg, der natürlich bis ins
zehnte Jahrhundert hinein gleichzeitig Abt von St. Peter war,[28] denn hier
wurden ja beide Ämter mit dem Pontifikatsbeginn gemeinsam übernommen.
Damit vergleichbar wäre auch noch die Tatsache, dass in Köln die Bischöfe
von Hildebald bis Willibert, also von 784 bis 889, mit dem Bischofsamt auch
die Abtswürde von St. Cassius in Bonn erhielten,[29] eine Art persönlicher
Ausstattung, die dann im zehnten und elften Jahrhundert auf die Stifte St.
Gereon[30] und St. Ursula[31] in Köln überwechselte, was möglicherweise als
weiteres Indiz für die Konzentrierung und Intensivierung der Bischofsherr-
schaft am Bischofssitz zu werten wäre. Das Phänomen, auf das ich vielmehr
hinweisen möchte, begegnet erst gegen Ende des elften und im zwölften
Jahrhundert. Einzelne Bischöfe blieben nun auch über den Zeitpunkt der
Bischofswahl hinaus ein halbes, ein volles oder, wie z. B. in Köln der
Erzbischof Adolf I. (1193-1205), noch fünf Jahre lang Inhaber eines schon
vor der Wahl bekleideten Propstamtes.[32] Die Forderung nach exakter Bestimmung der Amtsdaten deckt also den Ansatz einer Ämterhäufung auf, der
in der Anfangszeit offenbar damit begründet ist, dass erst die Bischofsweihe
das Ablegen der bisherigen Würde erforderlich machte, wie im Falle des
Erzbischofs Arnold II. von Köln (1151-56) nachzuweisen ist.[33] Gegen Ende
des zwölften Jahrhunderts spielte dieser Gesichtspunkt dann offensichtlich
schon keine Rolle mehr, denn Erzbischof Adolf I. von Köln blieb auch nach
seiner Bischofsweihe Propst von St. Georg in Köln.[34] Da dieses Propstamt
im zwölften Jahrhundert zu einer Art Hauspfründe der Grafen von Berg
geworden war,[35] wird hier ein Ausgreifen adelsrechtlicher Herrschaftsprinzi-
pien auf die Bischofsebene sichtbar: Auch als Bischof sah sich Adolf
vornehmlich als Vertreter seines Hauses und nahm die Ansprüche seines
Hauses in sein neues Amt hinüber. So vermögen blosse Zahlen, wenn sie mit
der erforderlichen Genauigkeit bestimmt werden, Hinweise auf die
Einstellung der Amtsträger zu ihrem Amt zu liefern.

Ein weiterer Gesichtspunkt, geradezu ein Spezialproblem hinsichtlich der Ämter und Amtszeiten unserer Personengruppe, betrifft, wie schon im Abschnitt über die genealogische Einordnung erwähnt, die Frage der *Personengleichheit*. Hier muss mit grosser Behutsamkeit verfahren werden, denn die nicht sicher zu erweisende Gleichsetzung zum Beispiel des Kölner Bischofs Maternus mit dem gleichnamigen Bischof von Trier,[36] der in diesem Fall von Trier nach Köln gewechselt haben müsste, würde die Beurteilung der kirchlichen Situation im linksrheinischen Raum zu Beginn des vierten Jahrhunderts möglicherweise entscheidend präjudizieren. Oder ein anderes Beispiel: 1045 und 1047 wird in Diplomen Heinrichs III. ein *Adelbertus cancellarius* für Italien genannt.[37] Wäre dieser—wie im jüngsten Forschungsbeitrag darüber vertreten wird[38]—identisch mit dem Erzbischof Adalbert von Bremen, der schon 1043 sein Bischofsamt angetreten hat, so würde dies nicht nur ein ganz singuläres Zeugnis für die Verbindung von Kanzlerwürde und Bremer Erzbischofsamt darstellen, sondern müsste auch als Beleg für eine Unterstellung des Bremer Erzbischofs als Kanzler für Italien unter den Kölner Erzbischof als italischen Erzkanzler gelten. Die Entscheidung des Prosopographen könnte, dies wird hier ganz deutlich, zu weitreichenden Auswirkungen auf die Schlussfolgerungen des Benutzers des Werkes führen.

Noch eine letzte Bemerkung zum Punkt 'Bischofserhebung': Ebenso zu verzeichnen sind natürlich die *Weihe* und die *Investitur*, vor allem aber auch die *Initiatoren der Wahl* und der *Konsekrator*, denn nur dann kann eine spätere Auswertung das politische und verfassungsmässige Geflecht, das mit der Bischofserhebung verknüpft ist, in der Entwicklung und der jeweiligen Bedeutung erkennen. Dass etwa in Köln im zwölften Jahrhundert die *priores*, das sogenannte Priorenkolleg, die entscheidende Rolle bei der Bischofswahl spielten, ist seit langem bekannt.[39] Die 'Series episcoporum' von Utrecht haben nun erwiesen, dass es auch dort eine entsprechende Gruppe gegeben habe muss,[40] nicht dagegen in Osnabrück, Minden oder Münster, um innerhalb der Kölner Kirchenprovinz zu bleiben. Abzuwarten wäre, ob ein solches Priorenkolleg oder eine vergleichbare Institution, etwa in Salzburg die 'Prälatenversammlung,'[41] auch in anderen Bistümern im gleichen Zeitraum als Wählergremium hervortritt und sich somit eine kirchenverfassungsmässige Institution von allgemeinerer Bedeutung herausschält. Auf politische Beziehungen und Konstellationen schliesslich, die sich anhand der Wählergruppierungen oder der Konsekratoren ablesen lassen, brauche ich nicht näher einzugehen. Diese Auswertungsmöglichkeit versteht sich von selbst.

Überaus schwierig gestaltet sich nun die Frage, welche Informationen für die Zeit des Bischofsamtes zusammenzustellen und für die personengeschichtliche Auswertung aufzubereiten sind. Hier sieht sich der Prosopograph wieder mit der erwähnten Grundproblematik konfrontiert, nämlich einen Ausgleich herzustellen zwischen Normierung und historischer Besonderheit, zwischen den Anforderungen der historischen Personenforschung und dem arbeitstechnisch Möglichen. Grundsätzlich gilt für die 'Series episcoporum,' dass es nicht Ziel sein kann, Bischofsbiographien zu verfassen. Das Werk kann und soll nicht alle historischen Nachrichten über einen Bischof darbieten—dies wäre bei der Grössenordnung des Unternehmens in vertretbarer Zeit gar nicht durchführbar, wäre überdies der Vergleichbarkeit der Angaben kaum förderlich—, soll schon gar keine Ereignisschilderung enthalten, von wertenden Bemerkungen ganz zu schweigen. Ein solches Werk muss vielmehr möglichst konsequent die für die jeweilige Personengruppe kennzeichnenden Bereiche, Handlungen, Funktionen und auch Entscheidungen zusammenstellen. Wieder vom Bischofsamt ausgehend wurde demzufolge für die Prosopographie des Episkopats der folgende Kanon aufgestellt. Angegeben werden:

> alle Ämter neben dem Bischofsamt,
> die Vertreibung vom Bischofssitz,
> die Amtsenthebung oder -verdrängung,
> Legationen im Auftrage des Papstes,
> Parteinahme im päpstlichen Schisma,
> hervorstechende politische Tätigkeit,
> aussergewöhnliches reformerisches Wirken,
> literarisches Wirken.

Dass der Komplex 'Teilnahme an Konzilien,' der ebenfalls in den Amtsbereich der Bischöfe gefallen wäre, ausgeklammert wurde, liegt daran, dass das Forschungsprojekt 'Konziliengeschichte' diese Arbeit ohnehin leistet. Als Kompromiss sind die Angaben zu den politischen und reformerischen Besonderheiten zu betrachten, wobei freilich wieder die Gefahr der subjektiven Wertung in Kauf genommen werden musste, denn: Was ist eine hervorstechende politische Tätigkeit, was ein aussergewöhnliches reformerisches Wirken? Gedacht ist im ersten Fall z. B. an das Reichsregiment des Erzbischofs Anno II. von Köln (1056-75) oder an die Auslieferung des jungen Ottos III. an seinen Gegner 984 durch den Erzbischof Warin von Köln (976-85). Ein Ermessensspielraum ist bei der Auswahl unvermeidbar. Zum zweiten Komplex zählt sicherlich die Klosterreform, die umfassende Diözesanreform, doch steht hier der Bearbeiter häufig vor unbestellten Feldern; ausserdem sind die Klostergründungs- und Reformdaten nicht selten so unsicher, dass man sie dem einen oder auch anderen Bischof zuordnen könnte. Eine Präzisierung solcher Daten müsste weit in die Aufarbeitung ganzer Klostergeschichten führen: Hier muss der Prosopograph die Grenze ziehen, damit das Projekt nicht auszuufern droht und schon vom Arbeitsaufwand her zum Scheitern verurteilt wäre. Mehr als ein allgemeiner Hinweis auf Reform- und Klostergründungstätigkeit, wenn möglich unter Hinweis auf weiterführende Studien, erscheint daher nicht als angebracht.

Den Abschluss des Katalogs bilden Angaben zur Beendigung der Amtszeit, wobei das Todesdatum wieder möglichst präzise zu eruieren und die umfangreiche Quellengruppe der *Nekrologien*[42] hierfür auszuwerten ist. Schon beim jetzigen Stand des Projekts zeichnet sich ab, dass die regionale Forschung in vielen Fällen entferntere Nekrologien in unzureichendem Masse herangezogen hat, die nun aber vielfach Korrekturen und Präzisierungen erlauben. Gegebenenfalls, etwa im Falle einer Deposition, sind schliesslich Angaben zur Laufbahn nach der Beendigung der Amtszeit erforderlich, sodann zum Begräbnisort und zur Kanonisation. Hier haben sich im Prinzip keine neuen Probleme mehr ergeben, die nicht schon angesprochen worden wären.

Was nun die *Gesamtauswertung* der 'Series episcoporum' betrifft, so wäre es beim jetzigen Stand des Projekts, der bestenfalls Aussagen zum deutschen Bereich zulässt, verfrüht, die Möglichkeiten schon vollständig umreissen zu wollen. Die Puzzletechnik führt in jedem Fall dazu, dass besondere Sorgfalt auf einzelne Quellenaussagen gelegt werden muss, dass Daten und Vorgänge genauer gefasst werden. Hierzu wurden genügend Beispiele genannt. Die angestrebte Gleichförmigkeit der Einzelbausteine wird bis zu einem gewissen Grad quantifizierende Auswertung ermöglichen, und die besondere Beachtung der genealogischen Komponente und des Werdegangs wird Aufschlüsse über Bewegungen innerhalb der Schicht des Episkopats zulassen. 'Bischofssippen,' wie wir sie genannt haben, die geradezu einen Anspruch auf ein Bistum entwickelten, wie die Grafen von Berg in Bezug auf Köln, oder andere, die gar auf mehrere Bistümer ausgriffen, wie die Hilduine, werden sich deutlicher herausschälen; Phasen der regionalen Verengung oder aber des überregionalen Austausches auf der Bischofebene können bestätigt oder spezifiziert werden. Die Vorzüge des Projekts mit seiner Ausrichtung auf die gesamte westliche Kirche werden vor allem immer dann hervortreten, wenn sich Parallelentwicklungen und -erscheinungen in mehreren Bistümern abzeichnen und auf Grund dessen noch wenig beachtete Verfassungselemente in das Blickfeld treten, wie die genannte Institution des Priorenkollegiums, das es, wie sich andeutet, auch ausserhalb Kölns gegeben hat und das wohl als Zwischenstufe im Prozess der Institutionalisierung, Verengung und Abgrenzung der Gruppe der massgebenden geistlichen Würdenträger eines Bistums zu gelten hat.[43] Nicht uninteressant könnten auch Beispiele dafür sein, wie ein Bischof dafür sorgte, dass seine Geschwister und Verwandten in hohe kirchliche Ämter einrückten, wie—im Anschluss an die Massnahmen schon seines Vaters Ezzo—Erzbischof Hermann II. von Köln (1036-56),[44] bei dem dieser 'Nepotismus' geradezu als ein Element der Bistumspolitik und der Sicherung der bischöflichen Amtsausübung zu werten ist.[45] Schwerpunkte im Hinblick auf Stifte und Klöster, aus denen in besonderem Masse Bischöfe kamen, werden sich herausstellen, so etwa mit dem Kloster Prüm, das im zehnten Jahrhundert plötzlich zwei Lütticher Bischöfe stellte[46] und dann wieder aus dieser Gruppe ausschied. Überhaupt werden sich die Phasen, in denen Klöster oder aber Stifte überwiegend Bischöfe stellten, schärfer voneinander abheben lassen. Vorgänge der Reichspolitik und Reichskirchenpolitik werden Bestätigung oder Nuancierung finden, der Einfluss des Königs oder aber des Adels bei der Bischofserhebung in einzelnen Bistümern und auch generell seinen Niederschlag finden.[47] Einen Aspekt eines solchen Werkes sollte man aber zum Schluss im Gefecht der Problem- und Methodendiskussion nicht übersehen: Es sollte sich nicht zuletzt auch einfach als Handbuch bewähren, als Nachschlagewerk, das zuverlässige Information über den gesuchten Bischof bieten möge.

ANHANG

Beispiel aus den 'Series episcoporum' der Erzbischöfe von Köln:
999 iun. (post 11)   HERIBERTUS   †1021 mart. 16

(*Herebertus*)
Natus a. 970 circiter[48] gentis Conradinorum linea Gebhardi,[49] filius Hugonis comitis pagi *Einrichgau* nominati uxorisque eius Tietwidis, frater Heinrici episcopi Herbipolensi (*Würzburg*) (ac Reginmari marchionis?), avunculus Heriberti episcopi Eistetensis (*Eichstätt*) necnon Gecemanni episcopi Eistetensis.[50] Litteris studuit inde ab a. 977 circiter usque ad a. 989 circiter primum in schola ecclesiae cathedrali Wormatiensi (*Worms*) annexa, deinde in monasterio Gorzensi (*Gorze*);[51] canonicus ecclesiae cathedralis Wormatiensis et inde ab a. 990 circiter usque ad a. 999 praepositus eiusdem ecclesiae.[52] Ante a. 995 in capellam regiam ascitus est.[53] Cancellarius per Italiam memoratus est inde a 994 sept. 29 usque ad 1002 ian. 11,[54] cancellarius Ottonis (III) imperatoris quoad regnum inde a 999 ian. 3 usque ad 1002 ian. 11;[55] inde ab a. 998 *logotheta* et inde ab a. 999 mediante *archilogotheta*.[56] 995 post sept. 20 episcopatum Herbipolensem (*Würzburg*) ab Ottone (III) sibi oblatum recusavit.[57] 999 iun. post 11 in absentia[58] archiepiscopus Coloniensis electus est (Wezelino ecclesiae cathedralis praeposito candidato cleri eodem tempore electo in favorem Heriberti a dignitate decedente).[59] 999 iul. (9,13?) Silvestro (II) papa praesente Beneventi ab imperatore Ottone (III) comprobatus et officii insignibus investitus est.[60] 999 oct. Romae pallium recepit a Silvestro (II) papa.[61] 999 dec. 24 Coloniae (*Köln*) ab episcopis suffraganeis consecratus est.[62] Ottonis (III) post mortem (1002 ian. 24) frustra favit Hermanno (II) duci Sueborum (*Schwaben*), consanguineo suo, regi eligendo et Heinrico (II) rege electo a regni negotiis quasi omnino remotus est.[63] Obiit Coloniae 1021 mart. 16 et sepultus est in *abbatia sua* *Tuitiensi* (*Deutz*).[64] Paulo post sancti nomine veneratur, licet nondum sit canonizatus.[65]
Vita: *Vita Heriberti archiepiscopi Coloniensis auctore Lantperto*, ed. G. H. Pertz (MGH SS iv, Hannover 1841), 739-53; P. Dinter, *Rupert von Deutz: Vita Heriberti.* *Kritische Edition mit Kommentar und Untersuchung*, (Veröffentlichungen des historischen Vereins für den Niederrhein 13, Bonn 1976).
Litt.:*Die Regesten der Erzbischöfe von Köln im Mittelalter*, tom. i:313-1099, cong. Fr. W. Oediger (Bonn 1954-61), nr. 561-682; Fr. W. Oediger, *Das Bistum Köln von den Anfängen bis zum Ende des 12. Jahrhunderts* (Köln 1972), 108-11; H. Müller, *Heribert, Kanzler Ottos III. und Erzbischof von Köln* (Veröffentlichungen des Kölnischen Geschichtsvereins 33, Köln 1977); *Lexikon für Theologie und Kirche*

(2nd. ed.) v, col. 246sq. (J. Torsy); *Neue deutsche Biographie* viii, 614 (E. Wisplinghoff); *Lexikon der christlichen Ikonographie* vi, col. 497-500 (U. Weirauch); *Bibliotheca Sanctorum* iv, col. 1317sqq. (G. et. C. Spahr); *Lexikon der deutschen Geschichte*, 521 (H. Bannasch).

ANMERKUNGEN

[1] Ein Leitfaden für die Mitarbeiter am Projekt erschien 1976 (*Bericht zur Anlage und Bearbeitung der Bischofslisten*). Er enthält auch eine erste Übersicht über die Kirchenprovinzen und ihre Suffragane zum Jahre 1198. Speziell für den italienischen Bereich wurde das Projekt vorgestellt von G. Melville, 'Cronotassi dei vescovi d'Italia per l'età medievale. Progetto di una nuova edizione delle "Series episcoporum Ecclesiae catholicae" sino all'anno 1198 (con una carta delle sedi vescovili d'Italia dell'anno 1198,' *Rivista di storia della chiesa in Italia*, xxxii (1978), 504-17.

[2] P. B. Gams, *Series episcoporum ecclesiae catholicae* (Regensburg, 1873-1886; repr.: Graz, 1957).

[3] Neben den Gesamtherausgebern Odilo Engels (Universität Köln) und Stefan Weinfurter (Katholische Universität Eichstätt) fungieren als Mitherausgeber Quintin Aldea (Madrid) (für Series III: Iberia), Reinhold Kaiser (Universität Essen) (für Series IV: Gallia), Gert Melville (Universität München) (für Series I: Italia) und Tore Nyberg (Universität Odense) (für Series VI: Britannia, Scotia et Hibernia, Scandinavia), als Mitarbeiter in der Redaktion Helmuth Kluger und Edgar Pack (Universität Köln). Die verlegerische Seite vertritt der Verlag Anton Hiersemann (Stuttgart). Die Zusammensetzung des Bearbeiterkreises der Bischofslisten ist international.

[4] *Series episcoporum ecclesiae catholicae occidentalis ab initio usque ad annum MCXCVIII.* Series V: *Germania*, tom. 1: *Archiepiscopatus Coloniensis*, ed. St. Weinfurter/O. Engels (Stuttgart, 1982). Als Tomus 2 der Series V erscheint *Archiepiscopatus Hammaburgo-Bremensis* (1984). Die Bischofslisten der Provinzen Lund, Arles und Trier werden zur Zeit redaktionell bearbeitet.

[5] Vgl. zur Problematik bereits H. Zielinski, 'Probleme statistischer Erfassung des deutschen Episkopats im 11. und 12. Jahrhundert,' *Le istituzioni ecclesiastiche della "societas Christiana" dei secoli xi-xii. Diocesi, pievi e parrochie* (Atti della VI Settimana internazionale di studio, Milano, 1974, Miscellanea del Centro di studi medioevali 8, Mailand, 1977), 628-40.

[6] Vortrag im Rahmen der Sektion 'Personenforschung im Spätmittelalter' auf der 30. Versammlung deutscher Historiker in Braunschweig von J. Petersohn, 'Zu Forschungsgeschichte und Methode,' *Zeitschrift für historische Forschung*, ii (1975), 1-5, hier 1. Dieses Begriffsverständnis umfasst also nicht gleichzeitig auch die 'Auswertung prosopographischen Materials nach unterschiedlichen Gesichtspunkten historischer Interpretation,' wofür Petersohn den Begriff 'historische Personenforschung' stellt (*ibid*). Das prosopographische Unternehmen 'Series episcoporum' liefert diese Auswertung im Sinne historischer Personenforschung zunächst noch nicht, sondern bereitet das Material für eine solche Auswertung erst vor. Dies führt, wie zu zeigen sein wird, dennoch dazu, dass Fragestellungen einer Auswertung schon in die Konzeption der 'Sammlung und Aufbereitung' einfliessen. Dass eine ansonsten mit Recht vorzuziehende Einheit von Sammlung und Auswertung (als weiter gefasste Begriffsbedeutung von Prosopographie) beim Projekt 'Series episcoporum' nicht nöglich ist, liegt an der Grössenordnung des Unternehmens und der

dadurch bedingten Vielzahl der Mitarbeiter, deren Beiträge gewissermassen stufenweise koordiniert werden müssen, zunächst eben auf der Ebene der Prosopographie
im engeren Sinne des Begriffs.

[7] Zum Bischofsamt vgl. R. Schnackenburg, 'Episkopos und Hirtenamt. Zu
Apg. 20, 28,' *Das kirchliche Amt im Neuen Testament*, ed. K. Kertelge (Wege der
Forschung 189, Darmstadt, 1977), 418-41; Artikel 'Amt, kirchliches' und 'Bischof,-
samt,' *Lexikon des Mittelalters*, i. 559ss., ii. 228ss.; grundlegend R. L. Benson, *The
Bishop-Elect. A Study in Medieval Ecclesiastical Office* (Princeton, 1968). Das
jüngst von J. Fried, 'Der karolingische Herrschaftsverband im 9. Jahrhundert
zwischen "Kirche" und "Königshaus,"' *Historische Zeitschrift*, ccxxxv (1982),
1-43, hier 27ff., wieder zur Debatte gestellte und auch für das bischöfliche Amt zu
berücksichtigende Problem der Veränderung und Entwicklung des Amtsver-
ständnisses und des fehlenden Institutionenbewusstseins im frühen Mittelalter muss
hier ausser Betracht bleiben.

[8] C. Eubel, *Hierarchia catholica medii aevi* (Münster, 1913ss.).

[9] Vgl. R. Kaiser, 'Bischofsstadt,' *Lexikon des Mittelalters*, ii. 239ss. Der
Bischof war rechtlich unlösbar mit seiner *sedes* verknüpft.

[10] Vgl. O. Engels, *Schutzgedanke und Landesherrschaft im östlichen Pyre-
näenraum (9.-13. Jh.)* (Münster, 1970), 27ss.

[11] Vgl. hierzu Benson, *The Bishop-Elect* (wie Anm. 7), bes. 23ss.

[12] H. H. Kaminsky, *Studien zur Reichsabtei Corvey in der Salierzeit* (Köln/
Graz, 1972) 97; P. Leidinger, 'Westfalen im Investiturstreit,' *Westfälische
Zeitschrift*, cxix (1969), 309.

[13] *Die Regesten der Erzbischöfe von Köln im Mittelalter*, Bd. 2: 1100-1205, ed.
R. Knipping (Bonn, 1901), Nr. 819 und 822.

[14] Bischof Liutbert von Köln stellte am 3. Januar 842 eine Urkunde aus unter
dem Titel eines *electus episcopus ad Coloniae urbis sedem, Rheinisches Urkundenbuch: Ältere Urkunden bis 1100*, ed. E. Wisplinghoff (Bonn, 1972) 78, Nr. 65.
Bischof Eginhard von Utrecht (844/45) wird gar nur *vocatus episcopus* genannt
(MGH SS 15,354), ebenso Erzbischof Hilduin von Köln (842-848/49) (MGH DD Lo
I. 100 und 142). Über den Erhebungsvorgang im einzelnen sind wir für die frühere
Zeit nur selten unterrichtet. Ein Beispiel bietet der Anonymus Haserensis (MGH SS
7,255), der über die Wahl des Bischofs Gundekar II. (1057-1075) berichtet: ...*Gun-
dechar secundus...in hanc eandem sedem 13. Kal. Sept. duobus archiepiscopis
presentibus Triburie est anulo investitus et in 3. Non. Oct. quattuor archiepiscopis et
decem episcopis presentibus pastorali virga Spire est honoratus et in 16. Kal. Nov. in
sedem episcopalem inthronizatus; in die autem sancti Iohannis euangeliste in loco
Pholede dicto, ipso domino suo Heinrico rege eiusque matre Agnete et Hiltebrando
Romanae ecclesiae archicardinali subdiacono, preterea tribus archiepiscopis et
undecim episcopis presentibus, ad summum sacerdotii gradum promotus est* (übernommen aus dem Gundekarianum).

[15] *Vita Gregorii abbatis Traiectensis*, MGH SS 15, 75.

[16] Vgl. P. Moraw, 'Personenforschung und deutsches Königtum,' *Zeitschrift für
historische Forschung*, ii (1975), 8.

[17] Als Beispiel für die Möglichkeiten, aber auch die Schwierigkeiten, seien nur
erwähnt R. Wenskus, *Sächsischer Stammesadel und fränkischer Reichsadel* (Göttingen, 1976), sowie die subtilen Methoden der genealogischen Forschungsarbeit, wie
sie von der Freiburger Schule Gerd Tellenbachs und Karl Schmids entwickelt
wurden.

¹⁸ *Die Regesten der Erzbischöfe von Köln im Mittelalter*, Bd. i: 313-1099, ed. Fr. W. Oediger (Bonn, 1954-61), Nr. 163.

¹⁹ F. Lot, 'De quelques personnages du XIᵉ siècle qui ont porté le nom Hilduin,' *Le Moyen-âge*, xvi (1903), 149ss., und xvii (1904), 338ss.

²⁰ H. Platelle, *Le temporel de l'abbaye de Saint-Amand des origines à 1340* (Paris, 1962), 58.

²¹ Z. B. Bischof Folkmar von Utrecht, der letztmals 976 Juni 8 als Kanzler Ottos II. für Italien fungierte (MGH D O II. 129). Da sein Nachfolger in diesem Amt erstmals 976 Juni 30 erwähnt ist (MGH D O II. 130), dürfte mit grösster Wahrscheinlichkeit die Wahl Folkmars zum Bischof von Utrecht zwischen dem 8. und 30. Juni erfolgt sein.

²² So etwa bei Bischof Arnold von Osnabrück (1173-90), vgl. A. Spicker-Wendt/ H. Kluger, 'Osnabrück,' *Series episcoporum* V, tom. 1 (wie Anm. 4), 163, Anm. 360.

²³ Beispiele bei W. Herpich/H. Kluger, 'Minden,' *Series episcoporum* V, tom. 1 (wie Anm. 4), 104, Anm. 278; 105, Anm. 286; 106, Anm. 304.

²⁴ Die 'Series episcoporum' stellen im jeweiligen Einführungsabschnitt zu jedem Bistum unter der Rubrik 'Series episcoporum antiquae' auch die mittelalterlichen Bischofskataloge zusammen.

²⁵ *Series episcoporum Slesvicensium*, ed. O. Holder-Egger, MGH SS 13, 349; vgl. St. Bolin, *Om Nordens äldsta Historieforskning* (Lunds Universitets Årsskrift NF 1, tom. 27, nr. 3, Lund, 1931), 9-28.

²⁶ Dort kann der Autor sogar festhalten: *Isti quinque episcopi 100 annos conpleverunt* (MGH SS 7, 255), was zu einem geradezu idealen Mittelwert führt.

²⁷ Trotz zahlreicher und zum Teil fundamental wichtiger Arbeiten zum Umfeld der Kirchenreform (anstelle einer Titelliste: G. Tellenbach, *Libertas. Kirche und Weltordnung im Zeitalter des Investiturstreits* (Stuttgart, 1936) fehlt immer noch eine umfassende Studie über die Umbildung des bischöflichen Selbstverständnisses. O. Köhler, *Das Bild des geistlichen Fürsten in den Viten des 10., 11. und 12. Jahrhunderts* (Diss, Freiburg, 1935) verfolgt nur einen Teilaspekt. Ein anderer Aspekt wäre die 'Wiederentdeckung' des Priesteramtes durch eine verstärkte Zuwendung zur Kanonistik seit Burchard von Worms (H. Fuhrmann, *Einfluss und Verbreitung der pseudoisidorischen Fälschungen* (3 vols., Stuttgart, 1972-74, hier ii.450-61), auch durch die Reformbestrebungen vor und nach der Jahrtausendwende. Auch das um die Mitte des elften Jahrhunderts verstärkte Wetteifern der Erzbischöfe um Palliumsprivilegien gehört wohl in diesen Zusammenhang (Th. Zotz, 'Pallium et alia quaedam archiepiscopatus insignia. Zum Beziehungsgefüge und zu Rangfragen der Reichskirchen im Spiegel der päpstlichen Privilegierung des 10. und 11. Jahrhunderts,' *Festschrift für B. Schwineköper zum 70. Geburtstag*, ed. H. Maurer/H. Patze (Sigmaringen, 1982), 155-75. Neben vielen weiteren Gesichtspunkten könnte also auch die Auswertung der Bischofskataloge hierzu einen Beitrag liefern.

²⁸ Vgl. H. Dopsch, 'St. Peter und das Erzstift Salzburg - Einheit, Krise und Erneuerung,' *Das älteste Kloster im deutschen Sprachraum: St. Peter in Salzburg, Ausstellungskatalog* (Salzburg, 1982), 38ss.; R. Schieffer, *Die Entstehung von Domkapiteln in Deutschland* (2nd ed., Bonn, 1982), 192ss.

²⁹ D. Höroldt, *Das Stift St. Cassius zu Bonn* (Bonn, 1957) 45, 47, 50, 204, 205.

³⁰ *Regesten Köln*, Bd. i (wie Anm. 18), Nr. 294.

³¹ G. Wegener, *Geschichte des Stiftes St. Ursula in Köln* (Köln, 1971) 117.

³² Erstmals Erzbischof Hermann III. (1089 Juli 25-1099 November 21), der bis

1090 Propst von St. Viktor in Xanten war, vgl. St. Weinfurter, *Series episcoporum* V, tom. 1 (wie Anm. 4), 29.

[33] H. Wolter, *Arnold von Wied, Kanzler Konrads III. und Erzbischof von Köln* (Köln, 1973), 6ss. Auch bei Arnold wird dieser Zusammenhang schon ersichtlich (vgl. Weinfurter, wie Anm. 32, S. 33, Anm. 327).

[34] K. Corsten, 'Geschichte des Kollegiatstiftes St. Georg in Köln,' *Annalen des Historischen Vereins für den Niederrhein*, cxlvi/cxlvii (1948), 116.

[35] Zu den Grafen von Berg neuerdings Th. R. Kraus, *Die Entstehung der Landesherrschaft der Grafen von Berg bis zum Jahre 1225* (Neustadt a. d. Aisch, 1981).

[36] Vgl. H. von Petrikovits, 'Germania (Romana),' *Reallexikon für Antike und Christentum* x. 595s.; ders., *Altertum. Rheinische Geschichte* (Düsseldorf, 1978), i,1. 257.

[37] MGH DD H III. 131, 132, 192.

[38] K. Reinecke, 'Adalbert von Bremen als Kanzler für Italien,' *Bremisches Jahrbuch*, li (1969), 285-87.

[39] Jetzt die grundlegende Arbeit von M. Groten, *Priorenkolleg und Domkapitel von Köln im hohen Mittelalter* (Bonn, 1980).

[40] Vgl. W. Jappe Alberts/St. Weinfurter in *Series episcoporum* V, tom. 1 (wie Anm. 4), 199ss.; vgl. auch R. R. Post, *Geschiedenis der Utrechtsche bisschopsverkiezingen tot 1535* (Utrecht, 1933), 39.

[41] St. Weinfurter, *Salzburger Bistumsreform und Bischofspolitik im 12. Jahrhundert* (Köln/Wien, 1975), 169ss.

[42] Gerade diese für das Projekt grundlegende Quellengattung ist—zumal für ausserdeutsche Bereiche—editorisch weithin unzureichend aufgearbeitet. Jede Edition aus der Freiburger-Münsteraner Nekrologienforschung vergrössert und sichert die Arbeitsgrundlage der 'Series episcoporum.'

[43] Zum Vorgang vgl. Kl. Ganzer, 'Zur Beschränkung der Bischofswahl auf die Domkapitel in Theorie und Praxis des 12. und 13. Jahrhunderts,' *Zeitschrift für Rechtsgeschichte, kan. Abt.*, lvii (1971), 22-82, und lviii (1972), 166-97.

[44] *Series episcoporum* V, tom. 1 (wie Anm. 4), 24. Seine Schwestern nahmen leitende Positionen ein in: Essen und Gerresheim (Theophanu), Nivelles (Adelheid), Gandersheim und Maria im Kapitol in Köln (Ida), Neuss (Heilwig), Dietietkirchen und Vilich (Mathilde) sowie S. Maria in Mainz (Sophie). Als Bruder des Bischofs Wazo von Lüttich waren Gonzo Abt von Florennes und Emmelin Propst von Saint-Vaast in Arras (*ibid.* 71s.). Bischof Folkmar von Utrecht war Bruder von Rotgard, der Äbtissin von Hilwartshausen, und von Mathilde, der Äbtissin von Essen, und Onkel des Bischofs Bernward von Hildesheim und Onkel von Judith, der Äbtissin von Ringelheim (*ibid.* 185s.). Im Grunde berühren wir mit diesem Hinweis eine Kernfrage für die Beurteilung mittelalterlicher Amtsträger: zu welcher Zeit nämlich und inwieweit die Amtslaufbahn und die dort gefundenen persönlichen Verbindungen für die späteren Kontakte, für das Denken, die Mentalität und die politischen und rechtlichen Auffassungen eines Amtsträgers wichtiger waren als die Herkunft und familiären Bindungen und Möglichkeiten, bzw. wann der umgekehrte Vorgang zu beobachten ist.

[45] Vgl. Fr. Steinbach, 'Die Ezzonen. Ein Versuch territorialpolitischen Zusammenschlusses der fränkischen Rheinlande,' *Collectanea Franz Steinbach* (Bonn, 1967), 75; auch U. Lewald, 'Die Ezzonen. Das Schicksal eines rheinischen Fürstengeschlechtes,' *Rheinische Vierteljahresblätter*, xliii (1979), 136.

[46] Bischöfe Richarius (920-45) und Farabertus (947-53).

[47] Zu solchen Auswertungsaspekten vgl. auch C. Brühl, 'Die Sozialstruktur des deutschen Episkopats im 11. und 12. Jahrhundert,' *Le istituzioni ecclesiastiche* (wie Anm. 5), 42-56, und künftig zum Teil die noch ungedruckte Giessener Habilitationsschrift von H. Zielinski, *Der Reichsepiskopat in spätottonischer und salischer Zeit (1002-1125)* (1980, Teil i, Stuttgart, 1984).

[48] H. Müller, *Heribert, Kanzler Ottos III. und Erzbischof von Köln* (Veröffentlichungen des Kölnischen Geschichtsvereins, 33, Köln, 1977), 63sq.

[49] *Ibid.*, 53-75.

[50] *Ibid.*, 43-46.

[51] *Ibid.*, 75-82.

[52] *Ibid.*, 83sq.

[53] *Ibid.*, 85. Capellani nomine primum memoratur a. 995; *Regesten Köln*, Bd. i wie Anm. (wie Anm. 18), nr. 568; Böhmer/Uhlirz, *Regesta imperii*, ii 3: Otto III., 1158.

[54] *Regesten Köln*, Bd. i (wie Anm. 18), nr. 567; MGH D O III. 149 et 424; H. Bresslau, *Handbuch der Urkundenlehre für Deutschland und Italien*, tom. 1 (2nd. ed., Leipzig, 1912), 470. Cf. H. Müller, *Heribert* (wie Anm. 48), 88sqq.

[55] *Regesten Köln*, Bd. i (wie Anm. 18), nr. 577. Ultima eius mentio fit MGH D O III. 424. Officium obtinuit 998 post aug. 3, scil. post mortem Hildeboldi episcopi Wormatiensis (*Worms*).

[56] Id est vir imperatori familiarissimus atque intimus; *Regesten Köln*, Bd. i (wie Anm. 18), nr. 577; H. Müller, *Heribert* (wie Anm. 48), 129-33.

[57] Eo interveniente ad sedem Herbipolensem electus est Heinricus frater eius.

[58] Morabatur Ravennae.

[59] *Regesten Köln*, Bd. i (wie Anm. 18), nr. 580; H. Müller, *Heribert* (wie Anm. 48), 195sqq.

[60] *Regesten Köln*, Bd. i (wie Anm. 18), nr. 580; H. Zimmermann, *Regesta Imperii. Papstregesten 911-1024* (Wien/Köln/Graz, 1969), nr. 882; H. Müller, *Heribert* (wie Anm. 48), 197 cum adnot. 11.

[61] *Regesten Köln*, Bd. i (wie Anm. 18), nr. 582; Zimmermann, *Papstregesten* (wie Anm. 60), nr. 888.

[62] *Regesten Köln*, Bd. i (wie Anm. 18), nr. 583.

[63] *Ibid.*, nr. 595sq.; Müller, *Heribert* (wie Anm. 48), 147sqq.

[64] *Regesten Köln*, Bd. i (wie Anm. 18), nr. 682.

[65] H. Müller, 'Zur Kanonisationsbulle für Erzbischof Heribert von Köln,' *Rheinische Vierteljahresblätter*, xl (1976), 46-71; *Regesten Köln*, Bd. i (wie Anm. 18), nr. 682; Jaffé/Löwenfeld, *Regesta pontificum Romanorum*, nr. 4915.

SUMMARY

'Series episcoporum'—Problems and Possibilities of a Prosopography of the Early Medieval Episcopate to 1198

'Series episcoporum,' a project which aims at a prosopographical register of the episcopate of the Latin Church from its beginnings until 1198, is presented here. Concerning the group we are dealing with, there arise questions about whether antibishops and bishops-elect should be taken into consideration and what is the historically relevant act in the promotion of a bishop (election, ordination, enthroning, or investiture). There are also problems caused by the selection of relevant data for each bishop. This is demonstrated here by way of example. The main considerations can be summarized as follows: in order to make sure that during a period of almost 1000 years the persons, data, and information are comparable, it is necessary to standardize the data quite considerably. But this is done without neglecting historical processes and change and without schematizing the diversity of historical reality. Further, these considerations must be reconciled with the demands of modern prosopography ('historische Personenforschung'). How should a prosopography of the episcopate be organized and what should it include in order to cope with the requirements and expectations of modern historical 'Personenforschung,' i. e., the evaluation of prosopographical material? Finally we must consider how much information should be given so that a project of this size becomes valuable and yet is still feasible.

Pour une approche prosopographique de la cour pontificale du XIIIe siècle. Problèmes de méthode

Agostino Paravicini Bagliani

En ce qui concerne la cour pontificale du XIIIe siècle, la prosopographie doit encore convaincre de son utilité. Face à une bibliographie érudite considérable, fort peu nombreux sont les ouvrages qui placent l'analyse prosopographique au centre de l'attention. Ce n'est donc pas un bilan de recherches que je peux présenter ici, mais plutôt un effort de montrer dans quelle mesure le recours à de telles méthodes peut faire avancer l'étude de la plus complexe structure de gouvernement qui existait en Occident entre le pontificat d'Innocent III (1198-1216) et celui de Boniface VIII (1294-1303). Le temps que j'ai à ma disposition m'impose un choix de problèmes très limité.[1]

Je dois préciser tout d'abord que j'entends par prosopographie une méthode qui utilise systématiquement des données biographiques à des fins historiques, sans pour autant que les résultats obtenus puissent, dans le contexte qui est le nôtre, avoir une valeur statistique au sens strict. Toute recherche prosopographique concernant la cour pontificale du XIIIe siècle ne peut être que qualitative et sélective.

Sur le plan documentaire, le XIIIe siècle curial et romain se présente en effet d'une façon quelque peu paradoxale: si d'une part les sources sont infiniment plus abondantes que pour les siècles précédents, elles ne permettent pas cependant une exploitation quantitative immédiate. Si pour la première fois dans la longue histoire du gouvernement central de l'Eglise romaine nous pouvons mieux appréhender la stratigraphie sociale de la cour pontificale, nous ne possédons pas encore de sources collectives, aussi importantes à partir de l'époque avignonaise.

De plus, la documentation qui est très éparse doit d'abord être rassemblée avec soin. Les registres des lettres papales du XIIIe siècle conservés au Vatican constituent certes un point de départ irremplaçable. Mais dans une perspective prosopographique tout cartulaire ecclésiastique de l'Europe de cette époque, et n'importe quelles archives locales, peuvent attester l'existence de curialistes romains, en tant que membres de l'entourage de tel légat pontifical ou en tant que titulaires de prébendes.[2] L'effort d'érudition qu'exigent de telles recherches prosopographiques, et qu'il serait dangereux de vouloir abréger, est rendu encore plus ardu par le fait que les documents sont typologiquement d'un nombre très restreint: attribution de bénéfices ecclésiastiques, listes de témoins présents à la rédaction de sentences arbitrales, sigles de chancellerie apposés sur les originaux des lettres papales etc. Peu de documents privés (comme les testaments)[3] viennent enrichir un contexte documentaire généralement peu 'éloquent' sur le plan prosopographique. Le caractère largement occasionnel et le genre particulier de ces sources font que des catégories entières de curialistes sont sous-documentées. Et même pour les curialistes de rang élevé et donc mieux connus,[4] des secteurs biographiques entiers nous échappent.[5] Que savons-nous par exemple de la période antérieure à leur arrivée à la Curie romaine, et surtout que savons-nous en général de leur formation intellectuelle?

La prosopographie permet pourtant une approche nouvelle à des problèmes intimement liés à la compréhension du programme politique de la papauté monarchique et de la bureaucratisation grandissante de la Curie romaine qui en est la directe conséquence. Dans un essai qui annonçait une étude plus vaste sur les rapports entre l'université de Paris et la papauté, Peter Classen avait montré que dès le début du XIIe siècle les familles aristocratiques romaines avaient envoyé systématiquement les jeunes dans les grandes centres de formation intellectuelle de l'Occident, d'abord à Cluny, puis à St-Victor de Paris, puis—dès son origine—à l'université de Paris.[6]

Ainsi très tôt quelques grandes familles romaines ont eu une perception très nette des profondes mutations qui affectaient dès les XIe-XIIe siècles les élites ecclésiastiques: la carrière curiale de haut niveau ne pouvait plus se baser sur des critères liés exclusivement à la *religio* et à l'*honestas* mais exigeait une culture professionnelle sans défaut, que les textes appellent *litteratura*. La prosopographie nous indique de nouvelles pistes de recherche dans un domaine aussi important que celui des rapports entre la formation d'élites de gouvernement et leur formation intellectuelle. On peut se demander par exemple si l'effort soutenu par l'aristocratie romaine dans la promotion intellectuelle des jeunes, que nous pouvons suivre grâce à des enquêtes prosopographiques, a compensé jusqu'à la fin du XIIIe siècle la perte d'influence que les grandes familles romaines avaient subie sous les coups du programme politique de la papauté réformatrice et non romaine du XIe siècle, notamment avec l'extromission des affaires curiales de tout élément laïque, et a permis à ces familles de mieux résister à la concurrence—en ce qui concerne l'emprise sur l'appareil administratif de la Curie—provenant des intellectuels de classes sociales moins élevées qui avaient profité des nouvelles possibilités de formation offertes par les universités.

Faudra-t-il alors s'étonner si jusqu'à l'époque de la papauté d'Avignon les notaires de la chancellerie papale, vrais détenteurs du pouvoir à l'intérieur de l'organisme central de la Curie romaine parce que plus stables que les vice-chanceliers soumis à un rythme de successions très rapide—ont été si souvent des descendants de familles de l'aristocratie romaine? Une aussi longue concentration de pouvoir ne s'explique pas par la seule force de relations ou de traditions familiales.

D'un maniement difficile, les genres documentaires dont nous avons parlé plus haut peuvent être exploités avec profit sur le plan prosopographique: c'est le cas des documents inhèrant aux attributions de bénéfices ecclésiastiques. Prenons un exemple précis.

Grand mathématicien, astronome et médecin, Campano de Novare[7] passa plus de trente ans à la cour pontificale, depuis le début des années soixante du XIIIe siècle jusqu'à sa mort survenue à Viterbe en 1296. Il fut d'abord un familier du cardinal Ottobono Fieschi, puis l'astronome et le médecin des papes Urbain IV, Nicolas III et Boniface VIII. Son intense activité scientifique, qui peut être étudiée par ses oeuvres, est bien connue. Sur le plan biographique nous possédons pour Campano une vingtaine de documents dont aucun n'est antérieur à son arrivée à la Curie romaine. Presque tous concernent au contraire ses bénéfices ecclésiastiques.

Or, l'attribution d'un bénéfice ecclésiastique dans les milieux curiaux de quelque nature qu'il soit, peut être aussi bien le fruit d'une protection que l'indice de l'appartenance à un réseau de relations personnelles. Dans cette perspective, un examen attentif de ces documents peut servir de façon inédite à la reconstitution des différents groupes ou milieux qui constituent le tissu de la cour pontificale du XIIIe siècle. Dans le cas de Campano, les bénéfices qu'il possède à Reims, en Angleterre ou dans l'Orient latin (surtout à Antioche), ou encore en Espagne, sont le reflet évident de la puissante protection que les Fieschi lui ont accordée pendant toute sa carrière curiale. Ces bénéfices sont en même temps l'indice de l'extraordinaire influence dont cette famille génoise a joui pendant le XIIIe siècle dans différentes régions de la chrétienté, surtout grâce à sa forte position à Rome. Je ne connais pas d'autres moyens pour étudier d'une manière aussi exemplaire la pénétration des milieux ecclésiastiques romains et curiaux dans les différentes églises de la chrétienté, ou la puissance des relations et des intérêts dont pouvait disposer un cardinal du XIIIe siècle à un niveau international.

Je voudrais prolonger ces observations en présentant encore un exemple. Parmi les familiers des 25 cardinaux créés par les papes Grégoire IX (1227-41) et Innocent IV (1243-54)—je ne dispose pas d'autres chiffres pour d'autres périodes—plus d'une cinquantaine ont été nommés évêques ou archevêques à la suite de leur passage à la Curie romaine.[8] Il est important de souligner qu'il s'agit ici d'une nouveauté dans les rapports entre Rome et les diocèses de la chrétienté. Jamais auparavant un si grand nombre de personnes ayant eu un rapport professionnel avec la cour pontificale n'avait été placé en si peu de temps à la tête d'une institution diocésaine. On peut en tout cas noter que cette démarche de type prosopographique semble être en mesure de donner une épaisseur nouvelle au problème du contrôle des nominations épiscopales exercé par la papauté depuis les premières décennies du XIIIe siècle.

La très vaste enquête que Norbert Kamp[9] vient de consacrer à la prosopographie des évêques du royaume de Sicile à l'époque souabe confirme ces observations. La très grande majorité des prélats qui ont occupé les évêchés de ce royaume à partir du pontificat de Grégoire IX avaient un passé curial ou appartenaient à des familles romaines ayant d'importantes ramifications curiales. C'est un phénomène qui apparaît dans l'ensemble comme numériquement impressionant, et il est curieux de constater qu'il a manqué jusqu'ici de retenir l'attention des historiens.

Si, comme l'a défini Lawrence Stone,[10] la prosopographie doit aider 'à découvrir les intérêts profonds qui sont sous-jacents à la rhétorique du pouvoir; à analyser les affiliations sociales et économiques des groupements politiques; à démontrer les mécanismes de la machine politique; à identifier ceux qui détiennent les leviers de commande,' une démarche de ce genre nous conduit au véritable coeur du problème, puisque ce qui est ici recherché n'est autre que la nature du pouvoir, politique et ecclésiastique, auquel pouvait aspirer un membre du collège des cardinaux de cette époque, aussi bien dans ses rapports avec l'extérieur qu'à l'intérieur des structures de la cour pontificale.

Placée dans une perspective de longue durée, l'histoire de la Curie romaine est caractérisée au XIIIe siècle par une formidable croissance qui trouve ses racines dans l'application d'une politique toujours plus universelle de la part de la papauté à vocation monarchique et centralisatrice. L'évolution historique générale est bien connue. Sous l'impulsion des phénomènes tels que l'élaboration d'une doctrine de *plenitudo potestatis*,[11] de la constitution d'un état pontifical d'assez vaste étendue, de la mise en place d'un droit de regard sur la nomination des évêques, du contrôle des nouvelles structures d'enseignement supérieur, d'une fiscalité pontificale étendue systématiquement à l'ensemble de la chrétienté, de l'instauration de nouveaux rapports de vassalité et de tant d'autres que je ne peux énumérer ici faute de temps, les structures de la Curie romaine ont été soumises à de profondes modifications tout au long du XIIIe siècle. Or le recours à des méthodes prosopographiques trouvera sa pleine justification dans la mesure où il permettra de suivre et de préciser les différents stades de cette évolution administrative.

L'un des principaux moteurs de ces transformations était constitué par la nécessité d'adapter l'administration de la justice au sein de la Curie romaine au nombre toujours plus important de causes déférées à l'arbitrage pontifical.[12] Un nouveau personnel spécialisé, celui des auditeurs, appelés plus tard auditeurs de Rote, choisis à l'origine parmi les chapelains du pape, a fait son apparition. Son ascension était le signe que le rôle joué traditionnellement dans ce domaine par les cardinaux s'était modifié. En se libérant des tâches considérées comme subalternes à cause de leur nombre croissant, les cardinaux ont renforcé encore plus un prestige et un pouvoir qui n'avaient fait que grandir depuis le XIe siècle.

Ce pouvoir et ce prestige s'appuyaient sur une structure de la cour pontificale destinée à une forte extension: je veux parler de la *familia* ou cour cardinalice. Ces cours n'ont pas un passé très ancien (les premières traces ne remontent pas au delà du milieu de XIIᵉ siècle), mais se développèrent au XIIIᵉ siècle de manière très rapide. A la fin du siècle leur structure est pratiquement achevée, et ne semble pas avoir connu par la suite des modifications sensibles.[13] Ceci me semble être important. Il faut en effet prendre conscience du fait que, bien avant l'époque avignonaise, le tissu de la cour pontificale[14] est constitué par un ensemble de petites cours à tous les niveaux, parmi lesquelles les *familiae* des cardinaux occupent une place de choix. Au delà des reconstitutions biographiques individuelles, qui ont jusqu'ici retenu l'attention presque exlusive des historiens, c'est vers l'étude de ces cours, qui n'est possible que par le recours systématique à la prosopographie, qu'il faudra se tourner pour mieux saisir les réalités sociales, administratives et culturelles de ce grand organisme que fut la cour pontificale du XIIIᵉ siècle.

Un dernier exemple devrait nous permettre de saisir l'intérêt que de telles recherches présentent sur le plan culturel. Dans la liste des témoins présents à la rédaction d'un testament cardinalice de 1277, nous pouvons identifier le chanoine de Bratislava Witelo, l'auteur du plus important traité médiéval sur l'optique, que ce savant silésien écrivit à Viterbe lors de son séjour à la Curie romaine. Ce document atteste que Witelo[15] se trouvait dans l'entourage d'un cardinal originaire de Padoue, Simone Paltanieri da Monselice, un protégé d'Ottobono Fieschi depuis le début des années soixante. A la même époque se trouvait dans la cour de ce même cardinal un autre grand savant: Campano de Novare, dont nous avons parlé plus haut. Un autre familier d'Ottobono Fieschi, Pierre l'Espagnol, qui devint pape sous le nom de Jean XXI, s'intéressait aux problèmes de la lumière et de la vision, puisqu'il avait écrit un traité d'ophtalmologie, le *De oculo*. Tous les documents qui concernent la présence de Petrus Hispanus à la cour pontificale avant sa nomination comme médecin personnel de Grégoire X le mettent en rapport avec Ottobono Fieschi.

Je ne peux prolonger ici l'examen de la *familia* du cardinal Fieschi. Mais nous pouvons cependant souligner le fait que par la reconstruction de son entourage nous pouvons approcher un milieu au sein duquel se sont exprimés des intérêts scientifiques et culturels d'une grande importance. En recréant un contexte curial précis—celui de la cour d'un cardinal—nous sommes en mesure de suivre l'apparition d'une nouvelle figure sur la scène curiale, celle d'un intellectuel de cour. Le cas de Campano de Novare est sur ce point particulièrement significatif.[16]

Sur un plan plus général, ces recherches prosopographiques confirment les résultats obtenus par les historiens de l'art. Pour ceux-ci les papes et les cardinaux de la deuxième moitié du XIIIᵉ siècle avaient essayé de faire de Rome, grâce à la collaboration d'artistes tels que Cavallini, Cimabue, Giotto etc., un pôle d'attraction culturel et artistique qui pût s'imposer au centre de la chrétienté. C'est un objectif que le départ de la cour pontificale pour Avignon n'a permis d'atteindre que partiellement.[17]

Ainsi, l'utilisation systématique des données biographiques, adaptées à des domaines précis, conduit au coeur des grandes questions historiques qui ont influencé l'évolution de la cour pontificale du XIIIe siècle au niveau administratif, politique, ecclésiastique et culturel. Elle permet aussi de poser un regard nouveau sur le type de rapports qui se sont instaurés entre Rome et sa périphérie. A une époque où de tels liens devenaient de plus en plus étroits et lourds de conséquences, une démarche de ce genre n'a guère besoin de se justifier.

Il en sort que pour toutes sortes de raisons, avant tout d'ordre documentaire, les recherches prosopographiques concernant la cour pontificale du XIIIe siècle accusent un fort retard et n'ont jusqu'ici apporté pas de résultats déterminants. Le recours à l'informatique pourrait faire avancer la recherche dans un domaine si important pour l'ensemble des rapports entre le gouvernement central de l'église et les diocèses de la chrétienté médiévale, notamment en permettant l'indexation automatisée de l'énorme matériel onomastique conservé dans les registres des lettres papales du XIIIe siècle publiés par l'Ecole Française de Rome. Il s'agirait d'une première étape et qui serait d'un intérêt certain.

Sur un plan plus général, l'attention devra être portée beaucoup plus que dans le passé, sur un point qui paraît être aujourd'hui au centre des préoccupations de tous ceux qui utilisent les méthodes prosopographiques pour mieux comprendre les mécanismes, aussi bien institutionnels que sociaux, qui président à l'organisation des structures de gouvernement et de pouvoir: je veux parler de la notion de groupe. C'est bien là le principal acquis historiographique des dernières années, au moins en ce qui concerne l'étude de la cour pontificale du XIIIe siècle. Le tissu social de la cour est, très visiblement déjà depuis le début de XIIIe siècle, fortement basé sur des modèles d'organisation propres aux clans, aux groupes, ou aux *familiae* pour utiliser un terme de l'époque. C'est à partir d'un usage plus systématique et cohérent de cette méthode d'analyse que nous pouvons espérer mieux comprendre l'évolution de la Curie romaine préavignonaise à ses différents niveaux et dans une vision d'ensemble.

NOTES

[1] Dans une communication présentée au VIème Congrès international de droit canonique (Berkeley, 27 juillet - 2 août 1980), dont les Actes sont en cours d'impression (à paraître dans la collection *Monumenta iuris canonici. Series C: Subsidia*, éditée par la Biblioteca Apostolica Vaticana), j'ai passé en revue, suivant le thème général du Congrès, les travaux de ces vingt-cinq dernières années concernant la Curie romaine préavignonaise. Je peux ainsi me limiter aux renvois bibliographiques indispensables dans le cadre de cette note.

² Malheureusement, les recherches, somme toute assez nombreuses, sur l'activité des légats pontificaux dans les différentes régions de l'Europe (on peut en consulter une liste dans l'introduction bibiographique qui ouvre la thèse de K. Ganzer, *Die Entwicklung des auswärtigen Kardinalats im hohen Mittelalter. Ein Beitrag zur Geschichte des Kardinalkollegiums vom 11. bis 13. Jahrhundert* [Tübingen, 1963], 4-11) au cours des XIIᵉ et XIIIᵉ siècles n'ont que très rarement pris en considération cette direction de recherche. Stimulantes et nouvelles sont à ce propos les remarques de J. Sayers, 'Centre and Locality: Aspects of Papal Administration in England in the Later Thirteenth Century,' *Authority and Power: Studies on Medieval Law and Government Presented to Walter Ullmann on his Seventieth Birthday*, ed. B. Tierney et P. Linehan (Cambridge, 1980).

³ A. Paravicini Bagliani, 'Il testamento del notaio papale Isembardo da Pecorara (†1279). Note di prosopografia curiale duecentesca,' *Paleographica, Diplomatica et Archivistica. Studi in onore di Giulio Battelli* (Storia e Letteratura 140, Roma, 1979), 219-51; et *I testamenti dei cardinali del Duecento* (Miscellanea della Società Romana di storia patria 25, Roma, 1980).

⁴ A part les cardinaux, qui n'ont été répertoriés prosopographiquement, sur une base systématique, que pour quelques pontificats, c'est surtout la chancellerie pontificale qui a attiré l'attention des historiens: P. Herde, *Beiträge zum päpstlichen Kanzlei- und Urkundenwesen im 13. Jahrhundert* (Münchener Historische Studien, Abteilung Geschichtlicher Hilfswissenschaften 1, Kallmünz Opf., 1961, 1967) a analysé l'ensemble du personnel de la chancellerie papale sous le pontificat d'Innocent IV. Son élève, G. Nüske a poursuivi la même recherche jusqu'au pontificat de Benoît XI: 'Untersuchungen über das Personal der päpstlichen Kanzlei 1254-1304,' *Archiv für Diplomatik*, xxi (1975), 39-431. B. Barbiche s'était penché plus particulièrement sur les 'scriptores' à l'époque de Boniface VIII: 'Les "scriptores" de la chancellerie apostolique sous le pontificat de Boniface VIII (1295-1303),' *Bibliothèque de l'Ecole des Chartes*, cxxviii (1970), 115-87. R. Elze, 'Die päpstliche Kapelle im 12. und 13. Jahrhundert,' *Zeitschrift für Rechtsgeschichte. Kanonistische Abteilung*, xxxvi (1950), 145-204; et B. Schwarz, *Die Organisation kurialer Schreiberkollegien* (Bibliothek des deutschen historischen Instituts in Rom 37, Tübingen, 1972) ont fondé leurs argumentations, concernant respectivement la *capella papae* et les *scriptores* de la chancellerie, sur de larges enquêtes de type prosopographique, mais n'ont pas publié les matériaux receuillis. Pour les procureurs v. la bibliographie citée par W. Stelzer, 'Beiträge zur Geschichte der Kurienprokuratoren im 13. Jahrhundert,' *Archivum Historiae Pontificiae*, viii (1970), 113-38 et par P. Linehan, 'Spanish Litigants and their Agents at the Thirteenth-Century Papal Curia,' *Proceedings of the fifth International Congress of Medieval Canon Law* (Monumenta iuris canonici, series C: Subsidia 6, Città del Vaticano, 1980), 487-501.

⁵ Il serait facile de multiplier les exemples. Le cardinalat d'un homme aussi célèbre que Jacques de Vitry n'est pratiquement pas documenté, et pourtant il s'est étendu sur une dizaine d'années. La présence, assez prolongée, du grand savant polonais Witelo à la cour pontificale de Viterbe n'est attestée que par un seul document: une liste de témoins présents à la rédaction d'un testament cardinalice (v. mon 'Witelo et la science optique à la cour pontificale de Viterbe, 1277,' *Mélanges de l'Ecole Française de Rome. Moyen Age et Temps Modernes*, lxxxvii [1975], 425-53).

⁶ P. Classen, 'La Curia romana e le scuole di Francia nel secolo XIII,' *Le istituzioni ecclesiastiche della 'societas christiana' dei secoli XI-XII. Papato,*

cardinalato ed episcopato. Atti della quinta settimana internazionale di studio. Mendola, 26-31 agosto 1971 (Milano, 1974), 490-504.

[7] Pour une analyse détaillée de ces sources v. mon 'Un matematico nella corte papale del secolo XIII: Campano da Novara, 1296,' *Rivista di storia della Chiesa in Italia*, xxvii (1973), 98-129.

[8] A. Paravicini Bagliani, *Cardinali di Curia e 'familiae' cardinalizie dal 1227 al 1254* (Italia Sacra 19, Padova, 1972), ii. 513.

[9] N. Kamp, *Kirche und Monarchie im Staufischen Königreich Sizilien. I: Prosopographische Grundlegung: Bistümer und Bischöfe des Königreichs 1194-1266* (Münstersche Mittelalter-Schriften 10/I, 1-3, München, 1973-75).

[10] L. Stone, 'Prosopography,' *Daedalus*, c (1971), 46.

[11] W. Ullmann, *The Growth of Papal Government in the Middle Ages* (London, 1955).

[12] L'analyse du seul registre de *causae* attribuées à un cardinal du XIIIe siècle m'a permis de reprendre, sur une base institutionnelle et administrative, un problème d'un très grand intérêt pour l'ensemble de l'évolution historique de la Curie romaine au XIIIe siècle, sur lequel il faudrait poursuivre les recherches: 'Il "registrum causarum" di Ottaviano Ubaldini e l'amministrazione della giustizia alla Curia romana nel secolo XIII,' *Römische Kurie. Kirchliche Finanzen. Vatikanisches Archiv. Studien zu Ehren von Hermann Hoberg* (Miscellanea Historiae Pontificae 46, Roma, 1979), 635-57.

[13] V. l'ouvrage cité à la n. 8, ii. 445-506.

[14] B. Guillemain, *La cour pontificale d'Avignon (1309-1376). Etude d'une société* (Bibliothèque des Ecoles Françaises d'Athènes et de Rome 201, Paris, 1962).

[15] V. l'article cité à la n. 5.

[16] A. Paravicini Bagliani, 'Medicina e scienze della natura alla corte di Bonifacio VIII: uomini e libri,' *Roma Anno 1300. Atti delle Giornate di studio 19-24 maggio 1980* (Istituto di storia dell'arte dell'Università di Roma, en cours d'impression).

[17] R. Krautheimer, *Rome: Profile of a City, 312-1308* (Princeton, 1980), 227; des considérations qui s'appuient, entre autres, sur les travaux récents de Julian Gardner sur le mécénat de la cour pontificale de la deuxième moitié du XIIIe siècle en matière artistique (bibl.: Krautheimer, 356).

SUMMARY

A Prosopographical Approach to the Papal Court of the Thirteenth Century: Methodological Problems

During the twelfth and thirteenth centuries the papal court became the most complete government structure at this time in the Latin West. But until now no systematic prosopographical research has been done for this period which was crucial for the future of the Roman Curia as the central organism of the government of the church. This gap is mainly due to the sources, which are very dispersed, making any quantitative approach extremely difficult.

The systematic use of criteria for prosopographical analysis, even if they are selective and qualitative, should make it possible to get a more exact idea of the main problems in connection with the historical development of the Roman Curia and of its position on the medieval historical stage since the twelfth century.

Here we think especially of the possibility of a better understanding of the mechanisms which prevailed in establishing the links of solidarity and familiarity within the papal court, of careers, and of ecclesiastical and social advance. In addition, there may also be considered the ever-growing importance of acquiring professional knowledge, the basic power of Roman families who stayed in the main positions of church government, despite many changes, and the cultural and educational role of different groups at the papal court whose reconstitution is only possible thanks to a better knowledge of the people surrounding popes, cardinals, etc. Moreover a systematic prosopographical approach could make evident many personal, institutional, and economic relations between the center and the periphery (i.e., the dioceses of Christendom with regard to the politics of benefices, nomination of bishops who stayed at Rome, etc.), which were built up from the twelfth century and which continued to grow throughout the thirteenth century.

Quels furent les bénéficiaires de la soustraction d'obédience de 1398 dans les chapitres cathédraux français?

Hélène Millet

> Que la collation des benefices et la reception des peccunes au dit pape
> Benedic . . . luy soit ostee, et que les ordinaires donnent les benefices
> ainsi comme les anciennes sanctions canoniques le tesmoignent, a
> personnes dignes et merites, . . . et que toutes exactions, tant comme ce
> cisme durra, . . . cessent, car je tien que ces deux poins ou temps passe
> ont nourri le dit cisme jucques au temps present. . . . C'est ce que je sent
> en ceste matiere par ma conscience et par la loyaulte que je doy a Dieu, a
> sainte Eglise et au Roy mon souverain seigneur et a l'Eglise françoise. .
> . .[1]

Ainsi s'exprimait, le 19 juin 1398, Guillaume du Jardin, maître et régent en théologie de l'Université de Paris, chanoine de Dol et de Meaux, procureur du chapitre de Dol et de l'évêque de Meaux à l'assemblée du clergé réunie par le roi de France pour décider s'il convenait ou non de faire soustraction d'obédience à Benoît XIII.

Les faits sont bien connus: après seize ans de schisme, l'élection de Pedro de Luna par les cardinaux avignonnais souleva de grandes espérances dans le royaume de France. Mais il fallut très vite se rendre à l'évidence; celui qui, cardinal, s'était montré favorable à la 'cession,' trouvait, une fois devenu pape, quantité d'empêchements pour s'engager dans cette voie. Le désappointement fut grand, et, sous l'impulsion d'universitaires parisiens relayés par Simon de Cramaud, on s'achemina vers l'adoption d'une mesure qui devait être radicale: le royaume de France se retirait de l'obédience avignonnaise. La 'soustraction totale' ayant été proclamée par l'ordonnance du 27 juillet 1398, on s'occupa à organiser le fonctionnement de l'Eglise de France devenue autonome. Au cours des discussions et des négociations qui eurent lieu durant l'été, ce sont les formules préconisées par les partisans de la 'soustraction partielle,'[2] c'est à dire du retour aux 'anciennes libertés,' qui furent retenues. En conséquence, selon le voeu formulé par Guillaume du

Jardin, la collation des bénéfices était rendue aux ordinaires et le clergé accordait au roi les aides que le pape avait coutume de lui concéder.

Ces mesures soulevèrent des tempêtes qui ne sont pas encore totalement retombées: on en perçoit les remous dans la vigueur des condamnations prononcées par certains historiens de l'Eglise. Mais la plupart de ces censeurs ont fondé leur jugement sur des principes théologiques, s'estimant ainsi dispensés d'enquêter sur la manière dont la soustraction d'obédience fut appliquée, puisqu'il était entendu que l'oeuvre était entachée de nullité. Howard Kaminsky adopta récemment un autre point de vue, celui du politique, pour analyser les décisions de 1398; il fut alors frappé par cette carence de l'étude des faits en faveur de laquelle il lança un vibrant appel à la fin de son article.[3] Se retrancher derrière l'opinion des contemporains pourrait être une manière élégante d'esquiver la recherche, mais les témoignages des parties en présence sont parfaitement contradictoires. On ne saurait non plus accorder trop d'importance à quelques conflits retentissants autour de quelques bénéfices majeurs car, en s'attaquant au système bénéficial, les promoteurs de l'église gallicane touchaient à l'équilibre social du corps ecclésial tout entier. C'est donc sur la société ecclésiastique considérée dans son ensemble qu'il convient de rechercher les répercussions du subtil jeu de luttes d'influence mis en branle par la soustraction d'obédience. L'histoire anecdotique doit laisser la place à la prosopographie.

N'ayant ni le goût ni les moyens de recenser tous les clercs de cette époque, j'ai choisi de porter mon enquête sur un groupe particulièrement propice à l'observation des phénomènes sociaux, celui des chanoines des chapitres cathédraux. Les candidats aux prébendes se pressaient en effet en foule auprès du collateur et devaient leur succès, non seulement à leurs titres et à leurs mérites, mais encore aux recommandations dont ils avaient pu se prévaloir. Si, parmi les chanoines, je parvenais à séparer ceux qui furent désignés avant 1398 de ceux qui furent promus ultérieurement, il devenait possible de les comparer et, par conséquent, de discerner à qui profita la soustraction d'obédience. Telle est l'idée qui est à l'origine du présent travail.

Théoriquement réalisable, l'entreprise était en fait tributaire de la documentation. Or, si elle demeure dispersée, hétérogène et trop souvent lacunaire pour les sources d'origine locale, elle est particulièrement abondante dans les archives de la curie avignonnaise pour peu qu'on veuille bien se reporter aux années qui suivirent la restitution d'obédience. Cet événement déclencha en effet un double processus: d'une part, sous le prétexte de fêter la dixième année du pontificat de Benoît XIII, les rôles de suppliques affluèrent en Avignon; d'autre part, les collecteurs pontificaux, dont l'activité fut relancée par l'envoi de nonces apostoliques, rendirent alors systématiquement leurs comptes.[4] Ces deux sources, suppliques et comptes, apportent des renseignements complémentaires; leur exploitation nécessite quelques explications préalables.

Si l'on considère la France dans son étendue actuelle,[5] on a conservé des comptes, entiers ou partiels, pour presque la moitié des diocèses (64 sur 132).[6] Certains d'entre eux sont fort brefs ou ne font aucune mention du chapitre cathédral;[7] mais la plupart donnent des listes plus ou moins longues de noms de chanoines. Il faut mettre à part les chapitres de Reims et de Châlons pour lesquels le collecteur a dressé un état complet en vue de la décime levée en 1405.[8] Dans tous les autres cas, seuls figurent les chanoines qui avaient des dettes envers la chambre apostolique, soit du fait des annates, soit pour l'une ou l'autre des décimes levées à la fin du siècle. Fort heureusement pour nous, les chanoines payaient assez mal leurs impôts et ces listes d'arrérages, en l'absence quasi générale de recensements d'origine locale, peuvent servir de documentation de base pour établir la composition de nombreuses communautés. Néanmoins, il ne saurait être question de mettre sur le même plan tous les noms figurant sur ces listes. Un chanoine, dont on nous dit qu'il composa avec les gens du collecteur, faisait assurément partie du chapitre en question en 1405. En revanche, il ne faudrait pas aboutir à semblable conclusion pour les débiteurs des décimes perçues dans les années 1380: parmi eux, certains étaient morts, d'autres avaient pu changer de communauté sans que rien ne l'indique dans les comptes. Il convient donc de se référer à d'autres sources avant de les admettre au nombre de ceux qui devaient figurer dans l'enquête.

Par ailleurs, les comptes des collecteurs renseignent parfois sur la manière dont le bénéfice fut obtenu: était-ce à la suite d'un échange de prébendes, avait-il été conféré *auctoritate apostolica* ou *auctoritate ordinaria*? Dans le cas présent, il est du plus haut intérêt de savoir si le chanoine fut désigné par l'ordinaire pendant la soustraction d'obédience, et j'ai dû écarter de l'enquête des chapitres bien documentés, tels que ceux de Reims et de Châlons, pour lesquels ces renseignements manquaient. Les deux critères qui m'ont conduite à sélectionner les six établissements sur lesquels s'appuie cette étude sont donc l'abondance des noms cités, jointe à la présence d'indications sur l'époque de la collation. Il s'agit des chapitres d'Angers, Béziers, Dol, Lodève, Narbonne et Rodez[9] pour lesquels j'ai relevé les noms de dix-sept clercs pourvus pendant la soustraction d'obédience.[10]

Ce choix étant fait, restait à effectuer le travail prosopographique proprement dit. Ce sont les données apportées par les suppliques adressées à Benoît XIII qui l'ont rendu possible. Mes recherches en cours sur le haut clergé français à l'époque du Grand Schisme d'Occident m'avaient amenée à dépouiller les vingt-quatre registres conservés au Vatican[11] en y relevant plus particulièrement ce qui concernait les prébendes des chapitres cathédraux. J'ai donc recherché dans mes notes tout ce qui se rapportait aux villes sélectionnées. Il va de soi que seul un enregistrement automatique de toutes les suppliques sur ordinateur aurait permis un dépouillement exhaustif; c'est un labeur qui dépasse les forces d'une seule personne et j'ai dû me contenter de méthodes plus approximatives.

Les suppliques donnent très généralement cinq sortes d'indications sur les individus qui les ont rédigées: le grade universitaire, la fonction, le patron et les origines géographiques et sociales. Les clercs mentionnent presque toujours leur grade universitaire et moins systématiquement la fonction qu'ils exercent au service d'une personne ou d'une institution; le patron du rôle est, sauf cas particuliers, celui du suppliant; quant au diocèse d'origine, il est plus rarement spécifié et seuls les nobles font état de leur origine sociale.

Dans les requêtes qu'ils adressèrent au lendemain de la restitution d'obédience, certains clercs pourvus d'une prébende par l'ordinaire au temps de la soustraction en demandèrent confirmation à Benoît XIII. La cédule annexée à l'édit de restitution les avait autorisés à entreprendre une telle démarche[12] mais il est certain que tous ne crurent pas utile de recourir à cette procédure. Qu'on en juge plutôt par les apports de nos sources. Pour les six chapitres considérés, on retrouve dans les suppliques huit demandes de confirmation; et sur ces huit demandes, six émanent de clercs qui n'apparaissent pas dans les comptes des collecteurs; par conséquent, sur les dix-sept clercs mentionnés par ces mêmes comptes, seuls deux nous sont connus pour avoir sollicité confirmation auprès de Benoît XIII. D'une manière plus générale, j'ai recensé soixante-trois chapitres cathédraux pour lesquels aucune demande de confirmation ne figure dans les suppliques.[13] Il serait donc erroné de voir la période qui a suivi la restitution d'obédience comme une revanche éclatante de Benoît XIII ainsi que l'ont présentée Valois et d'autres après lui. S'il y eut certes quelques gros bénéficiers inquiétés ou écartés, la grande masse du clergé ne semble pas avoir souffert des fulminations avignonnaises. Ce qu'a démontré Jean Favier dans le domaine fiscal se trouve ici confirmé en matière bénéficiale: 'On pouvait tenir tête aux gens du pape. Le roi soutenait . . . son clergé.'[14]

Comptes et suppliques ont livré au total quatre-vingt-onze noms de chanoines qui occupèrent des stalles capitulaires à Angers, Béziers, Dol, Lodève, Narbonne ou Rodez durant la soustraction d'obédience.[15] Afin d'établir quel était leur 'profil,' je les ai soumis au questionnaire suivant:

1. Servaient-ils un prince séculier ou le pouvoir pontifical? Etaient-ils régents d'université ou titulaires d'un office diocésain?

2. Furent-ils patronnés par un grand seigneur ou par un ecclésiastique (le pape, un cardinal ou un évêque)?

3. Avaient-ils gagné un grade universitaire au moins égal à la maîtrise-ès-arts?

4. Faisaient-ils partie de la noblesse?

5. Leur lieu de naissance était-il proche ou lointain du chapitre où ils entrèrent?[16]

Avant 1398

	effectif recensé	reste's inconnus	Fonction				Patron				gradué's	nobles	Naissance	
			officiers de l'Église	officiers des princes	officiers du diocèse	régents	pape	cardinal	évêque	prince			proche	lointain
Rodez	12	1	5	1	0	0	0	1	1	2	7	3	0	1
Narbonne	17	6	6	1	0	0	2	0	1	2	7	3	0	5
Lodève	6	1	2	1	0	1	2	1	0	0	4	1	1	0
Dol	10	1	1	1	1	1	0	1	0	2	8	2	2	2
Béziers	6	2	3	0	1	0	0	1	1	0	2	0	1	0
Angers	17	3	3	2	1	2	1	2	0	2	11	1	3	2
Total	68	14	20	6	3	4	5	6	3	8	39	10	7	10
%	100%	20%	29%	9%	4%	6%	7%	9%	4%	12%	57%	15%	10%	15%

Après 1398

	effectif recensé	reste's inconnus	Fonction				Patron				gradué's	nobles	Naissance	
			officiers de l'Église	officiers des princes	officiers du diocèse	régents	pape	cardinal	évêque	prince			proche	lointain
Rodez	4	0	1	1	1	0	1	0	0	1	4	0	0	1
Narbonne	4	2	0	1	0	0	0	0	0	2	2	0	0	2
Lodève	2	1	0	0	1	0	0	0	0	0	1	0	1	0
Dol	5	1	0	1	0	1	0	0	0	2	4	0	0	1
Béziers	1	0	0	0	1	0	0	0	1	0	1	0	0	0
Angers	7	0	0	3	0	0	0	0	0	2	6	1	2	1
Total	23	4	1	6	3	1	1	0	1	7	18	1	3	5
%	100%	17%	4%	26%	13%	4%	4%	0%	4%	30%	78%	4%	13%	21%

J'ai rassemblé les réponses à ces questions dans un tableau où j'ai divisé mes chanoines en deux populations distinctes: d'une part ceux qui furent reçus au temps de la soustraction, d'autre part ceux qui entrèrent au chapitre avant 1398.

Plusieurs constatations s'imposent. Tout d'abord, il est clair que je n'ai pas pu répondre à toutes les questions pour chacun des quatre-vingt chanoines. Mais, comme le pourcentage de chanoines demeurés totalement inconnus est presque identique pour les deux populations, il n'y a pas lieu d'émettre de réserve sur la validité de la comparaison.

Comme on pouvait s'y attendre, il est devenu presque impossible pour les serviteurs du pouvoir pontifical d'entrer dans les chapitres après 1398. On constate le même effondrement des effectifs pour les protégés cardinalices: ce résultat était déjà moins prévisible puisque les cardinaux, dans leur majeure partie, firent eux aussi soustraction. Comme ils ne furent pas plus fortunés que leurs familiers (on compte trois cardinaux devenus chanoines avant 1398 et zéro ensuite) il est clair que le sacré collège fut le grand perdant de l'opération. Les travaux de G. Mollat[17] avaient déjà montré comment les cardinaux Jean Flandrin et Pierre de Thury s'étaient heurtés à la rigueur du parlement de Paris dans leurs tentatives—assez laborieuses—pour se conserver quelque avantage dans la course aux bénéfices. En fait, malgré la collaboration mise en évidence par Howard Kaminsky entre Pierre de Thury et Simon de Cramaud, ils ne purent empêcher que l'organisation de l'Eglise de France selon les principes gallicans ne tournât totalement à leur désavantage.[18]

Deux catégories de clercs ont occupé les places laissées vides: les serviteurs des princes et les officiers diocésains. L'ascension des premiers a été maintes fois dénoncée comme le signe indéniable de l'emprise du pouvoir séculier sur l'Eglise de France devenue autonome. Nos historiens modernes, très souvent défenseurs zélés de la 'liberté de l'Eglise,' se sont appesantis sur ce phénomène. 'L'Eglise de France, tombant d'une tyrannie dans une autre, n'a rien gagné à la soustraction, et risque l'anarchie à cause de la rivalité Orléans-Bourgogne' a-t-on écrit.[19]

L'entrée massive des protégés des princes est certes une réalité qui transparaît clairement dans les chiffres, mais on aurait tort de négliger le tout aussi fort accroissement des officiers diocésains. Leur présence témoigne de la possibilité d'un choix personnel de l'ordinaire:[20] les trois clercs pourvus à ce titre sont en effet de proches collaborateurs de l'évêque, vicaires ou officiaux; or, j'avais pu noter, en étudiant les chanoines de Laon, que, dans la seconde moitié du quatorzième siècle, de tels personnages n'entraient plus aussi facilement dans un chapitre que par le passé.[21] En récompensant leurs fidèles serviteurs,[22] les évêques prouvaient du même coup qu'ils étaient capables de résister aux pressions qu'on exerçait sur eux. Geoffrey Barraclough a bien montré qu'on assista, dans les jours qui suivirent la déclaration de soustraction d'obédience, non pas 'à des délibérations cordiales entre protecteurs et dignitaires de l'Eglise de France, mais plutôt à des négociations entre deux factions opposées.'[23] Plus tard, en matière de provisions ecclésiastiques, les évêques surent donc conserver quelque chose de cette 'autorité et puissance' dont on ne saurait dire en tout cas qu'elle devint une expression vide de sens.[24]

Le rôle joué par les Universités paraît en revanche bien effacé lorsqu'on considère la faible proportion des régents parmi les chanoines, avant comme après la soustraction. Ce ne sont assurément pas les intellectuels qui tirèrent bénéfice de la nouvelle situation, et l'âpreté qu'ils mirent à défendre leur cause est sans doute à la mesure de leur déception. Certains d'ailleurs, tels que Nicolas de Melay qui enseignait le droit civil à l'université d'Angers, en vinrent à critiquer violemment le principe même de la soustraction d'obédience.[25] Mais est-il sûr qu'il faille s'en tenir à l'examen de la situation des enseignants pour apprécier l'influence des universités? Il ne saurait être question de prendre ici en compte les étudiants qui, à moins d'être issus de la noblesse, avaient encore à faire leurs preuves avant de prétendre pouvoir entrer dans un chapitre cathédral. Restent les anciens élèves, les gradués, dont on sait qu'ils gardaient longtemps des liens avec l'*alma mater* au point de prendre place souvent dans les rôles universitaires sous la rubrique '*pro absentibus.*' Or, les chiffres sont ici très éloquents: après 1398, l'importance relative des gradués s'est considérablement accrue et dépasse alors le seuil des 75%. Ainsi se trouve justifiée l'assertion de Pierre le Roy, abbé du Mont-Saint-Michel, selon laquelle, 'il y eust plus de notables hommes et de clers pourveus qu'il n'y avoit eu par devant la sustraction par moult de temps.'[26] Le fait par lui-même est notable; les conclusions qu'on en peut tirer ne le sont pas moins.

Remarquons en premier lieu que tous les chanoines officiers ou protégés des princes étaient des gradués. Par conséquent, en optant pour eux, les ordinaires n'eurent vraisemblablement pas conscience de brimer les universitaires et l'opposition entre candidats des princes et candidats des universités était sans doute plus formelle que réelle.[27] Ceux qui se sentirent lésés ne peuvent être que les intellectuels purs, ceux qui, par goût ou parce que leur discipline ne les préparait pas au service civil, ne nouaient pas de liens dans les milieux princiers. Les circonstances de la restitution d'obédience me paraissent, à cet égard, très significatives: parmi les universitaires parisiens, bien loin d'être unanimes, ce sont les théologiens et les médecins qui se prononcèrent les premiers pour le retour à Benoît XIII.[28] Ces quelques réflexions invitent à la prudence avant d'utiliser des expresssions commodes telles que 'l'Université' ou 'le parti de l'Université' qui tendent à présenter comme un bloc monolithique un corps où les décisions se prenaient à la majorité après mûre délibération.

En second lieu, le simple rapprochement des chiffres incite à mettre en parallèle le gonflement de l'effectif des gradués et l'importante diminution du nombre des nobles. On imagine sans peine les jolis développements qui pourraient être faits sur la fonction sociale des universités, mais l'examen plus attentif des données oblige à couper net. En effet, les chanoines privilégiés par la naissance présentent tous, sauf deux, la caractéristique de s'être couverts de lauriers. Dès lors, les raisons de leur relative mise à l'écart par les ordinaires et, secondairement, par les princes eux-mêmes, n'apparaissent pas clairement. Une meilleure connaissance des rapports entretenus par la noblesse avec le clergé d'alors apporterait sans doute davantage de lumière sur ce point. Le seul élément d'explication qui me semble devoir être retenu pour le moment consiste en l'abandon du régime de faveur qui leur était systématiquement octroyé par la papauté puisque, à situation égale, les grâces accordées aux nobles étaient signées sous une date antérieure à celles réservées au commun des mortels.

Telles sont les conclusions qu'on peut tirer d'une analyse globale des résultats de l'enquête. On aimerait pouvoir les compléter par l'examen de chaque cas à la lumière des données particulières à chaque diocèse, mais l'état de conservation des archives locales ne permet de satisfaire pleinement notre curiosité que pour la cité de Rodez. Dans ces conditions, plutôt que d'ajouter les compléments d'information ainsi recueillis, j'ai préféré les exploiter pour eux-mêmes, réalisant par là une sorte de contre-épreuve pour tester la validité des résultats.

Guillaume d'Ortolan, un ancien auditeur de Rote familier de Benoît XIII, avait été porté à l'évêché de Rodez en 1397.[29] L'année suivante, il se rendit à l'assemblée du clergé où il refusa de voter la soustraction d'obédience, qu'elle fût totale ou partielle.[30] Il obéit néanmoins aux injonctions de l'ordonnance royale, ainsi qu'on en peut juger par le registre de collations que ce docteur en droit civil fit tenir de 1397 à 1401.[31] Le retour aux anciens usages lui valut de conférer cinq prébendes capitulaires: Aimery du Marché et Gaubert de la Croix furent choisis pour remplacer deux chanoines défunts; Jean Faydit et Pierre Trousseau se firent investir d'une prébende par procuration après avoir réalisé une permutation de bénéfices avec des confrères; quant au chanoine Pierre Brengas, il reçut la sacristie au décès du précédent titulaire. Les cinq collations ont donc concerné cinq personnages différents; or comptes et suppliques avaient fourni les noms de quatre chanoines. Quel est donc celui qui nous avait échappé?

La confrontation des sources montre que la différence ne se réduit pas à une simple omission. On retrouve bien dans les suppliques Pierre Trousseau et Jean Faydit,[32] les deux permutants, qui avaient prié Benoît XIII de les confirmer dans les prébendes qu'ils avaient ainsi obtenues; ils n'avaient point, quant à eux, à figurer dans les comptes du collecteur où l'on trouve en revanche la mention de deux entrées pendant la soustraction d'obédience: celles de Gaubert de la Croix et de Pierre Sicard.[33] Or, le nom de Pierre Sicard ne se rencontre pas dans le registre épiscopal. Cette absence, loin d'être une anomalie, s'explique parfaitement si l'on veut bien considérer que Pierre Sicard n'avait probablement pas été choisi par Guillaume d'Ortolan mais bien plutôt par le chapitre. Ce dernier partageait en effet avec l'évêque le droit de collation ainsi qu'il ressort d'un accord consigné le 10 mars 1401[34] selon lequel l'évêque et son chapitre étaient convenus de conférer alternativement et non plus conjointement les prébendes à compter de ce jour. Ce même acte rappelait qu'en cas de vacance, l'évêque devait attribuer la sacristie et la prébende qui lui était annexée à un chanoine déjà membre du chapitre; le nouveau sacriste libérait donc une prébende qui était, elle, de la collation du chapitre. Il est donc plus que probable que Pierre Sicard succéda à Pierre Brengas lorsque ce dernier fut promu sacriste.[35] Par ailleurs, malgré les apparences, les comptes du collecteur ne sont pas incomplets, car ni Aimery du Marché ni Pierre Brengas n'avaient de raison de figurer parmi les débiteurs d'annates: en tant que collecteur (et par conséquent rédacteur du compte qui nous est parvenu),[36] Pierre Brengas dut bénéficier d'une remise de cette taxe, tandis qu'Aimery du Marché était déjà mort et remplacé lorsque les comptes furent établis.[37]

Afin d'apporter quelque clarté dans l'établissement des faits, j'ai cru bon de les résumer dans le tableau chronologique suivant:

| | Document rapportant la collation | | | Identité collateur |
	Registre episcopal	Comptes du collecteur	Suppliques	
3/11/1398 A. du Marché 38	f°30v			Evêque et chapitre
11/7/1399 J. Faydit	f°26		n°96, f°65	Evêque (investiture)
13/10/1401 G. de la Croix	f°58v	f°25v		Evêque
18/4/1401 P. Brengas, sacriste	f°51			Evêque
18/4/1401 (?) P. Sicard		f°25v		Chapitre (?)
1/7/1401 (?) P. Trousseau	f°11		n°96, f°21	Evêque (investiture)

Au total, la liste des chanoines pourvus après 1398 s'enrichit donc de deux noms nouveaux. Mais ce n'est pas là le seul apport des sources locales; le tableau indique aussi clairement que toutes les collations ne sont pas à mettre sur le même plan: les clercs investis par suite d'un échange de bénéfices ne sont pas entrés au chapitre par la volonté de Guillaume d'Ortolan, au contraire de Gaubert de la Croix et de Pierre Brengas qui furent nommément désignés par lui. Quant à Aimery du Marché, sa nomination fut sans doute le fruit d'un compromis avec le chapitre, lequel n'eut en définitive l'occasion d'agir comme unique collateur qu'en une seule circonstance. Ces précisions confèrent toute leur signification aux différences qu'on peut déceler dans les personnalités de ces clercs.

L'élu du chapitre, Pierre Sicard, était un bachelier en droit civil qui m'est seulement connu par sa présence en tant que 'procureur des comtés de Rodez et des Montagnes' lors d'un accord intervenu en 1412 entre les consuls de Rodez et le lieutenant du comte d'Armagnac.[39] Il ressort de cette indication que Pierre Sicard devait être un homme enraciné dans la vie et l'administration locales. Apparemment, les nominations d'Aimery du Marché et de Gaubert de la Croix procèdent du même désir de favoriser les notables du lieu puisque le premier était official de Rodez et le second vicaire de l'évêque. En réalité, les carrières de ces deux hommes ne sont pas du tout comparables. En 1394, Aimery du Marché, un docteur en droit canon natif du diocèse, pouvait se prévaloir de dix-huit ans de service comme official de Rodez pour justifier la supplique que le référendaire inséra dans l'un de ces nombreux *rotuli* sans réel patron.[40] Gaubert de la Croix, quant à lui, avait alors déjà franchi les portes d'un chapitre cathédral: chanoine d'Angoulême, il figurait sur le rôle des auditeurs des causes apostoliques en tant que notaire de Guillaume d'Ortolan et bachelier en droit canon.[41] Devenu évêque, son maître le conserva à son service et en fit son adjoint dans le diocèse de Rodez.[42] Les notables de la cité devaient donc le considérer comme l'homme de confiance de l'évêque, fraîchement débarqué à Rodez dans les bagages du prélat.

On comprend mieux dès lors pourquoi évêque et chapitre en vinrent au compromis de 1401: même si tous deux entendaient limiter leur choix à des hommes impliqués dans la vie locale, l'évêque ne pouvait, de par son passé, adopter un point de vue purement régionaliste. Guillaume d'Ortolan accepta certes de jouer le jeu de la soustraction d'obédience, mais cet ancien familier de Benoît XIII n'oubliait pas ses devoirs envers le pape. Tandis qu'il s'employait à des missions diplomatiques tendant au rapprochement des deux partis,[43] il dispensait les bénéfices à des clercs qu'il savait dévoués à la cause du pontife. C'est ainsi que, pour la sacristie, il accorda la préférence à Pierre Brengas: l'attachement de ce juriste à la cause avignonnaise ne saurait être mise en doute puisqu'il devint collecteur au lendemain de la restitution d'obédience.[44] Mais le nouveau sacriste n'était pas pour déplaire à ses confrères car on le sait aussi particulièrement assidu aux réunions capitulaires et bien implanté dans la région.[45] Sa promotion illustre parfaitement la dualité des motivations de Guillaume d'Ortolan.

Les deux chanoines reçus à Rodez à la faveur d'une permutation de bénéfices ne ressemblent en rien aux précédents: gros bénéficiers, étrangers à la région, ils étaient patronnés par d'éminents personnages et jouissaient d'un crédit certain à la cour avignonnaise. Ces remarques prennent tout leur poids lorsqu'on se rapporte aux résultats de l'enquête globale: l'unique officier de l'Eglise relevé parmi les entrants après 1398 est précisément Jean Faydit, un auditeur de Rote comme Guillaume d'Ortolan,[46] tandis que Pierre

Trousseau, acolyte du pape,[47] est le seul dont on peut dire qu'il bénéficiait du patronage de Benoît XIII. Comme ces deux collations ne sont pas imputables à la volonté de l'ordinaire, il aurait fallu ne pas en tenir compte pour la définition du profil des chanoines entrés après 1398: le fossé entre ces nouvelles recrues et les anciens chanoines s'en trouve d'autant plus élargi.

Il faut enfin remarquer que les sources locales nous font connaître huit anciens chanoines dont les noms nous avaient échappé dans les comptes et les suppliques. Or, les renseignements dont je dispose pour cinq d'entre eux révèlent des liens très étroits avec le sacré collège: trois chanoines étaient probablement issus de familles cardinalices;[48] un quatrième, Amaury de Montalt, étudiait encore à Montpellier lorsqu'il entra au chapitre de Rodez sur la recommandation de son parent, Guillaume d'Aigrefeuille;[49] quant au dernier, Guillaume Brun, c'était un juriste confirmé, auditeur du cardinal Bertrand de Chanac.[50] De tels hommes sont très représentatifs de leur génération.

En définitive, loin d'infirmer les résultats de l'enquête globale, l'étude du chapitre de Rodez renforce au contraire la plupart des conclusions qu'on avait pu tirer. Le temps de la soustraction d'obédience fut un réel retour aux collations par les ordinaires, et la centralisation pontificale, si souvent dénoncée par les prélats eux-mêmes, fut doublement mise en échec: furent laissés pour compte, en effet, non seulement les serviteurs du pape et de la Curie, mais encore les protégés des cardinaux; le sacré collège échoua totalement dans sa tentative pour substituer son autorité à celle du pontife. Même un Guillaume d'Ortolan, pourtant partisan déclaré de Benoît XIII, ne se comporta point en agent du pouvoir central de l'Eglise.

Dans l'exercice de leurs prérogatives, les ordinaires obéirent à plusieurs sortes de motivations. En ouvrant les portes des chapitres aux officiaux ou à leurs vicaires, les évêques récompensaient certes des proches, mais ils conféraient aussi à ces nominations le caractère local, sinon régional, dont elles étaient si souvent dépourvues auparavant. A Rodez, l'intervention du chapitre comme collateur ne fit qu'accentuer cette tendance et tout s'y passa comme si les recommandations princières n'y étaient point parvenues. Tel ne fut pas le cas général et l'on vit se presser en rangs serrés les administrateurs et les serviteurs ducaux pour occuper les stalles capitulaires; les évêques— tout comme le pape—ne restèrent point insensibles aux pressions dont ils furent l'objet. Leur conduite s'explique sans nul doute en partie par le fait qu'ils étaient souvent eux-mêmes les obligés des princes, mais il faut aussi souligner que leurs propres candidats ne différaient pas sensiblement des protégés du pouvoir séculier. Les nouveaux chanoines en effet, qu'ils fussent au service d'un diocèse ou d'un prince, étaient tous issus de la même fraction de la société ecclésiastique, celle où l'absence de privilèges était compensée par le savoir universitaire et les compétences administratives.

Cette dernière constatation éclaire d'un jour nouveau les diatribes d'un personnage fréquemment cité par les historiens. Je veux parler de Nicolas de

Clamanges. Le célèbre humaniste croyait en effet pouvoir prédire en 1398 que le choix des princes tomberait immanquablement sur des ignorants et des sots, ou, pour reprendre ses propres mots, sur des 'ânes couronnés.'[51] Dans l'ignorance où l'on était des faits, la raillerie du censeur avait pu passer pour de la clairvoyance; force nous est maintenant de considérer qu'il s'agissait de partialité. Ainsi confronté à la réalité, le discours de Nicolas de Clamanges reprend toute sa valeur de témoignage, et renvoie à la personnalité de celui en faveur duquel il avait été prononcé: Benoît XIII, maître estimé et bien servi par les talentueux secrétaires qu'il avait su appeler auprès de lui.

NOTES

[1] Paris, A. N., J517, n°49 et 97.

[2] Sur les distinctions à faire entre soustraction totale et partielle, cf. H. Kaminsky, 'The Politics of France's Subtraction of Obedience from Pope Benedict XIII, July 27, 1398,' *Proceedings of the American Philosophical Society*, cxv (1971), 366-97.

[3] Voir l'article cité précédemment. On y lit cette exhortation p. 397: 'One will rather ask whether in fact the prelates paid more to the crown than they had paid to crown and pope together in the old days, whether in fact a bishop could collate to fewer benefices under the subtraction than under papal government, and whether the adjustments of ecclesiastical machinery in the interests of university graduates and others really represented lay tyranny over the church. It is characteristic of the older scholarship that such questions have never been seriously posed, let alone systematically answered.'

[4] J. Favier, *Les finances pontificales à l'époque du Grand Schisme d'Occident, 1378-1409* (Paris, 1966), 665.

[5] Cette façon de faire, pour commode qu'elle soit, conduit à comptabiliser des diocèses de l'obédience urbaniste qui sont évidemment en dehors de cette étude.

[6] Je dois à une note rédigée par J. Monfrin en 1950 (*Revue d'Histoire de l'Eglise de France*, xxxvi, 188) d'avoir pu réunir cette documentation actuellement dispersée au Vatican. Aux Archives, on se reportera, dans le fonds des Collectories, aux n° 23, 91, 159, 160 et 195, et, dans celui des Registres d'Avignon, aux n° 308 (f° 160-284 et 285v-408), 319 (f°81-284v), 320 (f°205-35) et 325 (f°320-432v). La collection Chigi de la Bibliothèque renferme également un manuscrit de comptes: le Q II 30.

[7] C'est le cas des diocèses de Mâcon et Autun (Chigi Q II 30, f°33 et 69).

[8] A. Vat., Coll. 195, f° 196-97v et 218-19. Le manuscrit concerne toute la province de Reims; s'il n'avait pas été sérieusement endommagé, on aurait été aussi bien renseigné pour les autres diocèses.

[9] Les chapitres de Saint-Brieuc, Saint-Pol-de-Léon et Tréguier répondaient également à ces deux critères, mais je les ai écartés pour ne pas donner un poids excessif à la Bretagne.

[10] Ce relevé n'a pas été sans présenter des difficultés pour le chapitre de Narbonne qui se trouve mentionné dans quatre comptes différents (Reg. Av., 308, f° 160-68 et 283v-84, 320, f° 231-32v et Coll. 159, f° 16) lesquels présentent de notables divergences. En particulier, les renseignements donnés pour quatre clercs (Louis

Aleman, Sicard de Bourguerol, Jean *de Borno* et Dieudonné de Gaillac) par Reg. Av. 308, f° 160 et Coll. 159, f° 16, sont contradictoires. Le premier compte les dit pourvus par Benoît XIII tandis que le second affirme que ce fut par l'ordinaire. Comme la mention 'pendant la soustraction' ne figure que pour Dieudonné de Gaillac, c'est le seul des quatre que j'ai retenu comme étant entré au chapitre après 1398.

[11] A. Vat., Sup. 82 à 104.

[12] G. Mollat, 'L'application en France de la soustraction d'obédience à Benoît XIII jusqu'au concile de Pise,' *Revue du Moyen-Age latin*, i (1945), 158.

[13] Il serait absurde de prétendre qu'aucune collation n'intervint pour tous ces chapitres durant la soustraction. Dans un cas au moins, celui de Rouen, la vérification est possible car les registres de délibérations (Arch. dép. Seine-maritime, G2119 et 2120) nous apprennent que quatre chanoines entrèrent alors au chapitre.

[14] J. Favier, *op. cit.*, 663. L'enquête menée par G. Mollat (cf. note 12) dans les registres du Parlement de Paris allait dans le même sens. Mais l'auteur, sachant qu'il travaillait sur une documentation bien particulière, crut devoir limiter ses conclusions à la seule influence jouée par le Parlement en faveur des thèses gallicanes.

[15] Il est sûr que beaucoup de chanoines m'ont échappé puisque ces chapitres, à eux six, disposaient de 132 prébendes.

[16] J'ai considéré que le lieu de naissance était proche du siège capitulaire lorsqu'il se trouvait, soit dans le même département, soit dans un département limitrophe.

[17] Voir l'article cité note 12.

[18] Aussi serais-je tentée de ne pas accorder autant d'importance qu'Howard Kaminsky à la personne du cardinal de Thury (*art. cit.*, 396) qui fut certes, durant la soustraction d'obédience, la figure la plus marquante du sacré collège mais ne parvint nullement à imposer son autorité comme une alternative possible à celle du pape.

[19] E. Delaruelle, E. R. Labande et P. Ourliac, *L'Eglise au temps du Grand Schisme et de la crise conciliaire (1378-1449)* (Paris, 1962, 2 vols.), i. 103.

[20] L'ordinaire n'est pas forcément l'évêque mais c'est néanmoins très souvent le cas. Cette question de droit, difficile à démêler pour nous, n'était pas non plus toujours très claire pour les contemporains et donna lieu à plusieurs procès, précisément à l'époque de la soustraction d'obédience: il s'agissait de renouer avec un passé qu'on n'avait plus toujours en mémoire.

[21] H. Millet, *Les chanoines du chapitre cathédral de Laon* (Collection de l'Ecole française de Rome, Rome, 1982), 123.

[22] C'est ainsi que, lors de la seconde soustraction d'obédience, l'évêque de Laon commença par nommer quatre de ses fidèles (H. Millet, *op. cit.*, 157).

[23] G. Barraclough, 'Un document inédit sur la soustraction d'obédience de 1398,' *Revue d'Histoire ecclésiastique*, xxx (1934), 109.

[24] Voir la réponse dilatoire adressée par le chapitre de Paris au roi qui lui recommandait chaudement un nommé Pierre Sauvage: les chanoines décidèrent qu'elle serait rédigée '*in termis generalibus*' (Paris, A. N., LL 108, p. 432.)

[25] Dans le rôle présenté par son université en 1402, ce professeur qui demandait à être dispensé de la prêtrise pour pouvoir continuer à dispenser ses cours, emploie l'expression de '*nephandissima substractione*' (A. Vat., Sup. 98, f°64). Une telle mention ne se rencontre pas si souvent dans ce genre de documents.

[26] Cité par N. Valois (*La France et le Grand Schisme d'Occident* [Paris, 1901, 4 vols.], iii. 309, n. 4) qui hésite à accorder foi à ces propos et les met en balance avec un mémoire anonyme réclamant davantage de bénéfices pour les intellectuels.

[27] Voir la lettre du duc de Bourgogne en faveur d'un universitaire citée par N. Valois, *op. cit.*, 309, n. 3.

[28] N. Valois, *op. cit.*, 341.

[29] C. Eubel, *Hierarchia catholica medii aevi* (Ratisbonne, 1913, 2 vols.), i. 547.

[30] Paris, A. N., J517, n°58.

[31] Arch. Aveyron, G150. Pour l'utilisation de ce registre, j'ai bénéficié de l'active compréhension de Monsieur J. Delmas qui m'a transmis des photocopies des passages concernés. Je l'en remercie très vivement.

[32] A. Vat., Sup. 96, f°21 et 65. Un doute peut subsister pour Jean Faydit. En effet, le suppliant pour une prébende de Rodez obtenue par permutation est désigné sous le nom de Géraud Faydit, bachelier en droit civil. Comme Jean Faydit était docteur en droit canon (Arch. dép. Aveyron, G150, f°26), il ne doit pas s'agir d'une erreur du scribe sur les prénoms. Un nouvel échange de bénéfices réalisé ultérieurement par Jean Faydit avec un parent prénommé Géraud est en revanche tout à fait vraisemblable et correspondrait à une pratique courante à l'époque.

[33] A. Vat., Coll. 91, f°25v.

[34] Arch. dép. Aveyron, G384.

[35] Arch. dép. Aveyron, G150, f°51.

[36] Il s'agit du volume 91 de la collection des Collectories. J. Favier (*op. cit.*, 709) consacre une courte notice à Pierre Brengas.

[37] A. Vat., Coll. 91, f°36v.

[38] Aimery du Marché porte le titre d'archidiacre de Saint-Antonin dans un procès-verbal en date du 11 Mars 1401 (Arch. dép. Aveyron, G150, f°59v), titre qui lui est aussi décerné par le collecteur (f°36v) et qu'il ne portait pas encore le 9 août 1399 (Paris, B.N., N.A.L. 437): ou bien le registre épiscopal comporte une lacune ou bien ce n'est pas l'évêque qui conféra l'archidiaconé.

[39] Paris, B.N., N.A.L. 437. On sait aussi qu'il avait reçu de l'évêque un prieuré séculier en 1399 (Arch. dép. Aveyron, G150): son entrée au chapitre n'était pas de nature à déplaire au prélat.

[40] A. Vat., Sup. 84, f°23.

[41] A. Vat., Sup. 83, f°80.

[42] A. Vat., Sup. 96, f°79v.

[43] Du moins est-ce ainsi que je comprends les allusions contenues dans une lettre du duc de Berry en 1403 pour que Guillaume d'Ortolan ne soit point l'objet de poursuites du fait de ses déplacements (Arch. dép. Aveyron, G52).

[44] Voir la note 35.

[45] Jean Faydit et Pierre Trousseau l'avait désigné pour être leur procureur, et, rien que par les feuillets du registre épiscopal concernant les collations de prébendes à la cathédrale, on sait qu'il se trouvait à Rodez le 11 mars 1401 et le 19 avril 1403. Il était aussi chanoine d'Albi (A. Vat., Sup. 89, f°174).

[46] H. Gilles, 'Les auditeurs de Rote sous Clément VII et Benoît XIII,' *Mélanges d'Archéologie et d'histoire*, lxv (1955), 330, n°23.

[47] A. Vat., Sup. 96, f°21.

[48] La parenté des chanoines Jean et Gaubert de Veyrac avec Pierre de Veyrac, un chanoine d'Albi membre de la famille du cardinal Guillaume d'Aigrefeuille (A. Vat., Sup. 89, f°174v) est probable, ainsi que celle de Rigaud de Tournemire avec un noble clerc issu de la famille du cardinal Hugues de Saint-Martial du nom de Nicolas de Tournemire (A. Vat., Sup. 89, f°174v).

[49] A. Vat., Sup. 82, f°225v.

[50] A. Vat., Sup. 83, f°65. Guillaume Brun fut le procureur d'un grand nombre d'ecclésiastiques provençaux au concile de Pise (cf. H. Millet, 'Les pères du concile de Pise [1409]: édition d'une nouvelle liste,' *Mélanges de l'Ecole française de Rome. Série Moyen Age—Temps Modernes*, xiiic [1981], 754, n°371).

[51] Ce passage tiré d'une lettre de Nicolas de Clamanges est invoqué, et par Valois (*op. cit.*, 312, n.1), et par G. Barraclough (*art. cit.*, 111).

SUMMARY

Who were the Beneficiaries in French Cathedral Chapters of the Subtraction of Obedience in 1398?

Comparing the careers and characteristics of the canons who were members of six cathedral chapters (Angers, Béziers, Dol, Lodève, Narbonne, and Rodez) in 1398 with those of the ecclesiastics admitted to these same chapters thanks to the subtraction of obedience leads to the following conclusions: the ordinaries granted prebends to members of their 'familia' or to the servants of princes, all of whom were University graduates; the clients of cardinals, as well as those of the pope, were eliminated. These observations are corroborated by a detailed study of the chapter of Rodez.

Préliminaires à une prosopographie du haut clergé scandinave: le chapitre cathédral de Roskilde 1367-1493

Elisabeth Mornet

Il y a, globalement, deux possibilités d'étudier la culture d'un groupe social donné: soit se lancer dans l'analyse du contenu des oeuvres qu'il a produites; soit investir la forteresse de l'extérieur, c'est-à-dire examiner les conditions dans lesquelles a eu lieu le développement des données culturelles: caractéristiques sociales du groupe, formation et influences intellectuelles, motivations spirituelles et politiques . . . Sans aucun doute, celui qui veut aboutir aux résultats les plus complets et les plus probants doit combiner ces deux approches. Mais la seconde suppose la constitution préalable de la base de recherche, à savoir un groupe humain nettement limité et défini.

Ainsi, lorsque j'ai entrepris l'examen des caractéristiques intellectuelles du clergé scandinave du XIVème siècle à la Réforme,[1] j'ai été très vite confrontée à l'établissement du support nécessaire à une telle étude: la liste des ecclésiastiques concernés. Cela m'a conduit à aborder le domaine qui fait l'objet des préoccupations de cette rencontre—la recherche prosopographique—puis à envisager d'utiliser les possiblités offertes par l'informatique,[2] pour tenter de pallier les carences d'un traitement manuel des données. Les problèmes de méthode ont alors surgi abondamment et je souhaiterais les aborder à propos d'un exemple restreint, celui des chanoines de l'église cathédrale de Roskilde.[3]

Les bases d'une biographie collective des chanoines de Roskilde

L'enquête documentaire, à laquelle je comptais me livrer, a été envisagée en fonction de deux objectifs principaux à atteindre: d'une part, dégager les tendances de la formation intellectuelle du clergé capitulaire et les replacer dans un contexte historique le plus large possible. Il ne s'agissait pas en effet de procéder par la juxtaposition de cas particuliers, pour lesquels les renseignements étaient suffisamment étoffés,[4] ce qui aurait conduit évidemment à fausser l'appréciation globale. Le plus grand nombre d'individus devait être pris en considération, y compris les plus obscurs, par exemple ceux pour lesquels seuls le nom et une date sont connus, ceux pour lesquels aucune donnée ne permet de supposer qu'ils ont fréquenté l'université. D'autre part, utiliser la base de données pour établir un catalogue prosopographique, autant que possible en clair, des membres du clergé cathédral.[5]

Etablissement d'un questionnaire préalable

Dans ces perspectives, j'ai procédé à l'élaboration d'un questionnaire qui cerne et rende cohérente la base de données que j'entendais utiliser, et destiné à répondre à quelques grandes interrogations: qui, dans le chapitre de Roskilde, est allé à l'université? Quelles sont les tendances de cette formation universitaire? Quelles sont les relations entre trois séries de facteurs qui définissent l'origine sociale, la formation intellectuelle et la carrière? Y a-t-il eu une évolution du XIVème siècle à la Réforme?

Le questionnaire, qui a connu plusieurs phases d'élaboration au fur et à mesure que les informations s'accroissaient et que les hypothèses de recherche prenaient une forme plus affinée, comporte dix grands paragraphes, eux-mêmes composés d'un nombre variable de rubriques:[6]

1. Identité du chanoine et repères chronologiques (date de naissance, de première et de dernière apparition dans la documentation, d'entrée à l'université, de décès);

2. Origine géographique (la base est le diocèse);

3. Niveau social (statut social personnel et celui des parents);

4. Niveau culturel (formation initiale, établissements supérieurs fréquentés, disciplines étudiées, grades obtenus, livres possédés);

5. La carrière ecclésiastique (séculière: prêtrise, bénéfices successifs ou simultanés, offices et fonctions; régulière);

6. La carrière 'professionnelle' (intellectuelle et universitaire, administrative);

7. Attitudes et rôles politiques et religieux (fonctions politiques; participation à des assemblées/conciles; attitude religieuse à la Réforme);

8. Réseaux de relations (familiaux, géographiques, culturels, professionnels; patronage et clientèles);

9. Voyages (lieux et motifs);

10. Champs littéraires (théologie, droit, humanisme, controverses religieuses).

Bien entendu, il va de soi qu'il est impossible d'obtenir des réponses à toutes les questions posées pour chaque individu. Les lacunes documentaires apparaissent là au grand jour et l'interrogation des sources a soulevé toute une série de problèmes dont je développerai ici deux aspects.[7]

Constitution d'une liste des chanoines de Roskilde

Le questionnaire posé, la première démarche était de constituer la population, à savoir établir la liste la plus complète possible des membres du chapitre cathédral. Celui-ci comprenait aux deux derniers siècles du Moyen Age un nombre de prébendes canoniales qui a légèrement varié: elles étaient trente-quatre avant 1620, date à laquelle leur liste fut recopiée d'après un document plus ancien, mais perdu.[8] Etaient distinguées quinze grandes prébendes, *prebendae antiquae* ou *gamle praebender*, quinze prébendes mineures, *prebendae minores*, fondées avant 1290; les quatre dernières furent respectivement établies en 1395, en 1414-19, 1464 et 1461-85.[9] Il y eut donc entre trente et trente-quatre prébendes pendant la période qui nous intéresse, et parmi les chanoines qui en bénéficiaient, quatre étaient pourvus d'une dignité capitulaire: le doyen, le prévôt, l'archidiacre et le chantre.

Or, il n'existe pour le chapitre de Roskilde aucune liste chronologique des bénéficiaires de ces prébendes, aucun livre de partition, aucun registre de délibérations, ou autres sources globales qui ont parfois fait le bonheur des chercheurs.[10] Il a donc fallu rechercher les *Canonici Roskildenses* dans une documentation dispersée et hétérogène. Les actes de la pratique diplomatique, rassemblés pour la plupart dans les grands recueils danois publiés ou en cours de publication,[11] ont constitué le fonds documentaire principal. Mais un nombre non négligeable de mentions a été recueilli dans des sources de nature très différente comme les nécrologes, les chroniques épiscopales, les livres des confréries, les testaments, sans compter les sources universitaires.[12]

Des mentions éparses donc, et de rares listes ponctuelles, livrant à une date donnée la composition partielle du chapitre. Deux d'entre elles ont servi de cadre chronologique à cette étude: douze chanoines cités le 25 septembre 1367, et vingt-et-un le 25 juillet 1493. Les seules complètes donnent le nom de trente-deux chanoines en 1459-60.[13] Il faut d'ailleurs se demander si le nombre des bénéficiers correspondait toujours effectivement à celui des prébendes. Il semble bien que certains aient pratiqué le cumul, d'une grande prébende et d'une prébende mineure par exemple. Mais la non-résidence était aussi fréquente: ainsi aux vingt-quatre chanoines qui ont signé la lettre adressée au pape le 27 février 1461, demandant la confirmation de l'élection au siège épiscopal de leur prévôt Oluf Mortensen Baden, il faudrait ajouter au moins Christopher Jensen Present, alors étudiant à Bologne et Johan Jensen Quitzow, absent lui aussi pour cause d'études à Pérouse.[14]

Tout cela a permis d'établir un *corpus* de 188 individus ayant appartenu au chapitre de Roskilde. Encore fallait-il que ce soit en toute certitude. Là en effet réside la principale difficulté, qui m'a conduite à considérer avec prudence une source sérielle de premier ordre pour qui souhaite faire appel à l'informatique, source d'autant plus tentante qu'elle a été publiée remarquablement, semble-t-il: les centaines d'actes compilés dans les registres pontificaux concernant la collation des bénéfices au Danemark.[15] Les défauts, en particulier ceux des suppliques, sont parfaitement connus maintenant,[16] et ils apparaissent bien entendu aussi dans le cas danois. Si les défauts de la chronologie et l'incertitude des noms propres ne sont pas les plus préoccupants, étant donnée la grande imprécision générale qui règne à ce propos parmi les chanoines danois—et connaître par une lettre de provision pontificale la date, même approximative, de la collation d'un bénéfice est pour moi une chance rarement accordée—c'est l'application réelle des décisions pontificales qui reste dans une grande incertitude: en effet, il semble qu'un certain nombre de suppliques et de grâces expectatives, voire même des provisions pontificales dûment certifiées, n'aient été suivies d'aucun effet au chapitre de Roskilde. Il serait vain d'énumérer ici les procès qui en ont résulté. De toute façon, la papauté n'obtint qu'une emprise toute relative sur la hiérarchie danoise, et en matière bénéficiale, les collateurs locaux, à savoir les évêques, les chapitres eux-mêmes, et aussi le roi, gardèrent un contrôle efficace.[17]

Certes, il est tout à fait possible qu'un clerc pourvu d'une provision pontificale ait effectivement pris possession de son bénéfice, sans jamais apparaître pourtant comme chanoine de Roskilde par la suite, mais, dans ce cas, un doute subsiste. Je prendrai l'exemple suivant, qui illustre bien, au-delà même du maniement de la documentation pontificale, les difficultés inhérentes à l'ensemble des sources.

Le 11 novembre 1421, le pape Martin V, accorda à Johannes de Bortzow, maître ès arts, secrétaire et abréviateur des lettres pontificales, le premier canonicat vacant à Roskilde, et lui réserva la prévôté, vacante par l'élévation de son titulaire au siège épiscopal d'Aarhus. S'il y avait eu déjà élection d'un nouveau prévôt, la réserve était reportée à la mort de celui-ci.[18] Mais en janvier 1424, le chanoine de Roskilde Jens Pedersen Jernskaeg, qui avait été pourvu de la prévôté par l'autorité ordinaire, sollicita une confirmation pontificale.[19] Nous savons par ailleurs qu'il a été effectivement promu prévôt avant le 20 mai 1423 au plus tard.[20] D'où un procès, mentionné dans une nouvelle supplique de Jens Pedersen (7 septembre 1427), demandant que, par suite du décès de son compétiteur, survenu entre-temps, sa nomination soit définitivement approuvée, *ne alius novus surrogetur adversarius.*[21] Jens

Pedersen était effectivement prévôt lors de son élection à l'épiscopat de Roskilde en 1431.[22]

Que s'est-il passé entre 1421 et 1427? Certes, Johannes de Bortzow s'est acquitté des annates de la prévôté le 28 septembre 1425,[23] mais jamais il n'a été nommément cité comme chanoine ou prévôt de Roskilde dans les sources proprement danoises, très peu abondantes, il faut le reconnaître, à ce moment là. Une seule fois, un prévôt Johannes apparaît dans un acte daté du 7 juillet 1423 à Roskilde.[24] Mais il s'agit sûrement de Jens Pedersen, d'autant plus que, selon toute probabilité, Johannes de Bortzow, en poste à la Curie, d'origine allemande de surcroît, ne mit jamais les pieds au Danemark. En l'absence d'une preuve indubitable, je ai donc écarté ce dernier du cercle des chanoines de Roskilde.

Ainsi, la documentation pontificale ne peut-elle non plus servir de base fiable à la constitution d'une liste des chanoines de Roskilde, elle doit simplement être utilisée au même titre et avec les mêmes précautions que les autres types de sources.

Voici donc, à partir de données très éparses, non homogènes, non exhaustives, une population d'individus caractérisés en premier lieu par leur appartenance commune au chapitre de Roskilde. De quels éléments dispose-t-on alors pour chacun d'eux au minimum?

Un prénom et presque toujours un patronyme composé sur le prénom du père, entendu au sens strict de *fils de* (-*sen* en danois moderne, génitif en latin). C'est le prénom qui a servi de base alphabétique à la liste, selon l'usage de la plupart des historiens danois actuels. Intervient alors le problème de l'harmonisation des formes latines et danoises utilisées dans la documentation, tant à cause de la multiplicité des orthographes qu'à celle des traductions possibles. Ainsi, le prénom *Johannes* peut être la transposition de *Jens*, *Hans*, *Johan* et même *Jon*, qui lui-même a un autre équivalent latin, *Jonas*. Après maintes hésitations, car aucune solution ne semble totalement satisfaisante,[25] tout en mentionnant la forme latine, j'ai adopté comme base alphabétique, selon une orthographe modernisée, le prénom danois, d'une part parce qu'il apparaît pour la majorité des individus dans les sources qui utilisent de plus en plus la langue vulgaire à la fin du Moyen Age, d'autre part parce qu'il est plus précis que le latin (quatre possibilités pour *Johannes* par exemple). J'ai conservé la forme latine dans le seul cas des chanoines d'origine non scandinave.

Une date d'apparition dans la documentation, et au mieux, plusieurs repères datés qui peuvent définir une période de présence au sein du chapitre, durée qui demeure dans la plupart des cas très imprécise, mais qui permet néanmoins de poser des jalons chronologiques plus fins dans une perspective évolutive.

A côté de ces renseignements de base, les sources permettent de répondre avec plus ou moins de bonheur et plus ou moins complètement aux demandes du questionnaire préalable. Mais la liste des chanoines de Roskilde étant avant tout destinée à être le support de données intellectuelles, voyons comment celles-ci ont pu prendre place.

La confrontation avec les données universitaires

Pour tenter de cerner les tendances intellectuelles du chapitre cathédral, il y a différents champs de recherche possibles qui se complètent: la formation universitaire et son annexe, la carrière enseignante, le contenu de la culture livresque (étude des bibliothèques), et le domaine de la production littéraire. Je ferai ici quelques remarques sur les données de la formation universitaire, qui sont les plus accessibles, encore qu'elles soient, elles aussi, de maniement difficile.[26]

Si les titres universitaires sont quelquefois mentionnés dans les sources précédemment présentées, les études elles-mêmes, qui ne débouchent pas obligatoirement sur la collation d'un grade, et les centres où elles ont été poursuivies, le sont très rarement. Il faut donc rechercher les chanoines ou futurs chanoines parmi les étudiants danois qui apparaissent dans la documentation universitaire. Celle-ci est importante, mais évidemment dispersée, car les Danois ont fréquenté au moins dix-huit des universités européennes qui étaient à leur disposition aux deux derniers siècles du Moyen Age. Celles-ci peuvent être réparties en trois grands domaines géographiques: la France, l'Italie, et les Pays germaniques, sans oublier l'université de Copenhague, fondée en 1478, qui malheureusement souffre de carences documentaires très importantes.[27] Grâce à la présence de matricules nombreuses, les universités allemandes nous renseignent avec une certaine précision sur la fréquentation danoise.[28] Néanmoins, le repérage de la population estudiantine reste toujours incomplet lui aussi (lacunes périodiques des matricules et incertitudes du dépouillement), et surtout pour la période antérieure à l'apparition des premières matricules allemandes, en l'absence d'une documentation sérielle de ce type dans la plupart des universités françaises et italiennes;[29] on peut affirmer déjà au préalable que la confrontation des deux listes en présence, celle des chanoines et celle des étudiants, déjà grevées par leurs imperfections respectives, ne pourra être qu'inégale, incomplète et décevante.

En premier lieu donc, de par les lacunes universitaires, un certain nombre de chanoines-étudiants échappent à tout repérage, et très peu d'entre eux pourront être sauvés par une mention indirecte, comme Henneke Ulfeld, qui, absent de la liste estudiantine, apparaît à plusieurs reprises comme maître ès arts dans les actes diplomatiques danois.[30]

Ensuite, et c'est là le principal obstacle, il est très difficile de rapprocher en toute certitude de nombreux noms similaires, et ceci d'autant plus que nous avons affaire à des noms très courants: les *Jens Pedersen* et les *Peder Nielsen* sont déjà nombreux dans le chapitre, sans qu'il soit toujours possible de les bien distinguer, ils le sont encore plus sur les listes universitaires. Le résultat est le suivant: il faut renoncer à des identifications possibles mais non assurées, si bien que le destin intellectuel d'une partie des chanoines restera dans l'ombre et l'indécision, alors qu'en revanche, seront privilégiés les individus porteurs d'un prénom et d'un patronyme rares, ceux dont l'origine géographique est très précise, ceux qui appartiennent à une famille dont le nom lignager est déjà fixé (essentiellement les membres de l'aristocratie danoise), ceux qui étaient déjà chanoines lors de leurs études ou qui le sont devenus rapidement (en effet, quoique l'on puisse être frappé de la remarquable longévité de certains chanoines, il serait hasardeux de réunir sous un même individu deux identités semblables, mais affectées d'une discordance chronologique trop importante).

Au total, il faut être bien persuadé que la recherche des données, regroupées dans ce que J.-Ph. Genêt appelle une *métasource*,[31] aboutit avant tout à la construction d'une population d'individus privilégiés justement par la connaissance qu'on en a, et que la mise en oeuvre de techniques de traitement les plus sophistiquées, comme l'informatique, ne peut parvenir à affirmer un résultat sûr et exhaustif, mais seulement à dégager une tendance historique. Cependant, on peut espérer que les possibilités de maniement documentaire accrues par l'emploi de l'ordinateur, ainsi que les contraintes qu'il provoque en obligeant le chercheur à contrôler étroitement la valeur de ses données, contraintes ajoutées à celles de la prosopographie qui doit tenir compte de *tous* les individus répertoriés, y compris les plus obscurs, offrent le maximum de garanties dans l'évaluation de cette tendance.

Actuellement, compte tenu que j'envisage de traiter l'ensemble des membres du clergé cathédral danois, voire scandinave dans une seconde phase, le traitement informatique n'a pas encore commencé et ma base de données, qu'il faudra bien clore définitivement, est encore ouverte. C'est pourquoi j'ai choisi de présenter en première approche quelques conclusions partielles et toutes provisoires d'une interrogation purement manuelle et restreinte à un très petit nombre de facteurs, concernant les incidences réciproques des études universitaires, de l'origine sociale et de la carrière ecclésiastique des chanoines du chapitre cathédral de Roskilde.

Etudes et origine sociale

A tous égards, les 188 chanoines de Roskilde sont des privilégiés: le chapitre auquel ils appartiennent est non seulement le mieux connu du Danemark, grâce aux travaux de J. O. Ahrnung et de T. Dahlerup,[32] mais c'est aussi le plus riche en biens et en pouvoirs. Il est sans aucun doute le plus lié à la cour royale: les rois et leur famille y recrutent nombre de chapelains, secrétaires et conseillers; enfin c'est une pépinière d'évêques: 29 chanoines ont occupé 36 sièges épiscopaux dans l'espace scandinave durant la période considérée.

Les études universitaires

Voyons tout d'abord quelles sont les principales composantes de la formation universitaire.

Cent-vingt-deux chanoines ont fréquenté au moins une université, soit 64,8% des membres du chapitre. Mais ce pourcentage n'est pas resté uniforme de 1367 à 1493. Il ne m'a pas paru nécessaire de découper ce laps de temps assez court en tranches chronologiques nombreuses, d'autant plus que la population considérée est relativement restreinte. Prenant pour base d'un classement des chanoines la date de leur première apparition au chapitre, j'ai distingué seulement deux périodes sensiblement équivalentes. La césure vers 1430 se justifie assez bien: c'est l'époque où disparaissent la plupart des chanoines ayant fréquenté l'université de Prague,[33] et où ils sont remplacés par une nouvelle génération ayant à sa disposition une université proche, Rostock, nouvellement fondée en 1419.

Parmi les 100 chanoines de la période antérieure à 1430, 55 allèrent à l'université, soit 55%; ce pourcentage s'améliore par la suite et passe à 76,1% (67 des 88 chanoines).[34] On pourrait invoquer pour expliquer cette évolution, l'abondance croissante des sources universitaires qui permet un meilleur repérage. Cela a pu jouer, certes, mais dans une moindre mesure, car, en réalité, de cette abondance même résulte une difficulté accrue de choisir entre les nombreux Johannes Petri ou Jacobus Nicolai, alors que la précision des matricules pragoises de l'université de droit,[35] qui mentionnent souvent l'appartenance au chapitre, corrige en partie le déficit de la documentation dans la première période. Nous pouvons donc estimer qu'un certain équilibre documentaire existe, et que la progression de la formation intellectuelle est indubitable.

Elle est normale. Tous les historiens ont constaté le prodigieux accroissement de la population universitaire et le développement des études supérieures dans les milieux ecclésiastiques à la fin du Moyen Age.[36] Dans le cas danois, j'avancerai pour le moment deux facteurs d'explication. Tout d'abord un élargissement de l'offre universitaire et surtout son rapprochement géographique: bien que les Danois aient eu l'habitude, dès le XIIème siècle, de s'en aller chercher le savoir au loin, en France et en Italie, la fondation des universités allemandes et surtout celle des plus septentrionales, Rostock et plus tard Greifswald (1456), me semble avoir été un facteur non négligeable d'incitation au voyage d'études. Cependant, et c'est le second point, il fallait que cette condition favorable correspondît à une demande plus forte de la part des Danois eux-mêmes: les prescriptions plus nombreuses des statuts capitulaires au sujet des études des chanoines,[37] comme la tentative—avortée, il est vrai—du roi Eric de Poméranie, conjointement avec les églises de Lund et Roskilde, pour doter les royaumes scandinaves d'une université en 1419,[38] expriment bien de plus vives préoccupations intellectuuelles de la part des autorités religieuses et civiles du Danemark.

En l'absence d'une université nationale jusqu'en 1478, où les chanoines de Roskilde allaient-ils? Voici la répartition des mentions entre les différents centres d'études pour les deux périodes considérées:

	1367-1430	1431-1493
Paris	13	3
Bologne	1	3
Padou		2
Pérouse		1
Rome		1
Prague	32	2
Heidelberg		1
Cologne	1	11
Erfurt[39]	9	10
Leipzig	7	15
Rostock	3	26
Louvain		2
Greifswald		8
Copenhagen		1
Université Indéterminée	4	5

Figure 1
Mentions universitaires des chanoines de Roskilde

Ce tableau appelle quelques remarques: A Paris, la fréquentation, assez faible déjà avant 1430, s'effondre par la suite, alors même que disparaissent peu à peu les désordres qui avaient sans doute dissuadé les Danois de se rendre à l'université parisienne dans la deuxième moitié du XIVème siècle (schisme et obédiences rivales, guerre étrangère et crises socio-politiques françaises). Il faut donc chercher l'explication profonde de cette désaffection durable non dans les troubles ou même dans le déclin relatif de l'*Alma Mater* après le schisme, mais plutôt dans l'habitude qui a été prise de se diriger vers d'autres centres d'études: non ceux d'Italie où quelques rares voyages, concernant 6 chanoines seulement,[40] apparaissent comme des exceptions, mais ceux de l'aire germanique.

Prague triomphe absolument à la fin du XIVème siècle, puis par un effet de contraction progressive, les universités plus septentrionales attirent les chanoines de Roskilde. Il est difficile de juger la fréquentation de Greifswald, trop tard fondée pour que les effets s'en fassent vraiment sentir sur le comportement universitaire de nos chanoines. Néanmoins, on pressent que cette université pourra éventuellement prendre sa place parmi les centres les plus attractifs dans les années postérieures à 1460. Notons la date des premières mentions dans les *studia* suivants:

Erfurt: 1398
Leipzig: 1409
Rostock: 1420
Cologne: à une exeption près (1424), la fréquentation
    n'a débuté qu'en 1447
Greifswald: 1456.

Voici maintenant la date des dernières mentions à

Prague: 1413
Erfurt: 1462
Leipzig: 1466.

Trois états successifs apparaissent: en premier lieu, la fréquentation des chanoines s'est portée vers Prague et dans une moindre mesure, vers Paris: elle cesse dans les deux centres à peu près au même moment.[41] Ensuite une trilogie universitaire s'instaure, Erfurt-Leipzig-Rostock, et fonctionne jusque vers 1460. Elle est enfin remplacée par un autre groupe ternaire, Cologne-Rostock-Greifswald, qui ne sera pas détruit par la fondation de Copenhague: pour autant qu'on en puisse juger, puisque la documentation concernant les étudiants du *studium* danois est réduite à peu de choses, et en se fondant sur le rapide relèvement de la fréquentation dans les centres étrangers dès 1485-90,[42] la présence de l'université nationale ne dissuada guère les Danois et parmi eux les chanoines de Roskilde, d'étudier loin de la mère-patrie.

La succession chronologique des choix universitaires ne diffère guère chez les chanoines et chez les étudiants danois en général: tous, ils délaissent après 1460 Erfurt et Leipzig; de même, la fréquentation de Cologne, qui fonctionnait pourtant depuis 1388, est tardive pour tous. Cependant, le choix lui-même est sujet à quelques variantes. Prenons les mentions d'étudiants danois à Cologne, Erfurt, Leipzig et Rostock depuis la fondation de cette dernière jusqu'en 1490.[43] Les chanoines constituent 22,2% des étudiants à Leipzig, 11,3% à Erfurt, mais 7,7% à Cologne et seulement 5,3% à Rostock. Ces distorsions proviennent sans doute de raisons multiples et difficiles à démêler. Je crois discerner les principales au niveau des traditions établies par les liens familiaux, de celles des compagnonnages estudiantins et das clientèles cléricales, et c'est dans le traitement de toutes ces données que j'attends le secours de l'informatique! Pour en revenir aux pourcentages eux-mêmes, on constate que l'attrait de Cologne est demeuré somme toute assez médiocre, même lorsque l'empressement danois à son égard devint plus manifeste, et surtout que la prépondérance écrasante exercée par Rostock sur le comportement universitaire en général ne se reflète guère au sein du chapitre de Roskilde. Ce centre d'études, qui leur était le plus facilement accessible, semble surtout avoir servi de relais vers des *studia* plus lointains.

En effet, les chanoines ont pratiqué avec une certaine ardeur la *peregrinatio academica*. Rares sont les mentions directes la concernant. Il est donc difficile de se faire une idée exacte des migrations inter-universitaires, mais celles-ci ont concerné au minimum 34 étudiants, soit 27,9% des chanoines universitaires. Dans ce domaine également, la deuxième moitié de notre période est favorisée: 22 étudiants ont fréquenté au moins deux universités, et 12 seulement avant 1430.

Presque tous se sont contentés de visiter deux universités, quatre chanoines en ont cependant à leur actif trois et même quatre,[44] ce qui témoigne soit de leur curiosité intellectuelle, soit de leurs moyens financiers, ou des deux à la fois. Car ces voyages les menaient parfois d'un bout à l'autre de l'Europe. Voici les lignes de migrations:

1367-1430	Paris-Prague	3
	Paris-Leipzig	1
	Prague-Paris	1
	Prague-Erfurt	2
	Prague-Leipzig-Erfurt	2
	Prague-Erfurt-Cologne	1
	Prague-Bologne	1
	Rostock-Erfurt	1
1431-1493	Paris-Leipzig	1
	Louvain-Paris	2
	Leipzig-Erfurt	3
	Erfurt-Rostock	2
	Rostock-Leipzig	2
	Rostock-Erfurt	2
	Rostock-Cologne	3
	Rostock-Greifswald	3
	Rostock-Bologne	1
	Rostock-Rome	1
	Rostock-Copenhague	1
	Leipzig-Heidelberg-Padoue-Bologne	1

On constate donc l'ampleur de certains périples—Paris-Prague, par exemple, et ceux vers l'Italie—et le rôle signalé plus haut de Rostock, véritable plaque-tournante du voyage universitaire après 1430, puisque la moitié des étudiants ayant séjourné dans cette université, l'a quittée pour s'inscrire dans une autre.[45]

Mais qu'ils aient pérégriné à travers l'Europe, ou qu'ils soient restés fidèles à leur première inscription, quel bénéfice ont retiré les membres du chapitre de Roskilde du temps de leurs études?

La réponse apparaît nettement sur le tableau suivant. Bien que les carences documentaires, comme la remarque en a été faite précédemment, soient grandes, plus importantes encore que celles affectant l'immatriculation proprement dite, les chanoines ont acquis relativement peu de grades universitaires.

	1367-1430			1431-1493		
		% des chan. univ.	% des chan.		% des chan. univ.	% des chan.
étudiants ès arts	32	58,1	32	61	91	69,3
bacheliers ès arts	18	32,7	18	36	53,7	40,9
maîtres ès arts	16	29,1	16	28	41,8	31,8
étudiants en droit	37	67,3	37	13	19,4	14,8
gradué en droit	2	3,6	2	9	13,4	10,2
théologiens	1	1,8	1	2	2,9	2,3
médicins	-	-	-	1	1,5	1,1

Figure 2
Etudes et grades des chanoines de Roskilde

Quelques principes ont présidé l'élaboration de ce tableau. Tout d'abord, il rassemble *toutes* les mentions de la nature des études et des diplômes obtenus, qu'elles soient d'origine académique ou non. Tout chanoine, ayant un passé universitaire sans référence précise à une faculté particulière, est supposé avoir été inscrit à celle des arts. En second lieu, le lecteur sera sans doute frappé par la distorsion qui, avant 1430, apparaît entre la relative faiblesse numérique des artiens et l'importance des juristes: cela tient à l'immatriculation directe en droit de nombreux chanoines à Prague. Les juristes n'ont pas été comptabilisés comme artiens préalables, sauf lorsque des études ou un grade ès arts étaient expressément mentionnés à leur propos (douze cas).[46] D'autre part, il s'agit, à la quasi unanimité, de canonistes: un seul est nommé *doctor utriusque juris*.

Enfin, je n'ai pas jugé bon de distinguer les différents grades obtenus, ni même de séparer les études et les diplômes en théologie et en médecine, étant donné le très petit nombre d'individus concernés: en droit, les gradués se répartissent en six bacheliers et cinq docteurs; en théologie, il y a deux étudiants simples et un bachelier; en médecine, un licencié.

Aussi bien au niveau de la faculté des arts qu'à celui des trois facultés supérieures, les pourcentages de gradués paraissent assez faibles, surtout avant 1430: 16% de chanoines maîtres ès arts, 2% de diplomés en droit, 1% en théologie. Bien que la situation s'améliore nettement par la suite, de prime abord, on aurait plutôt tendance à porter un jugement défavorable sur le niveau intellectuel du chapitre de Roskilde. Doit-on être aussi sévère? Certes, il ne soutient guère la comparaison avec quelques grands chapitres occidentaux qui ont fait récemment l'objet d'une semblable étude: Bruges, Tournai, Laon.[47] Mais si on se tourne vers des régions plus proches géographiquement et culturellement du Danemark, comme les pays germaniques, force est de reconnaître que le chapitre de Roskilde occupe une place honorable: à Mayence, de 1260 à 1503 on ne compte parmi les 415 chanoines que 42% d'universitaires et 38 gradués (9%); à Cologne, 35% des 352 chanoines-nobles connus entre 1245 et 1503 ont fréquenté un *studium generale* et 9 sont gradués; 45% des chanoines-prêtres sont allés à l'université et 34% ont obtenu un grade.[48]

La quasi-totalité des chanoines ayant poursuivi des études supérieures s'est orientée vers le droit. La théologie ne les attire guère, la médecine encore moins. En cela, ils se conforment à l'engouement général de leur époque pour les sciences juridiques, et à l'attitude habituelle des clercs séculiers, encore qu'ils se cantonnent presqu'exclusivement dans l'étude du droit canon.[49]

Il faut revenir enfin sur la masse, à la fin du XIVème siècle, d'étudiants en droit qui ont gravité essentiellement autour de Prague (32 des 37 juristes repérés avant 1430 se sont inscrits à cette université). Ce phénomème, qui n'est pas si surprenant, puisqu'il ne fait que renouer avec la tradition du voyage juridique à Bologne, implantée solidement à la fin du XIIIème siècle, mais quelque peu délaissée au cours du XIVème siècle, semble-t-il,[50] incite à nuancer le déficit des études juridiques après 1430. Il paraît étonnant eneffet, que l'engouement pour le droit canon ait brusquement et considérablement diminué avec l'abandon de Prague, même si les autorités universitaires exigèrent davantage au XVème siècle un cursus ès arts préalable. Dans cette distorsion chronologique, les carences documentaires ont pu jouer un certain rôle: les *studia* allemands ne disposent guère de cette source exceptionnelle qu'est la matricule de l'université des juristes à Prague, et il devient alors difficile de connaître ceux qui ont fréquenté les facultés supérieures. Seuls apparaissent—et encore avec bien des aléas—ceux dont les études ont été sanctionnées par un grade. Il faut probablement admettre que les données dont nous disposons ne correspondent que très grossièrement à la réalité. Une formation juridique minima était plus fréquente chez les chanoines de Roskilde qu'il n'y paraît: aussi bien les testaments que la liste des emprunts à la bibliothèque du chapitre en 1459 et en 1460 témoignent de la prépondérance du droit dans leurs préoccupations intellectuelles.[51]

Cependant, l'immatriculation des juristes à l'université de droit bohémienne, n'a débouché sur aucune collation de grade, puisque les deux bacheliers connus le sont devenus, l'un sans doute à Paris, l'autre peut-être à Leipzig.[52] Finalement, le cas pragois constitue en quelque sorte l'exagération d'une tendance, générale à tous les niveaux académiques, à ne pas faire toujours sanctionner le séjour universitaire par un diplôme en bonne et due forme. Se dessine ainsi le schéma suivant: s'ils s'incrivent en assez grand nombre à la faculté des arts,[53] les chanoines universitaires n'ont pas tous brigué la maîtrise; sans doute sont-ils encore assez nombreux à poursuivre leur cursus au-delà, en droit notamment, mais là encore peu de diplômes. Cela incite à envisager l'hypothèse que, peut-être, pour les membres ou futurs membres du chapitre de Roskilde, une teinture de savoir universitaire était souhaitable et bienvenue, mais un titre académique pas absolument indispensable.

Qu'en est-il exactement, et si cela est confirmé, pourquoi?

Origine sociale, universitaire et carrière

Cette hypothèse est confortée par deux constatations: d'une part on ne peut manquer d'être frappé par la discrétion dont font preuve les chanoines de Roskilde à propos de leurs titres universitaires. Bien sûr, certains sont régulièrement qualifiés de maîtres ès arts dans la documentation, mais beaucoup se contentent de le signaler par intermittence. Voici un exemple assez significatif: Johan Jepsen Ravensberg, qui fut chancelier royal et évêque de Roskilde (1502-12) devint maître ès arts à Cologne en 1485, mais il ne se prévalut de ce titre qu'une seule fois dans une supplique adressée au pape; par la suite, aussi bien les actes pontificaux que ceux de la diplomatique danoise ne le mentionnèrent plus, alors qu'ils ne firent pas faute de signaler l'origine noble de Johan Jepsen.[54] D'ailleurs, qu'un seul *magister* en tout et pour tout apparaisse dans les listes canoniales dont j'ai parlé plus haut,[55] montre bien que les chanoines se présentent et agissent plutôt en membres du chapitre cathédral qu'en anciens universitaires, et laisse supposer encore une fois que les titres académiques n'ont pour eux qu'un prestige ou une utilité limités.

D'autre part, pour un nombre non négligeable de chanoines, l'obtention d'une prébende a précédé le voyage universitaire. C'est surtout frappant avant 1430, où 24 chanoines au minimum—car il est difficile de connaître avec certitude la date d'entrée au chapitre—sont dans ce cas. Par la suite, seulement 15 autres cas ont été relevés, dont un seul dans le dernier quart de la période. Il semble bien que plus le temps passe, plus l'entrée à l'université a tendance à précéder l'entrée au chapitre. Quand on aura ajouté à cette constatation que 28 de ces 39 chanoines sont issus de la noblesse, on pourra en venir aux questions suivantes: si ces étudiants étaient déjà pourvus d'une bonne prébende, quel facteur en a favorisé l'obtention? Et si les clercs universitaires, au fur et à mesure que le XVème siècle avançait, se sont progressivement pressés plus nombreux aux portes du chapitre, celles-ci ont-elles été ouvertes par les études, prioritairement à toute autre considération?

Cela revient à se demander par quoi est régie l'entrée au chapitre, et à s'interroger sur ce qui décide ensuite de l'éventuelle ascension hiérarchique du chanoine. Pour ce faire, j'ai réuni sur des tableaux, à côté de la formation universitaire, exprimée, pour simplifier, par deux variables seulement (le voyage d'études et la formation juridique), les données de l'origine sociale ainsi que celles concernant l'obtention de dignités capitulaires et l'accession à l'épiscopat.

Socialement, quatre catégories ont été distinguées: les nobles, les membres de la bourgeoisie, les *pauperes*, et les individus à l'origine indéterminée. Elles sont très inégalement représentées, du fait de la grande incertitude des sources quant à l'appartenance sociale des clercs concernés.

La dernière catégorie énoncée, celle des 'indéterminés' est malheureusement la plus nombreuse. Il faut sans doute renoncer définitivement à connaître l'origine sociale de 53% des chanoines de Roskilde. Si j'ai préféré le terme, inélégant, d'indéterminés, à celui de non-nobles, c'est qu'il est effectivement hasardeux de supposer qu'ils sont tous issus de la bourgeoisie urbaine ou du monde paysan. En effet, étant donné que la qualification de *velbyrdig* (noble) n'est pas systématique dans les sources, même pour ceux qui le sont indubitablement, qui se dissimule exactement derrière le simple *Canonicus Roskildensis* présent dans une liste de témoins souvent non identifiables, derrière celui qui fait une donation de biens ruraux, qui vend ou arrente terres et maisons? Ne pourrait-il être le rejeton d'une famille de petits hobereaux, à la limite parfois si floue du monde paysan, mais que nous avons l'habitude d'intégrer à l'aristocratie rurale? Néanmoins, supposons, pour plus de commodité dans la suite du raisonnement, mais avec toutes les réserves qui s'imposent, que nous avons affaire, dans le groupe des indéterminés, à une majorité de non-nobles. On ne saurait aussi manquer d'être frappé par la très grande faiblesse du nombre de chanoines issus d'un milieu bourgeois dûment reconnu,[56] ou d'un milieu plus humble, et cela interdit de donner une signification trop précise à la présence de ces deux catégories au sein du chapitre.

On ne se vante guère, dans la documentation capitulaire, d'une humble origine. Cette carence peut être éventuellement compensée par l'utilisation de la notion de *pauper*, encore que celle-ci soit fort ambiguë.[57] De toute façon, trois *pauperes* seulement parmi les chanoines ont été repérés à l'université, et il faut les considérer comme trois cas d'une ascension sociale

	chanoines			nobles			bourgeois			pauperes			origine indéterminée		
	total	univ.	jur.		univ.	jur.		univ.	jur.		univ.	jur.		univ.	jur.
1367 1370	100 %	55 55,0	37 37,0	36 36,0	26 26,0	20 20,0	6 6,0	3 3,0	3 3,0	1 1,0	1 1,0	1 1,0	57 57,0	25 25,0	13 13,0
1431 1493	88 %	67 76,1	13 14,8	41 46,6	34 38,6	9 10,2	2 2,3	2 2,3	- -	2 2,3	2 2,3	- -	43 48,9	29 32,9	4 4,5
1367 1493	188 %	122 64,8	50 26,6	77 41,0	60 31,9	29 15,4	8 4,3	5 2,6	3 1,6	3 1,6	3 1,6	1 0,5	100 53,2	54 28,7	17 9,0

Figure 3
Répartition sociale et universitaire des chanoines de Roskilde

exceptionnelle, surtout pour deux d'entre eux qui occupèrent par la suite un siège épiscopal: Oluf Jakobsen, évêque de Vesterås (Suède) de 1421 à 1441, et Birger Gunnersen, archevêque de Lund de 1497 à 1519, *pauper* à Greifswald en 1464 et présenté dans les annales archiépiscoples comme *homo simplex et obscuris parentibus natus*.[58] Quant à la bourgeoisie urbaine, tout au plus peut-on dire qu'elle ne semble pas avoir fait dans le courant du XVème siècle une entrée en force dans le chapitre cathédral: deux membres du patriciat après 1430; cette insignifiance de la présence bourgeoise pourrait être rapprochée de la diminution, au cours de la période, de la proportion des chanoines à l'origine indéterminée qui fournirait éventuellement le contingent non-noble, diminution qui s'est faite au profit des nobles.

La noblesse est sans aucun doute la catégorie la mieux cernée, encore qu'elle ne soit pas systématiquement signalée dans les sources.[59] Mais cela ne suffit pas pour expliquer sa position au sein du chapitre: même sans le définir comme un corps résolument nobiliaire pendant la période considérée, le chapitre de Roskilde a un recrutement assez fortement aristocratique, recrutement qui a tendance à augmenter encore dans le courant du XVème siècle (46,6% après 1430, au lieu de 36% auparavant). Ce phénomène sera encore accentué à l'extrême fin du siècle: en 1493, les 2/3 des chanoines connus sont nobles.[60]

Face à cette pression, les études universitaires ont-elles pu servir de contrepoids pour entrer au chapitre?

Entre 1367 et 1430, le pourcentage des chanoines nobles universitaires, par rapport au corps capitulaire tout entier, est de peu inférieur à celui des trois autres catégories rassemblées; si la proportion des juristes est inversée en faveur des nobles, dans l'ensemble, le recrutement des universitaires parait sensiblement équivalent. Il faut néanmoins corriger quelque peu cette impression: on remarquera en effet que 72% des chanoines nobles (26 sur 36) sont allés étudier à l'étranger et plus de la moitié (20 sur 36) ont fréquenté la faculté de droit, alors que 45% des autres chanoines seulement sont dans le même cas. La formation universitaire est l'apanage de la noblesse, et il est difficile de conclure au rôle éminement compensatoire des études dans l'accession au chapitre.

A la période suivante, dans un contexte capitulaire général peu modifié (38,6% de chanoines nobles universitaires pour 37,5% d'universitaires dans les trois autres catégories), 82,9% des nobles sont allés aux écoles, et ils monopolisent quasiment les études de droit, pour 70% des non-nobles et 'indéterminés.'

Il est évident que la formation universitaire de base s'est démocratisée. La présence de *studia* plus proches du Danemark y est assurément pour beaucoup, en abaissant quelque peu le coût des études: *a contrario*, les études juridiques, longues et par conséquent plus onéreuses, demeurent justement le fait d'une aristocratie riche. Cependant, ici encore, il semble que l'université n'a guère permis aux non-nobles, indubitables ou supposés (nos deux *pauperes* sont l'exception qui confirme la règle), de compenser véritablement la déficience de leur origine: le fait est que leur place au sein du chapitre a eu tendance à diminuer.

Certes, je ne nierai pas que les études influencèrent éventuellement l'accession au chapitre[61] et si nous pouvions esquisser un petit tableau du chapitre de Roskilde, nous aurions la situation suivante: des clercs sans doute nombreux postulent une prébende; 88 d'entre eux l'ont obtenue après 1430; 67 étaient des universitaires. Il faut bien que cette caractéristique soit intervenue dans le choix, mais j'estime que ce choix s'est fait essentiellement en faveur des nobles.

Je proposerai donc l'hypothèse suivante: un clerc a eu plus de chances, entre 1367 et 1493, de devenir chanoine de Roskilde en étant noble, qu'en recevant une formation universitaire, et ces chances se sont accrues au cours de la période. Cette hypothèse paraît être tout à fait en accord avec les conclusions auxquelles sont parvenus, par des chemins différents, les historiens du clergé danois:[62] la noblesse a eu tendance, sur la fin du Moyen Age, à confisquer à son profit les échelons les plus élevés de la hiérarchie ecclésiastique.

De fait, cette prééminence de la noblesse fonctionne encore mieux, lorsqu'on considère les carrières ultérieures des chanoines de Roskilde.

Remarquons tout d'abord que les chanoines de Roskilde semblent particulièrement bien placés pour poursuivre une belle carrière dans le haut clergé séculier danois. En effet, plus du quart obtint une dignité capitulaire, soit à Roskilde même (quatre dignitaires: doyen, prévôt, archidiacre, chantre), soit dans un autre chapitre, et 15,4% d'entre eux vinrent prendre place sur un siège épiscopal scandinave.

Ce tableau fait apparaître nettement que tous les chanoines (regroupés ici pour simplifier en nobles et non-nobles) n'avaient pas les mêmes chances d'accéder à ces postes honorifiques convoités ou à ces fonctions éminentes. Un chanoine noble avait approximativement une chance sur deux d'obtenir une dignité capitulaire, les non-nobles une chance sur cinq; l'épiscopat fut conféré à un tiers des nobles, à seulement un non-noble sur vingt. Quant à l'université, il ne semble pas qu'elle ait modifié considérablement la situation: à peine la proportion des dignitaires et évêques est-elle un peu supérieure chez les universitaires que chez les non-universitaires, sauf dans le cas des juristes. Les études de droit interviennent en effet sans aucun doute dans l'ascension hiérarchique, et surtout chez les non-nobles (28,6% de juristes au lieu de 19,3% pour l'ensemble universitaire). Mais jusqu'à un certain point seulement, car l'épiscopat ne leur est toujours pas ouvert largement, et demeure, sauf exception, sous la main de l'aristocratie danoise. Pour y accéder, il faut donc bénéficier d'autre chose que d'une formation intellectuelle, même approfondie.

	chanoines	dignitaires capitulaires	évêques
total	188	55	29
%	100,0	29,3	15,4
nobles	77	35	24
%	100,0	45,4	31,2
nonnobles	111	20	5
%	100,0	18,0	4,5
nobles univ.	60	28	20
%	100,0	46,6	33,3
nonnobles Univ.	62	12	4
%	100,0	19,3	6,4
nobles juristes	29	16	13
%	100,0	55,2	44,8
nonnobles juristes	21	6	2
%	100,0	28,6	9,5

Figure 4
Influence de la noblesse et des études sur la carrière
des chanoines de Roskilde

J'ai dit plus haut que cette réflexion ne devait pas dépasser l'examen de l'origine sociale et des études universitaires comme facteurs d'intervention dans l'entrée au chapitre de Roskilde. Mais la nécessité d'en introduire d'autres saute aux yeux: le patronage, tant laïque qu'ecclésiastique, et les réseaux de clientèle ont sûrement joué un rôle non négligeable, voire prépondérant, dans l'acquisition d'une prébende canoniale et dans la réussite d'une belle carrière ultérieure. C'est pourquoi, j'ai décidé de faire intervenir ces aspects, avec l'aide de l'informatique, dans le futur programme de mes recherches.

En attendant, pour résumer ce qui précède, il apparaît qu'il était plus avantageux, pour faire une belle carrière au chapitre de Roskilde, et plus généralement dans le haut clergé scandinave, d'être noble que d'être allé à l'université. Accessoirement, le savoir juridique a pu aussi y aider.

Mais demeure l'emprise considérable de la noblesse sur les degrés les plus élevés de la hiérarchie ecclésiastique, emprise qui s'est étendue certainement au contrôle de l'entrée au chapitre. Dans la deuxième moitié du XVème siècle surtout, l'origine aristocratique, accompagnée de la protection familiale ou royale, semble donc avoir eu un poids plus important que l'université.

Certes, il ne s'agit pas de nier l'importance des études pour les chanoines de Roskilde, qui, somme toute, n'occupent pas une position particulièrement déprimée à cet égard dans le concert des chapitres cathédraux de la fin du Moyen Age. Mais je suis persuadée que dans leur cas, comme dans celui de tous les chapitres danois, le séjour à l'université n'a généralement pas pallié le manque de naissance, il a plutôt accompagé l'avantage d'une bonne naissance.

NOTES

[1] Sujet de thèse pour le Doctorat d'Etat: *Etudes et culture du clergé scandinave du XIVᵉ siècle aux prodromes de la Réforme*.

[2] C'est le but du groupe de chercheurs auquel j'appartiens: l'E.R.A. 713 (C.N.R.S. Paris I) dirigée par le professeur B. Guenée. Voir à ce sujet J.-Ph. Genet, 'Medieval Prosopographical Research at the University of Paris I,' *Medieval Prosopography*, i, 2 (1980), 1-13.

[3] Roskilde, évêché suffragant de la métropole de Lund, est situé dans l'île de Sjaelland (Danemark).

[4] C'est la tendance qui avait été celle des historiens danois au début de ce siècle, par exemple E. Jørgensen, 'Nordiske Studierejser i Middelalderen,' *Historisk Tidsskrift*, R. viii,5 (1915), 331-82. Actuellement les chercheurs s'engagent dans la voie d'une étude sérielle, mais se cantonnent essentiellement à l'époque moderne: V. Helk, 'Danmark fra reformationen til enevaelden (1536-1660),' *Ur nordisk kulturhistoria. XVIII Nordiska historikermötet i Jyväskylä 1981. Mötesrapport I: Universitets besöken i utlandet före 1660* (Studia historica jyväkyläensia, xxii, 1 [Jyväskylä, 1981]), 33-65. Pour le Moyen Age, J. Pinborg s'est interrogé sur la fréquentation universitaire danoise dans plusieurs travaux, malheureusement interrompus par un décès prématuré: J. Pinborg, 'Danish Students (1450-1535) and the University of Copenhagen,' *Cahiers de l'Institut du Moyen Age grec et latin*, xxxvii (1981), 70-122. Mais ces chercheurs ont adopté généralement une démarche inverse à la mienne propre: en effet ils partent des données universitaires pour rechercher ensuite l'origine éventuelle des étudiants. D'autre part, à ma connaissance, on n'a point fait appel à l'aide de l'informatique.

[5] Concilier cet aspect avec le traitement statistique qui sous-tend le premier objectif est actuellement l'objet d'une démarche commune des membres de l'E.R.A. 713. Voir la communication de J.-Ph. Genet et M. Hainsworth à ce même colloque de Bielefeld.

[6] Ce dernier état du questionnaire procède d'une réflexion collective au sein de l'E.R.A., en vue d'harmoniser autant que possible la structure de nos bases de données et la publication de nos catalogues prosopographiques respectifs.

[7] J'ai déjà abordé certains problèmes de méthode à propos de la terminologie dans deux études précédentes: E. Mornet, '*Pauperes Scolares*: essai sur la condition matérielle des étudiants scandinaves dans les Universités aux XIVᵉ et XVᵉ siècles,' *Le Moyen Age*, i (1978), 53-112; E. Mornet, 'Le voyage d'études des jeunes nobles danois du XIVᵉ siècle à la Réforme,' *Journal des Savants*, (1983), 287-318.

[8] J. O. Ahrnung, *Roskilde Domkapitels Historie* (Roskilde-Copenhague, 1937-70, 2 vols.), i: *Tiden indtil 1416*, 95.

[9] *Ibid.*, 94 et 103.

[10] L'incendie de Copenhague en 1728 est responsable de la destruction quasi-complète des archives capitulaires.

[11] *Repertorium diplomaticum regni Danici mediaevalis (Rep.).* Fortegnelse over Danmarks breve fra middelalderen, 1ère série: éd. K. Erslev (Copenhague, 1894-1906, 4 vols.). 2ème série: éd. W. Christensen (Copenhague, 1928-39, 9 vols.). *Diplomatarium Danicum (DD)*, 3e série, 1340-1412: éd. C. A. Christensen (Copenhague, 1958-80, 8 volumes parus).

[12] Toutes ces sources posent des problèmes d'utilisation, qu'il serait fastidieux de passer en revue ici.

[13]*DD*, 3Rk viii, n° 78; *Rep.*, 2Rk, n° 7470. *Ordo canonicorum Roskildensium secundum senium jn toto Anno dominj mcdl nono*, in *Liber daticus Roskildensis*, éd. A. Otto (Copenhague, 1933), 126-27. *Idem* pour 1460, 138-39. Une liste de 1412 est composée de treize chanoines, in *Scriptores rerum Danicarum medii aevi*, éd. J. Langebek (Copenhague, 1772), i. 321.

[14]*Acta Pontificum Danica (APD)*, éd. A. Krarup et J. Lindbaeck (Copenhague, 1907-43, 7 vols.), iii. 2204.

[15] Cf. note précédente.

[16] F. Baix, 'De la valeur historique des actes pontificaux de collation des bénéfices,' *Hommage à Dom U. Berlière* (Bruxelles, 1931), 57-66; G. Moyse, 'Les suppliques médiévales: documents lacunaires, documents répétitifs?,' *Informatique et histoire médiévale* (Rome, 1977), 55-72; J. Verger, 'Que peut-on attendre d'un traitement automatique des suppliques?,' *ibid.*, 73-78; L. Fossier, 'Les registres de suppliques et l'informatique. Dans quelle mesure les suppliques peuvent-elles faire l'objet d'un traitement sur ordinateur?,' *Genèse et débuts du grand schisme d'Occident*, Colloque d'Avignon 25-28 sept. 1978 (Colloques internationaux du CNRS, 586, Paris, 1980), 377-83.

[17] A propos de l'autorité ordinaire—épiscopale—et du consentement du chapitre, voir Ahrnung, *op. cit.*, i. 127 et suiv. En 1364, Urbain V confirma le droit revendiqué par le roi Waldemar de pourvoir certains canonicats dans les églises cathédrales de son royaume (*APD*, i. 586).

[18]*APD*, ii. 1373.

[19]*Ibid.*, 1425.

[20]*Diplomatarium diocesis Lundensis. Lunds ärkestifts urkundsbok*, éd. L. Weibull (Lund, 1900-39, 6 vols.), iii. 19, n° 22.

[21]*APD*, ii. 1529.

[22]*Ibid.*, iii. 1634 et suiv.

[23]*Ibid.*, ii. 1492.

[24]*Rep.*, 1Rk, 6032.

[25] Voir à ce sujet L. Fossier, dans *Genèse*, n. 16, 380.

[26] La bibliographie concernant les universités est surabondante. Les études récentes relatives plus particulièrement aux étudiants danois ont été citées à la note 4. Je me contenterai de signaler l'article méthodologique de W. Frijhoff, 'Surplus ou déficit. Hypothèses sur le nombre réel des étudiants en Allemagne à l'époque moderne (1576-1815),' *Francia*, vii (1979), 173-218. Quelques problèmes de méthode abordés aussi dans E. Mornet, '*Pauperes Scolares*,' *op. cit.*

[27] W. Norvin, *Københavns universitet i Middelalderen* (Copenhague, 1929); J. Pinborg, 'Danish Students,' *op. cit.*; *Universitas Studii Haffnensis. Stiftelsesdokumenter og Statuter 1479*, éd. J. Pinborg (Copenhague, 1979).

[28]*Monumenta historica Universitatis Carolo-Ferdinandeae Pragensis*, éd. A.

Dittrich et A. Spirk (Prague, 1830-46, 2 vols.); *Die Matrikel der Universität Köln*, éd. H. Keussen (Publikationen der Gesellschaft für Rheinische Geschichtskunde, 8, Bonn, 1928, 3 vols.); *Acten der Erfurter Universität*, éd. J. C. H. Weissenborn (Geschichtsquellen der Provinz Sachsen und angrenzender Gebiete, 8, Halle, 1881, 3 vols.); *Die Matrikel der Universität Leipzig 1409-1559*, éd. G. Erler (Codex diplomaticus Saxoniae regiae, 2. Hauptteil, 16-18, Leipzig, 1895-1902, 3 vols.); *Die Matrikel der Universität Rostock*, éd. A. Hofmeister (Rostock, 1899, 2 vols.); *Matricule de l'Université de Louvain t. i : 1426-53*, éd. E. Reusens (Bruxelles, 1903), *t. ii: 1453-85*, éd. J. Wils (Bruxelles, 1954); *Aeltere Universitäts Matrikel. ii,a: Universität Greifswald*, éd. E. Friedländer (Leipzig, 1893).

[29] A Paris, dans les livres des procurateurs et des receveurs de la nation anglaise-allemande, n'apparaissent, sauf exception, que les étudiants ayant passé les examens, baccalauréat et licence. *Liber Procuratorum Nationis Anglicanae-Alemanniae (Auctarium Chartularii Universitatis Parisiensis)*, i et ii: 1338-1466, éd. H. Denifle et E. Chatelain (Paris, 1894); iii: 1466-92, éd. C. Samaran et E. Van Moe, (Paris, 1935); *Liber Receptorum Nationis Alemanniae ab anno MCCCCXXV ad annum MCCCCX-CIV (Auctarium Chartularii Universitatis Parisiensis)*, vi, éd. L. A. Gabriel et G. C. Boyce, (Paris, 1964); *Chartularium Universitatis Parisiensis*, éd. H. Denifle et E. Chatelain (Paris, 1889-97, 4 vols.). Pour Bologne, *Acta nationis Germanicae universitatis Bonoiensis*, éd. E. Friedlànder et C. Malagola (Berlin, 1887).

[30]*Rep.*, 1 Rk, 6569.

[31] J.-Ph. Genet, 'Histoire sociale et ordinateur,' *Informatique et histoire médiévale, op. cit.*, 232.

[32] J. O. Ahrnung, *op. cit.*; T. Dahlerup, 'Studier i Senmiddelalderlig dansk kirkeorganisation,' *Kirkehistoriske Studier* (Copenhague, 1963), 2 Rk xviii, 81-176. Cette étude porte sur l'Officialité de Roskilde.

[33] Après 1409, à quelques exceptions près, le recrutement danois à Prague cessa: les Scandinaves, incorporés à la nation saxonne, quittèrent en effet l'université tchèque dans la foulée des maîtres allemands qui, lors de la sécession de 1409, émigrèrent vers la nouvelle université de Leipzig. Deux chanoines de Roskilde à Prague en 1412 et 1413: *Mon. Univ. Prag., op. cit.*, ii. 158.

[34] Ce pourcentage est amélioré à l'extrême fin de la période: sur les 21 chanoines mentionnés en 1493, 17 sont allés à l'université, soit 81%.

[35] Les matricules de l'université de droit couvrent la période 1372-1418.

[36] De H. Rashdall, *The Universites of Europe in the Middle Ages* (Oxford, nlle. éd., 1936, 3 vols.), à J. Verger, *Les Universités au Moyen Age* (Paris, 1973).

[37] Les statuts capitulaires danois n'exigent pas la poursuite d'études supérieures comme condition préalable pour postuler à un canonicat, mais au XIVe s., ils se préoccupent davantage d'assurer une formation universitaire aux chanoines. A. Roskilde, en 1310, la non-résidence est sanctionnée par la privation des revenus, *nisi . . . studii vel peregrinationis causa, aut pro nostro seu ecclesie nostre negotio. . .* (*Rep*, 1Rk, 907). Egalement, à Aarhus, en 1345 . . . *quod in studio generali per duos annos continuo stare et studere teneatur, nisi prius studuerat per totidem annos in studio memorato* (*Scriptores, op. cit.*, 439-42).

[38]*APD*, ii. 1279, 1303, 1304.

[39] Erfurt fut en réalité la première des universités allemandes proprement dites: en 1379, deux bulles successives de Clément VII fondèrent les quatre facultés traditionnelles. Mais les bulles, par les effets du Schisme commençant, furent bientôt considérées comme lettre morte, si bien qu'une seconde fondation fut nécessaire en

1389. C'est pourquoi je l'ai placée après Cologne, créée en 1388. Les matricules ne débutent que dans l'année 1395.

[40] Il y a évidemment plus de mentions que d'étudiants-chanoines, car ceux-ci fréquentèrent parfois plusieurs universités.

[41] A Paris, en 1419-21: Laurentius Olavi de Dacia, *Auctarium*, *op. cit.*, ii. 262, 17. Pour Prague, *supra*, note 33.

[42] Cologne: 1471-75, 20 inscriptions d'étudiants danois
1476-80, 10 inscriptions d'étudiants danois
1481-85, 20 inscriptions d'étudiants danois
1485-90, 27 inscriptions d'étudiants danois
Rostock, pour ces mêmes périodes: respectivement 57, 50, 49, 23 inscriptions et 43 de 1491 à 1495. Greifswald: 33, 25, 16, 47 inscriptions.

[43] Cologne, 1419-90, 156 étudiants danois; Erfurt, 97; Leipzig, 63; Rostock, 550.

[44] Peder Axelsen Thott à Leipzig en 1413 (Erler, *op. cit.*, i. 43, 23); à Heidelberg en juin 1419 (*Die Matrikel der Universität Heidelberg von 1386 bis 1662*, éd. G. Töpke [Heidelberg, 1884], i, n° 85); à Padoue en 1436 (*Acta graduum academicorum gymnasii Patavini*, éd. G. Zonta et G. Brotto [Padoue, 1922], n° 1098); à Bologne avant 1437 (*APD*. iii. 1802).

[45] J'ai tenté de dégager certains aspects de la *peregrinatio academica* dans E. Mornet, 'Le voyage d'études,' *op. cit.*

[46] L'obligation théorique de poursuivre un cursus à la faculté des arts avant d'entrer dans une des facultés supérieures n'étant pas toujours respectée, il est hasardeux d'assimiler d'une maniére générale une inscription en droit à une licence ès arts préalable.

[47] R. De Keyser, 'Chanoines séculiers et universités: le cas de Saint Donatien de Bruges (1350-1450),' *Les Universités à la fin du Moyen Age*. Actes du Congrès international de Louvain, 26-30 mai 1975, éd. par J. Paquet et J. Ijsewijn (Louvain, 1978), 584-97. Dans ce chapitre, il y avait 182 universitaires parmi les 282 chanoines, dont 89% (161) étaient diplomés. J. Pycke, 'Les chanoines de Tournai aux études, 1330-40,' *ibid.*, 598-613. 64% des chanoines étaient pourvus au moins de la maîtrise ès arts. H. Millet, *Les chanoines du chapitre cathédral de Laon, 1272-1412* (Ecole française de Rome, Rome, 1982), 87 et suiv. En 1409, 72 chanoines sur 82 sont passés par l'université; 44% ont poursuivi des études supérieures.

[48] W. Kisky, *Die Domkapitel der geistlichen Kurfürsten nach ihrer persönlichen Zusammensetzung im 14. und 15. Jahrhundert* (Quellen und Studien zur Verfassungsgeschichte des Deutschen Reiches, i. 3, Weimar, 1906). Des pourcentages tirés de cette étude ont été présentés par L. Santifaller, *Das Brixner Domkapitel in seiner persönlichen Zusammensetzung im Mittelalter* (Innsbruck, 1925). A Brixen, de 1300 à 1399, 11 gradués sur 130 chanoines; de 1400 à 1499, 67 sur 120 (*ibid.*, 132). A Bonn, 36% des 650 chanoines connus de 1350 à 1580 ont fréquenté une 'Hochschule'; 7,7% sont allés à la faculté de droit. On compte encore 4 médecins et 6 théologiens. D. Höroldt, *Das Stift Sankt Cassius zu Bonn von den Anfängen der Kirche bis zum Jahre 1580* (Bonner Geschichtsblätter, xi, Bonn, 1957), 196-98. Retenons que toute comparaison est évidemment relative car tous ces exemples sont chronologiquement différents et sont soumis à des conditions locales très diverses.

[49] Cela rapproche les chanoines de Roskilde de ceux de Bruges (au XVᵉ siècle) mais les éloigne des chanoines de Laon, qui préfèrent nettement le droit civil. De Keyser, *op. cit.*, 589; Millet, *op. cit.*, 90-91. Le choix dépend évidemment de l'usage

que les chanoines comptent en faire. C'est dans le dernier tiers seulement du XVᵉ siècle que le droit civil attire davantage les clercs danois, car il leur ouvre l'administration royale.

⁵⁰ A. Sällström, *Bologna och Norden* (Lund, 1957).

⁵¹ Exemples dans Erslev, *op. cit.*; *Liber daticus*, *op. cit.*, 127-31 et 139-41.

⁵² Navne Jensen Gyrstinge a été maître ès arts à Paris en 1399 (*Auctarium* i. 799, 32). Il a quitté Paris sans doute vers 1403. En 1414, il est nommé 'bac. decretorum' (*Diplomatarium Suecanum*, n. s., i. 58). Il est probable qu'il a obtenu ce grade à Paris. Oluf Jakobsen, inscrit à Erfurt en 1398 (Weissenborn, *op. cit.*, i. 54a8), est porté comme bachelier sur la matricule de Leipzig en 1409. Il devint maître ès arts de cette université la même année (Erler, *op. cit.* i. 2; ii. 91a). En 1418, il est nommé bachelier en décret (*APD*, ii. 1256).

⁵³ En admettant évidemment que ce premier contact ait été suivi d'un séjour quelque peu prolongé!

⁵⁴ Keussen, *op. cit.*, ii. 332, 45; *APD*, iv. 2986.

⁵⁵ Liste de 1367, *DD*, 3Rk viii, nᵒ 78.

⁵⁶ Encore faudrait-il distinguer parmi les bourgeois deux membres issus du grand patriciat urbain qui furent anoblis en même temps que leur famille en accédant à l'épiscopat: Bo Mogensen, évêque d'Aarhus en 1395, et Oluf Mortensen Baden, évêque de Roskilde en 1461.

⁵⁷ Cf. Mornet, '*Pauperes Scolares,*' *op. cit.*, 59 et suiv.

⁵⁸ Cf. *supra*, note 52; Friedländer, *op. cit.*, 26; 'Chronicon Skibyense restitutum,' *Scriptores*, *op. cit.*, 560.

⁵⁹ Sur la notion de noblesse, voir Mornet, 'Le voyage d'études,' *op. cit.*

⁶⁰ Liste de 1493, *Rep.*, 2Rk, 7470.

⁶¹ Cf. *supra*, note 37.

⁶² L. Helveg, *De Danske Domkapitler* (Copenhague, 1855); G. Johannesson, *Den skånska kyrkan och reformationen* (Lund, 1947); T. Dahlerup, *Det danske sysselprovsti i Middelalderen* (Copenhague, 1968).

SUMMARY

Preliminaries to a Prosopography of the Scandinavian Higher Clergy: the Roskilde Cathedral Chapter, 1367-1493

The constitution of a computerized data-base on the Scandinavian upper clergy from the fourteenth century to the Reformation confronts us with many methodological problems, stemming, first, from lacunae and heterogeneity in the available sources. These problems are studied in relation to the Danish cathedral chapter of Roskilde between 1367 and 1493, where a population of 188 canons has been identified. Local Danish sources have been used in conjunction with university records. The joint study (still uncomputerized) of three essential factors, i.e. the university cursus of the canons (universities of which they were members, degrees . . .), their social origins, and the stages of their ecclesiastical careers, leads to the conclusion that their studies, though by no means negligible (especially in law), did not provide qualifications sufficient to check the ever-increasing hold of the Danish aristocracy on chapter membership, especially the acquisition of higher posts in the ecclesiastical hierarchy.

'Versippung' als soziale Kategorie mittelalterlicher Kirchen- und Klostergeschichte

Klaus Schreiner

Liberale Verfassungstheoretiker des 19. Jahrhunderts sprachen abschätzig von 'Familienherrschaft,' um die 'Familienmässigkeit' des alteuropäischen Feudalsystems als Perversion des Freiheits- und Rechtsstaatsgedankens zu brandmarken. Was sich in der Vorstellungswelt freisinniger Denker als Kategorie des historischen Unrechts ausnahm, bildete im Mittelalter ein legitimes Strukturprinzip politisch-sozialer Systeme.

Im Bild der Familie begriffen mittelalterliche Gesellschaften die Ordnung ihres Zusammenlebens. Familiale Bindungen stifteten Loyalitäten, welche dazu beitrugen, soziale Handlungszusammenhänge zu festigen. Standesrecht, eine schicksalhafte Mitgift der Geburt, ebnete den Weg zur Ausübung von Herrschaft oder schloss davon aus. Abstammung machte hörig und frei. 'Familie,' ein grundlegender Faktor sozialer Ungleichheit, zählte zu jenen gesellschaftlichen Rahmenbedingungen, unter denen Kleriker und Mönche ihr Leben heiligen, ihre Umwelt verchristlichen wollten.

Gesteigerter Erwartungsdruck veranlasste Kirchen und Klöster, sich in ihren normativen und sozialen Ordnungen den Interessen und Wertvorstellungen von Familien, Gruppen und Ständen anzupassen. Hausgenossenschaft (societas domestica), die intensivste Form verwandtschaftlicher Zusammengehörigkeit, verpflichtete zur Sorge für Haus- und Familiengenossen. Diese Sorgepflicht erstreckte sich sowohl auf den Binnenbereich des Hauses als auch auf den Aussenbereich des kirchlichen und politischen Gemeinwesens. Ein solches Versorgungsdenken, das Haus und Öffentlichkeit gleichermassen umgriff, konnte insbesondere deshalb als sittlich unverdächtig erscheinen, weil es eine strenge Scheidung zwischen 'privater' und 'öffentlicher' Sphäre damals noch nicht gab.

Gleichwohl: Dem Ethos der Familie widersprach der christliche Amtsgedanke. Die kirchliche Amtsauffassung machte die Übernahme kirchlicher und klösterlicher Rollen von verallgemeinerungsfähigen ethischen und intellektuellen Qualifikationen abhängig, nicht von naturgegebenen Vorzügen, welche Herkunft zu vermitteln schien. Famil-

iengedanke und Amtsprinzip beinhalteten schwer miteinander zu verein-
barende Handlungsgrundsätze. Theologen, welche familiale Interessen-
wahrung als Ausdruck christlicher Haussorge rechtfertigten, beharrten auf
der sozialintegrativen Wirkung verwandtschaftlicher Beziehungen.
Kirchen-und Klosterreformer, welche der angeblich segenstiftenden Allianz
von Familiensorge und Kircheninteresse misstrauten, plädierten für famil-
ienunabhängige Stellen-und Ämtervergabe. Unabhängigkeit von Geblüt und
Geschlecht, argumentierten sie, befähige Kirche und Mönchtum, ihrem
Auftrag gerecht zu werden. Rücksicht auf Verwandte sei ihrem Wirken
abträglich.

Der Normenkonflikt ist evident. Familiale Entscheidungsregeln lagen
im Widerstreit mit Rechts- und Moralvorstellungen, die sich nicht mehr an
den Interessen naturwüchsiger Verbände orientierten, sondern auf allgemeinen Prinzipien aufbauten. Das Spannungsverhältnis zwischen
rivalisierenden Werten und Normen bedarf der Erklärung. Eine Annäherung
an das Problem soll in drei Arbeitsschritten versucht werden: Zunächst
kommt es darauf an, 'Versippung' als soziale Tatsache in den Blick zu
bringen. In dieser Absicht werden an ausgewählten Beispielen verwandtschaftliche Verflechtungen rekonstruiert, die während des Mittelalters
die Ämterbesetzung, Pfründenvergabe und personelle Rekrutierung von
Bistümern, Kapiteln und Konventen beeinflussten.(I) Im Anschluss daran
soll geklärt werden, in welcher Weise zeitgenössische Autoren das Verhältnis zwischen unpersönlichem Sacherfordernis und personengebun-
denem Familieninteresse zur Kenntnis nahmen und beurteilten. Welche
Einwände haben sie formuliert(II)? Welche Rechtfertigungen haben sie
vorgetragen (III)?

-I-

Ältere und neuere Kirchenhistoriker sprechen von 'Nepotismus,' um
päpstliche Verwandtschaftspatronage als moralisch suspekte Erscheinungsform kirchlicher Weltverstrickung zu kennzeichnen. Nepotismus, im
zeitgeschichtlichen Kontext betrachtet, erschöpfte sich allerdings nicht
allein in der Versorgung päpstlicher Nepoten mit Ämtern und Besitzungen
der Kirche, sondern diente überdies der Sicherung päpstlicher Herrschaft.[1]
Hinzu kommt ein weiteres: Nepotismus kennzeichnet nicht allein die
Rekrutierungsmechanismen des päpstlich-kurialen Herrschaftspersonals.
Verwandtschaft bildete auch in Klöstern und Bistümern eine Strukturform
kirchlich-monastischer Ordnung. Den 'bischöflichen Nepotismus,' wie er in
der senatorischen Aristokratie des spätantiken Galliens gang und gäbe war,
beschreibt Venantius Fortunatus mit dem lapidaren Satz: 'Venit ad heredem
pontificalis apex.'[2] Im frühen Mittelalter befanden sich Bischofsstühle
nachweislich über Generationen hinweg im erblichen Besitztum adliger
Sippen. Familiale Kontinuität charakterisierte vielfach die Nachfolgeord-

nung im frühmittelalterlichen Bischofsamt—ein Tatbestand, den neuere Wortprägungen wie 'Bischofsdynastie' oder 'Bischofsfamilie' zu umschreiben suchen.[3] Zeitgenossen bedienten sich der Wortverbindung 'genus sacerdotale,' um mit Hilfe eines theologischen Wertbegriffs die generationenübergreifende Verquickung von bischöflichem Amt und adligem Geschlecht angemessen zu erfassen. Das Psalmwort: 'Lasst uns als Erbe besitzen das Heiligtum Gottes' (Haereditate possideamus sanctuarium Dei), das der Psalmist gottlosen Fürsten als Kampfandrohung gegen Israel in den Mund gelegt hatte, verstand Peter von Blois (um 1130 bis um 1200) als Zustandsbeschreibung zeitgenössischer Domkapitel.[4]

Zeitgenossen des späteren Mittelalters registrierten mit kritischer Aufmerksamkeit, Wahl und Nachfolge eines Bischofs hätten den 'Eindruck einer erblichen Sukzession' (haereditariae successionis imago) gemacht.[5] Die Verflechtung von kirchlichen Ämtern mit Erbansprüchen von Familien weckte den Widerspruch kirchlicher Reformer. Sie brachten in Erinnerung, dass Gott, wenn er einen Menschen zu einem kirchlichen Amt berufe, auf die Person (persona) und ihre Fähigkeit (idoneitas) achte, nicht auf Reichtum (divitiae), Adel (nobilitas) und Geschlecht (progenies). Dem widerspreche jedoch die gegenwärtige kirchliche Praxis. Die ganze Sippschaft eines Elekten partizipiere an dessen Bischofswürde (tota parentela episcopatur) und verändere entsprechend ihren Namen. 'Wer zuvor Sohn des Schmiedes oder Sohn Peters genannt wurde, heisse nunmehr Neffe des Bischofs.'[6] Das geistliche Amt eines Familienmitgliedes steigere das Ansehen der Gesamtfamilie, die es bewusst darauf anlege, aus dem Bischofsprestige eines Blutsverwandten soziale und wirtschaftliche Vorteile zu ziehen. Söhne von Schustern, Badern und Bauern, bemerkten literarische Zeitkritiker des 15. Jahrhunderts, würden sich der Hoffnung hingeben, durch Priesterweihe und Pfarrpfründe ein 'Herr' zu werden, der müssiggehen und überdies noch seine Geschwister versorgen könne.[7] Bürgerliche Versorgungsinteressen, die innerhalb der städtischen Pfarrorganisation dauerhaft gemacht werden sollten, zeitigten 'Erbpfründenstiftungen,' sogenannte 'Blutsvikarien.'[8]

Ungleich stärker griff die verhaltensbestimmende Kraft verwandtschaftlicher Beziehungen dort Platz, wo nicht nur einzelne Bischofsstühle, sondern—wie in Domkirchen, Stiften und Abteien—ganze Kapitel und Konvente besetzt und rekrutiert werden mussten. Aus der grösseren Zahl der in knappen Zeitspannen neu zu vergebenden Stellen ergaben sich zwangsläufig mehr und bessere Möglichkeiten, um vertikale und horizontale Verwandtschaftsbeziehungen zu pflegen und auszubauen. Statutenmässig festgeschriebene Ahnenproben sicherten die Geschlossenheit standesspezifischer Lebenskreise.

Die Verbindung von Amt und Familie bestimmte vielfach die Rechtsform von Klöstern und Stiften—ein Tatbestand, den Wortverbindungen wie 'Mönchserbkloster'[9] oder 'Klerikererbstift'[10] begrifflich zu erfassen suchten. Frühmittelalterliche Klostergründer machten Abtswürde und Stiftsrektorat zum erblichen Besitztum ihrer 'parentela,' ihres 'genus nepotum.' Sie verbrieften, dass die als 'dominacio' oder 'ius proprietatis' verstandene Leitungsgewalt jeweils 'vinculo consanguinitatis' an Mitglieder eines bestimmten Geschlechtes (progenies) zu übertragen sei. Sie legten fest, dass zum Vogt nur ein Angehöriger der eigenen 'genealogia' genommen werden dürfe.[11] Stiftsherren und Mönche adliger Abkunft errichteten Gedächtnisstiftungen, die ihren Verwandten aus dem Laienstand Teilhabe an den Heilsgütern klösterlicher Kommunitäten verschaffen sollten.[12]

Verwandtschaftliche Beziehungen verbanden Stiftersippen und Gründerkonvente. Verwandtschaftliche Verbundenheit bestimmte die Reichweite von Reformen. In wirtschaftlichen Krisenzeiten suchten verarmte Mönche Zuflucht bei ihren 'reichen Verwandten' (amici divites). Je nach Interessenlage verengte oder erweiterte Verwandtschaft die Handlungsspielräume geistlicher Gemeinschaften. Spätmittelalterliche Reformer kritisierten den Familienegoismus bei der Vergabe klösterlicher Lehen; sie schärften mit gleichbleibender Hartnäckigkeit ein, dass die Pflege verwandtschaftlicher Kontakte die klösterliche Klausur zerstöre; sie führten Klage, dass Verwandte von Äbten und Mönchen das klösterliche Gastrecht missbrauchten; sie suchten zu verhindern, dass Mönche 'unter dem Vorwand von Elternliebe' (sub praetextu pietatis erga parentes) das Kloster verlassen und sich den Gefahren der Welt aussetzen. Die Präsidenten des Bursfelder Generalkapitels hielten es für einen schweren Verstoss gegen die klösterliche Lebensordnung, wenn Mönche im Einvernehmen mit ihren Äbten Eltern und Verwandte mobilisieren, um die Durchführung von Reformbeschlüssen zu vereiteln.[13] Familiale Fürsorglichkeit und standesgemässe Abgrenzung liessen Konvente und Kapitel entstehen, in denen Aussenstehende nur noch Zusammenschlüsse von Verwandten (conventicula de sanguinibus) erkennen konnten.[14]

Vergleichbare Erbmechanismen lassen sich auch im Bereich des spätmittelalterlichen Pfarrwesens ausmachen. Ehelosigkeit sollte die Erblichkeit kirchlicher Pfründen verhindern. Das im Spätmittelalter von Moralisten und Kanonisten vieldiskutierte Phänomen 'Priestersöhne' indiziert jedoch unzweideutig Prozesse der Selbstrekrutierung im Pfarrstand, konkret: Das Hauptkontingent des priesterlichen Nachwuchses stellten die Pfarrer selbst.[15] Daneben begegnet auch immer wieder die Tatsache, dass die Besetzung einträglicher Pfarreien zum Vorrecht von Familienverbänden wurde.[16] Durch Zugeständnisse an Interessen der gesellschaftlichen Umwelt sollte auch das Sozialgebilde Pfarrei gefestigt und gefördert werden.

-II-

Erst im Lichte reformerischen Nachdenkens erschien 'Versippung,' ein bis dahin weitgehend unbestrittenes Verhaltensmuster, als moralischer Defekt, als Verlust an authentischer Christlichkeit, als Hemmschuh kirchlich-monastischen Wirkens. Einwände und Bedenken gegen die Durchdringung von Kirchenorganisationen und Verwandtschaftssystem geben auf ihre Weise zu erkennen, dass Familien- und Verwandtschaftsgruppen Zugänge zu einträglichen kirchlichen Positionen vermittelten. Kritik an der Kirche und Mönchtum überwuchernden 'cognatio' verweist auf Familieninteressen, die darauf abzielten, die Lebenschancen gehobener kirchlicher Stellungen für Familienangehörige zu reklamieren und nach Möglichkeit unter diesen erblich zu machen.

Reformdenken machte sensibel für die Einsicht, dass eine Kirche, die frei sein will, auch ihre Unabhängigkeit gegen Umarmungen durch Familie und Sippe behaupten müsse. Mit dem Verlangen nach Kirchen- und Klosterfreiheit (libertas ecclesiae; libertas monasterii) waren Konzessionen an Familien- und Verwandtschaftsinteressen schlechterdings nicht mehr zu vereinbaren.

Im Lichte solcher Prämissen wurde die soziale Wirklichkeit der Kirche neu gesehen und neu definiert. Bernhard von Clairvaux (1091-1153) äusserte Bedenken, dass unmündige Neffen kirchlicher Amtsträger 'ob sanguinis dignitatem' in den Genuss kirchlicher Pfründen gelangen.[17] Johannes von Salisbury (um 1115-80) erinnerte an die Gegenwartsbedeutung des Propheten Michäas, der seinen Zeitgenossen eingeschärft hatte, dass sich Sion, die Stadt Gottes, 'nicht auf den Fundamenten von Blutsverwandten erbauen lasse' (in sanguinibus aedificari).[18] Peter von Blois (um 1130-um 1200) empfand es als ausgesprochenes Ärgernis, dass Familien 'haereditario jure' Kanonikate besetzten. Wo nämlich 'Erbschaft' (haereditas) herrsche, gebe es keine Spiritualität, keine 'gratia.'[19] Die bedenkenlos geübte Praxis, Kirchen- und Klostergut zur Versorgung von Nepoten zu benutzen, bezeichnete Giraldus Cambrensis (†1223) als 'pestis episcoporum et abbatum.' Zur Veranschaulichung seiner Kritik zitierte er das Beispiel eines Bischofs, der 'einfältigen und ungebildeten Neffen' zu kirchlichen Karrieren verhalf, gute und tüchtige Leute hingegen abwies.[20] Der Franziskaner Salimbene de Adam aus Parma machte Papst Nikolaus III. (1277-80) zum Vorwurf, dass er, den 'Offenbarungen seines Fleisches und Blutes' folgend, nicht weniger als drei Personen aus seiner Verwandtschaft (de parentela) zu Kardinälen kreiert habe. Einer von diesen sei sein Zwillingsbruder Jordanus gewesen, ein Mann von niedriger Bildung und gleichsam ein Analphabet (homo parve litterature et quasi laycus). Tausend Minderbrüder aus dem Franziskanerorden seien, was Bildung und Heiligkeit des Lebens anbetreffe (ratione scientie et sancte vite), weit besser für ein Kardinalat geeignet als die vielen Günstlinge, die 'ratione parentele' von Päpsten mit der Kardinalswürde begabt werden.[21] Bischof Rodericus von Zamora (1404-70), der Verfasser eines im späten 15. Jahrhundert verfassten und ins Deutsche übersetzten 'Sittenspiegels,' wollte von Bischofswahlen, bei welchen 'Fleisch und Blut' (caro et sanguis) weit mehr auszurichten vermögen als die

'Ordung der Gerechtigkeit und der Eintracht' (ordo justitiae et unitatis), lieber schweigen.[22] Geiler von Kaysersberg (1445-1510) meinte, reine Gesinnung, nicht 'carnalis aut socialis favor,' müsse bei Bischofswahlen die Entscheidung der Wähler bestimmen. In Wirklichkeit und in der Regel seien jedoch alle Wähler 'durch Bande blutsmässiger Verwandtschaft und Verschwägerung' (attinentijs consanguinitatis et affinitatis) so eng miteinander verwandt, dass keine Hoffnung bestehe, einen Bischof 'zur Ehre Gottes und zum Heile der Seelen' zu wählen.[23]

Theologische Literaten suchten mit Hilfe biblischer Exempel einsichtig zu machen, dass die Versippung unter Prälaten gegen die christliche Moral verstosse. Petrus Cantor (†1197), Kanonikus von Notre Dame, brachte die Brüder des ägyptischen Joseph in Erinnerung, die der Pharao wegen der Tüchtigkeit ihres Bruders erhöhen wollte; diese jedoch hätten entschieden abgelehnt und einhellig bekannt, sie seien Hirten, was sie auch bleiben wollten.[24] Der englische Dominikaner Johannes Bromyard (†um 1409) verwies auf Moses, der, obgleich er sehr viele 'consanguinei' hatte, dennoch die Wahl seines Nachfolgers Gott anheimstellte und nicht nach verwandtschaftlichen Rücksichten entschied (Num. 27, 15 ff.).[25] Der dominikanische Reformer Johannes Nider (um 1380-1438) erinnerte daran, dass sich bei der Apostelneuwahl Jesus für Matthias entschieden habe, nicht für seinen Verwandten Joseph. Petrus, mit dem ihn keine verwandtschaftlichen Bande verknüpften, habe er zu seinem Stellvertreter und Leiter der Kirche bestellt, Johannes hingegen, seinen Vetter (consobrinus), zum Beschützer seiner Mutter.[26] Äbte, so wurde von anderer Seite gesagt, die Klostergut an ihre Verwandten (parentes et cognati) verschleudern, würden Judas Iskarioth gleichen, der Christus in die Hände seiner Feinde überlieferte und von dem Johannes sagte, dass er ein Dieb war (Joh. 12, 6).[27]

Hinter dem Anspruch der Bibel blieb die soziale Wirklichkeit der Kirche weit zurück. Die skrupellose Verquickung von Familieninteressen und Kirchenämtern zeitigte Vorbehalte und Kritik, die mit Hilfe polemischer Metaphern und warnender Beispielerzählungen verbreitet wurden. Wilhelm von Auvergne (†1249) verglich in seinem Hoheliedkommentar den gegenwärtigen Zustand der Kirche mit dem Wagen Pharaons (Exod. 14, 25), der 'in den Abgrund der Reichtümer, Genüsse und der Sünde hinabgezogen wird.' Der 'Wagen der Kirche' fahre nämlich nicht mehr vorwärts, sondern werde von 'rückwärtsgehenden Pferden' zurück 'in die Vergangenheit' (ad posteria) gezogen. Das komme daher, weil zu den kirchlichen Ämtern nur schwache, rückwärtsgehende Pferde, d. h. 'pulli nepotulorum,' gewählt werden.[28] Der Dominikaner Stephan von Bourbon (†um 1261) machte sich ein Bild des vielgelesenen Guilhelmus Peraldus zu eigen, als er schrieb: Kanoniker seien Glucken, denen ihre Küken, d.h. ihre 'nepotuli,' getreulich in die Kapitel nachlaufen. Stephan selbst verglich die Kanonikerstifte mit 'Totenkarnern,' in denen es keine Gebeine, d.h. 'knochenharte' (ossei) tatkräftige Männer gäbe, sondern nur 'korruptes Fleisch.' Unter 'korruptem

Fleisch' verstand er Verwandte und Versippte, denen nicht Wissen und Tugend, sondern blosse Blutsverwandtschaft das Tor zu den Kapiteln öffne.[29] Ein spätmittelalterliches 'Speculum exemplorum' berichtet von einem Abt, der, als er im Sterben lag, seinen Mönchen auftrug, 'das sy seiner schwester sun der auch ain münich was zů ainem abt erwehlen solten nach seim tod.' Als jedoch der so Gewählte eines Tages im Klostergarten spazieren ging, hörte er aus einem Brunnen das Schreien der abgeschiedenen Onkelseele, die unter Seufzern stammelte: 'darumb das ich durch leipliche freunt geraten und gebeten hab das man dich zů aim abt welen solt, so můss ich unaussprechliche pein und marter leiden.'[30] Rodericus von Zamora überlieferte von der Strassburger Domkirche folgendes Exempel: Als sich dort einmal die Domherren um die Vergabe einer vakanten Pfründe in die Haare gerieten, weil der eine den Sohn seines Bruders, ein anderer seinen eigenen Sohn, ein dritter seinen Bruder zum Zug bringen wollte, habe einer der Kanoniker, ein Doktor der Jurisprudenz, folgenden Vorschlag gemacht: Wir besitzen einen Esel, der mehr als 20 Jahre dem Kapitel treu gedient hat und dem 'man billicher nach seinem verdienen die pfründe verleihen' solle.[31]

Über welche Mittel verfügten Kirche und Mönchtum, um verwandtschaftliche Verfilzungen, welche die Freiheit sachorientierter Entscheidungsprozesse erschwerten, zu verhindern oder zu beseitigen? Die Suche nach einer Antwort auf diese Frage verweist auf Erneuerungs- und Veränderungsmöglichkeiten kirchlicher und klösterlicher Reform. Reform bedeutete in der Welt des Mittelalters Wiederherstellung einer 'regula,' die nicht den Interessen von Familie und Sippe Rechnung trug, sondern verallgemeinerungsfähige Grundsätze christlicher Brüderlichkeitsethik zur Geltung brachte. Reform bedeutete aber auch immer den Versuch, die Verfassung von Kirchen und Klöstern so zu strukturieren, dass deren Handlungsautonomie gegenüber familialen Gruppenzwängen gewahrt blieb. Das konnte allerdings nur dann gelingen, wenn sich kirchliche und monastische Reformbewegungen spirituelle, ethische und rechtliche Prinzipien zu eigen machten, deren Verwirklichung Kirche und Mönchtum ein höheres Mass an Unabhängigkeit gegenüber ihrer Umwelt verbürgte. Es waren nicht allein asketische Erwägugen, welche Reformpäpste, Reformtheologen und Reformmönche des 11. Jahrhunderts veranlassten, den Klerus zu einem ehelosen Leben zu verpflichten; die zölibatäre Lebensform sollte gleichzeitig das Erblichwerden kirchlicher Ämter verhindern.[32] Verwirklichte Zölibatsforderungen bildeten eine wichtige Voraussetzung für die 'Bürokratisierung der Kirche' (Max Weber). Investiturstreit bedeutete deshalb sowohl asketische Disziplinierung des Klerus als auch Abschirmung der kirchlichen Amtshierarchie 'gegenüber den Solidaritätsimperativen und der genealogischen Erbmechanik, die dem Verwandtschaftssystem strukturell inhärent sind.'[33] Zum festen Bestand hoch- und spätmittelalterlicher Reformvorstellungen gehörte auch die Überzeugung, dass nur freie Wahlen ein Ausleseverfahren darstellen, das es ermöglicht, für den kirchlichen und monastischen Dienst Männer von Geist, Talent und Askese zu gewinnen. Das schloss jedoch nicht aus, dass auch Wahlverfahren von verwandtschaftlichen Rücksichten unterlaufen und korrumpiert werden konnten.

Herzog Wilhelm von der Normandie (1035-67) verlieh der Abtei St. Evroul das Recht der freien Abtswahl nur unter der Bedingung, dass nicht 'Liebe zu Freunden und Verwandten' (amicitiae aut consanguinitatis amor) die Voten der Wähler 'verderbe.'[34] Auch das Reformdekret der Konstanzer Konzilsväter 'über die Zahl und Art der Wahl von Kardinälen und die Eigenschaft der zu Wählenden' gibt zu erkennen, dass mittelalterliche Wahlgremien stets der Gefahr ausgesetzt waren, sich in Verwandtschaftskorporationen zu verwandeln. Von diesen war kaum zu erwarten, dass sie ihre Entschlüsse von verwandtschaftlichen Interessen freihielten. 'Blutsverwandte eines noch lebenden Kardinals bis zum 4.Grad einschliesslich' (consanguinei alicuius cardinalis viventis usque ad quartum gradum inclusive) sollten nicht ins Kardinalskolleg gewählt werden dürfen, auch nicht Versippte 'aus demselben Geschlecht, derselben Familie, demselben Haus oder demselben Verwandtschaftskreis.'[35]

Das ideale, von verwandtschaftlichen Konzessionen gereinigte Wahlprinzip suchten Theologen durch biblische Analogien zu vertiefen. Die jungfräuliche Empfängnis Mariens, hob Philipp der Kanzler (nach 1160 bis nach 1230) hervor, sei vorbildlich und verpflichtend für die Wahl von Prälaten. Rein und jungfräulich müsse deshalb 'die Kirche bei der Wahl eines Prälaten geboren werden.' Die Wahl kirchlicher Amtsträger dürfe nicht durch fleischliche Gebrechen korrumpiert werden, sondern habe 'durch den Heiligen Geist' (per Spiritum Sanctum) zu erfolgen, 'nicht durch Verwandtschaft' (non per cognationem), nicht 'durch Freunde und Hausgenossen' (per amicos et domesticos).[36]

Ein ordnungsgemäss gewählter Prälat müsse überdies in der Lage sein, sich in seinem Handeln über Blutsbande und verwandtschaftliche Vorlieben hinwegsetzen zu können. Wenn er Benefizien vergebe, dürfe der Grad der Blutsverwandtschaft keine Rolle spielen.

Kirchliche Synoden und klösterliche Reformer suchten durch Dekrete und Statuten der grassierenden Verwandtschaftspatronage entgegenzuwirken. Die 4. Lateransynode (1215) wandte sich nachdrücklich gegen den 'carnalitatis affectus,' von dem sich Prälaten bei der Vergabe von Pfründen gemeinhin bestimmen liessen. Das Konzil forderte 'Ehrbarkeit der Sitten' und 'wissenschaftliche Bildung' als unabdingbare Voraussetzung für den Empfang einer Präbende.[37] Das Generalkapitel der Zisterzienser vom Jahre 1275 kritisierte den Gruppenegoismus von Äbten, die nur noch Novizen aus ihrem Sippenkreis und ihrer Nation (de gente et natione sua) ins Kloster aufnahmen.[38]

Die Profess von Brüdern in ein und demselben Konvent bedurfte der ausdrücklichen Zustimmung des Generalkapitels. Der benediktinische Humanist und Reformabt Johannes Trithemius (1462-1516) sah deutlich die Gefahren, mit denen Klöster zu rechnen haben, wenn die Mehrzahl ihrer Konventualen der unmittelbaren Nachbarschaft des Klosters entstammten. Solche Mönche, gab Trithemius zu bedenken, seien stets geeignet, bei ihren Misshelligkeiten mit dem Abt die Unterstützung ihrer Verwandten zu suchen. Die Söhne des Adels würden sich auf die benachbarten Burgen ihrer Sippengenossen begeben, wo sie in Wort und Tat keineswegs regeltreu lebten.[39] Auf dem Provinzialkapitel der Benediktiner in Hirsau (1493) kritisierte der Tübinger Moraltheologe und Kanonist Konrad Summenhart die klösterlichen 'Sippschaftsklüngel' (conventicula de sanguinibus), die seiner Ansicht nach dadurch zustande kommen, dass Äbte ausschliesslich Blutsverwandte in ihre Konvente aufnehmen. Klostervorsteher, die in ihrem Handeln nur an ihre eigenen Verwandten denken, konfrontierte er mit der Unheilsverheissung des Apostels, wonach Fleisch und Blut das Reich Gottes nicht erben (1 Kor. 15,50).[40]

Im Erkenntnis- und Erfahrungshorizont kirchlicher und klösterlicher Reformer klafften Norm und Wirklichkeit weit auseinander. Deren Abstand verringerte sich, wenn im Zusammenhang mit klösterlichen Reformen Konvente gewonnen oder gezwungen werden konnten, ihr soziales und regionales Rekrutierungsfeld zu erweitern. Regionalismus und Versippung bedingten sich wechselseitig. Die Ausweitung des geographischen Einzugsbereiches führte zwangs-läufig zu einer Entflechtung verwandtschaftlicher Bindungen. Soziale Strukturveränderungen in der klösterlichen Umwelt trugen überdies dazu bei, familiale und ständische Exklusivitäten langfristig abzubauen. Das gilt nicht in der gleichen Weise für die soziale Zusammensetzung von Domstiften. Hochkirchliche Korporationen bewiesen im Gegensatz zu Klöstern ein erstaunliches Mass an sozialer Homogenität und familialer Kohäsion. Aber auch dieser Zustand bedurfte der Anerkennung. Der Druck, eine vornehmlich auf Geblüt beruhende Sozialverfassung rechtfertigen zu müssen, lenkte das Interesse auf Grundsätze herkömmlicher Familienethik. Diesen traute man zu, Versippung als Form kirchlicher Vergemeinschaftung überzeugend legitimieren zu können.

-III-

Die Ausbildung und Anwendung familienbezogener Normen verstand sich in der mittelalterlichen Kirche nicht von selbst. Nächstenliebe, wie sie Jesus gefordert hatte, entwertete die Verbindlichkeit naturwüchsiger Sippenbande. Glaube und Ethos der urchristlichen Gemeinde waren nicht familiengebunden, sondern auf universale Brüderlichkeit angelegt. Allgemeiner gesagt: Dem Christentum eignete von seinem Ursprung her ein 'universalistisches Strukturprinzip, welches Verwandtschaftsbeziehungen und

'Blutsbande' um so mehr zur Irrelevanz entwertet, je radikaler es geltend gemacht wird.'[41] Das christliche Liebesgebot machte keinen Unterschied zwischen familialen und ausserfamilialen Verhaltensnormen. Es sprengte die zeitübliche Trennung zwischen Binnen- und Aussenmoral, welche für eine am 'naturalis ordo' ausgerichtete Familienethik grundlegend war.

Eine Ethik, die den Nächsten, nicht den Verwandten ins Zentrum sittlichen Handelns rückte, schuf Verpflichtungen, denen sich nicht allein Laien sondern auch Kleriker und Mönche zu entziehen suchten. Die Prinzipien urchristlicher Gemeindereligiosität standen quer zu einer Kirche, die mit ihrer gesellschaftlichen Umwelt tausendfältig verflochten war. Kaum übersehbare Zugeständnisse an Familien- und Sippeninteressen kennzeichneten die kirchliche und klösterliche Praxis. Dessenungeachtet bedurften auch Abweichungen von der Norm der Legitimation. Auch ein Verhalten, das sich im Widerspruch zu urchristlichen Idealen eingebürgert hatte, bedurfte der Rechtfertigung.

Rechtfertigungsgründe stellten die aristotelische Ökonomik und Ethik bereit, desgleichen Ciceros Lehre von der Freundschaft, die im Mittelalter als Lehre von der Verwandtschaft rezipiert wurde. Die 'zůsammenfůgung vnd gůtwilligkeit,' hiess es in einem 'teutschen Cicero' des späten 15. Jahrhunderts, 'so auss dem blůt entspringt/verbindet die menschen mit liebe.' Paulus hatte in seinem Brief an Timotheus die Sorge für Hausgenossen (domestici) zu einer noblen Pflicht christlichen Glaubens gemacht (1 Tim. 5,8). Im Lichte einer solchen Auffassung fand auch der germanische Sippengedanke, der vornehmlich dem Sippengenossen, nicht dem in Not geratenen Nächsten Anspruch auf Rat und Hilfe zuerkannte, eine christliche Rechtfartigung.

Auf dem Hintergrund solcher Traditionen entwarfen mittelalterliche Theologen ihre Auffassung von der Notwendigkeit und Legitimität verwandtschaftsbezogener Fürsorge und Nächstenliebe. Augustinus sah in der Familie ein 'seminarium civitatis,' dessen Ordnung auch die Ordnung des Gemeinwesens bestimmen sollte. Die christliche Hausordnung verpflichtete zu Abstufungen im Erweis der Liebe. Insofern der Staat die Familie abbildete, erschien es rechtens, auch im 'öffentlichen' Bereich den 'naturalis ordo' zum Massstab gegenseitiger Hilfe zu machen.

Verwandtschaft bildete überdies ein Unterpfand des Friedens— ein Gedanke, den sich Thomas von Aquin (1225-74) zu eigen machte, um der Verwandtschaft unter kirchlichen Amtsträgern einen Sinn abzugewinnen. Miteinander versippte Prälaten, meinte Thomas, würden die kirchlichen Angelegenheiten mit grösserer Eintracht regeln als solche, zwischen denen keine verwandtschaftlichen Beziehungen bestehen.[42]

Die Auffassung des Aquinaten beruhte auf einem Konzept, welches menschliche Selbstliebe (amor sui) zu einer christlichen Tugend machte. Egoismus, d.h. 'ungeordnete Selbstliebe' (amor sui inordinatus), hielt Thomas für die Wurzel aller Laster; 'geordnete Selbstliebe' (amor sui ordinatus) hingegen, beteuerte er, entspreche dem 'ordo naturae,' dem es eigentümlich sei, dass Lebewesen, die naturgemäss handeln, ihr Handeln vor allem auf das ihnen Nähere und Verwandtere richten und sich stärker dem ihnen mehr Verwandten (magis propinquiora) zuwenden. Selbstliebe gebiete das christliche Liebesgebot (Mt. 22,39), wonach jeder Christ seinen Nächsten 'wie sich selbst' lieben solle. Weil aber der 'Verwandte gleichsam ein zweites Ich darstellt' (amicus est quasi alter ipse), sei Verwandtenliebe letztlich eine Form christlich gebotener Selbstliebe. Deshalb würden— 'ceteris paribus'—ichnahe Verwandte (magis conjuncti; magis propinqui) grössere Liebe verdienen als fernerstehende.[43]

Johannes Gerson (1363-1429), auf den Erwägungen seines Lehrers Thomas aufbauend, ging noch einen Schritt weiter. Er konstruierte eine förmliche 'lex naturalis' und 'lex divina,' welche die bewusst angestrebte Versorgung von Verwandten mit kirchlichen Benefizien rechtfertigen sollten. Die freie Verfügungsgewalt über den eigenen Besitz, argumentierte Gerson, stelle ein Naturrecht dar, das auch die 'lex civilis' garantiere. An kirchliche Schenkungen Bedingungen zu knüpfen, sei deshalb völlig legitim. Überdies sei es vernünftiger (consultius), die Nutzung seiner Güter verwandten Klerikern und Mönchen zu übertragen als fremden. Ein solches Vorgehen stehe im Einklang mit dem 'Gesetz Gottes,' welches der Apostel Paulus so formuliert habe: 'Jeder, der seine Angehörigen und Hausgenossen nicht versorgt, verleugnet den Glauben' (1 Tim. 5,8).[44] Desgleichen spreche die von Jesus geforderte Nächstenliebe für den Vorrang der eigenen Sippe. Das christliche Haupt- und Grundgebot, seinen Nächsten wie sich selbst zu lieben, rechtfertige den Schluss, dass die Nächstenliebe mit der Selbstliebe ihren Anfang nehme. Da Söhne und Töchter mit ihren Eltern 'ein Fleisch und Blut' bilden, seien sie eo ipso auch Gegenstand der von Christus gebotenen Selbstliebe. Diese richte sich primär auf die 'proximi genere' und verpflichte dazu, für Kinder, Brüder und Schwestern und sonstige Verwandte Schätze zu sammeln.

Gersons 'Schriftbeweis' weist Mängel auf. Selbstliebe, die im Neuen Testament als Mass mitmenschlicher Dienst- und Hilfsbereitschaft bestimmt wurde, betrachtete er, Thomas überspitzend, als konkrete Handlungsanweisung. Gerson entwickelte diese Auffassung in einer Schrift 'De nobilitate ecclesiastica.' Den Interessen des Adels diente auch die vorgetragene Rechtfertigung.

-IV-

Johannes Gerson verschaffte den Nutzniessern des kirchlichen Adelsprivilegs ein gutes Gewissen. Das Konstanzer Konzil hingegen, an dem Gerson massgeblich mitgewirkt hatte, verurteilte alle Formen nepotistischer Protektion.

Zwischen beiden Polen bewegte sich die Diskussion. Konservative

Denker verbanden die normative Kraft des Natürlichen mit Grundsätzen der biblischen, aristotelischen und scholastischen Haus- und Familienethik. Reformer redeten einer Entflechtung von Kirche und Familie das Wort. Den Äbten von Klöstern und den Vorstehern von Kirchen sollte es nicht verwehrt sein, ihre Verwandten zu lieben; verboten bleiben sollte ihnen jedoch, ihre Sippengenossen 'gegen Gott' (contra deum) zu begünstigen. Verwandtenbegünstigung habe nämlich zur Folge, dass den 'litterati' und 'iusti' jegliche Chance genommen würde, ihre Fähigkeiten und Fertigkeiten in den Dienst der Kirche zu stellen. Laienspiegler brachten das Wort des Kirchenvaters Ambrosius in Erinnerung, wonach die 'bruderschafft christi' grösser und bedeutsamer sei als die 'bruderschafft des geblûtes.'

In diesen Forderungen spiegelten sich Differenzierungsprozesse, von denen kirchliche, politische und wirtschaftliche Handlungsbereiche gleichermassen betroffen waren. 'Familie' wurde zu einem dysfunktionalen Element sozialer Systembildung.

Hoch- und spätmittelalterliche Kirchen- und Klosterreformer erblickten in der verwandtschaftsfreien Konstitution von Konventen und Kapiteln eine Grundvoraussetzung regelgerechten Lebens und Wirkens. Familiale Solidaritäten, so wurde von profanen Zeitgenossen gesagt, würden sachbezogene politische Entscheidungsprozesse verhindern und ökonomische Abläufe stören. Schichtmeister und Steiger, so hiess es in einer Annaberger Bergordnung von 1509, sollten 'uff einer tzechen nicht bruder ader vettern sein.'[45] 'Eynigkeit' zwischen Verwandten, die dem Bergwerk von Nachteil sein konnte, sollte vermieden werden. Während sich in der werdenden Manufaktur Berufsrollen von ihrer verwandtschaftlichen Einbettung lösten, machten stadtbürgerliche Zünfte aus der 'Geburt im Handwerk' einen Abgrenzungsmechanismus, um Gesellen, deren Vater nicht Mitglied einer Zunft war, den Zugang zur Meisterwürde zu erschweren. Der Traditionalismus der Zünfte sperrte sich gegen den 'Modernisierungsschub,' der auf eine Versachlichung der Sozialbeziehungen hinauslief. Insbesondere waren es graduierte Absolventen der Universitäten, welche die Vorzüge von Geburt und Verwandtschaft in Frage stellten.

Spätmittelalterliche Fürstenspiegler versicherten, dass sich Fürsten gegen das allgemeine Wohl versündigen, wenn sie, ihren 'privata commoda' Rechnung tragend, nur persönliche Verwandte mit öffentlichen Verwaltungsaufgaben betrauten. 'Verwandtschaft,' schrieb Erasmus von Rotterdam (1466/69-1536), 'mag den Frieden begünstigen, sie kann aber keinen dauerhaften Frieden gewährleisten.' Friede, der von Dauer sei, beruhe allein auf 'wahren Vernunftgründen' (veris rationibus).[46] Im Gegensatz dazu beteuerten spätmittelalterliche Staatstheoretiker, die 'Fülle von Verwandten' (copia consanguineorum; amicorum pluralitas) sei ein sicheres Unterpfand des Friedens.[47] Einer solchen Auffassung misstraute Erasmus und suchte deshalb persönliche Beziehungen durch sachliche Institutionen zu ersetzen.

Gesamtgesellschaftliche Tendenzen—die Versachlichung von Herrschaftsinstitutionen sowie die zunehmende Ausdifferenzierung familienunabhängiger Berufsrollen und Organisationsformen—mochten die Kirche in ihrem Verlangen nach Unabhängigkeit von familialen Interessen und Erwartungen bestärken. Gleichwohl: Die Tatsache, dass bis ins ausgehende 18. Jahrhundert die katholische Kirche als 'Medium zur Erhaltung des Adels' beansprucht werden konnte, verweist auf ein hemmendes Syndrom, welches die Kirche bei der Erfüllung ihrer zeitlichen und überzeitlichen Aufgaben behinderte: die Gleichzeitigkeit verwandtschafts- und institutionengebundener Ordnungsprinzipien. Die Säkularisation zerschlug das Adelsmonopol auf hohe geistliche Ämter, verursachte eine soziale Nivellierung des Klerus und ermöglichte so eine zentralistische Straffung geistlicher Autoritätsstrukturen. Bischöfe und Kleriker, die einkommensschwachen Schichten des Handwerker- und Bauerntums entstammten, waren weit mehr bereit, sich mit den Zielen der päpstlichen und kurialen Herrschaftsspitze zu identifizieren als standesbewusste Aristokraten. Dessenungeachtet wiesen Kardinalskolleg und kuriale Verwaltung auch noch in der zweiten Hälfte des 19. Jahrhunderts ein beträchtliches Mass an sozialer Homogenität auf.[48] In zentralen römischen Herrschaftsgremien galt damals immer noch das alteuropäische Prinzip 'Verwandtschaft.'

Während sich Klöster und Stifte im Spätmittelalter neuen sozialen Schichten öffneten und verwandtschaftliche Bindungen bei der Rekrutierung des klösterlichen Nachwuchses keine Rolle mehr spielten, erreichte während der frühen Neuzeit der Grad an Versippung in Erz- und Hochstiften eine bis dahin unerreichte Intensität.

Die von Familieninteressen diktierte Reichskirchenpolitik der Häuser Schönborn und Pfalz-Neuburg beleuchten diesen Tatbestand in aller Deutlichkeit und Schärfe.[49] Gefährdete familiale Existenzsicherung im weltlichen Bereich veranlasste den Adel, innerhalb der Hochkirche ein rigid gehandhabtes Ausschliesslichkeitsprinzip auszubilden. Für die Rekrutierung der geistlichen Elite waren vornehmlich Familienkonnexionen und vorgeschriebene Ahnenzahlen massgeblich, nicht durch Studium erworbene Fachqualifikationen. Manche Domkapitel gingen sogar dazu über, die im späten Mittelalter verbriefte Gleichrangigkeit von Adel und Bildung wieder aufzugeben.

-V-

'Versippung' als soziale Kategorie mittelalterlicher Kloster- und Kirchengeschichte lenkt das Erkenntnisinteresse sowohl auf die familiäre Herkunft klerikal und monastisch lebender Individuen als auch auf Verflechtungen zwischen Verwandtschaftssystemen und kirchlichen Sozialgebilden. Sie erschliesst Mentalitäten und Handlungsweisen von Konventen und Kapiteln; sie ist ein Gradmesser für die Durchsetzungskraft von Reformbestrebungen, die verwandtschaftliche Bindungen abbauen und eliminieren wollten, um die Handlungsfreiheit des Klosters zu erweitern und dem Gedanken christlicher Brüderschaft mehr Raum zu geben. Insofern käme es auch darauf an, prosopographische Untersuchungen für die Beantwortung reformgeschichtlicher Fragen zu nutzen.

In der unterschiedlichen Bewertung verwandtschaftlicher Beziehungen, soweit diese bei der Vergabe kirchlicher und klösterlicher Pfründen eine Rolle spielten, spiegelt sich die Rivalität konkurrierender ethischer Systeme—das Spannungsverhältnis zwischen Familienethik und familienunabhängiger Amts- und Pflichtenethik. In der historischen Realität bildete 'Versippung' ein Konstitutionsprinzip geistlicher Vergemeinschaftung. Ein wachsender Funktionsverlust des Verwandtschaftsprinzips bedingte sich einerseits aus innerkirchlichen Reformanstrengungen, andererseits aus gesamtgesellschaftlichen Differenzierungsprozessen, die auch Kirchen und Klöster als Teilsysteme der Gesellschaft erfassten und in diesen eine zunehmende Versachlichung der Sozialbeziehungen bewirkten.

ANMERKUNGEN

[1] W. Reinhard, 'Nepotismus. Der Funktionswandel einer papstgeschichtlichen Konstanten,' *Zeitschrift für Kirchengeschichte*, lxxxvi (1975), 145-85. Vgl. auch A. Esch 'Das Papsttum unter der Herrschaft der Neapolitaner. Die führende Gruppe Neapolitaner Familien an der Kurie während des Schismas 1378-1415,' *Festschrift für Hermann Heimpel zum 70. Geburtstag* (Göttingen, 1972, vol. 2), 713-800. Zum päpstlichen 'Nepotismus,' soweit er sich in Kardinalserhebungen niederschlug, vgl. D. Girgensohn, 'Wie wird man Kardinal? Kuriale und ausserkuriale Karrieren an der Wende des 14. zum 15. Jahrhundert,' *Quellen und Forschungen*, lvii (1977), 147 ff.

[2] Carm. 4,8,8, in: *Monumenta Germaniae Historica (MGH), Antiquitates* 4, 84.—Vgl. K. F. Stroheker, *Der senatorische Adel im spätantiken Gallien* (Darmstadt, 1970 [unveränderter Nachdruck der Ausgabe Tübingen, 1948]), 118.— Zum 'bischöflichen Nepotismus' in Kirche und Gesellschaft des spätantiken Gallien vgl. ebd. 74.

[3] Vgl. dazu E. Ewig, 'Milo et eiusmodi similes,' *Sankt Bonifatius: Gedenkgabe zum 1200. Todestag* (2nd ed., Fulda, 1954,), 414; K. Schmid, 'Über die Struktur des Adels im früheren Mittelalter,' *Jahrbuch für Fränkische Landesforschung*, xix (1959), 12.

[4] Quales sunt, in: *Migne, Patrologia Latina (MPL)*, ccvii, col. 1016. (Die Verfasserschaft des Peter von Blois an diesem Traktat ist umstritten.)—Zum damaligen 'abusus des klerikalen Nepotismus' vgl. L. Schmugge, *Radulfus Niger. De re militari et triplici via peregrinationis Iierosolimitane (1187-88)* (Berlin-New York, 1977), 50.

[5] Vgl. G. Rauch, *Pröpste, Propstei und Stift von Sankt Bartholomäus in Frankfurt: 9. Jahrhundert bis 1802* (Studien zur Frankfurter Geschichte viii, Frankfurt a.M., 1975), 259 u. Anm. 1534.

[6] Bernardinus Senensis [Bernhardin von Siena], 'Sermo 5 de rectoribus et

praelatis,' *Opera omnia, studio et cura PP. Collegii S. Bonaventurae edita*, (vol. 6, Florentinae ad Claras Aquas, 1959), 408.

[7] Vgl. D. Kurze, 'Der niedere Klerus in der sozialen Welt des späteren Mittelalters,' *Beiträge zur Wirtschafts- und Sozialgeschichte des Mittelalters. Festschrift für Herbert Helbig zum 65. Geburtstag*, ed. K. Schulz (Köln-Wien, 1976), 296.

[8] *Ebd.*, 51 f. und Anm. 51.

[9] O. G. Oexle, 'Bischof Ebroin von Poitiers und seine Verwandten,' *Frühmittelalterliche Studien*, iii (1969), 160.

[10] K. Schmid, 'Die Nachfahren Widukinds,' *Deutsches Archiv*, xx (1964), 2 ff., 33 ff.; ders. 'Religiöses und sippengebundenes Gemeinschaftsbewusstsein in frühmittelalterlichen Gedenkbucheinträgen,' *Deutsches Archiv*, xxi (1965), 63 f., 69.

[11] Schmid, 'Gemeinschaftsbewusstsein' (wie Anm. 10), 63 f.; Oexle, 'Bischof Ebroin' (wie Anm. 9), 159 ff.—Zur Erblichkeit der Abtswürde und der Vogtei vgl. auch J. Semmler, 'Traditio und Königsschutz. Studien zur Geschichte der königlichen monasterii,' *Zeitschrift für Rechtsgeschichte Kan. Abt.*, xlv (1959), 15 f. Zum Kampf der Hirsauer gegen die 'Erbvogtei' im Namen der 'Klosterfreiheit' vgl. H. Jakobs, *Die Hirsauer. Ihre Ausbreitung und Rechtsstellung im Zeitalter des Investiturstreites* (Kölner Historische Abhandlungen iv, Köln-Graz, 1961), 7, 15, 20, 31, 38, 97 f., 157 f, 164 ff., 225.

[12] Zum klösterlichen Totengedenken 'pro omnes propinquos et consanguineos vivos ac mortuos' (sic!) vgl. K. Schmid, 'Zur Problematik von Familie, Sippe und Geschlecht, Haus und Dynastie beim mittelalterlichen Adel,' *Zeitschrift für die Geschichte des Oberrheins*, cv (1957), 48; ders., 'Gemeinschaftsbewusstsein' (wie Anm. 10), 18-81; ders. und J. Wollasch, 'Die Gemeinschaft der Lebenden und Verstorbenen in Zeugnissen des Mittelalters,' *Frühmittelalterliche Studien*, i (1967), 365-404.

[13] Vgl. dazu den Beschluss des Bursfelder Generalkapitels vom Jahre 1531: 'Pervenit ad patres etiam praesidentes, quomodo nonnulli patres faciliter suos fratres emittunt ad parentes et amicos contra statutum ab omnibus patribus acceptum et decretum sub anno 1514 in Erfordia.' Vgl. P. Volk (Hg.), *Die Generalkapitels-Rezesse der Bursfelder Kongregation* (Siegburg, 1957, vol. 2), 7.

[14] Zum Begriff 'conventicula de sanguinibus' vgl. K. Schreiner, *Sozial- und standesgeschichtliche Untersuchungen zu den Benediktinerkonventen im östlichen Schwarzwald* (Veröffentlichungen der Kommission für geschichtliche Landeskunde in Baden-Württemberg, Reihe B, xxxi, Stuttgart, 1964), 135.—Zur Sache vgl. ebd. nach S. 331 Stammtafeln I und II 'Zur Versippung der Mönche.' Zur 'familiären Pfründenpolitik' im Speyerer Domstift zu Anfang des 15. Jahrhunderts vgl. neuerdings G. Fouquet, 'Reichskirche und Adel. Ursachen und Mechanismen des Aufstiegs der Kraichgauer Niederadelsfamilie v. Helmstatt im Speyerer Domkapitel zu Beginn des 15. Jahrhunderts,' *Zeitschrift für die Geschichte des Oberrheins*, cxxix (1981), 189-233.

[15] Vgl. Kurze, 'Der niedere Klerus' (wie Anm. 7), 289; ders., *Pfarrerwahlen im Mittelalter* (Köln-Graz, 1966), 200 mit Anm. 95, 508 f., 524.—Zur kirchlichen Rechtslehre des 14. Jahrhunderts, wonach nur der Papst durch Dispens gestatten darf, 'dass ein Priestersohn unmittelbar auf den Vater dessen Kirche erhält,' vgl. B. Schimmelpfennig, 'Zölibat und Lage der "Priestersöhne" vom 11. bis 14. Jahrhundert,' *Historische Zeitschrift*, ccxxvii (1978), 25, vgl. auch ebd. 34 ff., 38, 43 f.

[16] Vgl. E. Maschke, *Die Familie in der deutschen Stadt des späten Mittelalters*

(Sitzungsberichte der Heidelberger Akademie der Wissenschaften, phil.-hist. Klasse, Jg. 1980, 4. Abh., Heidelberg, 1980), 93.

[17] Tractatus de moribus et officio episcoporum, *MPL*, 182, Sp. 826.

[18] *Policraticus* VII, 19, ed. C. C. I. Webb, vol. 2, Oxford 1908, 169.—Mich. 3, 10 wird gleichfalls zitiert von dem Franziskaner Salimbene de Adam, um den Nepotismus von Papst Innozenz IV. (1243-54) zu kritisieren. Vgl. Reinhard, 'Nepotismus' (wie Anm. 1), 155.

[19] Quales sunt, II, 3, *MPL*, ccvii, col. 1016.

[20] Giraldus Cambrensis, *Gemma ecclesiastica, Rer.Brit. SS.*, xxii, 2, 296 f., 325. Vgl. Radulfus Niger, *De re militari et triplici via peregrinationis Iierosolimitane (1187/88)*. Einleitung und Edition von L. Schmugge (Beiträge zur Geschichte und Quellenkunde des Mittelalters 6, Berlin-New York, 1977), 50.

[21] Salimbene de Adam, Cronica, *MGH, Scriptores* 32, 170.

[22] Rodericus episcopus Zamorensis *Speculum humanae vitae*, (Argentorati, 1606), 321 f.; *Der Menschen Spiegel* von dem hochwürdigen Roderico von Hyspania, (Augsburg, 1488), f. 134ʳ.

[23] Oratio de electione episcopi (1506), *Sermones et varii tractatus*, (L., s. 1521), f. xxiᵛ.

[24] Verbum abbreviatum, *MPL*, ccv, col. 151.

[25] *Summa predicantium*, (Nürnberg, 1485), E [Electio] 2, 4.

[26] *Sermones de sanctis* (s.l. et a.), sermo 13.

[27] So der Melker Benediktiner Johannes von Speyer [eigentlich Johannes Wischler aus Freinsheim/Diöz. Worms] (1383-1456) in seinem Tractatus de proprietate vel de vitio proprietatis monachorum, Cod. Vindob. 3815, f. 74ᵛ-75ʳ. —Zur Biographie von Johannes Wischler vgl. H. Kraume, *Die Gerson-Übersetzungen Geilers von Kaysersberg. Studien zur deutschsprachigen Gerson-Rezeption* (Münchener Texte und Untersuchungen zur Deutschen Literatur des Mittelalters 71, München, 1980), 36 ff.

[28] H. Riedlinger, *Die Makellosigkeit der Kirche in den lateinischen Hoheliedkommentaren des Mittelalters* (Münster i. W., 1958), 244 Anm. 9.

[29] Etienne de Bourbon, *Anecdotes historiques* (Paris, 1877), 383.—Stephan von Bourbon zitiert zur biblischen Rechtfertigung seiner Kritik den Propheten Habakuk: 'Ve qui edificat civitatem in sanguinibus, et preparat urbem in iniquitate.'

[30] Speculum exemplorum, Hagenau, 1507, Dist. 3, 63. Übers. nach 'Der Seelen Wurzgarten,' Ulm, 1488, II, 2. Vgl. auch *An Alphabet of Tales. An English 15th Century Translation of the Alphabetum narrationum of Etienne de Besançon* (ed. M. M. Banks, London, 1904), 427, Nr. DCXL: 'Prelatus racione carnalitatis non debet eligi.'

[31] Speculum (wie Anm. 22) II, 19, 321; Spiegel (wie Anm. 22), f. 134ᵛ.

[32] Zum Kampf der Reformpäpste des 11. und 12. Jahrhunderts gegen die Priesterehe und für das Zwangszölibat, um auf diese Weise die Vererbung kirchlicher Ämter und von kirchlichem Besitz an Nachkommen verheirateter Priester zu verhindern, vgl. G. Denzler, *Das Papsttum und der Amtszölibat*, vol. i (Päpste und Papsttum 5, i, Stuttgart, 1973), 65 ff.; Schimmelpfennig, 'Zölibat und Lage der "Priestersöhne"' (wie Anm. 15), 12 ff.—Zur Bestimmung des Trienter Konzils vom Jahre 1563, 'dass der illegitime Sohn eines Priesters dem Vater nicht an derselben Kirche im Amt nachfolgen dürfe,' vgl. Denzler, ebd., vol. 2 (Päpste und Papsttum 5, ii, Stuttgart, 1976), 223.

[33] H. Tyrell, 'Familie und Religion im Prozess der gesellschaftlichen Dif-

ferenzierung,' *Wandel der Familie—Zukunft der Familie*, (ed. V. Eid und L. Vaskovics, Mainz, 1982), 28.

[34] Ordericus Vitalis, 'Historia ecclesiastica,' *MPL*, clxxxviii, col. 244.

[35] *Acta Concilii Constanciensis* (ed. H. Finke, vol. 2, Münster i. W., 1923), 635.

[36] J. B. Schneyer, *Die Sittenkritik in den Predigten Philipps des Kanzlers* (Beiträge zur Geschichte der Philosophie und Theologie des Mittelalters xxxix 4, Münster i. W., 1962), 42 und Anm. 22.

[37] *Decretal. Gregor.* ix,1.iii, Lit. V., 29; vgl. auch ebd. 1 iii, tit. xii.

[38] J. M. Canivez, *Statuta Capitulorum Generalium Ordinis Cisterciensis* (vol. 3, Löwen, 1933), 141.—Zur 'nationalen' Exklusivität spätmittelalterlicher Zisterzienserklöster vgl. neuerdings K. Militzer, 'Kölner Bürgersöhne im Zisterzienserorden. Die soziale Zusammensetzung rheinischer und polnischer Zisterzienserkonvente,' *Historisches Jahrbuch*, ic (1979), 161-95.

[39] *Opera pia et spiritualia*, (Moguntiae, 1604), 876, 881.

[40] *Tractatulus exhortatorius ad attendendum super decem defectibus virorum monasticorum* (defectus viii).

[41] Tyrell, 'Familie und Religion' (wie Anm. 33), 23.

[42] Thomas von Aquin, *Summa Theologiae*, ii-ii, qu. 63, art. 2.

[43] Ebd. i-ii, qu. 73, art. 1; qu. 77, art. 4; ii-ii, qu. 19, art. 6; qu. 31, art. 3.—Vgl. dazu R. Völkl, *Die Selbstliebe in der Heiligen Schrift und bei Thomas von Aquin* (Münchener Theol. Studien/System. Abteilung 12, München, 1956), 189 ff., 282 ff. R. de Weiss, *Amor sui. Sens et fonctions de l'amour de soi dans l'ontologie de Thomas d'Aquin* (Genève, 1977).

[44] 'Tractatus de nobilitate,' *Opera omnia*, ed. M. L. Ellies du Pin (vol. 3, Antwerpiae, 1766), Sp. 217 f.

[45] *Urkundenbuch der Stadt Freiberg in Sachsen*, ed. H. Ermisch (vol. 2, Leipzig, 1886), 510, Art. 40. —So auch in dem Entwurf einer Bergordnung Herzog Georgs von Sachsen für die Bergwerke am Schreckenberge (1499/1500). *Ebd.*, 482, Art. 27: 'Es sullen auff einer zcechen schichtmeister und steiger nicht vettern adir brüder sein.'

[46] Erasmus von Rotterdam, *Fürstenerziehung. Institutio Principis Christiani. Die Erziehung eines christlichen Fürsten*. Einführung, Übersetzung und Bearbeitung von A. J. Gail (Paderborn, 1968), 196.

[47] Konrad von Megenberg, *Ökonomik* (Buch ii), ed. S. Krüger (Monumenta Germaniae Historica 500-1500. Staatsschriften des späteren Mittelalters iii, 5, Stuttgart, 1977), 162.

[48] Vgl. Ch. Weber, *Kardinäle und Prälaten in den letzten Jahrzehnten des Kirchenstaates. Elite-Rekrutierung, Karriere-Muster und soziale Zusammensetzung der kurialen Führungsschicht zur Zeit Pius IX. (1846-78)* (vols. 1-2, Päpste und Papsttum 13, i und ii., Stuttgart, 1978).

[49] R. Reinhardt, 'Zur Reichskirchenpolitik der Pfalz-Neuburger Dynastie,' *Historisches Jahrbuch*, lxxxiv (1964), 118-28. Vgl. A. Schröcker, *Die Patronage des Lothar Franz von Schönborn (1655-1729). Sozialgeschichtliche Studien zum Beziehungsnetz in der Germania Sacra* (Beiträge zur Geschichte der Reichskirche in der Neuzeit 10, Wiesbaden, 1981). Zur Versippung an der römischen Kurie vgl. W. Reinhard, *Papstfinanz und Nepotismus unter Paul V. (1605-21). Studien und Quellen zur Struktur und zu quantitativen Aspekten des päpstlichen Herrschaftssystems* (vols. 1-2, Stuttgart, 1974).

SUMMARY

Kinship as a Social Category in Medieval Church and Monastic History

The paper deals with the question of how relationship influenced the formation and maintenance of ecclesiastical communities and the transfer of ecclesiastical offices.

First we try to reconstruct empirically the kindred complexity which decided at central points of action in the church (papacy, curia, episcopate, cathedral chapters, etc.) the succession of offices, the distribution of benefices and the recruitment of members (I). In addition, we attempt to show how medieval contemporaries realized the relationship ('consanguinitas, cognatio, parentela') as a social principle of structure, how they criticized it (II) and how they justified it (III).

During the early and central Middle Ages when the functioning of systems of political and ecclesiastical order depended chiefly on personal loyalties, relationship among clerical and monastic officials seems to be a particular guarantee for unanimous and charitable action. It was church and monastic reformers of the central and late Middle Ages who had other standards of value for the existing church and monastic structure who stressed that relationships were dysfunctional.

There was however a big gap between rule and reality. Churches and monasteries often yielded to the pressure of expectations and interests of noble and bourgeois families—a fact that also must be justified. Medieval theologians therefore tried to prove the natural necessity and the biblical legitimacy of special care for relatives. Discussion on the legitimacy or illegitimacy concerning relationships in transferring ecclesiastical or monastic offices did not only serve as a means to enforce the interests of family groups but it dealt also with the worth of two competitive ethical systems. Besides it should not be overlooked that social processes of differentiation which concerned equally ecclesiastical, political, and economic fields of action contributed to reduce gradually the importance of family and relationship for the formation of ecclesiastical communities and for the functioning of ecclesiastical government (IV). Relationship as a category of historical cognition refers to family origins of individuals living as clergymen or as monks; it makes comprehensible the mentalities and the practices of monasteries and chapters; it allows us finally to measure the efficiency of reforms which always tried to replace corporal relationship by spiritual fraternity.

Recent Prosopographical Research in Late Medieval English History: University Graduates, Durham Monks, and York Canons

R. B. Dobson

'History is the essence of innumerable biographies.' Although Thomas Carlyle's definition still provides the most famous justification for the prosopographical method, it must be said at once that neither he nor the great majority of English historians of the last century have been eager to practice what he preached. It was, after all, Thomas Carlyle himself who first gave utterance to the quintessentially sceptical English sentiment that 'you might prove anything by figures';[1] and the notorious if not always unjustified disinclination of the English historical profession to adopt modern quantitative methods will be sufficiently well known. Even in Great Britain, however, the last ten or fifteen years have witnessed some very fundamental changes of attitude: not only is there, at last, a Professor of Quantitative History in the country—Professor R. C. Floud of Birkbeck College, University of London—but there have appeared an increasing number of historical monographs and papers which are prosopographical in fact if not yet often in name. Admittedly, the very concept of prosopography is still comparatively unfamiliar to most British scholars, to such an extent that the word itself fails to appear in the most widely acclaimed new English dictionary to have been published in recent years, *Collins Dictionary of the English Language* (1979). Indeed, although employed by a number of sixteenth and seventeenth-century writers (and in particular by Raphael Holinshed, the most influential of all Tudor historians) to signify the study of an individual's personal appearance, the word 'prosopography' seemed to have become completely obsolete in England only two generations ago.[2] I confess to having first encountered the advocacy of 'prosopographical methods,' so called, as recently as nine years ago in an essay written by the late Mr. John Cooper of Trinity College, Oxford.[3] In this I was undoubtedly remiss, for there can be little doubt that, to all intents and purposes, both the name and the methodology of prosopographical research were introduced into British historical circles as long ago as 1939 by Professor R. Syme's *The Roman*

Revolution, that celebrated study of the establishment of the Roman imperial aristocracy by Augustus. In this seminal work Syme paid full tribute to the inspiration provided by 'the numerous prosopographical studies of the German scholars, Münzer, Groag and Stein':[4] it is accordingly a pleasure to acknowledge here the modern English prosopographer's indirect debt to German scholarship.

However, the most important starting-point, for both the medieval and modern English historian, in the development of English prosopographical studies has to be traced back beyond Syme to the work of the late Professor Sir Lewis Namier (1888-1960), still, perhaps, the most controversial figure in the complex course of twentieth-century British historiography. If we accept Mr. Peter Burke's recent definition of prosopography as 'the study of collective biography, usually but not necessarily the biography of elites such as peers or members of parliament,'[5] then the publication of Namier's two greatest works, *The Structure of Politics at the Accession of George III* (1929) and *England in the Age of the American Revolution* (1930) marked the effective birth of that study in the British Isles. When he began work on the former of these books, Namier self-confessedly 'tried to find out everything he could' about every individual member of the English parliament of 1761 and only then to examine 'how they consorted together' (in a quotation from Aeschylus he used as the motto for his volume). It is still hard to think of a more explicit and satisfactory statement of the prosopographical ideal. Nevertheless, English historical opinion was immediately divided, as it still is, on the question of whether or not such an approach could replace more traditional and 'ideological' methods of explaining eighteenth-century English politics. Namier did not, of course, live long enough to need to express an opinion as to the additional illumination which statistical and quantitative methods might shed upon his own collective biographical approach; but even twenty years after his death it probably remains true to say that English historians' reactions to Namier's high claims for his new methodology tend to dominate general debate on prosopographical issues. Although the once common criticism that Namier 'took the ideas out of history' is rarely heard these days, even his foremost English disciple, Professor John Brooke, has conceded that his mentor set an unduly low value on human achievement of any sort. On the other hand Namier's post-Freudian revelation that the reasons members of the English parliamentary commons gave for their actions were consciously or unconsciously designed to disguise their more fundamental attitudes and objectives has proved a permanent legacy. So too has his belief that the history of the personnel of the English parliament might prove a *sine qua non* for the full understanding of the political history of his adopted country. The biographical studies meticulously prepared by successive generations of research scholars for the *History of Parliament* are clearly the most expensive, sustained, if as yet incomplete, examples of collective *Personenforschung* in British history.[6] Even before the publication of all the long-awaited medieval volumes of the *History of Parliament* project, however, it is becoming increasingly apparent that the prosopographic method has much to offer the historian of fourteenth- and fifteenth-century English society. Although I shall concentrate here on two examples of late medieval clerical elites, mention could certainly be made, for example, of Dr. Nigel Saul's recent *Knights and Esquires: The Gloucestershire Gentry in the Fourteenth Century* (Oxford, 1981). Despite their singular and distinctive importance in English social, economic, and political development, the knights and esquires of late medieval England have left to posterity only the very occasional archive of their own. All the more impressive is Dr. Saul's success in producing the first modern systematic study of the gentry in one of England's thirty-seven medieval counties. This is a work which has already exposed the fallacies that underlie some of the bold generalizations and hypotheses currently in vogue but which are, in fact, based on a handful of isolated and unrepresentative individual case studies. Despite the intense research recently devoted to the social impact of the Hundred Years' War on English society in the reign of Edward III, it is clear that only a small proportion of the Gloucestershire gentry made an active profession of warfare in this period.[7] Much more attention has been paid by the last generation of English medievalists to the collective biographies of that smaller and more readily definable group, the aristocracy of the later Middle Ages. Indeed the late Mr. K. B. McFarlane's posthumous and deservedly acclaimed *The Nobility of Later Medieval England* poses, more acutely than any other work, the possibilities as well as the limitations inherent in the prosopographical method when applied to late medieval English sources. McFarlane's conclusions were based on the most searching and wide-ranging knowledge of the surviving records of the late medieval nobility to have been achieved by any English scholar of any period; at the same time, he himself came to believe that 'prosopographical methods were less rewarding than he had originally supposed' and presented these Ford Lectures as a distillation of his impressions, 'drawing upon the facts as sparingly as possible and only by way of illustration.'[8]

Such a traditional approach naturally renders *The Nobility of Later Medieval England* vulnerable to the charge that it is, at times, a somewhat subjective treatment of its subject, most notably, perhaps, in the comparatively high premium set upon the educational and literary attainments of the lords of fourteenth- and fifteenth-century England. But McFarlane's disinclination to erect elaborate statistical conclusions on the foundations of uneven and fragmentary evidence may have been a wise recognition of reality. Certainly few of McFarlane's many disciples have been able to advance upon his own understanding of the late medieval English aristocracy as a whole; thus, the recent sophisticated political narratives of the reign of Henry VI by Professor R. A. Griffiths and Dr. B. Wolffe have immeasurably enhanced our knowledge of individual lords' personal involvement in the complex webs of Lancastrian governmental patronage and office without making the common mainsprings of their political attitudes and ambitions much less mysterious than they already were.[9] Paradoxically perhaps, the single most successful work of medieval English historical prosopography is devoted not to the landed nobility but to the governing elite of late medieval London. In her study of *The Merchant Class of Medieval London, 1300-1500*, Professor S. L. Thrupp had, of course, the advantage of examining a comparatively but not excessively small elite of well-documented and will-making burgesses who must indeed have 'consorted with one another.' Making the most of her varied sources, Professor Thrupp exposed for the very first time not only the geographical origins and the family interconnections of the late medieval merchant aldermen of London but also the common aspirations ('the idea of gentility') which made them so coherent and impressive an oligarchy. Over thirty years later the conclusions reached in this impressive study remain almost completely unchallenged and are only now being applied and tested in the case of the provincial towns of late medieval England.[10]

By contrast the application of prosopographical methods to the study of the late medieval English clergy has hitherto been hesitant and partial—with, perhaps, two notable exceptions, those of the medieval episcopal bench and the graduates of the two medieval universities of Oxford and Cambridge. Despite the famous beneficence of a long line of bishops of Winchester in particular—ranging from Henry of Blois in the reign of Stephen through William Waynfleet to Thomas Wolsey in the reign of Henry VIII—the affluence and political as well as ecclesiastical influence of the seventeen medieval English bishops has still not attracted all the emphasis it deserves: of the forty wealthiest sees in the whole of Christendom no fewer than twelve were in England, an astonishingly high proportion given the small size of the country.[11] Moreover, as remarkably few of the individuals who filled the episcopal bench of late medieval England have left any marked impression of their characters and personalities to posterity, they would seem to provide an ideal subject for collective biography. To that extent it has perhaps been somewhat regrettable that the study of the medieval English episcopate has usually taken the form of monographs on individual bishops, a very popular genre in twentieth-century English historiography but one which throws more light on diocesan administration and problems of political history than on the important issue of the overall contribution of these powerful men to the main currents of English religious life. A series of recent studies has, however, begun to redress this balance, culminating in Dr. Richard Davies's recent essay on the 128 bishops who held dioceses in England and Wales between 1375 and 1461.[12] Given the common assumption that prosopography is inherently prone to an excessively materialistic and often pessimistic orientation of human experience, not the least remarkable feature of Dr. Davies's study is that it emerges as an attempt to rehabilitate the fifteenth-century English bishops from the bad press they have continuously received since the days of Thomas Gascoigne. Despite the deficiencies of the evidence—only sixty-four of these 128 bishops have left surviving wills and of these wills only a half make mention of books other than works of practical devotional or liturgical use—Dr. Davies is persuasive in suggesting that the majority of late medieval English bishops 'had a broad taste in literary, cultural and intellectual matters.'[13] On the other hand, the bishops of Lancastrian England stand revealed by Dr. Davies, as by Dr. Helen Jewell's recently published study of the educational benefactions of the fifteenth-century episcopate,[14] as thoroughly conservative and traditional in most of their personal initiatives. Much more detailed and systematic pros-opographical enquiry is needed before one will be more certain that the highest levels of the pre-Reformation English clergy can indeed be exempted from a certain, however involuntary, *trahison des clercs*.

Of one important feature of the late medieval English episcopate, and indeed of the higher clergy as a whole, there can, however, no longer be any doubt: this was an elite increasingly, and by the end of the fifteenth century overwhelmingly, composed of university graduates from Oxford and Cambridge. It is, of course, precisely because the clerical establishment of pre-Reformation England can be almost completely identified with the most prominent products of England's two universities that the late Dr. A. B. Emden's remarkable and single-handed *Biographical Registers of Oxford* and *Cambridge* have become the fundamental works in the prosopography of the later medieval English clergy.[15] Accordingly it is all the more appropriate that the 22,000 or so individuals identified by Emden as alumni of Oxford (14,922 persons) and Cambridge (7,119 persons) Universities before 1500 should have been the subject of the most ambitious program of computeriza-tion yet applied to late medieval English history. It had long been recognized that the results of Emden's indefatigable researches would much benefit from a comprehensive subject-index to his various volumes; but in the early 1970s, and under the general supervision of Mr. Trevor Aston as Director of Research and General Editor of the forthcoming new *History of the Univer-sity of Oxford*, Emden's biographical notes began to be computerized with an ever-increasing technical skill. Perhaps the most novel feature of this computerization was the division of the long period between the foundation of the two universities in *c*. 1200 and the Reformation into 'generational' spans of twenty years each. It need hardly be said that the computerization of such variegated material raised some very intricate problems; but to many of us in England it seems unlikely that more sophisticated methodology will ever be able to seriously reverse the general conclusions based on this evidence produced by Mr. Aston himself in his two exceptionally important articles on the alumni of medieval Oxford and Cambridge.[16]

This author lacks the expertise to enlarge at length upon either the limitations or the strengths of the computerized approach to Emden's

Biographical Register;[17] but because of its significance as the most novel and important contribution yet made to the prosopography of the medieval English clergy, at least a few comments seem appropriate. In the first place the project must obviously stand or fall on the accuracy and comprehensiveness of Dr. Emden's own identification of England's unversity graduates. Here there is no serious cause for concern: by any standards, Emden's diligence in searching the unpublished as well as published ecclesiastical records of the English dioceses is remarkable. No doubt the list of addenda and corrigenda to the *Biographical Registers* preserved in the Bodleian Library, Oxford, will gradually accumulate in the coming years; and there can be little doubt, as ever in medieval English history, that the major discoveries of the future are likely to be found among governmental records preserved in the Public Record Office. Nevertheless Dr. Emden left no obvious source entirely uninvestigated, and even in the case of the quite exceptionally well-documented 'university monks' of early fifteenth-century Durham cathedral priory the present author was only able to add five new names to those noted by Emden.[18] What is at issue is, accordingly, not Dr. Emden's accuracy but the very uneven survival rate of the relevant ecclesiastical and university records. It is well known that the official records of the two universities are very unhelpful in the identification of their graduates until the appearance of Oxford's isolated Register of Congregation for 1448-63 and of Cambridge's sequence of Grace Books from 1454 onwards. For this and similar reasons it cannot be stressed enough that the proportion of the total student and teacher population of the two universities identified by Emden undoubtedly becomes 'progressively larger as time goes on and records improve.'[19] More serious still, and perhaps not quite sufficiently emphasized in recent studies of Emden's material, is the extent to which one's ability to identify university graduates is largely dependent on the vagaries of record survival in the English localities. To take only one example at random: thanks to the fact that most of the voluminous archives of Westminster Abbey still survive, it is possible to identify all, or almost all, Westminster monks who attended university in the fifteenth century; but at St. Mary's Abbey, York, the wealthiest English religious house north of the Trent, not a single obedientiary account roll is still extant, and the numbers of its community who were university students will always be a matter for conjecture. In these circumstances it is doubtful whether it is even safe to agree with Mr. Aston's cautious conclusion that the fifteen thousand or so alumni recorded in the three volumes of Emden's *Biographical Register of Oxford University to 1500* 'can hardly be less than about 15 per cent and is more likely to be about 20 or even 25 per cent' of the total actual members of that university. Not least, the subsequent researches of Mr. Aston himself, as well as of other scholars, is beginning to reveal that a much larger number of non-graduating, and therefore less likely to be recorded, students—

including more laymen—attended the two universities than used to be supposed.[20]

The paradoxical result of these limitations of the evidence is that the Emden computer project is proving more interesting in suggesting hypothetical patterns than in establishing statistical certainties. At times, Mr. Aston has been completely successful in adding powerful numerical ammunition to confirm an already familiar phenomenon, most obviously perhaps the striking, but still not adequately explained, expansion of the University of Cambridge during the last medieval century to such an extent that it had achieved approximate parity with Oxford by the Reformation. On other occasions, Mr. Aston's use of the computer has exposed clearly what one had long half-supposed: it now appears that, despite a prevalent English myth to the contrary, neither late medieval Oxford nor Cambridge University recruited at all substantially from continental countries. According to the records scrutinized by Emden, the two medieval English universities were attended by only seventy-five German scholars (fifty-four at Oxford and twenty-one at Cambridge) and eighty French visiting academics (seventy at Oxford and ten at Cambridge).[21] More surprising is the revelation that both Oxford and Cambridge Universities seem to have drawn their students very unequally from different regions of England itself. Contrary to expectations, inhabitants of northern England studied at the two universities in considerable numbers despite the fact that they lived 150 to 200 miles away from either Oxford or Cambridge; but it is even more intriguing to discover that, unless the evidence misleads, the richest and supposedly most articulate areas of England (London and the south-eastern counties) were apparently poorly represented at the two universities.[22] On occasion, also, the conclusions to be derived from the computerization of Emden's *Biographical Registers* can be used to cast doubt on historical theories based on other evidence: undoubtedly the best illustration here is the way in which Mr. Aston's two articles have failed to confirm Professor Guy Lytle's thesis that there was a serious 'crisis of graduate patronage' in the period between *c.* 1340 and *c.* 1430.[23] It is again something of a paradox that Mr. Aston's invaluable two articles seem to throw more certain light upon the problems of university graduate employment and preferment than upon the internal history of the two universities themselves.

Indeed, it could well be argued that at late medieval Oxford and Cambridge, as at most universities at most times, the comparatively large numbers of their students, the variety of purposes for which they came, and the diversity of the careers they later led, provide too varied and general a group of individuals for meaningful and illuminating analysis at a genuine prosopographical level. For that reason I shall now turn to more detailed comments on two separate types of religious community whose members, alike in being heavily influenced by exposure to university education at Oxford and Cambridge, did indeed 'consort together': first, the Benedictine monks of St. Cuthbert who comprised the cathedral chapter of Durham; and second, the residentiary element among the thirty-six secular canons who at any one time formed the chapter of the metropolitan cathedral church of St. Peter at York. These two very different cathedral chapters were the most powerful ecclesiastical corporations in northern England throughout the later Middle Ages; and both, but especially the prior and chapter of Durham, have left voluminous records of their communal activity to posterity. Thanks to the unbroken institutional continuity of the nine medieval English secular cathedrals through the vicissitudes of the Reformation, and thanks also to Henry VIII's comparatively peaceful transformation of the eight monastic cathedrals into secular establishments at the time of their dissolution as religious houses in 1539 and 1540, no communities of English clergy are as well documented as these cathedral chapters. Admittedly, little will ever be known for certain about the individual characters of the monks of Durham and the residentiary canons of York, but we are undoubtedly better informed as to their recruitment, their employment, their ambitions, and their interests than those of any comparable groups of men in fifteenth-century England except the members of similar cathedral chapters and, perhaps, Westminster Abbey.[24] The following small-scale comparative study may, therefore, be of some interest in suggesting what might (or might not) be achieved by the application of prosopographical methods to cathedral chapters other than those of Durham and York.

At almost any time during the period between 1400 and the Reformation, the monastic population at Durham remained remarkably stable at approximately seventy, of whom rather fewer than thirty were likely to be serving one of the monastery's eight daughter-houses. As there can be no reasonable doubt that the recruitment policy of the Durham community was a thoroughly conservative one, intended to replace every dead monk by a new one, it follows that this was in many ways a self-perpetuating corporation. The following remarks will, however, be confined to the 139 monks who made their professions at Durham between 1383 and 1446, an average of slightly more than twenty every decade.[25] In the first place, the very names of these monks as recorded in the Durham *Liber Vitae* which lay on the high altar of their cathedral church are themselves of some significance in illuminating the intractable issue of their geographical origins, perhaps the first step in trying to answer the by no means easy question of what manner of men the monks of late medieval England really were. As all but seven of the 139 Durham monks mentioned above shared the six commonest male Christian names in late medieval England (John, William, Thomas, Robert, Richard, and Henry) a second name was an essential aid to identification within the convent. Twenty per cent of the monks in this period retained an obvious family surname after entering the religious life, but the others all bore toponymics. Now it is certainly true that Dr. Peter McClure and other scholars have established that by the late fourteeenth century in the north of

England (and at least a generation earlier in the south) the hereditary transfer of surnames was rapidly becoming the norm, and for that reason it is unlikely that 'place-name surnames' can ever be regarded as a reliable guide to patterns of migration thereafter.[26] However, there can be no doubt that members of English religious communities were often given toponymic surnames in preference to alternative hereditary family names at a later date, a very famous example being the celebrated John Bostock, abbot of St. Albans (1420-40, 1452-65), universally known by the name of his native village, Whethamstede.[27] The toponymics of the Durham monks of the fifteenth century can accordingly hardly fail to give some impression, however imprecise, of their provenance.

A close scrutiny of the surnames of the monks of Durham suggests that at least two-thirds of these derived from the more densely populated villages in the central and eastern parts of the county of Durham. Ten per cent of the names relate to places in northern Yorkshire or in the border county of Northumberland, and only a small proportion of the names suggest an origin in Westmorland and Cumberland across the Pennines. As far as can be known, only one Durham monk—Thomas Rome who in 1408-09 received payments towards the expenses of a journey to Rome[28]—may have been of non-English stock, and there is no evidence at all that the community of St. Cuthbert at Durham ever recruited novices from either Scotland or England south of the Humber. The great majority of the Durham brethren were apparently drawn from a region within a radius of approximately thirty-five miles from the city of Durham itself. Such a conclusion is not in itself particularly surprising, and it could readily be paralleled in the case of all late medieval English religious houses for which evidence survives.[29] Neverthe-less, it seems worth making the point that heavily local recruitment must have reinforced the particularism and patriotic *pietas* which was such a dominant feature of the communal attitudes of Durham cathedral priory in particular and other English monasteries in general.

The voluminous records of the Durham muniments also throw impor-tant light on an even more important problem in the prosopography of late medieval monasticism—the social origins of the monk himself. Despite the extreme scarcity of direct references to the paternity of individual members of the fiteenth-century Durham community, there can be no reasonable doubt that the majority of the brethren came from the middle rather than the higher or lower ranks of rural and urban society. The prior and chapter were normally careful to ensure that all their novices met the canonical require-ments of being 'of free condition and born of a legitimate marriage.' Particularly instructive in this connection is the case of John Oll, a monk of Durham who was defamed as a man *servilis subjectionis* in 1446. Oll produced a great number of witnesses to prove that his family was allegedly 'among the best *valecti* of the barony of Brancepeth' a few miles away.[30] An interestingly large and perhaps increasing number of Durham monks was drawn from burgess stock, being related to merchant families or kinsmen of Durham city's own clerical and notarial family dynasties.[31] To use the contemporary terminology employed by fifteenth-century households themselves, the great majority of late medieval Durham monks were men whose family status was that of *valecti*, varlets or yeomen, rather than the superior *generosi* (gentle folk) or inferior *gromi*. The younger sons of the noble or knightly families which dominated political and social life in the late medieval palatinate of Durham (the Nevilles, Lumleys, Hiltons, Eures, and Elmedens) did not normally find their way into the community of St. Cuthbert. Future research may suggest that the social inferiority of the English monk, and even of the English abbot, to the English gentleman is a factor of fundamental importance to the history of the late medieval monastic orders; above all perhaps, it may help to account for the notorious ease with which almost all the religious of Tudor England acquiesced to their annihilation during the late 1530s.

Of all aspects of the prosopography of the monks of late medieval Durham it is, however, the holding of office within the convent which is much the most abundantly documented. Throughout the fifteenth century there were at least twenty-five separate monastic obediences at Durham, almost always held by different individuals, to be filled by the forty or so members of the community resident at the mother house. In addition to the eleven members of the convent required to produce annual accounts—the almoner, bursar, cellarer, chamberlain, commoner, feretrar, granator, hostillar, master of the infirmary, sacrist, and terrar—there were many others with responsibility for discipline in church and cloister.[32] It is evident that after his novitiate every Durham monk of reasonably sound health and mind could count on holding some office or other for most of his monastic career. The voluminous archives of the late medieval convent do, accordingly, indeed confirm the Elizabethan author of *The Rites of Durham* in his view that the monks of St. Cuthbert were 'never Idle;' but whether their lack of tranquillity was due to the 'writing of good and goddly wourkes' and the 'edifieinge of the people' rather than to the strains of administrative office is less than certain.[33] Like other major monasteries of late medieval England, the Durham community may have leased most of its demesnes and come to rely on a large number of lay officials and agents, but the management of their massive business corporation was still essentially directed by the monks themselves.[34] The implications of this compulsory commitment to office-holding for the practice of the religious life at Durham, as in other English religious houses, must have been positively immense. At one level it may have sometimes jeopardized the conduct of communal devotion, the *Opus Dei*, in the conventual choir; at another, it provided the religious of late medieval England with the opportunity to pursue a genuine 'career' or *cursus honorum* as well as to achieve an individual status and sense of responsibility. Although a prosopographical approach to human experience would no doubt have been anathema to St. Benedict himself, the evidence from fifteenth-century Durham leaves no doubt whatsoever that in practice the followers of his Rule can lend themselves exceptionally well to a collective biographical approach.

The Durham obedientiary accounts and other records also enable one to estimate, with more certainty than in the case of most late medieval religious or lay communities, the life patterns of the monks themselves. As at most large English abbeys and priories, the decease of a monk was commemorated by a payment (usually of ten shillings at Durham) to the poor as alms for his soul. The recording of these sums as expenses in the Durham bursars' account rolls accordingly makes it comparatively simple to establish the dates of death of the great majority of the monks there with a high degree of accuracy. Needless to say, and as in the case of all ranks of medieval society, it proves a good deal more difficult to ascertain the date of birth of the monks of St. Cuthbert. However, the eagerness of the prior and chapter to secure a papal bull from John XXIII in 1414 allowing them to dispense young members of their community to receive priest's orders at the age of twenty-two is only one of many indications that recruits to the monastery were usually admitted in their late adolescence: Richard Bell, the only fifteenth-century monk of Durham to become a bishop (of Carlisle, 1478-95) was apparently not yet seventeen when he made his profession as a monk of St. Cuthbert.[35] What is known for certain in the case of nearly every fifteenth-century Durham monk is the approximate date at which he entered the religious life; and as very few of the novices there failed to die as well as to live within the community, it is possible to calculate that the average length of the monastic life of the 139 monks who joined the community between 1383 and 1446 was approximately thirty-eight years.[36] On the previous assumption that these individuals are likely to have been younger than twenty years of age at the time of their profession, most Durham monks could therefore expect to live to at least their mid-fifties. At medieval England's premier monastery of Christ Church, monks also seem to have been ordained at an average age of seventeen to nineteen years; but there, perhaps because of a greater exposure to bubonic plague and other epidemic diseases, they apparently 'died at an average age of somewhat less than 50 years.'[37] Obviously enough, priors of the Durham cathedral chapter lived longer still, but it is nevertheless a surprise to discover from their obituary lists and other sources that the average age of death of the seven priors of Durham between 1341 and 1478 was only a little less than eighty years.[38] Will future research confirm one's suspicion that, whatever the other attractions of the religious life in late medieval England, its practitioners may have enjoyed a greater longevity than most other human communities of their age?

Such, in brief, are a few of the many themes which seem to emerge from the 'collective biography' of the Benedictine monks of Durham in the early fifteenth century. It is indeed somewhat ironical that general conclusions of this type are more easy to produce in the case of a closed monastic corporation, supposedly withdrawn from the world, than in that of the late medieval English *secular* cathedral chapters. Here, of course, the historian of the most powerful clerical elites in England after the episcopate itself is presented with the initial problem that the majority of the dignitaries and prebendaries who formed the chapters of the nine secular cathedrals were more or less completely non-resident. It was precisely because the cathedral canonries of later medieval England involved no cure of souls and could be held *in absentia* and in plurality that they served as the single most important economic agency for diverting local ecclesiastical wealth to the support of the comparatively small group of professional ecclesiastical administrators who actually operated the twin engines of English church and state.[3] Nevertheless, from at least the twelfth century the dangers of the complete erosion of a secular cathedral's very considerable wealth to the profit of absentee royal, papal, and episcopal administrators had been appreciated, and as a result there developed within the large and varied membership of the English cathedral chapters a much smaller number of canons who were compelled to be in residence for at least a substantial portion of each year. These residentiary canons were the only members of the secular chapters who were, once again, obliged to 'consort together'; and this biographical enquiry may perhaps fittingly conclude with a few comments upon the career patterns of the thirty-four individuals who protested their major residence in the metropolitan cathedral church of York between 1400 and 1500.[40] Their prosopography provides an even more illuminating contrast to that of the contemporary monks of the cathedral chapter of Durham than one might expect.

In the first place, the careers of these thirty-four residentiary canons of fifteenth-century York illustrate to perfection the theme of geographical and social *mobility*; at first sight at least, they seem to corroborate the view that the secular, unlike the monastic, church provided a career more genuinely open to talent than any other in late medieval England. Although in their last years the thirty-four canons identified themselves absolutely with the cathedral church of York and were nearly always to be buried there, they almost certainly included no native of York itself within their ranks. Insofar as they can be detected, most often through their elaborate wills and testaments, the geographical origins of these residentiaries were extremely dispersed. Perhaps a majority rather than a minority were born and bred south of the Humber. As most of York's residentiary canons had originally settled in the northern city by following in the wake of archbishops who had themselves been translated to York from other and usually southern sees, this is hardly surprising. Yorkshire itself naturally fostered more future residentiaries of York Minster than any other English county, but most of these, such as William de Kexby, Stephen Scrope, William Cawode, and John Selowe,[41] only returned to their native county after lengthy exposure to a university education at Oxford and Cambridge. It seems probable that the East Riding of Yorkshire, as befitted the most densely populated region in the entire north of England, produced especially large numbers of future residentiary canons of York Minster: thus Master Thomas Portington, Treasurer of the cathedral from 1477 to 1485, belonged to a gentry family from Portington (three miles north-east of Howden), and the parents of Master John Selowe, Precentor of York in 1436-39, lay buried in the parish church of Beeford in Holderness.[42] Several other York residentiaries derived from Lincolnshire, most notably, perhaps, Master William de Waltham, who in his will of February 1416 made the unusual request that 'my corpse should be buried in the (cathedral) church of Lincoln next to the tomb of my uncle Lord John de Ravenser.'[43] Many other York residentiary canons of the fifteenth century came from much further afield, probably the most distant of all being William Felter, dean of York from 1436 to 1451, who was the son of a John Felter, buried in St. Mary Redcliffe's Church, Bristol, whose family held land in Somerset.[44] Fifteenth-century York Minster, like the cathedral of Laon a century earlier, was evidently a central *lieu de rencontre* for ecclesiastical careerists from a very wide geographical area indeed.[45]

Much more difficult to establish, as in the case of the community of St. Cuthbert, are the social origins of the residentiary canons of York. However, several of the latter, such as Stephen Scrope, William Gray, Robert Booth, and Thomas Portington,[46] undoubtedly were the younger sons of aristocratic or knightly landed families in a way that the monks of Durham were not. The family backgrounds of the majority of the York residentiaries of the fifteenth century are admittedly more obscure, but this is an obscurity which derives from little but the absence of references to exalted lineage in their surviving wills. In discussing the difficult and neglected problem of the maintenance of scholars at Oxford and Cambridge in the later Middle Ages, Mr. Aston has recently taught us to beware the common assumption that the great majority of medieval secular students at the two universities 'came from fairly humble backgrounds.'[47] One would not wish to deny that the York residentiary canons owed their material success to proficiency at the university and in administrative careers thereafter; but future research is likely to reveal that without the benefit of a well-connected family origin they were less certain to have been able to grasp the vocational opportunities Oxford and Cambridge Universities had to offer. Moreover, sufficient clues survive to suggest that the single most influential of these blood relationships are likely to have been those with senior ecclesiastics already established in important offices and benefices. Thus John Kexby, Chancellor of York Minster from 1427 to 1452, was the nephew of Master John Kexby, residentiary at the same cathedral in the years before his death in 1410,[48] and Robert Bothe, dean of York from 1477 to 1488, found his illegitimate birth a positive advantage because it connected him with one of the most notorious clerical affinities of Lancastrian and Yorkist England.[49] Despite a prevailing myth to the contrary, it may well emerge that, as in late medieval France, the higher reaches of the English ecclesiastical establishment constituted *un monde relativement fermé où le jeu des relations était primordial*.[50] Even if such was equally the case at Durham, there the games of relationship and kindred were played at a much less exalted family level.

Not only did the social and geographical origins of Durham monks and York residentiary canons differ significantly, so too did their respective university experiences. Although the Benedictine monastery of Durham was probably unsurpassed in late medieval England for its ability to send large numbers of its members to Oxford (to Durham College itself), only a minority stayed there for more than three or four years, and all concentrated upon the academic study of arts and theology. By contrast, a very long—often as much as twenty years—period at either Oxford or Cambridge increasingly became a *sine qua non* for promotion to the status of a residentiary canon at York, and in this case it was canon law rather than theology that proved the regular if not the universal route to future distinction. Of the thirty-four residentiaries of the fifteenth century only seven are not yet known to have attended either Oxford or Cambridge universities, and the great majority were licentiates or doctors of canon law.[51] For men like these education at the two English universities was probably more 'vocational' than it was ever to be again. To judge by their collections of books, as alluded to in their wills, the residentiary canons of York must have been the most academically learned clerks in northern England. They were certainly among the most assiduous patrons of education in Yorkshire, and the will of Robert Wolveden (September 1432) is only one of many possible examples to demonstrate that the sons of local *generosi* were often committed to residentiary canons *causa eruditionis*.[52] Without disparaging the intellectual abilities of some members of the fifteenth-century monastic community at Durham, none of them could have matched the achievements of, for example, Master Richard Andrew. Successively a scholar of Winchester College and New College, Oxford, he was Henry VI's secretary and the first warden of All Souls College before he ended his life in residence as Dean of York (1452-77).[53]

It is, therefore, hardly surprising that the monks of Durham were much more reliant on the professional services of the canons of York than viceversa. Whereas the former's only responsibility was the spiritual and economic welfare of their own monastery, the canons of York cathedral supervised the administration—on behalf of the archbishop—of their diocese and province as a whole. After, and indeed often before, they severed their connections with Oxford and Cambridge, the future residentiaries of York can be traced following their strenuous careers in the episcopal registers and royal governmental records of fifteenth-century England. Indeed, it is imperative to stress that it was only after ten or fifteen years in the service of kings and bishops that these ecclesiastical administrators were likely to take the major step of protesting their residence at York Minster. Thus, to take a not untypical example, Master William Duffield had been the chaplain of Archbishop John Kempe for many years before he became a residentiary at York cathedral in 1439.[54] The effective membership of the cathedral chapter of York was in practice, therefore, a good deal older as well as smaller than that at Durham. Only two of the thirty-four fifteenth-century residentiaries of York ever abandoned the cathedral—William Gray and Robert Gilbert to become bishops of London in 1425 and 1436 respectively—and the average length of tenure of the remainder (10.5 years) was only a third of that of Durham monks. Moreover, as it is clear from a study of their careers that the senior ecclesiastical administrators who became residentiary canons at York did so at widely variable stages of their lives, calculations of their life expectancy as a group have less significance than in the case of the monastic community of Durham. Much more than the latter, the secular canons of York were a self-selecting elite, an elderly oligarchy of proven and attested administrative merit.

The differences between the clerks who served the cathedral churches of Durham and York were therefore inevitably immense. However, they were certainly alike in possessing the largest libraries in the north of England, in dominating much of the ecclesiastical life of their respective sees, and, above all, in the dedication and communal *esprit de corps* with which they served the purposes of their two cathedrals. No groups of clergy in later medieval England showed greater powers of *sang-froid* in the face of external aggression than did the canons and monks of its cathedral churches. Rarely at odds with one another in the fifteenth century, monks of Durham and canons of York were quick to resent any assault on their own liberties. Both chapters were similarly successful in keeping their respective bishops and archbishops at a comfortable remove and in maintaining the primacy of their cathedrals as mother churches in the north. For all these reasons one can only hope that future comparative prosopographical research may illuminate what seems to have been one of the more surprising features of the late medieval English church, the success of its major ecclesiastical corporations in retaining their cohesion and withstanding the aristocratic exploitation so much more common among the cathedrals and abbeys of Scotland, France, and, above all perhaps, the German *Reichsklöster*.[55] It has recently been argued that 'prosopography seems much better suited for tearing down old certainties than it is for erecting new superstructures of interpretation.'[56] In the case of the late medieval European clergy, perhaps its most fertile application is neither of these but rather the posing of new problems—not least for that as yet almost completely unwritten history of regional variation within the ecumenical church of medieval Christendom.

NOTES

[1] In his later writings Thomas Carlyle adopted what would now be regarded as a

positively anti-prosopographical attitude. See the familiar change of emphasis in 'no great man lives in vain. The history of the world is but the biography of *great* men' (*Heroes and Hero-Worship* [London, 1841], chap. 1).

[2] Raphael Holinshed, *The Chronicles of England, Scotlande and Irelande* (London, 1807), ii. 110. See *Oxford English Dictionary*, sub. 'Prosopography.'

[3] K. B. McFarlane, *The Nobility of Later Medieval England* (Oxford, 1973), xviii, xxxvii.

[4] R. Syme, *The Roman Revolution* (Oxford, 1939), Preface.

[5] *The Fontana Dictionary of Modern Thought*, ed. A. Bullock and O. Stallybrass (London, 1977), 503. See also L. Stone, 'Prosopography,' *Daedalus*, c (1971), 46-73.

[6] The English government provides a substantial annual financial grant for the preparation and eventual completion of the *History of Parliament* in a large series of one-hundred volumes. The series was inaugurated by the three volumes devoted to *The House of Commons, 1754-90* (H.M.S.O., 1964), edited by Sir Lewis Namier and John Brooke. The first and still the only published systematic prosopographical study of a medieval parliament is J. S. Roskell's *The Commons in the Parliament of 1422* (Manchester, 1954).

[7] See the recent review of Dr. Saul's monograph by Professor R. R. Davies in *History*, lxvii (1982), 476-77.

[8] McFarlane, *The Nobility of Later Medieval England*, xviii, 18.

[9] B. Wolffe, *Henry VI* (London, 1981); R. A. Griffiths, *The Reign of Henry VI* (London, 1981). The best short, but not prosopographical, survey of the subject is T. B. Pugh, 'The Magnates, Knights and Gentry,' in *Fifteenth-Century England, 1399-1509*, eds. S. B. Chrimes, C. D. Ross, and R. A. Griffiths (Manchester, 1972), 86-128.

[10] See, for example, J. I. Kermode, 'The Merchants of Three Northern English Towns,' in *Profession, Vocation, and Culture in Later Medieval England: Essays Dedicated to the Memory of A. R. Myers*, ed. C. H. Clough (Liverpool, 1982), 7-48.

[11] J. R. Lander, *Government and Community: England 1450-1509* (London, 1980); Chapter 4 ('Religious Life') provides an admirable summary of recent revisionism in this much studied field.

[12] R. G. Davies, 'The Episcopate,' in *Profession, Vocation, and Culture*, 51-89.

[13] *Ibid.*, 69. Note the complete absence of comment on this issue in the classic account of the late medieval episcopate in A. H. Thompson's *The English Clergy and their Organization in the Later Middle Ages* (Oxford, 1947), 1-39.

[14] H. Jewell, 'English Bishops as Educational Benefactors in the Later Fifteenth Century,' *The Church, Politics and Patronage in the Fifteenth Century*, ed. R. B. Dobson (Gloucester, 1984), 146-67.

[15] A. B. Emden, *A Biographical Register of the University of Oxford to A.D. 1500* (Oxford, 1957-59, 3 vols.); *A Biographical Register of the University of Cambridge to 1500* (Cambridge, 1963); *A Biographical Register of the University of Oxford, A.D. 1500-1540* (Oxford, 1974).

[16] T. H. Aston, 'Oxford's Medieval Alumni,' *Past and Present*, lxxiv (1977), 3-40; 'The Medieval Alumni of the University of Cambridge,' *Past and Present*, lxxxvi (1980), 9-86.

[17] See the article by R. Evans, *infra*, 381.

[18] R. B. Dobson, *Durham Priory, 1400-1450* (Cambridge, 1973), 351, n. 3.

[19] Aston, 'Oxford Alumni,' 5.

[20] Aston, 'Cambridge Alumni,' 25-26; R. L. Storey, 'The Foundation and the Medieval College, 1379-1530,' *New College, Oxford, 1379-1979*, eds. J. Buxton and P. Williams (Oxford, 1979), 18-20, 31-36.

[21] Aston, 'Oxford Alumni,' 21; 'Cambridge Alumni,' 35.

[22] Aston, 'Cambridge Alumni,' 28-34.

[23] G. F. Lytle, 'Patronage Patterns and Oxford Colleges, *c.* 1300-*c.* 1530,' *The University in Society*, ed. L. Stone (Princeton, 1975), i. 111-49. For the most recent contribution to this debate see R. N. Swanson, 'Universities, Graduates and Benefices in Later Medieval England,' *Past and Present*, cvi (1985), 28-61.

[24] See, for example, E. H. Pearce, *The Monks of Westminster* (Notes and Documents Relating to Westminster Abbey, no. 5, Cambridge, 1916), still the only systematic attempt to publish a register of all the brethren of a medieval English monastery. As at medieval Durham and Westminster, abundant material for prosopographic study of a monastic community survives at Norwich and Christ Church, Canterbury, as well.

[25] For further details, and references to the following paragraphs, see: R. B. Dobson, *Durham Priory, 1400-1450*, 51-80; and *Mynistres of Saynt Cuthbert* (Durham Cathedral Lecture, Durham, 1972).

[26] P. McClure, 'Patterns of Migration in the late Middle Ages: The Evidence of English Place-Name Surnames,' *Economic History Review*, 2nd ser., xxxii (1979), 167-82. See also P. H. Reaney, *The Origin of English Surnames* (London, 1967), and the forthcoming publications (of considerable importance for the future of English medieval prosopography) of the English Surname Project based at Leicester University.

[27] D. Knowles, *The Religious Orders in England* (Cambridge, 1955), ii. 193; Emden, *Biographical Register of Oxford to A.D. 1500*, iii. 2032.

[28] Dean and Chapter of Durham Muniments, Almoner's and Hostillar's Account Rolls, 1408-09.

[29] See, for example, R. B. Dobson, 'The Election of John Ousthorp as Abbot of Selby in 1436,' *Yorkshire Archaeological Journal*, xlii (1968), 38-39.

[30] Dean and Chapter of Durham Muniments, Miscellaneous Charters, nos. 1055, 1056; *Historiae Dunelmensis Scriptores Tres*, ed. J. Raine (Surtees Society, ix, 1839), cclxxx.

[31] A detailed study of the surviving wills of fifteenth-century English merchants is likely to suggest that it was not uncommon for their younger sons to enter a religious order: thus, Thomas Bracebridge, mayor of York in 1424-25, was father of an Austin friar and a canon of Guisborough Priory (Borthwick Institute of Historical Research, York, Probate Register 3, fols. 487-90).

[32] The meager selections edited by J. T. Fowler in *Extracts from the Account Rolls of the Abbey of Durham* (Surtees Society, ic, c, ciii, 1898-1901) are only a preliminary guide to the long series of unpublished obedientiary accounts still preserved at Durham.

[33] *The Rites of Durham*, ed. J. T. Fowler (Surtees Society, cvii, 1903), 88.

[34] At Fountains Abbey, England's wealthiest Cistercian monastery, it was similarly the case that 'estate administration remained firmly under the control of the monks themselves, despite the employment of lay officials.' See *The Fountains Abbey Lease Book*, ed. D. J. H. Michelmore (Yorkshire Archaeological Society, Record Ser., cxl, 1981), xxxv.

[35] Dean and Chapter of Durham Muniments, Locellus III, no. 21; R. B. Dobson, 'Richard Bell, Prior of Durham (1464-78) and Bishop of Carlisle (1478-95),' *Transactions of Cumberland and Westmorland Antiquarian and Archaeological Society*, new ser., lxv (1965), 183.

[36] Dobson, 'Mynistres of Saynt Cuthbert,' 19.

[37] J. Hatcher, *Plague, Population and the English Economy, 1348-1530* (London, 1977), 30. Dr. Hatcher is currently enlisting the aid of the computer in analyzing the Christ Church obituary book and ordination lists, the most interesting sources for monastic life-tables to survive from fifteenth-century England.

[38] *The Obituary Roll of William Ebchester and John Burnby*, ed. J. Raine (Surtees Society, xxxi, 1856), vii, xi, 64, 72; Dobson, 'Mynistres of Saynt Cuthbert,' 19.

[39] For that reason it was even more true of the late medieval English secular cathedral than of its French counterpart that by the fifteenth century it had become less *une communauté de vie* than a *communauté d'intérêts*; see H. Millet, *Les Chanoines du Chapitre Cathédral de Laon, 1272-1412* (Ecole Française de Rome, lvi, 1982), 247. See also R. B. Dobson, 'The Later Middle Ages, 1215-1500,' in *A History of York Minster*, ed. G. E. Aylmer and R. Cant (Oxford, 1977), 45; and K. Edwards, *The English Secular Cathedrals in the Middle Ages* (2nd ed., Manchester, 1967), *passim*.

[40] The names and dates of these thirty-four men are listed in R. B. Dobson, 'The Residentiary Canons of York in the Fifteenth Century,' *Journal of Ecclesiastical History*, xxx (1979), 174.

[41] The relevant details may be found in Emden's *Biographical Registers* except in the case of Master William Kexby, for whose career see: *Testamenta Eboracensia*, iii, ed. J. Raine (Surtees Society, xlv, 1865), 43-44.

[42] *Calendar of Entries in the Papal Registers Relating to Great Britain and Ireland: Papal Letters*, ed. W. H. Bliss and J. A. Twemlow, 13 vols. (London, 1893-1955), xiii. 821; York Minster Library: Dean and Chapter Probate Register, 1, fols. 246v-247.

[43] *The Register of Bishop Philip Repingdon, 1405-1419*, iii, ed. M. Archer (Lincoln Record Society, lxxiv, 1982), 128; *Testamenta Eboracensia*, iii. 55.

[44] 'Documents Relating to Visitations of the Diocese and Province of York, 1407, 1423,' ed. A. H. Thompson in *Miscellanea* (Surtees Society, cxxvii, 1916), ii. 294.

[45] Millet, *Chanoines de Laon*, 317.

[46] It can be no coincidence that these and other socially well-connected residentiaries of York tended to hold the three richest prizes the cathedral had to offer—the Deanery, Treasurership, and Archdeaconry of Richmond.

[47] Aston, 'Cambridge Alumni,' 40-51.

[48] 'Documents Relating to Visitations,' 296.

[49] *Calendar of Papal Letters*, xiii. 6; Emden, *Cambridge*, 77-80.

[50] Millet, *Chanoines de Laon*, 311.

[51] Dobson, 'Residentiary Canons of York,' 156-59.

[52] *Testamenta Eboracensia*, iii. 91-92.

[53] Emden, *Oxford*, i. 34-35.

[54] York Minster Library, Chapter Act Book H2/2, fol. 43v; *Calendar of Papal Letters*, vii. 472.

[55] See, for example, P. Schmitz, *Histoire de l'Ordre de Saint Benoît* (Maredsous, 1942-56), vol. iii; F. Rapp, *L'Eglise et la Vie Religieuse en Occident a la fin du Moyen Age* (Paris, 1971), 211-20.

[56] J. L. Gillespie, 'The Forest and the Trees: Prosopographical Studies and Richard II,' *Medieval Prosopography*, i,1 (1980), 13.

RÉSUMÉ

La recherche prosopographique récente en histoire anglaise: diplômés universitaires, moines de Durham et chanoines d'York

En dépit de l'influence profonde exercée par feu Sir Lewis Namier et la monumentale entreprise de l'histoire du Parlement, les médiévistes anglais ont habituellement répugné à mettre trop d'espoir dans la méthode prosopographique: en fait, l'exemple le plus remarquable et unique d'une telle approche pour l'Angleterre du XIVe et du XVe siècle est probablement encore *The Merchant Class of Medieval London, 1300-1500*, du Professeur Sylvia Thrupp, oeuvre d'une américaine qui date donc d'il y a aussi longtemps que 1948. Néanmoins, aucun groupe social de l'Angleterre de la fin du Moyen Age, qu'il s'agisse des marchands, de la gentry ou même de la noblesse, ne tend à être aussi riche de sources que le haut clergé. Les deux récentes analyses informatisées de Mr. T. H. Aston du contenu des *Biographical Registers* des Universités d'Oxford et de Cambridge de feu le Dr. A. B. Emden, ont eu pour conséquence paradoxale de permettre une meilleure connaissance de la structure des carrières de l'élite ecclésiastique anglaise que de la composition de la population universitaire elle-même. Mais pour ceux qui croient que la prosopographie est susceptible d'atteindre son efficacité maximale quand elle s'attache à l'étude d'individus se regroupant en collectivités, ce sont les membres des dix-sept chapitres cathédrales de l'Angleterre de la fin du Moyen Age qui offrent le plus fructueux champ de recherche future. Parmi les huit cathédrales monastiques du pays, la communauté de St. Cuthbert à Durham (restant remarquablement stable à un niveau d'approximativement 70 membres entre 1400 et la Dissolution) illustre un regionalisme intense qui découlait d'un recrutement parmi les familles de la paysannerie aisée ou de l'artisanat de la région environnante. Beaucoup plus variables sont les carrières des 36 chanoines séculiers de la cathédrale d'York, socialement d'un niveau supérieur, et dont l'élément résident devint de plus en plus réduit et forma les dirigeants du diocèse et de la province d'York. En comparaison, l'absence d'une forte composante aristocratique parmi les membres des chapitres cathédrales monastiques ou séculiers en Angleterre paraît atypique dans la chrétienté occidentale prise dans son ensemble: voilà seulement quelques exemples pour suggérer que l'utilisation la plus fertile des méthodes prosopographiques pourrait être de donner une consistance authentique à l'idéal très recherché mais souvent illusoire d'une histoire comparative.

ZUSAMMENFASSUNG

Neuere prosopographische Forschungen zur spätmittelalterlichen englischen Geschichte: Graduierte Universitätsabsolventen, Mönche aus Durham und Kanoniker aus York

Trotz des nachhaltigen Einflusses des verstorbenen Sir Lewis Namier und des monumentalen

Projekts der *History of Parliament* waren englische Mittelalter-Historiker im allgemeinen zurückhaltend im Umgang mit der prosopographischen Methode: Wahrscheinlich ist das erfolgreichste Beispiel für diesen Zugriff im Bereich der englischen Geschichte des 14. und 15. Jahrhunderts noch immer *The Merchant Class of Medieval London, 1300-1500,* das eine Amerikanerin, Professor Sylvia Thrupp schon vor langer Zeit, 1948, veröffentlicht hat. Jedoch ist für keine soziale Gruppe im spätmittelalterlichen England, weder für die Kaufleute noch die Gentry, ja nicht einmal für den Adel die Quellenlage so gut wie für den höheren Klerus. T. H. Astons unlängst publizierten zwei Computer-Analysen von A. B. Emdens *Biographical Registers* der Universitäten Oxford und Cambridge vermitteln paradoxerweise mehr Erkenntnisse über die Karrierestruktur der englischen geistlichen Elite als über die eigentliche Zusammensetzung der Studentenpopulation dieser Universitäten. Denjenigen, die glauben, dass prosopographisches Arbeiten dann am ertragreichsten ist, wenn eine Gruppe von Individuen mit gemeinsamer Lebensführung untersucht wird, sei gesagt, dass die Mitglieder der 17 Kathedralkapitel des spätmittelalterlichen England den aussichtsreichsten Untersuchungsgegenstand künftiger Forschungen bieten. Von den acht Mönchskathedralen des Landes ist die Gemeinschaft von St. Cuthbert in Durham, die eine bemerkenswert stabile Mitgliederzahl von ungefähr 70 zwischen 1400 und ihrer Auflösung kennt, ein Beispiel für eine deutliche Ortsbezogenheit, was sich an ihrer Zusammensetzung aus Angehörigen von Freisassen (yeoman) oder Handwerkerfamilien der Umgebung ablesen lässt. Von sehr viel grösserer Mobilität zeugen die Karrieren der sozial höhergestellten 36 Kanoniker der Kathedrale von York, deren residierende Mitglieder immer weniger wurden und denen eine wichtige Funktion bei der Ausbildung der führenden Persönlichkeiten der Diözese und der Provinz York zukam. Das vergleichsweise auffällige Fehlen einer starken adligen Komponente in der Mitgliedschaft beider Kathedralkapitel, sowohl in der Mönchs- als auch in der Klerikergemeinschaft, scheint untypisch für die ganze westliche Christenheit zu sein: Dies ist nur ein Beispiel unter vielen, an dem gezeigt werden kann, dass der gewinnbringenste Gebrauch prosopographischer Methoden darin liegen kann, dass er das vielerörterte aber oft trügerische Ideal einer vergleichenden Geschichtsschreibung auf eine solide Basis stellen kann.

Peasant 'Biographies' from Medieval England

L. R. Poos

In the early 1350s, the manorial court records of Great Waltham in Essex recorded a large number of land holdings the previous tenants of which had died during the Black Death. Many were not claimed by these tenants' heirs and thus were re-let to new individuals, in some cases on terms of cash rents for fixed periods instead of the customary labor obligations which had formerly applied. John Baronn, one of these previous tenants, died in the epidemic of 1349 holding only a cottage from the manor. In 1351 this cottage was granted to a certain Nicholas Mayhew whose origins are unknown since the record of this grant was his only appearance in this series of local court rolls. In a completely different category of legal records, however (criminal proceedings held later in the same year before Justices of the Peace in Essex), Nicholas Mayhew was indicted, along with his brother John, for stealing horses in Great Waltham and another village ten miles away in June and September 1350. Both men were subsequently hanged, and, although the cottage's next tenant cannot be identified in the surviving Great Waltham manor court rolls, the same manor's account for 1399, nearly half a century later, was still recording a penny's rent from the cottage 'formerly John Baronn's.'[1]

This same area of central Essex was in the very center of action during the most spectacular instance of popular unrest in medieval England, the Peasants' Revolt of 1381. The manorial court records of High Easter, approximately five miles west of Great Waltham, survive in a continuous series through the period of this revolt, and these court rolls betray no local incidents during the revolt's proceedings more serious than two cases of illegal pasturing, said to have taken place 'at the time of the rumor' (*tempore rumoris*). But this impression of relative quiet at High Easter is contradicted by a series of legal suits heard in the court of Common Pleas at Westminster two years later. Sir John Gildesburgh, a member of the Essex gentry and Speaker in the previous Parliament, possessed a small tenement in High Easter, and during the revolt a large number of insurgents broke into Gildesburgh's house and close, burnt his charters and muniments, and 'placed his men and servants in such fear of death that they dared not approach the said John Gildesburgh's tenements to work his land or tend his animals, whereby he lost the profits of his land and animals and the service of his servants for a long time.' In the suits pertaining to this incident, 103 allegeed participants were named, from thirty-five villages within a radius of twenty miles of High Easter. Three of these defendants were residents of High Easter itself, and their circumstances can be partially reconstructed from their appearances in the Easter manorial court rolls. They form a diverse sample of the local rural population. One, William Pecok, was probably aged about thirty-six in 1381, and probably never possessed more than a cottage and three acres of land; another, Geoffrey Smith, possessed about fifteen acres of land at his death in 1386 and had served as a juror in the manor court for two decades prior to the revolt; the third, John Roberd, died in 1388 holding about thirty acres of land and had acted as a chief pledge before 1381 and as township constable after the revolt. The three did, however, possess two traits in common which are pertinent to understanding their participation in this incident. All were either tenants of customary or unfree land or of unfree personal status, and the names of all three appeared among the list of taxpayers contributing to the 1381 polltax, whose collection is usually regarded by historians as among the most important of immediate provocations leading to the revolt.[2]

These two anecdotes will serve as useful introductions to the topics of this essay: the methodological and historiographical approaches of recent research into the lives of ordinary English villagers in the medieval period, and a description of one current project at Cambridge University which is applying computer techniques to the same problems. Both these examples involved constructing 'biographies' of individual peasants by record-linkage, the connection of each person's successive appearances in two or more, quite different categories of historical record. In both examples, the impression which any one category of record gives of an individual or an incident would have been, at best, incomplete, and, at worst, misleading, without complementary information from other record categories. Finally, in these cases it was the records of manorial court proceedings which provided the most basic information about the individuals concerned.

It has, accordingly, been manor court rolls which have attracted the greatest share of interest among historians, from the pioneering works of F. W. Maitland and G. C. Homans[3] to the most recent research dealing with the social history of medieval English villagers. Manor courts were franchises of jurisdiction which manorial lords held over their tenants. The authority which they exercised combined regulatory functions (governing the lord's interests in rent and labor services and other incidents of lordship as well as communal arrangements for agricultural practices), litigatory functions (providing a forum for litigation and conflict mediation among tenants and inhabitants of the manor), and petty criminal jurisdiction in the 'court leet' or 'view of frankpledge' (over a variety of minor criminal and quasi-criminal activity such as assaults, thefts, and public nuisances). Their surviving records, the earliest of which date from the middle of the thirteenth century, provide a wealth of detail about the activities of individual villagers. Recent examples of specific areas of enquiry from manor court rolls range from the regulation of communal cropping regimes, to the networks of interpersonal social dependency among villagers, to the operation of land-transfer markets by sales and leases and inheritance, relationships of creditors and debtors in the context of debt litigation among villagers, and the marital behavior of peasant women.[4]

Yet as Maitland, one of the earliest and still perhaps one of the most perceptive students of these records, remarked: 'How best to garner the great mass of information contained in the manorial rolls . . . is a grave question.'[5] By contrast with earlier work, such as that of Homans and H. S. Bennett,[6] which tended to draw anecdotal examples of certain categories of behavior from documentation for a large number of places, more recent research has tended to concentrate upon what may perhaps be called a more truly 'prosopographical' approach: intensive case-studies of particular manors with exceptionally complete surviving series of manorial court rolls, influenced in part by a parallel resurgence of interest in the social history of English rural communities of the post-medieval period.[7]

Much of the methodological and interpretational framework of this mode of research into medieval English village society was laid by Professor J. A. Raftis and his students at the Pontifical Institute of Mediaeval Studies at the University of Toronto.[8] These historians, working with the manorial court records of a number of villages within the estates of Ramsey Abbey, Huntingdonshire, have undertaken the reconstitution of village societies from court-roll evidence by indexing all the appearances of each individual in a given manor's records, reconstructing familial connections among villagers from genealogical information provided by the court rolls, and then classifying families into status or wealth groupings and analyzing differential behavior patterns between these groupings. The work of this 'Toronto school,' as these historians have come to be known, has drawn a certain amount of criticism on methodological grounds, some of it no doubt well deserved.[9] In quality and completeness of surviving documentation, these particular court-roll series are clearly inferior to those of many other localities worthy of study. More serious are the implications of certain features in the assumptions which have been employed in the process of reconstituting nominal linkage; surnames have been used extensively as the basis for familial reconstruction, while the assignment of status groupings, based upon such observed activities as tenure of local offices like jurorships or administrative positions within manorial institutions, has been applied to entire families over lengthy periods of time in an extremely deterministic manner.

One of the most strenuous critiques of the Toronto historians has come from Z. Razi, whose own work with manorial court records from the manor of Halesowen (Worcestershire) has nevertheless been phrased in strikingly similar terms, though admittedly with somewhat more rigorous methodological criteria.[10] In dealing with the interactions of families and individuals based upon differences in status or wealth rankings, Razi's research has not only followed that of the Toronto school's methodologically, but has echoed the latter in emphasizing the stratified and competitive nature of village social structures by compiling 'biographies' of individuals and families and comparing different groupings' patterns of property acquisition and interpersonal conflicts and dependencies. One of the most apparent differences between the two approaches, however, is explicitly ideological: Razi, following the interpretations of R. H. Hilton, has argued that these conflicts within strata of rural society were nevertheless secondary to the primary social gulf between peasant and lord, as evidenced by disputes of which the 1381 revolt is only the most spectacular example, while the Toronto historians' analysis has largely avoided touching upon the implications of seigneurial relationships.[11] In a perceptive review essay of E. Britton's *Community of the Vill*, perhaps the best of the village studies produced by the Toronto group, Keith Wrightson has noted (from the viewpoint of an early-modern historian) that these different aspects of conflict and collaboration at the village level need not be mutually exclusive: drawing upon Pitt-Rivers's concept of the 'ruling group,' Wrightson argues that groups united in the context of disputes with 'external' authorities such as lord or state need not be equally united in 'internal' contexts such as competition for economic resources or authority exercised in village power structures.[12]

Yet the methodological claims made in the course of Razi's research, largely directed at demographic analysis, are most relevant to any discussion of the present state of historical enquiry in medieval English peasant prosopography. Razi has, for example, categorically stated that the authority which the manor courts exercised over village society would necessarily have been so all-encompassing that all inhabitants of a manor would have been regularly drawn into their proceedings, and therefore that quinquennial counts of individuals making court appearances can provide a reliable index of local population change. A number of other, equally deterministic assumptions have been applied, for example, to the customary age of entry into property, from which age-specific behavior patterns have been calculated.[13]

The validity of these inferences has yet to be established, either on evidential or comparative demographic grounds. Few reviewers of Razi's study have realized the implications of court rolls' tendency to under-record the less wealthy, the landless, servants and laborers, and women, and the degree to which this tendency (the existence of which Razi acknowledges) may upset demographic inference which depends upon estimates of the numbers appearing in the records.[14] Similarly, given the intensity of interest in the social and economic evidence of manor court rolls, it is perhaps surprising that the evolution of legal procedure in these tribunals—which underwent notable transformations throughout the medieval period—and the likely effects that these changes would have had upon the volume and nature of various kinds of transactions recorded in the court documents have received comparatively slight attention.[15]

But this state of research also underlines the extent to which the current secondary literature in this field has failed to attempt integration of different categories of source material, and at the outset of this paper it was suggested that this is a potentially serious shortcoming of any attempt to reconstruct the biographies of English villagers in the Middle Ages. Two notable exceptions to this point are Britton's attempt to correlate status groupings constructed on the basis of transactional patterns exhibited in manorial court rolls with economic gradations provided by contemporary wealth-taxation returns in the Ramsey village of Broughton, and Barbara Hanawalt's nominal linkage of individuals in Ramsey court rolls with the same persons' appearances in royal criminal-court proceedings.[16] In general, however, there have been few attempts to test systematically the assertions made by students of medieval village society on the basis of court-roll evidence alone; no later-fourteenth-century polltax returns have been employed to confirm Razi's assertion that court-roll evidence provides an adequate means for establishing local population levels, while, for both Halesowen and, for most of the medieval period, the Ramsey estates, there survive no manorial rentals or surveys, which would allow a systematic assessment of the distribution of land among the village population. The rarity of attempts at integrated approaches of this kind may be partly due to the simple lack of some categories of surviving documentation for particular places. Yet in future studies of this sort, the *range* of available documentation must be considered as important a factor in determining the choice of locality for case-studies as the *quality* of any particular category of source material, as Wrightson has similarly suggested for analogous community studies of early-modern English village society.[17]

Some obvious categories of ancillary material for the medieval period, most of which already possess an established secondary literature in their own right, have been suggested in the specimen 'biographies' at the beginning of this essay. These include criminal proceedings of royally-commissioned circuit courts, including (in the sessions before Justices of the Peace in the later fourteenth and fifteenth centuries) not only 'crime' as such but also general breaches of the peace and infractions of the fourteenth-century legislation governing wages, prices, and employment conditions.[18] In an excellent review of this field, J. A. Sharpe has summarized recent research in the social history of crime in medieval and early-modern England and has presented some broader observations on the continuity of problems and methods bearing on the topic in these periods.[19] Statistical studies of medieval criminal proceedings, such as those by Hanawalt and by J. B. Given, are useful exploratory studies, the ultimate value of which will be enhanced by nominal-linkage exercises with manorial records in order to place offenders and victims into their local social and economic contexts.[20] Similarly, although census-like documents such as the thirteenth-century genealogies of servile inhabitants on the estates of Spalding Priory (Lincolnshire)[21] or, indeed, the fifteenth-century Tuscan *catasti*[22] are almost non-existent for medieval English communities, recent research into household structure, marriage incidence, occupational diversity, and the distribution of servants and laborers within the rural populations of Gloucestershire, Rutland, and Essex from nominative township listings in the fourteenth-century polltax returns would be greatly enhanced by linkage with manorial court records.[23] Wills and testamentary devices, most recently used in attempts at demographic inference,[24] are another obvious category of ancillary source material which remains to be integrated into medieval English peasant 'biographies.'

In one sense this argument has described an ideal state unlikely to be realized fully in practice; few communities are ever likely to be found possessing anything like a full surviving complement of all these sources, and, even for localities possessing a number of ancillary sources, the quality or volume of many categories of material will be marginal. Furthermore, it will be impossible, and probably even undesirable, to attempt to demand standardized procedures which can be applied to any number of individual communities' documentation. Students of manorial court rolls, for example, acknowledge the wide variety of procedure, of degrees of recorded detail, and of general information content in different court-roll series. Any systematic methodological approach to the prosopography of individuals in medieval rural English communities must, therefore, accomodate the *inconsistent* nature of much of the available documentation.

It is with this primary consideration in mind that I have been working on reconstitution projects for the Essex villages of Great Waltham, High Easter, and East and South Hanningfield for the fourteenth-century, by adapting a verbal-data-handling system known as Gendata[25] to the particular problems of analyzing manorial court rolls and other local documentation for medieval England.[26] Many approaches are theoretically possible; but, since the documentary evidence discussed here is often not only *inconsistent* in the sense that on some occasions certain information may be present, but not on others, but also *ambiguous* in the sense that many decisions, for example about the identity of a person from the name given in the record or the exact meaning of doubtful terminology, must be made in the latter stages of analysis, any machine-handling system must be able to take these factors into account.

Gendata attempts to solve these problems by formatting the raw document in a flexible template, into which the evidence may be placed in verbal rather than numerical form, in order to minimize the possible distortions introduced by having to make arbitrary classifications of the evidence into exclusive categories at the input stage. Minimizing the manipulation necessary in the process of formatting evidence allows decisions about the exact significance of any particular entry in the original records to be postponed to the latter stages of analysis and helps to reduce human errors at the input stage by making unnecessary such aids as codebooks required by systems such as currently-available Fortran-based SPSS routines which essentially necessitate that all evidence be reduced to numerical categories. Each individual entry in a document, whether a manorial court roll, a taxation return, or an estate rental, is fitted into one of a limited number of 'record types,' such as 'fine' (for court amercements or litigation), 'land' (for *inter-vivos* land transfers), or 'success' (for the entries of tenants' deaths and the admissions of their heirs). Each record consists of a group of lines identified by one or more letters at its beginning, and each line is further divided by obliques [/] into spaces which contain individual 'data elements,' typically surnames or first names, broad categories of fines or land transfers, location of business, and so on. Since any one of these may be absent or illegible in a given document entry, or there may be more than one 'data element' of a given type in any one record, Gendata allows elements to be omitted altogether or to be multiplied if necessary. The processing of datasets when formatted in this way takes the form of sorting and re-ordering individual data elements; in its simplest form, and perhaps with most relevance to the topic of this essay, this would result in tabulated output, consisting of a list of all the names appearing in all records of a given place over a chosen period sorted by surname and then first name and followed by date of appearance and other details of appearance context.

The complexities of the system and the handling problems it attempts to solve are too great to be discussed in any detail here, but it may be useful to give a concrete example of how this system would accomodate a typical category of business in manorial court documents. The following case is taken from the very large number of death entries and admissions of heirs at Great Waltham during the Black Death of 1349. In this example, a translation of the original entry in the court record is given on the left, and the form in which this record would appear in Gendata format on the right.[27]

Record 1

John Edward who held of the lord 1 quarter [virgate] and 1 acre of land has died, after whose death the lord has one cow as heriot. And because nobody claims the land, it is ordered held, and the issue answered for [4-6-1349].	SUCCESS D/JOHN/EDWARD/M L/H/1 QUARTER VIRGATE, 1 ACRE LAND/-/-/-(COW) X/LAND ORDERED HELD

Record 2

One quarter [virgate] and 1   SUCCESS
acre of land of which John   L/-/1 QUARTER VIRGATE, 1 ACRE LAND
Edward died seised is ordered   X/LAND ORDERED HELD
kept in the lord's hands.
[30-6-1349]

Record 3

Geoffrey de Pentelowe and   SUCCESS
Cristina his wife do fealty to   D/JOHN/EDWARD/M
the lord for one quarter [vir-   G/GEOFFREY/PENTELOWE[DE]/M
gate] and 1 acre of land of   G/CRISTINA (WIFE GEOFFREY)/PENTELOWE[DE]/F
which John Edward, brother   REL/G2/SISTER/D
of the said Cristina, died seis-   L/F/1 QUARTER VIRGATE, 1 ACRE LAND/-/-120d.
ed. And they give as an entry
fine 10s. [12-8-1349]

The first record is the initial notice of the tenant's death in the court rolls, and the heriot due to the lord at his death is recorded. Since no heir came to claim the land at that court, an order was made that the tenement be kept in the lord's hands. At the next court the same order was made. Finally, at the third court the deceased's sister and her husband claimed the land and paid a fine to take possession of it. The first 'land' line contains 'H,' to indicate the heriot, which is specified further in the line, and the last record has a land line which indicates the fine paid by 'F.' The relationship line (preceded by REL) specifies the relationship between the deceased (identified in the line preceded by 'D') and his heir (in the second 'G' line).

The output from the sorting procedure currently being used for succession records of this kind would produce a tabulation for these sample entries as follows:

                                                                          H
EDWARD JOHN 4-6-1349
             30-6-1349
             12-8-1349   DE PENTELOWE CRISTINA (WIFE GEOFFREY) F SISTER

                          DE PENTELOWE GEOFFREY

and so forth, with the remainder of the relevant information, such as land descriptions, following thereafter.

Since what is given in the documents are names and not persons, one problem of particular interest for medieval reconstitution work of this kind concerns the identification of individuals and the construction of nominal links to reconstrqct these individuals' careers brom their appearances. The difficuhties arising from surname variability are well known to all medievalists. With Gendata, names are sorted exactly as they are punched in. Slight variations of spelling of the same name may be handled by conscious standardization on the part of the researcher at the input stage, or, preferably, by machine name-standardization procedures once the names have been punched in as they appear in the documents. But the case is more difficult when the same person can be identified by, say, a place-name element as a surname at one time and an occupational surname at another, or by varying familial relationships (of the 'John son of John' variety) at another, as often happens. Some ambiguities of this kind can be resolved when the courts and other records have been formatted by constructing networks consisting of all interactions among individual egos during court business. If each ego's links are traced, in many cases it becomes clear from litigation extending over several successive courts that apparently different persons are in fact identical. Only when this information is compiled in a systematic manner, such as that afforded by Gendata, can this be attempted, and with this system the prerogative of making value judgments of this variety rests with the researcher at the final stages of research.

In practice, one may not actually require that every data element be retrieved by the program for every purpose; however, Gendata provides a means of including in the data file every piece of information which the document contains, so that decisions about which information to discard need not be taken at the initial stages. Moreover, the final results in this tabulated form allow a vastly greater number of questions to be considered from this sort of evidence than any system of sorting by hand can achieve. The nature of manorial court rolls and other medieval English local documents makes these essential features of any system of record handling which attempts to accomodate them, and my argument here has been that record-linkage systems of this kind are essential for any advance from the present embryonic state of medieval English peasant prosopography.

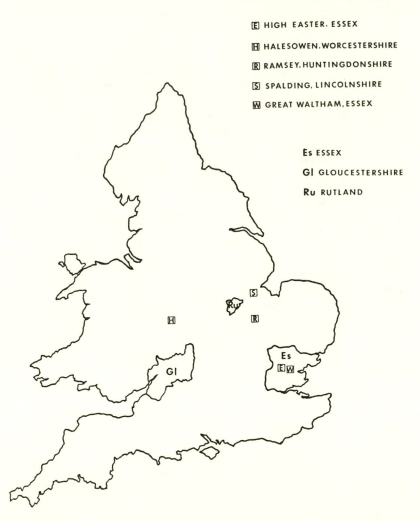

PLACES MENTIONED IN THE TEXT

E HIGH EASTER. ESSEX

H HALESOWEN. WORCESTERSHIRE

R RAMSEY, HUNTINGDONSHIRE

S SPALDING, LINCOLNSHIRE

W GREAT WALTHAM, ESSEX

Es ESSEX

Gl GLOUCESTERSHIRE

Ru RUTLAND

NOTES

[1] For death notices of John Baronn see: Public Record Office, London (hereafter PRO) DL30.64.807 (Great Waltham and High Easter courts, 1-4-1349, 4-6-1349, 12-8-1349). For re-grant of cottage to Mayhew: PRO.DL30.64.807 (Waltham and Easter court, 24-2-1351). For felony charges: PRO.JUST 1.266 mm. 3,6, and PRO.JUST 1.267 m. 33. For later notice of rent for cottage (*pro j cotagio quondam Johannis Baron*): PRO.DL29.42.815.

[2] For the Peasants' Revolt generally see: R. H. Hilton, *Bond Men Made Free: Medieval Peasant Movements and the English Rising of 1381* (New York, 1973); and, R. B. Dobson, ed., *The Peasants' Revolt of 1381* (London, 1970). For incidents at High Easter: PRO.DL30.66.834 (High Easter leet, 29-5-1382); and, PRO.DL30.66.833 (Great Waltham leet, 29-5-1382). For John Gildesburgh generally see: J. A. Tuck, *Richard II and the English Nobility* (London, 1973); for his land at High Easter, *Calendar of Inquisitions post-mortem*, xiii, 144; for his suits, PRO.KB145.3.6.1 Edward III, (unnumbered membranes), PRO.CP40.489 m. 491v, PRO.CP40.490 m. 263v, and PRO.CP40.490 m 278 for these references I am grateful to Dr. Andrew Prescott of the British Library). For William Pecok, PRO.DL30.64.813 (High Easter leet, 1-6-1357), for his entry into tithing, probably at the age of twelve. For Geoffrey Smith see: PRO.DL30.67.838 (High Easter court, 3-5-1386), for his death entry including half a virgate of land; and PRO.DL30.65.817 (High Easter leet, 13-6-1361), for one example of him as juror. For John Roberd see: PRO.DL30.67.841 (High Easter court, 10-11-1388), for his death entry, including half a virgate of customary land and half a virgate of molland; PRO.DL30.66.829 (High Easter court, 30-6-1377), for one example of him as juror; and PRO.DL30.67.837 (High Easter leet, 25-5-1385), for him as constable. For the polltax listing see: PRO.E179.107.49 m.20.

[3] F. W. Maitland, ed., *Select Pleas in Manorial and Other Seignorial Courts* (Selden Society Publications, iv, 1891); F. W. Maitland, 'History of a Cambridgeshire Manor,' in H. M. Cam, ed., *Selected Historical Essays of F. W. Maitland* (Cambridge, 1957), 16-40; G. C. Homans, *English Villagers of the Thirteenth Century* (reissued, New York, 1960).

[4] For example, see: on regulation of communal cropping, W. O. Ault, 'Open-Field Husbandry and the Village Community,' *Transactions of the American Philosophical Society*, N S, lv (1965); for social dependency, M. Pimsler, 'Solidarity in the Medieval Village? The Evidence of Personal Pledging at Elton, Huntingdonshire,' *Journal of British Studies*, xvii (1977), 1-11, and R. M. Smith, 'Kin and Neighbors in a Thirteeth-Century Suffolk Community,' *Journal of Family History*, iv (1979), 219-56; on land-transfer markets, R. M. Smith, ed., *Land, Kinship and Life-Cycle* (Cambridge, 1985), A. DeWindt, 'A Peasant Land Market and its Participants: King's Ripton, 1280-1400,' *Midland History*, iv (1978), 142-59, and R. J. Faith, 'Peasant Families and Inheritance Customs in Medieval England,' *Agricultural History Review*, xiv (1966), 77-95; on relationships of creditors and debtors, E. Clark, 'Debt Litigation in a Late Medieval Vill,' *Pathways to Medieval Peasants*, ed. J. A. Raftis (Toronto, 1982), 247-79; on marital behavior of peasant women, E. Searle, 'Seigneurial Control of Women's Marriage: The Antecedents and Function of Merchet,' *Past and Present*, lxxxii (1979), 3-43, J. Bennett, 'Medieval Peasant Marriage: An

Examination of Marriage Licence Fines in the *Liber Gersumarum*,' *Pathways to Medieval Peasants*, 193-246, and R. M. Smith, 'Hypothèses sur la nuptialité en Angleterre aux xiiie-xive siècles,' *Annales E.S.C.*, xxxviii (1983), 107-36.

⁵ Maitland, *Select pleas*, xi.

⁶ Homans, *English Villagers of the Thirteenth Century*; H. S. Bennett, *Life on the English Manor* (Cambridge, 1937).

⁷ For the latter see: K. Wrightson and D. Levine, *Poverty and Piety in an English Village: Terling 1525-1700* (London, 1979); M. Spufford, *Contrasting Communities: English Villagers in the Sixteenth and Seventeenth Centuries* (Cambridge, 1974); and A. Macfarlane, *Reconstructing Historical Communities* (Cambridge, 1977).

⁸ By J. A. Raftis, *Tenure and Mobility: Studies in the Social History of the Medieval Village* (Toronto, 1964); 'Social Structures in Five East Midland Villages,' *Economic History Review*, 2nd ser., xviii (1965), 83-100; 'The Concentration of Responsibility in Five Villages,' *Mediaeval Studies*, xxviii (1966), 92-118; 'Changes in an English Village after the Black Death,' *Mediaeval Studies*, xxix (1967), 158-77; and *Warboys: Two Hundred Years in the Life of a Medieval Village* (Toronto, 1974); E. B. DeWindt, *Land and People in Holywell-cum-Needingworth: Structures of Tenure and Patterns of Social Organization in an East Midlands Village 1252-1457*

(Toronto, 1972); E. Britton, *The Community of the Vill: A Study in the History of the Family and Village Life in Fourteenth-Century England* (Toronto, 1977).

⁹ Z. Razi, 'The Toronto School's Reconstitution of Medieval Peasant Society: A Critical View,' *Past and Present*, lxxxv (1980), 141-57; K. Wrightson, 'Medieval Villagers in Perspective,' *Peasant Studies*, vii (1978), 203-17.

¹⁰ Z. Razi, *Life, Marriage and Death in a Medieval Parish: Economy, Society, and Demography in Halesowen 1270-1400* (Cambridge, 1980); and 'Family, Land and the Village Community in Later Medieval England,' *Past and Present* xciii (1981), 3-36.

¹¹ Razi, 'The Toronto School's Reconstitution'; R. H. Hilton, *The English Peasantry in the Later Middle Ages* (Oxford, 1975).

¹² Wrightson, 'Medieval Villagers in Perspective.'

¹³ Razi, *Life, Marriage and Death in a Medieval Parish*.

¹⁴ An exception to this is by I. Blanchard, in *Social History*, vii (1982), 339-42. Work by the present author on several villages in the county of Essex indicates that as few as half the persons resident in these villages (as indicated by polltax listings, which are themselves patently under-enumerations of local populations) ever appeared in manor court roll proceedings. See: L. R. Poos and R. M. Smith, "'Legal Windows onto Historical Populations?" Recent Research on Demography and the Manor Court in Medieval England,' *Law and History Review*, ii (1984), 128-52.

¹⁵ J. S. Beckerman, 'Customary Law in English Manorial Courts in the Thirteenth and Fourteenth Centuries,' Diss. London 1972; R. M. Smith, 'Some Thoughts on Hereditary and Proprietary Rights in Land under Customary Law in Thirteenth and Early Fourteenth Century England,' *Law and History Review*, i (1983), 95-128.

¹⁶ Britton, *Community of the Vill*, 70-76; B. A. Hanawalt, 'Community Conflict and Social Control: Crime and Justice in the Ramsey Abbey Villages,' *Mediaeval Studies*, xxxix (1977), 402-23.

[17] K. Wrightson, 'Villages, Villagers, and Village Studies,' *Historical Journal*, xviii (1975), 632-39.

[18] B. H. Putnam, *Proceedings Before the Justices of the Peace in the Fourteenth and Fifteenth Centuries* (Ames Foundation, iii, London, 1938); L. R. Poos, 'The Social Context of Statute of Labourers Enforcement,' *Law and History Review*, i (1983), 27-52; J. B. Post, 'Some Limitations of the Medieval Peace Rolls,' *Journal of the Society of Archivists*, iv (1973), 633-39.

[19] J. A. Sharpe, 'The History of Crime in Late Medieval and Early-Modern England,' *Social History*, vii (1982), 187-203.

[20] B. A. Hanawalt, *Crime and Conflict in English Communities 1300-1348* (Cambridge, MA, 1979); J. B. Given, *Society and Homicide in Thirteenth-Century England* (Stanford, 1977).

[21] H. A. Hallam, 'Some Thirteenth-Century Censuses,' *Economic History Review*, 2nd ser., x (1958), 340-61; Smith, 'Hypothèses sur la nuptialité en Angleterre.'

[22] D. Herlihy and C. Klapisch-Zuber, *Les Toscans et leurs familles: Une étude du catasto Florentin de 1427* (Paris, 1978).

[23] R. H. Hilton, 'Some Social and Economic Evidence in Late Medieval English Tax Returns,' *Spoleczenstwo gospodarka kultura: Studia ofiarowane Marianowi Malowistowi*, ed. S. Herbst (Warsaw, 1974), 111-28; Hilton, *The English Peasantry in the Later Middle Ages*; Smith, 'Hypothèses sur la nuptialité en Angleterre.' The Essex evidence forms part of a forthcoming study of nuptiality and occupational patterns from several counties' returns for the later fourteenth century, L. R. Poos and R. M. Smith, *The Population of England in the Later Fourteenth Century*.

[24] R. S. Gottfried, *Epidemic Disease in Fifteenth-Century England* (Leicester, 1978). See: L. R. Poos, 'Plague Mortality and Demographic Depression in Later Medieval England,' *Yale Journal of Biology and Medicine*, liv (1981), 233, for a critique of this exercise's statistical and demographic validity.

[25] R. S. Schofield and R. Davies, 'Towards a Flexible Data Input and Record Management System,' *Historical Methods Newsletter*, vii (1974), 115-24. This system may be made compatible with standard SAS routines in the near future.

[26] The author wishes to acknowledge his gratitude to the British Academy and to the managers of the Ellen McArthur Fund within the Faculty of History at Cambridge University for financial support toward gathering source materials for this project.

[27] These examples are translated from PRO.DL30.64.806 (Great Waltham and High Easter courts, 4-6-1349, 30-6-1349, and 12-8-1349).

RÉSUMÉ

Biographies de paysans de l'Angleterre médiévale

Les sources documentaires qui subsistent concernant la population rurale de l'Angleterre, à partir de la fin du XIIIe siècle, permettent d'envisager une approche prosopographique de l'étude de la paysannerie anglaise du Moyen Age. Ces sources—essentiellement manoriales, mais aussi royales, legales, fiscales et administratives—ont déjà suscité une production historiographique substantielle, et un usage de plus en plus raffiné en a été fait par les spécialistes de l'histoire économique et sociale du Moyen Age. Pourtant, certains désaccords méthodologiques fondamentaux subsistent encore au niveau des idées préconçues avec les quelles les historiens abordent ces sources. La présente étude décrit brièvement quelques problèmes que l'on retrouve dans la bibliographie courante sur ce sujet, et décrit une application en cours d'analyse informatique aux sources en question.

ZUSAMMENFASSUNG

Mittelalterliche 'Biographien' von englischen Bauern

Die erhaltenen Quellen zur englischen Landbevölkerung ab dem späten 13. Jahrhundert ermöglichen es, eine prosopographische Behandlung der englischen Bauernschaften des Mittelalters ins Auge zu fassen. Diese Quellen, die in erster Linie aus den Grundherrschaften aber auch aus dem königlichen Steuer- und Verwaltungsbereich stammen, haben auch schon bisher als Grundlage gewichtiger historischer Forschung gedient, wobei das Instrumentarium vor allem der mittelalterlichen Sozial- und Wirtschaftshistoriker zunehmend verfeinert wurde. Doch gibt es einige methodologische Kontroversen über die Konzeption, der die historische Auswertung dieses Materials folgen sollte. Der vorliegende Beitrag gibt einen kurzen Überblick über einige Probleme in der neueren einschlägigen Literatur und beschreibt ein gangbares Verfahren der Computeranalyse der genannten Quellen.

Der Wechsel von Personennamen in einer spätmittelalterlichen Stadt. Zum Problem der Identifizierung von Personen und zum sozialen Status von Stadtbewohnern mit wechselnden oder unvollständigen Namen

Heinrich Rüthing

Grundlage aller prosopographischen Arbeit ist die Sicherung der Identität von Personen. Die Identifizierung erfolgt gewöhnlich über den Namen. Jeder, der einmal prosopographisch gearbeitet hat, weiss, dass bei dieser Identifizierung über Namen Probleme auftauchen können; das gilt zumal für ältere Epochen. Ich nenne nur die wichtigsten Schwierigkeiten: die Gleichnamigkeit von Personen in der Gruppe, die man untersucht, der Namenswechsel einzelner Personen oder der intergenerative Wechsel von Familiennamen.[1] Dazu einige Beispiele aus dem Untersuchungsbereich, der in der folgenden Skizze behandelt wird. Im Jahr 1515 finde ich in der Stadt Höxter fünf Familienvorstände mit dem Namen Hans Kock; etwa gleichzeitig lebte in Höxter ein Mann, der fünf verschiedene Namen führte, oder besser, dem fünf verschiedene Namen zugelegt wurden. Die Lösung der Schwierigkeiten, die sich im ersten Fall für prosopographisches Arbeiten ergeben, interessieren hier nicht. Im folgenden sollen nur zwei Probleme angerissen werden. 1. Ist der Namenswechsel einer Person ein Phänomen, das sozialspezifisch unterschiedlich häufig auftritt? 2. Lassen sich bestimmte Typen des Namenswechsels erkennen und nach welchen Prinzipien verstetigt sich ein Name, wenn er sich denn verstetigt?

Zunächst noch einige Vorbemerkungen. In den meisten Fällen ist die Selbstbenennung einer Person nicht zu erfassen, sondern nur eine administrative Benennung. Wie weit sich in der administrativen Benennung die Selbstbenennung spiegelt oder die Benennung, die eine Person in ihrem jeweiligen sozialen Umfeld erfährt, lässt sich nicht generell sagen.[2] Das muss im Einzelfall untersucht werden; es erscheint mir aber nicht aussichtslos, auch hier zu Ergebnissen zu kommen.

Die folgenden Beobachtungen beruhenn auf einer Untersuchung der Bevölkerung der Stadt Höxter an der Weser um 1500. Höxter hatte zu dieser

Zeit etwa 2500 Einwohner. Grundlage der Untersuchung ist ein Steuerbuch, das von 1482 bis 1517 alle bürgerlichen Haushalte der Stadt unter dem Namen des Familienvorstandes, sei es ein Mann oder eine Frau, auflistet.[3] Der Vorteil des Steuerbuchs liegt darin, dass in ihm alle Haushalte streng topographisch geordnet aufgeführt werden, so dass die Möglichkeit besteht, Namenswechsel zu orten, die sonst nur schwer, wenn überhaupt, entdeckt werden könnten. Neben der Auswertung des Steuerbuchs wurde jedes zugängliche Datum zu jeder Person in Höxter gesammelt, so dass man nicht nur auf die Benennung durch den Stadtschreiber angewiesen ist, sondern auch die 'Namenwahl' anderer, etwa der Rechnungsführer des Klosters Corvey oder der zahlreichen verschiedenen Urkundenaussteller, mit heranziehen kann. Das ist wichtig; denn es lässt sich sehr oft zeigen, dass die Unsicherheiten bei der Benennung einzelner Personen in verschiedenen Quellen wiederkehren, also auch in der 'Sache' begründet sind und nicht nur in der Unkenntnis eines Schreibers liegen. Dafür ein Beispiel: In der Steuerliste taucht 1485 eine *Kunne* auf. Da dieser Name in Höxter sehr häufig war, brauchte man auf die Dauer einen unterscheidenden Zusatz. Kunne hatte eine Tochter; diese wird zur Bezugsperson für die Namengebung: *Kunne, Styneken moder*. Vielleicht weil die kleine Styne gestorben war, wechselte nach ein paar Jahren der Zusatz; Kunne heisst jetzt *Kunne by der Kerken*.[4] Diese Bezeichnung ist korrekt und eindeutig, denn Kunne wohnte tatsächlich in der Nähe der Kilianikirche. In zwei Rentenbriefen wird Kunne als Nachbarin des Schuldners genannt. Die Urkunden sind vom höxterschen Vizearchidiakon Diderik Fürstenau ausgestellt, der als Schreiber des Steuerbuches die Bevölkerung der Stadt wie kein zweiter kannte. Dennoch: von den bei der Urkundenausstellung Anwesenden—darunter die Nachbarn Kunnes—kannte keiner ihren korrekten vollständigen Namen, der in das Dokument einzutragen war. Der Vizearchidiakon liess deshalb im Text der Urkunde zunächst einen kleinen Raum frei. Dort trug er später mit anderer Tinte den Namen *Robbekens* nach.[5] Kunne hatte also vermutlich einen ererbten Familiennamen. Doch er war nicht bekannt, weil ihn keiner gebrauchte. In eine frühere Urkunde hatte Diderik Fürstenau Kunne deshalb einfach als *wedewesche Kunne*, also: Witwe Kunne, eingetragen.[6]

Der Wechsel von Familiennamen ist ein für Stadt und Land bis ins 19. Jahrhundert belegtes Phänomen. Die Versteinerung der Familiennamen erfolgte—oft unter obrigkeitlichem Druck—nach Regionen (aber auch nach Stadt und Land) unterschiedlich. Einzelheiten brauchen hier nicht zu interessieren.[7] In den Städten, die in dieser Entwicklung führend waren, ist der Prozess der Versteinerung im 14. und 15. Jahrhundert deutlich zu beobachten. Ob, unter welchen Bedingungen und in welchem Umfang Herkunftsnamen, Wohnstättennamen, Berufsnamen, Übernamen o.a. zum Familiennamen wurden, steht hier nicht zur Debatte.

Auch in Höxter lässt sich für die Zeit um 1500 ein sehr hoher Grad an Versteinerung feststellen. Die Ausnahmen sind von Interesse; denn das

Ausmass der Versteinerung von Familiennamen ist sozialspezifisch sehr unterschiedlich.

Als Indikator für die soziale Verortung der Personen mit wechselnden Namen wähle ich hier die Berufszugehörigkeit oder die Tätigkeit der Betroffenen und unterscheide—zugegebenermassen etwas grob und vereinfachend:[8] 1. Kaufleute, 2. Mitglieder der übrigen ratsfähigen Zünfte,[9] 3. Mitglieder der nicht ratsfähigen Zünfte,[10] 4. nichtzünftische Bürger und Einwohner der Stadt.

Zu 1. Bei den Kaufleuten, der politisch und wirtschaftlich führenden Gruppe der Stadt, sind die Familiennamen um 1500 ausnahmslos versteinert und werden in der versteinerten Form vererbt. Heiraten auswärtige Männer in höxtersche Kaufmannsfamilien ein, so wird der mitgebrachte Familienname sofort und auf Dauer von der Umwelt akzeptiert. Es erfolgt weder die Übernahme des Namens des Schwiegervaters noch wird der ererbte Familienname in der nächsten Generation durch eine patronymische Form ersetzt.

Zu 2. Unter den übrigen ratsfähigen Zünften lässt sich um 1500 eine gewisse Wertigkeit ausmachen. Ich reihe sie hier nach ihrer politischen Bedeutung, d.h. entsprechend ihrer Präsenz im Rat, auf, die in etwa ihrer wirtschaftlichen Bedeutung entspricht.

Bei den Gerbern und Schustern sind die Familiennamen fast durchgehend versteinert und werden vererbt. Eine Ausnahme macht der zugewanderte Wolter Hemminges. Er wäre mit diesem Namen in Höxter eindeutig identifiziert gewesen, denn der Name *Hemminges* kommt in der Stadt sonst nicht vor. Dennoch wird dieser Name nicht verstetigt. Er geht auch nicht auf seine Witwe und auf seine Söhne über. Der zugewanderte Gerber erscheint in der Steuerliste zunächst für drei Jahre schlicht als *Wolter*; dann heisst er *Wolter Hemminges*.[11] In einer von der Stadt angelegten Liste aus dem Jahre 1500 taucht ein *Wolter Delden* auf,[12] der in der Steuerliste fehlt. Ist also die Steuerliste unvollständig? Nein: denn in einer wichtigen Urkunde des Jahres 1504 erscheint ein *Wolter Hemminges van Delden*.[13] Die Identität ist damit gesichert. *Wolter, Wolter Hemminges, Wolter (van) Delden*—doch damit nicht genug! 1492 wird in einem Rentenbrief ein *Wolter Wermertinges* genannt.[14] Auch dieser Name ist im Steuerbuch nicht wiederzufinden. Doch *Wolter Wermertinges* ist *Wolter Hemminges van Delden*, denn im Rentenbrief werden die gleichen Personen als Nachbarn erwähnt, die für das Jahr 1492 im Steuerbuch als Nachbarn des Gerbers verzeichnet sind. Seit 1494 erscheint in einer Amtsliste, im Verzeichnis der zwölf Schossherren, ein *Wolter*.[15] Das ist ungewöhnlich, denn bei Amtsinhabern werden fast immer Vor- und Nachname genannt; wenn einmal ein Name fehlt, was ganz selten vorkommt, dann ist es der Vorname. Der Schossherr *Wolter* ist *Wolter Hemminges*, denn *Wolter* steht an einer Stelle der Liste, an der immer nur Gerber aufgeführt werden.[16] Es gibt aber ausser *Wolter Hemminges* keinen Gerber, der *Wolter* heisst. Bei dieser Unsicherheit der Benennung, wie sie sich in wichtigen administrativen Quellen spiegelt, ist es nicht verwunderlich, wenn sich die Frau und die Söhne des Wolter Hemminges am stabilen Vornamen des Mannes bzw. des Vaters orientierten: die Frau erscheint später nicht als die *Hemmingische*, sondern als die *Woltersche*,[17] die Söhne als Bertold, Ghert und Vit *Wolters*.[18] Es lässt sich zeigen, dass den Söhnen der patronymische Name *Wolters* nicht nur von anderen zugelegt wurde, sondern dass sie ihn selbst wählten. Vit wurde Mönch im etwa fünfzehn Kilometer nordwestlich von Höxter gelegenen Kreuzherrenkloster Falkenhagen, wo man von den höxterschen Usancen der Namengebung sicher nichts wusste. Da er aber in den Konventslisten als *Vit Wolters* geführt wird, muss er sich dort unter diesem Namen vorgestellt haben.[19]

Nur durch den Versuch einer Totalaufnahme der Stadtbevölkerung konnte es gelingen, vier 'Nominalpersonen' als eine 'Realperson' zu identifizieren. Ohne einen solchen Versuch müssten wir von mindestens drei, wahrscheinlich aber von vier oder fünf verschiedenen Personen ausgehen. Nach der gelungenen Identifizierung lässt sich sogar eine Biographie von Wolter Hemminges und seiner Familie schreiben. Identifizierungsprobleme, wie sie sich bei Wolter Hemminges ergaben, dürften jedem, der einmal prosopographische Untersuchungen zur Stadtgeschichte des späten Mittelalters oder der frühen Neuzeit angestellt hat, vertraut sein. Ich möchte deshalb im folgenden weniger auf methodische Fragen als auf Ergebnisse eingehen.

Bei den höxterschen Knochenhauern findet sich nur ein markanter Namenswechsel. Im Steuerbuch und in den Amtslisten, aber auch in den Corveyer Rechnungsbüchern und in einigen Urkunden erscheint seit 1506 ein *Millies*.[20] Nur in einer Urkunde wird der von auswärts kommende Knochenhauer mit seinem vollständigen Namen *Millies Gottschalk* genannt.[21]

Auch bei den Bäckern ist nur ein Zunftmitglied bekannt, dessen Name wechselt. Wie in den eben erwähnten Fällen ist es ein Zugewanderter, der unterschiedlich benannt wird: *Hinrik Hedemeyger*, der eine Bäckerswitwe aus einer eingesessenen Familie heiratete, wird in den Quellen auch als *Hinrik van der Heyde* geführt.[22]

Für die bisher genannten Gruppen lässt sich eine Gemeinsamkeit feststellen: keinem Kaufmann, Gerber, Knochenhauer oder Bäcker wurde, auch wenn die Namengebung schwankte, die Berufsbezeichnung als Name zugelegt. Bei den im folgenden behandelten Gruppen sieht das anders aus. Ich bleibe zunächst bei den politisch berechtigten Zünften.

Unter den Wollwebern sind mehrere Personen mit wechselndem Namen auszumachen. Bei einem *Alleff Wullenweber* wird in der Steuerliste, den Amtslisten und in den Urkunden der Name, der zugleich den Beruf bezeichnet, allmächlich durch das Patronymikon *Alleffes* ersetzt.[23] *Alleffes* wird dann zum stetigen Namen seines Sohnes. Bei zwei anderen Wollwebern liegt die Ursache für den Namenswechsel wohl in dem Wunsch, sie von anderen gleichnamigen Bürgern unterscheiden zu können.[24]

Auch die Schmiede bilden eine Zunft, deren Mitglieder ratsfähig waren. In der Schmiedezunft sind Personen mit wechselnden Namen weitaus häufiger anzutreffen als in den anderen ratsfähigen Zünften. Die Form des Wechsels und die Gründe für den Wechsel sind verschieden. Der Name *Smed* ist in Höxter sehr häufig, aber nur selten zugleich Berufsbezeichnung. Wo *Smed* oder *Kleinsmed* zugleich Name und Berufsbezeichnung ist, versucht man davon abzukommen. Bei den vier Söhnen von *Jacob Kleinsmed* (oder *Jacob de Kleinsmed*) verfestigt sich der Familienname allmählich zu *Jacobs*. Der Name *Kleinsmed* geht verloren, auch wenn die Söhne Kleinschmiede bleiben.[25] —Der Schmied *Rolant Kolwagen* kam von auswärts. Sein vollständiger Name, den er mitgebracht hatte, setzte sich aber erst nach einigem Schwanken (*ghenant Rolant, Mester Rolant Kolwagen*) endgültig durch.[26] Bei den Schmieden lässt sich auch der in Höxter relativ selten auftretende Vorgang beobachten, dass ein Einheiratender—er kam in diesem Fall aus Einbeck—den Namen des Schwiegervaters übernimmt. Es dauerte jedoch lange, bis sich der in Höxter alte, für den Träger aber neue Name durchsetzte. Einer der Söhne des Namenswechslers führte zeitweise noch den alten Familiennamen des Vaters oder nannte sich nach dem Vornamen des Vaters.[27]

In der kleinen Zunft der Kürschner liegen die Dinge klar. Die Familiennamen sind versteinert und werden vererbt. Lediglich ein zugewanderter Kürschner wird in den Quellen unter verschiedenen Namensformen, und zwar gleich vier, geführt.[28]

War es bis jetzt noch möglich, Einzelfälle aufzulisten, so wird das von nun an zunehmend schwieriger. Denn je weiter man in der sozialen Hierarchie hinabsteigt, desto häufiger finden sich wechselnde oder unvollständige Namen.

Zu 3. Die Fischer—und damit komme ich zu den nicht ratsfähigen Zünften—organisierten sich erst im Untersuchungszeitraum in einer Zunft. Zwar gab es in Höxter eine Reihe alter Fischerfamilien, doch war die Zunft um 1500 für Fremde noch relativ offen. Bei den neuen Fischern schwankt die Namengebung häufig. Hin und wieder wird die Berufsbezeichnung dem Vornamen eines Fischers hinzugefügt, doch setzt sich langsam eine patronymische Namengebung durch.[29]

Bei den Schneidern ist Namenswechsel fast die Regel. Ein Beispiel: der Schneider *Alleff* erscheint in der Steuerliste zunächst nur als *Alleff*. Daraus wird später *Alleff Scrader* oder *Alleff de Scrader*. In einer Urkunde wird er *Alleff Alleffes* genannt. Die Witwe heisst die *Alleffesche*.[30] Die patronymische Bezeichnung *Alleff Alleffes* kann sich behaupten, obwohl dadurch die Gefahr einer Verwechslung mit dem schon genannten Wollweber *Alleff Alleffes* entsteht. Die Beispiele aus dem Kreis der Schneider liessen sich mehren.

Auch unter den Bauern und Landarbeitern, die häufig aus den umliegenden Dörfern zugewandert sind, sind wechselnde oder unvollständige Namen recht häufig. Über die Mitglieder der letzten Zunft, die wenig angesehenen Leineweber, lassen sich keine Aussagen machen, weil die Gruppe in ihrer Zusammensetzung nur schwer zu rekonstruieren ist.

Zu 4. Im Bereich der Bürger und Einwohner, die nicht zünftisch organisiert sind, ist der Anteil der Personen mit wechselndem oder, was jetzt immer häufiger vorkommt, mit unvollständigem Namen am höchsten. Ich nenne hier nur einige Gruppen: die Kesselflicker, die Kannengiesser, die Messer- und Nadelmacher, die Perlsticker, die Barbiere, aber auch die Tischler und Schnitzer. Es gibt keinen Kessler, der in den Quellen immer mit dem gleichen festen Vor- und Zunamen aufgeführt wird. Die Gründe liegen auf der Hand; die Fluktuation über die Stadtgrenzen hinweg war in diesem und anderen oben genannten Gewerben ausserordentlich hoch. Es kommt nur selten—und dann erst in der zweiten Generation—zu einer Verstetigung des Namens.

Häufiger Namenswechsel ist auch bei den Hirten zu beobachten. Bei ihnen ist wie bei den Bauern und Landarbeitern eine starke Zuwanderung aus den umliegenden Dörfern anzunehmen und oft auch nachzuweisen. *Scheper* und *de Scheper* wechseln ständig, was darauf hinweist, dass hier die Berufsbezeichnung anstelle des Familiennamens steht. Schäfer, die bereits einen vollständigen Namen haben, erhalten in der Steuerliste den Zusatz *Scheper*. Das gilt sogar dann, wenn nur ein Träger des Namens in der Stadt lebte, also die Gefahr einer Verwechslung nicht bestand. In der Steuerliste werden Berufe sonst nur ganz selten aufgeführt, etwa wenn mehrere Träger eines Namens vorhanden waren. Der häufige Zusatz *de Scheper* oder *subulcus* oder *Eseldrifer* muss also eine andere als differenzierende Funktion gehabt haben. Die Schäfer waren viel unterwegs und deshalb in der Stadt oft kaum bekannt. Der Namenszusatz dient also dazu, den Träger bekannt zu machen, indem das soziale Milieu genannt wird, in dem er zu suchen ist.[31] Bei den Schäfern und Hirten ist die grösste Unordnung in der Benennung festzustellen. Alle denkbaren Formen der vollständigen und unvollständigen Namengebung, des Namenswechsels und der Verstetigung des Namens kommen vor.

Ähnlich vielfältig ist die Benennung der Bauhandwerker und der Zimmerleute, ob sie nun, wie viele von ihnen, in städtischen Diensten standen oder nicht. Die Nennung nur des Vornamens oder nur eines bereits vorhandenen Familiennamens, die Benennung nach dem Herkunftsort, die Zusätze *Mester*, *Tymmermann*, *Steinwert*, alles das kommt in beliebig erscheinender Mischung vor. Für den häufigen Wechsel der Benennung ist kaum ein Prinzip erkennbar. Einer der Gründe mag gewesen sein, dass der Stadtschreiber, der ja auch die Lohnlisten führte, zu den meisten Bauarbeitern und Zimmerleuten engen Kontakt hatte und sich damit für ihn die Notwendigkeit einer genauen formalen Fixierung der Identität nicht ergab.

Doch das war sicher nicht der entscheidende Grund, denn was für die Zimmerleute gilt, gilt auffallenderweise auch für andere im holzverarbeitenden Gewerbe Tätige: Brettschneider, Schreiner und Schnitzer. Fast alle haben wechselnde Namen.

Besonders kompliziert ist die Benennung der städtischen Boten und anderer kommunaler Bediensteter. Das sei am Beispiel eines Stadtboten erläutert. 1487 taucht in der Steuerliste ein *Werner Henemans* auf.[32] *Henemans* ist ein gut höxterscher Name. Man könnte also in Werner einen Spross dieser Familie sehen. Doch die anderen Namensüberlieferungen warnen vor dieser Annahme. 1492 heisst Werner Henemans *Werner de Bode*, 1493 sogar einfach *Werner*. Ein solcher Verlust des Nachnamens ist sehr selten und zeigt, dass etwas 'nicht stimmt'; 1494 erscheint Werner als *Werner Bode*, 1499 wird er wiederum nur *Werner* genannt, 1514 heisst er *Werneke de Bode*.[33] Die Identität der sich hinter diesen Namen verbergenden Person ist über die Topographie gesichert. Sollte sich also Werners Familienname, obwohl, wie gesagt, in Höxter verbreitet, nicht durchgesetzt haben? Nein: *Henemans* war nicht Werners Familienname. Wenn Werner einen eigenen Familiennamen mit in die Stadt gebracht hat, was nicht festzustellen ist, so hat dieser sich nicht durchgesetzt. *Henemans* ist der Name seiner Frau. In einer Urkunde aus dem ersten Jahr von Werners Anwesenheit in Höxter (1487) heisst es: *Werner, Cord Heynemans swager*.[34] Der Name *Henemans* geht, wie gesagt, verloren. Doch die Berufsbezeichnung wird nicht als Familienname verstetigt. Die Witwe Werners heisst *Neyse Werneken*.[35] Hier scheint eine Entwicklung durch, die in Höxter um 1500 vielfach zu beobachten ist. Ist ein Familienname noch nicht verstetigt, im sozialen Umfeld unbekannt oder wird er nicht akzeptiert, so erfolgt in bestimmten Berufsgruppen zunächst eine Benennung nach der Tätigkeit, in der folgenden Generation setzt sich dann meistens die patronymische Selbst- und Fremdbenennung durch.

So viel zu einzelnen Berufsgruppen. Es gab in Höxter einige Stadtviertel, in denen nahezu ausschliesslich Arme, fast möchte man sagen sozial Deklassierte, lebten. Je weiter man in ein solches Armenviertel vordringt, desto häufiger findet man unvollständige oder wechselnde Namen. Einfache Vornamen, einfache Familiennamen, einfache Berufsbezeichnungen und einfache Spitznamen kommen in buntem Wechsel vor. Das Beispiel eines ärmeren Einwohners, den es bei der Namengebung besonders hart getroffen hat, steht für viele ähnliche Fälle. Wahrscheinlich war der Betroffene Mühlenknecht. Er lebte sehr unstet, denn er ist in 20 Jahren an mindestens acht verschiedenen Wohnplätzen nachweisbar. In der Steuerliste erscheint er, wenn er mit vollem Namen genannt wird, als *Hinrik Boberdes*;[36] schon das ist nicht angenehm, denn *Boberdes* bedeutet Dickmilch.[37] Möglicherweise hiess Hinrik aber gar nicht *Boberdes*, sondern *Bokeret*, was der Schreiber verfälschte.[38] Auch den Vornamen von Boberdes trägt der Schreiber einmal falsch in seine Liste ein; das ursprüngliche *Hans* wird von ihm in

Hinrik korrigiert.[39] Mit Boberdes-Dickmilch hat Hinrik noch nicht die letzte Stufe der Fremdbenennung erreicht. Es war auch in Höxter um 1500 wenig ehrenvoll, nur als *Alheyt Fynen man* in die Steuerliste aufgenommen zu werden.[40] Hinrik Boberdes widerfuhr dieses Schicksal, ohne selbst genannt zu sein, unter dem Namen seiner Frau zu figurieren. Doch es kommt noch schlimmer: 1515 wird der Ärmste als *Hinrik Boberdes alias Swynskop* von Diderik Fürstenau in die Steuerliste eingetragen.[41]

Ein besonderes Kapitel, und ein besonders schwieriges Kapitel ist die Erfassung und Identifizierung der Frauen, vor allem der alleinstehenden Frauen. Dazu noch ein paar Worte. Die unverheirateten alleinstehenden Frauen, deren soziales Prestige äusserst niedrig angesetzt werden muss, hatten meistens nur sehr lockere Beziehungen zu ihrer Familie. Ein grosser Teil von ihnen stammte nicht aus Höxter. Aus diesem Grund ist bei den alleinstehenden Frauen das Spektrum der möglichen Benennungen am grössten. Alle bisher angesprochenen Möglichkeiten kommen vor. Besonders häufig ist die blosse Nennung des Vornamens, die Bezeichnung nach dem Herkunftsort oder nach der tatsächlich ausgeübten Beschäftigung, etwa: *Ilse Dodengrefer, Katherine de olde Stovenmaget* u.ä. Oft fehlt nicht nur der Familienname, sondern auch der Vorname. Es werden nur die Funktion oder der Wohnplatz genannt: *Gosselers maget, de bademoder, de frowe up dem brinke, de frowe in dem torne*[42] usw. Häufig werden sie auch nur nach einer Bezugsperson genannt, zu der sie in einem persönlichen oder einem dienstlichen Verhältnis stehen: *de frowe myt Jutten Kremers, de frowe myt Kolhupen, Brakelmans dochter, Büwemans maget*. Bei den alleinstehenden armen Frauen finden sich überproportional viele Übernamen oder Spitznamen: *de lüttke Grete, de grote Katherine, de vette Cirste, de hinkende Gertrud*. Was diese Form der Namengebung und des Namenswechsels für die prosopographische Arbeit an Problemen mit sich bringt, liegt auf der Hand und braucht hier nicht erörtert zu werden.

Ich versuche zusammenzufassen. Zwischen dem sozialen Status eines höxterschen Bürgers oder Einwohners und wechselnder sowie unvollständiger Namensnennung besteht in den Jahrzehnten vor und nach 1500 ein enger Zusammenhang. Mit der Bedeutung der Familie in der Stadt wächst die Bedeutung des Namens. Wo über die Familie politische Ansprüche, wirtschaftliche Ressourcen von beträchtlichem Ausmass oder Prestige vermittelt werden, verstetigen sich die Namen eher, hält man stärker am überlieferten Namen fest. Je weiter man in der sozialen Hierarchie nach 'unten' geht, desto häufiger findet man wechselnde und unvollständige Namen. Vor allem bei Gruppen mit geringem sozialen Prestige und bei Zuwanderern in die Stadt wachsen die Unsicherheiten in der Benennung. Das Ergebnis mag trivial erscheinen. Es führt jedoch zu der Frage, ob der Grad der Stetigkeit in der Namengebung nicht als *ein* Indikator für den Grad der Integration in die städtische Gesellschaft dienen kann und ob nicht überhaupt die Art der Benennung einer Person als ein wichtiges Merkmal für ihren sozialen Status in der Diskussion über die Struktur der mittelalterlichen und frühneuzeitlichen Stadtbevölkerung stärker berücksichtigt werden sollte. Erich Maschke, der in seinem berühmten Aufsatz über die Unterschichten der mittelalterlichen Städte[43] fast alle negativen Statusmerkmale angesprochen hat, hat 'Namenlosigkeit' nicht erwähnt. Man wird die Hoffnung, über eine genauere Betrachtung der Namengebung zu neuen sozialgeschichtlich relevanten Ergebnissen zu gelangen, allerdings nicht zu hoch ansetzen dürfen, denn die Benennung von Personen, wie sie sich in den schriftlichen, meist administrativen Quellen niederschlägt, kann immer nur ein schwacher Reflex dessen sein, was sich im Alltag an Diskriminierung durch das gesprochene Wort vollzogen hat.

Der kurze Beitrag wollte noch etwas anderes verdeutlichen: bei dem überaus schwierigen Geschäft, sozial wenig bedeutende und wenig angesehene Gruppen der städtischen Gesellschaft, die man gemeinhin zu den Unterschichten und Randgruppen rechnet, zu erfassen, ergeben sich schon auf der ersten Ebene, nämlich bei der Identifizierung von Personen über ihre Namen, grosse Schwierigkeiten. Ein Teil dieser Schwierigkeiten lässt sich aber vielleicht lösen, wenn man gründlich hinsieht und die Ursachen für Namenswechsel und die Modi der Namenswechsel genauer erforscht.

ANMERKUNGEN

[1] Vgl. dazu u.a. J. Ellermeyer, *Stade 1300-99. Liegenschaften und Renten in Stadt und Land. Untersuchungen zur Wirtschafts - und Sozialstruktur einer Hansischen Landstadt im Spätmittelalter* (Stade, 1975), 21-31.

[2] Im engsten sozialen Umfeld dürfte ohnehin der Vorname wichtiger gewesen sein als der Zuname.

[3] Stadtarchiv Höxter, Reg. A.XX.2; im folgenden zitiert als: Steuerbuch.

[4] Steuerbuch, f. 39v, 97v, 157v.

[5] Erzbistumsarchiv Paderborn, Urk. 465.

[6] Erzbistumsarchiv Paderborn, Urk. 448.

[7] Zur Geschichte der Entstehung und Verfestigung von Familiennamen u.a. M. Gottschald, *Deutsche Namenkunde. Unsere Familiennamen nach ihrer Entstehung und Bedeutung* (2nd ed., Berlin, 1942), 79-128; A. Bach, *Deutsche Namenkunde*, vol. 1: *Die deutschen Personennamen* (2nd ed., Heidelberg, 1952/3, 2 vols.); H. Bahlow, *Niederdeutsches Namenbuch* (Walluf bei Wiesbaden, 1972), 13-49. Die vorliegende Skizze hat keine philologischen oder namenkundlichen Ambitionen; sie soll nur ein Schlaglicht auf die sozialgeschichtlichen Aspekte der Fremd- und Selbstbenennung von Personen in einer Stadt während eines eng begrenzten Zeitraums werfen.

[8] In einer späteren Untersuchung zur Geschichte Höxters um 1500 hoffe ich weitere Möglichkeiten der sozialen Verortung vorstellen zu können.

[9] Kürschner, Wollweber, Gerber/Schuhmacher, Bäcker, Schmiede, Knochenhauer. Diese sechs Zünfte waren nach einer Ordnung von 1314 neben den Kaufleuten an der Ratswahl beteiligt; P. Wigand, *Denkwürdige Beiträge für Geschichte und Rechtsalterthümer* (Leipzig, 1858), 161 f. Eine Untersuchung der

Zusammensetzung des Rates um 1500 zeigt, dass nur die Mitglieder dieser Zünfte ratsfähig waren.

[10] Schneider, Leineweber, Bau- und Ackerleute, Fischer.

[11] Steuerbuch, f. 8v, 38v.

[12] Steuerbuch, f. 173v. Die Liste verzeichnet diejenigen Bürger und Einwohner, die im Jahr 1500 von der Stadt einen Ledereimer zur Feuerbekämpfung bekamen.

[13] Stadtarchiv Höxter, Urk. 276.

[14] Erzbistumsarchiv Paderborn, Urk. 420.

[15] Steuerbuch, f. 114v. Die zwölf Schossherren veranlagten die Bürger und Einwohner Höxters zur Steuer.

[16] Die Listen der Schossherren sind immer genau nach der in der Ratswahlordnung von 1314 (s.o. Anm. 9) festgelegten Abfolge der Zünfte geordnet.

[17] Steuerbuch, f. 163 v.

[18] Steuerbuch, f. 165v, 272v.

[19] E. Kittel, 'Das Kreuzherrenkloster Falkenhagen,' *Dona Westfalica. Georg Schreiber zum 80. Geburtstage* (Münster, 1963), 137-66, hier 163.

[20] Steuerbuch, f. 225r, 308v u.ö.

[21] Staatsarchiv Münster, Ms. I 140, f. 93r.

[22] Steuerbuch, f. 9v, 19v.

[23] Steuerbuch, f. 32r, 46v; Erzbistumsarchiv Paderborn, Urk. 499 und 522.

[24] Es gab zwei Wollweber, die Hinrik Sifferdes hiessen. Die anderen Benennungen, die mit dem eigentlichen Namen wechselten, waren *Hinrik Hinrikes* bzw. *grote Hinrik* oder *lange Hinrik*. Fälle dieser Art, dass Namenswechsel und Namenszusätze der Unterscheidung gleichnamiger Personen dienen, finden sich häufiger. Sie sind für unsere Fragestellung, die sich vornehmlich mit den sozialspezifischen Aspekten von Benennung und Namenswechsel befasst, nur insofern von Interesse, als der unterscheidende Namenszusatz oder der Namenswechsel in der Regel den sozial Schwächeren trifft. Der Name wechselt nur bei den beiden Wollwebern Hinrik Sifferdes, nicht bei dem gleichnamigen reichsten Höxteraner und Bürgermeister der Stadt.

[25] Da ich die Familie Kleinsmed in der in Anm.8 genannten Untersuchung behandeln werde, kann ich hier auf Belege verzichten.

[26] Steuerbuch, f. 264v; Staatsarchiv Münster, Ms. I 136, S. 80 f., Ms. I 140, f. 58v.

[27] Der Schmied hiess ursprünglich *Werner Geferdes*; mit dem Betrieb seines Schwiegervaters übernahm er dessen Namen *Dusterdal*. Der Nachname des Sohnes Vit schwankte zwischen *Dusterdal, Geferdes* und *Werner*. Vgl. dazu auch den Stammbaum der Familie Dusterdal/Geferdes, den der Corveyer Sekretär Heinrich Ziegenhirt 1592/95 in seinem Kopialbuch anlegte: Fürstl. Archiv Corvey, ohne Signatur, Teil II, nach f. 60.

[28] Der Kürschner *Merten Vingers* erscheint in Urkunden und Amtslisten auch als *Merten Vingerling, magister Marten pellifex* und einfach als *Mester Merten*; Steuerbuch, f. 189v, 328v; Staatsarchiv Münster, Mscr. VII 5218ᵃ, f. 37v; W. Leesch, *Inventar des Archivs der Stadt Höxter* (Münster, 1961), 521.

[29] So wird z.B. im Steuerbuch ein Fischer in immer wieder wechselnder Folge als *Hartman Fysscher, Hartman* und *Hartman Hartmans* geführt; Steuerbuch, f. 11v, 41v, 266v.

[30] Steuerbuch, f. 12r, 32r, 90r, 160v; Staatsarchiv Münster, Mscr. I 140, f. 49r.

[31] Ein Schäfer erscheint in den nur sechs Jahren, in denen er im Steuerbuch

aufgeführt wird, unter vier verschiedenen Namensformen: zunächst als *Reymfert*, dann als *Reymfert de Scheper* oder *Reymfert Bodeken de Scheper* und schliesslich, als er ein Haus gekauft hatte und damit sesshaft geworden war, allein mit seinem ordentichen vollen Namen *Reymfert Bodeken*; Steuerbuch, f. 285v, 295v, 314v, 324v.

[32] Steuerbuch, f. 59v.

[33] Steuerbuch, f. 99v, 109v, 120r, 168v, 304v.

[34] Erzbistumsarchiv Paderborn, Urk. 406. Die leicht abweichende Schreibweise *Heynemans* ist für die Argumentation irrelevant, denn der Name *Cord Heynemans* wird im Steuerbuch immer *Cord Henemans* geschrieben.

[35] Steuerbuch, f. 323v; vgl. Erzbistumsarchiv Paderborn, Urk. 406.

[36] Steuerbuch, f. 149r.

[37] Bahlow (wie Anm. 7), 109.

[38] 1496 wird ein *Hinrik Bokeret* Bürger; bei der Niederschrift seines Namens muss der Schreiber mehrfach ansetzen. Er schreibt zunächst *Bock*, dann *Bokeret*; vgl. Steuerbuch, f. 124r. Beide Namen tauchen in der Steuerliste später nicht auf, dafür aber im folgenden Jahr 1497 *Hinrik Boberdes*. Ausser ihm ist über den ganzen Zeitraum kein Hinrik auszumachen, dessen Nachname mit *Bo* beginnt und neu in die Steuerliste aufgenommen wird.

[39] Steuerbuch, f. 198r.

[40] Steuerbuch, f. 158r. Die Identität von *Alheyt Fynen man* und *Hinrik Boberdes* ist gesichert, denn 1. steht im folgenden Jahr genau an der entsprechenden Stelle der Steuerliste wieder *Hinrik Boberdes* und 2. heisst es bereits einige Jahre vorher einmal: *Alheyt Fynen und or man Hinrik Boberdes*; Steuerbuch, f. 139r, 166v.

[41] Steuerbuch, f. 313r.

[42] Am Beispiel der *frowe in dem torne* sei für viele ähnliche Fälle verdeutlicht, dass die Namen der alleinstehenden Frauen nicht nur oft unvollständig sind, sondern auch häufig wechseln. Die Frau im Turm erscheint im Steuerbuch in bunter Folge auch als *Wille*, *Wille in dem torne*, *Wille Portenersche* und *Wille Porteners in dem torne*; Steuerbuch, f. 226v, 242r, 263r, 282r, 292r.

[43] E. Maschke, 'Die Unterschichten der mittelalterlichen Städte Deutschlands,' *Gesellschaftliche Unterschichten in den südwestdeutschen Städten*, ed. E. Maschke und J. Sydow (Veröffentlichungen der Kommission für Geschichtliche Landeskunde in Baden-Württemberg, Reihe B, Bd. 41, Stuttgart, 1967), 1-74.

SUMMARY

Changes of Name in a Late Medieval Town. Reflexions on the Problem of Identification and Social Status of Town Inhabitants with Changing or Incomplete Names

In 1967 Gerd Wunder demanded that in connection with the late medieval town: 'Investigation of names should always take into account the economic and social position of the recorded persons.' This paper is an attempt to meet this injunction. Choosing Höxter, a town on the Weser with a population of about 2,500 inhabitants about 1500, we question whether there is a connection between the form of a name and the social status of its bearer.

Four social groupings are examined in order to find out the proportion of those mentioned in the sources with changing or incomplete names. The main results are: 1. In the leading group of merchants, all except one have a permanent and complete name, i.e., they are mentioned by their Christian and family names. 2. Among the members of the guilds who could become town councillors there are now and then men with changing names, especially among those who are not born in the town and among those who were smiths. 3. Among those guild members who could not become councillors, particularly the tailors' and the peasants' names are uncertain and changing. 4. The biggest proportion of persons with changing or incomplete names is among the citizens and inhabitants who were not organized in guilds. Besides tinkers, pewterers, knifemakers, and barbers, especially shepherds, workmen in the building-trade, carpenters, and urban servants have changing or incomplete names. There is an extremely high rate of incomplete and unstable names among single, unmarried women living alone. So we can conclude that the rate of changing and incomplete names grows according to a declining position in the social hierarchy. The degree of stability of a name can be used as an indicator for the extent of integration in urban society and for the social status of its bearer.

Amsträger in norddeutschen Städten des Spätmittelalters

Klaus Wriedt

Das Thema kann hier nicht in der wünschenswerten Breite behandelt werden, wie es beim derzeitigen Stand der Forschung notwendig wäre. Wir werden uns daher auf einige zentrale Probleme beschränken und die Erörterung in drei Abschnitte aufteilen. Zunächst ist das Untersuchungsfeld kurz zu beschreiben. Anschliessend werden einige methodische Probleme angesprochen, die sich teils aus der Quellenlage, teils von den speziellen Forschungszielen her ergeben. Schliesslich soll an einigen Punkten gezeigt werden, welche Ergebnisse die Auswertung des prosopographischen Materials bereits erbracht hat oder noch erbringen kann. Die Ergebnisse beruhen auf einer noch unvollständigen Auswertung des gedruckt vorliegenden Materials.[1]

Die Ratsämter und die städtischen Dienstämter

Ohne auf die unterschiedliche Verfassungsentwicklung in den einzelnen Städten einzugehen, können wir vom Zustand der voll ausgebildeten Ratsverfassung des dreizehnten Jahrhunderts ausgehen. Der Rat fungiert als politisches Entscheidungs- und Führungsgremium, gleichzeitig aber auch als oberste Verwaltungsebene, wobei für die einzelnen Zweige der Verwaltung, zum Beispiel Kämmerei, Gericht oder Gewerbeaufsicht, besondere Ratsämter eingerichtet sind, die ehrenamtlich und in turnusmässigem Wechsel von Mitgliedern des Rates wahrgenommen werden. Dieser Modus der Rekrutierung präjudiziert zugleich die geographische und soziale Herkunft der Amtsträger.

Anders liegen die Verhältnisse bei einer zweiten Gruppe städtischer Amtsträger, die bisher weniger Beachtung gefunden haben. Bei ihnen handelt es sich um Beamte, die auf Grund ihrer Bildung und funktionellen Nützlichkeit bestimmte Aufgaben übertragen bekommen und die für ihre Dienstleistung, wenn auch in verschiedener Weise, dotiert werden. Wir wollen uns hier vor allem auf die Kanzlei und damit die Beamten konzentrieren, die in unmittelbarer Beziehung zur politischen und Ver-

waltungstätigkeit des Rates stehen und die durch eigene politisch-diplomatische Aktivitäten an dessen Entscheidungen mit beteiligt sind.[2]
Die Ausbildung der Kanzlei mit einem fest angestellten, ständigen
Schreiber ist in den norddeutschen Städten seit dem zweiten Viertel des
dreizehnten Jahrhunderts zu beobachten. Einige dieser frühen Beamten sind
nicht nur schriftkundige *clerici*, sondern sie verfügen auch über Rechtskent-
ntnisse, die sie zum Teil an einer der frühen Universitäten erworben haben,
die aber auch an einigen der regionalen Dom- oder Stiftsschulen vermittelt
wurden. In Lübeck, der in mehrfacher Hinsicht führenden Stadt Nord-
deutschlands, wird bereits um 1270 neben dem Stadtschreiber ein weiterer,
rechtsgelehrter Beamter eingestellt.[3] Damit deutet sich die Trennung der
Ämter an, die dann seit den 1320er Jahren zur Ausbildung des Syndikats
geführt hat. Die Vermehrung und Spezialisierung des Kanzleipersonals ist je
nach dem Umfang der politischen und Verwaltungsaufgaben in den
einzelnen Städten unterschiedlich verlaufen. Während in Lübeck seit 1360
fast ständig drei und zeitweise sogar vier Ratssekretäre amtieren,[4] gibt es in
Lüneburg oder Göttingen noch um 1500 nur zwei bis drei.[5] Ähnliche
Unterschiede sind beim Amt des Syndikus zu beobachten. Soweit es nicht
mit dem Amt des Protonotars verbunden ist, wie in Erfurt,[6] ist in kleineren
Städten wie Hildesheim und Göttingen erst in der Mitte des 15. Jahrhunderts
ein selbständiges Syndikat eingerichtet worden.[7] Das untergeordnete Kanzleipersonal hat oft nicht in einem Dienstverhältnis zum Rat gestanden,
sondern wird von den Sekretären eingestellt. Diese 'Gesellen' oder 'Substituten' sind aber mit zu berücksichtigen, da mehrere der Sekretäre aus
diesen Positionen innerhalb der Kanzlei aufgestiegen sind. Ein weiteres
Charakteristikum der höheren Stadtbeamten ist die zunehmende universitäre
Bildung und Graduierung. Bei den Ratssekretären setzt sich der artistische
Magistergrad seit dem ausgehenden vierzehnten Jahrhundert immer mehr
durch, während für die Syndici seit der Mitte des fünfzehnten Jahrhunderts
der juristische Doktorgrad üblich wird.
Schliesslich ist noch eine Gruppe von Amtsträgern zu nennen, die
weniger mit der innerstädtischen Verwaltung verbunden sind, sondern die
als Prokuratoren und Juristen im Auftrag des Rates an den geistlichen
Gerichten, besonders an der Kurie, und seit dem fünfzehnten Jahrhundert
zunehmend auch an den Reichsgerichten tätig sind. Zu den Ratssekretären
und mehr noch den Syndici bestehen insofern Parallelen, als sie zum Teil
dieselben Aufgaben wahrnehmen und meist auch eine universitäre Graduierung besitzen. Der wechselseitige Übergang zwischen den juristisch-
diplomatischen Ämtern und denen der Kanzlei ist daher nicht ungewöhnlich. Soweit noch andere höher dotierte und universitätsgebildete
Amtsträger in den spätmittelalterlichen Städten nachweisbar sind, haben sie
der politischen und Verwaltungstätigkeit des Rates ferner gestanden. Stad-
tärzte, die einen medizinischen Doktorgrad besitzen, scheinen bis in das
ausgehende fünfzehnte Jahrhundert selten zu sein. Die Schulmeister, die

immer häufiger Artistenmagister sind, können nur insoweit als städtische Amtsträger gelten, als dem Rat das Besetzungsrecht an den Schulen zusteht.

Methodische Probleme

Die Voraussetzungen für die prosopographische Erfassung der hier interessierenden Personen sind sowohl von der Quellenlage als auch von der bisherigen Erforschung her recht unterschiedlich. Am leichtesten ist der Zugang zu den Inhabern der Ratsämter. Ihre prosopographische Erfassung deckt sich mit der Beschreibung der ratsfähigen Oberschicht[8] und der personellen Zusammensetzung des Ratsgremiums, beides seit langem Thema der Forschung. In mehreren Fällen liegen zeitgenössische Ratslisten vor, oder es lässt sich mit Hilfe der Aufzeichnungen aus den einzelnen Bereichen der städtischen Verwaltung die Ratslinie zusammenstellen bzw. ergänzen.[9] Bei entsprechender Quellenlage ist auf diese Weise auch die Verteilung der Ratsämter zu rekonstruieren.[10] Was die weiterführenden Personenangaben über soziale Herkunft, Beruf und Vermögensverhältnisse der Ratsmitglieder angeht, sind die quellenkundlichen und methodischen Probleme vor allem aus der sozialgeschichtlichen und genealogischen Spezialliteratur bekannt. In Einzelfällen ist das Material auch schon aufgearbeitet worden.[11]

Im Unterschied zu den Amtsträgern, die dem Rat angehören, ist über die Inhaber der städtischen Dienstämter relativ wenig bekannt. Bisher ist dieser Personenkreis mehr indirekt behandelt worden, indem die Forschung von verwaltungs- und kanzleigeschichtlichen Fragestellungen ausgegangen ist[12] oder die Entwicklung der städtischen Schriftsprache untersucht hat,[13] wobei dann auch die personellen Verhältnisse berührt worden sind. Abgesehen von der mehr biographischen Behandlung ausgewählter Einzelpersonen,[14] liegen systematische und primär personengeschichtlich ausgerichtete Untersuchungen über die städtischen Beamten kaum vor.[15] Listenmässige Eintragungen, in denen die Stellenbesetzungen über einen längeren Zeitraum hin aufgezeichnet sind, jeweils mit genauer Namens- und Datumsangabe, sind nur vereinzelt überliefert und scheinen nicht üblich gewesen zu sein.[16] Um so wertvoller sind die für einzelne Beamte erhaltenen Anstellungsverträge, die nicht nur über Amtspflichten und verwaltungsgeschichtlich interessante Modalitäten Aufschluss geben, sondern in denen auch die Dotierung und sonstige personelle Probleme angesprochen werden.[17] Dennoch würden viele auch der höheren Beamten gar nicht oder nur dem Namen nach bekannt sein, wenn sie nicht als Ausgabenposten in den städtischen Kämmereirechnungen auftauchen würden[18] oder wenn ihre politisch-diplomatische Tätigkeit nicht in Urkunden, Briefen und Akten einen Niederschlag gefunden hätte. Für die norddeutschen Städte ist diese Überlieferung besonders günstig, da hier die Rezesse und Akten der Hanse vorliegen. Was den gesellschaftlichen Status und die wirtschaftlichen Verhältnisse der Beamten angeht, sind dieselben Quellen heranzuziehen, die von den Untersuchungen zur städtischen Sozialgeschichte her bekannt sind. Als besonders ergiebig erweisen sich dabei die Testamente, die unter anderem erkennen lassen, dass mehrere der Beamten sich auch an Handels- und Kreditgeschäften beteiligt haben.[19] In einigen Fällen lässt sich recht genau rekonstruieren, welche Position die Inhaber der Dienstämter innerhalb der städtischen Gesellschaft eingenommen haben. Andererseits kommen für die Personenbeschreibung der Beamten nicht nur die Quellen aus der Stadt ihrer Diensttätigkeit in Frage, da sie als Inhaber kirchlicher Benefizien oder durch den Wechsel der Tätigkeit auch in anderen Bereichen verwurzelt und hier quellenmässig fassbar sind.

Auf ein Problem muss noch hingewiesen werden, und zwar betrifft es diejenigen Amtsträger, die ein mehrjähriges Studium durchgeführt und einen universitären Grad erlangt haben. Von der Bearbeitung der Universitätsmatrikeln her ist bekannt, dass eine bereits erworbene Graduierung nicht immer verzeichnet wird. Auch im städtischen Schriftgut ist der universitäre Grad eines Ratsherrn oder Beamten oft nicht oder nur unvollständig angegeben. So wird 1475 der 'Meister' Liborius Meyer als Sekretär in Lübeck angestellt, gleichzeitig aber dem dienstälteren und als Protonotar amtierenden 'Meister' Johann Wunstorf in der Sitzordnung vorgezogen, und zwar 'wegen der Würde seiner Gelehrtheit.'[20] Tatsächlich war Meyer bereits Bakkalar in beiden Rechten, was aber als Qualifikation für das Amt des Ratssekretärs ohne Belang blieb, da hierfür der artistische Magistergrad als Voraussetzung üblich geworden war. Andererseits ist nicht immer sicher, ob der als 'Magister' oder 'Meister' Bezeichnete tatsächlich den artistischen Magistergrad erlangt hat oder ob die Bezeichnung nur als Ausdruck der relativen Höherschätzung des gebildeten Fachmanns zu bewerten ist. Ratsherren und Bürgermeister werden in der Regel nur mit dem Namen genannt. Dass einige von ihnen graduiert sind, wird oft nur dann erwähnt, wenn bei Rechtsentscheidungen oder auswärtigen Verhandlungen ihre meist juristische Fachkompetenz speziell angesprochen war. In solchen Fällen erweist sich die Kombination universitäts- und stadtgeschichtlicher Quellen als notwendig, ohne dass jedoch immer Klarheit zu erreichen ist.

Einer der geläufigen Ansätze für die prosopographische Methode besteht darin, einen institutionell abgegrenzten und oft auch durch eine zentrale Quellengattung dokumentierten Kreis von Personen zu beschreiben. Das trifft im Rahmen unseres Themas vor allem auf das Ratsgremium und die ihm angehörenden Amtsträger zu. Die Methode empfiehlt sich hier insofern, als sie nicht auf die statistische Beschreibung der Ratszusammensetzung beschränkt bleibt, sondern von den erarbeiteten Personendaten her auch die Voraussetzung für eine sozialgeschichtliche Analyse der ratsfähigen Oberschicht bietet.

Trotz gewisser Abgrenzungsprobleme lässt sich in ähnlicher Weise auch der Kreis der in einer Stadt bediensteten Amtsträger umschreiben.

Entsprechende Repertorien, die eine Summe von Kurzbiographien enthalten, sind für andere Bereiche auch schon erarbeitet worden.[21] Für verwaltungsgeschichtliche Fragestellungen nach der Entstehung und dem Ausbau der einzelnen Ämter kann eine solche Prosopographie zweifellos wertvolle Aufschlüsse geben. Ihr Wert für weiterführende, auch sozialgeschichtliche Fragestellungen ist jedoch unterschiedlich zu beurteilen. Die niederen Amtsträger, sofern sie namentlich überhaupt bekannt werden, sind in den wenigsten Fällen näher zu erfassen, so dass sich mit Hilfe der Einzeldaten eher ein Typus rekonstruieren lässt. Am ergiebigsten ist die prosopographische Arbeit für die Syndici und Ratssekretäre, für die an den Gerichten tätigen Juristen und zum Teil auch für die Schulmeister. Ihre prosopographische Erfassung weist aber immer wieder über die einzelne Stadt hinaus und macht es notwendig, das Untersuchungsfeld auszuweiten, d.h. den institutionell abgegrenzten Bereich der städtischen Dienstämter nicht isoliert, sondern als Teil eines umfassenderen Beschäftigungs- und Versorgungssystems zu sehen. Die wichtigsten Positionen dieses Systems neben den städtischen Dienstämtern sind die bepfründeten Kirchenämter, darunter vor allem die Kanonikate, die universitären Lehrämter und die Ämter der landesherrlichen Verwaltung. Dabei zeigt sich, dass die Beziehungen zwischen den Beamten und dem Rat oder einzelnen seiner Mitglieder sowohl inhaltlich als auch zeitlich umfassender sind als die des offiziellen Dienstverhältnisses.

Ergebnisse und Auswertungsmöglichkeiten

Abgesehen von der Struktur des städtischen Ämterwesens und der personellen Besetzung der Ämter im einzelnen führt die Anwendung der prosopographischen Methode zu weiteren Ergebnissen, von denen hier einige kurz skizziert seien.[22]

Die hierarchische Anordnung der Dienstämter, die sich schon aus den jeweiligen Amtsfunktionen und den dafür geforderten Qualifikationen ergibt, spiegelt sich personell in bestimmten Formen des Wechsels und des Aufstiegs wider. Typisch ist der Übergang vom Substituten der Kanzlei zum Ratssekretär oder vom Syndikus zum speziell beauftragten Prokurator. Öfter wird dabei die Diensttätigkeit unterbrochen und der Amtswechsel durch den Erwerb einer höheren Graduierung an der Universität vorbereitet. Der zwischenzeitliche Wechsel in einen anderen Tätigkeitsbereich, oft in ein universitäres Lehramt, ist bei den höheren Beamten ebenso zu beobachten wie das endgültige Ausscheiden aus dem städtischen Dienstverhältnis, wobei spezielle Aufgaben oft auch weiterhin übertragen und übernommen werden.

Die soziale Herkunft der Beamten aus allen Schichten der Bevölkerung, teils aus der Stadt ihrer Diensttätigkeit selbst, ist in mehreren Fällen zu belegen oder wahrscheinlich zu machen. Verwandtschaften zwischen den bediensteten Amtsträgern lassen seit dem vierzehnten Jahrhundert Ansätze zur Berufsvererbung erkennen. Angehörige der Ratsfamilien sind unter den Beamten selten vertreten. Wir finden sie vor allem unter den juristisch gebildeten Stadtschreibern der Frühzeit, als der Universitätsbesuch noch eine Seltenheit war, und dann wieder seit dem ausgehenden fünfzehnten Jahrhundert, als das Amt des Syndikus eine Wertschätzung erlangt hatte, die nicht selten den an einer ausländischen Universität erworbenen Doktorgrad erforderte.

Die personelle Verbindung zwischen Dienstämtern und Ratsämtern kommt weniger in der gleichen sozialen Herkunft der Amtsträger zum Ausdruck als in dem Aufstieg der Beamten in das Ratsgremium. Seit dem ausgehenden fünfzehnten Jahrhundert lassen sich mehrere Fälle dafür anführen. Die während der Diensttätigkeit bewiesenen Fachkenntnisse sowie die durch diplomatische Tätigkeit erworbenen Erfahrungen empfehlen die Zuwahl in das Ratsgremium, ohne dass die seit langem für eine Ratszugehörigkeit konstitutiven Faktoren damit in Frage gestellt werden. Mehrere der in den Rat kooptierten Beamten stammen aus Ratsfamilien benachbarter Städte. Für andere lässt sich nachweisen, dass sie durch Liegenschaftserwerb und Beteiligung an Handelsgeschäften die Voraussetzung für die auf Abkömmlichkeit angewiesene Ratszugehörigkeit geschaffen haben. Gerade bei diesem Problem erweist sich die Notwendigkeit weiterer, nach Städtetypen differenzierter Spezialuntersuchungen.

ANMERKUNGEN

[1] Die im folgenden angeführte Literatur bildet nur eine exemplarische Auswahl.

[2] W. Stein, 'Deutsche Stadtschreiber im Mittelalter,' *Beiträge zur Geschichte vornehmlich Kölns und der Rheinlande. G. von Mevissen zum 80. Geburtstag* (Köln, 1895), 27-70; K. Wriedt, 'Das gelehrte Personal in der Verwaltung und Diplomatie der Hansestädte,' *Hansische Geschichtsblätter* (im folgenden: *HansGBll*), xcvi (1978), 15-37.

[3] W. Brehmer, 'Zusammenstellung der erhaltenen Eintragungen in das älteste Oberstadtbuch (1227-1283),' *Zeitschrift des Vereins für Lübeckische Geschichte und Altertumskunde* (im folgenden: *ZVLübG*), iv (1884), 240-42.

[4] F. Bruns, 'Die Lübecker Stadtschreiber von 1350-1500,' *HansGBll*, xi (1903), 45-102; ders., 'Die Lübecker Syndiker und Ratssekretäre bis zur Verfassungsänderung von 1851,' *ZVLübG*, xxix (1938), 91-168.

[5] H. Teske, *Das Eindringen der hochdeutschen Schriftsprache in Lüneburg* (Halle, 1927), 15-17, 57; *Göttinger Statuten*, ed. G. von der Ropp (Quellen und Darstellungen zur Geschichte Niedersachsens, xxv, Hannover/Leipzig, 1907), xxxii.

[6] A. Schmidt, 'Die Kanzlei der Stadt Erfurt bis zum Jahre 1500,' *Mitteilungen des Vereins für die Geschichte und Altertumskunde von Erfurt*, xl-xli (1921), 32-40.

[7] F. Arnecke, *Die Hildesheimer Stadtschreiber bis zu den ersten Anfängen des Syndikats und Sekretariats. 1217-1443* (Diss. phil., Marburg, 1913), 75; *Göttinger Statuten* (wie Anm. 5), xxxviii.

[8] G. Wegemann, 'Die führenden Geschlechter Lübecks und ihre Versch

wägerungen,' *ZVLübG*, xxxi (1949), 17-52; S. Reidemeister, *Genealogien Braunschweiger Patrizier- und Ratsgeschlechter aus der Zeit der Selbständigkeit der Stadt (vor 1671)* (Braunschweiger Werkstücke, xii, Braunschweig, 1948).

[9] F. Crull, *Die Rathslinie der Stadt Wismar* (Hansische Geschichtsquellen, ii, Halle, 1875); W. Spiess, *Die Ratsherren der Hansestadt Braunschweig 1231-1671* (Braunschweiger Werkstücke, xlii, 2nd ed., Braunschweig, 1970).

[10] *Kämmereirechnungen der Stadt Hamburg*, bearb. K. Koppmann (Hamburg, 1869-1951, 10 vols.), i, iii, vii. Einleitung; J. Hartwig, *Der Lübecker Schoss bis zur Reformationszeit* (Staats- und sozialwissenschaftliche Forschungen, xxi, 6, Leipzig, 1903), 226-30.

[11] E. F. Fehling, *Lübeckische Ratslinie von den Anfängen der Stadt bis auf die Gegenwart* (Veröffentlichungen zur Geschichte der Freien und Hansestadt Lübeck, vii, 1, Lübeck, 1925).

[12] E. Kleeberg, 'Stadtschreiber und Stadtbücher in Mühlhausen i. Th. vom 14. - 16. Jahrhundert,' *Archiv für Urkundenforschung*, ii (1909), 407-90; M. Ewald, *Der Hamburgische Senatssyndicus. Eine verwaltungsgeschichtliche Studie* (Universität Hamburg. Veröffentlichungen aus dem Seminar für Öffentliches Recht, xliii, Hamburg, 1954); J. W. Uhde, *Die Lüneburger Stadtschreiber von den Anfängen bis zum Jahre 1378* (Diss. phil., Hamburg, 1977).

[13] S. Lide, *Das Lautsystem der niederdeutschen Kanzleisprache Hamburgs im 14. Jahrhundert* (Diss. phil., Uppsala, 1922); W. Heinsohn, *Das Eindringen der neuhochdeutschen Schriftsprache in Lübeck während des 16. und 17. Jahrhunderts* (Veröffentlichungen zur Geschichte der Freien und Hansestadt Lübeck, xii, Lübeck, 1933); G. Cordes, *Schriftwesen und Schriftsprache in Goslar bis zur Aufnahme der neuhochdeutschen Schriftsprache* (Sprache und Volkstum, iii, Hamburg, 1934); E.-V. Dahl, *Das Eindringen des Neuhochdeutschen in die Rostocker Ratskanzlei* (Deutsche Akademie der Wissenschaften zu Berlin. Veröffentlichungen des Instituts für deutsche Sprache und Literatur, xxii, Berlin, 1960).

[14] G. Neumann, 'Johannes Osthusen. Ein Lübecker Syndikus und Domherr in der zweiten Hälfte des 15. Jahrhunderts,' *ZVLübG*, lvi (1976), 16-60; ders., 'Simon Batz. Lübecker Syndikus und Humanist,' *ZVLübG*, lviii (1978), 49-73; H. Stoob, 'Albert Krantz (1448-1517). Ein Gelehrter, Geistlicher und hansischer Syndikus zwischen den Zeiten,' *HansGBll*, c (1982), 87-109.

[15] Bruns (wie Anm. 4); Arnecke (wie Anm. 7), 157-77.

[16] Bruns, 'Stadtschreiber' (wie Anm. 4), 83-85; *Göttinger Statuten* (wie Anm. 5), xxxii.

[17] Bruns, 'Stadtschreiber' (wie Anm. 4), 92-96, 100-02; Lide (wie Anm. 13), 20.

[18] *Kämmereirechnungen Hamburg* (wie Anm. 10).

[19] *Hamburgisches Urkundenbuch*, iv (Hamburg, 1967), Nr. 55; Bruns, 'Stadtschreiber' (wie Anm. 4), 79-83, 85-91.

[20] Bruns, 'Stadtschreiber' (wie Anm. 4), 92; *Die Matrikel der Universität Köln*, bearb. H. Keussen (Publikationen der Gesellschaft für Rheinische Geschichtskunde, 2nd ed., Bonn 1928-31, 3 Bde.), i. 713.

[21] K. E. Demandt, *Der Personenstaat der Landgrafschaft Hessen im Mittelalter* (Veröffentlichungen der Historischen Kommission für Hessen, xlii, 1-2, Marburg, 1981).

[22] Die Angaben beruhen auf bisher noch unveröffentlichten Forschungsergebnissen.

SUMMARY

Town Officials In Northern Germany During the Late Middle Ages

There are two groups of office holders in the towns of northern Germany in the late Middle Ages: first, members of the town council who therefore hold a leading office; and secondly, paid officials who were engaged because of their education and functional utility—secretaries and syndics in the chancellery (according to the size of the town up to five persons), and the lawyers who worked in court. It is quite easy to register prosopographically the members of the town council. But the total number of town officials and their social origins can be described in detail only by means of varied and dispersed source material. It is rather difficult to discover their university degrees and their typical activities in other areas. The main results of this prosopographical analysis are the following:

1. Typical outlines of professional advancement and also the beginnings of hereditary professions can be charted.

2. Members of the families from which the council was recruited do not often take over an office and only a few officials succeeded in advancing socially and entering the council.

Le migrant en France â la fin du Moyen Age: problêmes de méthode

Claudine Billot

Le phénomène capital des migrations médiévales offre un vaste champ de recherches interdisciplinaires. Mobilité sociale espérée et mobilité géographique effective, régimes démographiques différenciés entre sur-pression des zones de départ et sous-pression des régions d'accueil, changements économiques, politiques ou religieux entrent en jeu. Les recherches de mobilité de population effectuées pour les villes de Périgueux et de Chartres aux 14e et 15e siècles avaient permis d'établir des typologies et d'esquisser des courants migratoires.[1] L'enquête a ensuite été élargie au Royaume de France de 1300 à 1550. Ce passage au plan national nécessite, en fait, un effort de synthèse au niveau européen qui ne peut être mené à bien qu'avec la collaboration d'autres chercheurs.

Même si des ensembles, en ce domaine et à cette époque, peuvent être trouvés ou créés, les données recueillies appartiennent, le plus souvent, au domaine pré-statistique. Le problème est donc pris à la base, qualitativement, par la collecte et la recension de cas individuels aussi nombreux et aussi variés que possible. Une fiche est établie pour chaque migrant, immigrant ou immigré trouvé (*Annexe I*). De la confrontation de ces multiples destins se dégage une problématique. La prosopographie classique privilégie l'étude de groupes sociaux homogènes (élites politiques, administratives, religieuses . . .) et opère des coupes horizontales dans la société. Les migrants, en revanche, forment un groupe hétérogène quant aux origines sociales mais saisis à un moment commun de leur existence. Leur étude, comme celle des universitaires, traverse tous les états selon un axe vertical. On examinera donc successivement, en fonction de ces difficultés propres, les problèmes suscités par la documentation et par le choix des indicateurs communs retenus.

La documentation concerne ces *forains, horsains, aubains* et autres *étrangers* soit directement, soit indirectement en relatant, par exemple, la perception variée selon les circonstances que les autochtones et régnicoles ont eue de l'intérêt de leurs allées et venues. Elle est contenue dans des fonds et des ouvrages très divers. Il en existe un champ fort dispersé. Les minutes notariales offrent des contrats d'apprentissage ou d'embauche, des accensements individuels, familiaux ou collectifs, des pactes de mariage et des quittances de dot, des procurations, des cessions de biens hérités et des testaments. Les documents municipaux recèlent des livres de bourgeoisie, des rôles de tailles, des mesures de police ou de santé. Les enquêtes judiciaires et les dépositions des témoins ne sont pas sans intérêt. Les archives centrales reflètent les fluctuations de la politique royale à l'égard des mouvements migratoires. Elle les encourage par des exemptions ficales ou l'octroi de privilèges (autorisations d'acquérir des biens et d'en disposer entre vifs ou par testament, donations de biens à vie ou à héritage, lettres de bourgeoisie puis de naturalité) aux étrangers. Elle peut aussi les contrarier par la perception de droits, la confiscation des biens et les expulsions périodiques de la plupart des Lombards et des Juifs. Si les quelques registres d'état-civil, dont la tenue est encouragée par les évêques avant l'ordonnance de Villers-Cotterets (1539) offrent peu d'intérêt dans ce champ d'études, il n'en est pas de même pour les révisions de feux.[2] Il faut aussi tenir compte des sources archéologiques: épitaphes ou stèles commémoratives.[3]

Quelques données chiffrées permettent, à titre d'exemples, de situer l'apport de plusieurs fonds. La remise en état du temporel du chapitre de Notre-Dame de Paris durant la seconde moitié du quinzième siècle a fourni à F. Crouzet vingt-deux migrants.[4] Les archives concernant Chartres et son plat pays aux quatorzième et quinzième siècles nous ont permis de regrouper deux cent soixante-sept mentions de migrants.[5] La reconstruction du Quercy après la Guerre de Cent Ans a offert à J. Lartigaut la possibilité de répertorier mille huit cent vingt migrants.[6] Les lettres de naturalité conservées dans le Trésor des Chartes et accordées par François Ier (1514-47) concernent cinq cent quarante-neuf individus, avec ou sans leur famille.[7] Ces nombres dépendent évidemment de la nature et de la richesse des archives conservées, de l'étendue de l'ensemble géographique considéré et de l'importance des flux migratoires qui s'y sont manifestés à telle ou telle époque. Un terroir peut connaître une lente remise en valeur avec des arrivées successives de paysans qui s'échelonnent sur vingt ou trente ans[8] ou une reconstruction rapide avec l'installation simultanée et massive du groupe qui a conclu un acte d'habitation avec le seigneur du lieu.[9] Les villes maintiennent leur population grâce à un afflux continu de migrants mais elles connaissent des temps forts dans ce renouvellement: Périgueux au début du quatorzième siècle, en 1360-80 puis en 1485-90[10], Chartres au milieu du quinzième siècle puis à partir de 1470 avec un maximum dans la décennie 1480 et une chute après 1500.[11]

Chaque fiche comporte une douzaine d'indicateurs sélectionnés en fonction de leur importance et de leur fréquence (Annexe I). Le premier sous-ensemble concerne la migration proprement dite: zone d'origine, étapes intermédiaires, lieu d'arrivée avec, si possible, les dates correspondantes. La notice saisit souvent la résidence à la date du document et non à celle de l'arrivée proprement dite. Un autre problème réside dans les indications géographiques tantôt très précises, tantôt trop générales. Elles nécessitent un regroupement dans un cadre commun plus vaste comme, par exemple, la province. Les représentations graphiques permettent de voir que les zones de recrutement des migrants—recrutement très dense autour de la ville puis de plus en plus clairsemé à mesure que l'on s'en éloigne—correspondent aux zones d'influence économique.[12] Leur extension varie dans le temps au fur et à mesure que progresse ou se rétracte la zone où l'on vend tel ou tel produit de l'industrie locale.[13] Ces cartes ne préjugent en rien ni du passé ni de l'avenir du migrant. La moitié des artisans et le tiers des laboureurs sont restés à Périgueux moins de dix ans.[14] Parfois, il est possible de percevoir les étapes d'une urbanisation comme ces paysans qui abandonnent le plat pays pour la ville moyenne de Chartres puis pour des cités plus importantes comme Orléans, Rouen, Tours, Poitiers et, bien entendu, Paris.[15] Les Toulousains partent de même vers des villes plus considérables comme Avignon et Barcelone. Il arrive qu'inversement, et en moindre proportion, ils s'installent dans les bourgs et les villages des environs.[16] On considérera comme exceptionnelles des biographies complètes de migrants. On ne peut que déplorer, en ce domaine, la rareté des livres de raison français.[17]

Le second groupe de données concerne l'état-civil du migrant avec, tout d'abord, son nom, prénom et surnom et, éventuellement, la mention de ses parents. Si le nom des Français, hormis quelques fantaisies orthographiques des tabellions, est fixé en cette fin du Moyen Age, il n'en est pas de même des noms étrangers traduits et trahis par des approximations hasardeuses: Bellometto Turelli travesti en Thureau,[18] un della Valle florentin transformé en de Laval, Jacob Rothschild, de Kolberg en Poméranie, devenu praticien à Montpellier et auteur du premier dictionnaire médical, connu sous le nom de Jacques Angeli. L'âge est souvent donné dans les contrats d'apprentissage ou de mariage mais, en milieu populaire, il s'agit fréquemment d'une approximation.

La situation familiale est riche en informations les plus diverses. On ne peut ignorer l'arrivée en milieu urbain de jeunes célibataires, hommes ou femmes, qui colore la situation socio-démographique d'une tonalité et des problèmes particuliers. Nombre de cadets impécunieux ou en attente de leur part de succession épousent, au cours de leurs pérégrinations, la fille, recevant la dot et les terres de quelque paysan ou l'ouvroir de quelque artisan-marchand, et s'installent ainsi définitivement. Les migrations de familles nucléaires sont également importantes. La venue de la femme et de la famille d'un étranger qui s'établit en France donne confiance aux autorités. Des 'lombards' d'Asti, les Scarampi, da Quarto et Spinelli, n'obtiennent des lettres de bourgeoisie 'nonobstant qu'ils aient leurs femmes et familles hors de France' que parce qu'ils ont rendu des services exceptionnels à Philippe le Bel et à ses fils.[19] Les modalités des mariages contractés en France par les étrangers sont révélatrices: Les Florentins restent, en majorité, fidèles à l'endogamie au sein de leur nation. Les Gênois et les Lucquois, en revanche, se marient plus volontiers à des Françaises, hâtant ainsi leur intégration au milieu d'arrivée. Les difficultés des remises en état des terres abandonnées, après la fin de la Guerre de Cent Ans, encouragent la résurrection des communautés familiales taisibles dans le Bassin Parisien, et la pratique des affrèrements dans le Sud-Ouest. Ce phénomène sera enregistré au moment de la rédaction des coutumes au siècle suivant.[20]

Le destin des enfants de ces migrants marque parfois une nouvelle diaspora. Des trois frères Talahassa, d'Entraygues-sur-Truyère (Aveyron), un seul reste dans cette paroisse. Le second est marchand à Montpellier. Le troisième s'est installé à Cahors. Des paysans rouergats émigrés en Quercy mentionnent leurs huit enfants, tous dispersés dans des lieux différents.[21] Des trois enfants du Bolonais Thomas de Pisan, astrologue et physicien de Charles V, seule Christine, née à Venise, demeure en France et y connaît le destin que l'on sait. Ses deux frères, pourtant nés et élevés à Paris, faute d'y trouver un établissement, partent pour l'Italie où ils comptent pouvoir vivre sur les quelques biens paternels qui restent mais qu'ils sont contraints de vab02endre en 1394.

Il faut noter la variété du vocabulaire qui désigne les activités professionnelles de ces migrants. Le *maignan* au nord de la Loire est un *payrolier* dans le Midi. Faut-il réduire ces termes à un commun dénominateur moderne, *chaudronnier*, ou doit-on plutôt conserver leur saveur d'origine à ces appelations médiévales? On retiendra aussi une typologie possible de ces migrations professionnelles. La première regroupe les migrations de formation, celles des apprentis, des pages, des étudiants auxquelles viennent se greffer les espoirs de reconversion professionnelle des adultes. La seconde recouvre les métiers traditionnellement itinérants: maîtres-maçons, charpentiers, tuiliers, meuniers, maîtres d'écoles, notaires ou compagnons qui, au gré du marché du travail, vont se louer de ville en ville. Suivant les besoins, chaque ville ou le gouvernement central élabore une politique économique, industrielle, fiscale et démographique pour encourager une immigration plutôt sélective. Des conventions individuelles ou des franchises collectives favorisent l'arrivée d'armuriers milanais, de verriers ligures d'Altare, de tisseurs en soie, d'imprimeurs ou de maîtres de forge allemands, dont on compte qu'ils renouvelleront ou implanteront des activités industrielles.

La troisième partie de la fiche comprend, tout d'abord, une rubrique sur les causes de la migration. Ces déplacements peuvent être volontaires ou forcés. Les causes extérieures sont imposées par les circonstances: disettes, cherté des vivres, poids de la fiscalité pour les raisons économiques, épidémies pour les causes sanitaires, guerres, bannissements politiques individuels ou collectifs comme ceux d'Arras.[22] Parmi les causes d'ordre individuel, on soulignera la part de rêve qui habite chaque migrant, l'espoir d'échapper à ses dettes et à la pauvreté, l'ambition de parvenir à un mieux-être ou à une promotion sociale, ou la nécessité d'échapper à une persécution intellectuelle et/ou religieuse.[23] L'éventail des possibilités est très large. Les migrations sont un moyen de régulation—ou qui se veut tel— au niveau familial, local, régional ou national pour atteindre un certain équilibre socio-économique ou une certaine homogénéité politico-religieuse.

L'arrivée de migrants dans une ville se produit souvent au moment propice, parfois totalement à contretemps. Comment s'est faite l'information? Est-elle arrivée à retardement? N'est-elle pas arrivée du tout? Les textes explicites sont rares et doivent être confrontés. Ainsi le vicomte de Limoges fait connaître par son juge général les facilités qu'il offrait à tous ceux qui voulaient s'établir au pays d'Ans, en Périgord.[24] Le seigneur de la Rochefoucault avait, quant à lui, fait diffuser une offre identique pour ses terres d'Angoûmois 'par églises et ailleurs.'[25] Les crieurs publics, le réseau de parents ou de voisins, le voyage de quelque prospecteur dûment mandaté par le roi, le seigneur ou la municipalité ne peuvent être oubliés. Les possibilités de l'imprimé vont accélérer la vitesse et le champ d'action de ces nouvelles au seizième siècle.

On a conservé une dernière rubrique qui regroupe les indications dont la fréquence est moindre mais dont l'importance ne peut être négligée. C'est, par exemple, le facteur religieux avec les expulsions et les rappels périodiques des Juifs, les persécutions des Vaudois et leurs exils volontaires, et la fuite des Protestants vers les terres d'Empire.[26] Il y a aussi la conversion des quelques esclaves (bogomiles) de Bosnie vendues à Marseille.[27] On recueille également le niveau universitaire du migrant qui détermine ses activités professionnelles ou les charges auxquelles il peut prétendre. On y note les modalités de l'accueil par un groupe plus ou moins organisé de compatriotes, solidarité informelle des gens originaires de la même paroisse qui servent de témoins ou de garants dans les contrats, ou solidarité très organisée des 'nations' de négociants étrangers avec leur maison commune, leur consul, leur capitaine des marchands, leur juridiction interne, leurs chapelles et leurs confréries. Cet accueil sert de filtre. Son intermédiaire permet d'atténuer la distance géographique et culturelle. Le vaste problème de l'acculturation reste à étudier: Y a-t-il adoption des us et coutumes du milieu d'arrivée? Dans quelle mesure? Au bout de combien de temps? Cette assimilation atténue-t-elle de possibles phénomènes de rejet ou son absence les explique-t-elle, au contraire? En ce domaine, il est nécessaire de recueillir avec soin le passage des critères juridiques qui expliquent les termes *aubain*, *horsain*, *forain*, *étranger* à la prise en compte d'aspects socio-économiques plus inquiétants comme *misérables personnes* ou *pauvres étrangers*, et de rechercher les causes et les conséquences de leur apparition. Cette assimilation peut aller de pair avec le maintien de certains liens avec le milieu d'origine: Pedro de Salazar, marchand espagnol établi à Rouen, mentionne dans son testament, en 1549, l'existence de sa mère, de deux soeurs, d'un beau-frère et d'une belle-soeur dans sa paroisse natale de Portugalete, près de

Santander. Il y possède encore une pièce de vigne. Il prévoit des legs à l'église et à divers monastères des environs.[28]

Après avoir regroupé une documentation fragmentée et assuré sa méthode, cette enquête démographique, sociale et économique devrait nous permettre, tout d'abord, de retenir des critères satisfaisants pour élaborer une définition précise du migrant. Il sera sans doute possible ensuite d'établir une typologie nuancée de ces déplacements et d'en marquer les principaux caractères. Faute de pouvoir chiffrer avec précision ces migrations et d'en dater exactement les phases, on devrait pouvoir en évaluer l'importance respective selon les régions et repérer les phases principales de leur chronologie. Il sera alors nécessaire de distinguer les mouvements traditionnels de migration, avec leurs habitudes de déplacement connues, des mouvements exceptionnels. Il faudra préciser l'action des autorités qui, au niveau de la ville, de la région ou de l'état, facilitent, gênent ou interdisent, selon les circonstances, ces déplacements. Il sera indispensable, enfin, de retrouver l'opinion qu'en avaient, selon leurs milieux sociaux, les contemporains.

ANNEXE 1: Notice type

REF	nº de la notice, références d'archives
THE	mots-clés
DAT	date de rédaction du document en année, mois et jour
DEP	date du départ
ORI	pays étranger, province ou diocèse, paroisse, lieu-dit
ITI	villes d'étapes et dates
DAR	date d'arrivée
LAR	lieu d'arrivée
MIG	nom, prénom et surnom du migrant
AGE	âge
SIT	situation de famille
MET	activités : métier, charge ou dignité
CAU	causes de la migration
COM	autres renseignements
BIB	bibliographie
AUT	auteur de la notice, date

ANNEXE 2 : Un exemple de notice

REF	01026 A.D. Lot, III E 14/8 fol. 83 vº
THE	migration-interurbaine assimilation
DAT	1467.
DEP	
ORI	12300 Villefranche-de-Rouergue (Aveyron)
ITI	
DAR	
LAR	46102 Figeac (Lot)

MIG	MICHEL Jean, fils de Jean
AGE	
SIT	épouse Jeanne, fille de Jean RAYNALD, payrolier, Figeac
MET	cellerier
CAU	
COM	dot : vestes, lit, maison, verger et ouvroir à Figeac
BIB	
AUT	J. LARTIGAUT, 1981.

NOTES

[1] A. Higounet-Nadal, *Périgueux aux 14ᵉ et 15ᵉ siècles. Etude de démographie historique* (Bordeaux, 1978), 211-77; C. Billot, *Chartres aux 14ᵉ et 15ᵉ siècles, une ville et son plat pays* (thèse d'Etat, Paris VIII, 1980), 675-89.

[2] Voir par exemple A. Fierro, 'Un cycle démographique: Dauphiné et Faucigny du 14ᵉ au 19ᵉ siècle,' *Annales E.S.C.*, xxvi (1971), 941-59.

[3] Cf. P. La Croix, *Mémoire historique sur les institutions de France à Rome* (Paris, 1868), 122-27 pour les tombes, épitaphes et inscriptions concernant les Français morts à Rome; pour les stèles commémoratives dans la faculté de médecine de Montpellier, par exemple, voir L. Dulieu, *La Médecine à Montpellier*, t.I, *Le Moyen Age* (Avignon, 1975), 246, 279, 282, 287, 291 et 295.

[4] F. Crouzet, *La reconstruction agricole du Chapitre Notre-Dame* (Diplôme d'études supérieures, Paris, 1943), 152-54.

[5] C. Billot, *op. cit.*, Annexe VIII.

[6] J. Lartigaut, *Les campagnes du Quercy après la Guerre de Cent Ans vers 1440-vers 1500* (Toulouse-Le Mirail, 1978).

[7] *Catalogue des Actes de François Ier* (Paris, 1887-1908, 10 vols.).

[8] Ch. H. Waddington, 'Note sur la dépopulation des campagnes gâtinaises pendant la Guerre de Cent Ans et leur reconstitution économique,' *Annales de la Société historique et archéologique du Gâtinais*, xxxix (1930), 164-78.

[9] J.-J. Letrait, 'Les actes d'habitation en Provence, 1460-1560,' *Bulletin philologique et historique du Comité des Travaux historiques* (1965), 183-225.

[10] A. Higounet-Nadal, *op. cit.*, 209-11.

[11] C. Billot, *op. cit.*, 680.

[12] G. Espinas note dans *La vie urbaine de Douai au Moyen Age* (Paris, 1913, 4 vols.) l'arrivée 'des émigrants du Nord, côté avec lequel la ville devait entretenir des relations économiques spécialement importantes' (t.I, 402). Ph. Wolff constate que des Béarnais et des Rouergats viennent se fixer à Toulouse en suivant un courant commercial: *Commerces et marchands de Toulouse vers 1350-vers 1450* (Paris, 1954), 124-28 et 134-35.

[13] J. Bonfils constate pour les immigrants de Fribourg que 'l'apport des régions germaniques ira en augmentant au fur et à mesure que progressera l'industrie fribourgeoise [*de draps et de peaux*].' Cette extension cessera au milieu du 16ᵉ siècle, *Le premier livre des bourgeois de Fribourg (1341-1416). Introduction* (Fribourg, 1941), 24.

[14] A. Higounet-Nadal, *op. cit.*, 277.

[15] C. Billot, *op. cit.*, 686.

[16] Ph. Wolff, *op. cit.*, 85.

[17] Voir, à titre d'exemple, L. Carolus-Barré, 'Notes autobiographiques de Jean le Houdoyer, de Saint-Just-en-Beauvaisis (1426-1480),' *Bibliothèque de l'Ecole des Chartes* (1944), 180-85 ou la biographie du charpentier sarthois Etienne Fraslon dans notre thèse, 683-84.

[18] Arch. nat., JJ 80 n° 146.

[19] Arch. nat., JJ 56 n° 165.

[20] Pour le détail des coutumes, se reporter à G. Bernard, *Guide des recherches sur l'histoire des familles* (Paris, Archives nationales, 1981), 57.

[21] Arch. du Tarn-et-Garonne, V E 5992, fol. 116 et Arch. du Lot, III E 19/4, fol. 53 (renseignements aimablement communiqués par J. Lartigaut).

[22] Cf. A. Higounet-Nadal et C. Billot, 'Bannissement collectif et repeuplement autoritaire d'Arras (1479-1484),' *107ᵉ Congrès national des Sociétés savantes* (Brest, 1982), i. 107-23.

[23] 'Il y a quarante ou quarante-cinq ans, presque tous les habitants sont partis à cause de la persécution de l'Inquisiteur,' sur cette mention des Vaudois de Vaulcluson dans la révision des feux de 1434, se reporter à P. Paravy, 'L'Eglise et les communautés dauphinoises à l'âge de la dépression. Le témoignage des révisions de feux du 15ᵉ siècle,' *Cahiers d'Histoire* (1974), 246.

[24] Arch. des Pyrénées Atlantiques, E 637, fol. 4 v°.

[25] Arch. nat., X²ᴬ 34, fol. 307 d'après les indications de R. Favreau, 'Epidémies à Poitiers et dans le Centre-Ouest à la fin du Moyen Age,' *Bibliothèque de l'Ecole des Chartes,* cxxv (1967), 396.

[26] Né vers 1487 dans l'archevêché de Cologne, Jean Gonthier d'Andernach, régent de la faculté de médecine de Paris, où il se marie, médecin du roi François Ier, est contraint de se retirer, après sa conversion au luthéranisme, à Metz puis à Strasbourg où il meurt en 1574: L. Hérissant, *Eloge historique de Jean Gonthier d'Andernach, médecin ordinaire de François Ier* (Paris, 1765).

[27] Ch. Verlinden, 'Patarins et bogomiles réduits en esclavage,' *Studi e materie di Storia delle religioni,* xxxviii (1967), 683-700.

[28] Chr. Douyère 'Le testament de Pedro de Salazar, marchand espagnol de Rouen (1549),' *Bulletin philologique et historique du Comité des Travaux historiques* (1973), 165-66.

SUMMARY

The Migrant in France at the End of the Middle Ages: Problems of Method

Research which has been done on migration in the kingdom of France from 1300 to 1550 enables us to pose problems of method deriving from the diversity of sources and to outline the main characteristics of the migrant at the end of the Middle Ages. The first results obtained deal with the geographical and chronological features of the various phases of migration. The following results concern the identity of the migrant, his family status, and his professional occupation. The third and final part of the study is about the causes of migration and supporting information.

'Ordonnances de l'Hôtel' und 'Escroes des gaiges.' Wege zu einer prosopographischen Erforschung des burgundischen Staats im fünfzehnten Jahrhundert

Karl Ferdinand Werner zum 60. Geburtstag

Werner Paravicini

Das Unternehmen, von dem ich spreche, ist noch kaum begonnen. Die späteren Stufen, sofern es sie überhaupt geben wird, liegen noch in weiter Ferne. Wenn ich dennoch hier und jetzt davon rede, dann deshalb, weil die methodischen und materiellen Probleme, denen ich begegne und begegnen werde, sich gerade auf einer Zusammenkunft dieser Art diskutieren lassen und ich Anregung, Rat und Hilfe brauche.

Ich werde Ihnen zunächst die im Titel genannten Quellen vorstellen, dann die Fragen erörtern, die man an sie herantragen kann, schliesslich auf die Probleme der Auswertung eingehen.

1. 'Ordonnances de l'Hôtel'

Die periodisch erlassenen 'Ordonnances de l'Hôtel' oder Hofordnungen[1] sind namentliche, nach Ämtern geordnete Listen von Amtsträgern der verschiedenen, den Gesamthof bildenden Einzelhöfe des Herzogs, der Herzogin, des erst Graf von Nevers, dann von Charolais genannten Erbprinzen, seiner Frau und anderer Familienmitglieder, mit Angaben der jeweiligen Dienstzeit, der Gagen und Lieferungen. Sie sind in der Regel keine Dienstanweisungen oder Zeremonialordnungen, sondern Finanzdokumente, Sparprogramme. Von den ersten beiden der grossen Herzöge von Burgund, Philipp dem Kühnen (reg. 1363-1404) und Johann ohne Furcht (reg. 1404-19) ist keine einzige Generalordonnanz dieser Art erhalten. Erst von Herzog Philipp dem Guten (reg. 1419-67) haben wir eine ziemlich vollständige Reihe über die Jahre 1426-67; die erste Ordonnanz von 1419/21 ist allerdings verlorengegangen.[2] Auch die ersten namentlichen

TABELLE 1: Erhaltene Texte Burgundischer Hofordnungen 1363-1482

Für den Herzog:			
Philipp der Kühne	(1363-1404):	1389¹	Amtsführungsordonnanz (Fragment)
Johann ohne Furcht	(1404-1419):	—	
Philipp der Gute	(1419-1467):	1426/27²	*mit Nachträgen*
		1433	
		1437	Restriktionsordonnanz
		1438³	
		1445	Projekt
		1449	*mit Nachträgen*
		1454	Restriktionsordonnanz
		1459	*z. T. mit Nachträgen*
Karl der Kühne	(1467-1477):	1468/69	nur Rahmenordonnanz⁴ und eine der acht Teilordonnanzen (für den 'Ecuyer'). Die Ord. mit den Namen der Amsträger ist verloren.
		1472	
Maria von Burgund		1474	*mit Nachträgen*
Maximilian	(1477-1482):	1477	*mit Nachträgen*
		1477⁵	
Für die Herzogin:			
Isabella von Portugal	(∞1430 †1471):	1430⁶	einfache Liste
		1439	
Margarete von York	(∞1468 †1503):	1468	
Für den Thronfolger (Grafen von Nevers, dann von Charolais):			
Johann ohne Furcht	(* 1371-1404):	1396⁷	für den Kreuzzug
Philipp der Gute	(* 1396-1419):	1407⁸	
		1409⁸	
		1415⁸	
Für die Gräfin von Charolais:			
Michelle de France	(∞1411 †1422):	1415⁸	
Isabeau de Bourbon	(∞1454 †1465):	1458	

Quellen:

U. Schwarzkopf, 'La cour de Bourgogne et la Toison d'Or,' *Publications du Centre Européen d'Etudes Bourgondo-Médianes*, v (1963), 91-104.

A. de Schryver, 'Nicolas Spierinc, calligraphe et enlumineur des ordonnances des états de l'hôtel de Charles le Téméraire,' *Scriptorium*, xxiii (1969), 434-58.

W. Paravicini 1980 (s. Anm. 56).

W. Paravicini 1982 (s. Anm. 2).

W. Paravicini 1983 (s. Anm. 2).

W. Paravicini 1985 (s. Anm. 2).

[1] Druck: K. [Vandermaesen-] Vandewoude, *De hofhouding van de Laatse Vlaamse graaf en de eerste Bourgondische hertog (ca. 1380-1404)*. *Bijdrage tot de Kennis van het hotel van Filips de Stoute als centrale instelling* (Unveröff. Licentiaatsverhandeling, Universität Gent, 1978).

[2] Druck: W. Paravicini 1983 (s. Anm. 2).

[3] Druck: F. Vandeputte, 'Droits et gages des dignitaires employés à la cour de Philippe le Bon (1437),' *Annales de la Société d'Emulation de Bruges*, 4e sér. i = xxviii (1876-77), 1-24, 191 s. Auszug betr. die Kammerherren: G. Huydts, 'Le premier chambellan des ducs de Bourgogne,' *Mélanges . . . Henri Pirenne* (Brüssel, 1926), 267-70.

[4] Auszug betr. Hofrat und Grossen Rat: J. van Rompaey 1981 (s. Anm. 16), 315-22.

[5] Druck: L. P. Gachard, 'Ordonnance et état de la maison de Maximilien duc d'Autriche et de Bourgogne: Septembre 1477,' *BCRH*, ix (1857), 117-27.

[6] Druck: W. Paravicini 1985 (s. Anm. 2).

[7] Druck: A. S. Atiya, *The Crusade of Nicopolis* (London, 1934), 144-48.

[8] Druck: W. Paravicini 1982 (s. Anm. 2).

Hofordnungen des von 1467-77 regierenden Herzog Karls des Kühnen von 1468[3] und 1469 sind verschollen, nur die Texte von 1472 und 1474 haben sich gefunden. Aus dem Jahre 1477 liegen dann zwei Hofordnungen der Maria von Burgund und Maximilians vor. Insgesamt sind von 1426-82 neun Hauptordonnanzen für den Hof des Herzogs erhalten, davon vier in der besten Textform desjenigen Exemplars, das im Hofmeisterbüro benutzt und mit datierten Streichungen und Nachträgen versehen worden war.[4] Für die Jahre 1426-33, 1449-67 und 1474-77 könnten wir deshalb für jeden beliebigen Tag in Erfahrung bringen, wer welches Hofamt innegehabt hat, während die ohne Nachträge überlieferten Hofordnungen nur im Abstand einiger Jahre und zum Zeitpunkt der Publikation ein solches Bild geben. Mindestens drei der Ordonnanzen für den Hof des Herzogs sind verloren, nur ein Viertel etwa der Texte—ein ermutigendes Verhältnis, wie sich im Vergleich zu den Escroes zeigen wird. Von den insgesamt vierundzwanzig Texten verschiedener Art betreffend die verschiedenen Höfe sind bislang sechs veröffentlicht worden, und keineswegs die wichtigeren. Das seit langem verzeichnete Material[5] kann somit als unveröffentlicht bezeichnet werden. Mit den in *Francia*, x (1982) erschienenen Hofordnungen des Grafen von Charolais und der Gräfin von 1407, 1409 und 1415 beginne ich, hier Abhilfe zu schaffen.

2. *'Escroes des gaiges'*

Die jeden Tag im Hofmeisterbüro vom Ämterschreiber (*clerc des offices*) angefertigten *escroes*,[6] d. h. Rollen oder Streifen, hier aus Pergament,[7] dienten dazu, die täglichen Ausgaben der Hofverwaltung aufzuzeichnen. Sachausgaben und Tagegelder wurden getrennt notiert. Die einen hiessen *escroes de la despence* (*de bouche*), die anderen *escroes des gaiges*. Ausser diesen beiden Kategorien gab es noch einige andere, z.B. für Zulagen und ausserordentliche Gagen, für monatliche Zahlungen und Lieferungen, und, unter Karl dem Kühnen, tägliche Gagenescroes für die herzogliche Garde.[8] Alle sind sie mit Ort und Tag genau datiert. Die *escroes de la despence* sind nach den sechs Hofämtern[9] gegliedert und haben prosopographisch nur insofern Bedeutung, als sie regelmässig die dienst-tuenden Vorsteher dieser Ämter nennen, zuweilen auch den die Aufsicht führenden Hofmeister und die vornehmeren Gäste. Die *escroes des gaiges* aber verzeichnen den gesamten Hofstaat zum jeweiligen Tag, geordnet nach der Höhe der Gagen. Unter Karl dem Kühnen begegnet uns eine Anordnung in kleinen, militärischen Abteilungen (*chambres*), unter Philipp dem Schönen und Karl V. eine Anordnung nach Hofämtern,[10] womit die Gagenescroes zu Spiegeln der Hofordnungen werden.

Quellenkritisch ist zu bemerken, dass in den *escroes* nicht genannt wird, wer auf Dienstreise weilte oder keine Tagegelder bezog, z.B. weil er durch eine Pension abgefunden war;[11] dass Leute darin erscheinen können, die das (seltene) Vorrecht genossen, Tagegelder zu beziehen, auch wenn sie nicht bei Hofe weilten;[12] dass immer mehr Leute bei Hofe dienten und zuweilen in den *escroes* registriert werden, als in der gültigen Hofordnung vorgesehen waren;[13] und dass Buchungsfehler vorkamen,[14] die die korrigierende Feder des *contreroleur* nicht immer bemerkte. Ist ein Name durchgestrichen, kann dies aber auch bedeuten, dass sein Träger bei Hofe der Strafe des Gagenentzugs verfallen war.[15] Wohl nennen Hofordnungen und Escroes die Mitglieder der Hofkanzlei und des Hofrats. Zuweilen fehlen aber Hofkapelle und Hofjagd, stets abwesend sind ausgegliederte Behörden wie das oberste Gericht ('Grand Conseil') ab 1445, die provinziellen Ratshöfe und die Rechnungskammern.[16]

Von den verschiedenen Escroes hat es in Dijon und Lille, dem Sitz der Rechnungskammern von Burgund und Flandern bis zur Revolution, zusammen sicher eine halbe Million gegeben.[17] Aber hier wie dort griff man gerade auf diese Fonds handlich-uniformer Pergamentstreifen zurück, um daraus Patronenhülsen für die Artillerie anzufertigen. Unsere Escroes kamen 1793 mit Tausenden von Urkunden und Rechnungsbänden in die Werkstätten und Speicher der Arsenale zu Dünkirchen und Metz, Auxonne und Toulon.[18] Manches ist daraus im Laufe des neunzehnten Jahrhunderts in die Archive zurückgeflossen.[19] Altertumsfreunde tauschten diese Monumente der Vergangenheit gegen weisses Pergament ein,[20] so dass die wichtigsten Sammlungen heute nach wie vor in Dijon und Lille[21] lagern, kleinere Bestände in Brüssel[22] und Paris, Einzelstücke praktisch überall.[23] Kritisch gesichtet und verzeichnet hat diese Hinterlassenschaft noch niemand. Veröffentlicht sind, abgesehen von einer umfangreichen Gruppe der Jahre 1384-85 (bei der es sich aber nicht um Gagenescroes handelt) keine zwei Dutzend Stück.[24] Die Sammlungen in Lille und Dijon sind benutzt worden vor allem zur Anfertigung von Itineraren,[25] für namenkundliche Spaziergänge[26] und lokalgeschichtliche Studien,[27] kaum einmal für die Darstellung des Hofes.[28]

TABELLE 2

Fundorte von Escroes der burgundischen Hofhaltung
1363-1555

Arras	Archives départementales: A 814, 5 Stück (1435-48).
Brüssel	Archives générales du royaume: Papiers d'Etat et de l'Audience 1-19, 20 Nr. 1, 22 Nr. 6, 23 Nr. 3, 33 Nr. 3, insgesamt 284 Stück 1409-81 und 146 Stück 1486-1555, dazu 7 Stück (31. Jan. 1437, 1. Jan. 1453, 1. Jan. 1467, 1. Dez. 1475) in Abschrift in Audience 22 fol. 86 . . . 101v. Der damals 396 Stück zählende Bestand wurde von L. P. Gachard 1854 (s. Anm. 6), 440-44 verzeichnet (vgl. o. Anm. 22; spätere Zugänge sind ebenda erwähnt).

Dijon	Archives départementales: B 311², 320²⁻⁴, 321²⁻⁵, 322², 324³, 325, 325², 326², 327², 331, 331⁻, 337, 353- 386 passim (1371-1406), vgl. Rossignol, *Inventaire sommaire des Archives départementales antérieures à 1790. Côte d'Or. Archives civiles, série B*, Paris, 1863, i. 33 ss., E. Petit 1888 (s. Anm. 6), xxvii und 184 s., R. Vaughan 1962 (s. Anm. 6), 145 s. mit Anm. 4; frdl. Hinweise von J. Sornay/Paris. 33 F (Coll. Canat de Chizy) Nr. 7- 47, 337 (1374-1426), vgl. N. Canat de Chizy 1858-59 (s. Anm. 6).
Lille	Archives départementales: B 3390-3494, 9147 Stück. M. Bruchet 1921 (s. Anm. 18), 97 (1404-1555); einen Neuzugang s. *BPH* 1969 (1972), 863 (1496). Aufstellung zu 1404-82 s. unten Tab. 4. Vgl. V. Derode 1861-62 (s. Anm. 6), E. B. J. Brun-Lavainne 1865 (s. Anm. 6), C. Dehaisnes 1873 (s. Anm. 18), 27 ss., J. Finot 1895 (s. Anm. 6), II-VI und 1 ss. (Inventar mit Auszügen), M. Bruchet 1921 (s. Anm. 18), 98-100 (Übersichtsinventar) und die Arbeiten von H. David 1963-67 (s. Anm. 6). Ausserdem: B 3660; 13026 (1 Stück) u. 16242 (9 Stück) (frdl. Hinweis von J. Sornay/Paris); 20150, 20151, 20156, 20160.
Metz	Coll. Dufresne: 143 Stück, davon 100 betr. Karl den Kühnen (1417-1502), verzeichnet von L. P. Gachard 1854 (s. Anm. 6), 445-47 (*verschollen*, s.o. Anm. 23).
Mons	Archives de l'Etat: Einbände von Rechnungen des Dorfes Wasmes (1769-77), 8 Stück, zumeist Fragmente, 1453-1513 und ohne Datum, erwähnt bei M.-A. Arnoul 1945 (s. Anm. 17), 176 Anm. 2 (frdl. Hinweis von P. Cockshaw/Brüssel).
Paris	Archives nationales: K 500 Nr. 11-21, 9 Stück (1404-70) und 2 Stück (16. Jh.). K 530²⁹ Nr. 18-38, 21 Stück (1453-1502), vgl. *BEC* lxxviii (1917), 36 (Geschenk von A. Maury, 1868). KK 278², 58 Stück (1409-75) und weiteres (1485-1523), und KK 278³, 17 Stück (1420-66) und weiteres (1499-1522); beide Bände aus dem Besitz des Marquis de Laborde. AB XIX 556 dossier 4 Nr. 2, 1 Stück (1458), ed. Vallet (1863), 172-75 (Geschenk von G. Brière, 1911; vgl. unten Anm. 23). 86 AP (Archives de la maison de Jaucourt) 2 Nr. 66ᵇⁱˢ, 1 Stück (9. Nov. 1428).
Paris	Bibliothèque nationale: fr. 8254 (ehem. Suppl. fr. 862), 91 Stück (1418-1504); fr. 8255 (ehem. Suppl. fr. 861), 65 Stück (1435-1502); fr. 8256-8257 (ehem. Suppl. fr. 5431-5432), 305 Stück (1444-63, Gf. u. Gfin. v. Charolais); fr. 8258 (ehem. Suppl. fr. 863), 104 Stück (1457-63); der Inhalt von fr. 8254, 8255, 8258 ist verzeichnet bei L. P. Gachard 1854 (s. Anm. 6), 447 s. Fr. 22439 fol. 94, 112. Fr. 27044 = Pièces originales 560, Busseul Nr. 3-5 (1409). Nouv. acqu. fr. 2839. Nouv. acqu. fr. 3251 Nr. 54-99 (1496-1552). Nouv. acqu. fr. 3549 Nr. 14-16 (Fragmente, 1420-60). Nouv. acqu. fr. 5903-5904, 185 Stück (1419-1506). Nouv. acqu. lat. 2328 Nr. 32, 1 Stück (1417). Zu überprüfen: nouv. acqu. fr. 3593; fr. 6757, 20458, 32897 (frdl. Hinweis von J. Sornay/Paris).

Saint-Omer	Bibliothèque municipale. Ms. 872, darin 2 Stück, 4. Dez. 1481 (Gagen) u. 3. Aug. 1502 (dépense).
Wien	Haus-, Hof- und Staatsarchiv: Niederländische Urkunden VI Nr. 36, 2 Stück, 21. Juli 1468 und 4. Okt. 1481 (Gagen); spätere Gagenescroes (1506, 1528, etc.) s. Obersthofmeisteramt, Sonderreihe, Schachtel 181 Nr. 1 ss. (frdl. Hinweis von L. Auer/Wien). Einige Stücke aus dem HHStA sind 1864 an das Brüsseler Archiv abgegeben worden, s. dort.

TABELLE 3

Veröffentlichte Escroes
1363-1482

NB: Ausführliche Auszüge aus den in den ADN 3390-3494 aufbewahrten Escroes s. bei J. Finot 1895 (s. Anm. 6), 1 ss. D = escroe de la despence; G = escroe des gaiges.

Datum	*Ort*	*Hofstaat u. Art*	*Druckort*
1384-85		Herzogin DG	N. Canat de Chizy 1858-59 (s. Anm. 6), 243-316, Auszüge aus den Escroes D, 21. Dez. 1384- 28. Nov. 1385; 325s., Escroe ausserordentl. G. vom 26. Nov. 1385.
1430 Mai 10	vor Compiègne	Hz D	A. Sorel, 'Dépenses du duc de Bourgogne, en mai 1430, lors de la prise de Jeanne d'Arc,' *Bulletin de la Société historique de Compiègne*, x (1901), 155-58.
1430 Juni 10	vor Compiègne	Hz D	*Ibid.*, 158-60.
1430 Juni 14	vor Compiègne	Hz D	*Ibid.*, 160-62.
1431 Aug. 10	Brüssel	Hz D	*Annales de la Soc. d'archéol. de Bruxelles*, v (1891), 334, Faks. des Anfangs 329; Besitzer: 'notre excellent confrère M. le major Combaz.'
1448 Aug. 15	Saint-Omer	Hz D	A. Quenson de la Hennerie, 'Le séjour de Philippe le Bon à Saint-Omer le 15 août 1448,' *RN*, xii (1926), 157s.
1450 Nov. 11	Lille	Hz G	W. Paravicini 1977 (s. Anm. 4), 155-62.
1454 Mai 8	Burgheim-Ingolstadt	Hz G	H. Weigel u. H. Grüneisen 1969 (s. Anm. 6), 164.

1458 Jan. 4	Brügge	Hz D	A. Vallet de Viriville, 'Rôle ou fragment d'un compte de l'hôtel de Philippe le Bon, duc de Bourgogne (Bruges, 4 janvier 1458, n.s.),' *Le Cabinet historique*, ix (1863), 172-75.
1459 Apr. 2	Dordrecht-Geervliet	Gf. v. Char. D	L. de Laborde 1851 (s. Anm. 18), Nr. 4024 (Auszug).
1466 Aug. 23	Bouvignes	Hz D	D. Brouwers, 'Philippe le Bon, duc de Bourgogne, au siège de Dinant en 1466,' *Namurcum*, xvi (1939), 33-39.
1468 Nov. 25	Hesdin	Herzogin G	B. Danvin, *Vicissitudes, heur et malheur du Vieil-Hesdin* (Saint-Pol, 1866), 65.
1470 Juni 27	Nieuwpoort-Veurne Bergues-St Winnoc	Hz D	V. Derode 1861-62 (s. Anm. 6), 297-300.
1470 Juli 31	Le Crotoy	Hz G	E. B. J. Brun-Lavainne 1865 (s. Anm. 6).
1471 Maïz 11	vor Amiens	Hz G	J. Roux, *Histoire de l'abbaye de Saint-Acheul-lez-Amiens. Etude de son temporel au point de vue économique* (Amiens, 1890), 523-27.
1471 März 11	vor Amiens	Hz G	extraord., *ibid.*, 527-31.
1471 April 3	vor Amiens	Hz D	*Ibid.*, 531-34.
1472 Juli 20	vor Beauvais	Hz G	P.-C. Renet, *Beauvais et le Beauvaisis dans les temps modernes. Epoque de Louis XI et de Charles le Téméraire (1461-1483)* (Beauvais, 1898), 513-18.
1474 Aug. 20	vor Neuss	Hz Garde	H. Stein 1888 (s. Anm. 8), 182 (Auszug).
1481 Dez. 24	Brügge	Max. D	V. Derode 1863-64 (s. Anm. 6), 392-96.
1482 März 27	Brügge	Maria G	H. Glorieux, 'Liste du personnel officier et dames de la maison de Marie de Bourgogne, archiduchesse d'Autriche, en Mars 1482, *IG*, xxi (1966).

Und was ist nun erhalten von der oben erwähnten halben Million? Der Fonds in Lille, etwa achtzig Prozent des bekannten Gesamtbestands für die Zeit 1404-82,[29] zählt an die 5600 Stück:

TABELLE 4

1404-19 (ADN B 3390-3394) :	308	Stück
1420-67 (ADN B 3395-3431) :	3826	Stück
1468-76 (ADN B 3432-3440) :	830	Stück
1477-82 (ADN B 3441-3445) :	615	Stück
1404-82 (ADN B 3390-3445) :	5579	Stück

Quellen: J. Finot 1895 (s. Anm. 6), 1-72; H. David 'De l'hôtellerie urbaine' (s. Anm. 6), 293; ders., 'Charles "le Travaillant"' (s. Anm. 6), 86; ders., 'Les offices archiducaux' (s. Anm. 6), 158.

Aber die verschiedenen Arten von Escroes der verschiedenen burgundischen Teilhöfe liegen in Lille durcheinander, so dass keineswegs etwa ein Viertel der Escroes Herzog Philipps des Guten erhalten ist, wie Richard Vaughan meinte.[30] Nur für den Gesamtbestand der bislang bekannten Haupt-Gagenescroes Karls des Kühnen kann ich sichere Zahlen nennen: Erhalten sind 690 Stück von insgesamt 10.963 = 6,29% bei Abweichungen von 0% (1449, 1455, 1458) bis 18,36% (1459) (s. Tabelle 5).[31] Mit 5-10% erhaltener Gagenescroes rechne ich auch für den Hofstaat Herzog Philipps des Guten, d. h. mit 'nur' 850 bis 1.700 Stück.[32]

3. Eine einzigartige Überlieferung

Dennoch, trotz aller Verluste, ist diese Überlieferung einmalig zu nennen. Aus Deutschland gibt es umfassende, namentliche Hofordnungen erst seit etwa 1500,[33] in Frankreich zwar schon seit der Mitte des dreizehnten Jahrhunderts, aber nicht in solcher Dichte und mit sovielen datierten Nachträgen.[34] All die vielen hunderttausend Escroes vom französischen Königshof und den Höfen von Orléans, Berry, Bretagne, Anjou-Provence scheinen beim grossen Brand der Pariser Rechnungskammer im Jahre 1737 mit dem Grossteil der Rechnungen bis auf geringe Reste vernichtet worden zu sein.[35] Auch die ansonsten so reiche englische Überlieferung hat meines Wissens nichts Vergleichbares zu bieten,[36] ebensowenig das Archiv der päpstlichen Kurie im vierzehnten und fünfzehnten Jahrhundert.[37] Vielleicht können Fachkenner mir dieses oder jenes ähnliche Dokument nennen—und ich bitte darum; aber ich glaube nicht, dass es anderswo vergleichbare Serien gibt.

TABELLE 5

Gagen-Escroes Karls des Kühnen
1447-1477

1. Hofhaltung des Grafen von Charolais, Teil der Hofhaltung seiner Mutter Isabella
von Portugal, 1. Jan. 1447-31. Dez. 1455:

1447	erhalten	60 von	365 =	16,44%
1448		5	366	1,36
1449		0	365	0
1450		35	365	9,59
1451		7	365	1,92
1452		27	366	7,37
1453		2	365	0,54
1454		21	365	5,75
1455		0	365	0
zusammen		157	3287	4,78

2. Selbständige Hofhaltung des Grafen von Charolais, 1. Jan. 1456-15. Juni 1467:

1456	11	366	3,00
1457	4	365	1,10
1458	0	365	0
1459	67	365	18,36
1460	31	366	8,47
1461	37	365	10,14
1462	21	365	5,75
1463	44	365	12,05
1464	58	366	15,85
1465	28	365	7,67
1466	15	365	4,12
1467 I 1-VI 15	5	166	3,01
zusammen	321	4184	7,67

3. Hofhaltung des Herzogs von Burgund, 16. Juni 1467-5. Jan. 1477:

1467 VI 16-XII 31	10	199	5,00
1468	20	366	5,46
1469	9	365	2,46
1470	24	365	6,57
1471	10	365	2,74
1472	30	366	8,20
1473	28	365	7,67
1474	32	365	8,76
1475	42	365	11,50
1476	7	366	1,91
1477 I 1-5	0	5	0
zusammen	212	3492	6,07
insgesamt	690	10963	6,29

Quelle: W. Paravicini 1975 (s. Anm. 6), 587-643.

Vergegenwärtigt man sich dann noch, dass neben Hofordnungen und Escroes die Rechnungen des burgundischen Generalrentmeisters erhalten sind und zahlreiche Provinzial- und Lokalrechnungen, jeweils mit Belegen, die 'Registres aux Chartes,' verschiedene 'Trésors des Chartes' in Dijon, Lille, Brüssel, Gent, Mons—dann wird deutlich, dass wir es hier mit einer Quellendichte zu tun haben, wie sie im fünfzehnten Jahrhundert nicht ihresgleichen hat.

4. Auswertungsmöglichkeiten

Es erhebt sich die Frage, was man aus den Hofordnungen, aus den Escroes, aus der Kombination beider miteinander und mit anderen Quellen erkennen kann. Grundsätzlich ist daran zu erinnern, dass der Herzog von Burgund nicht irgendeine Provinzgrösse war, sondern der erste Pair Frankreichs und der Herr der Niederlande, dessen unerhörte Machtentfaltung zur Neuordnung des europäischen Staatensystems führte; und dass es sich bei den Amtsträgern bei Hofe nicht um irgendwelche Statisten handelte. Der Weg zur Macht führte immer noch und noch lange über die *familiaritas* des Fürsten. Der Hof ist das Machtzentrum schlechthin. Die gesamte politische Führungsschicht erscheint in diesen Listen. Dessen ungeachtet ist die Beschäftigung mit dem so berühmten burgundischen Hof lange Zeit an diesen Quellen vorbeigegangen. Otto Cartellieri hat sie für sein 1926 erschienenes Buch 'Am Hofe der Herzöge von Burgund' nicht genutzt, sondern nur Olivier de la Marche's Beschreibung von Karls des Kühnen Hofstaat gelesen und die Memoiren der Hofdame Aliénor de Poitiers.[38] Was dabei herauskam, war ein Kulturfeuilleton. Diesen Vorwurf kann man Cartellieri's illustrem Vorgänger Huizinga nicht machen;[39] aber auch er hat sich mit einem gewissen Grausen vom Burckhardt'schen 'Aktenschutt' abgewandt und sich lieber an die Dichter und Chronisten gehalten. Doch gibt es eine andere, bis ins siebzehnte Jahrhundert zurückreichende Tradition, die auf den Beständen der Rechnungskammer zu Dijon aufbaut.[40] Es hat belgische und deutsche Arbeiten um 1900 und seither gegeben, die auf die Hofordnungen hinwiesen.[41] Schon im Jahre 1909 schrieb Andreas Walther: 'Die burgundischen Hofstaatsverzeichnisse . . . erlauben, das Heranwachsen ganzer Generationen von Adels- und Beamtenfamilien zu verfolgen'[42]— getan hat dies noch niemand.

a. Hofordnungen allein

Betrachten wir zunächst, was man den Hofordnungen allein schon entnehmen kann:
- Wir erfahren daraus den *theoretischen* Umfang des gesamten Hofstaats und können uns Rechenschaft ablegen von dessen un-

aufhörlichem Wachstum. Hier die Zahlen für das 'Hôtel' des Herzogs:[43]

```
        1426 : 234 Amtsträger
        1433 : 309
        1438 : 351
        1449 : 513
        1458 :   ?
        1468 : 620
Febr. 1474 :1030
Nov.  1474 :1860
```

Diese Zahlen sind zu vermehren um die Leute, die Diener der Diener waren und für die die Amtsträger eine bestimmte, in den Hofordnungen genannte Zahl von Pferden in den herzoglichen Stall einstellen durften. - Die Hofordnungen erlauben, die ehrenamtlichen Hofangehörigen[44] von den echten Funktionsträgern zu unterscheiden, denn nur diese sind darin (und in den Escroes) genannt.
- Wir können anhand der Hofordnungen adlige und nicht-adlige Ämter voneinander unterscheiden. Kombiniert mit der Hierarchie der Gagen ergibt sich ein aufschlussreiches Bild von Adel und Nicht-Adel in der Umgebung des Fürsten mit Gagen-Äquivalenzen zwischen Ämtern beider Kategorien.[45]
- Tatsächlich besteht die Möglichkeit, schon anhand der Nachnamen Familien zu erkennen und einen Personenkreis, auf den sich die herzogliche Herrschaft stützte.

TABELLE 6

Die Hierarchie der Gagen

nach der Hofordnung von 1449-1458
(vereinfacht)

Title	Adlige	Gagen	Bürgerliche/Geadelte	Titel
cousin	pensionnaires	+ 36 s.	---	
	chamb. chev. bannerets	36 s.	---	
messire	(maîtres d'hôtel)	27 s.	(maîtres d'hôtel)	
	chamb. chev. bachelier	24 s.	maîtres des requêtes	
	maître fauconnier			maître
	1er écuyer tranchant			
	quatre états:	18 s.	secrétaires	
écuyer	pannetiers		médecins	
	échansons			
	éc. tranchants		maître de la chambre aux deniers	

écuyer	éc. d'écurie capitaine des archers valets servants éc. de cuisine (huissiers et sergents d'armes)	12 s.	garde des joyaux etc. valets de chambre queux (huissiers et sergents d'armes) archers clerc des offices barbiers rois d'armes menestrels etc.
	---	9 s.	hérauts huissiers de salle portiers etc.
	---	6 s.	chevaucheurs le maréchal ferrant l'armurier trompettes le joueur de farces (M. de Taillevent) etc.
pages		3 s.	valets de pied pal efreniers galopin de cuisine etc.

b. Escroes allein

Die *escroes des gaiges* führen uns im Unterschied zu den Hofordnungen nicht den theoretischen, sondern den *faktischen* Hofstaat vor Augen, so wie er an einem bestimmten Tag tatsächlich versammelt war. Wegen des zunehmend angewandten Systems des abwechselnden Dienstes im selben Amt, eines 'job-sharing' sozusagen, von sechs oder drei Monaten Dauer,[47] sind diese Zahlen stets geringer als in der entsprechenden Hofordnung angegeben. In den 1450er-1460er Jahren verzeichnen die Hofordnungen Herzog Philipps des Guten über 500 Amtsträger, die Escroes aber nur etwa 250-300.[48] Mitte der 1470er Jahre unter Karl dem Kühnen lauten die entsprechenden Zahlen 1800 und 880, die Garde eingeschlossen.[49] Die Escroes geben uns auch eine genaue Vorstellung von der tatsächlichen Grösse der Nebenhöfe, von denen in den 1450er-1460er Jahren kaum eine Hofordnung auf uns gekommen ist.[50] Die Zahlen lauten in dieser Zeit ca. 175 Amtsträger für die Herzogin, ca. 100 für den Grafen von Charolais und ca. 80 für seine Frau, die Gräfin,[51] zusammen ca. 600-650

Amtsträger—wenn sie sich alle am selben Ort aufhielten, was nur selten vorkam.[52]

c. Hofordnungen und Escroes zusammen

Noch spannender wird die Untersuchung, wenn wir Hofordnungen und Escroes kombinieren und sich gegenseitig erhellen lassen. Wir können dann den Schritt vom Normativen zum Faktischen gehen; überprüfen, ob die Vorschriften der Hofordungen, etwa über den Halbjahres- oder Vierteljahresdienst tatsächlich befolgt wurden, ob wirklich nur derjenige Gagen erhielt, der in der Hofordnung genannt war (was nicht zutrifft).[53] Die in den Escroes nach Gagenhöhe aufeinander folgenden Namen kann man mithilfe der Hofordnung fast alle einem Amt zuordnen.[54] Das chronologische Gerüst wird um vieles genauer. Haben wir Hofordnungen ohne Nachträge, können wir diese zum Teil den Escroas entnehmen, oder auch sehen, ab wann sich Änderungen in den Hofordnungen in den Escroes auswirken. Der Hofstaat vor 1407/1426 lässt sich, da Hofordnungen fehlen, ohnehin nur aus den Escroes rekknstruieren; das gilt auch für spätere Zeiten, etwa für Karl den Kühnen als Grafen von Charolais und während der ersten Jahre seiner Herrschaft.

d. Andere Quellen

Hat man auf diese Weise den globalen Personalbestand der burgundischen Höfe ermittelt—den man, wohlgemerkt, ohne Hofordnungen und Escroes nie genau umreissen könnte—dann kann man andere Quellen heranziehen und vom Namen zur Person kommen. Dann werden, nach nochmaliger Präzisierung der Daten, z. B. durch Rechnungen und Kommissionsbriefe, tiefergehende Studien über die geographische,[55] auch die ständische[56] Herkunft der Amtsträger möglich; dann kann man sich um Verwandtschaft und Klientelschaft[57] kümmern und z. B. ermitteln, wie weit die Anhängerschaft der beiden grossen Parteien der Croy und der Rolin[58] bei Hofe und anderswo reichte. Man kann die Frage nach der Ämterkumulation stellen und nach der konstanten Doppelrolle der Amtsträger bei Hofe sowohl im Zentrum der Macht als auch in der Provinz.[59] Damit wird deutlich, dass die Arbeit an Hofordnungen und Escroes ein noch weitergreifendes Werk vorbereitet und herbeiruft: Eine Prosopographia Burgundica sämtlicher Amtsträger im burgundischen Staat.

e. Prosopographia Burgundica

Hier lassen Sie mich ein wenig Zukunftsmusik machen. Viele von Ihnen mögen die Gallia Regia von Gaston Dupont-Ferrier kennen, ein Verzeichnis der Amtsträger in den königlichen Bailliages und Sénéchaussées Frankreichs von 1328-1515, in sechs Quartbänden von 1942-66 erschienen, das trotz aller Unvollkommenheiten[60] bewundernswerte, monumentale Werk eines Einzelnen, angefertigt unter sehr schlechten Voraussetzungen, denn die sichersten Quellen für dergleichen Verzeichnisse, die Amtsrechnungen, sind im achtzehnten Jahrhundert fast alle verbrannt. Dupont-Ferrier hat sein Repertorium aus allen erdenklichen Quellen, zumeist Quittungen, rekonstruieren müssen. Der Historiker des burgundischen Staates hat es bei weitem besser, denn er verfügt in der Regel über diese Rechnungen, die in den Archiven zu Dijon, Lille, Brüssel und Den Haag aufbewahrt werden. Im Laufe der nächsten Jahre wird ein Verzeichnis all dieser Serien erscheinen, herausgegeben von Robert-Henri Bautier und Jeannine Sornay.[61] Sollte man dies nicht zum Anlass nehmen, in internationaler Zusammenarbeit für jede einzelne Provinz des burgundischen Staats und für seine von den Hofordnungen nicht erfassten zentralen Organe Amtsträgerverzeichnisse zu erstellen? Ein Gesamtplan wäre bald entworfen. Ein Kolloquium würde der Klärung dienen. Die im Laufe der Jahre fertiggestellten Teilverzeichnisse erschienen in einzelnen Faszikeln, etwa so wie die *Typologie des sources médiévales*, während aus weiter Ferne die eigentliche Prosopographia Burgundica herüberleuchtet, die die vollständige Ämterlaufbahn der einzelnen Personen und die wichtigsten Lebensdaten zusammenstellte.

5. Elektronische Datenverarbeitung

Aber kehren wir zu unseren Hofordnungen und den Escroes zurück. Soviel ist deutlich geworden, dass die grosse Zahl der Personen mit Hilfe eines traditionellen Zettelkastens nicht zu überschauen ist. 690 Gagenescroes Karls des Kühnen, das sind gut 100,000 Namen![62] Man wird damit beginnen, die Hofordnungen in den Computer einzugeben.[63] Aber in welcher Form? Als vollständigen Text oder in Form von Einzeldaten zur jeweiligen Person? Von den Problemen der Lemmatisierung der Namen in ihren verschiedenen Graphien[64] will ich gar nicht erst reden. Die Gagenescroes mit ihren je 80-600 Namen etwa stellen durch ihre Masse von ungefähr 2-3000 Stück ein Problem dar, abgesehen davon, dass sie zuweilen unvollständig erhalten oder durch Wasser schier unlesbar geworden sind. Ein Einzelner kann ihre Aufnahme nicht leisten. Hier sind Forschergruppen zu bilden, d. h. Leute zu interessieren, sowohl solche, die mitarbeiten wollen, als auch solche, die Geld zu geben bereit sind. Der Anfang des Weges ist klar: Er führt von der Edition der Hofordnungen, die ich begonnen habe, über ein umfassendes Verzeichnis der Escroes, das ich plane, zur Teamarbeit mit dem Computer. Ich hoffe, Sie davon überzeugt zu haben, dass das zu erwartende Ergebnis die Mühe lohnt.

258   W. Paravicini

LITERATUR

Abkürzungen:

AB   Annales de Bourgogne
ACFF   Annales du Comité Flamand de France
ADN   Archives départementales du Nord, Lille
AGR   Archives générales du royaume, Brüssel
BCRH   Bulletin de la Commission Royale d'Histoire
BEC   Bibliothèque de l'Ecole des Chartes
BN   Bibliothèque Nationale, Paris
BPH   Bulletin philologique et historique (jusqu'à 1610) du Comité des travaux
        historiques et scientifiques
HO   Hofordnung
IG   L'Intermédiaire des Généalogistes
RN   Revue du Nord
VMPIG   Veröffentlichungen des Max-Planck-Instituts für Geschichte

ANMERKUNGEN

[1] S. Tab. 1 und die dort genannte Literatur.

[2] Ebenso diejenige von 1431. Siehe W. Paravicini, 'Die Hofordnungen Herzog Philipps des Guten von Burgund. Edition I: Die Hofordnungen Herzog Johanns für Philipp, Grafen von Charolais, von 1407, 1409 und 1415,' *Francia*, x (1982), 131-66; Edition II: 'Die verlorene Hofordnung von 1419/1421. Die Hofordnung von 1426/1427,' *Francia*, xi (1983), 257-301; Edition III: 'Die Hofordnungen für Herzogin Isabella von Portugal von 1430,' *Francia*, xiii (1985), *im Druck*; Edition IV: 'Die verlorene Hofordnung von 1431. Die Hofordnung von 1433,' *Francia*, xiv (1986), *in Vorbereitung*.

[3] Publiziert am 2. März 1468 (H. vander Linden, *Itinéraires de Charles, duc de Bourgogne, Marguerite d'York et Marie de Bourgogne [1467-1477]* [Brüssel, 1936], 7). Vom selben Tag datiert eine Reihe von Bestallungsurkunden für Hofbeamte bei H. Nélis, *Chambre des Comptes de Lille. Catalogue des Chartes du sceau de l'Audience*, Bd. i (einziger) (Brüssel, 1915), II Nr. 1499-1521; s. auch ADN, B 2068, fol. 223v-225. Angaben über den Inhalt dieser Hofordnung bei G. Chastellain, *Oeuvres*, ed. J. B. M. C. Kervyn de Lettenhove (Brüssel, 1863-66, 8 vols.), v. 360 ss.

[4] S. die Abb. einer derart korrigierten Seite aus der HO von 1449 bei Paravicini, 'Soziale Schichtung und soziale Mobilität am Hof der Herzöge von Burgund,' *Francia*, v (1977), 127-82, Taf. vi.

[5] E. Lameere, 'La cour de Philippe le Bon,' *Annales de la Société royale d'archéologie de Bruxelles*, xiv (1900), 159-72; A. Walther, *Die burgundischen Zentralbehörden unter Maximilian I. und Karl V.* (Leipzig, 1909), 134-40; U. Schwarzkopf, *Studien zur Hoforganisation der Herzöge von Burgund aus dem Hause Valois* (Diss., Göttingen, 1955); dies., 'La cour de Bourgogne et la Toison d'Or,' *Publications du Centre Européen d'Etudes Burgondo-Médianes*, v (1963), 91-104. Nachzutragen sind weitere, z. T. bessere Hss. und die bislang gänzlich unbeachtet gebliebene Hofordnung für den Gf. v. Charolais vom Jahre 1409, W. Paravicini, 'Die

Hofordnungen Herzog Philipps des Guten von Burgund. Edition I,' *Francia*, x (1982), 145-48 (Nr. 2).

[6] Von den Escroes haben mehrere Autoren gehandelt, doch keiner abschliessend: L. P. Gachard, 'Notice sur quelques collections d'états de la maison des princes, spécialement sur celle qui est conservée aux Archives du royaume,' *BCRH*, vi (1854), 435-48; N. Canat de Chizy, 'Marguerite de Flandre, duchesse de Bourgogne, sa vie intime et l'état de sa maison,' *Mémoires de l'Académie des sciences, arts et belles-lettres de Dijon*, 2e sér. vii (1858-59), 65-332, hier 79 s.; V. Derode, 'Rôles des dépenses de la Maison de Bourgogne,' *ACFF*, vi (1861-62), 283-302 und vii (1863-64), 383-400; E. B. J. Brun-Lavainne, 'Analyse d'un compte de dépense de la maison du duc Charles de Bourgogne (1470),' *Bulletin de la Commission historique du département du Nord*, viii (1865), 189-232; E. Petit, *Itinéraires de Philippe le Hardi et de Jean sans Peur, ducs de Bourgogne (1363-1419), d'après les comptes de dépenses de leur hôtel* (Paris, 1888), vii s.; J. Finot, *Inventaires sommaires des archives départementales antérieures à 1790. Nord. Archives civiles. Série B. Chambre des Comptes* (Lille, 1895), ii-vi; Walther, *Die burgundischen Zentralbehörden*, 135; Schwarzkopf, *Studien zur Hoforganisation der Herzöge von Burgund aus dem Hause Valois*, 13-15 und dies., *Die Rechnungslegung des Humbert de Plaine über die Jahre 1448 bis 1452. Eine Studie zur Amtsführung des burgundischen Maître de la chambre aux deniers* (VMPIG, 23, Göttingen, 1970), 46-50 mit Anm. auf 142-45; *Deutsche Reichstagsakten unter Kaiser Friedrich III.*, 5. Abt., Teil 1 (1453-54), ed. H. Weigel u. H. Grüneisen (Deutsche Reichtagsakten, Ältere Reihe, xix, 1, Göttingen, 1969), 161 mit Anm. 2, 164 s.; R. Vaughan, *Philip the Bold: The Formation of the Burgundian State* (London, 1962; 2nd ed., 1979), 145 s.; H. David, 'Les offices de l'hôtel ducal sous Philippe le Bon. Essai patronymique,' *AB*, xxxv (1963), 209-37; ders., 'Complément patronymique,' *AB*, xxxvii (1965), 5-18; ders., 'De l'hôtellerie urbaine parmi les fiefs nordiques de Philippe le Bon,' *RN*, xlv (1963), 283-93; ders., 'L'hôtel ducal sous Philippe le Bon. Moeurs et coutumes. Les offices,' *AB*, xxxvii (1965), 241-56; ders., 'Charles "le Travaillant,"' *AB*, xxxix (1967), 5-43, 65- 86; ders., 'Les offices archiducaux de l'Austro-Bourgogne (dernier quart du XVe siècle). Contribution patronymique,' *Annali della Fondazione italiana per la storia amministrativa*, iv (1967), 158-62; W. Paravicini, *Guy de Brimeu. Der burgundische Staat und seine adlige Führungsschicht unter Karl dem Kühnen* (Pariser Historische Studien xii, Bonn, 1975), 583-85; ders., 'Soziale Schichtung und soziale Mobilität am Hof der Herzöge von Burgund,' *Francia*, v (1977), 155; P. Cockshaw, *Le personnel de la chancellerie de Bourgogne-Flandre sous les ducs de Bourgogne de la maison de Valois (1384-1477)* (Anciens Pays et Assemblées d'Etats, lxxix, Kortrijk-Heule, 1982), 105.

[7] Abgeleitet aus *scrobis*, Gebärmutter (der Schweine), dann Pergamentrolle, Liste, Register (vgl. *matrix* - Matrikel): W. Meyer-Lübke, *Roman. etym. Wörterb.*, Nr. 7747. Vgl. Du Cange (*escroa, scroa, scroua*), Godefroy (*escroe*), Tobler-Lommatzsch (*escroë*). Heute gibt es im Frz. nur noch 'écrouer': ins Gefängnis einliefern (ursprüngl.: in die Gefängnisliste eintragen). In der frz. Forschung ist deshalb die Bezeichnung 'état journalier' üblich.

[8] Eine Typologie fehlt noch. Vgl. Schwarzkopf, *Die Rechnungslegung des Humbert de Plaine über die Jahre 1448 bis 1452*, 48 s. Vom 25. u. 26 Sept. 1473 sind z. B. je vier Escroes der Hofhaltung Karls des Kühnen erhalten: ordentl. Gagen, ausserordentl. Gagen (*Hommes d'armes*), Gagen der Garde, 'dépense' (Paravicini,

Guy de Brimeu, 583, Anm. 115). Garde-Escroes kenne ich ab 8. Juli 1473 (ADN B 3437, Nr. 118.966), in welchem Jahr die Garde offensichtlich eingerichtet worden ist; vgl. die Sonderordonnanz Hz. Karls für seine Garde unter Olivier de la Marche, der ebenfalls ab dem 8. Juli 1473 als Kapitän der Garde bezeugt ist (H. Stein, *Etude biographique, littéraire et bibliographique sur Olivier de la Marche* [Mém. cour. et mém. des savants étrangers publ. par l'Acad. royale de Belgigue, 4°,il, 8, Brüssel, 1888], 55 Anm. 9), nach einem am Ende unvollständigen und deshalb nicht datierten Expl. im Stadtarchiv Oudenaarde entlegen gedruckt in *Audenaerdsche Mengelingen*, ii (1846), 82-93; einen namentlichen Garde-'Staat' von 1474-75, mit Nachträgen, veröffentlicht nach BN fr. 10342 fol. 48v-59 (A. de Lannoy, 'La Garde de Charles le Téméraire à Nancy en 1477,' *IG*, xxi [1966], 120-26). Die Hofverwaltung Hz. Philipps des Kühnen verwandte 1378 2-3 Escroes pro Tag, 1386 5-6 (Vaughan, *Philip the Bold*, 145), die Herzogin 1384-85 3-5 (Canat, 'Marguerite,' 80). Als Kuriosum sei angemerkt, dass Escroes des Jahres 1364 mit Grotesk-Initialen versehen sind, z. B ADN B. 3428 Nr. 117.968-70, 972, 988.

[9] Panneterie, Echansonnerie, Cuisine, Fruiterie, Ecurie, Fourrière.

[10] Z. B. am 8. Juni 1506 (Gachard, *Collection des voyages des souverains des Pays-Bas* [Brüssel, 1874, 1876, 2 vols.], ii. 524-33), am 1. Dez. 1517 und 1. Juni 1521 (*ibid.*, i. 502-10, 511-18).

[11] Vgl. etwa die HO 1415 für den Gf. v. Charolais (Paravicini, 'Die Hofordnungen Herzog Philipps des Guten von Burgund,' Edition I, Nr. 3 Absatz 79).

[12] Schwarzkopf, 'Zum höfischen Dienstrecht im 15. Jahrhundert: das burgundische Beispiel,' *Festschrift für Hermann Heimpel* (*VMPIG*, 36/ii, Göttingen, 1972), ii. 429 s., Anm. 25; Paravicini, 'Soziale Schichtung und soziale Mobilität am Hof der Herzöge von Burgund,' 131 s., Anm. 22.

[13] Paravicini, *Guy de Brimeu*, 585, und ders., 'Soziale Schichtung und soziale Mobilität am Hof der Herzöge von Burgund,' 155; Cockshaw, *Le personnel de la chancellerie de Bourgogne-Flandre sous les ducs de Bourgogne de la maison de Valois (1384-1477)*, 107-10.

[14] Paravicini, *Guy de Brimeu*, 584 s.

[15] Schwarzkopf, *Die Rechnungslegung des Humbert de Plaine über die Jahre 1448 bis 1452*, 143, Anm. 253, und dies., 'Zum höfischen Dienstrecht im 15. Jahrhundert: das burgundische Beispiel,' 430 s., Anm. 29 und 432, Anm. 33.

[16] Vgl. Paravicini, 'Die Hofordnungen Herzog Philipps des Guten von Burgund, Edition I,' Anm. 24-26. Zum Hofrat E. Lameere, *Le Grand Conseil des ducs de Bourgogne de la maison de Valois* (Brüssel, 1900); J. van Rompaey, *De Grote Raad van de hertogen van Boergondië en het Parlement van Mechelen* (Verh. van de kon. Acad. van België, Kl. der Letteren, lxxiii, Brüssel, 1973); und besonders ders., 'Hofraad en Grote Raad in de hofordonnantie van 1 januari 1469,' *Liber amicorum Jan Buntinx* (Löwen, 1981), 303-24.

[17] Nehmen wir, um uns einen Überlick zu verschaffen, je 3 Escroes pro Tag für die Hofhaltung des Herzogs, der Herzogin, des Grafen und der Gräfin von Charolais an (es waren in der Regel mehr, s.o. Anm. 8), dann ergibt sich für die Zeit 1363-1476 = 114 Jahre à 365 Tagen folgende Rechnung: 3 x 4 x 114 x 365 = 499.320 Stück. Dass schon vor 1792, möglicherweise 1769/71 Escroes in den Handel kamen, erweist M.-A. Arnoul, 'A propos d'un fragment de compte hennuyer du XIVe siècle,' *Revue Belge de Philologie et d'Histoire*, xxiv (1945), 176-79.

[18] Zu Dijon s. Gachard, *Rapport . . . sur les . . . Archives de Dijon* (Brüssel,

1843), 7 s.; L. de Laborde, *Le ducs de Bourgogne* . . ., Seconde partie: Preuves (Paris, 1849, 1851, 2 vols.), i. lxxii; Gachard, 'Notice sur quelques collections d'états de la maison des princes,' 436 s. Zu Lille s. Gachard, *Rapport . . . sur . . . les archives de l'ancienne Chambre des comptes de Flandre à Lille* (Brüssel, 1841), 38 s.; Derode, 'Rôles des dépenses de la Maison de Bourgogne'; C. Dehaisnes, 'Les archives départementales du Nord pendant la Révolution,' *Mémoires de la Société des sciences, de l'agriculture et des arts de Lille*, série iii, xi (Lille, 1873), bes. 73 ss.; und M. Bruchet, *Archives départementales du Nord. Répertoire numérique. Série B, (Chambre des Comptes de Lille)* (Lille, 1921), x-xii.

[19] Vgl. Gachard, 'Notice sur quelques collections d'états de la maison des princes,' 437 s. Zu Lille s. Derode, 'Rôles des dépenses de la Maison de Bourgogne'; Dehaisnes, 'Les archives départmentales du Nord pendant la Révolution,' 29 s.; und Bruchet, *Archives départmentales du Nord*, xii. Zu Dijon s. Coll. Canat de Chizy (33 F). Unten Anm. 22 und Tab. 2.

[20] Mitteilung des Baron de Salis (†1880), dessen Sammlung von Urkunden und Hss. aus Nordwestfrankreich nun im Stadtarchiv und in der Stadtbibliothek zu Metz liegen: 'Ces parchemins faisaient partie de ceux qui furent envoyés de la direction de l'artillerie de Saint-Omer à l'école de pyrotechnie de Metz pour en faire des gargousses à canon. M. du Fresne (zu diesem unten Anm. 23), Simon et moi en avons sauvé quelques-uns. J'en ai pris environ 10 kilos, que j'ai remplacés par autant de parchemin blanc, à 10 frans le kilo, en avril 1845' (Cl. Brunel, 'Les parchemins de la Collection Salis aux archives de la ville de Metz,' *BEC*, lxxv [1914], 351), zu den Urkunden auch H. Tribout de Morembert, 'Chartes et documents concernant le Nord de la France (Flandres, Artois, Tournaisis) conservés aux Archives de la ville de Metz,' *Bulletin de la Société des Antiquaires de Picardie*, xlvii (1957-58), 102-54; zu den Hss. *Cat. gén des mss. des bibliothèques publiques de France, Départements* (Paris, 1933), xlviii. 392-426 (P. Marot).

[21] In Dijon grundsätzlich aus der Zeit bis etwa 1420, in Lille seither, mit Überschneidungen.

[22] Den grösseren Teil der Brüsseler Sammlung kaufte der belgische Generalarchivar Gachard am 10. April 1843 auf einer von Mᵉ Ferdinand Verhulst geleiteten Auktion von Teilen der ehem. Coll. Joursanvault zu Gent, s. *Catalogue analytique des archives de M. le baron de Joursanvault* (Paris, 1838), ii. 238 s.; AGR, Archives du Secrétariat, Nr. 182, 'Livre d'Entrée' (1831-51), 327-33; Gachard, 'Notice sur quelques collections d'états de la maison des princes,' 439; Gachard, *Rapport . . . sur l'administration des Archives générales du royaume depuis 1831, et sur la situation de cet établissement* (Brüssel, 1866), 32. Einen kleineren Teil, *cent et sept rôles des gages des officiers et des dépenses de la maison des ducs de Bourgogne*, erwarb er für 200 Franken am 8. Juli 1848 von *M. Dufresne avocat à Metz*, s. das gen. 'Livre d'Entrée,' 401 und einen Brief des Gouverneurs der belgischen Provinz Luxemburg an den Präfekten des Dép. Moselle vom 22. Aug. 1848, Arch. dép. Moselle 19 AL 18; Gachard, 'Notice sur quelques collections d'états de la maison des princes,' 439; ders., *Rapport . . . sur l'administration des Archives générales du royaume depuis 1831*, 32; zu Dufresne die folgende Anm. Am 26. Febr. 1858 kamen einige Stücke hinzu, die der Senator Franz Vergauwen den AGR geschenkt hatte, (jetzt Papiers d'Etat de l'Audience 16 Nr. 369 A-G, s. AGR, Archives du Secrétariat, Nr. 183 'Livre d'Entrée des pièces,' 61; und Gachard, *ibid.*, 59), im J. 1864 einige weitere aus dem Haus-, Hof- und Staatsarchiv in Wien (bis-Nrr. in 2, 9, 15, 17, und 9

Nr. 1-7, 9, 19), schliesslich drei Stücke (2 Nr. 13bis, 13ter, 19bis) im J. 1942 im Tausch aus Deutschland. Für ausführliche Auskunft danke ich Herrn Generalarchivar C. Wyffels (Brief vom 20. Juni 1983).

[23] S. Tab. 2. Das Stück vom 15. Aug. 1448 lag in Privatbesitz in Saint- Omer, bevor es an die ADN geschenkt wurde; dasjenige vom 4. Jan. 1458 wurde 1851 beim Abbruch eines Hauses zu Sarcelles bei Paris gefunden. Systematische Nachforschungen in Archiven und Bibliotheken besonders Frankreichs und Englands werden sicher noch weitere Einzelstücke zutagefördern. Bislang ohne Erfolg war die Suche nach dem Verbleib der 143 Escroes der Coll. Dufresne, ehem. in Metz (s. Tab. 2). Sie liegen weder im Stadtarchiv (frdl. Auskunft vom 28. Sept. 1982) noch in der Stadtbibliothek Metz (o. Anm. 20), weder in den Arch. dép. de la Moselle in Metz (frdl. Auskunft von Archivar Ch. Hiegel, dem ich für seine Hilfsbereitschaft besonders danke, vom 21. Okt. 1982), noch in den Arch. dép. de Meurthe-et-Moselle in Nancy (frdl. Auskunft von Archivdirektor H. Collin vom 21. Dez. 1982), noch in den AGR zu Brüssel (Brief vom 20. Juni 1983). Die 107 Escroes, die die AGR 1848 von Dufresne angekauft hatten (o. Anm. 22), sind nicht mit ihnen identisch, da Gachard, 'Notice sur quelques collections d'états de la maison des princes,' die Escroes im Besitz Dufresnes und der AGR nebeneinander aufführt. In dem 1894 zu Nancy beschlagnahmten Nachlass Dufresnes befanden sich die gesuchten Stücke jedenfalls nicht mehr oder nicht mehr alle: Das 1897 in Nancy veröffentlichte Übersichtsinventar (den Titel s. in der *Bibliographie lorraine*, iii (Metz, 1972), Nr. 4142, mit weiterer Literatur) führt 51 Absatz. 44 einen Posten von 44 'Parchemins présumés provenir de l'ancienne Ecole de Pyrotechnie de Metz' auf, von denen angenommen wird, dass sie nicht (wie die anderen) aus staatlichen Archiven entwendet worden waren. Sie gingen deshalb an die Erben zurück; über den Verbleib ist nichts bekannt.

[24] S. Tab. 3.

[25] S. Petit, *Itinéraires de Philippe le Hardi et de Jean sans Peur, ducs de Bourgogne,*' für die Zeit 1363-1419; vander Linden, *Itinéraires de Marie de Bourgogne et de Maximilien d'Autriche (1477-1482)* (Brüssel, 1934); ders., *Itinéraires de Charles, duc de Bourgogne, Marguerite d'York et Marie de Bourgogne (1467-1477)*; und ders., *Itinéraires de Philippe le Bon, duc de Bourgogne (1419-1467) et de Charles, comte de Charolais (1433-1467)* (Brüssel, 1940) für 1419-82. Vander Linden hat aber keineswegs alle Angaben betr. Gäste, Orte, und Ereignisse in seine Itinerare übernommen, vgl. etwa K. Bittmann, *Ludwig XI. und Karl der Kühne. Die Memoiren des Philippe de Commynes als historische Quelle* (*VMPIG*, ix, Göttingen, 1970), ii. 102, Anm. 124. Am ausführlichsten tat dies Grüneisen, *Deutsche Reichstagsakten unter Kaiser Friedrich III.*, 161, 164 s. für die Reise Hz. Philipps zum Reichstag zu Regensburg 1454. Die Escroes sind ebenfalls verwandt worden für die Itinerare der Herzoginnen Margarete v. Flandern 1384-85 (Canat, 'Marguerite,' 222-24) und Isabellas v. Portugal 1430-68 (Baronne A. de Lagrange, 'Itinéraire d'Isabelle de Portugal, duchesse de Bourgogne et comtesse de Flandre,' *ACFF*, xlii [1938]; M. Sommé, 'Les déplacements d'Isabelle de Portugal et la circulation dans les Pays-Bas bourguignons au milieu du XVe siècle,' *RN*, lii [1970], 183-97; dies., 'L'alimentation quotidienne à la cour de Bourgogne au milieu du XVe siècle,' *BPH* [1971], 103-17). Auch das Itinerar des 'burgundischen' Grossen Guy de Brimeu beruht in wesentlichen Teilen darauf (Paravicini, *Guy de Brimeu*, 587 ss.).

26 David, 'Les offices de l'hôtel ducal sous Philippe le Bon'; ders., 'Complément patronymique'; ders., 'De l'hôtellerie urbaine parmi les fiefs nordiques de Philippe le Bon'; ders., 'L'hôtel ducal sous Philippe le Bon'; ders., 'Charles "le Travaillant"'; und ders., 'Les offices archiducaux de l'Austro-Bourgogne (dernier quart du XVe siècle).'

27 S. Tab. 3: Compiègne, Bouvignes (Belagerung von Dinant), Hesdin, Amiens.

28 Umfassend nur von Canat, 'Marguerite,' für den Hof der Herzogin 1384-85, im Ansatz von Vaughan, *Philip the Bold*, 190 (1371, 1385, 1386), oberflächlich von David, eingehender für Transportwesen und Ernährung am Hof Isabellas v. Portugal und die Jugend Karls des Kühnen von Sommé, 'Les déplacements d'Isabelle de Portugal et la circulation dans les Pays-Bas bourguignons au milieu du XVe siècle,' 'L'alimentation quotidienne à la cour de Bourgogne au milieu du XVe siècle,' und 'La jeunesse de Charles le Téméraire d'après les comptes de la cour de Bourgogne,' *RN*, lxiv (1982), 731-50. Van Rompaey, *De Grote Raad van de hertogen van Boergondië en het Parlement van Mechelen*, 83 bekennt, für seine Geschichte des hzgl. Grossen Rates die Gagenescroes nicht ausgewertet zu haben, was er zu Recht als einen Mangel empfand. Cockshaw, *Le personnel de la chancellerie de Bourgogne-Flandre sous les ducs de Bourgogne de la maison de Valois (1384-1477)*, 105 benutzt die Escroes bei seiner Untersuchung der Gagenzahlungen an die hzgl. Sekretäre.

29 Ausserhalb von Lille werden ca. 1100 Stück aufbewahrt, s. Tab. 2.

30 Vaughan, *Philip the Good*, 139.

31 Verschollen, aber wohl erhalten sind die 54 Gagenescroes Karls des Kühnen in der ehem. Coll. Dufresne in Metz (s. Tab. 2). Fänden sie sich, stiege der Pozentsatz auf 6,78.

32 Cockshaw, *Le personnel de la chancellerie de Bourgogne-Flandre sous les ducs de Bourgogne de la maison de Valois (1384-1477)*, 106, Anm. 682 veranschlagt die ihm bekannte Zahl der Gagenescroes aus der Zeit 1384-1477 auf ca. 1100: es sind sicher doppelt so viel vorhanden.

33 Siehe H. Patze, 'Die Herrschaftspraxis der deutschen Landesherren während des späten Mittelalters,' *Histoire comparée de l'Administration (IVe-XVIIIe siècles). Actes du XIVe colloque historique franco-allemand, Tours 1977*, ed. W. Paravicini u. K. F. Werner (Beihefte der *Francia*, ix, München, 1980), 375-77 und A. Kern, ed., *Deutsche Hofordnungen des 16. und 17. Jahrhunderts* (Berlin, 1905, 1907, 2 vols.). Weder die bayer. HO von 1293/1294 (Patze, ibid.), noch diejenige von 1460 (Patze, 376, Anm. 58), noch die klevische oder brandenburgische von 1470 (vgl. Th. Ilgen, 'Ordnungen für einzelne Ämter des klevischen Hofes aus dem Jahre 1470,' *Zeitschrift des Bergischen Geschichtsvereins*, xiv [1888], 77-84 und J. Schapper, *Die Hofordnung von 1470 und die Verwaltung am Berliner Hofe zur Zeit Kurfürst Albrechts* [Leipzig, 1912]) sind mit den burgundischen vergleichbar.

34 Nicht einmal eine brauchbare Liste gibt es bislang. Die Edition der Texte bis 1350 wird von R.-H. Bautier/Paris vorbereitet, der mir auch bereitwillig über Form und Inhalt der frz. HO Auskunft gab.

35 Mir ist bislang kein einziger Escroe bekannt geworden, der nicht vom burgundischen Hof stammte; aber ich will nicht ausschliessen, dass einige sich finden lassen, zumal anzunehmen ist, dass die Hoforganisation der Herzöge v. Burgund diejenige des Königs nachahmte, und dass die anderen frz. Fürstenhöfe dies ebenfalls getan haben. M. Rey, *Les finances royales sous Charles VI. Les causes du*

déficit, 1388-1413 (Paris, 1965), 82, Anm. 4, notiert: 'Nous ne possédons aucun écrou véritable ni registre de dépense journalière pour le règne de Charles VI' (1380-1422).

[36] Vgl. A. R. Myers, ed., *The Household of Edward IV, the Black Book and the Ordinance of 1478* (Manchester, 1959), und die dort 302-07 genannte Literatur.

[37] Das Quellenverzeichnis bei R.-H. Bautier u. J. Sornay, *Les sources de l'histoire économique et sociale du moyen âge*, série I: *Provence, Comtat Venaissin, Dauphiné, Etats de la Maison de Savoie* (Paris, 1968), 91- 96; B. Guillemain, *La Cour pontificale d'Avignon 1309-1376. Etude d'une société* (Bibliothèque des Ecoles Françaises d'Athènes et de Rome, cci, Paris, 1962; rpt. Paris, 1966), 7, und B. Schimmelpfennig, 'Zur Versorgung der Kurie mit Lebensmitteln,' *Miscellanea Historiae Pontificae*, xlvi, *Studien zu Ehren v. H. Hoberg*, ed. E. Gatz (Rom., 1979), ii. 779-85, und Guillemains Ausführungen (64 ss. und 442 ss.) zeigen dies deutlich, wenigstens für den Zeitraum 1278 - ca. 1400.

[38] O. Cartellieri, *Am Hof der Herzöge von Burgand. Kulturhistorische Bilder* (Basel, 1926), 55-79, Kap. 'Herrscher und Hof,' hier bes. 69-76.

[39] J. Huizinga, *Herbst des Mittelalters* (zuerst: Haarlem, 1919).

[40] Zum 17. - 18. Jh. s. Paravicini, 'Die Hofordnungen Herzog Philipps des Guten von Burgund,' Edition I, Einl. Anm. 27; zu nennen ist vor allem Dom Aubrée, *Mémoires pour servir à l'histoire de France et de Bourgogne* (Paris, 1729), besonders der umfangreiche prosopographische 2. Teil seines Werkes. Ausserdem Canat, 'Marguerite,' und Petit, *Itinéraires de Philippe le Hardi et de Jean sans Peur, ducs de Bourgogne (1363-1419)*, vii, der von den Escroes spricht, 'que leur isolement rend sans grand intérêt, mais dont l'ensemble et le groupement constitueraient une source d'une haute valeur.'

[41] S. die chronologische Bibliographie bei Paravicini, 'Die Hofordnungen Herzog Philipps des Guten von Burgund,' Edition I.

[42] Walther, *Die burgundischen Zentralbehörden unter Maximilian I. und Karl V.*, 134.

[43] Vaughan, *Philip the Good*, 140; Paravicini, *Karl der Kühne. Das Ende des Hauses Burgund* (*Persönlichkeit und Geschichte*, xciv-xcv, Göttingen, 1976), 64; ders., 'Soziale Schichtung und soziale Mobilität am Hof der Herzöge von Burgund,' 129. Die Zahl zu Nov. 1474 ist nicht einer HO, sondern Olivier de la Marches Etat entnommen. Die HO von 1458 ist unvollständig überliefert.

[44] Siehe Paravicini, 'Die Hofordnungen Herzog Philipps des Guten von Burgund,' Edition I, Anm. 29.

[45] Siehe Paravicini, 'Soziale Schichtung und soziale Mobilität am Hof der Herzöge von Burgund,' 130; und Tab. 6.

[46] Hierzu Schwarzkopf, 'Zum höfischen Dienstrecht im 15. Jahrhundert: das burgundische Beispiel,' 441; und Paravicini, 'Soziale Schichtung und soziale Mobilität am Hof der Herzöge von Burgund,' 138, 162-67.

[47] Schwarzkopf, 'Zum höfischen Dienstrecht im 15. Jahrhundert: das burgundische Beispiel,' 424, 430, Anm. 26, 438-41; und Paravicini, 'Soziale Schichtung und soziale Mobilität am Hof der Herzöge von Burgund,' 129.

[48] David, 'Les offices de l'hôtel ducal sous Philippe le Bon. Essai patronymique,' 210; Paravicini, 'Soziale Schichtung und soziale Mobilität am Hof der Herzöge von Burgund,' 130 mit Anm. 14 (308 Namen, wovon 5 gestrichen, am 11. Nov. 1450).

[49] Am 12. März 1475 590 Hofamtsträger, am 5. Mai 294 Garde-Soldaten (BN fr. 8255 fol. 34 u. 53).

[50] Mit Ausnahme der HO für die Gräfin v. Charolais aus dem Jahre 1458.

[51] David, 'Les offices de l'hôtel ducal sous Philippe le Bon. Essai patronymique,' 210.

[52] Vgl. die o. Anm. 25 genannten Itinerare.

[53] Vgl. o. bei Anm. 13.

[54] Das Beispiel einer Synopse von Escroe und HO s. bei Paravicini, 'Soziale Schichtung und soziale Mobilität am Hof der Herzöge von Burgund,' 155-62.

[55] Vgl. Paravicini, 'Soziale Schichtung und soziale Mobilität am Hof der Herzöge von Burgund,' dort 133, Anm. 29 zur nur durch die Escroes zu ermittelnden Relation Banneret/Bâchelier bei den ritterlichen Kammerherren.

[56] Vgl. Paravicini, 'Expansion et intégration. Le noblesse des Pays-Bas à la cour de Philippe le Bon,' *Bijdragen en Mededelingen betreffende de Geschiedenis der Nederlanden*, xcii (1980), 298-314.

[57] S. den hervorragenden Aufsatz von A. Derville, 'Pots-de-vin, cadaux, racket, patronage. Essai sur les mécanismes de décision dans l'Etat bourguignon,' *RN*, lvi (1974), 341-64.

[58] Vaughan, *Philip the Good*, 336-40; Paravicini, 'Soziale Schichtung und soziale Mobilität am Hof der Herzöge von Burgund,' 153; ders., 'Moers, Croy, Burgund. Eine Studie über den Niedergang des Hauses Moers in der zweiten Hälfte des 15. Jahrhunderts,' *Annalen des Historischen Vereins für den Niederrhein*, clxxix (1978), 29. Zu den Croy neuardings auch J. M. Roger, 'Le don de Bar-sur-Aube à Antoine de Croy (1435-1438),' *Actes du 104e Congrès national des Sociétés savantes, Bordeaux 1979* (Paris, 1981), 161- 215. Wie ich aus seinem Brief vom 6. Aug. 1982 erfahre, arbeitet Tim Knowles/Oxford unter der Leitung von M. A. Vale an einer Diss. über politische Gruppierungen am Hof Philipps des Guten in den 1440er und 1450er Jahren.

[59] Schwarzkopf, 'Zum höfischen Dienstrecht im 15. Jahrhundert: das burgundische Beispiel,' 424, 438-41; und Paravicini, 'Soziale Schichtung und soziale Mobilität am Hof der Herzöge von Burgund,' 154.

[60] Vgl. A. Demurger, 'Guerre civile et changements du personnel administratif dans le royaume de France de 1400 à 1418: l'exemple des baillis et sénéchaux,' *Francia*, vi (1978), 151-298, zum Zeitraum 1400-1420.

[61] Wie o. Anm. 37, série II: *Les Etats de la Maison de Bourgogne* (Paris, 1984), erschien Bd. i: Archives des principautés territoriales. Fasz. 2: Les principautés du Nord. Die Zentralarchive des burgundischen Staates werden in Bd. i Fasz. 1 behandelt werden.

[62] 108.260 Namen, wenn man pro Escroe 80 Namen ansetzt in der Zeit 1447-55 (157 Stück), 100 in der Zeit 1456-67 (321 Stück), und 300 in der Zeit 1456-77 (212 Stück); vgl. Tab. 5.

[63] G. Sivéry und D. Clauzel/Univ. Lille tragen sich mit ähnlichen Absichten hinsichtlich ausgewählter lokaler Rechnungsserien in den ADN; s. G. Sivéry, 'Les archives de la Chambre des Comptes de Lille et l'Informatique,' *Mélanges offerts à M. René Robinet* (Lille, 1982), 57-61.

[64] Vgl. dazu D. Geuenich, in diesem Band, *infra*, 405 ss, Anm. 27.

SUMMARY

'Ordonnances de l'Hôtel' and 'Escroes des gaiges.' Ways to Global Prosopographical Research on the Burgundian State in the Fifteenth Century

This paper presents the periodically issued court ordinances and the daily lists of wages paid to the household officials of Philip the Good, Charles the Bold, and Mary of Burgundy. It indicates the state of conservation and, in spite of heavy losses (nearly all the material before 1400, about 25% of the court ordinances, 90-95% of the 'escroes'), the deficient publication of the remainder points to the unequalled complementary documentation. It shows how the exploitation of these lists containing thousands of names could lead to a 'Prosopographia Burgundica,' but this project can be elaborated only by international cooperation and with help from the computer.

Prosopographie des officiers de finances: l'exemple des trésoriers de l'Epargne bretons du XVe siècle

Jean Kerhervé

Lorsqu'on tente d'en appliquer les méthodes aux officiers des principautés françaises du Bas Moyen-Age en général, à ceux du duché de Bretagne en particulier, la prosopographie doit encore 'convaincre de son utilité,' pour reprendre l'expression de M. Paravicini Bagliani. En effet, quelles que soient les études qu'elles aient suscitées, ces principautés n'ont pas été l'objet de recherches systématiques de cet ordre. Quant à la Bretagne, la réputation que lui a faite et que lui fait encore l'historiographie française, de marginalité, de sous-développement intellectuel donc politique, d'archaïsme institutionnel aussi, cette réputation a largement contribué à décourager les générations de chercheurs élevés dans l'admiration des riches séries offertes par la France royale, l'Etat bourguignon ou la Curie romaine.

Or, s'il est vrai que la recherche prosopographique souffre en Bretagne peut-être plus qu'ailleurs de la destruction massive des documents comptables, que le terrain incertain des fonds incomplets se dérobe souvent sous les pieds du chercheur, et que l'extrême dispersion de la documentation dans l'espace, et même dans le temps, oblige à dépenser une énergie considérable pour un résultat souvent décevant, il n'en reste pas moins que l'exploitation historique des données biographiques conduit à reconsidérer fondamentalement l'image que l'on a trop longtemps donnée du gouvernement de l'Etat breton médiéval.

L'enquête prosopographique sur les officiers de finances en particulier requiert sûrement des qualités d'optimisme et de philosophie, mais aussi de la modestie, voire de l'humilité. On ne trouve rien de très sérieusement exploitable avant le dernier tiers du XIVe siècle, et les possibilités d'analyse statistique ne débutent pas vraiment avant les premières années du siècle suivant, celui de l'apogée du duché. La 'matière vivante' à laquelle on s'adresse réserve aussi bien des déconvenues car, si le 'percepteur de base' ou l'intendant occupe une place de choix dans l'univers mental des populations et aussi dans l'organigramme administratif du temps, ils se fondent généralement dans l'anonymat le plus complet pour tout ce qui ne concerne pas leur office, et l'individu se réduit alors, dans les cas extrêmes, à un nom relevé sur une quittance ou dans un registre. La reconstitution des carrières, lorsqu'elle est envisageable, doit alors faire appel à des techniques supposant une bonne part d'hypothèse, même si le milieu restreint auquel on s'intéresse limite heureusement les risques d'erreur (les possibilités d'homonymie ne sont jamais à exclure).

En revanche, plus l'on s'élève dans la hiérarchie financière, plus le profil de l'administrateur ou du comptable se dégage avec netteté. Toutes les zones d'ombres ne disparaissent pas pour autant, mais les acquis deviennent plus aisément exploitables, surtout lorsqu'on est en présence d'une succession cohérente d'officiers, rattachés à un service que l'étude de leurs carrières rend tout à fait familier, comme le sont les trésoriers de l'Epargne bretons du XVe siècle.

L'Epargne: la fonction et son rôle

Confrontés avec les nécessités financières croissantes de leur politique centralisatrice, les gouvernements de la fin du Moyen-Age s'efforcèrent de se ménager la marge de manoeuvre minimale indispensable autant à l'Etat qu'au prince lui-même, souvent victime dans son existence quotidienne du développement de sa propre machine administrative. A cette double exigence répondit la création des Trésors ou Trésoreries de l'Epargne au détour des XIVe et XVe siècles.[1] La Bretagne, peut-être plus soucieuse de son autonomie financière qu'aucune autre principauté, ne pouvait manquer d'adopter une institution apparue chez son voisin et rival français: l'Epargne, née avec le règne personnel de Jean V, devait vivre autant que le principat breton. Service original, plus directement rattaché au prince que d'autres institutions, il nécessita le recours à des officiers choisis autant pour leur dévouement à leurs ducs que pour leurs capacités financières, présents aux moments essentiels des règnes, même si leur rôle d'exécutants ne leur a pas toujours valu l'attention des chroniqueurs et des historiens du passé.

Dresser la prosopographie des trésoriers de l'Epargne en Bretagne tient de la véritable gageure en raison de la dispersion et du caractère disparate de la documentation. De la belle série de livres de comptes que conservait encore au XVIIIe siècle la Chambre des Comptes de Nantes, seul a survécu celui de Guillaume Chauvin, commis à l'Epargne entre 1469 et 1472.[2] Il faut donc entreprendre une quête patiente dans les archives du duché pour retrouver le souvenir de nos officiers et interroger les comptes sans doute, ceux des seigneuries dont les revenus étaient affectés à l'Epargne, ceux des trésoriers généraux dont les publications érudites du XVIIIe siècle ont sauvé des fragments et dont quelques vestiges subsistent dans le Trésor des Chartes de Bretagne, ceux des villes aussi, témoins de la forte implantation locale de certains personnages; mais il faut solliciter encore les précieux registres de la

Chancellerie et les débris des registres du conseil pour comprendre le fonctionnement du service; il faut enfin sonder les aveux et dénombrements de fiefs pour dépasser l'officier et atteindre l'homme dans sa conquête de la fortune et de la respectabilité.[3]

La fonction de trésorier de l'Epargne apparut en Bretagne au début du XVe siècle. Autant dire que le duc breton ne se comportait pas autrement que ses contemporains, puisque, si l'exemple venait de haut—le roi de France organisait sa caisse de prévoyance en 1395-96—, l'attitude de Jean V trahit des préoccupations semblables à celles des autres princes de son temps.[4] Dans le duché l'idée de l'Epargne naquit à l'occasion de la réforme financière d'octobre 1405: il s'agissait d'utiliser les fonds disponibles au lendemain de la minorité de Jean V et de la tutelle bourguignonne à la constitution d'une réserve de trésorerie, à laquelle on affecterait aussi les sommes attendues de Paris en paiement de la dot de Jeanne de France.[5] Dès le départ, la pratique montre que cette réserve contenait certes du numéraire, mais plus encore des joyaux et des objets précieux, valeurs refuges que ne risquait pas d'atteindre la dévaluation des espèces monétaires: les trésoriers de l'Epargne furent tous en Bretagne des gardes des joyaux de la couronne. Ils cumulèrent les deux charges jusqu'à la disparition de celles-ci, en 1491, lors du mariage français.[6]

Il n'entre pas dans notre propos de présenter une analyse détaillée de l'activité du gestionnaire de l'Epargne, mais de montrer seulement l'importance et la complexité de son travail pour mieux faire ressortir les qualités qui devaient être les siennes et donc les critères qui présidaient au choix du prince.

Etre trésorier de l'Epargne, c'était d'abord financer les *affaires* personnelles du duc, qui n'eut pas longtemps la cassette des Petits Coffres à sa disposition.[7] On recense dans les comptes, dans les décharges signées par le prince, une multitude de débours, d'un montant extrêmement variable, occasionnés par les cadeaux en espèces ou en nature (robes, chevaux, bijoux), les étrennes, les dots, les gages des serviteurs domestiques, les frais de voyage et d'ambassade.[8] Le contrôle personnel du souverain breton sur 'son' trésor se mesure à la fréquence des demandes de versements *à sa main* et aux refus réitérés d'en préciser l'emploi qu'il adressait aux gens des Comptes toujours soucieux d'éviter la dilapidation des deniers publics.[9]

L'Epargne intervenait aussi, jouant alors pleinement son rôle de fonds de réserve, pour secourir les autres services financiers dans l'embarras, en épaulant parfois la trésorerie générale, la trésorerie des Extraordinaires, ou plus souvent celle des Guerres. Dans ce dernier cas le trésor restait fidèle à une tradition, peut-être même à l'une de ses vocations, qui l'avait amené depuis le début du XVe siècle, et avant la création d'une trésorerie des Guerres en Bretagne, à intervenir aussi bien dans le financement de l'ordonnance que dans l'acquittement des frais occasionnés par l'artillerie du duché.[10] Enfin lorsqu'un effort s'imposait pour accroître le domaine de la couronne, c'était encore l'Epargne que l'on sollicitait.[11] Il faut préciser malgré tout que la bonne règle voulait que le trésor fût remboursé des avances consenties à ses partenaires financiers, le trésorier utilisant alors les rentrées de fonds pour reconstituer ou augmenter la réserve de joyaux qu'il avait dû mettre en gage pour faire face à ses engagements et trouver les crédits nécessaires dans les plus brefs délais.[12]

Sollicité de toutes parts, le trésorier de l'Epargne devait donc avoir les 'reins solides,' de nombreux appuis et des garants solvables. Il devait aussi veiller à la rentrée des sommes destinées à assurer le fonctionnement de son office: un casuel d'abord, varié et généralement médiocre, qui se nourrissait des produits du droit de rachat, des amendes, des naturalisations, des rémissions, des *entrailles* payées par les officiers prenant leurs fonctions, des emprunts, mais aussi des cadeaux des princes étrangers, pensions parfois au début du siècle, joyaux et objets d'art plus souvent.[13] A ce casuel s'ajoutaient les sommes plus considérables que l'état de finance assignait au trésor: revenus domaniaux assez rarement, plus souvent recettes fiscales telles que fouage ou aide des villes exemptes de fouage.[14] Les profits du seigneuriage venaient à l'occasion, et surtout lorsque la monnaie était utilisée comme un expédient, garnir la caisse de l'Epargne.[15]

En l'absence des originaux des comptes, il n'est pas possible de préciser le montant exact des sommes maniées par les trésoriers. Certains chiffres parlent malgré tout. Nous avons montré dans une autre étude que Jean Mauléon notait en charge lorsqu'il se présentait à la Chambre des Comptes (rarement il est vrai!), des recettes dépassant 100,000 voire 200,000 livres monnaie de Bretagne, et nous pensons que l'on peut affecter à l'Epargne au cours des dix dernières années de Jean V un revenu moyen de 25,000 L. Quant à G. de Bogier, qui reconnut avoir encaissé l'équivalent de 180,000 L. au cours de ses 50 derniers mois de fonction, une moyenne annuelle de plus de 43,200 L., il atteignit des sommets qu'expliquent peut-être la gestion rigoureuse tant vantée d'un Pierre II, mais aussi la nécessité où se trouvait alors l'Epargne de solder de lourdes dépenses militaires.[16] Nous n'avons que peu de renseignements pour les débuts du règne de François II,[17] mais nous retrouvons des chiffres impressionnants ensuite, Gilles Thomas prenant en charge plus de 370,000 L. pour les vingt années au cours desquelles son père et lui eurent la responsabilité du Trésor. Une moyenne annuelle de 18,500 L. sur vingt ans inspire le respect en regard d'un budget global de l'Etat breton qui n'était guère que vingt fois supérieur, et cela à une époque ou l'Epargne n'avait plus à faire face normalement à des dépenses militaires régulières, puisque fonctionnait une trésorerie des Guerres ayant son budget propre, et en un temps peu propice, on s'en doute, à la constitution d'une réserve obligatoire et préventive.[18]

Par l'importance des sommes qui passaient entre ses mains, par sa position charnière entre les divers services financiers qui l'alimentaient et qu'il secourait à l'occasion, mais aussi par les rapports étroits que le titulaire de la fonction devait par nature entretenir avec le duc, l'office de trésorier de l'Epargne apparaît comme l'une des charges les plus importantes de l'organigramme administratif breton. Certains trésoriers, comme Mauléon, Bogier, ou Gilles Thomas, ont joué, au-delà de leur activité professionnelle, un rôle politique non négligeable. Il importait, dès lors, de les choisir avec le plus grand soin.

Les trésoriers de l'Epargne

Les titulaires de l'office

La liste des trésoriers de l'Epargne que nous avons pu dresser complète et pour ainsi dire sans solution de continuité,[19] des origines de la fonction à sa disparition, apporte des éclairages essentiels sur l'office et les hommes qui l'ont administré.

Que huit trésoriers seulement soient passés par l'Epargne en 86 ans témoigne d'une stabilité étonnante des gestionnaires du service, peu courante au demeurant au niveau des offices centraux en Bretagne à la fin du Moyen-Age.[20] Il est vrai que la stabilité moyenne, près de onze ans, ne signifie pas grand chose puisque les chiffres sont faussés par l'exceptionnelle longévité administrative de Jean Mauléon. Mais l'on fera remarquer tout de même que trois officiers moururent en fonction—Mauléon, du Bois et Jamet Thomas— et que deux autres ne s'en virent privés que par un événement grave, la mort du prince pour Bogier, la suppression de l'office consécutive au mariage de la duchesse et donc au changement effectif de souverain pour Gilles Thomas. Ces premières considérations montrent que le duc appelait à l'Epargne un officier en qui il avait toute confiance, et qui, pour cette raison, ne risquait guère de perdre sa place, sauf faute grave. Homme d'un duc, le trésorier pouvait compter sur une possession paisible de son emploi tant que durait la protection de son maître.[21]

Cette intimité entre le duc et son serviteur, qui découlait à l'origine du caractère semi-privé de l'Epargne, ressort avec netteté de l'analyse des carrières de nos personnages. Tous sont connus avant leur entrée en fonction, et plusieurs, les quatre premiers notamment, pour avoir été admis jeunes dans la familiarité du prince. Mauléon, Bogier et Bodéan débutèrent comme secrétaires ducaux. Le premier servit d'abord à la chancellerie de Jean IV avant de se voir confier la Petite Garde-Robe du jeune Jean V en 1404.[22] Quant à Jean d'Ust, *enfant de chambre* de Jean V, il fut amené de bonne heure à financer les 'affaires secrètes' du père, avant de gérer l'Epargne du fils, François Ier.[23] Guillaume de Bogier appartenait à la maison de Pierre de Bretagne avant même que ce dernier n'atteignît à la dignité ducale[24] et Guillaume Chauvin déclarait en 1478 qu'il avait *hanté à la court de Nantes et mesme au conseil du duc* à partir de l'âge de 13 ans peut-être; il assurait aussi son avenir en émargeant sur la liste des serviteurs de la maison d'Etampes,

Trésorier	Période d'exercice (*)	Remarques	Références
Jean MAULEON [mort en août 1444]	(1405 oct.) 1407 2 mai 1444 août	Création de l'Epargne ? Mort du trésorier	R. BLANCHARD, n°612 Arch. dép. C.du N. E 622.
Jean d'UST [mort le 15 mars 1459]	1444 4 oct. 1449 19 déc.		Bib. Mun. Nantes 1689 Arch. Marine Rochefort 859.
Guillaume de BOGIER [vers 1428-après 1490]	1450 20 juil. 1457 5 sept.	Mort du duc le 22 sept.	Arch. dép. Loire-Atl. 14J8 fo 1. Dom MORICE, Preuves, II. 1708
Jean de BODEAN [mort le 9 avril 1463]	1457 14 déc. 1449 27 août	Arrestation du trésorier	ID., ibid., II 1714. Arch. dep. Loire-Atl. E 131 fo 163
Jean de BOIS [mort le 5 sept. 1469]	1461 29 sept. 1469 05 sept.	Mort du trésorier	ibid. E 204/30 Arch. dep. Loire-Atl. B 1547
Guillaume CHAUVIN [vers 1423-1484]	1469 22 nov. 1472 1er juil.	Institution du trésorier Destitution du trésorier	ibid. E 205/1 id.
Jamet THOMAS [vers 1420-1472]	1472 1er juil. 1474	Institution du trésorier Mort du trésorier	id. Bib. Nat. Paris fr. 11549 fo 142
Gilles THOMAS [mort vers 1506]	1474 1491 30 sept.	Institution du trésorier Disparition de l'Epargne (?)	id. Arch. dep. Loire-Atl. E 204/30

TABLEAU DES TRESORIERS de l'EPARGNE DU DUCHE de BRETAGNE

(*) Quand les dates d'institution et de destitution ne sont pas connues, nois donnons les dates extrêmes d'exercice fournies par les archives.

héritière potentielle du duché.[25] Très proches du duc bien avant leur promotion, jeunes parfois, de la même génération que leur maître quelquefois, comme ce fut le cas pour Bogier, G. Thomas et dans une moindre mesure Mauléon, tels nous apparaissent d'abord les trésoriers de l'Epargne.[26]

Mais l'intimité précoce avec le prince, pour importante qu'elle fût, surtout d'ailleurs dans la première moitié du siècle, ne pouvait suffire à déterminer le choix de ce dernier. Avant d'appeler à une charge comportant pareille responsabilité financière, on exigeait des références professionnelles sérieuses, qui éclipsèrent peu à peu les critères sentimentaux au fur et à mesure que croissaient les besoins de l'Etat breton. A l'exception de Guillaume de Bogier, auquel nous ne connaissons pas d'antécédents financiers, tous les trésoriers pouvaient se prévaloir de flatteurs états de services: l'expérience financière était garantie de compétence mais aussi de solvabilité.

Plusieurs cas de figures s'observent à propos de nos personnages. Celui de Jean Mauléon ne nous retiendra guère, car, avant d'être établi à l'Epargne, il ne paraît pas avoir occupé d'autre poste que celui de la Petite Garde-Robe, même si, au temps de Jean IV comme au début du règne de Jean V, il s'illustra en contresignant d'importants mandements financiers. Pour lui d'autres types de recommandations durent jouer, sur lesquels nous reviendrons.[27]

Pour Jean d'Ust ou Guillaume Chauvin, l'Epargne représentait comme l'aboutissement d'une carrière financière extrêmement bien remplie. Une distinction s'impose tout de même entre leurs deux trajectoires. Alors que J. d'Ust ne se hasarda jamais en dehors du monde de la finance, G. Chauvin, commis au fait de l'Epargne en 1469, avait pris ses distances avec ce milieu depuis que François II l'avait installé à la chancellerie, dix années auparavant.[28] La commission qu'on lui confiait nous apparaît donc comme une anomalie, d'autant plus surprenante qu'elle représente, à notre connaissance, le seul exemple connu de cumul, à ce haut niveau de responsabilité, d'une charge de justice et d'une charge de finances. Nous poserons plus loin le problème de cet étrange 'attelage' Chancellerie-Epargne, mais nous devons rappeler dès maintenant que Chauvin, et c'est un aspect peu connu de sa carrière, pouvait mettre en avant, tout comme Ust, une longue expérience d'homme de finances. Ce dernier était passé par le conseil ducal, la trésorerie et recette générale de Bretagne et même de la Chambre des Comptes sous Jean V, avant d'obtenir l'Epargne sous son successeur. Et Chauvin, héritier d'une longue tradition d'officiers de finances, avait débuté à la Chambre (aux côtés de Jean Chauvin, son père peut-être) au temps de Jean V, et administré à la fin du règne de François Ier successivement la trésorerie des Gages, celle des Guerres, enfin la trésorerie et recette générale de Bretagne.[29]

Sensiblement différent le parcours des Thomas. Ces riches bourgeois s'affirmèrent d'abord dans le cadre de leur cité nantaise où leur qualité de monétaires, mais aussi la diversité de leurs affaires leur avaient assuré une fortune exceptionnelle, qui les avait conduits à gérer les finances de leur ville et à figurer parmi les éléments les plus en vue de son conseil. Ils ne pouvaient qu'attirer l'attention du prince. Jamet Thomas était Grand Maître des Monnaies de Bretagne lorsqu'on le choisit pour l'Epargne, mais il avait exercé aussi la charge de contrôleur de Nantes et spéculé sur plus d'une ferme d'impôts publics. Gilles Thomas, malgré sa jeunesse, s'était aussi 'fait la main' à plusieurs reprises sur les recettes du fouage et de l'aide des villes.[30]

Avec Jean du Bois enfin nous tenons un exemple intermédiaire de réussite bourgeoise, suivie d'un exceptionnel cursus d'officier couronné par l'Epargne: procureur des bourgeois de Rennes depuis 1442 jusqu'à sa mort, il mena parallèlement une carrière publique, administrant six ans le domaine ducal de Rennes, remplissant trois fois la charge de trésorier et receveur général de Bretagne, réussissant même à s'asseoir dans un fauteuil d'auditeur à la Chambre des Comptes, avant de se voir confier l'Epargne par François II.[31]

Les exemples des Ust, du Bois, Chauvin et Jamet Thomas démontrent qu'une expérience professionnelle et de sérieuses références étaient requises des candidats éventuels à la caisse de l'Epargne. Bodéan, mais aussi Gilles Thomas, n'échappent pas à la règle, même si leur titulature initiale paraît moins éloquente. Leur désignation par le duc sanctionnait au moins une période d'apprentissage au sérail: Bodéan était clerc de Bogier[32] et Gilles Thomas pouvait se vanter d'être à la fois commis et . . . fils de son père Jamet! Ce dernier n'avait-il pas lui-même collaboré avec Jean du Bois, alors trésorier, le remplaçant même au cours d'une maladie?[33]

Que le duc ait exigé des hommes à qui il confiait 'son' Trésor une carte de visite des plus flatteuses peut très bien s'expliquer par un simple souci de bonne gestion d'une part, par l'espoir aussi d'utiliser au besoin la solvabilité de ces spécialistes de la finance. Mais il ne faut pas non plus écarter un élément d'appréciation qui contribuerait d'expliquer la présence à l'Epargne d'officiers en fin de carrière. Il est prouvé en tout cas que les services accomplis par Jean d'Ust au temps de Jean V l'avaient laissé largement créancier du duc,[34] et, bien que nous n'en ayons pas la certitude, il ne serait pas surprenant de trouver un Jean du Bois dans une situation analogue. Gilles Thomas en tout cas réclamait à sa sortie de charge d'énormes sommes à l'Etat, et il n'avait pas encore été remboursé lorsqu'on le rétablit dans son office.[35] Son père Jamet, quant à lui, avait servi de plège à son prédécesseur lors d'une négociation d'emprunt à l'étranger.[36] Dans ces conditions, il est permis de se demander si, en certaines occasions du moins, le Trésor de l'Epargne n'était pas confié à un créancier privilégié de l'Etat, dont on connaissait les ressources potentielles toujours utilisables, mais auquel un tel office, sûrement moins sollicité qu'une trésorerie générale dans des circonstances normales, laissait une chance de se rembourser des avances consenties à l'Etat.[37] Ne peut-on faire valoir aussi, à l'appui de cette hypothèse, que Guillaume Chauvin fut commis à l'Epargne peu de temps après avoir été désigné par la duchesse Marguerite comme l'un de ses exécuteurs testamentaires?[38]

Quoi qu'il en soit, il est clair que des considérations multiples ont contribué à déterminer le choix des ducs. Qu'ils aient été sensibles à l'expérience des professionnels dont nous venons de rappeler les carrières, ou qu'ils aient voulu apurer les comptes d'un exercice antérieur, c'est possible et les deux incitations pouvaient agir en faveur d'un même candidat. Mais on s'aperçoit que d'autres éléments, de plus en plus évidents au fur et à mesure que l'on s'avance dans le temps, ont influencé leur décision finale. Diverses 'recommandations' ont joué, pas seulement d'ordre professionnel.

Il faut compter d'abord avec les pressions politiques. La protection de Jean de Malestroit, évêque de Saint-Brieuc et futur chancelier de Bretagne, inspirateur de la réforme financière d'octobre 1405, ne fut pas étrangère au choix de Mauléon comme premier trésorier de la caisse nouvellement créée, et ce soutien ne se démentit pas par la suite, assurant à l'officier une double couverture, celle du duc et du premier personnage du conseil.[39] De même, les bonnes relations qu'elle entretenait avec le trésorier général Landais ne purent que faciliter l'accession de la famille Thomas à l'Epargne,[40] et à l'inverse la destitution de Bodéan en 1461 et son remplacement par du Bois, premier trésorier général du nouveau règne, donc homme de confiance, s'explique davantage par des considérations d'ordre politique que par des entorses à la déontologie de l'office.[41]

De plus en plus déterminantes aussi pour expliquer la succession des trésoriers, les relations qu'ils entretenaient les uns avec les autres. Nous avons vu qu'elles pouvaient être d'ordre professionnel et que le commis succédait parfois à son supérieur hiérarchique, mais l'avenir de l'auxiliaire ou du collaborateur était encore mieux assuré si ce dernier pouvait faire appel à la solidarité naturelle de la famille ou du lignage. En Bretagne comme en France, le monde de la finance avait fait *du mariage l'un des moyens très sûrs de son système de confiscation de la fonction publique. On* [n'asseyait] *pas une influence, on ne* [fondait] *pas un pouvoir sans tisser sur plusieurs générations un réseau de solidarités dont les mailles* [étaient] *d'heureux mariages.*[42] Les archives bretonnes n'ont pas la richesse de celles du Parlement de Paris et les études généalogiques des érudits du siècle passé ont trop souvent négligé ces personnages de second ordre qu'étaient à leurs yeux les officiers de finances. Aussi ne connaissons-nous pas dans leurs détails toutes les relations familiales des trésoriers de l'Epargne, mais le bilan que nous proposons ne nous semble pas négligeable malgré tout.

Nous ne savons pas si ce fut seulement le hasard qui amena Jean d'Ust à collaborer avec Mauléon lors de la levée d'un fouage, peu de temps avant de lui succéder à l'Epargne.[43] Mais Bodéan ne dut pas à sa seule qualité de clerc de Bogier l'honneur de le remplacer: il avait épousé une Jeanne de Bogier, selon toute vraisemblance soeur de son chef de service.[44] Et Bogier lui-même, dont on aurait été tenté de croire que sa promotion tenait essentiellement à son intimité précoce avec le duc et à l'appui de son seigneur féodal le sire de Rieux, ajoutait à cette double recommandation une alliance avec la famille Mauléon.[45] Il n'est pas facile de relier Jean du Bois à ses prédécesseurs, mais, par son épouse Perrine de La Lande, on le découvre apparenté à Tristan de La Lande, l'un des principaux collaborateurs financiers de Jean V, qui, comme G. de Bogier, avait épousé une Téhillac en secondes noces.[46] Enfin, Guillaume Chauvin nous pose un problème: certes ses antécédents financiers et sa position de chancelier suffiraient à justifier sa commission à l'Epargne, mais nous lui connaissons aussi des alliances matrimoniales qui pourraient avoir incliné le duc en sa faveur.[47] Vers l'aval en tout cas, le doute n'est pas permis: Jamet Thomas, peut-être parent de l'épouse de Chauvin, était aussi l'oncle par alliance de la fille de ce dernier![48] On doit considérer l'évolution comme achevée lorsqu'on voit Gilles Thomas accéder au trésor en 1474. Non seulement les Thomas illustrent l'exemple d'une association familiale gérant un office central de finances, la survivance du père ayant vraisemblablement été accordée au fils, mais ils constituent aussi le seul exemple connu dans la Bretagne ducale d'hérédité directe à ce niveau de l'administration comptable.[49]

La gestion des trésoriers

Quand on mesure le travail accompli par les trésoriers de l'Epargne au cours du XVe siècle, on comprend qu'ils aient bénéficié de quelques avantages en retour, au nombre desquels le loisir d'associer leurs relations à leur ascension sociale n'était pas le moins apprécié. Dévouement à leur prince et efficacité quotidienne caractérisent leur gestion. Chaque fois que le duché breton se trouva confronté à de graves difficultés matérielles, il put compter sur eux. C'est la mobilisation rapide d'importants capitaux par Jean Mauléon qui mit Jean V à même d'affronter deux fois les Penthièvre (1408-10 et 1420), d'acquérir Fougères (1419) et d'acheter Ingrandes et Champtocé au prodigue Gilles de Rais (1435-38), quatre temps forts de son règne.[50] Tant que la trésorerie des Guerres ne fut pas solidement organisée, l'Epargne dut assumer l'entretien d'une bonne partie de l'ordonnance ducale. Et dans les heures tragiques de l'agonie du duché, où le prince aux abois ne disposait plus dans ses caisses des liquidités nécessaires à la conduite de la guerre contre les Français, *noz ennemys et aversaires*, la vaisselle épargnée par les trésoriers prit largement le chemin des ateliers monétaires, tandis que les fabuleux joyaux du trésor servaient de sésame pour ouvrir à l'Etat breton les coffres publics ou privés.[51]

Nous avons dit plus haut l'importance des sommes passant par les mains des administrateurs de l'Epargne et l'origine des deniers qui leur étaient affectés en temps ordinaire. En période de crise, les assignations n'étaient pas toujours honorées, et le métier devenait beaucoup plus risqué. On pouvait sans doute utiliser les réserves de métal précieux pour obtenir du crédit, mais en sachant bien que la Chambre des Comptes était hostile à ce qu'elle considérait comme une dilapidation du patrimoine ducal et exigeait de sérieux garants lors d'une opération de ce genre.[52] Aussi fallait-il souvent s'engager *en son privé nom* envers les bailleurs de fonds, comme durent le faire tant Mauléon que Bodéan, avec une garantie personnelle du duc dont on verra bientôt ce qu'elle pouvait valoir.[53]

Les risques encourus par les trésoriers justifiaient de la part du prince, premier bénéficiaire du crédit personnel de ses officiers, une certaine mansuétude dans le contrôle de leur gestion. Bogier, qui rendit quatre comptes en dix années de service, J. du Bois trois pour huit ans, et Chauvin un pour trois ans de commission, font figure d'exception parmi les gestion-naires de l'Epargne, pour lesquels la stabilité avait comme corollaire un laxisme croissant dans le contrôle de leur comptabilité. Malgré cinq années au moins d'activité, Jean d'Ust ne présenta pas de bilan avant sa sortie de charge. Bodéan non plus. Mais la palme revient à coup sûr à J. Mauléon et à G. Thomas: le premier apura en 1443 de dix ans d'Epargne, et le second se présenta à la Chambre en 1479, après sept années passées au trésor; il ne devait pas y revenir avant 1493![54]

Pareil laxisme dans l'examen des comptes indique la protection toute spéciale dont faisait l'objet le trésorier de l'Epargne de la part de son duc. La tentation était grande d'en profiter et d'utiliser l'office à des fins plus personnelles. Mais toute médaille a son revers et la situation privilégiée, que valait au trésorier la faveur du prince, se dégradait rapidement lorsqu'un incident venait la remettre en cause ou, plus sûrement encore, lorsque le pouvoir changeait de main. Alors il devenait difficile d'obtenir les décharges réclamées par la Chambre, alors perdaient de leur vertu les garanties verbales ou non scellées offertes par le prince disparu. Alors bien sûr les créanciers inquiets ne rendaient pas les joyaux qui leur servaient de gages. Alors les fermiers ou receveurs assignataires oubliaient d'honorer leurs engagements et les amis ou les soutiens d'hier se dérobaient. Alors commençaient à la Chambre des Comptes des procès intentés par des juges d'autant plus impatients de s'attaquer à ces officiers que la protection ducale avait permis à ces derniers de les ignorer plus longtemps. Procès interminables que l'on poursuivait au Parlement de Bretagne, puis à celui de Paris, avant de revenir parfois chercher un arbitrage, un accommodement, quitte à laisser quelques plumes à la bataille, devant le conseil du duc.[55]

La fin de la gestion des trésoriers de l'Epargne n'allait donc pas toujours sans difficultés, sans scandales mêmes, conséquences quasi inévitables des acrobaties financières demandées par le duc à son collaborateur. Mais les problèmes qu'ils connurent à leur sortie de charge n'entravèrent pas, sauf exception, la double réussite, professionnelle et sociale, des administrateurs du Trésor breton.

Le destin des trésoriers

Les origines

Le moment est venu de faire connaissance avec les individus auxquels les ducs confièrent la trésorerie de l'Epargne, et d'envisager les répercussions de cette promotion sur leur destinée.

Nous sommes en Bretagne, mais l'exiguïté du duché n'empêche pas la diversité d'y être très grande, sur le plan linguistique notamment. A considérer nos officiers sous cet angle, nous constatons qu'ils étaient tous originaires du pays gallo, même Bogier et Bodéan, implantés à Allaire et à Saint-Jacut non loin de Redon dans la zone francophone de l'évêché de Vannes, et même Jean d'Ust qui à Saint-André-des-Eaux se trouvait à l'extrême limite de cet îlot bretonnant de la haute Bretagne qu'était encore au XVe siècle la presqu'île de Guérande. Cet état de fait traduit le poids du pays francophone dans l'administration centrale des finances bretonnes. Il illustre aussi l'influence des milieux d'affaires nantais et rennais à la cour: Mauléon, Chauvin et les Thomas appartenaient au premier, du Bois au second. La richesse, l'envergure et la solvabilité se concentraient largement alors dans les grandes villes de l'est breton.

On connaît mieux les carrières et les origines géographiques des trésoriers de l'Epargne que leur milieu social initial. Aucun d'entre eux n'appartint à une famille considérable.

Avec Bogier, Bodéan et Ust, nous pénétrons dans le monde de la petite noblesse, un peu plus relevée peut-être pour le dernier nommé: un groupe très tôt fidèle aux Montforts et entré dans la carrière des offices sous Jean IV, avant de se voir appelé à de plus hautes destinées à partir de Jean V.[56] Mauléon pourrait se rattacher à eux s'il s'avérait qu'il appartînt à la famille ploërmelaise de ce nom, attestée dans la deuxième moitié du XIVe siècle.

Mais nous avons montré ailleurs qu'il tenait plus directement à un lignage de riches hommes d'affaires nantais, fournisseurs du prince et des grands et déjà admis dans la familiarité de Jean IV. On rapprocherait donc volontiers le premier trésorier de l'Epargne de ses successeurs rennais et nantais: J. du Bois et les Thomas. Du Bois se rattachait à une longue tradition de marchands rennais, habitués depuis le siècle précédent de la spéculation sur les fermes et depuis longtemps tentés par les offices de finances.[57] Il n'en allait pas autrement des Thomas, même s'ils ont longtemps donné à la Monnaie la préférence sur les fonctions comptables. Ces bourgeois parvenus 'flirtaient' avec la noblesse avant même d'atteindre l'Epargne, J. du Bois en particulier, qualifié d'écuyer en 1451.[58]

Quant à Guillaume Chauvin, il présente un cas de figure très proche du précédent, un stade vraisemblablement plus avancé de l'évolution d'un lignage. Issu aussi d'une famille nantaise connue après la guerre de succession par ses activités marchandes, il fut servi par une réussite plus précoce de ses prédécesseurs. Son parent (son père?) Jean Chauvin, siégeant dès le début du règne de Jean V à la Chambre des Comptes, et qualifié d'écuyer en 1429, avait fait franchir à sa famille la frontière qui la séparait de la noblesse.[59]

Qu'ils fussent de petite noblesse ou de bonne bourgeoisie, en cours d'anoblissement ou parvenus au sein de l'aristocratie, les trésoriers appartenaient en fait à un milieu assez homogène, dévoré d'ambition et persuadé que l'office de finances comportait la meilleure garantie d'ascension sociale.

La réussite professionnelle

On conçoit fort bien en effet qu'en des temps incertains, où la seigneurie voyait sa rente fondre comme neige au soleil et où les affaires étaient à la merci du hasard, l'Epargne, avec ses profits, ses avantages, ses prolongements, ait pu tenter d'habiles manieurs d'argent.

Certes les gages qu'on en pouvait attendre n'avaient rien de mirobolant: 160 L. avant, 300 L. après l'avènement de François II[60] n'avaient pas de quoi exciter les convoitises; c'était même, comme le fit remarquer Gilles Thomas en 1493, *petit estat vu l'augmentation tant des deniers que des bagues estans en la charge dudit trésorier qui est plus grande de moult que jamais*. On ne prenait même pas en considération, ajoutait-il, le fait qu'il avait *esligé les deniers de ses assignations à ses propres cousts et despens, par plusieurs et divers voyages, et à grandes mises . . . de clercs et commis, de voituriers, sergents et autres personnages pour la sécurité et conduicte de ladite finance. . . .* Il estimait ses frais à 7,000 L.[61]

En fait, réduire les avantages de la trésorerie aux seuls gages relève de la mauvaise foi la plus évidente. Qui voudrait parvenir à une plus juste appréciation de la rentabilité de l'office devrait leur ajouter les *profits accoustumés*, non chiffrables, mais toujours mentionnés dans les lettres de retenue; il devrait y inclure aussi les cadeaux en espèces et en nature dont bénéficiaient les titulaires, et ne pas oublier, les 'pots-de-vin' qui faisaient partie alors de la rémunération des services rendus par ces importants personnages.[62] Mais on ne saura jamais à combien s'élevaient les profits illicites qu'apportaient à la fois la détention des joyaux de la couronne, la manipulation de sommes respectables et l'absence de contrôle régulier des comptes.

Enfin, et c'était un des aspects les plus positifs de la carrière des trésoriers de l'Epargne, ce service autorisait de nombreux cumuls générateurs de revenus complémentaires, la plupart du temps bien supérieurs à ceux de l'office lui-même. A la garde des joyaux, que tous les gestionnaires de l'Epargne se virent confier, s'ajoutait la participation rémunérée au conseil ducal, tardive pour Mauléon, contemporaine de leur promotion pour les autres, à moins qu'ils n'en fussent déjà membres auparavant.[63] Par nature la fonction conduisait aussi à la recette des divers revenus dont se nourrissait le trésor—fouage, aide des villes et emprunts—pour la levée desquels le trésorier prétendait aux droits de levée habituels dans le duché, généralement 5% des sommes assignées.[64] Enfin certaines circonstances exceptionnelles amenaient à concentrer entre les mains des administrateurs du trésor des pouvoirs exceptionnels qui en faisaient temporairement les maîtres de l'administration comptable. En 1429 Mauléon et en 1485-87 Thomas cumul-èrent Epargne et trésorerie générale du duché. Dans le premier cas il s'agissait de réunir les sommes colossales, presque une année de revenus du duché, nécessaires à l'acquisition de Fougères; la seconde occasion se justifiait par la nécessité de faire face aux perturbations et au désordre administratif consécutifs à la disparition de Landais, et de mettre à la tête des finances bretonnes un homme qui assurât la continuité d'un service dont il était le partenaire depuis treize ans déjà. Les difficultés du moment, troubles politiques intérieurs graves et menace d'invasion française en cours de concrétisation, requéraient un trésorier qui ne fût point trop marqué politi-quement et surtout un bailleur de fonds d'envergure.[65] Mais pareil cumul était lourd, trop lourd pour être durable, et contraire aussi à l'esprit de l'Epargne. Mission accomplie, Mauléon se démit de la trésorerie générale; Thomas y renonça à la suite d'une grave maladie.[66]

Leur double exemple révèle à quel haut degré de responsabilité pou-vaient atteindre nos trésoriers. Il nous faut ajouter, pour achever de montrer que les gages de l'Epargne ne représentaient que peu de choses par rapport à l'ensemble de leurs rétributions, que son titulaire n'abandonnait pas forcé-ment ses offices antérieurs en arrivant à la trésorerie: J. du Bois resta procureur des bourgeois de Rennes jusqu'à sa mort, Chauvin conserva la Chancellerie, J. Thomas ne renonça pas plus à sa charge de Grand Maître des Monnaies de Bretagne qu'aux fonctions qu'il remplissait avec assiduité, comme son fils Gilles, au conseil des bourgeois de Nantes.

Trois trésoriers de l'Epargne seulement quittèrent la Trésorerie dans des circonstances que l'on pourrait qualifier de normales, puisque trois autres moururent en fonction. Un fut incarcéré et le dernier reprit ses activités habituelles de chancelier que sa mission de trois ans n'avait d'ailleurs pas entravées. Sur les trois 'sortants,' deux terminèrent leur carrière à la Chambre des Comptes, malgré des difficultés en fin de mandat.[67] Le destin de Bogier fut plus complexe, plus riche aussi sans doute. Disgracié en 1457 par Arthur III, qui le soupçonnait d'avoir trempé dans le meurtre de Gilles de Bretagne en 1450, il fut arrêté puis relâché faute de preuve.[68] Contraint de prendre ses distances avec la cour ducale pendant un temps au moins, il retourna au service de son seigneur féodal le Sr de Rieux qu'il suivit comme conseiller, maître d'hôtel et membre de sa Chambre des Comptes.[69] L'hosti-lité de Landais lui interdisait toute carrière politique, et ce ne fut qu'après la chute du trésorier général, à laquelle il contribua d'ailleurs en se joignant à la ligue des seigneurs en 1484-85, qu'il retrouva, pour une courte période en 1489, un office central: le contrôle général des finances du duché.[70]

Même si ce n'était pas une sinécure, l'office de trésorier de l'Epargne consacrait la réussite professionnelle de son gestionnaire. Il assurait aussi son ascension sociale et la promotion de son lignage.

L'ascension sociale

La réussite de l'homme de finances ne serait pas complète si elle ne s'investissait en respectabilité. C'est à cette tâche que s'attelèrent tous nos personnages, dont le blason brillait certainement moins au départ que les joyaux dont ils avaient la garde.

Pour ne pas tomber dans le discours général, car il est vrai que cette attitude ne fut pas seulement celle des gens de l'Epargne, nous nous contenterons de quelques touches rapides qui viendront mettre la dernière main aux portraits de nos administrateurs du trésor ducal.

Le service du prince fut le premier des auxiliaires pour atteindre la noblesse convoitée. Nous n'avons pas la preuve que leur furent concédées des lettres d'anoblissement, et la charge n'effaçait pas automatiquement la macule roturière, mais elle l'atténuait sûrement.[71] Cette promotion était d'autant plus facile qu'on savait se ménager des alliances dans les milieux aristocratiques et conquérir la terre noble, fondement de toute revendication.

Nous avons déjà montré comment leur politique matrimoniale favorisa la carrière financière des trésoriers. Qu'il nous suffise d'ajouter qu'elle aida aussi à leur élévation dans la société bretonne. Petits nobles ou anoblis récents, ils recherchèrent les héritières de familles anciennes; quand ils étaient écuyers, ils épousèrent des filles de chevaliers, et la 'qualité' des épouses s'élevait irrésistiblement au fur et à mesure que, tels les Thomas, ils atteignaient à de plus hauts degrés de responsabilité financière.[72]

Un nom connu, l'alliance d'un lignage célèbre, n'étaient jamais à négliger pour remporter des étapes dans la course aux honneurs, mais ces épouses apportaient aussi la terre. Les premiers titres seigneuriaux dont se parèrent les trésoriers leur vinrent habituellement de leur femme: Marguerite Levesque fit de Jean d'Ust un Sr du Molant et Guillaume Chauvin devint Sr du Bois après son mariage. Quant aux Thomas, leur première seigneurie, la Roche-de-Gorges, leur vint de la mère de Jamet. Il suffisait alors d'utiliser les profits et les avantages de l'office pour allonger la liste de ses références seigneuriales. Mauléon possédait en 1420 la Villeneuve et la Chabocière près de Ploërmel, il y ajouta avant 1427 le Bois-Josselin dans les environs, et le Beizit à Saint-Nolff. Jean d'Ust adjoignit le Talhoit en Pluneret à ses terres d'Ust et du Molant. Quant à Jean du Bois, qui tenait des terres à la périphérie de sa ville de Rennes, il réussit à s'implanter dans la sénéchaussée voisine de Hédé en devenant copropriétaire de la seigneurie de 'Coetbouc' et fut la souche des du Bois de Couesbouc.[73]

Il est vrai que le titre seigneurial et le statut noble de la terre importaient souvent autant, à l'origine, que l'étendue de la seigneurie elle-même. Les aveux et dénombrements révèlent beaucoup de domaines médiocres: prises individuellement, es terres de Mauléon ne dépassaient pas 50 journaux, une superficie que n'atteignaient même pas celles de Bogier. Avec 48 L. de revenus à Coetbouc, J. du Bois ne pouvait faire figure de grand rentier du sol.[74] Mais l'on atteignait parfois des ensembles globalement respectables: à la Guidenaye (Saint-Jacut) et au Bocquay (Noyal-Muzillac), J. de Bodéan disposait d'au moins 204 journaux sous le fief du duc; Bogier n'avait pas moins de 400 L. de rente noble, somme respectable pour le XVe siècle; et le hasard de la conservation des aveux fait découvrir des biens à Jean d'Ust dans la région d'Auray (Pluneret, Pluvigner, Brech, Erdeven, Plumergat, Plouharnel, Baden, Locmariaquer, Crach, Ploemel), dans celle de Guérande, berceau de sa famille, (Saint-André, Saint-Nazaire, Batz), mais aussi dans le pays rennais (Rennes, Bréal, Saint-Sauveur-sur-Vilaine, Chavaignes, Mordelles).[75] Au besoin, le duc intervenait aussi pour rehausser l'éclat du nouveau patrimoine de son officier, en accordant franchises et exemptions aux terres roturières nouvellement acquises, en complétant des fortunes en formation par des concessions gracieuses de biens privilégiés, en octroyant enfin, ou en accroissant, les droits de justice patibulaire, orgueil de la seigneurie.[76]

Tout autant que la terre, le logis désignait son bâtisseur à l'attention de tous. Quand il fallut exproprier François du Bois, fils de Jean, victime de l'extension des murs de Rennes, la communauté des bourgeois estima à 1123 L. la valeur du manoir du Puy-Mauguer qu'il tenait de son père.[77] Et les historiens qualifient de châteaux les demeures élevées par Ust à Saint-André, Bogier au Vaudeguip en Allaire et Chauvin au Bois-de-La-Muce à Chantenay, sur les bords de la Loire.[78]

Parce qu'ils étaient riches et que le prince avait besoin de leur crédit, parce qu'ils étaient compétents et efficaces et qu'ils géraient aussi bien l'Epargne que leurs deniers, les trésoriers de l'Epargne bretons ont occupé une position originale au sein de l'administration financière du duché. Plus proches que d'autres du souverain, ils ont récolté les avantages de cette intimité, même s'il leur a parfois fallu faire la part du feu lorsque disparaissait leur protecteur. Leur descendance devait d'ailleurs tirer la leçon de leur expérience. Très rapidement, leurs héritiers prirent leurs distances avec la chose financière: pourvus de rentes nobles, ils continuèrent pourtant de servir mais dans des fonctions convenant mieux à leur rang: à l'armée, à l'hôtel ducal puis royal, ou dans l'administration judiciaire lorsque la réussite du père eut permis au fils de conquérir des grades universitaires. L'exemple des trésoriers de l'Epargne témoigne des efforts déployés par l'Etat breton du XVe siècle pour se doter des moyens nécessaires à sa politique. L'ambition des ducs tourna court, mais elle servit au moins à réaliser celles de leurs meilleurs serviteurs.

NOTES

[1] Sur l'Épargne française créée par Charles VI, voir M. Rey, *Les finances royales sous Charles VI. Les causes du déficit, 1388-1413* (Paris, 1965), 472-90. En Bourgogne, le trésor apparut en 1445: P. Kauch, 'Le Trésor de l'Epargne, création de Philippe le Bon,' *Revue Belge de Philologie et d'Histoire* (1932), 703-20. Pour le duché de Bretagne, J. Kerhervé, 'Jean Mauléon, trésorier de l'Epargne. Une carrière au service de l'Etat,' *107ᵉ Congrès des sociétés savantes*, 1982, 161-84; voir aussi notre article: 'Une famille d'officiers de finances bretons au XVᵉ siècle, les Thomas de Nantes,' *Annales de Bretagne et des Pays de l'Ouest* (1976), 7-33.

[2] Compte de G. Chauvin (Arch. Dép. Loire-Atl. E 205/I). L'inventaire des archives de la Chambre pour 1760 le mentionne ainsi que celui que J. Mauléon rendit en 1423 (*ibid.* B 12844). Les extraits publiés par Dom Morice permettent de se faire une idée de ce qui subsistait encore au milieu du XVIIIᵉ siècle de la comptabilité de J. Mauléon et de G. de Bogier: voir Dom H. Morice, *Mémoires pour servir de preuves à l'Histoire de la Bretagne* (Paris, 1742-46, 3 vols.), ii. 1103-09, 1161-64, 1205-06, 1645-46, 1688-90 (abrégé *Preuves* dans la suite de l'article). On sait que Jean d'Ust, Jean de Bodéan, Jean du Bois et Gilles Thomas comptèrent également à plusieurs reprises. Sur le destin des archives de la Chambre des Comptes de Bretagne, voir A. de Wismes, 'Le trésor de la rue des Caves à Nantes,' *Revue de Bretagne et Vendée* (1859), 152, 162 et 311-35.

[3] Ont été utilisés pour cette étude les comptes domaniaux de Moncontour et de Beffou (Arch. dép. Côtes-du-Nord. E 624 et 1526), les comptes des miseurs de Rennes et de Nantes (Arch. mun. de ces deux villes), les registres de la chancellerie (Arch. dép. Loire-Atl. B 2 à B 14), les pièces et procédures comptables du trésor des Chartes (états de finances [*ibid.* E 212]; procédures contre des trésoriers de l'Epargne [*ibid.* E 204]), les aveux de la série B des archives de la Loire-Atlantique (pour les paroisses où les officiers étaient détenteurs de biens nobles), et aussi les documents publiés par R. Blanchard, *Lettres et Mandements de Jean V duc de Bretagne, 1399-1442* (Nantes, 1889-95) et par Dom Morice, *Preuves*, *passim*; les derniers comportent malheureusement plusieurs erreurs dans la transcription des noms propres, des titulatures et des chiffres et sont donc à manier avec précaution.

[4] Jean sans Peur, duc de Bourgogne, utilisait sa réserve de joyaux aux paiements urgents et le Trésor de l'Epargne bourguignon, création tardive (1446), est issu de la garde des joyaux (Kauch, *op. cit.*, 703-10); ce fut à partir de 1407 que Pierre de Nourry, sur l'ordre de Louis II de Bourbon, entreprit ses réformes et s'efforla de *mettre en espargne* les sommes nécessaires à l'entretien de son prince: A. Leguai, *De la seigneurie à l'Etat. Le Bourbonnais pendant la guerre de Cent Ans* (Moulins, 1969), 288-89. On connaît aussi l'âpreté de Gasïon III Fébus et le trésor de 735,550 florins qu'il laissa à son successeur en 1391: P. Tucoo-Chala, *Gaston Fébus et la vicomté de Béarn (1343-91)* (Bordeaux, 1959), 146.

[5] J. Kerhervé, 'Jean Mauléon . . . ,' *op. cit.*; M. Rey, *op. cit.*, 341-43.

[6] La première mention du titre de trésorier de l'Epargne est du 7 mai 1407 (R. Blanchard, *op. cit.*, n°635) et le dernier trésorier Gilles Thomas compta jusqu'au 30 Septembre 1491 (Arch. dép. Loire-Atl. E 204/30). Il est probable cependant que la reine Anne rétablit l'Epargne en 1498 à la mort de Charles VIII, quand elle reprit en main les affaires du duché: Gilles Thomas retrouva son ancienne titulature et la

conserva au cours des années 1500 à 1504, sans doute jusqu'à son décès vers 1506 (Arch. dép. Loire-Atl. E 212/17, B 14 f° 146). Rappelons qu'Anne de Bretagne rétablit aussi la chancellerie en 1498.

[7] Les Petits Coffres du duc de Bretagne et leur garde apparurent vers 1420-25 (Arch. dép. Loire-Atl. B. *reliures*), pour disparaître à la fin du règne de François Ier en 1450 (Dom Morice, *Preuves*, ii. 1412).

[8] Nous avons donné ailleurs des exemples pour le règne de Jean V; on en trouvera dans les comptes de G. de Bogier (*ibid.* ii. 1645-46 et 1688-90) et dans les registres de la chancellerie qui montrent que ces dépenses, fort nombreuses et généralement modestes, pouvaient s'élever, lorsque c'était le plaisir du duc, à plusieurs milliers de livres. Voir Arch. dép. Loire-Atl. B 2 f° 13, 51v; B 4 f° 111; B 5 f° 37v; B 8 f° 15, 127; B 10 f° 257; B 12 f° 120v, etc.

[9] Cf. les formules caractéristiques: *au duc à sa main*; *au duc pour ses affaires secrètes*; *pour les affaires du duc et le bien public*; *pour certaines causes*; *dont le duc n'en veut faire autre déclaration*. Voir *ibid.* B 2 f° 13; B 4 f° 125v; B 6 f° 131v; B 7 f° 127v; B 8 f° 58v; en 1455-57 le duc encaissait 200 L. par mois pour ses affaires secrètes.

[10] Avances au trésorier général, *ibid.* B 3 f° 19; B 6 f° 73; Bib. Mun. Nantes ms. 1689; au trésorier des guerres, Arch. dép. Loire-Atl. B 2 f° 69v; B 4 f° 111; B 6 f° 73; B 7 f° 23v; B 8 f° 25v. En 1453-55 ce fut l'Epargne qui versa les soldes de l'ordonnance, *ibid.* E 214 (16-30). Les fonctions de l'Epargne et des Guerres étaient cumulées en 1460 par J. de Bodéan, *ibid.* E 156/26.

[11] Cf. les acquisitions de Fougères et Champtocé par Mauléon; les interventions de J. d'Ust pour Champtocé (*ibid.* E 175/11) et de Thomas pour une seigneurie à Plessé (*ibid.* B 9 f° 36).

[12] L'importance des joyaux dans l'équilibre du budget de l'Epargne était fondamentale. Ils servaient à obtenir un crédit rapide et abondant, à couvrir de présents les visiteurs étrangers, à rehausser aussi l'éclat des fêtes ducales, et même à agrémenter le service quotidien du prince. Aussi les sorties de 'vaisselle' et de bijoux étaient-elles incessantes, tout comme les entrées, car le premier devoir du trésorier consistait bien à maintenir et à augmenter le patrimoine du duc. Il est regrettable que la valeur des objets ainsi manipulés ne soit que rarement mentionnée dans les décharges, ce qui interdit de connaître le montant exact de la réserve bretonne.

[13] Arch. dép. Loire-Atl. B 698 (entrailles); B 9 f° 106v et 12838 f° 92 (rachats); B 8 f° 34 (amendes); B 4 f° 111 et 125v; B 6 f° 46v; B 10 f° 228 (emprunts); B 2 f° 13; B 11 f° 185 (reliquats dûs par les fermiers et receveurs). Voir aussi les références données pour Mauléon (cadeaux et pensions royaux).

[14] C'était l'essentiel des revenus de l'Epargne, *ibid.* B 2 f° 1018; B 3 f° 19, 93, 101v; B 4 f° 43; B 5 f° 14, 114 bis; B 8 f° 102; E 204/30 (fouage): E 131 f° 38v; B 2 f° 11; E 204/30 et Arch. mun. Guingamp série JJ (acte de 1448) pour l'aide des villes.

[15] Dom Morice, *Preuves*, ii. 1103.

[16] *Ibid.*, ii. 1645-46 et 1688-90. Une trésorerie des Guerres était pourtant en place depuis 1449, mais elle peinait à trouver son rythme de croisière.

[17] En 1464 l'Epargne bénéficia d'une assignation de 25,000 L. (Arch. dép. Loire-Atl. B 3 f° 43).

[18] *Ibid.*, E 204/30. Les états de finances des années 1480 enregistraient une recette voisine de 400,000 L. monnaie. Le trésorier des Guerres recevait sur cette recette une assignation de l'ordre de 70 à 100,000 L. selon les années (*ibid.* E 212).

[19] Les rares lacunes s'expliquent par la disparition des comptes qui auraient pu

nous fournir les dates exactes d'entrée en charge. Mais elles sont trop brèves pour que l'on suppose l'existence d'un trésorier dont le souvenir nous aurait échappé.

[20] Si l'on excepte le règne de François II où Pierre Landais resta 25 ans à la trésorerie générale (1460-85), Olivier Baud 17 ans aux Guerres (1461-78), Vincent de Kerléau 11 ans (1465-76) et Jean de Lespervier 10 ans (1476-86) à la présidence de la Chambre des Comptes.

[21] Bogier est cité comme trésoriér avant 1450 (Arch. dép. Côtes-du-Nord E 1526), mais il était alors, croyons nous, au service privé de Pierre de Bretagne héritier de la couronne. La destitution de Bogier fut politique, voir *infra*. Enfin Guillaume Chauvin n'était que *commis au fait de l'espargne*, et la commission par nature se voulait temporaire.

[22] Arch. dép. Loire-Atl. E 5/3.

[23] R. Blanchard, *op. cit.*, n° 1600; Bib. Nat., Paris, Ms. fr. 8267, f° 106.

[24] En 1446, il émargeait sur la liste des bénéficiaires des étrennes ducales (Dom Morice, *Preuves*, ii. 1394-97).

[25] *Aisgé de 55 ans ou environ comme il dit*, Chauvin déclarait en 1478 fréquenter la cour depuis 1436, ce qui laisse penser qu'il sous-estimait quelque peu son âge: *id.*, *Histoire Ecclésiastique et civile de Bretagne* (Paris, 1750-56, 2 vols.), ii. supplément ccxxx-ccxxxi. En 1439 au plus tard il entrait à la Chambre des Comptes ducale comme clerc, remplissait les mêmes fonctions auprès de Gilles, frère de François Ier, en 1443, et auprès de la comtesse de Clisson, mère du futur François II, en 1446-48 (Arch. dép. Loire-Atl. B 128/198, reliures et E 34/37).

[26] Bogier n'avait pas plus de 20 ans en 1448 (Dom Morice, *Histoire*, *ibid.*, ccxxxi). Bodéan, marié à une parente, peut-être une soeur de Bogier, et clerc de ce dernier, pouvait être de la même génération que lui et donc âgé d'une trentaine d'années lors de sa prise de fonctions. Gilles Thomas, mort vers 1506, soit 34 ans après son apparition à l'Epargne auprès de son père Jamet (né lui-même vers 1420), ne devait guère compter plus de 25 ans en 1472. Quant à Mauléon, attesté à la Chancellerie depuis 1392, il avait sans doute dépassé de peu les trente ans en 1404.

[27] Pour Jean Mauléon, secrétaire de Jean IV, voir M. Jones, *Recueil des Actes de Jean IV, duc de Bretagne* (Paris, 1980), 40 et actes n°990, 1098, 1102, 1118, 1119, 1124, 1156, 1168.

[28] G. Chauvin était chancelier dès le début de 1459. Il remplaça donc Jean du Celier, chancelier d'Arthur III mort le 25 décembre 1458 (Dom Morice, *Preuves*, ii. 1738).

[29] Pour la carrière de Jean d'Ust, voir R. Blanchard, *op. cit.*, n° 1600 et 2141 à 2530, passim; Dom Morice, *Preuves*, ii. 1298-99; Bib. Nat. Paris, MS. fr. 11549, f° 143; Arch. dép. Loire-Atl. B 12838 f° 201; E 25/2 et 14 J 7 f° 151v. Pour les antécédents financiers de Chauvin, voir *ibid.*, E 174/11, Dom Morice, *Preuves*, ii. 1708; Arch. dép. Côtes-du-Nord E 81; Arch. dép. Loire-Atl. E 214/34.

[30] J. Kerhervé, 'Une famille . . . ,' tableau, 17.

[31] Pour la carrière de Jean du Bois: voir J.-P. Leguay, *La ville de Rennes au XVe siècle* (Paris, 1970), 305, 325-26; Dom Morice, *Preuves*, ii. 1604; Arch. dép. Loire-Atl. B 4295 f° 55-55v; B 2188; E 204/30; E 131 f° 60; B 2 f° 107v; B 3 f° 73 et 101v; B 6 f° 18v; B 9 f° 100; B 4297 f° 579; Arch. dép. Côtes-du-Nord E 906; E 21 f° 84; Arch. dép. Ille-et-Vilaine 1 F 1116.

[32] Arch. dép. E 205/1 f° 142.

[33] *Ibid.* B6 f° 46v.

[34] A la fin du règne de Jean V l'Etat devait à Jean d'Ust 6,593 L. 15 s. 5d. (Arch. dép. Loire-Atl. B 2 f° 13).

[35] Les états des dettes de François II (vers 1500) portaient Gilles Thomas créancier de l'Etat pour des sommes comprises entre 53,200 L. et 63,233 L. selon les documents (Arch. dép. Loire-Atl. E 209/23, 24, 26).

[36] Un emprunt de 6,000 écus d'or auprès de Jacques Le Camus marchand d'Angers, en 1462 (*ibid*. B 2 f° 59).

[37] En tout cas, Jean d'Ust l'utilisa à cette fin puisque la créance sur l'Etat qu'il détenait en 1444 (note 34) s'était transformée en une dette de 6,166 L. 2 s. 3 d., sa gestion de l'Epargne se soldant par un déficit de 12,759 L. 17 s. 8 d. (*ibid*. B 2 f° 13).

[38] Elle fit son testament le 22 septembre 1469. Elle y élisait pour exécuteurs le duc son époux, Guillaume Chauvin son *compère*, Pierre Landais trésorier général, et Philippe des Essars maître d'hôtel. L'importance des legs en espèces (un an de gages à tous ses serviteurs domestiques) et en objets précieux justifiait peut-être qu'on affectât une partie de l'Epargne au moins à l'accomplissement du testament (Dom Morice, *Preuves*, iii. 202-05).

[39] J. de Malestroit ne mourut que le 14 septembre 1443, après 35 années à la chancellerie (P. Thomas-Lacroix, 'Jean de Malestroit, chancelier du duc Jean V et l'indépendance de la Bretagne,' *Bulletin de la Société Archéologique de la Loire-Atlantique* [1979], 135-93; et la thèse manuscrite du même aux Arch. dép. Morbihan J. 649).

[40] Outre le fait que Thomas remplaça Chauvin, déjà rival de Landais en 1472, on peut faire valoir que plusieurs années après la pendaison de ce dernier le 24 mai 1493, Gilles Thomas et Jeanne de Moussy, veuve de Landais, parrain et marraine, portaient sur les fonts baptismaux la fille de Julien du Verger, maître des Monnaies de Nantes (Arch. Mun. Nantes GG 413 f° 163). De plus, à l'inverse de Bogier, Thomas ne se joignit pas à la coalition des seigneurs contre Landais et lui succéda à la trésorerie générale: voir A. de La Borderie et B. Pocquet, *Histoire de La Bretagne* (Rennes, 1896-1914, 6 vols.), iv. 515; et J. Kerhervé, 'Une famille . . . ,' *op. cit.*, 15.

[41] Voir *infra*, note 55.

[42] Remarque faite à propos des gens du Parlement de Paris au XVe siècle par J. Favier, *François Villon* (Paris, 1982), 296.

[43] En août 1441 (R. Blanchard, *op. cit.*, n°2502).

[44] Arch. dép. Loire-Atl. B 2232; plusieurs indices renseignent sur la proximité de lignage entre les Bodéan et les Bogier. En 1473, le duc fit cadeau à G. de Bogier du rachat dû au prince à la mort de Vincent de Bodéan (*ibid*. B 7 f° 155 et une partie des biens fonciers tenus par J. de Bodéan finirent par tomber dans l'escarcelle du fils de Guillaume de Bogier (voir le minu de rachat présenté en 1520 par l'héritier de ce dernier qui mentionne la seigneurie de la Guidenaye en Saint-Jacut, autrefois à Bodéan [*ibid*. B 2328/1]).

[45] Jean Mauléon le Jeune, fils du trésorier, avait épousé Françoise de Bellouan morte en 1479 sans héritier (Dom Morice, *Preuves*, iii. 371-73). Charlotte de Bogier, soeur de Guillaume, se maria le 3 septembre 1454 avec Jean de Bellouan, Sr de B. et du Vaujouan (H. du Halgouet, *Inventaire des archives du château de Trédion* [Paris, 1911], 210).

[46] Perrine de La Lande et Jean du Bois (Arch. dép. Loire-Atl. B 1547). Tristan de La Lande avait été sous Jean V grand maître d'hôtel et gouverneur des finances de Bretagne (1415), gouverneur des Monnaies (1422), commis à la réformation des finances et de la justice (1429) (Dom Morice, *Preuves*, ii. 896-901; R. Blanchard, *op*.

cit., n° 1529 et 1828). Epoux en premières noces de Marguerite de Bruc, il avait pris pour femme ensuite Jeanne de Téhillac et était mort vers 1431-32. Quant à Bogier, il était marié à Mathurine de Téhillac (H. du Halgouet, *op. cit.*, 210).

[47] Les sources attribuent à Chauvin deux épouses: Perrine du Bois en 1478 d'une part (Arch. dép. Loire-Atl. E 155/32) et Perrine Couppegorge en 1480 d'autre part (*ibid.* B 9 f° 117). Il est tentant de voir dans la première une parente de Jean du Bois et d'établir ainsi une liaison facile entre ce trésorier et son successeur. Mais l'on sait aussi qu'en 1455 Laurent Couppegorge était Sr du Bois, écuyer et maître d'hôtel du duc (*ibid.* B 125/53); Perrine ayant pu hériter de cette terre, il n'est pas impossible que les deux épouses n'en fassent qu'une. Dans ces conditions Chauvin se trouverait apparenté à Jean Babouin, ancien collaborateur de Mauléon (*ibid.* G 461/40), mais aussi aux Thomas, ses continuateurs à l'Epargne (en 1458 Jamet Thomas était tuteur de Guillaume Couppegorge [Dom Morice, *Preuves*, ii. 1715]).

[48] Jamet Thomas avait épousé Jeanne Le Ferron, soeur de Geffroi, trésorier général sous Jean V; la fille de Chauvin était mariée à Guillaume Le Ferron, fils de Geffroi (S. Clémencet et M. François, *Lettres reçues et envoyées par le Parlement de Paris 1376-1596* [Paris, 1961], 18).

[49] Des survivances furent accordées dans la deuxième moitié du XVe à des officiers de justice de second rang. Il n'était pas rare non plus qu'à la Chambre des Comptes le fils succédât au père. Dans le cas des Thomas, Gilles présenta en 1479 un compte *tant pour son père que pour lui(. . .)*, ce qui indique qu'il n'y eut pas d'interruption dans la gestion de l'Epargne à la mort de Jamet en 1474 (Arch. dép. Loire-Atl. E 204/30).

[50] J. Kerhervé, 'Jean Mauléon,' *art. cit.*

[51] Livraisons de vaisselle à la Monnaie (Arch. dép. Loire-Atl. B 10 f° 201v et 214; remises de joyaux en gages à des créanciers de l'Etat (*ibid.* B 10 f° 205, 219v pour 20,000 L. d'emprunts; B 11 f° 247 pour 25,000 L.). Rappelons aussi à titre d'exemple la valeur des bijoux engagés par Mauléon pour l'achat de Fougères en 1429: *le rubi de la Caille* pour 10,000 écus, *le rubi d'Estampes et les Deux Frères* pour 18,000 écus. En juillet 1487, l'emprunt de 20,000 L. fut garanti par deux pierres seulement: *une grosse pointe de dyamant* assise sur un chaton d'or *à plusieurs croissants, et un coeur d'or avec un gros dyamant en forme de coeur* (*ibid.*, B 10 f° 250v).

[52] Ce fut l'un des chefs d'accusation opposés à Mauléon en septembre 1442.

[53] Mauléon et d'autres s'engagèrent personnellement à l'occasion des emprunts lancés pour Fougères en 1429. Bodéan déclara avoir emprunté 6,600 écus, *par le commandement exprès du duc en son privé nom*, à des marchands de Tours et à d'autres, (*ibid.* E 131 f° 138).

[54] Pour les comptes de Mauléon, Bogier et Chauvin, voir *supra*, notes 2 et 3. Pour J. du Bois et G. Thomas, voir Arch. dép. Loire-Atl. E 204/30 (2 à 5).

[55] Le procès intenté à Mauléon en 1442 et l'apurement qui s'ensuivit, non encore clos en 1467, révèle les difficultés que dressaient devant les pas du trésorier inculpé les débiteurs malhonnêtes (*ibid.* E 204/33). De semblables problèmes attendaient Jean d'Ust qui épuisa toutes les ressources de la procédure, de la Chambre au Parlement, avant que son héritier ne se résignât à une transaction devant le conseil ducal en 1462 (*ibid.* B 2 f° 13-14). Mais l'affaire la plus lamentable fut peut-être celle de Bodéan, victime probable d'un règlement de comptes . . . politiques, auquel des accusations de malversations, toujours faciles à 'démontrer' quand on sait les conditions de travail du trésorier, vinrent donner un appui providentiel. Le registre

plumitif du conseil nous a conservé les grandes lignes d'une affaire peu claire: arrêté à Ancenis (fuyait-il vers la France?), Bodéan fut incarcéré *pour les défauts et restats de son office*; il s'y trouvait encore en novembre suivant. Les délibérations du Conseil montrent un 'lâchage' quasi général de l'officier par ses anciens collaborateurs, même si on l'autorisa à rencontrer, chez le trésorier, les envoyés du roi de France (*ibid*. E 131 f° 157v, 162-63). Faut-il mettre cette affaire en rapport avec les tentatives de déstabilisation de l'Etat breton contemporaines du début de règne de François II? L'arrestation de Bodéan coïncide étrangement avec l'avènement de Louis XI (22 juillet 1461).

[56] Guillaume de Bodéan, écuyer et gouverneur de Richard de Bretagne, frère de Jean V, en 1407 (R. Blanchard, *op. cit.* n° 436). Jean d'Ust, aïeul du trésorier, capitaine de Saint Nazaire, défendit sa place en 1379 contre la flotte espagnole alliée des Français (G. de Saint André, *Le livre du bon Jehan duc de Bretaigne*, éd. E. Charrière [Paris, 1839], v. 3415 sq.) Son fils était chambellan du duc (R. Blanchard, *op. cit.*, n° 1600). La famille de Bogier, sans doute plus modeste, n'est pas connue avant le début du XVe s. (Arch. dép. Loire-Atl. B 2320).

[57] Depuis Alain Ier du Bois, l'un des bourgeois de Rennes membres de la ligue constituée en 1379 pour le retour de Jean IV (Dom Morice, *Preuves*, ii. 216-18), receveur du domaine en 1384-95 (Arch. dép. Loire-Atl. B 4295 f° 52). Alain II du Bois, père probable du trésorier, était miseur de sa ville en 1420 et bourgeois influent dans les années 1420-30 (J.-P. Leguay, *op. cit.*, 35, 37, 325). Un autre Jean du Bois fut argentier de Jean V, secrétaire du duc et receveur général du comté de Nantes, membre de la Chambre des comptes dans les deux premières décades du siècle (R. Blanchard, *op. cit.*, passim). Nous ignorons s'il appartenait à la famille du trésorier.

[58] Dom Morice, *Preuves*, ii. 1604.

[59] Sur Jean Chauvin (Arch. dép. Loire-Atl. E 5/3; R. Blanchard, *op. cit.*, n° 982, 1685, 2237; Dom Morice, *Preuves*, ii. 831, 900, 1171).

[60] Arch. dép. Loire-Atl. B 4 f° 138.

[61] *Ibid*. E 204/30 (5).

[62] Etrennes, dons de robes, de fourrures, de droits de rachats, de sommes élevées à l'occasion des événements importants de leur vie privée (mariages), pensions dont bénéficiaient aussi leurs parents vinrent récompenser les trésoriers. Habituels et parfaitement admis, les pots-de-vin constituaient une incitation pour le trésorier, une reconnaissance aussi de son rang dans l'administration. Ces 'épices' proportionnées à l'importance du service rendu leur étaient payées par les solliciteurs, les bénéficiaires de versements, etc. (voir par exemple, Arch. mun. Guingamp, série JJ, acte du 9 janvier 1448, le miseur s'adresse à Ust pour obtenir un rabais sur les aides).

[63] Comme J. du Bois, G. Chauvin, J. d'Ust.

[64] Il éprouvait souvent des difficultés à se les faire attribuer, et devait compter avec la résistance des fermiers ou des receveurs particuliers, la réticence de la Chambre à contraindre les receveurs (Arch. dép. Loire-Atl. E 204/30 [5]). Du Bois encaissa pourtant 1,500 L. de gages pour la recette des emprunts de 1465 (*ibid*. B 4 f° 125v).

[65] On a vu que Thomas, apparenté à Chauvin, était protégé aussi par Landais. Il pouvait être l'homme de la médiation à une époque où s'affrontaient violemment les seigneurs bretons conjurés soutenus par Anne de Beaujeu et les tenants de l'indépendance (voir A. de La Borderie et B. Poquet, *Histoire de la Bretagne*, iv. 490-530).

[66] Voir *art. cit.* sur Mauléon et Thomas, *supra*, note 1.

[67] Ust et G. Thomas. Le premier président de la Chambre en 1438-44 s'y retrouva dès 1448; le second dut attendre le retour de la reine en Bretagne après la mort de Charles VIII; il y était auditeur en 1503-05: voir R. Blanchard, *op. cit.*, n° 2310, 2320; Dom Morice, *Preuves*, ii. 1319-23; Bib. Nat., Paris, Ms. fr. 11549 f° 143; Arch. dép. Loire-Atl. 1457, B 14 f° 14v.

[68] *Guillaume Gruel, Chronique d'Arthur de Richemont, connétable de France, duc de Bretagne*, éd. A. Le Vavasseur (Paris, 1890), 222-23.

[69] H. du Halgouet, *op. cit.*, 206; Arch. dép. Morbihan E 55, 20 J 237; Arch. mun. Rennes 88, 1050, 1051, 1053; Arch. dép. Loire-Atl. E 263, 273.

[70] *Ibid.* E 209/30 (2).

[71] R. Kerviler, *Répertoire de biobibliographie bretonne* (Rennes, 1890), art. Du Bouays de Coesbouc.

[72] L'épouse de J. d'Ust était fille d'un chevalier, sénéchal de Guérande, président du Parlement sous Jean IV: voir M. Jones, *op. cit.*, n°433, 441, 552, et Arch. dép. Loire-Atl. B 2186. Celle de du Bois était de la grande famille des de La Lande; voir aussi les articles cités sur Mauléon et Thomas.

[73] *Supra*, note 71.

[74] Arch. dép. Loire-Atl. B 1547.

[75] *Ibid.*, B 941, 1478, 2116, 2186.

[76] R. Blanchard, *op. cit.*, n°1600; Arch. dép. Loire-Atl. B 8 f° 134v; B 12838 f° 837.

[77] Arch. mun. Rennes 1054 f° 12v-13.

[78] H. du Halgouet, *op. cit.*, 206; R. Orceau, *Terres et seigneuries, châteaux et manoirs dans le vieux Chantenay*, 17-20.

SUMMARY

Prosopography of Financial Officials: Breton Treasurers of the 'Epargne' in the Fifteenth Century

Faced with growing financial needs deriving from their centralizing policy, the dukes of Brittany tried to reserve the share of revenues necessary to the fulfillment of their designs through the creation of a treasury of the 'Epargne' at the beginning of the fifteenth century. The management of this treasury was entrusted to men on whom they could rely, with whom they had often closely collaborated, who were well installed among the ruling elite, but who were also known for their financial assets and administrative ability. Eight treasurers only held office during the whole century, which proves the great stability of employment guaranteed by the office. Most of them can be identified with a reign, and it was the death of their patron which deprived them of office, unless they themselves died in post. Enjoying a privileged status, they were able to link their success to a complex network of relations, both familial and political, which ensured-even in the case of demotion-the permanence of the office in a restricted circle. It is the Epargne in Brittany which offers the first example of direct heredity in a great accounting office. With various origins, sometimes from the small or middling aristocracy, sometimes from the merchant-burgess class from Rennes or Nantes, in the process of becoming noble, they were devoted servants both of the interests of the State and also of themselves, using their position to consolidate social status. Good managers, they were of incontestable value to the Breton state. However, though their ascent may be linked with that of their dukes, their fortunes survived the failure of their masters.

Zur Prosopographie von Führungsgruppen im spätmittelalterlichen Rom

Arnold Esch

Ich spreche über Führungsgruppen im spätmittelalterlichen Rom, nicht über eine Führungsschicht. Das liegt am Gegenstand. Denn Rom ist ja zugleich Sitz des Papsttums. Insofern sind die Römer nicht unter sich, ist die römische Führungsschicht nicht allein in ihrem Rom wie die Florentiner in Florenz oder die Venezianer in Venedig. Vielmehr hat sie sich dieses Rom zu teilen mit dem Papst—und der Apparat, mit dem der Papst in Rom und von Rom aus Macht ausübt, bildet selbst wieder eine Führungsgruppe. Um es gleich konkret zu sagen (und darum wähle ich das Rom einer bestimmten Zeit, nämlich das Rom des frühen Quattrocento):

Damals sind die Päpste Neapolitaner, und so ist auch die Gruppe, die die Kurie und den Kirchenstaat dominiert, ein Clan von Neapolitaner Nepoten-Familien. Also erstens: die Neapolitaner.

Dieser Apparat, insbesondere die Apostolische Kammer als die für die Finanzen und für die weltliche Herrschaft zuständige Behörde, bedient sich dabei vor allem der Florentiner Bankiers, die darum damals in Rom zuhauf sitzen, vor allem um den Knotenpunkt der Engelsbrücke, und für uns prosopographisch fassbar werden. Also zweitens: die Florentiner.

Und endlich, drittens, die Römer selbst. Bis vor kurzem, bis zur Rückkehr des Papsttums aus Avignon 1377, waren sie weitgehend Herr im eigenen Hause gewesen. Das wird nun rasch anders werden: Römer haben in Rom bald nicht mehr viel zu entscheiden, der Papst nimmt ihnen die Freiheit und bietet ihnen den Hof.

Diese drei Führungsgruppen will ich Ihnen in aller Kürze vor Augen führen: nur gerade ihren Umriss, und obendrein (weil das methodisch ergiebig ist und darum für unser Colloquium hier nützlich) die jeweils wichtigsten, spezifischen Quellen, die die meisten prosopographischen Nachrichten liefern.

Erstens: die *Neapolitaner*. Nach der Rückkehr des Papsttums aus Avignon war eines der wichtigsten Probleme die Wiederverwurzelung des

Papsttums in Italien, und das hiess zugleich: die Re-Italianisierung von Kurie und Kardinalskolleg. Und so ist es denn auch gekommen, freilich auf etwas andere Weise, als man es sich vorgestellt hatte: nämlich durch die Machtergreifung einer festumrissenen Gruppe von neapolitanischen Adelsfamilien, die diese Macht unter drei von ihr gestellten Päpsten (Urban VI., Bonifaz IX., Johannes XXIII.) innehatte und nicht eher wieder losliess, als bis sie ihr mit Gewalt genommen wurde.

Dieser Weg war nicht von Anfang an vorgezeichnet, im Gegenteil. Denn der Neapolitaner Bartolomeo Prignano, noch ganz von Avignon geprägt, galt im Augenblick seiner unerwarteten Wahl 1378 als charakterfest, unbestechlich und allem Nepotismus abgeneigt. Das änderte sich bald und war eine Folge dramatischer Umstände: die Wahl eines Gegenpapstes, der Übertritt der Kardinäle und—schlimmer noch—des apostolischen Kämmerers mit seinem hochqualifizierten Kammerpersonal auf die Gegenseite, der Abfall endlich auch der Königin Giovanna von Neapel—all das nahm dem Papst augenblicklich sein Personal, ja reduzierte sogar das Reservoir, aus dem er künftig Mitarbeiter hätte beziehen können. Nun stand er verlassen da und hatte keine Wahl mehr: er musste nehmen, sofort nehmen, was sich ihm an verlässlichen Personen bot.

Und dies war die Stunde der Neapolitaner, die sich dem Papst, ihrem Landsmann oder gar Verwandten, erst anbieten und dann aufdrängen werden: qualifiziert zwar nicht, aber wenigstens verlässlich. Der Bürgerkrieg in Neapel zwischen Durazzo und Anjou vertrieb diese Parteigänger des Papstes dann auch noch aus Neapel—und gerade weil sie ihre Basis in Neapel verloren, eroberten sie sich die Kurie, eroberten sie sich das Schiff, auf das sie rettungsuchend übergestiegen waren.

Die fatale Durchsetzung mit Neapolitanern nahm damit ihren Lauf, wie am Beispiel der Kardinalskreationen vorweg verdeutlicht sei: in der ersten Promotion (1378) sind von fünfundzwanzig Kardinälen sieben aus dem Königreich Neapel, in der zweiten (1381) sind es drei von sechs, dann (1382-85) zwei von drei, in der letzten Promotion (1384) endlich fünf von neun. Denn von nun an wird jede Krise das Papsttum tiefer in die Arme der Neapolitaner treiben, genauer: in die Arme einer Gruppe, deren Zusammensetzung sich, umgekehrt, mit jeder dieser Krisen deutlicher herausbildet und von da an über Jahrzehnte, bis zum Ende, gleich bleiben wird.

Zu diesem Clan von Neapolitaner Adelsfamilien gehörten Familien wie Tomacelli und Filimarini (das ist die väterliche und die mütterliche Familie von Bonifaz IX.). Allein von den Tomacelli lassen sich in den Archivalien der Zeit mehr als fünfzig Familienmitglieder feststellen. Poggio Bracciolini lässt denn auch einen Zeitgenossen über diese Tomacelli (was so viel wie 'Leberknödel' hiess) sagen, das müsse ja eine riesige Leber gewesen sein, aus der man so viele und so enorme 'tomacelli' habe herstellen können, *ex quo tot tomacelli prodierunt et tam ingentes.* Zu dieser Gruppe gehörten weiter Cossa und Barrili (die väterliche und die mütterliche Familie von

Johannes XXIII.), gehörten vor allem die Brancacci (die mütterliche Familie Urbans VI. und wohl die wichtigste überhaupt) und die zahllosen Caraccioli, die lange Zeit sowohl den apostolischen Kämmerer wie den Marschall der Kurie stellten.

Wie eng diese Familien miteinander verflochten waren, das zeigen allein schon die Verwandtschafts-Dispense in den Papstregistern der avignonesischen Zeit. Dabei dispensiert ein solcher Dispens ja von bereits bestehender zu abermaliger, noch engerer Verbindung. Das macht diese Dispens-Anträge zu einer ergiebigen Quelle für die prosopographische Erfassung dieser Gruppe. Nach der Pest von 1349 argumentierten sie (nach Alter die Eltern-Generation von Bonifaz IX. und Johannes XXIII.) in ihren Suppliken, nun fänden 'die überlebenden Adeligen kaum noch jemanden, den sie ohne Dispens standesgemäss heiraten könnten,' zumal sie ja doch sowieso 'allen Adeligen dieser Stadt verwandt oder verschwägert seien.' Sie backten zu einer kompakten Masse zusammen.

Diese Neapolitaner Gruppe gewinnt also nun, einfach schon durch ihre Masse, durch ihre massive Präsenz, ein unerhörtes Gewicht auch an der Basis, in all den kleinen Ämtern von Kurie und Kirchenstaat—und natürlich auf den Pfründen: da wurden unmündige Kinder Propst in Mainz, Archidiakon von Friesland, Domherr von St. Peter in Rom, wenn sie nur den richtigen Familien angehörten, aus denen sich der innere Kreis damals und unsere Prosopographie heute zusammensetzt. Das ging durch alle Ränge hindurch und galt vor allem natürlich an der Spitze, wo man für den Fortbestand dieser Machtstellung sorgen konnte. Als Bonifaz IX., der zweite Neapolitaner-Papst, einmal schwer erkrankte, da sollen die Neapolitaner Kardinäle beschlossen haben (so weiss der Gesandte des Gonzaga aus Rom zu berichten), sie wollten, wenn der Papst die Krankheit überleben sollte, in ihn dringen, dass er weitere Kardinäle aus dem Königreich Neapel kreiere, 'so dass das Papsttum für lange nicht von uns weggeht,' *quod papatus non exibit extra nos longo tempore.* Als dann dieser zweite Neapolitaner-Papst 1404 starb, da waren von zehn Kardinälen inzwischen acht aus dem Regno, waren fünf dem verstorbenen Papst verwandt oder verschwägert!

Die Vorherrschaft der Neapolitaner Gruppe ist dann aber nicht über die römische Papstreihe weitergelaufen, sondern über die neue, die Pisaner Obödienz. Schon das Konzil von Pisa hat sie alle wieder vereinigt, und es war wohl vor allem das Engagement des Kardinals (und künftigen Pisaner Papstes Johannes XXIII.) Baldassare Cossa, das die Neapolitaner auf diese Seite hinüberzog. Mit ihm bestieg 1410 noch einmal ein Angehöriger des Neapolitaner-Clans den Heiligen Stuhl.

Dass unter diesem Pontifikat der Clan dann dennoch nicht mehr zu übergrosser Macht fand, war wohl weniger ein Verdienst des Papstes als mangelnde Gelegenheit. Er konnte nicht mehr so, wie er wohl gewollt hätte. Denn einmal musste er—schon um dem Anspruch dieser neuen Obödienz Genüge zu tun—nun auch wirkliche Köpfe ins Kardinalskolleg berufen und nicht nur Kreaturen seines gewohnten Umkreises. Und zweitens liess der Konflikt mit König Ladislaus von Neapel nun binnen kurzem Rom und den Kirchenstaat verloren gehen: fortan gab es nichts mehr zu verwalten, die Familien-Angehörigen, soweit Laien, verloren wie schon zu Hause in Neapel, so nun auch im Kirchenstaat jede Existenzgrundlage. Seither haben sie zum Leben nur das, was ihnen der Papst zukommen lässt—sogar die Falten, die Mutter Loisa Brancacci in Giovanni Cossas Kleid bügeln lässt, werden jetzt von der Christenheit bezahlt: *pro stampatura dictarum frapparum . . . ut mandavit domina Loysia*. Und so werden fortan die päpstlichen Auszahlungsanordnungen und die Auszahlungsbelege von Florentiner Bankiers die beste Quelle sein für die prosopographische Erfassung dieser Gruppe, deren letzte Reste ihrem letzten Papst nun nach Florenz, nach Bologna, nach Konstanz folgen werden. In Rom hatten Neapolitaner fortan nichts mehr zu suchen.

Das eigentliche Ende kommt dann mit der Absetzung ihres Papstes auf dem Konstanzer Konzil 1415. Dass in Konstanz mit Johannes XXIII. nicht nur ein einzelner Papst, sondern zugleich eine vormals herrschende Gruppe entmachtet wurde, dessen waren sich die Memoranden und Anträge durchaus bewusst: in solchen landsmannschaftlichen Blockbildungen sah Pierre d'Ailly sogar die Hauptursache des Schismas. Solche Blockbildung (und das ist nicht dasselbe wie gewöhnlicher Nepotismus, sondern mehr) gelte es in Zukunft zu verhindern, wo immer sie entstehe, ob nun *ultra* oder *citra montes*—denn ob nun Limousiner oder Neapolitaner: es führe in jedem Fall zur *usurpatio papatus per successionem*. Die Problematik, die in dieser kurzen Formel angesprochen ist, gibt der prosopographischen Forschung im Bereich der Papstgeschichte ihren besonderen Sinn.

Und nun ein zweites Gruppenbild aus Rom, die *Florentiner*: ein Gruppen-Photo von Landsleuten, die (anders als die Neapolitaner) hier auch Zukunft haben werden, Zukunft in vielen Bereichen: in der Papstfinanz und im Importgeschäft, als päpstliche Sekretäre und als Künstler, endlich sogar auf dem Papstthron selbst.

Nach Rom kommen sie als Bankiers der Papstfinanz. Doch war das im Augenblick unseres Stichjahrs—der Rückkehr des Papsttums aus Avignon nach Rom 1377—gar nicht so selbstverständlich. Denn damals liegt das Papsttum mit Florenz im Krieg, und der Papst geht in seiner Erregung soweit, die Florentiner Bankiers aus der Papstfinanz hinauszuwerfen, ja alle Florentiner verhaften und verhören zu lassen.

Damit erweist der Papst uns Historikern einen Dienst, wie wir ihn uns für unsere prosopographischen Zwecke besser nicht wünschen könnten. Denn Gregor XI. lässt gewissermassen für uns die Florentiner in ganz Rom zusammensuchen und dann nach Dingen fragen, die (obwohl natürlich ganz auf die aktuellen Erfordernisse zielend: wie dicht sind die Beziehungen zum feindlichen Florenz) genau unserer Fragestellung entsprechen: wann bist du nach Rom gekommen und warum? Welchen Besitz hatte dein Vater dort, und welchen hast du hier? Was ist dein Beruf? usw.

Die überlieferten einunddreissig Lebensläufe, nach gleichem Schema aus den Verhörten herausgefragt, ergeben zusammen ein Gruppenbild mit eher ärmlichen Zügen. Das Durchschnittsalter ist 37,6 Jahre, das hiesse Jahrgang 1340. Vielen von ihnen (acht sagen es ausdrücklich) sind die Eltern schon in der fürchterlichen Pestepidemie von 1348 gestorben. Der väterliche Besitz war meist nicht nennenswert, 'ja das Begräbnis des Vaters wurde aus Almosen bestritten,' heisst es von einem, der jetzt am Pantheon Schatullen und Etuis herstellt. Und so ist es kennzeichnend, dass viele im Jahre 1367 nach Rom gekommen sind, als und weil Urban V. die Kurie damals schon zeitweilig aus Avignon zurück nach Italien verlegte: 'weil Urban hierher kam und ihm als armem Mann und Schmied geraten wurde, dass er an der Kurie besser leben würde als dort,' sagt ein fünfunddreissigjähriger Schankwirt, der es dann zu 'einem fast zusammengefallenen Häuschen' gebracht hat.

Viel mehr als diese unbedeutenden, bereits halbwegs assimilierten Florentiner wird man damals auch noch nicht erwarten dürfen in einer Stadt, die noch ganz das Rom der Römer war und zum Rom des Papstes erst wieder werden musste. Fünfundzwanzig Jahre später—und das Bild hat sich völlig gewandelt. Das Papsttum hat sich den Florentinern wieder in die Arme geworfen: wie sollte die Apostolische Kammer denn auch sonst an ihre Einkünfte in allen Ländern der Christenheit kommen? Das ging einfach nicht ohne die guten Dienste solcher Firmen mit ihrem weltweiten Agentennetz, ihrem Know-how, ihren Geschäftsverbindungen—und das ging schon gar nicht während des *Grossen Abendländischen Schismas*. Denn die Kirchenspaltung halbierte die Einnahmen, aber nicht auch die Ausgaben der rivalisierenden Päpste, und um diese Halbierung der Einkünfte zu kompensieren, musste man sich schon etwas einfallen lassen. All das machte die Florentiner Bankiers noch unentbehrlicher—und das war denen natürlich auch bewusst und gibt ihrem Gruppenbild jetzt, um 1400, ein ganz anderes Gesicht.

Von der neuen Florentiner Kolonie, die sich da nun im Viertel an der Engelsbrücke zusammenfand, vermittelt ein zufällig erhaltener Band von Notars-Urkunden ein anschauliches Bild. Der Notar, ein Florentiner in Rom, arbeitete nämlich fast ausschliesslich für seine Landsleute: der Band nennt zwischen 1401 und 1406 nicht weniger als hundertachtundzwanzig in Rom wohnhafte Florentiner—vom Barbier bis hinauf zum Kardinal—und ist für die prosopographische Erfassung der Florentiner Kolonie eine äusserst willkommene (wenn auch wohl nicht ganz repräsentative) Dokumentation. Denn auch in diesem Falle gilt, dass unsere Fragestellung nicht quer zur Quelle liegt, sondern ihr längs folgen kann, fast wie bei den Verhören der verhafteten Florentiner fünfundzwanzig Jahre zuvor. Nur sind es jetzt nicht mehr jene verschüchterten Weinbergarbeiter, Kellner, Wirte, Söldner und Detailhändler von 1378, sondern selbstbewusste Florentiner Kaufleute, unter denen der Notar die Runde macht, um ihnen ihre Verträge aufzusetzen: im Büro der Alberti, im Büro der Medici—an einem einzigen Dienstag betritt er allein die Geschäftsräume von sechs Firmen.

Dass die Florentiner in die Papstfinanz zurückdrängten und so in Rom zu führender Position aufstiegen, ist eine Entwicklung, die gegen 1390 einsetzte und vor allem von den Neapolitaner Päpsten Bonifaz IX. und Johannes XXIII. forciert wurde. Der Neapolitaner Clan und das Florentiner Kapital fanden sichtlich Gefallen aneinander. Viele solcher Neapolitaner hatten jetzt Konten bei Florentiner Banken mit Sitz oder Aussenstelle in Rom, die ihnen einen vorteilhaften Kunden-Service gewährten: etwa Überziehungskredit einräumten und ferne englische Pfründen verpachteten. Von Anfang an Kunde dieser Bankhäuser war Baldassare Cossa, der nachmalige Papst Johannes XXIII. Schon als Student in Bologna hatte er das Studiengeld von seinem Vater aus Neapel über eine Florentiner Firma überwiesen bekommen. Nun wurde sein Einverständnis mit Giovanni di Bicci dei Medici, dem eigentlichen Gründer der Medici-Bank, für beide Seiten von unschätzbarer Bedeutung—auch für die Medici: denn damit beginnt ihr Aufstieg, hier und jetzt. Hier werden die Medici-Gewinne gemacht: die Filiale beim Papst erwirtschaftet bis 1420 insgesamt zweiundfünfzig Prozent der Gewinne sämtlicher Medici-Unternehmen.

Florentiner und Neapolitaner arbeiten sich also in die Hände, oder um es als methodischen Nutzeffekt für unser prosopographisches Vorhaben zu formulieren: Neapolitaner und Florentiner dokumentieren sich gegenseitig in den Quellen—die Florentiner finden wir in den päpstlichen Registern, die Neapolitaner in den Florentiner Geschäftsbüchern. Fügen wir dem noch eine ausserordentliche Quelle hinzu, die zugleich zeigt, wie vertraulich der Umgang war, und was Neapolitaner Papstnepoten mit Florentiner Bankiers so alles zu besprechen hatten. Es handelt sich um neapolitanische Briefe im Medici-Archiv. Johannes XXIII. hatte Giovanni di Bicci dei Medici zu seinem Testamentsvollstrecker gemacht, und bei ihm werden sich die Cossa-Nepoten dann ausweinen, als alles aus und vorbei war: *do miseri nuy, che male cambio è questo!* Nichts habe der Papst ihnen hinterlassen, obwohl sie ihm doch alles gegeben hätten, auch schon vor seinem Kardinalat, *innanzi che fusse chardinale* (also gewissermassen Investitionen der Familie in seinen Aufstieg, in seine Karriere). *Io dico che tanto mio patre quanto io non n'abemo mai se non male*, 'ich sage: sowohl mein Vater wie ich haben nie was davon gehabt als nur Schaden.' Das hatte sich nicht gelohnt—und für wen es sich nicht gelohnt hatte, das ersieht man aus den Absendern: Cossa-Brüder, Caracciolo-Neffen und Brancacci-Tanten behelligen den Medici nun mit jammernden, mahnenden, bettelnden Briefen. In dieser Korrespondenz haben wir die Gruppe noch einmal, ein letztes Mal, beisammen—aber nun, kennzeichnenderweise, unter Florentiner Archivalien.

Diese Florentiner in Rom also beherrschten weitgehend die Papst-finanz, sie beherrschten (wie die römischen Zollregister erkennen lassen) zunehmend auch den Absatzmarkt: um die Mitte des 15. Jahrhunderts kam mehr als die Hälfte aller Wolltuch-Importe aus Florenz. Mit dem Rom der Römer hatten sie wenig im Sinn (*cosi piaccia sia per lungho tempo*, 'hoffentlich bleibt es lange so,' schrieb 1400 zufrieden der Medici-Agent aus Rom, nachdem der Papst einen Putsch der Römer niedergeschlagen hatte), und mit Kleinzeug haben sie sich gar nicht erst abgegeben—als die Florentiner Pazzi seltsamerweise einmal Feigen importieren, klärt ein Nachtrag des Zollbeamten denn auch gleich auf: *cassa perchè foro denari coperti de fichi*, 'gestrichen weil es Geld war, mit Feigen zugedeckt.'

Unter diesen Florentinern in Rom, wie sie vor der Kirche SS. Celso e Giuliano nach dem Gottesdienst oder am Florentiner-Fest des Johannis-Tages leibhaftig als Gruppenbild beisammenstanden, würden wir im übrigen bei näherem Zusehen nicht nur die Gesichter von Kaufleuten erkennen, sondern auch Humanisten wie Poggio Bracciolini und Leonardo Bruni als päpstliche Sekretäre, auch schon (wenigstens zeitweise) Künstler wie Brunelleschi, Ghiberti und Donatello, denen die Präsenz einer Florentiner Kaufmanns-Kolonie jedenfalls den Weg nach Rom geebnet hat mit den bekannten Folgen. Man sehe diese von Kunsthistorikern bisweilen beargwöhnten Nachrichten vor dem Hintergrund der Florentiner Kolonie, und sie werden das Natürlichste von der Welt.

Endlich, drittens, die *Römer*. 'Römer in Rom' scheint tautologisch, ist es aber nicht, sondern umschreibt genau die eigentümliche Situation: die Führungsgruppe der römischen Kommune ist hier nicht ohne weiteres Herr im eigenen Hause, sie hat sich dieses Rom zu teilen mit dem Papst und seinem Machtapparat. Insofern stellen in Rom die Römer nur eine unter anderen Führungsgruppen, und sie sind sich dieser besonderen Lage auch mit zwiespältigen Empfindungen bewusst.

Noch gehörte Rom den Römern, als die Päpste 1377 aus Avignon endlich nach Rom zurückkehrten. Damit wurde der Konflikt zwischen dem Papsttum und der (nie ganz freien, aber durch die lange Abwesenheit der Päpste doch verwöhnten) Kommune unvermeidlich. Die römische Kommune war gerade stark genug, um ein schwaches Papsttum wie das der Schismazeit tagtäglich zu schikanieren. Der Papst lauerte darauf, diesem unerträglichen Zustand ein Ende zu machen. Im Jahre 1398 endlich nahm der Neapolitaner-Papst Bonifaz IX. eine Gelegenheit wahr und brach der Kommune das Rückgrat. In diesem einen Augenblick bekommen wir die römische Führungsgruppe prosopographisch endlich einmal zu fassen: in den Namen der Verurteilten, der Hingerichteten, der Verbannten, der Amnestierten. Diese Aburteilungen—sozusagen ein Negativabdruck der herrschenden Gruppe—nennen und sortieren uns Namen, um die herum sich dann in mühsamer Einzelforschung die Umrisse der Führungsgruppe zurück bis fast in die Jahre Colas di Rienzo rekonstruieren lassen.

Der Blitz dieses Ereignisses von 1398 beleuchtet uns also für einen Augenblick die Szene, lässt uns die Konturen der Gruppe grell und hart

gerandet erkennen—dann wird es wieder finster und anonym, und wir
verlieren die Gruppe aus den Augen. Denn die römische Quellenlage ist (vor
allem durch die Archivalien-Verluste im Sacco di Roma) bekanntlich
denkbar schlecht und disparat und bietet dem Historiker zwar alles
Mögliche, nicht aber den für prosopographische Forschung so wichtigen
kontinuierlichen Bezugsrahmen. Insofern ist jede zeitgenössische Versammlung von Namen willkommen, in der sich die Sammlungs- und
Gliederungskriterien unserer Fragestellung auch nur irgend abzeichnen. Hat
man seine Erwartungen erst einmal so weit herabgestimmt und präzisiert,
dann kommt in diesem Fall unverhofft eine weitere Quelle zu Hilfe.

Überraschenderweise begegnet man dieser Gruppe nämlich vier Jahrzehnte nach ihrer Entmachtung unerwartet in einem völlig anderen Zusammenhang wieder: in den Aussageprotokollen eines Heiligsprechungs-
prozesses, nämlich im Verfahren für die Kanonisierung von S. Francesca
Romana (1384-1440). Schon im Jahre von Francescas Tod 1440 sagen
zahlreiche Zeugen aus über ihr Leben an der Seite dieser zutiefst römischen
Heiligen—Aussagen voll Farbe und Präzision von insgesamt hunderteinun-
dachtzig Personen! So viele gewöhnliche Menschen reden zu hören, ist,
angesichts der römischen Quellenlage, an sich schon eine Wohltat. Was
diesen Prozess für unser Vorhaben jedoch noch wertvoller macht, ist die
Beobachtung, dass sich aus diesem ungegliederten Haufen von Aussagenden
und Geheilten bei näherem Zusehen Familien zusammenfügen, die sich als
die Familien der 1398 entmachteten Führungsgruppe erweisen—kurz: die
hier als Zeuginnen über eine der Ihren aussagen, sind die Witwen, die
Töchter und Enkel der damals gestürzten Parteihäupter, und diese Einsicht
erlaubt uns, die römische Führungsgruppe am Übergang vom Mittelalter zur
Renaissance nun über mehrere Generationen zu verfolgen.

Natürlich sagen diese Zeuginnen aus, worüber sie gefragt werden (und
das ist, bei einem Heiligsprechungsverfahren, für unser Vorhaben hier nicht
immer von Interesse). Aber sie sagen doch mehr: sie antworten um-
ständlicher, aus Unbeholfenheit der Zunge oder aus Überfluss des Herzens,
und lassen uns darum vieles wissen, was wir im Sinne prosopographischer
oder sozialgeschichtlicher Fragestellung wirklich wissen wollen: verwandtschaftliche Zusammenhänge (die noch dichter werden, wenn man
dort, wo der Herausgeber der Prozessakten *amica* 'Freundin' gelesen hat,
richtig *amita* 'Tante' liest), regionale und politische Nachbarschaften, das
soziale Gewebe eines Quartiers. Wir erfahren Einzelheiten auch Xuuber die
Besitzverhältnisse der Hl. Francesca (die als verheiratete Ponziani eben
selbst in den Kreis dieser begüterten und führenden Familien gehört): so wird
berichtet, wie sie sich, abends beim Zubettgehen stets in Meditation und
Gebet versunken, darin immer gestört fühlte, weil ihr Mann dann noch mit
ihr reden wollte, reden *de gubernatione boum, bubalorum, pecudum,* 'über
die Aufzucht von Ochsen, Büffeln, Schafen,' wie sie auf dem weitläufigen
Grundbesitz der Familie weideten.

Denn diese Ponziani waren einfach das, was die römische Führungsschicht damals zu einem guten Teil ausmachte: Grossviehhändler und landwirtschaftliche Unternehmer, jene 'bovattieri' und 'commercianti agricoli,' von denen die jüngste Forschung gezeigt hat, wie sie seit der Mitte des 14. Jahrhunderts aufstiegen und den Grundbesitz der damals zunehmend verelendenden römischen Klöster zusammenkauften, meist Weideland der römischen Campagna für ihre grossen Viehherden, deren Produkte—Kälber und Käse—das einzige sind, was die römischen Zollregister als Exportartikel ausweisen. Darunter waren, neben stadtadeligen Familien, Neureiche wie etwa (um hier ein Ergebnis prosopographischer Forschung zu nennen) jener Lellus Petrucii, der neun Grossgüter in der Campagna mit entsprechendem Viehbesitz zusammengekauft hatte, der seiner Mätresse nicht die üblichen Tuche, sondern Schweine vermachte, der sein Testament von sieben Viehhändlern bezeugen liess, und der eben zu den letzten Wortführern der römischen Kommune gehört hatte: jetzt, im Heiligsprechungsverfahren, lernen wir seine Söhne, Schwiegerkinder und Enkel kennen, nicht weniger als siebenundzwanzig, ja von den dreizehn Frauen, mit denen S. Francesca ihre erste Gemeinschaft in Tor dei Specchi gründet, erweisen sich fünf (fünf von dreizehn!) als Angehörige dieser einen Familie.

Und wir erfahren in diesen Aussagen noch mehr als nur Namen, Verwandtschaften, Besitzverhältnisse: wir erfahren viel auch über den inneren Zusammenhalt dieser Kreise, die immer noch reich waren und immer noch Oberschicht, aber vom Papsttum inzwischen domestiziert—den Zwiespalt, den sie bislang ausgelebt hatten, werden sie fortan verinnerlichen: den Zwiespalt nämlich, trotzig und resigniert und wohlig abzuwägen, was sie am Papst haben und wie er doch auf ihrem Selbstbewusstsein laste. Aus diesen Kreisen bekommen wir nun manches auch über ihr Selbstverständnis zu wissen, über Standesverpflichtungen, über religiöse Verhaltensweisen und ihren sozialen Bezug (so wenn etwa der Pfarrer häufiges Kommunizieren mit dem bemerkenswerten Argument tadelt, die seien doch verheiratet und reich, warum sie dann so häufig die Hostie nehmen müssten?). Weil die Hl. Francesca auch in seelischen Nöten zu helfen verstand, erfahren wir aus diesen Familien auch viel über Fälle von Verfolgungswahn, Neurosen, Depressionen. Auffallend hoch ist die Zahl von Selbstmordversuchen und Selbstmordabsichten, Selbstmord 'aus Verzweiflung,' *ex desperatione*: aus Verzweiflung will eine Frau sich in den Tiber werfen; aus Verzweiflung will eine Frau sich töten, deren Namen die Zeugen aus Diskretion zunächst verschweigen *quia habet filios nobiles*, um also ihre adelige Familie nicht blosszustellen—später hören wir es dann doch: es war eine Santacroce, Kaufmannsfamilie aus dem Stadtadel.

Diese Andeutungen über gesellschaftliche Normen, milieubedingte Verhaltensweisen, Formen von Selbstverständnis, kurz: den inneren Zusammenhalt eines Lebenskreises, den erst prosopographische Forschung zusammenzufügen vermochte, mögen abschliessend daran erinnern, dass prosopographische Forschung nicht Selbstzweck ist. Sie sammelt nicht einfach Namen und ordnet sie einander zu wie Briefmarken (oder sollte es doch nicht bei dieser sammelnden Phase belassen). Vielmehr dient prosopographische Forschung—die mehr ist als nur eine Hilfswissenschaft, aber nicht immer die Weite sozialgeschichtlicher Fragestellung haben muss— unseren verschiedenen Problemstellungen, und sie tut es mit dem Mittel der kollektiven Biographie: viele Einzelleben übereinanderkopierend, ohne dass das Gesamtbild dann grau wirke. Indem sie uns feststellen lässt, wer dazu gehörte und was konstitutiv war für diese Zugehörigkeit, erlaubt sie uns den weiteren, den entscheidenden Schritt zu tun, nämlich die Substanz zu erfassen, aus der solche Gruppen gemacht sind.

Umso mehr müssen wir uns vor Augen halten, dass diese führenden Familien (in unserem Fall:) eine spezifische Zusammensetzung aus Kaufleuten und Höflingen und Unternehmern und Kanonikern sind und somit gewissermassen die Schnittmenge mehrerer Prosopographien, mehrerer Mentalitäten, mehrerer Prägungen. Oder einfacher gesagt: die Individuen erscheinen gewissermassen auf mehreren prosopographischen Gruppenphotos. Das spricht nicht gegen die prosopographische Methode, im Gegenteil. Nur müssen wir uns, bei der Arbeit mit thematisch begrenzten Prosopographien, über diese Ineinanderschachtelung von Prosopographien im klaren sein und nicht den Teil für das Ganze nehmen. Das andere methodische Problem liegt darin, dass Prosopographien, wie wir sie erarbeiten, manchmal doch nur durch die Überlieferungslage vorgegeben sind, durch Überlieferungs-Chance und Überlieferungs-Zufall, ohne dass wir das immer wahrhaben wollen. Umsomehr bedarf es einer grossen Fragestellung, womöglich einer integrierenden Fragestellung wie der sozialgeschichtlichen, um prosopographische Forschung nicht nur verheissungsvoll zu beginnen, sondern auch zu einem sinnvollen Ergebnis zu führen.

BIBLIOGRAPHISCHE NOTIZ

Das Referat resumiert meine folgenden Arbeiten (in denen auf weitere Literatur verwiesen ist):

'Das Papsttum unter der Herrschaft der Neapolitaner. Die führende Gruppe Neapolitaner Familien an der Kurie während des Schismas 1378-1415,' *Festschrift für H. Heimpel zum 70. Geburtstag* (Göttingen, 1972), ii. 713-800; zum kleineren Teil auch, 'Le clan des familles napolitaines au sein du Sacré Collège d'Urbain VI et de ses successeurs, et les Brancacci de Rome et d'Avignon,' *Genèse et débuts du Grand Schisme d'Occident* (= Colloques internationaux du Centre national de la recherche scientifique, n. 586, Paris 1980), 493-506.

'Florentiner in Rom um 1400. Namensverzeichnis der ersten Quattrocento-Generation,' *Quellen und Forschungen aus italienischen Archiven und Bibliotheken*, lii (1972), 476-525; zum kleineren Teil auch: 'Dal Medioevo al Rinascimento. Uomini a Roma dal 1350 al 1450,' *Archivio della Società romana di storia patria*, xciv (1973), 1-10.

'Die Zeugenaussagen im Heiligsprechungsverfahren für S. Francesca Romana als Quelle zur Sozialgeschichte Roms im frühen Quattrocento,' *Quellen und Forschungen aus italienischen Archiven und Bibliotheken*, liii (1973), 93-151; vgl.: 'Tre sante ed il loro ambiente sociale a Roma. S. Francesca Romana, S. Brigida di Svezia e S. Caterina da Siena,' *Atti del Simposio internazionale Cateriniano-Bernardiniano Siena 17-20 aprile 1980* (ed. D. Maffei, 1982, 89-120); und: 'La fine del libero comune di Roma nel giudizio dei mercanti fiorentini. Lettere romane degli anni 1395-98 nell "Archivio Datini,"' *Bullettino dell 'Istituto storico italiano per il medioevo*, lxxxiii (1976/77), 235-77.

SUMMARY

Prosopography of Leading Groups in Rome in the Late Middle Ages

Rome in the late Middle Ages and in the early Renaissance was not ruled by an urban upper class, but, because it was the normal residence of the pope, there were several foci of power:

1. The papacy itself—at that period many popes were from Naples and thus one dominating group at the Curia and in the papal states was a clan of nepotistic Neapolitan families.

2. The administrative apparatus, especially the financial and secular administration, made much use of Florentine bankers; hence, there were many Florentines in Rome holding high positions.

3. The Roman commune, that is the Roman upper classes strictly speaking, who had lost their power since the papacy had returned in 1377 to Rome from Avignon.

This article treats these three leading groups (Neapolitans, Florentines, Romans) by means of three 'group-pictures,' for which the main source material is provided by papal letters, registers of accounts, and judicial records of trials and testimony.

English Schoolmasters, 1100-1500

Nicholas Orme

In the late eleventh and twelfth centuries there begins to appear in England, in the cathedral cities and important towns, a class of professional school-masters (*magistri scolarum*), engaged in getting their living by teaching reading, song, and Latin grammar to boys and youths.[1] We do not know exactly how many masters there were at any one time, and the total must often have varied during the medieval centuries, but it seems unlikely ever to have included more than a few hundreds. At an approximate estimate, the average English county (of which there were forty) probably supported five to ten city and town schools and as many professional schoolmasters at any one moment in the Middle Ages, giving a national total of two to four hundred. In the fourteenth and fifteenth centuries, professional masters also began to be employed in monasteries and great households, adding by 1500 another one to two hundred personnel. In all, there were probably not more than six hundred professional masters at any one time. This was much smaller than, for example, the major groups of English clergy—monks, friars, nuns, and parish clergy—each of which numbered thousands rather than hundreds. Medieval records contain little information about schoolmasters compared with the orders of clergy. The commonest recorded facts are dates of tenure, salary, status (clerical or lay), and the possession (or not) of a university degree. In the case of clerical schoolmasters, it is sometimes possible to trace their migration from school-teaching to the holding of Church benefices. The prosopography which follows is chiefly based upon this evidence.

The dawn of the profession of schoolmaster in England seemed to augur well for its development as a well-esteemed and well-rewarded occupation. The early *magistri scolarum* of the English secular cathedrals—Salisbury, Wells, York, and so on—were dignitaries of their cathedral chapters. They are mentioned in statutes; they did secretarial tasks such as keeping the chapter's seal and writing its letters as well as teaching duties; they shared with their fellow dignitaries and canons in the endowments of the church.[2] Matthew, the tutor who taught the future Henry II to read Latin at Bristol in the 1140s, attested some of Henry's charters with the title *doctor ducis* and may have become the chancellor of Queen Eleanor of Aquitaine.[3] William of

Corbeil, John of Salisbury, and Alexander Neckham are all examples of twelfth-century ecclesiastics who spent part of their lives as private tutors of boys or as schoolmasters before ultimately attaining high offices as archbishop, bishop, and abbot respectively.[4] Teaching was therefore no hindrance to a successful public career, and may indeed have helped it. By the end of the century, however, the auspicious dawn was turning into a chill grey morning. The *magistri scolarum* of the cathedrals had taken the more exalted title of 'chancellor' and become mere supervisors of their local cathedral schools. The title of *magister scolarum* and the actual duty of teaching passed to deputy schoolmasters, lowly in status, paid with small stipends and mainly dependent for their living on charging fees to their pupils.[5] In the royal family an office of schoolmaster to the king's sons failed to develop, and the task appears to have been performed by chaplains or clerks who were not professional masters and who have left almost no trace of themselves until the fifteenth century.[6] The 'masters' of royal children whom we hear of after 1200 were knights in charge of their general education, not of their teaching in reading and grammar. Also, the careers of successful ecclesiastics cease to include any mention of school-teaching. With the development of royal administration, canon and common law, and universities, it was experience gained in these which began to count and qualify a man for high office in Church and state. For the three hundred years from 1200 to 1500 schools, on the whole, were humble institutions, and schoolmasters lowly and peripheral figures in the mainstream of national life. The truth of this will emerge more fully in the following pages.

The schools and schoolmasters of medieval England were, nominally, under the jurisdiction of the Church. The Church authorities—bishops, archdeacons, and cathedral chapters—encouraged education in principle, but in practice they did little to regulate or interfere with schools or their masters until the Reformation of the sixteenth century.[7] There was regulation insofar as many cities and towns had an officially recognized school; a local authority (bishop, monastery, or nobleman) claimed the sole right to appoint the schoolmaster, and only the authorized master was permitted to teach in the town. But this was primarily a system of patronage. There was no general system of licensing or examining schoolmasters until the introduction of one by the legatine synod of Cardinal Pole in 1556, during the English Reformation.[8] There were no generally recognized qualifications for teaching and no directives about how or what masters should teach. The prosopography of schoolmasters shows that in most places the masters were free to be priests, clerks, or laymen, without much restriction. At the cathedral schools they were sometimes expected to wear clerical dress and remain unmarried, but no permanent commitment to celibacy was expected. Only in the endowed chantry schools, founded between the 1380s and the 1530s, were the masters required to be priests so that they could also act as cantarists and say masses for the souls of the founders of the schools.[9] Similarly, although the leading

English schools—cathedral schools like Lincoln and York, and later endowed foundations like Winchester College (1382), Eton (1440), and St. Paul's London (1510)—were able to secure the services of university graduates as masters, most schools were staffed by men who were not graduates but had simply attended a school themselves. A detailed study of the six counties of the southwest of England (Cornwall, Devon, Dorset, Gloucestershire, Somerset, and Wiltshire) shows that of ninety-two schoolmasters known to have worked there between 1250 and 1509, half (forty-six) were priests and the rest probably either clerks beneath the grade of subdeacon or laymen.[10] Eleven were definitely graduates, and another twenty-five who are given the title *magister* in records may have been graduates, but the vast majority (fifty-six) seem to have had little or no university training. Prosopography indicates that the profession of school-teaching did not possess well-defined or uniform qualifications. Entry was open to priest and laymen, graduate and simple grammarian. One schoolmaster might be a young adult waiting until he was old enough to become a celibate priest, another a greybeard who had lost his vocation for the priesthood through love and marriage.

How strong and self-conscious were these masters as a group? As far as their teaching was concerned, they were certainly aware of each other's existence and freely borrowed materials, methods, and ideas. Masters might be educated or teach in one school and move on to a second,[11] and grammatical manuscripts show that the same texts circulated in different parts of the country.[12] The schoolmasters of Oxford had a particularly wide influence on other schools because Oxford was such a great resort of scholars and clerics in general, and several important innovations in teaching were initiated or popularized by them.[13] No national organization of schoolmasters developed in the Middle Ages, however, and this has taken long to rectify. Even today, English school-masters lag behind professions such as the clergy, doctors, and lawyers in not possessing control over their own qualifications and membership, and in being fragmented into four or five different unions. Locally, too, in the Middle Ages schoolmasters were thin on the ground. The single authorized school of the average English town was staffed by a single master, assisted at best by a *submagister*, *submonitor*, or *hostiarus* (usher), and even if there were one or two private schools as well, the number of masters in each community was rarely more than tiny. Only a few English towns appear to have had several schools and several masters—Oxford, Cambridge, London, York, and possibly Bristol. Oxford possessed five in about 1440,[14] while London had three authorized public schools until 1446 and five thereafter, as well as private schools.[15] But in none of these towns were the masters numerous or powerful enough to form guilds or corporations, as in other occupations. At Oxford and Cambridge they were firmly subjected to authority from above—at Oxford by two supervisors nominated by the university, and at Cambridge by an officer called the 'master of glomery' appointed by the archdeacon of Ely.[16] Schoolmasters could only teach in the university towns with the authorization of these functionaries, and at Oxford they had also to pay fees for the privilege. In London the individual schools and masters had friendly relations, held disputations, and corresponded with one another, but there is no sign of any organization among them. On the one occasion in 1447 when schooling is known to have become a public issue in the capital, through a demand that more schools should be allowed than five, there is no record of their participation as a group, either for or against.[17] In short, neither nationally nor locally did schoolmasters become an effective force. Though they could and did acquire status and importance in their local communities, this came about through their individual personalities rather than by virtue of their calling as schoolmasters.[18]

Although the names and qualifications of schoolmasters survive in only a minority of cases, we can gain from these an impression that is likely to be accurate about the economic and social status of the profession in general. This can be done by investigating three areas, security of tenure, remuneration, and careers after leaving school-teaching to enter other employment. Until the 1380s, the English schools required most of their pupils to pay fees, the fees alone providing the masters' salaries. It is easy to see how the master's tenure could be threatened by economic crisis, plague, civil unrest, or the refusal of parents to pay overdue fees. The insistence by the authorities that there should be only one school in each place was for long a necessary expedient to give the master enough pupils, and the coming of rival teachers into the area was a serious challenge, leading to strenuous legal action by the threatened monopolist. Moreover, in the thirteenth and fourteenth centuries, some school authorities required their masters to limit their teaching to terms of three or five years. This was so at Beverley, Lincoln, York, and other schools in the north of England.[19] The authorities, perhaps, saw teaching as a kind of bursary, suitable for a young man awaiting ordination and, therefore, to be handed on to another in due course. For different reasons the university of Oxford until the mid-fourteenth century forbade its graduate masters to teach grammar for more than three years, lest too many masters be diverted from giving university lectures.[20] As time went on, however, tenure tended to improve. The Beverley master appointed for three years in 1320 managed to survive for fifteen,[21] and the authorities at York were obliged to suspend the three-year rule in 1368 because of the difficulty in attracting masters to teach since the previous plague—no doubt because so many other benefices and masterships were available.[22] After this, the imposition of a fixed term of office became gradually rarer. In the 1380s wealthy benefactors began to endow schools with land or rent to pay the master a regular salary to teach children freely without fees.[23] About 100-150 such schools were endowed in England between the 1380s and the 1540s, offering secure paid posts, unlimited in tenure during good behavior and free of the uncertainties of living off fees. In general, although there must have been much variation, security of tenure improved during the fourteenth and fifteenth centuries. More schoolmasters could hold their posts more easily for longer periods.

We have little direct evidence about the earnings of schoolmasters who taught for fees (the entire profession before the 1380s and the majority even in 1500). Although school fees can be ascertained, the number of pupils in each school is hardly ever known. A rare and interesting list of boys at a small country school at Basingwerk (north Wales) in the second half of the fifteenth century, recently discovered, shows that their numbers varied weekly between five and twenty-seven over the course of twelve weeks. As they each paid a penny a week, their master would only have earned about £3 10s. or £4 a year—a likely situation in a remote part of the country.[24] At Ipswich school, in a town of medium importance, we know something of the lifestyle of the schoolmaster Richard Penyngton in 1412-13, since his goods were seized when he failed to answer a charge of assaulting a local butcher. He owned six pairs of sheets, towels, coverlets, gowns, curtains, brass and pewter vessels, grammar books, and other goods worth £10.[25] For the cathedral school of York, one of the largest and most important of the English provincial schools, the will survives of one of its masters, John Hamundson, who died in 1472. A married man with two daughters, Hamundson was wealthy enough to leave about £2 for his funeral expenses and to purchase burial within the minster church of York itself. He owned more than one gown, several gold rings, and at least four books; his sister's husband was mayor of the neighboring town of Hull.[26] The evidence suggests that a town schoolmaster would have a status and standard of living like that of the priest of a town church or a middling shopkeeper or craftsman. In a large city like York he might even approach the fringes of the governing burgess elite—but only the outer fringes.

The evidence about remuneration improves after 1400, due to the foundation of endowed schools with fixed salaries, usually specified in surviving statutes. The earliest salary to be recorded, that of the headmaster of Winchester College in 1400, was 10 a year plus meals and lodging, and was probably a little more than masters earned in prosperous fee-paying schools.[27] Later endowed schools generally paid 10 a year plus lodging (but not meals), and this became the accepted salary for schoolmasters until the middle of the sixteenth century. It was slightly increased, perhaps, by presents from parents and the profits of taking in a few boys to board. A master receiving such a salary was better off than a chantry priest or the hired curate of a parish priest, whose wages averaged £4-£6 a year in the fifteenth and early sixteenth centuries. But he was less well paid than many rectors and vicars of parishes, who often received £12-£15 a year for working no harder.[28] It is not surprising, therefore, to find clerical schoolmasters who had taught for a few years and gained the necessary patronage leaving their schools to become rectors or vicars of parishes in neighboring areas. Of the forty-six west-of-England masters (already mentioned) who were priests, at least eighteen are known to have made such a move between 1250 and 1509. Yet none of them, in later years, climbed very high up the ladder of ecclesiastical rank and wealth. The benefices they obtained—and the same appears to have been true elsewhere in England—were moderately wealthy parish churches, but there is no sign that any of them in the thirteenth or fourteenth century, or many in the fifteenth, gained anything as important as a cathedral canonry or a plurality of benefices, let alone a dignity such as an archdeaconry, deanery, or bishopric. Nor do the opportunities appear to have been any better for their lay colleagues. The fact that several of the best-known married schoolmasters—men like John Leland of Oxford (d. 1428), John Seward of London (d. 1435), and John Anwykyll of Oxford (d. 1487)—died while apparently still teaching, may indicate that they loved their work too much to leave it.[29] It may equally reflect the lack of anything more lucrative or prestigious for which they were qualified.

The prospects for schoolmasters improved a little in the mid-fifteenth century, due to a rise of interest in schools at the English court in the 1430s and 40s, most notably in Henry VI's foundation of Eton College in 1440 but also shared by several of his older courtiers.[30] Henry VI's own teacher, John Somerset, is the first royal tutor of grammar whom we know to have been a professional schoolmaster. He had previously taught in the school at Bury St. Edmunds (Suffolk), and after teaching Henry his court connections enabled him to be appointed chancellor of the exchequer in 1439.[31] Two other teachers, John Chedworth (the private tutor of the grandson of Walter, Lord Hungerford, a leading elder statesman) and William Wainfleet (headmaster of Winchester College) also rose to positions of importance at this time, apparently due to the same interest in schooling at court, and ended their lives as bishops of Lincoln and Winchester respectively.[32] Like Somerset they were the beneficiaries of a new regard for education by men of power, but the regard was overtaken by political preoccupations in the 1450s and was very slow to develop further. The English kings went on employing professional schoolmasters to teach their children, and the teachers of Edward V, Henry VII, Prince Arthur, and Henry VIII were all rewarded with pensions or benefices, though not with bishoprics.[33] It was not until the early sixteenth century that another ex-schoolmaster, Thomas Wolsey, achieved episcopal rank, beginning a new series of such successes during the late Tudor period.[34] However, the career achievements of the schoolmasters with royal patronage, though novel and significant, were limited in number. Most of their colleagues outside the court, even the most distinguished, failed to acquire more than a modest parish benefice or two, as they had done throughout the previous two centuries. The most famous schoolmaster of early sixteenth-century England was John Stanbridge, master of Magdalen College School, Oxford (1488-94) and later of Banbury School, Oxfordshire (1501-10). His school text-books circulated widely by means of the new printing presses and brought the principles of humanist learning into many

English schools. He was popular with his colleagues and revered after his death. Yet when he died in 1510, the only preferment he possessed, apart from his school, was a rectory in Northamptonshire and an exiguous canonry of Lincoln Cathedral, the three posts probably earning him about £25 net per annum.[35] This was a good income compared with that of an ordinary £10 school, about the highest enjoyed by a working schoolmaster at that date, but it was very little beside the salaries of the administrators and lawyers who occupied the best benefices and dignities in the Church.

These data of tenures, remuneration, and careers, together give us a fair idea of the status of school-teaching in medieval England and of the people who taught in schools. In principle, school-teaching was regarded as important in the Middle Ages, and statements that 'grammar is the gate (or basis) of knowledge' were commonplace. Yet in practice grammar and its practitioners were generally undervalued by contemporaries, and the gatekeepers had only the status and wages of porters. School-teaching assisted the careers of most men only a little way in England between the late twelfth and the early sixteenth centuries. For most schoolmasters, it conferred no great prestige or status. No one who wished to rise to high office would have been wise to take up school-teaching; law and administration raised men higher and more quickly. What was true of individuals was also true of masters as a group. Their small numbers and the fact that many held office for short periods impeded their emergence as a professional force. Unobtrusive, they were largely ignored by other people. The literature read in medieval England features several noble tutors: Alexander's Aristotle, Nero's Seneca, and Tristan's Gorvenal, but it does not mention any town schoolmasters. When Bishop Brantingham of Exeter attacked the canons of his cathedral in 1382 for the poverty of their households and hospitality, he could find no more sarcastic simile than to compare them with a schoolmaster going about attended by a couple of small boys.[36] So there can have been nothing in school-teaching to attract the well-born or the well-connected, and there is no sign that the sons of the nobility or wealthy bourgeoisie ever entered the profession. They could and did make better progress elsewhere. The schoolmasters of medieval England must have come from lesser bourgeois families, from the yeomanry of the countryside, or from families lower still. Only at such social levels did teaching offer its recruits an equal status and standard of living, or a better one. In truth, the work of schoolmasters was important. They taught literacy and learning to society and made valuable contributions to the techniques of education and the study of language. But their prosopography shows that, despite their achievements, their social and economic status remained at a modest level in medieval England.

NOTES

[1] For an earlier study of this subject, written in 1977, see N. Orme, 'Schoolmasters, 1307-1509,' in *Profession, Vocation and Culture in Later Medieval England: Essays Dedicated to the Memory of A. R. Myers*, ed. C. H. Clough (Liverpool, 1982), 218-41. The present article adds more evidence and further reflections.

[2] On this subject, see K. Edwards, *The English Secular Cathedrals in the Middle Ages* (2nd ed., Manchester, 1967), 176-85.

[3] H. G. Richardson, 'The Letters and Charters of Eleanor of Aquitaine,' *English Historical Review*, lxxiv (1959), 193-94.

[4] H. G. Richardson, 'Gervase of Tilbury,' *History*, xlvi (1961), 103; John of Salisbury, *The Metalogicon*, book ii, chap. 10, trans. D. D. McGarry (Gloucester, Ma. 1971), 98; A. B. Emden, *A Biographical Register of the University of Oxford to A.D. 1500* (Oxford, 1957-59, 3 vols.), ii. 1342-43.

[5] Edwards, *English Secular Cathedrals*, 184, 194.

[6] I have examined this process in my book: *From Childhood to Chivalry: The Education of the English Aristocracy, 1100-1530* (London, 1984), 18-24, 149-56.

[7] On this paragraph, see Orme, *English Schools in the Middle Ages* (London, 1973), 142-50.

[8] *Concilia Magnae Britanniae et Hiberniae, 446-1717*, ed. D. Wilkins (London, 1737, 4 vols.), iv. 125-26.

[9] On these schools, see Orme, *English Schools*, 188-90, 194-97.

[10] The evidence is collected in N. Orme, *Education in the West of England, 1066-1548* (Exeter, 1976), passim.

[11] *Profession, Vocation and Culture*, ed. Clough, 221.

[12] On this subject, see David Thomson, *A Descriptive Catalogue of Middle English Grammatical Texts* (New York and London, 1979), esp. 4-19.

[13] See Thomson, *Descriptive Catalogue*; and Orme, *English Schools*, 95-96, 107-11.

[14] M. D. Lobel, 'The Grammar Schools of the Medieval University,' *Victoria History of the County of Oxford*, ed. L. F. Salzman, et al. (London, 1939, in progress), iii. 40-43.

[15] Orme, *English Schools*, 212.

[16] *Victoria History of Oxford*, iii. 40-42; *Vetus Liber Archidiaconis Eliensis*, ed. C. L. Feltoe and E. H. Minns (Cambridge Antiquarian Society Publications, xlviii, Cambridge, 1917), 202, 289-91.

[17] Orme, *English Schools*, 212-13.

[18] *Profession, Vocation and Culture*, ed. Clough, 229.

[19] *Profession, Vocation and Culture*, ed. Clough, 223.

[20] *Statuta Antiqua Universitatis Oxon.*, ed. S. Gibson (Oxford, 1931), 20-23.

[21] A. F. Leach, *Early Yorkshire Schools* (Yorkshire Archaeological Society, xxvii, xxxiii, 1898-1905, 2 vols.), i. 97-100.

[22] *Early Yorkshire Schools*, 23-24, 27-30.

[23] On these schools, see Orme, *English Schools*, 187-90, 194-207, and a list on 295-321.

[24] D. Thomson, 'Cistercians and Schools in Late Medieval Wales,' *Cambridge Medieval Celtic Studies*, iii (1982), 76-80.

[25] I. E. Gray and W. E. Potter, *Ipswich School, 1400-1950* (Ipswich, 1950), 3-4.

[26] York, Borthwick Institute of Historical Research, Probate Reg. 4. f.85. For other schoolmasters' wills, see *Profession, Vocation and Culture*, ed. Clough, 223-24.

[27] T. F. Kirby, *Annals of Winchester College* (London, 1892), 486, 497, 499, 510.

[28] *Profession, Vocation and Culture*, ed. Clough, 224.

[29] For the biographies of these men, see Emden, *Biographical Register of Oxford*, i. 39; ii. 1129; iii. 1674-75.

[30] For discussion of this topic, see Orme, *English Schools*, 198-202, and *Education in the West of England*, 143.

[31] For his biography, see Emden, *Biographical Register of Oxford*, iii. 1727-28.

[32] For their careers, see Emden, *Biographical Register of Oxford*, i. 401-02; iii. 2001-03; and further on Chedworth, Orme, *Education in the West of England*, 128-29, 142.

[33] John Giles, the teacher of Edward V, received annuities totalling 60 (*Calendars of Patent Rolls, 1467-77*, 592; *1476-85*, 373). For the benefices of Bernard André, Edward Haseley, John Holt, William Hone, Thomas Linacre, John Rede, and John Skelton—schoolmasters of Henry VII, Prince Arthur, and Henry VIII—see Emden, *Biographical Register of Oxford, sub nominibus*.

[34] For Wolsey's career, see Emden, *Biographical Register of Oxford*, iii. 2077-80.

[35] For Stanbridge's biography, see Emden, *Biographical Register of Oxford*, iii. 1754-55. For the value of his three benefices (Banbury, Winwick, and St. Botolph Lincoln), see *A Subsidy Collected in the Diocese of Lincoln in 1526*, ed. H. E. Salter (Oxford Historical Society, lxiii, Oxford, 1909), 81, 154, 271.

[36] *The Register of Thomas de Brantyngham, Bishop of Exeter*, ed. F. C. Hingeston-Randolph (London and Exeter, 1901-06, 2 vols.), i. 470.

RÉSUMÉ

Les maîtres d'école anglais, 1100-1500

On trouve trace en Angleterre à partir de la fin du XIe siècle de maîtres d'école professionnels, enseignant d'abord dans les villes puis, plus tard, dans les grandes maisons et les monastères; ils étaient peu nombreux durant le Moyen Age (probablement jamais plus de 600 environ); ils manquaient d'organisation, et leur statut économique et social était plutôt inférieur. Le prestige initial de l'enseignement à l'école s'estompa après 1200. La prosopographie montre que les maîtres d'école, durant les 200 années suivantes, avaient une faible sécurité d'emploi. Leurs gages étaient généralement inférieurs à ceux des curés et vicaires des paroisses, et seulement une minorité de maîtres avait des grades universitaires. Ceux qui quittaient l'école pour chercher de l'avancement dans l'Eglise obtinrent rarement plus qu'un bénéfice paroissial de valeur modeste. A la fin du XIVe et du XVe siècles, ces conditions s'améliorèrent un peu, du fait de la fondation d'écoles dispensant des salaires réguliers et une meilleure sécurité d'emploi. Quelques maîtres, également, commencèrent à accéder à des postes importants dans l'Eglise ou le service royal, bien que cela soit exceptionnel. Il en ressort le paradoxe que, bien que l'étude des lettres soit en elle-même hautement estimée, ceux qui les enseignaient restèrent un groupe de gens dépourvus d'organisation et mal rémunérés, rarement pris en considération par leurs contemporains.

ZUSAMMENFASSUNG

Englische Schulmeister, 1100-1500

Professionelle Schulmeister, die zuerst in Städten und später auch in grossen Haushalten und Klöstern lehrten, finden sich in England ab dem späten 11. Jahrhundert. Ihre Zahl blieb während des Mittelalters klein. Wahrscheninlich gab es zu keinem Zeitpunkt mehr als 600. Sie waren in keiner Weise organisiert, ihr sozialer und wirtschaftlicher Status war relativ niedrig. Das anfängliche Ansehen des Schulunterrichts schwand nach 1200 mehr und mehr dahin. Eine prosopographische Untersuchung zeigt, dass während der folgenden 200 Jahre Schulmeister wenig Sicherheit in ihren Ämtern hatten. Ihre Einkünfte lagen im allgemeinen unterhalb derer von Gemeindepfarrern oder -vikaren. Nur eine Minderheit besass Universitätsgrade. Diejenigen, die ihre Schule verliessen, um in der Kirche ein höheres Amt zu erlangen, erreichten selten mehr als eine Pfarrpfründe von mässigem Wert. Dank der Gründungen von Schulen, die durch Stiftungen finanziert wurden und deshalb regelmässige Löhne zahlten und grössere Sicherheit im Amt boten, verbesserte sich ihre Situation im späten 14. und 15. Jahrhundert etwas. Einige wenige Schulmeister erlangten auch wieder höhere Ämter im kirchlichen oder königlichen Dienst; doch blieb dies die Ausnahme. So ergibt sich das Paradox, dass zur selben Zeit, als der Erwerb von Bildung hoch geschätzt wurde, die Schulmeister eine unorganisierte, schlecht entlohnte und von ihren Zeitgenossen nur selten beachtete Gruppe von Leuten blieben.

Prosopographie et cursus universitaires

Jacques Verger

La prosopographie s'impose de plus en plus comme une méthode privilégiée pour l'histoire sociale des universités médiévales. Là où matricules et listes de gradués font défaut, on lui demande de fournir une information quantifiable à partir de laquelle on puisse essayer d'évaluer, au moins à titre d'hypothèses, quelques données statistiques fondamentales (effectifs, recrutement géographique, répartition par faculté, etc.).[1] D'autre part, la prosopographie apparaît de toute façon nécessaire pour étudier avec une certaine précision les origines sociales des étudiants ainsi que leurs carrières ultérieures.[2]

Mais il me semble que la prosopographie universitaire peut aussi permettre d'aborder, au moins de l'extérieur, un problème un peu méconnu, celui du contenu même et de la valeur de la formation reçue à l'université par étudiants et gradués. Certes, pour étudier à fond ce problème, il faudrait disposer des livres et papiers personnels des étudiants, ce qui est en fait exceptionnel. Mais le contenu et la valeur des études ou, plus exactement, l'idée que les contemporains s'en faisaient, déterminaient des stratégies scolaires individuelles ou, si l'on préfère, des types de cursus que la prosopographie révèle au moins en partie et sur lesquels elle permet d'établir quelques évaluations quantitatives qui, même là où il en existe, ne peuvent venir de la simple analyse globale des matricules, sans la constitution d'un fichier individuel. L'établissement de ce genre de données est le complément indispensable de l'étude des statuts officiels car si ces textes sont par eux-mêmes fort intéressants, il est clair qu'ils n'étaient jamais parfaitement respectés et il importe donc de mesurer l'écart entre règlements et pratiques, ce qui permet d'ailleurs une meilleure compréhension des uns et des autres.

Les quelques réflexions que je présente ci-dessous s'appuient sur une enquête, encore inachevée, concernant les universités du Midi de la France à la fin du Moyen Age (Avignon, Cahors, Montpellier, Toulouse). S'agissant des cursus universitaires proprement dits des individus qui ont fréquenté ces universités, l'essentiel de la documentation prosopographique que j'utiliserai, provient des registres des suppliques des Archives du Vatican (lesquels contiennent les suppliques et rôles de suppliques envoyés par les universités

313

ou les universitaires au pape), spécialement pour la période 1378-1403 où les suppliques universitaires sont particulièrement nombreuses,[3] et des livres de comptes de l'université d'Avignon.[4]

J'examinerai successivement cinq points, en apparence assez techniques mais qui me paraissent cependant susceptibles d'éclairer la nature même des études menées dans les universités médiévales. J'insisterai davantage ici, dans une perspective méthodologique, sur le type de résultats auxquels on peut aboutir plutôt que sur les hypothèses interprétatives que ces résultats suggèrent et qui, quant à elles, relèvent plus spécifiquement de l'histoire propre de chacune des universités envisagées. Dans ces conditions, on voudra bien m'excuser de ne présenter, sur certains points, que des calculs partiels et, parfois, provisoires.[5]

Les taux de réussite aux examens

Les textes médiévaux ne donnent évidemment à ce sujet aucune précision chiffrée mais ils suggèrent avec insistance l'idée d'une forte sélectivité des études universitaires, découlant elle-même de la difficulté des programmes, de la longueur des cursus normaux et du coût élevé des droits et des frais d'examen. Il faut donc essayer:

(1) de mesurer cette éventuelle sélectivité;
(2) de voir si, entre les universités, les facultés, et les époques, les taux de réussite variaient sensiblement, ce qui pourrait étayer certaines hypothèses quant aux facteurs mêmes de succès ou d'échec.

Aucune méthode n'est parfaitement satisfaisante. Dans les tableaux I (voir en annexe), j'indique des exemples des résultats auxquels je suis parvenu par trois voies différentes:

(1) A partir du grand *rotulus* de Toulouse de 1378[6] où les étudiants et bacheliers sont classés par années d'études (particularité que les *rotuli* de Toulouse sont seuls à présenter), j'ai calculé, en comparant les effectifs des promotions initiales et ceux des promotions arrivées au niveau du baccalauréat et de la licence, des taux d'élimination, au moins dans les facultés de droit civil et de droit canonique. Mais cette méthode, déjà utilisée par André Gouron[7] et qui d'ailleurs n'est pas prosopographique, est assez sommaire; elle postule la parfaite régularité des flux d'entrée et du déroulement des cursus—hypothèse, nous le verrons, peu probable; elle néglige le fort sous-enregistrement vraisemblable des étudiants de première année. Concernant la licence, elle indique seulement ceux qui arrivaient en position de pouvoir s'y présenter, non ceux qui l'obtenaient réellement. Bref, cette méthode aboutit à des résultats qui sont nettement trop optimistes (tableau Ia).

(2) A partir du même *rotulus* de 1378, complété par un *rotulus* annexe

de la même année,[8] j'ai évalué la proportion des étudiants en droit de 1378 dont des suppliques ultérieures nous attestent qu'ils sont parvenus au baccalauréat et à la licence. Les résultats ainsi obtenus (tableau Ib) sont certainement inférieurs à la réalité car, les suppliques ne formant pas des séries continues mais des coupes horizontales plus ou moins espacées, beaucoup d'étudiants (spécialement parmi les civilistes qui faisaient des carrières laïques et n'avaient plus de raisons, leurs études terminées, d'adresser des suppliques au pape) n'y figurent pas avec la mention du grade qu'ils ont finalement obtenu.

(3) Les livres de comptes de l'université d'Avignon, où étaient enregistrés immatriculations et grades, permettent également de calculer des pourcentages de réussite (tableau Ic). La documentation semble ici beaucoup plus sûre mais, en fait, les chiffres assez élevés auxquels on aboutit sont sans doute excessifs à cause du sous-enregistrement probable des étudiants qui ne parvenaient pas au baccalauréat (phénomène suggéré, a contrario, par le fait que beaucoup de bacheliers ne prenaient leur inscription qu'au moment de passer leur examen; s'ils ne l'avaient pas passé, ils ne se seraient jamais immatriculés). D'autre part, on peut supposer qu'il y a eu du XIVe au XVe siècle, spécialement à Avignon, université devenue secondaire, une certaine dégradation du système qui a dû se traduire par une facilité plus grande des examens.

Ajoutons enfin qu'aucune de ces trois méthodes ne tient évidemment compte des étudiants qui seraient allés prendre leurs grades ailleurs; mais cette mobilité devait être assez faible, comme nous le verrons dans la troisième partie de ce travail.

Malgré leurs écarts, ces résultats concordent quand même sur certains points. Tout d'abord, ils confirment, en toute hypothèse, l'idée d'une forte sélectivité des études universitaires (du moins en droit, la seule discipline envisagée ici); on peut retenir, comme une estimation grossière, que, selon les cas, 20 à 35% seulement des étudiants parvenaient au baccalauréat, 5 à 10% à la licence, une poignée au doctorat. En outre, il apparaît que le droit civil, s'il attirait moins d'étudiants que le droit canonique, offrait de bien meilleures chances de réussite, spécialement au niveau de la licence. Pourquoi? Nous retrouverons plus bas ce problème, sous d'autres aspects, mais, dès à présent, on peut au moins formuler quelques hypothèses: recrutement et ambitions sociales plus élevés des civilistes? Qualité supérieure d'un enseignement dispensé à des étudiants assidus, peu nombreux, bien encadrés par leurs maîtres?

A côté de cette nette opposition du droit civil et du droit canonique, on peut déceler d'autres facteurs d'inégalité dans la réussite. J'ai montré ailleurs que les étudiants nobles et, dans une moindre mesure, les étudiants ayant fréquenté la faculté des arts avant celle de droit, avaient des chances de succès nettement supérieures à la moyenne.[9] Il serait intéressant d'essayer de mettre en évidence, par d'autres types de tris, l'existence, parmi la population étudiante, d'éventuels sous-groupes également plus ou moins privilégiés dans l'accès aux grades.

Quoi qu'il en soit, on voit que l'établissement de données vraisemblables sinon précises sur les taux de réussite aux examens dans les universités médiévales peut contribuer à éclairer des points fondamentaux de l'histoire sociale de ces universités: la productivité du système universitaire, les causes avouées ou inavouées de la sélectivité des études, le statut social du bachelier, du licencié ou du docteur, le devenir de ceux, fort nombreux, qui ne réussissaient pas à atteindre le grade escompté, etc.

Les durées réelles d'études

Les statuts fixaient soigneusement les durées d'études obligatoires pour pouvoir se présenter aux examens, avec une minutie qui leur conférait l'apparence d'une véritable nécessité pédagogique. Quoique différant légèrement d'une faculté et d'une université à l'autre, ces durées étaient toujours longues (tableau IIa) et les possibilités réglementaires de dispense (notamment pour les cursus *in utroque*) limitées. En pratique pourtant, les durées réelles d'études paraissent avoir été assez variables.

A dire vrai, ces durées réelles sont difficiles à calculer, et les résultats auxquels la documentation existante permet d'aboutir sont peut-être parfois aussi trompeurs que ceux qu'on pourrait fonder sur les seuls textes officiels.

Dans le tableau IIb, j'ai indiqué les durées d'études que j'ai pu établir, à partir des suppliques, pour un certain nombre d'étudiants en droit de Toulouse figurant sur trois *rotuli* partiels de 1393 (*rotuli* choisis parce que bien encadrés par des *rotuli* de 1387 et de 1394).[10] Les dates des suppliques des étudiants étaient évidemment sans rapport direct avec le déroulement de leur cursus et, à supposer que les indications données dans ces suppliques soient exactes et sincères, il est difficile de calculer, à partir de là, la date précise de l'immatriculation du suppliant ou de ses succès aux examens. Compte tenu du caractère quelque peu fictif de la date officielle sous laquelle étaient signées les suppliques et du fait qu'immatriculations et examens pouvaient se passer à peu près à n'importe quel moment de l'année, il n'est pas possible, même dans les meilleurs cas, d'éviter une marge d'incertitude de plusieurs mois au moins. D'autre part, il est clair que les suppliques, documentation assez discontinue, risquent tout spécialement d'avoir laissé échapper les étudiants ayant fait des cursus rapides. On retiendra quand même de ce tableau qu'on a pu identifier un nombre appréciable d'étudiants ayant obtenu leur baccalauréat ou leur licence dans des délais conformes aux exigences des statuts et souvent même supérieurs; on n'y trouve en revanche aucun cas de cursus vraiment accéléré (alors même que l'existence de deux séries très rapprochées de *rotuli*, en 1393 et 1394, aurait pu permettre d'en repérer quelques-uns). J'ajoute enfin que, sans pouvoir donner ici d'indications statistiques précises, j'ai aussi trouvé quelques cas d'étudiants dont on ne connaît pas les dates exactes d'arrivée et de départ mais qui semblent, en tout cas, être restés très longtemps à l'université: 10, 15 et jusqu'à 25 ans et plus.[11]

Dans la majorité des cas, ces études apparemment très longues doivent en réalité s'expliquer par des interruptions plus ou moins prolongées. D'autre part, on trouvait souvent sur les *rotuli* d'anciens étudiants qui étaient restés assez proches des milieux universitaires pour obtenir cette faveur. Il n'en demeure pas moins que l'impression dominante, au moins pour Toulouse et pour la fin du XIVe siècle, est celle de statuts assez bien respectés et d'études longues, ce qui a certainement été un des facteurs de la forte sélectivité notée plus haut. Il restera à prouver—car ceci est moins sûr—que cette durée des études garantissait chez les gradués une parfaite maîtrise des programmes officiels.

C'est une toute autre situation que nous présente le tableau IIc: à Avignon, dans le second tiers du XVe siècle, la plus grande fantaisie paraît régner quant aux durées réelles d'études requises pour l'accès aux grades. Une grande majorité semble avoir eu des cursus très rapides mais il restait aussi une minorité d'étudiants qui faisaient des études de durée normale et même une poignée d'individus dont la présence est attestée pendant plusieurs lustres. Pour ce qui est des promotions très rapides ou même instantanées, il devait s'agir, le plus souvent, soit d'étudiants ayant fait ailleurs tout ou partie de leurs études et venant passer leur examen à Avignon, soit d'étudiants ayant, sans doute pour des raisons financières, repoussé leur immatriculation jusqu'au moment où ils ont été certains de pouvoir accéder au grade supérieur. De telles pratiques faussent donc la documentation, mais le fait même qu'elles aient pu se développer avec une telle ampleur, le fait aussi que de nombreux étudiants soient signalés, surtout pour le baccalauréat, avec des durées d'études d'un à trois ans, qui doivent correspondre à peu près à des durées réelles, suggèrent avec insistance qu'il y avait bien une tendance à un fort raccourcissement des temps d'études requis pour l'accès aux grades, tendance que les statuts n'avaient pas encore avalisée (ce qu'ils feront à l'époque moderne). On voit le problème que ceci pose: s'agissait-il, surtout à propos d'une petite université, en net déclin par rapport au XIVe siècle, d'un indice de désorganisation grave du système? Si oui, pourquoi et comment les parties intéressées (maîtres, étudiants, autorités ecclésiastiques et laïques) se sont-elles accommodées d'une évolution qui pouvait présenter quelques avantages immédiats mais qui signifiait rapidement la déqualification des titres universitaires? Ou bien ne s'agissait-il pas plutôt (au prix, à coup sûr, de désordres et d'irrégularités) d'une remise en cause spontanée d'un système beaucoup trop lourd et contraignant, système fixé par les statuts au nom d'une pédagogie désormais obsolète et incapable d'atteindre ses propres objectifs comme le montrent, un peu partout, des indices certains de l'abandon des 'disputes' traditionelles, de l'impossibilité pratique d'étudier, dans les conditions prévues, la totalité des anciens programmes, et de l'apparition et du succès, en marge des exercices officiels, de nouvelles formes d'enseignement, etc. ? Dans cette dernière hypothèse, il reste d'ailleurs à imaginer ce que pouvait être, pratiquement, un enseignement destiné à un public aussi hétérogène, où se mêlaient oiseaux de passage et étudiants perpétuels. De toute façon, il paraît probable que ce raccourcissement des études, quelle qu'en ait été la cause, s'est accompagné d'une facilité plus grande de l'accès aux grades (pour ceux du moins qui pouvaient payer les sommes requises à cette occasion) et d'une certaine médiocrité intellectuelle.

Je signale enfin que la documentation ne donne aucune indication précise sur les durées de séjour à l'université de ceux qui n'obtenaient pas de grades. Certains devaient se décourager très vite; à l'inverse, j'ai relevé quelques exemples qui semblent nous mettre en présence d'étudiants échouant près du port (peut-être faute de moyens financiers), après de longues années d'études.[12] Mais nous n'avons pas la possiblité de préciser la proportion respective des uns et des autres ni de calculer une durée moyenne de séjour (ce qui serait pourtant nécessaire pour évaluer les effectifs totaux, même là où, comme à Avignon, une matricule nous donne le flux d'entrée— et pour ne pas reparler ici des étudiants non immatriculés officiellement et dont l'existence, incontestable, complique encore le problème).

La mobilité des étudiants

Tous les calculs précédents reposent sur le postulat d'une mobilité faible et même négligeable des étudiants. Ce postulat (qui serait inadmissible, par exemple, pour les XVIe et XVIIe siècles) est-il étayé par des constatations précises?

A priori, le caractère fortement régional du recrutement géographique des universités qui, à la fin du Moyen Age, se vérifie partout en Europe et qui, dans notre cas, est spécialement marqué pour Toulouse et Cahors,[13] semble en effet peu compatible avec l'idée d'une grande mobilité des étudiants. A cette remarque générale, la prosopographie permet d'apporter quelques précisions intéressantes.

L'idéal serait de disposer d'une prosopographie générale des étudiants et des gradués européens au Moyen Age. Vu l'état actuel des publications, j'ai pu seulement confronter mon propre fichier aux répertoires et aux index particuliers existants. Il en est ressorti quelques conclusions prévisibles (quasi absence d'étudiants méridionaux en Angleterre ou dans la Péninsule ibérique, rareté des étudiants méridionaux à Paris et, plus encore, absence de circulation entre les universités du Nord et celles du Midi, sauf dans quelques cas bien précis, comme celui des maîtres ès-arts parisiens venant enseigner à Avignon ou étudier la médecine à Montpellier); mais le problème le plus important, celui de l'éventuelle circulation des hommes entre universités méridionales françaises et universités italiennes, reste largement pendant, faute de publications satisfaisantes concernant les universités italiennes, spécialement celle de Bologne.[14]

D'autre part, mon fichier prosopographique peut au moins, pour la période considérée, nous renseigner sur la circulation des étudiants à l'intérieur de l'espace méridional, entre les quatre universités envisagées ici. Ce travail pose certes quelques problèmes d'identification (valeur du seul indice homonymique?) et il n'est pas non plus toujours possible de déterminer le sens de la migration. Au total cependant, deux conclusions, de portée d'ailleurs modeste, se dégagent (tableau IIIa):

(1) la mobilité géographique des étudiants méridionaux à l'intérieur du Midi lui-même était réduite. Spécialement faible à Toulouse, université particulièrement bien enracinée localement, elle l'était quand même un peu moins à Montpellier où continuait à se manifester, essentiellement à l'université de médecine, un rayonnement ou plutôt les restes d'un rayonnement à l'échelle de l'Occident.

(2) A la fin du XIVᵉ siècle, cette mobilité jouait surtout en faveur d'Avignon, ce qui nous conduit à en minimiser encore la portée du point de vue de l'histoire universitaire car il est évident que c'était la Curie pontificale beaucoup plus que l'université locale qui attirait, souvent très provisoirement d'ailleurs, certains étudiants à Avignon.

Pour les étudiants avignonnais du XVᵉ siècle, les indications concernant leurs déplacements sont trop minces pour pouvoir être traitées statistiquement. Si on laisse de côté les bacheliers et maîtres Mendiants de la faculté de théologie (dont la circulation obéissait aux règles propres de leurs ordres), le point sur lequel la documentation attire le plus l'attention est l'attrait nouveau exercé sur ces étudiants par les nouvelles universités françaises ou italiennes de cette zone (Orange, Valence, Turin, Pavie), moins pour leur renommée intellectuelle que pour la facilité avec laquelle on pouvait y obtenir des grades (concurrence 'subreptice' dénoncée par les docteurs avignonnais mais qui a contribué à leur faire réduire leurs propres exigences financières, tant pour garder leurs propres étudiants que pour essayer, à leur tour, d'en attirer d'autres).[15] Mais ces indications, pas plus que l'apparition à Avignon et Montpellier, au cours du XVᵉ siècle, de quelques maîtres et étudiants italiens, ne suffisent pas à fonder l'hypothèse, au demeurant vraisemblable, d'une reprise à cette époque des échanges avec l'Italie (phénomène qui a pris toute son ampleur au XVIᵉ siècle).

La matricule avignonnaise, qui mentionne souvent (mais pas systématiquement) 'sous' quel régent l'étudiant s'immatricule ou prend son grade, permet d'étudier un autre type de mobilité, celle des étudiants entre les classes des divers professeurs à l'intérieur d'une même faculté. Sauf à l'université de médecine de Montpellier, une telle mobilité était prohibée par les statuts; selon ceux-ci, passé un bref délai, l'étudiant devait choisir de manière définitive le maître auquel il resterait fidèle jusqu'à la fin de ses études. Un sondage dans la matricule d'Avignon m'a permis de constater que ces dispositions étaient assez bien respectées quoique pas parfaitement (tableau IIIb). Il ne permet pas malheureusement de trancher entre les diverses hypothèses qui viennent facilement à l'esprit pour expliquer qu'un étudiant ait pu être amené à changer de maître. Retenons plutôt que la permanence de l'étudiant dans une même classe, tout au long de ses études, ce qui restait largement la règle et qui l'amenait à recevoir un enseignement essentiellement répétitif, si elle avait été un des principes fondateurs de la pédagogie médiévale, a été peut-être un de ceux qui ont été progressivement le plus mal supportés, comme le prouvent, dans divers statuts, les efforts plus ou moins maladroits faits pour s'en affranchir en créant les conditions d'une circulation des étudiants entre les diverses catégories de maîtres, ordinaires et extraordinaires, et les bacheliers *legentes*.[16] Faute d'y être vraiment parvenus cependant, beaucoup d'étudiants ont pu, pour se débarasser de ce système étouffant, se tourner, comme nous l'avons vu plus haut, vers la solution plus facile mais moins heureuse d'un raccourcissement sensible des durées d'études, ce qui amputait l'ancienne pédagogie sans la renouveler.

Eléments de stratégie interdisciplinaire

Les statuts laissaient aux étudiants, en fait sinon toujours en droit, une certaine marge de liberté dans l'organisation interne de leurs études. Les cursus que la prosopographie permet de repérer étaient donc le fruit d'un certain nombre de choix personnels, d'arbitrages rendus en vue de la plus grande efficacité possible, sociale et intellectuelle, des études. Naturellement, ces choix étaient d'abord commandés par des facteurs proprement individuels—goûts et aptitudes personnels, situation financière, traditiojs familiales—qui nous échappent le plus souvent; mais il intervenait aussi une certaine idée, plus ou moins répandue, de la difficulté, de la valeur et de l'utilité pratique des diverses disciplines universitaires et la prosopographie permet précisément de reconstituer, au moins à titre d'hypothèse, ce que pouvaient être de telles représentations. C'étaient elles qui déterminaient les éléments de parcours scolaire que nous avons examinés plus haut, dans la mesure où ils relevaient non de contraintes extérieures mais de choix volontaires: simple teinture de culture universitaire ou études poursuivies jusqu'aux grades supérieurs? Cursus normal ou cursus accéléré ou cursus prolongé? Mobilité ou stabilité? On peut les retrouver dans un autre aspect de la stratégie de chacun, à savoir la décision de fréquenter, au cours de ses études, une ou plusieurs facultés.

Je ne retiendrai ici que deux illustrations de ce problème mais il en existe d'autres qu'il serait également intéressant d'étudier, par exemple la circulation entre les facultés de droit et de théologie.

(1) Le rôle des études d'arts. Je me borne à rappeler ici les conclusions du travail que j'ai déjà consacré à ce point et auquel je me permets de renvoyer le lecteur, notamment pour les bases statistiques de la démonstr-

ation.[17] Il m'y est apparu que, souvent conçues à l'image de la faculté des arts de Paris (qui était avant tout une faculté de logique et de philosophie préparant aux études supérieures de théologie), les facultés des arts méridionales sont devenues tout autre chose. D'une part, elles ont été des écoles urbaines de grammaire se suffisant pratiquement à elles-mêmes. Une minorité seulement de leurs étudiants accédait aux facultés supérieures, et une minorité seulement des étudiants de ces facultés (sauf en médecine, où pratiquement tous étaient d'anciens artiens) venait d'une faculté des arts; les études d'arts n'étaient nullement considérées comme une propédeutique indispensable aux études supérieures. Mais d'autre part, ceux qui avaient pris la peine de faire ce détour (détour que seule la prosopographie permet de déceler et de reconstituer de manière à peu près satisfaisante), en étaient malgré tout récompensés, non seulement, comme on l'a vu plus haut, par un taux de réussite aux examens supérieur à la moyenne, mais aussi par une plus grande aptitude à s'engager dans les études réputées les plus difficiles (droit civil, théologie, médecine), laissant plutôt le droit canon à une masse de clercs dépourvus de grades ès-arts, aux capacités et aux ambitions plus limitées.

Faire des études universitaires d'arts ou s'en dispenser était donc pour les étudiants méridionaux une décision qui requérait un arbitrage délicat et significatif entre un allongement certain du cursus et une qualification intellectuelle supérieure.

(2) On peut s'interroger, dans la même perspective, sur la signification des cursus *in utroque jure*. A titre d'exemple, l'analyse de la population d'étudiants et de gradués figurant sur les *rotuli* toulousains de 1393 déjà cités fait ressortir (voir tableau IV):

- que les cursus *in utroque* étaient encore chose assez rare;
- que ces cursus (à une exception près) étaient déséquilibrés, c'est-à-dire que le même grade n'était pas atteint des deux côtés;
- que (à trois exceptions près) la discipline étudiée en premier restait, sur l'ensemble du cursus, la discipline dominante, c'est-à-dire celle où était obtenu le grade le plus élevé. Je n'ai relevé que deux cas de canonistes 'se reconvertissant' au droit civil et un cas de civiliste se reconvertissant au droit canon;
- qu'en chiffres absolus et surtout en pourcentage c'étaient avant tout les civilistes qui étudiaient *in utroque*; un tiers environ d'entre eux, après leurs études en droit civil, se donnaient encore une formation complémentaire en droit canonique, étendant ainsi le champ de leur culture et de leur compétence juridiques. Seul un canoniste sur dix se donnait une peine analogue.

Cette dernière constatation (que laissaient déjà prévoir, à Toulouse, diverses dispositions statutaires nettement favorables au droit civil)[18] me paraît confirmer l'idée récemment avancée par André Gouron de la conjonction, en faveur du droit civil, d'un prestige social supérieur et d'une pratique intellectuelle plus intense et de plus haut niveau.[19]

Cursus universitaire et cursus bénéficial

L'objet essentiel de la prosopographie universitaire reste évidemment, rappelons-le, de mettre en évidence le lien entre les études faites—et donc la ou les disciplines étudiées—et la carrière ultérieure des anciens étudiants et gradués. Mais ce n'est pas ici notre sujet.

Cependant, on ne peut considérer le temps même des études universitaires comme une sorte de *no man's land*, de parenthèse dans l'histoire sociale des individus concernés. Beaucoup d'entre eux, tout en étudiant avec plus ou moins d'assiduité, occupaient déjà certaines fonctions civiles ou ecclésiastiques et, en tout cas, percevaient certains revenus qui, autant que leur condition juridique de *scolares*, concouraient à définir leur position sociale. Il est donc intéressant d'essayer de dégager les rapports existant entre les cursus universitaires proprement dits et ces éventuelles activités, simultanées mais non directement universitaires.

Parmi celles-ci la plus répandue, et celle en tout cas que la documentation met le mieux en lumière, était la possession de bénéfices ecclésiastiques. Je rappelle en effet qu'au temps de leurs études, les étudiants, réputés clercs, pouvaient obtenir des bénéfices et en tirer, généralement sans y résider, des revenus qui leur permettaient de subvenir à leur entretien. C'était d'ailleurs précisément l'objet le plus courant des suppliques, base de ma documentation, que de présenter au pape une demande de bénéfice ou, au moins, d'expectative.[20]

C'est donc à propos de ce problème du rapport entre cursus universitaire et cursus bénéficial que j'essaierai de montrer ce que peut apporter ici l'approche prosopographique.

On trouvera en annexe, dans le tableau Va, la situation bénéficiale des individus figurant sur le *rotulus* présenté en 1403 par l'université de Toulouse, selon leur discipline et leur grade. Pour plus de commodité, cette situation est exprimée par un chiffre, établi en attribuant à chaque type de bénéfice une valeur numérique conventionnelle, grossièrement proportionnelle à ses revenus supposés. Des données ainsi réunies, il ressort:

- que, dans leur majorité et même, dans le cas des arts et du droit civil, dans leur immense majorité, les simples étudiants n'étaient titulaires, à ce stade de leur cursus, d'aucun revenu bénéficial;
- qu'en revanche, une majorité de bacheliers en droit canonique et en théologie se trouvait pourvue de façon assez convenable;
- que la situation des bacheliers en droit civil était toute différente; ils ne recevaient guère de bénéfices ecclésiastiques, soit qu'ils en aient moins demandé que les autres, soit qu'on ait davantage répugné à leur en conférer; quoiqu'il en soit, ceci signifiait qu'ils avaient davantage à pourvoir par eux-

mêmes aux frais de leurs études, pendant de longues années, ce qui supposait à la fois des moyens financiers personnels ou familiaux et une forte détermination.

On devine, à travers ces indications, les diverses fonctions que jouaient, pour les étudiants, les bénéfices ecclésiastiques dont ils pouvaient être titulaires (voir tableau Vb). Au départ, on a le bénéfice-bourse d'études, assez chichement et tardivement accordé d'ailleurs le plus souvent, sauf à certaines catégories privilégiées d'étudiants (les étudiants nobles, les étudiants en théologie, souvent déjà gradués en droit.) De là, on pouvait passer progressivement au bénéfice fin en soi, emploi et dignité sociale. Ceux qui parvenaient à ce stade et qui étaient surtout, on vient de le voir, des canonistes et des théologiens, se trouvaient donc, même avant la fin de leurs études, dès le temps de leurs 'lectures' de bacheliers, bien engagés dans des carrières ecclésiastiques, en particulier de type canonial. Des filières aisées et presque naturelles s'ouvraient à eux.

En revanche, d'autres catégories d'étudiants, spécialement les civilistes, n'avaient que médiocrement accès aux revenus bénéficiaux. Ceci n'écartait pas une minorité d'entre eux de carrières ecclésiastiques ultérieures, souvent brillantes, mais dans la majorité des cas, il faut reconnaître que, ne tirant qu'un maigre profit de leur cléricature universitaire, ils se trouvaient bien plus volontiers orientés vers des carrières laïques, d'abord sans doute moins aisé mais plus prometteuses. L'inégal accès des canonistes et des civilistes aux bénéfices ne recouvrait donc pas seulement une opposition entre carrières ecclésiastiques et carrières laïques mais, plus profondément, des différences importantes au niveau de la pratique pédagogique et de la portée sociale des études.

L'analyse précise des cursus me semble constituer un relais indispensable en matière d'histoire universitaire entre la pure histoire des doctrines et l'histoire 'externe,' sociale et quantitative, des recrutements et des carrières. Ces cursus ne se coulaient pas dans le moule uniforme proposé par les statuts officiels mais présentaient une grande variété de profils, dont les particularités, toujours significatives, s'expliquent à la fois par le hasard des destinées individuelles, le poids des contraintes sociales et le jeu des représentations collectives. Le recours au fichier prosopographique, fastidieux et parfois décevant, est cependant, comme j'ai essayé de le montrer, une méthode intéressante pour restituer cette variété des cursus universitaires et appréhender concrètement par ce biais ce qui me paraît être un élément constitutif de la 'crise de l'université' à la fin du Moyen Age: la tension entre la règle et la pratique, la contradiction entre l'aspiration aux titres, aux grades, ressentie avec une urgence croissante dans une société qui se figeait peu à peu (avec la mise en place des réseaux bureaucratiques et de l'hérédité des offices) et l'aspiration également vivace à un renouveau culturel et pédagogique en dehors des anciennes structures scolastiques.

ANNEXES

Tableau Ia: Répartition par années des étudiants en droit de Toulouse figurant sur le grand *rotulus* de 1378

		Droit civil	Droit canonique
Etudiants:	1ère année	30	163
	2ème année	33	88
	3ème année	15	56
	4ème année	10	50
	5ème année	17	29
	6ème année	12	9
	7ème année	11	2
	8ème année	2	-
Bacheliers:	1ère année	11	56
	2ème année	15	35
	3ème année	8	26
	4ème année	9	11
	5ème année	7	13
	6ème année	7	13
	7ème année	5	-

En droit civil, les bacheliers de 1ère année représentent 37% des étudiants de 1ère année, les bacheliers de 7ème année 16% des étudiants de 1ère année; en droit canonique, ces pourcentages sont respectivement de 34% et 8%.

Tableau Ib: Succès aux grades des étudiants en droit de Toulouse inscrits sur les deux *rotuli* de 1378

Droit civil:	étudiants inscrits . . . . :	172
	étudiants devenus bacheliers. . . . . :	27 (16%)
	étudiants devenus licenciés. . . . . :	6 (3,5%)
	étudiants devenus docteurs . . . . :	0 (0%)
Droit canon:	étudiants inscrits . . . . :	467
	étudiants devenus bacheliers. . . . . :	66 (14%)
	étudiants devenus licenciés. . . . . :	12 (2,5%)
	étudiants devenus docteurs . . . . :	3 (0,6%)

Tableau Ic: Succès aux grades des étudiants en droit immatriculés à Avignon entre 1430 et 1448

	Immatriculés	Bacheliers	Licenciés	Docteurs
Droit civil	322	173 (54%)	30 (9%)	11 (3,5%)
Droit canonique	516	224 (43%)	9 (1,7%)	4 (0,7%)
In utroque ou droit non précisé	422	63 (15%)	11 (2,5%)	3 (0,7%)
Total	1260	460 (36,5%)	50 (8%)	18 (1,5%)

Tableau IIa: Durées fixées pour pouvoir postuler aux grades d'après les statuts publiés dans M. Fournier, *Les statuts et privilèges* . . . , *op. cit.*, i. n° 558 (Toulouse), ii. n° 947 (Montpellier), ii. n° 1279 (Avignon)

		Toulouse	Montpellier	Avignon
pour le baccalauréat	en droit civil	7 ans	6 ans	5 ans
	en droit canonique	5 ans	6 ans	5 ans
pour le licence	en droit civil	6 ans	5 ans	5 ans
	en droit canonique	5 ans	5 ans	5 ans

Tableau IIb: Temps mis par les étudiants en droit toulousains des *rotuli* de 1393 pour accéder:

au baccalauréat	- en droit civil		- en droit canonique
	-	4 ans	2
	-	5 ans	10
	1	6 ans	66
	6	7 ans	3
	3	8 ans	5
	2	9 ans	4
	-	10 ans	1
		. . . . . .	
	1	13 ans	-
à la licence	- en droit civil		- en droit canonique
	2	6 ans	-
	-	7 ans	1
	-	8 ans	1
	1	9 ans	-
		. . . . . .	
	-	13 ans	1
		. . . . . .	
	-	16 ans	1

Tableau IIc: Temps mis par les étudiants en droit avignonnais immatriculés entre 1430 et 1448 pour accéder:

au baccalauréat			à la licence	
77%	163 (33%) 66 (13%) 44 (9%) 58 (12%) 48 (10%)	Instantanément moins d'un an un an 2 ans 3 ans	- 11 (14%) 3 (4%) 2 (2,5%) 6 (8%)	28,5%
17%	39 (8%) 33 (6%) 14 (3%)	4 ans 5 ans 6 ans	9 (12%) 10 (13%) 5 (6,25%)	31,25%
6%	10 6 3 5 3 2 1 - 1 - - - -	7 ans 8 ans 9 ans 10 ans 11 ans 12 ans 13 ans 14 ans ...... 18 ans 19 ans 20 ans 21 ans 22 ans	9 5 3 3 4 1 1 1 - 2 - 1 1	40,25%

Tableau IIIa: Mobilité des étudiants entre les quatre universités méridionales

(1) A Toulouse, sur 3517 étudiants et gradués (entre 1378 et 1403):
   65 ont fréquenté aussi l'université d'Avignon
   18 ont fréquenté aussi l'université de Montpellier
   4 ont fréquenté aussi les universités d'Avignon et Montpellier 12 ont fréquenté aussi l'université de Cahors

   Total 99/3517 (=2,8%)

(2) A Montpellier, sur 909 étudiants et gradués:
   73 ont fréquenté aussi l'université d'Avignon
   18 ont fréquenté aussi l'université de Toulouse
   4 ont fréquenté aussi les universités d'Avignon et Toulouse
   1 a fréquenté aussi les université de Cahors

   Total 96/909 (=10,5%)

(3) A Cahors, sur 164 étudiants et gradués:
12 ont fréquenté aussi l'université de Toulouse
2 ont frréquenté aussi l'université d'Avignon
1 a fréquenté aussi l'université de Montpellier

Total 15/164 (= 9%)

(4) A Avignon, sur 2900 étudiants et gradués:
73 ont fréquenté aussi l'université de Montpellier
65 ont fréquenté aussi l'université de Toulouse
4 ont fréquenté aussi les universités de Montpellier et Toulouse
2 ont fréquenté aussi les université de Cahors

Total 144/2900 (= 5%)

Tableau IIIb: Mobilité des étudiants de l'université d'Avignon à l'intérieur des facultés de droit (sondage sur les lettres A, B et C du fichier correspondant au registre D 133—1430-48)

	Baccalauréat	Licence
Examen passé sous le même maître que l'immatriculation (ou le baccalauréat)	23 (64%)	8 (73%)
Examen passé sous un autre maître par suite de la mort ou du départ du premier	6 (17%)	3 (27%)
Examen passé sous un autre maître bien que le premier soit toujours en activité	7 (19%)	0 (0%)

Tableau IV: Cursus *in utroque* des étudiants et gradués en droit figurant sur les *rotuli* toulousains de 1393

Canonistes . . . . : 142	Civilistes . . . . : 56
dont ayant fait aussi, par la suite, du droit civil. . . . . : 16 (= 11%)	dont ayant fait aussi, par la suite, du droit canonique . . . . : 17 (= 30%)

Tableau Va: Situation bénéficiale des étudiants et gradués figurant sur le *rotulus* de Toulouse de 1403
(*n.b.*: la valeur des bénéfices a été évaluée conventionnellement de la manière suivante:

0 = pas de bénéfice
1 = petit bénéfice sans cure [chapelle, office secondaire, etc.]
3 = canonicat ou cure
5 = dignité capitulaire importante [doyen, archidiacre, etc.]
L'appartenance à un monastère a été comptée 1, à un chapitre régulier 3)

		Valeur des bénéfices détenus	Pourcentage d'individus ayant des bénéfices de cette valeur
1) Arts	Etudiants	0 1 - 2 3 à 5 6 et plus	91,5% 1,75% 6% 0,75%
	Bacheliers	0 1 - 2	87% 13%
	Licenciés	0 3 à 5	50% 50%
2) Droit canon	Etudiants	0 1 - 2 3 à 5	60% 20,5% 19,5%
	Bacheliers	0 1 - 2 3 à 5 6 et plus	42,5% 11% 39,5% 7%
	Licenciés	0 1 - 2 3 à 5 6 et plus	25% - 37,5% 37,5%
3) Droit civil	Etudiants	0 1 - 2 3 à 5	89% 9% 2%
	Bacheliers	0 1 - 2 3 à 5 6 et plus	76% 6,5% 13% 4,5%
	Licenciés	0 1 - 2 3 à 5 6 et plus	- 33,3% 33,3% 33,3%
4) Théologie	Etudiants	0 1 - 2 3 à 5 6 et plus	40,5% 24% 31% 4,5%
	Bacheliers	0 1 - 2 3 à 5 6 et plus	- - 50% 50%

Tableau Vb: Espoirs de promotion bénéficiale selon la filière choisie (d'après les données du tableau précédent)

1- Filière Arts + droit canonique

Valeur des bénéfices	Pourcentage d'étudiants ès-arts ayant des bénéfices de cette valeur	Pourcentage d'etudiants en droit canon ayant des bénéfices de cette valeur	Pourcentage de bacheliers en droit canon ayant des bénéfices de cette valeur
0	91,5%	60%	42,5%
1 - 2	1,75%	20,5%	11%
3 à 5	6%	19,5%	39,5%
6 et plus	0,75%	-	7%

2 - Filière Arts + droit civil

Valeur des bénéfices	Pourcentage d'étudiants ès-arts ayant des bénéfices de cette valeur	Pourcentage d'etudiants en droit civil ayant des bénéfices de cette valeur	Pourcentage de bacheliers en droit civil ayant des bénéfices de cette valeur
0	91,5%	89%	76%
1 - 2	1,75%	9%	6,5%
3 à 5	6%	2%	13%
6 et plus	0,75%	-	4,5%

3 - Filière Arts + théologie

Valeur des bénéfices	Pourcentage d'étudiants ès-arts ayant des bénéfices de cette valeur	Pourcentage d'etudiants en théologie ayant des bénéfices de cette valeur	Pourcentage de bacheliers en théologie ayant des bénéfices de cette valeur
0	91,5%	40,5%	-
1 - 2	1,75%	24%	-
3 à 5	6%	31%	50%
6 et plus	0,75%	4,5%	50%

NOTES

[1] Un tel usage de la prosopographie universitaire est en particulier illustré par les enquêtes en cours sur Oxford et Cambridge menées à partir des répertoires biographiques d'A. B. Emden; voir T. H. Aston, 'Oxford's Medieval Alumni,' *Past and Present*, lxxiv (1977), 3-40 et T. H. Aston, G. D. Duncan, T. A. R. Evans, 'The Medieval Alumni of the University of Cambridge,' *Past and Present*, lxxxvi (1980), 9-86.

[2] Dans cette direction encore trop peu explorée pour l'époque médiévale, le travail pionnier de S. Stelling-Michaud, *L'université de Bologne et la pénétration des droits romain et canonique en Suisse aux treizième et quatorzième siècles* (Travaux d'Humanisme et Renaissance, 17, Genève, 1955), reste exemplaire.

[3] Cette période 1378-1403 est couverte par les Registres des Suppliques (désormais cités RS) n° 47 à 104.

[4] Archives départmentales de Vaucluse, D 133 (1430-48) et D 134 (1448-78); il existe un troisème livre, D 135 (1478-1512) que je n'utiliserai pas ici.

[5] Pour des raisons de commodité, je ferai en particulier assez souvent appel aux chiffres concernant l'université de Toulouse, plus immédiatement 'lisibles' que ceux relatifs à Montpellier (où la documentation comporte, en fait de suppliques, de graves lacunes) ou à Avignon (où il faut tenir compte des perturbations apportées par la présence de la Curie pontificale).

[6] RS 50, f° 1-99v° (publié dans M. Fournier, *Les statuts et privilèges des universités françaises depuis leur fondation jusqu'en 1789* [Paris, 1890-94, 4 vols.], i. n° 697).

[7] A. Gouron, 'Le recrutement des juristes dans les universités méridionales à la fin du XIVe siècle: pays de canonistes et pays de civilistes?,' *Les universités à la fin du Moyen Age*, éd. par J. Paquet et J. Ijsewijn (Université catholique de Louvain. Publications de l'institut d'études médiévales, 2e s., vol. 2, Louvain, 1978), 524-48.

[8] RS 56, f° 211-227v°.

[9] J. Verger, 'Noblesse et savoir: étudiants nobles aux universités d'Avignon, Cahors, Montpellier et Toulouse (fin du XIVe siècle),' *La noblesse au Moyen Age. XIe-XVe siècles. Essais à la mémoire de Robert Boutruche*, éd. par Ph. Contamine (Paris, 1976), 289-313; et J. Verger, 'Remarques sur l'enseignement des arts dans les universités du Midi à la fin du Moyen Age,' *Annales du Midi*, xci (1979), 355-81.

[10] Les *rotuli* de 1393 se trouvent dans RS 80, f° 161-165v° (16 août 1393), RS 81, f° 163-168v° (9 août 1393—publié dans M. Fournier, *Les statuts et privilèges . . ., op. cit.*, iii. n° 1909) et RS 81, f° 249-251v° (9 août 1393—publié dans M. Fournier, *Les statuts et privilèges . . ., op. cit.* iii. n° 1910); le *rotulus* de 1387 se trouve dans RS 72, f° 344-364v° (30 mars 1387), les *rotuli* de 1394 dans RS 82, f° 121-195 (19-23 octobre 1394—publié dans M. Fournier, *Les statuts et privilèges . . ., op. cit.*, iii. n° 1912) et dans RS 88, f° 151-160v° (19-23 octobre 1394).

[11] Quelques exemples: Guillaume Batalhe, chanoine de Pamiers, a commencé ses études de droit canonique vers 1375; bachelier en 1384, il est toujours présent à l'université de Toulouse comme bachelier *legens* (en deuxième année de lecture!) et étudiant en théologie (en troisième année) en 1394 (RS 58, f° 69v°; RS 82, f° 131); Jean de Born, du diocèse de Périgueux, étudiant en droit civil depuis 1372, licencié vers 1390, étudie ensuite le droit canon et est toujours présent à l'université de Toulouse en 1394 (RS 50, f° 63v°; RS 82, f° 124v°); Arnaud *Sale*, du diocèse de

Tarbes, étudiant en droit canonique depuis 1373 ou 1374, bachelier vers 1393, étudiant en théologie en 1394, est encore inscrit sur le *rotulus* de 1403 comme bachelier en droit canonique étudiant à Toulouse (encore qu'il précise: *licet de presenti non studeat*) (RS 50, f° 34v°; RS 81, f° 249; RS 82, f° 133; RS 98, f° 41).

[12] Un exemple: *M. de Grignerio*, du diocèse de Genève, étudiant en droit civil de 1387 à 1393, n'apparaît plus dans les *rotuli* de 1394 et ne semble donc pas avoir accédé au baccalauréat, du moins à Toulouse (RS 80, f° 164).

[13] Voir J. Verger, 'Le recrutement géographique des universités françaises au début du XVe siècle d'après les suppliques de 1403,' *Mélanges d'archéologie et d'histoire*, lxxxii (1970), 855-902.

[14] Etat de la question dans J. Verger, 'Les rapports entre universités italiennes et universités françaises méridionales (XIIe-XVe siècles),' *Università e società nei secoli XII-XVI* (Pistoia, 1982), 145-72.

[15] Voir J. Verger, 'Le coût des grades: droits et frais d'examen dans les universités du Midi de la France au Moyen Age,' *The Economic and Material Frame of the Mediaeval University*, éd. par A. L. Gabriel (Texts and Studies in the History of Mediaeval Education, 15, Notre Dame, Indiana, 1977), 19-36, spéc. 28-29.

[16] De nombreux statuts témoignent à la fin du Moyen Age d'une volonté de diversifier les enseignements et d'offrir aux étudiants d'autres exercices que les lectures et les disputes traditionnelles faites par le maître ou, sous son contrôle direct, par son bachelier. On voit ainsi apparaître des exercices variés à l'intérieur des collèges (mais parfois ouverts à des auditeurs extérieurs): par exemple, à Avignon, aux collèges d'Annecy (statuts publiés dans M. Fournier, *Les statuts et privilèges . . .*, *op. cit.*, ii. n° 1339) et de Sénanque (M. Fournier, *Les statuts et privilèges . . ., op. cit.*, ii. n° 1412), à Montpellier au collège Saint-Benoît (M. Fournier, *Les statuts et privilèges . . ., op. cit.*, ii. n° 1016, 1025, 1135, 1218), à Toulouse aux collèges de Pampelune (M. Fournier, *Les statuts et privilèges . . ., op. cit.*, i. n° 730) et de Foix (M. Fournier, *Les statuts et privilèges . . ., op. cit.*, i. n° 840). On voit aussi se développer les lectures et les disputes assurées de manière indépendante par des bacheliers, au moins durant les mois d'été où les exercices magistraux étaient suspendus (voir en particulier pour Toulouse les statuts publiés dans M. Fournier, *Les statuts et privilèges . . ., op. cit.*, i. n° 523, 545, 670, 701). On constate enfin le succès croissant des lectures 'extraordinaires' confiées à des docteurs non régents, aussi bien à Avignon (M. Fournier, *Les statuts et privilèges . . . op. cit.*, iii. n° 1948) qu'à Montpellier (M. Fournier, *Les statuts et privilèges . . .,op. cit.*, ii. n° 947, 947/4) et Toulouse (M. Fournier, *Les statuts et privilèges . . ., op. cit.*, i. n° 542, 544).

[17] J. Verger, 'Remarques sur l'enseignement des arts . . .,' *op. cit.*

[18] Les études de droit civil duraient plus longtemps que celles de droit canonique, gage probable d'un plus grand sérieux (M. Fournier, *Les statuts et privilèges . . ., op. cit.*, i. n° 558). Les équivalences entre les deux cursus étaient conçues en un sens favorable aux civilistes puisqu'un bachelier en droit civil pouvait obtenir le baccalauréat en droit canonique avec trois années d'études supplémentaires, alors qu'en sens inverse il fallait quatre ans et la licence pour permettre à un canoniste d'accéder au baccalauréat en droit civil (statut de 1414—M. Fournier, *Les statuts et privilèges . . ., op. cit.*, i. n° 780).

[19] A. Gouron, 'Le recrutement des juristes . . .,' *op. cit.*.

[20] Voir D. E. R. Watt, 'University Clerks and Rolls of Petitions for Benefices,' *Speculum*, xxxiv (1959), 213-29.

SUMMARY

Prosopography and the University Cursus

This study is based upon a prosopographical data base on students of southern French Universities (Avignon, Cahors, Montpellier, Toulouse) at the end of the Middle Ages, built essentially from material from supplication registers (Vatican archives) and from Avignon University account books. Its aim is to demonstrate that from such a data base, it is possible to derive information on the university cursus, i.e., the precise development of studies and the choice of various forms of training. The following points are successively considered (and results noted):

(1) the proportion of success in examinations (relatively low);
(2) the real duration of study (very variable according to the cases under scrutiny);
(3) the geographic mobility of students (all in all, rather small);
(4) the respective position of the different courses available (the arts seeming to be quite distinct from superior faculties, the primacy of civil law over canon law and so on);
(5) the relationship between cursus and the level reached on the scale of ecclesiastical benefices (a definite correlation but certainly less obvious for students of civil law).

Zur Prosopographie studentischer Reisegruppen im Fünfzehnten Jahrhundert

Rainer Christoph Schwinges

Wenn man die mittelalterliche Universität als Personengemeinschaft definiert, so betont man über den institutionellen und wissenschaftlichen Bereich hinaus insbesondere die soziale und gesellschaftliche Dimension des Phänomens *Universität*. Eine solche Personengemeinschaft sei eine gesellschaftlich organisierte, wenngleich noch überschaubare Gemeinschaft im Sinne einer *societal community* genannt.

Diese Definition hat Konsequenzen: Die mittelalterliche Universität erscheint damit nicht als eine aus der Umwelt herausgehobene und isolierte Gruppe von *litterati* und solchen, die es werden wollten,[1] sondern als ein *sozialer Ort* für eine Fülle von personalen Ereignissen, als ein Knotenpunkt von sozialen Beziehungen, ähnlich wie auch die Kirche, die Stadtgemeinde, die Königs- und Fürstenhöfe des späten Mittelalters.[2] Universitätsleben und Studium liefen vielfach nach den gleichen sozialen Regeln ab, die auch ausserhalb der Hochschule galten. Jeder einzelne Universitätsbesucher trug seinen persönlichen Rang in die Gemeinschaft hinein und suchte, ihn dort zu behaupten und darzustellen oder im Rahmen dessen, was sozial zulässig war, zu verbessern. Dabei war es etwas völlig Selbstverständliches, sich an die aus der Umwelt gewohnten, traditionalen Sozialformen des *Netzwerks*, der *Patronage*, der *familia* anzupassen.[3]

Die Sozialstruktur und die besondere Erscheinungsform der Universität als ein *sozialer Ort* wird am besten in den Gruppen und Teileinheiten erkennbar, aus denen sie sich zusammensetzte—in Sache und Methode nicht anders als bei der Erforschung von Gesellschaft überhaupt. Als Leitfaden auf diesem Erkenntnisweg eignet sich in besonderer Weise die prosopographische Methode bzw. die kollektiv-biographische Methode, die für meine Forschungen über 'Deutsche Universitätsbesucher vom vierzehnten zum sechzehnten Jahrhundert' die adäquateste zu sein scheint.[4]

Die deutsche Universität des Mittelalters gliederte sich eigentlich nicht; sie setzte sich vielmehr zusammen: eine Aussage, die den universitären Teileinheiten jenseits des gemeinsamen Rechtskreises der Statuten und Privilegien einen besonderen Stellenwert verleiht. Universitätsbesucher verteilten sich auf Magister- oder Professorenhäuser, auf Bursen und Kollegien, Fakultäten und Nationen—und dies durchaus nach differenzierten sozialen Kriterien.[5]

Über diese Teileinheiten hinaus lassen sich aber noch weitere Gruppierungen in der Universität entdecken. Schon im Vorfeld des Studiums, bei der Ankunft am Hochschulort und bei der Immatrikulation kann man die jeweils gegenwärtige und künftige soziale Einstufung und ihre universitätsoffizielle Bewertung bis in mikrosoziologische Zusammenhänge hinein beobachten. Die allgemeinen Rektoratsmatrikeln, die Hauptquellen unserer Studien, dokumentieren jahrzehntelang nicht nur—wenn auch grob—den sozialen Stand der Universitätsbesucher, sondern auch zugleich oft die soziale Position in Beziehung zu anderen. Die matrikelführenden Rektoren der Universität Erfurt zum Beispiel wichen seit etwa 1470 von der bis dahin geübten Praxis der Immatrikulation nach der zeitlichen Reihenfolge ab und inskribierten die Ankömmlinge nach Adel und Ansehen, nach der Höhe der gezahlten Immatrikulationsgebühren und der Einbindung in Verwandtschafts- und Klientelverhältnisse am Herkunfts- oder Hochschulort—im klaren Bewusstsein der sozialen Gruppierungen und Beziehungen.[6] Selbst aber noch in der scheinbar zufälligen Abfolge der Einschreibungen nach dem Immatrikulationsdatum, den Tages-, Monats- oder Semesterdaten, lassen sich bemerkenswerte Zusammenhänge entdecken. Eine gezielte Analyse der aneinandergereihten Namenskolonnen in den Matrikeln führt zu der Erkenntnis, dass Studenten bzw. Universitätsbesucher nicht nur als isolierte Einzelpersonen zur Universität kamen, sondern sich häufig schon beim Zugang zur Hochschule in einem relativ klar abgrenzbaren sozialen Umfeld bewegten. Ich nenne diesen Tatbestand: *soziale Ankunft*.[7]

Man kann *zwei Typen sozialer Ankunft* unterscheiden: 1. die studentische *Reisegruppe*, mit der wir uns hier beschäftigen wollen, 2. eine Gruppe, die zunächst provisorisch *universitäre Gruppe* genannt sei. Ihre Mitglieder haben sich allem Anschein nach erst am Universitätsort oder im nahen Umkreis des Universitätsortes getroffen und sich, aus welchen Gründen auch immer, zu einer Gruppe verbunden, die sich dann gemeinsam in die Matrikel einschreiben liess. Es versteht sich, dass auch Unschärfen in der Differenzierung beider Gruppen, Mischformen und Typenwechsel auftreten können. Man wird solche Unklarheiten gesondert zur Kenntnis nehmen müssen.

Trifft man nun in den Matrikeln zum selben Datum auf Universitätsbesucher aus demselben Herkunftsort oder gelegentlich bei genügender Entfernung zur Hochschule aus verschiedenen, aber nahe beieinander liegenden Herkunftsorten, so ist davon auszugehen, dass diese Personen in einer *Reisegruppe* zur Universität gekommen sind. Dieser Typ der *sozialen Ankunft* ist derart häufig zu beobachten und sei deswegen auch im vorstehenden Sinne so definiert, dass von einer zufälligen Anordnung in den

Matrikeln keine Rede sein kann. Man bemerkt ihn an allen Universitäten des Reiches, die Matrikeln geführt und überliefert haben: nämlich in Wien, Heidelberg, Köln, Erfurt, Leipzig, Rostock, Löwen, Greifswald, Freiburg i.Br., Basel, Ingolstadt und Tübingen, wenn wir uns auf Gründungen des vierzehnten und fünfzehnten Jahrhunderts beschränken.[8] Eine gewisse Schwankungsbreite von Hochschule zu Hochschule und vor allem von Jahrgang zu Jahrgang ist freilich vorhanden. Sie bewegt sich zwischen fünfzehn und dreissig Prozent. Selbst in Universitätsmatrikeln, die keine exakten Immatrikulationsdaten verzeichnen, sondern nur nach Semestern oder Rektoraten eingeteilt haben, zeigt sich, dass das typische Gruppenbild erhalten geblieben ist. Offenbar haben wir es mit einer Konstanten des Universitätsbesuches zu tun. Hier scheint etwas auf—auch im Bewusstsein der intitulierenden Rektoren—, was über eine rein zufällige Wegegenossen- schaft und Reisebekanntschaft weit hinausgeht. So blieb an der Universität Erfurt gerade auch dann die Gruppe als Tatbestand *sozialer Ankunft* erhalten, als man die ursprüngliche Ordnung durchbrach und—wie schon erwähnt— begann, nach Adel und Ansehen der Personen zu reihen.

Man sollte freilich solche Gruppenzusammenhänge nicht überschätzen. Die grosse Mehrheit der Universitätsbesucher kam *allein* zur Universität, zumindest nicht in für uns erkennbaren Gruppierungen. Tats- ache ist jedoch, dass Gruppen bei der sehr geringen Besucherdichte, der völligen Überschaubarkeit der täglichen Ankunft am Hochschulort zwangsläufig immer eine grössere Aufmerksamkeit von aussen erfahren haben. So wird die vorgeformte Gruppenstruktur immer wieder in die Universität hineingetragen und—was wohl als entscheidend gelten muss— durch den immatrikulierenden Rektor oder 'Universitätsbeamten' bestätigt.

Was so erst in der statistischen Konzentration der Daten, in gleichsam seriellem Stereotyp aufgefallen ist, lässt sich aber auch literarisch belegen. Im *Manuale scholarium*, einem der häufigen mittelalterlichen Gesprächsbüchlein für Studenten zur Einführung in das Univer- sitätsstudium, ist ein Dialog zwischen einem *Magister* und einem *Discipulus* überliefert, den man ohne das Wissen um die Gruppenstruktur der Univer- sitätsbesucherschaft wohl nicht recht verstehen würde.

Magister: *Cur huc advenisti, expone mihi.*
Discipulus: *Studii causa.*
Magister: *Solus advenisti?*
Discipulus: *Sic est, reverende magister.*

Man sieht, die Frage, 'Bist du allein gekommen?', wird erst klar, wenn es üblich gewesen ist, auch zusammen mit anderen die Hochschulen zu besuchen.[9]

Gruppen weisen nun in allen *communities* bestimmte quantitative und qualitative Strukturmerkmale auf. Dazu zählen die konstituierende Gruppenstärke, die Zusammensetzung, die Definition der sozialen Positionen in den Gruppen sowie ihre Abgrenzung gegeneinander und gegenüber der Umwelt—hier der universitären Umwelt.[10]

An deutschen Universitäten (Fallbeispiele: Wien, Leipzig, Ingolstadt) überwogen völlig die Zweier-Gruppen (70%). In weitem Abstand folgten Dreier-Gruppen (20%), während stärkere Gruppen mit vier, fünf und mehr Mitgliedern relativ selten (10%) aufgetreten sind. Das *pairing* war vielleicht—zumal man in der Regel aus demselben Ort stammte und sozusagen 'seine Heimat mit auf Reisen nahm'—eine ganz natürliche Konstellation, die auf manchmal weiten und unsicheren Reisewegen einigermassen Schutz gewährte, überdies aber die Chancen wahrte, sich am Universitätsort sozial zu entfalten, ohne von einer grösseren Zahl von Gruppenmitgliedern behindert zu werden. Ähnliches gilt auch für andere Reisegruppen, was einen Vergleich sicher lohnen würde, für Boten und Nachrichtenläufer sowie für die wandernden Handwerksgesellen, deren Gruppenwandern sich schon im fünfzehnten Jahrhundert nachweisen lässt.[11]

Was die Zusammensetzung betrifft, so lassen sich *fünf Reisegruppentypen* unterscheiden: 1. Verwandtengruppen, 2. Universitätslehrer mit Gefolge; in der Regel sind es artistische Magister-Scholaren-Gruppen. Sie spielen allerdings im Laufe des fünfzehnten Jahrhunderts eine immer geringer werdende Rolle, was zugleich auf eine stärkere Verdichtung des sozialen Gefüges der Universitäten hinweist. 3. Herrengruppen: hohe geistliche und weltliche Herren mit ihrem Gefolge, junge Adelige mit ihren Pädagogen, Präzeptoren und Dienern. 4. Mönchsgruppen, in der Regel Angehörige der Bettelorden. 5. schliesslich eine Gruppe, die bei weitem am häufigsten auftritt, aber gar nicht eindeutig benannt werden kann; man stellt nur fest: es handelt sich um zwei oder mehr Personen aus demselben oder einem nahe benachbarten Herkunftsort. Mit Ausnahme der Ordensleute, die ihre 'Heimat' wohl im jeweiligen Orden oder Kloster gesehen haben, trifft diese lokale oder zumindest regionale Identität auf alle Reisegruppentypen zu. Selbst die Universitätslehrer, die Adeligen und hohen Herren haben ihre Schüler und Diener im allgemeinen aus dem eigenen Herkunftsort oder Herkunftsraum rekrutiert—ein *altes* soziales Beziehungsmuster, das in fremder Umgebung offensichtlich beiden Seiten Vertrauen und Sicherheit, den Schülern und Dienern möglicherweise auch Studien- und Karriereförderung gewährte.

Es ist nicht einfach, jene *fünfte Gruppe*, die ohne Namen geblieben ist, zu identifizieren. In unseren Matrikeln lässt sich das Sozialprofil eines jeden Besucherjahrgangs—gleichgültig, ob es sich dabei um Einzel- oder Gruppenimmatrikulierte handelt—zunächst nur sehr grob einschätzen. Dem Land und Stadtadel und den hohen und höheren kirchlichen Würdenträgern standen am unteren Rand der universitären Gemeinschaft die *pauperes* gegenüber. Dazwischen befand sich eine breite mittlere Schicht, die auf den ersten Blick weder sozial zu ordnen noch einzuordnen ist, gleichwohl aber—

allein schon quantitativ—als der eigentliche soziale Träger der Universität angesprochen werden muss. Diese Schicht ist freilich ebensowenig homogen gewesen, wie der Adel, die Geistlichkeit und die *pauperes*, was man am ehesten noch durch die Gebührenzahlung bei der Immatrikulation feststellen kann. Das Medium der Gebührenzahlung dient auch zur Differenzierung des *fünften Typs*, jener offensichtlich *'normalen' studentischen Reisegruppe*.[12]

Zahlungskriterien können unter gewissen, von Jahrgang zu Jahrgang wechselnden, nicht selten konjunkturellen Bedingungen auch Statuskriterien sein. Aus dieser Beobachtung folgen bezüglich der Reisegruppen *zwei Thesen*: 1. Zur Gruppenbildung neigen eher zahlungskräftigere als zahlungsschwächere Universitätsbesucher. Das Phänomen der *sozialen Ankunft* bewegt sich im Rahmen einer vorgegebenen sozialen Hierarchie. 2. Die Zahlungsmoral der studentischen Reisegruppen liegt relativ höher als die der alleinreisenden Besucher. Isolierter Universitätsbesuch schränkt die finanziellen und sozialen Möglichkeiten stärker ein als Universitätsbesuch in Gruppen.[13]

Diese Thesen halten einer Nachprüfung in zweierlei Hinsicht stand. Zum einen zeigt sich, dass die sozial schwächer einzustufenden Studenten, die die Immatrikulationstaxen nur zum Teil gezahlt haben, durch alle Jahrgänge hindurch lieber allein als in Gruppen zur Universität gekommen, also beim Universitätsbesuch isolierter gewesen sind. Zum anderen wird deutlich, dass alle jene, die über die normale Gebühr hinaus die Taxen ihres Standes gezahlt haben, die *nobiles, notabiles* und *tenentes statum nobilium* sowie die Studenten der sogenannten höheren Fakultäten, vor allem die Juristen, ebenso kontinuierlich stärker und überlegen unter den Mitgliedern von Reisegruppen repräsentiert waren als unter den Alleinreisenden. Nicht generell zu verifizieren sind unsere Thesen jedoch im Fall der *pauperes* sowie jener, die die normale Taxe gezahlt haben: ich nenne sie *Sollzahler*.[14] Hier sind weitere Bedingungen zu formulieren.

Pauperes und *Sollzahler* lassen sich gegeneinander nicht klar abgrenzen. Zwischen den beiden Kategorien mit offenen Rändern schwebt ein 'freies Potential,' das sich je nach der Konstellation der Immatrikulationsfrequenz der einen oder der anderen Seite zuneigen wird.

Die *Frequenz* der deutschen Universitäten ist einer Fülle von Einflüssen vor allem aus dem ausseruniversitären Bereich unterworfen. Einer der wichtigsten Einflussfaktoren, der der Frequenz über lange Zeit hinweg geradezu seine eigene *zyklische Prozessstruktur* aufgeprägt hat, scheint das Preisgefüge des Agrarmarktes am Universitätsort und im nahen Einzugsgebiet gewesen zu sein.[15] Die konjunkturell wechselnden Bedingungen des Hochschulzugangs betrafen nun—im Spiegel der Frequenz gesehen—gerade die Gruppenmitglieder unter den *Sollzahlern*, den *divites* in manchen Matrikeln, und den *pauperes* in ganz besonderer Weise; viel stärker übrigens als die Alleinreisenden aus beiden Kategorien. Dabei wiesen *Divites-Gruppen* aus der mittleren Trägerschicht der Universitäten eine sehr viel höhere Instabilität auf als *Pauperes-Gruppen*. Das aber bedeutet: 'Gute Zeiten' vermehrten, 'schlechte Zeiten' verminderten die Bildung von Reisegruppen, so jedoch, dass in besseren Zeiten die *divites*, in schlechteren Zeiten, in Jahren der Teuerung, die *pauperes* sich verstärkt zu Gruppen zusammenfanden. Ob das dann die gleichen Personen waren, wird kaum zu beweisen sein.

Was nun die Beziehungen zwischen der personalen Zusammensetzung der Gruppen nach Zahlungskriterien und der Anzahl der Gruppenmitglieder betrifft, so ist zu konstatieren, dass es vor allem die *pauperes* sind, die sich häufiger als andere zu Mehrfachgruppen konzentrieren, wenn auch hier die *Paargruppe* als Grundmuster studentischen Reisens dominant bleibt. Doch steigt gerade in Krisenzeiten der Anteil der Armen an den grösseren Gruppen sprunghaft an.

Darüber hinaus zeigt sich, dass es bei den Universitätsbesuchern in den Gruppen gewisse *soziometrische Effekte* gegeben haben muss. Sie führten—abgesehen von klaren Dienstverhältnissen zwischen Herren und armen Servitoren—zu einer relativ grossen Abneigung gegen das gemeinsame Reisen von Arm und Reich. Unabhängig von der Gruppenstärke blieb man am liebsten in *reinen Divites-Gruppen* oder *reinen Pauperes-Gruppen* unter seinesgleichen. Diese Distanziertheit gegeneinander, die wir auf Grund kollektiv-biographischer Merkmale herausfinden können, dürfte für die Sozialgeschichte—sicher nicht nur der deutschen Universitäten—von grosser Tragweite sein.[16]

Damit aber können die Ausgangsthesen—freilich in etwas veränderter Form—weiterhin Gültigkeit beanspruchen: Zahlungsstärkere und damit sozialstärkere Universitätsbesucher schliessen sich insgesamt gesehen doch eher zu Reisegruppen zusammen als die zahlungs- und sozialschwächeren Besucher—jedoch nur in der dominanten Form des *pairing*. Hinzu kommt noch die prinzipielle Einschränkung, dass sich nämlich die Relationen zwischen den Gruppen je nach der Wirksamkeit der verschiedenen Einflussfaktoren (vor allem des Agrarzyklus) auf die Immatrikulationsfrequenz in einzelnen Jahrgängen verschieben, aneinander angleichen oder sogar umkehren können. Dies gilt auch für das Verhältnis der Reisegruppen zu den Alleinreisenden.

ANMERKUNGEN

[1] Diese 'idealistische' Auffassung vor allem bei H. Grundmann, *Vom Ursprung der Universität im Mittelalter* (2nd ed., Darmstadt, 1976), 17ss.

[2] Zur neueren deutschen Forschung vgl. R. A. Müller, *Universität und Adel. Eine soziostrukturelle Studie zur Geschichte der bayerischen Landesuniversität Ingolstadt 1472-1648* (Berlin, 1974); P. Moraw, 'Zur Sozialgeschichte der deutschen Universität im späten Mittelalter,' *Giessener Universitätsblätter*, viii/2 (1975), 44-60; H.-W. Prahl, *Sozialgeschichte des Hochschulwesens* (München, 1978), 48-108; M. Ditsche, 'Soziale Aspekte der päpstlichen Doktorgraduierung im späten

Mittelalter,' *The Church in a Changing Society. Proceedings of the CIHEC-Conference in Uppsala August 17-21, 1977* (Uppsala, 1978), 208 ss.; R. C. Schwinges, 'Pauperes an deutschen Universitäten,' *Zeitschrift für historische Forschung*, viii (1981), 285-309. Die nicht-deutschsprachige Forschung hat sozialgeschichtliche Probleme der Universität zum Teil schon früher aufgegriffen, vgl. z.B.: J. M. Fletcher, 'Wealth and Poverty in the Medieval German Universities with Particular Reference to the University of Freiburg,' *Europe in the Late Middle Ages*, ed. J. R. Hale, J. R. L. Highfield, B. Smalley (London, 1965), 410-36; F. Šmahel, *Pražské universitní studenstvo v předrevolučním období 1399-1419, statisticko-sociologická studie* (Praha, 1967); G. F. Lytle, 'Patronage Patterns and Oxford Colleges,' *The University in Society*, ed. L. Stone (Princeton, 1974), i. 111-49; J. Verger, *Les universités au moyen âge* (Paris, 1973), 172ss.; T. H. Aston, 'Oxford's Medieval Alumni,' *Past and Present*, lxxiv (1977), 3-40; ders., G. D. Duncan, T. A. R. Evans, 'The Medieval Alumni of the University of Cambridge,' *ibid.*, lxxxvi (1980), 9-86; J. Paquet, 'L'universitaire "pauvre" au moyen âge,' *The Universities in the Late Middle Ages*, ed. J. Ijsewijn und J. Paquet (Leuven, 1978), 399-425; dort weitere einschlägige Arbeiten zur Sozialgeschichte, u.a. von H. de Ridder-Symoens. Neuerdings J. Paquet, 'Coût des études, pauvreté et labeur: Fonctions et métiers d'étudiants au moyen âge,' *History of Universities*, ii (1982), 15-52. Zentrale Probleme und Forschungsstand bieten: E. Schubert, 'Motive und Probleme deutscher Universitätsgründungen des 15. Jahrhunderts,' *Beiträge zu Problemen deutscher Universitätsgründungen der frühen Neuzeit*, ed. P. Baumgart und N. Hammerstein (Nendeln, 1978), 13-78; H. de Ridder-Symoens, 'Universiteitsgeschiedenis als bron voor sociale geschiedenis,' *Tijdschrift voor sociale geschiedenis*, x (1978), 87-115; J. Scheurkogel, 'Nieuwe universiteitsgeschiedenis en late Middeleeuwen,' *Tijdschrift voor geschiedenis*, xciv (1981), 194-204.

³ Zu Sozialformen vgl. etwa K. Bosl, 'Die "familia" als Grundstruktur der mittelalterlichen Gesellschaft,' *Zeitschrift für bayerische Landesgeschichte*, xxxviii (1975), 403-24; W. Reinhard, *Freunde und Kreaturen. "Verflechtung" als Konzept zur Erforschung historischer Führungsgruppen*, (Schriften der Philosophischen Fachbereiche der Universität Augsburg, xiv, Augsburg, 1979); V. Burkolter-Trachsel, 'Strukturelle Bedingungen für das Entstehen und die Transformation von Patronage,' *Schweizerische Zeitschrift für Soziologie*, iii (1977), 3-30; im Rahmen der Universität: R. A. Müller, *Universität und Adel*, 119 ss.; G. F. Lytle, 'Patronage Patterns,' 123 ss.; P. Moraw, 'Sozialgeschichte,' 52 s.; ders., *Heidelberg: Universität, Hof und Stadt im ausgehenden Mittelalter*, (Abhandlungen der Göttinger Akademie der Wissenschaften, phil.-hist. Klasse, Göttingen, 1983); R. C. Schwinges, 'Pauperes,' 289, mit weiterer Literatur.

⁴ Programmatisch zu diesen computergestützten Forschungen: R. C. Schwinges, 'Deutsche Universitätsbesucher im späten Mittelalter. Methoden und Probleme ihrer Erforschung,' *Politische Ordnungen und soziale Kräfte im Alten Reich*, ed. H. Weber (Wiesbaden, 1980), 37-51. Zur Methode auch K. Wriedt, 'Personengeschichtliche Probleme universitärer Magisterkollegien,' *Zeitschrift für historische Forschung*, ii (1975), 19-30.

⁵ Vgl. hierzu zusammenfassend G. Kaufmann, *Geschichte der deutschen Universitäten* (2 vols., Stuttgart, 1888-96, repr.: Graz, 1958), ii. capp. 2-3; F. Paulsen, 'Die Gründung der deutschen Universitäten im Mittelalter,' *Historische Zeitschrift*, xlv (1881), 251-311; ders., 'Organisation und Lebensordnung der deutschen Universitäten im Mittelalter,' *ibid.*, 385-440; J. Verger, 174 ss.; zu einzelnen

'Teileinheiten': P. Kibre, *The Nations in the Mediaeval Universities* (Mediaeval Academy of America, Publications 49, Cambridge, 1948); S. Schumann, *Die "nationes" an den Universitäten Prag, Leipzig und Wien. Ein Beitrag zur älteren Universitätsgeschichte* (Diss. maschschr., FU Berlin, 1974); A. Seifert, 'Die Universitätskollegien - Eine historisch-typologische Übersicht,' *Lebensbilder deutscher Stiftungen*, iii (1974), 355-72; künftig R. C. Schwinges, 'Sozialgeschichtliche Aspekte spätmittelalterlicher Studentenbursen in Deutschland,' *Schulen und Studium im Sozialen Wandel des hohen und späten mittelalters*, ed. J. Fried (Vorträge und Forschungen, xxx, Sigmaringen, 1985).

⁶ Vgl. *Acten der Erfurter Universität*, ed. H. Weissenborn (Halle, 1881, vol. i).

⁷ Erste Hinweise finden sich bei R. A. Müller, *Universität und Adel*, 68 Anm. 45; P. Moraw, 'Sozialgeschichte,' 50; R. C. Schwinges, 'Universitätsbesucher,' 49 s. Ich stütze mich im folgenden weitgehend auf eigene Forschungen, die demnächst in einem grösseren Werk vorgelegt werden sollen.

⁸ Einen guten Überblick über die Matrikeleditionen gibt E. Giessler-Wirsig, 'Universitäts- und Hochschulmatrikeln,' *Taschenbuch für Familiengeschichtsforschung*, ed. W. Ribbe und E. Henning (9th ed., Neustadt/Aisch, 1980), 141-80. Jetzt auch mit kurzen Abrissen zur Universitätsgeschichte: *Hermes Handlexikon 9: Universitäten und Hochschulen in Deutschland, Österreich und der Schweiz*, ed. L. Boehm und R. A. Müller (Düsseldorf, 1983). Verloren sind die mittelalterlichen Matrikeln der Universitäten zu Prag, Trier und Mainz; die kurzlebige erste Hochschule zu Würzburg (1402-13) hat vermutlich kein Verzeichnis geführt. Vgl. F. Šmahel (1967); M. Matheus, 'Zum Einzugsbereich der "alten" Trierer Universität (1473-77),' *Kurtrierisches Jahrbuch*, xxi (1981), 55-69; Die Mainzer Rekonstruktionen bieten keinen Ersatz: *Verzeichnis der Studierenden der alten Universität Mainz* (Lieferung i ss., Wiesbaden, 1979 ss.).

⁹ Vgl. F. Zarncke, *Die deutschen Universitäten im Mittelalter. Beiträge zur Geschichte und Charakteristik derselben* (Heipzig, 1857), 3.

¹⁰ Vgl. zusammenfassend Th. M. Mills, *Soziologie der Gruppe* (5th ed., München, 1976).

¹¹ Vgl. L. Mertl, *Das Münchener Zunftwesen bis zum Ausgang des 30jährigen Krieges* (Diss. München, 1922), 158. Ausführlich nun W. Reininghaus, *Quellen zur Geschichte der Handwerksgesellen im spätmittelalterlichen Basel* (Basel, 1982), 19 ss.; vgl. noch (ohne auf Gruppenreisen einzugehen) ders., 'Die Migration der Handwerksgesellen in der Zeit der Entstehung ihrer Gilden (14./15. Jahrhundert),' *Vierteljahrschrift für Sozial- und Wirtschaftsgeschichte*, lxviii (1981), 1-21; auch G. Jaritz, 'Gesellenwanderung in Niederösterreich im 15. und 16. Jahrhundert unter besonderer Berücksichtigung der Tullner "Schuhknechte,"' *Internationales Handwerksgeschichtliches Symposium Veszprém 20.-24. 11. 1978* (Ungarische Akademie der Wissenschaften - Veszprémer Akademische Kommission, 1979), 50-61.

¹² Zur Schichtung J. M. Fletcher (1965); J. H. Overfield, 'Nobles and Paupers at German Universities to 1600,' *Societas: A Review of Social History*, iv (1974), 175-210; R. A. Müller, *Universität und Adel* , 60 ss.; H. de Ridder-Symoens, 'Adel en universiteiten in de zestiende eeuw. Humanistisch ideaal of bittere noodzaak?,' *Tijdschrift voor geschiedenis*, xciii (1980), 410-32; besonders zum Problem der *pauperes*: M. Ditsche, 'Zur Studienförderung im Mittelalter,' *Rheinische Vierteljahresblätter*, xli (1977), 51-62; ders., 'Scholares pauperes. Prospettive e condizioni di studio degli studenti poveri nelle università del medioevo,' *Annali dell'Istituto storico italo-germanico in Trento*, v (1979), 43-54; E. Mornet, 'Pauperes scholares.

Essai sur la condition matérielle des étudiants scandinaves dans les universités aux XIVᵉ et XVᵉ siècles,' *Le Moyen Âge*, lxxxiv (1978), 53-102; J. Paquet, wie oben Anm. 2, und ders., 'Recherches sur l'universitaire "pauvre" au moyen âge,' *Revue Belge de Philologie et d'Histoire*, lvi (1978), 301-53; R. C. Schwinges, 'Pauperes'; E. de Maesschalck, 'De criteria van de armoede aan de middeleeuwse Universiteit te Leuven,' *Revue Belge*, lviii (1980), 337-54.

[13] Diese Thesen zuerst formuliert am Beispiel des Studentenjahrgangs 1485: R. C. Schwinges, 'Universitätsbesucher,' 50.

[14] Zu den Immatrikulationstaxen vgl. die Einleitungen der Matrikeleditionen; vorbildlich etwa: *Die Matrikel der Universität Leipzig*, ed. G. Erler (Leipzig, 1895-1902, 3 vols.), i. xlviii ss.; *Die Matrikel der Universität Freiburg im Breisgau*, ed. H. Mayer (Freiburg, 1907-09, 2 vols.), i. xlix ss.; *Die Matrikel der Universität Köln*, ed. H. Keussen (2nd ed., Bonn, 1928-1931, 3 vols.), i. 11 ss.

[15] Vgl. R. C. Schwinges, 'Universitätsbesuch im Reich vom 14. zum 16. Jahrhundert: Wachstum und Konjunkturen,' *Geschichte und Gesellschaft*, x (1984), 5-30; Für einen späteren Zeitraum ders., 'Immatrikulationsfrequenz und Einzugsbereich der Universität Giessen 1650-1800. Zur Grundlegung einer Sozialgeschichte der Giessener Studenten,' *Academia Gissensis. Beiträge zur älteren Giessener Universitätsgeschichte*, ed. P. Moraw und V. Press (Marburg, 1982), 247-95.

[16] Weitere Überlegungen am Beispiel der Wiener Universitätsbesucher im ersten Drittel des 15. Jahrhunderts: R. C. Schwinges, 'Studentische Kleingruppen im späten Mittelalter,' *Politik, Gesellschaft, Geschichtsschreibung. Giessener Festgabe für Frantisek Graus zum 60. Geburtstag*, ed. H. Ludat und R. C. Schwinges (Köln-Wien, 1982), 319-61, 344 ss.

SUMMARY

On the Prosopography of Student Travel-Groups in the Fifteenth Century

The medieval university was a community of people structured in a 'societal community.' It was used as a gathering point, as a social focus, similar to the church, fashioned after the municipal community and royal and princely courts. Members of the university brought their social status to this community and tried to maintain it, to represent it, or to improve it within socially accepted limits. The best way of recognizing this structure of the university is to look at the different groups of which it was composed.

One of the units was the Student Travel-Group, which brought to the university its group-structure usually preformed at its place of origin. At German universities these Travel-Groups were normally arranged by well-to-do students (*divites*). In 70% of all cases they organized themselves in pairs. These students did not like the custom of 'common travelling' of 'rich and poor' very much except for definite employment. On the other hand, poor students (*pauperes scholares*) formed groups only in times of crisis or under external pressures.

Possibilités de carrière et de mobilité sociale des intellectuels-universitaires au moyen âge

Hilde de Ridder-Symoens

Pendant les dernières décennies, l'histoire des universités a pris une nouvelle orientation.[1] Il est évident que l'histoire institutionnelle et intellectuelle de ces institutions d'enseignement supérieur continue à trouver des adhérents, et heureusement, puisqu'il reste encore beaucoup à faire dans ce domaine.

'L'histoire nouvelle' des universités n'est pas seulement nouvelle parce qu'elle aborde d'autres sujets de recherche et qu'elle en a fait une histoire sociale, mais principalement parce qu'elle a ouvert la voie à une position de problèmes modifiée et à des méthodes reprises aux sciences sociales. Aussi faut-il avouer que l'histoire des universités, qui fut le domaine quasi exclusif des médiévistes, a, dès lors, trouvé grâce devant les historiens de l'ancien régime. Si les universités de cette époque n'offrent rien d'intéressant ou de nouveau dans le domaine institutionnel, et si la plupart des studia ont laissé passer la révolution scientifique des 17e et 18e siècles devant leurs portes, elles constituent par contre, la mesure des changements sociaux, les agents d'un certain immobilisme social. Ces aspects de l'histoire universitaire ont pu inciter les chercheurs à s'en occuper.

La prosopographie appliquée aux universités offre un bel exemple de cette évolution. Ce n'est pas que la méthode prosopographique ne fut connue ni utilisée auparavant—il suffit de penser aux oeuvres de P. Glorieux,[2] G. Knod[3] et autres—mais les éléments introduits dans ces biographies collectives et les questions qu'on se pose ont bien changé.

S. Stelling-Michaud est le premier historien qui a travaillé dans ce sens et dont les recherches sur les possibilités de carrière et de mobilité sociale des intellectuels—universitaires au moyen âge sont vraiment originales.[4] Depuis les années 50 les travaux se succèdent, l'histoire sociale des universités est à la mode, et elle trouve, surtout parmi les jeunes chercheurs, de fervents adhérents.[5]

Comme le thème qu'on m'a proposé pour ce colloque est très vaste et largement étudié dans plusieurs pays, je me contenterai ici d'esquisser la situation dans les anciens Pays-Bas. Les recherches prosopographiques y sont très en vogue, mais assez mal connues dans le monde scientifique international. En premier lieu, l'emploi du Néerlandais dans beaucoup de ces publications en freine la diffusion. En outre, plusieurs recherches historiques qui s'appuyent sur la prosopographie sont des thèses de doctorat en histoire qui souvent ne sont pas, et ne seront jamais éditées pour des raisons diverses.

Personnellement, je suis convaincue que seule une prosopographie des universitaires peut approfondir notre connaissance des mécanismes et des déterminants de la mobilité sociale par le truchement des études académiques.

Pour connaître et comprendre le rôle de l'intellectuel-universitaire dans la société du bas moyen âge, on peut recourir à plusieurs méthodes d'approximation. Ces différentes méthodes aboutissent à des conclusions diverses, mais combinées et comparées, elles augmentent amplement les possibilités d'explication des phénomènes historiques:

> (1) on part de l'université même; les sources universitaires forment la base de recherche; la population est hétérogène bien qu'il ne s'agisse que d'un seul groupe d'universitaires.
> (2) on étudie l'intellectuel dans son milieu de travail post-universitaire; on part dans ce cas de l'institution; on se trouve devant un groupe homogène de carrière, mais hétérogène de formation.
> (3) on prend comme point de départ une circonscription géographique délimitée, par exemple, une ville, une région, un diocèse, un comté; on essaie de déterminer le nombre et la qualité de tous les universitaires, habitants de cette circonscription. Dans ce cas, le matériel biographique et la population à étudier sont très hétérogènes.

(1)

Dans le premier cas, les matricules, les listes de promotions ou autres sources donnant des noms d'étudiants, comme par exemple les procès-verbaux ou les délibérations des séances facultaires ou académiques, forment la base des recherches. Il est possible, par l'identification des suppôts de la communauté universitaire, de mieux comprendre le caractère social, international, intellectuel et idéologique de l'institution en question.

Le studium, est-il ouvert à des étudiants de basse condition sociale et financière ou élimine-t-il, par son manque d'infrastructure et d'organisation appropriées, les *pauperes*?

Est-ce que l'université est largement ouverte à des étudiants étrangers ou a-t-elle un réflexe de protectionnisme national? Une étude de l'origine géographique des étudiants peut nous donner la réponse.

Est-il question d'endogamie dans le corps professoral ou a-t-on recours aux plus qualifiés, ne tenant pas compte ni de l'origine géographique ni de la condition sociale ou idéologique? En somme, peut-on parler de protectionnisme national ou d'esprit ouvert dans le choix des professeurs?

On pourrait se contenter d'une analyse prosopographique plus superficielle en cherchant une réponse à ces questions. Les données dans les sources universitaires semblent à première vue suffisantes. Cependant, la qualité et l'uniformité des données dans les matricules, les listes de promotions ou les procès-verbaux sont tellement inégales et inconséquentes qu'il est dangereux non seulement de comparer les différentes universités européennes, mais même de faire une analyse plus approfondie d'un seul studium.

Lors de mon étude sur la fréquentation des universités par la noblesse des anciens Pays-Bas méridionaux aux 15e et 16e siècles,[6] j'ai pu constater qu'il est impossible de se baser sur les données des sources universitaires pour avoir une idée exacte du nombre et de la qualité de cet ordre social. Un même étudiant était inscrit dans une université comme *nobilis*, dans une autre comme roturier. Dans un studium, il payait le tarif d'un noble, dans l'autre il se contentait d'une moindre somme. Un frère se disait noble, l'autre, pourtant pas bâtard, préférait se faire immatriculer comme non-noble. Une connaissance biographique plus approfondie des étudiants nous a appris que le nombre des nobles néerlandais dans les universités du 15e et 16e siècles était plus grand qu'on ne le soupçonnait à partir des épithètes ou des qualifications dans les matricules. Aux anciens Pays-Bas, et surtout en Flandre, une importante partie, surtout de la noblesse urbaine, était non seulement moins illettrée qu'on ne pense, mais même intellectuellement était à un tel niveau qu'il fut possible à ces nobles de concurrencer la bourgeoisie dans l'administration toujours croissante. Ce phénomène nous permet de mieux comprendre l'expansion culturelle, intellectuelle et administrative que les Pays-Bas ont connue sous les souverains bourguignons et habsbourgeois.[7]

Un comité international néerlandais, belge et allemand s'est voué à l'édition des Livres des Procurateurs de la nation germanique de l'ancienne université de lois d'Orléans. Ces livres contiennent les rapports des procurateurs qui y relatent ce qui s'est passé dans la nation et à l'université durant l'exercice de leur mandat. Ils mentionnent notamment les noms des nouveaux-venus et des membres qui ont obtenu des grades. Cette publication comprend, à côté de l'édition du texte, les biographies de tous les étudiants mentionnés dans ces rapports. A présent, nous avons terminé la publication, texte et biographies, du Premier Livre qui comprend les années 1444-1546.[8]

Les biographies ont été dressées d'une manière exhaustive et selon un plan préétabli: *cursus studiorum* (fréquentation d'autres universités et grades); origine familiale et sociale; mariage et progéniture; carrière; fonctions sociales, scientifiques, culturelles; iconographie.

Les résultats obtenus sont très inégaux mais satisfaisants, surtout pour le 16e siècle. Les sources font plus défaut au 15e siècle et, remarquablement, le nombre de petites gens, plus difficile à identifier, est plus grand dans ce siècle. Comme il s'agit d'une université de lois, les gradués-juristes sont ultérieurement plus faciles à retrouver dans toutes sortes d'institutions, tant ecclésiastiques que laïques, que par exemple les maîtres ès arts, dont les possibilités de carrière sont plus limitées et plus dispersées. En tout, plus des trois quarts des 1265 étudiants de la nation germanique ont pu être situés et plus que la moitié ont été identifiés. Jusqu'à présent, une étude de synthèse n'a été faite que pour l'ancien duché de Brabant.[9] Ce duché est quantitative-ment et qualitativement représentatif. 61,5% des 1265 étudiants étaient originaires des anciens Pays-Bas et 24%, ou presqu'un quart de tous les immatriculés, ressortissaient de l'ancien ducheé de Brabant. Les Brabançons étaient surtout originaires des grands centres politiques et administratifs, Anvers, Bruxelles, Malines et Bois-le-Duc (70% en tout). Il n'y a pas de corrélation directe entre la superficie et le nombre d'habitants d'une région ou d'une ville et le nombre d'étudiants. Il faut connaître la situation économique, politique et culturelle de ces centres pour pouvoir interpréter les chiffres. 20% des étudiants étaient recrutés dans la noblesse, quasi totalement la petite noblesse. Les grand-nobles étaient ou des cadets destinés à une carrière ecclésiastique, ou des bâtards. Quelques individus seulement appartenaient à la classe des gens de métier. La majorité des étudiants se retrouvaient dans la bourgeoisie urbaine. L'étude de la situation sociale d'au moins trois générations d'étudiants a révélé certains mécanismes de l'ascen-sion sociale par le truchement des études, ascension qui connaissait une vraie prolifération du milieu de 15e jusque loin dans le 16e siècle. Il est manifeste que la tendance de formation d'une 'classe' de juristes-officiers, dans le sens sociologique du mot, et employé ici dans un sens anachronique, naquit dans le second moyen âge et connut son apogée au 16e siècle.

Le procès de laïcisation de l'université s'est accompli à Orléans dans le courant du 15e siècle. Du fait qu'il s'agit d'une université de lois mettant l'accent sur le droit civil, ce procès de laïcisation est plus précoce que dans les studia spécialisés dans la théologie, le droit canonique ou même les arts. Un quart de tous les Brabançons étudiés étaient cependant encore des clercs. A partir des biographies, il nous était possible d'esquisser un portrait-robot de la carrière des juristes, tant ecclésiastiques que laïques. Grâce à un bénéfice ecclésiastique (*rector altaris*, curé, chapelain, chanoine) le clerc moins fortuné commencait ses études ès arts, de préférence à Louvain. Puis il partit pour les bords de la Loire où il s'appliquait à un ou aux deux droits. Si le gradué n'avait pas encore une prébende canonicale, il l'ambitionnait. Même dans les chapitres les plus aristocratiques, la porte pourrait s'ouvrir au clerc roturier grâce au diplôme universitaire. Un poste d'avocat dans l'of-ficialité n'était pas à dédaigner. Pour des missions diplomatiques et d'autres charges politiques ou juridiques, l'église recourut souvent à ces juristes dont la formation technique, et pour ce temps, pratique, était très appréciée. Pour les fonctions ecclésiastiques supérieures, ce ne fut plus uniquement le diplôme qui joua un rôle; l'origine sociale devint déterminante, et puisque l'élite de la société néerlandaise connaissait le chemin vers l'université, il n'y avait pas de manque de candidats gradués dans cette couche sociale.

L'archidiaconat, ou de préférence, la dignité de vicaire-général, abbé ou évêque était à l'apogée de la carrière. Rares furent les *ex-Orleanienses* qui attaignirent ce but, et ils furent tous recrutés dans la noblesse.

Le Brabançon laïque, gradué maître ès arts de préférence de Louvain, et licencié en droit civil ou *utriusque juris* d'Orléans, ambitionnait, si ses parents étaient opulents, de terminer ses études dans un studium italien. Ou bien, il appartenait à la bourgeoisie urbaine, généralement à une famille de magistrat, et sa carrière se déroulait dans la magistrature urbaine, où il se consacrait aux tâches diplomatiques et juridiques. Très rarement l'ancien Orléanais quittait le cadre urbain pour aller faire valoir son diplôme dans un service gouvernemental. Si l'étudiant n'appartenait pas à un des lignages de sa ville natale, il devait se contenter d'un poste de pensionnaire, secrétaire ou greffier. De ce groupe de fonctionnaires sortirent les carriéristes dans les institutions provinciales et même centrales. Ou bien, l'étudiant Orléanais sortait de la petite noblesse ou de l'une des grandes familles de fonction-naires qui s'étaient constituées au bas moyen âge, et il débutait comme avocat ou comme fonctionnaire local ou régional princier. Il espérait siéger bientôt dans l'une des institutions juridiques ou gouvernementales au niveau provin-cial (Conseil provincial, cour féodale ou Chambre des Comptes). Cette carrière était couronnée par une présidence. Pour aboutir dans les institutions centrales (Parlement ou Conseil de Malines, Conseil souverain, Conseils collatéraux, etc.), le diplôme orléanais ne suffisait pas du tout: à côté des qualités d'intellect et de caractère, le candidat devait être de haute naissance et de famille opulente. En outre, il devait choisir avec soin son épouse et manifester son dévouement à la couronne. Quelques anciens Orléanais ont atteint le sommet de la pyramide.

Les *ex-Orleanienses* ne furent pas de grands savants. Une carrière académique ne leur disait pas grand chose; seulement trois d'entre eux sont devenus professeurs d'université.

Il ne faut pas oublier non plus que ces gradués se retrouvent dans toute la vie publique et culturelle de leur ville ou de leur province. Nous pouvons facilement comparer la position de ces anciens étudiants orléanais dans la société néerlandaise des 15e et 16e siècles avec celle des diplômés de l'ENA dans la France actuelle ou des gradués d'Oxford et de Cambridge dans le monde britannique.

(2)

Parlons maintenant de la seconde méthode prosopographique pour évaluer le rôle des universitaires dans la société.

Une analyse détaillée des gens qui peuplent les institutions de tous les genres doit nous aider à mieux comprendre le fonctionnement, non seule-ment de ces institutions mais de toute la société. Il faut rechercher le fond social et intellectuel, la formation scolaire et universitaire, la carrière, les ambitions et les méthodes d'arriver à ses fins, et les relations familiales et amicales.

En Belgique, plusieurs travaux de ce genre ont été réalisés pendant les dernières années.

Raf de Keyser a passé son doctorat à Louvain avec une étude prosopographique et institutionnelle sur le chapitre Saint-Donatien à Bruges de 1350 à 1450 et Jacques Pycke a fait un travail semblable sur le chapitre de Notre-Dame à Tournai du 11e au 13e siècle. Ces travaux sont restés inédits jusqu'à présent, mais les deux auteurs ont publié un article sur les chanoines aux études dans le Recueil du Congrès de Louvain de 1975.[10]

Les documents émanant des chapitres nous fournissent des renseignements précieux sur les études des chanoines. Les actes capitulaires mentionnent notamment les attestations d'études envoyées par les chanoines de leur résidence universitaire, ainsi que les titres universitaires des nouveaux prébendés.

Déjà au 14e siècle, 76% des chanoines prébendés de Tournai avaient fait des études universitaires; pour ceux de Saint-Donatien à Bruges, il s'agit de 64,5%. La moitié des chanoines tournaisiens et deux tiers des chanoines brugeois ont dépassé le stade de la maîtrise ès arts pour s'engager dans des facultés supérieures, en majorité dans la faculté de droit, suivi de la théologie ou de la médecine. L'université de Paris fut la plus fréquentée, tant par les Tournaisiens que par les Brugeois. Puis vint Louvain, érigé en 1425, pour les chanoines de Saint-Donatien. Les juristes avaient une prédilection manifeste pour le studium orléanais. Les chanoines des deux chapitres fréquentaient aussi régulièrement les studia de Rome, Bologne et Montpellier; ceux de Bruges choisirent de préférence Cologne, Toulouse et Angers. La plupart des chanoines étaient issus de la bourgeoisie ou du patriciat urbain. La noblesse ne jouait qu'un rôle restreint à Bruges après l'érection du chapitre collégial en chapitre cathédral au 16e siècle.[11] Les chanoines cumulaient plusieurs prébendes. Pour les chapitres, nous pouvons parler d'une certaine stabilité, tant de rang social que de carrière. Il est évident que les dignitaires capitulaires ou épiscopaux furent recrutés dans ce milieu, mais leur nombre reste restreint et les fonctions sont nettement liées aux origines sociales des candidats.

Pour le moyen âge, quatre thèses de doctorat passées à l'université de Gand, dont trois thèses jusqu'a présent ne sont pas éditées, ont largement contribué à mieux connaître et surtout comprendre les mécanismes du gouvernement princier, grâce à l'approche prosopographique. Nous pouvons heureusement accéder à leurs travaux grâce à quelques articles. Thérèse de Hemptinne traite du règne de Thierry et de Philippe d'Alsace au 12e siècle.[12] Elle a plus spécialement étudié l'activité de chancellerie. Grâce aux listes de témoins, elle a réussi à reconstituer en grande partie l'entourage des princes. Maurice Vandermaesen a étudié la décision politique dans le Comté de Flandre au 14e siècle.[13] Il s'agit principalement d'une étude sociologique des conseillers auprès de Louis de Nevers. Paul de Ridder[14] et Piet Avonds,[15] par contre, se sont attardés sur les règnes des ducs Jean I, Jean II et Jean III de Brabant (13e et 14e siècles). La publication de A. Uyttebrouck sur le gouvernement du duché de Brabant au bas moyen âge (1355-1430)[16] porte également l'empreinte très forte de la prosopographie.

Grâce à ces études, il s'est avéré possible de mieux saisir des notions comme 'gouvernement,' 'gestion,' et 'administration' par une approche plus personnifiée et de déceler quelques constantes dans le fontionnement de la politique et de l'administration des états territoriaux médiévaux.

Déjà au 13e siècle, le comté de Flandre vit naître un ordre social d'officiers comme entité sociologique. En nombre, les nobles dominaient encore les institutions, mais l'organisation, et même une partie du pouvoir, est entre les mains des universitaires-technocrates, qui, même au 14e siècle, étaient encore en grande partie des clercs. Ces clercs allaient être de plus en plus évincés par les universitaires laïques, déjà manifestement vers la fin du 14e et plus généralement au 15e siècle.[17] P. Cockshaw constate une laïsisation plus précoce à la chancellerie de Bourgogne-Flandre qu'à la chancellerie royale française ou à la chancellerie brabançonne. Tous les chanceliers de la chancellerie de Bourgogne-Flandre furent des légistes, ce qu'on ne peut pas dire des secrétaires. Seuls une dizaine sur un total d'une cinquantaine paraissent avoir fréquenté une université.[18] Dans les générations consécutives, nous voyons des universitaires ambitieux mais de basse condition atteindre le sommet par une combinaison d'intelligence, de connaissances techniques, de dévouement à la couronne et, ne l'oublions pas, d'intrigues et de corruption. Les *homines novi* diplômés ont plus de chance d'atteindre leur but dans des périodes d'expansion bureaucratique ou de crise politique. Ils forment souvent la base d'un nouveau lignage de légistes-fonctionnaires.

Comme dans plusieurs autres domaines, le duché de Brabant suivait les tendances flamandes, mais avec un retard d'environ un demi-siècle. Dans la première moitié du 14e siècle, 20% des conseillers princiers flamands étaient déjà des universitaires, tandis que le gouvernement brabançon se contentait à cette époque d'environ 4% de gradués.

Ce n'est qu'à l'avènement des Bourguignons au duché de Brabant en 1404 que le nombre d'universitaires a augmenté d'une manière assez considérable. Les membres de l'ancienne noblesse, qui au début du 15e siècle siégeaient en nombre encore assez considérable au Conseil gouvernemental, ont fini par être évincés par des familles nouvelles dont les noms se trouvent dans tous les offices et postes importants. Ces nouveaux-venus dont tous des gradués en droit dont plusieurs au 16e siècle ont pérégriné assez longuement à travers l'Europe. Leur ambition était d'être admis dans la noblesse.[19]

Des études, souvent récentes, sur le recrutement et la composition des Conseils provinciaux[20] nous révèlent que déjà au 15e, mais certainement au 16e siècle, les conseils disposèrent d'un personnel instruit, formé dans les facultés de droit non seulement à Louvain, mais de nombre important en

France (Orléans, Angers, Poitiers, Dole) et en Italie (Bologne, Padoue, Rome, Sienne, Ferrare, Pavie).

Dans le second quart du 15e siècle, 40% des conseillers du Conseil provincial de Brabant furent des universitaires. Dans la seconde moitié de ce siècle, leur nombre s'accrut jusqu'à 68% et atteignit presque 100% au début du 16e siècle.[21]

Ces conseillers étaient issus de la bourgeoisie urbaine ou des grandes familles d'officiers et de fonctionnaires qui s'étaient formées à la fin du moyen âge. Néanmoins, aux 15e et 16e siècles, de jeunes ambitieux nés des couches sociales plus modestes, réussirent, notamment grâce à une formation universitaire poussée et de préférence assurée à l'étranger, à monter sur l'échelle professionnelle et sociale. L'expansion de l'administration et de la bureaucratie avait ouvert de larges voies aux *homines novi*, qui fondèrent souvent de nouveaux lignages d'officiers et de fonctionnaires. Au Conseil de Brabant, les nobles, encore puissants et nombreux au 15e siècle, furent bientôt devancés par cette nouvelle classe d'officiers bourgeois. Au 16e siècle, la noblesse ne jouait déjà plus aucun rôle dans le Conseil de Flandre. La majorité des conseillers considéraient cet office comme l'aboutissement de leur carrière. La présidence n'était réservée qu'à de rares individus, tout comme un siège de conseiller dans les institutions centrales et gouvernementales (Conseils collatéraux dès 1531, Parlement, puis Grand Conseil de Malines).

Le même phénomène se présenta dans le gouvernement central, bourguignon et habsbourgeois. L'étude plus ancienne mais bien connue de Jean Bartier, *Légistes et gens de finances au 15e siècle*[22] a amorcé cette approche nouvelle de l'histoire institutionnelle. Le regretté Jan van Rompaey préparait un registre prosopographique comme suite à son ouvrage sur le Parlement de Malines.[23] Ce travail étant déjà fort avancé, il est très probable qu'il soit publié de façon posthume par les soins du *Werkgroep Grote Raad van Mechelen* à Amsterdam (directeur, J. Th. de Smidt). Ce groupe de travail prête d'ailleurs largement attention aux hommes qui furent actifs dans cette Cour de justice suprême. En 1980 a paru la thèse de doctorat de Madame A. J. M. Kerckhoffs-De Hey sur le Grand Conseil et ses fonctionnaires à la fin du 15e et dans la première moitié du 16e siècle.[24] L'empreinte prosopographique, bien qu'à un moindre degré, apparaît également dans l'étude de Michel Baelde sur les Conseils collatéraux des Pays-Bas du 16e siècle, et dans le doctorat, non publié, de Hugo de Schepper sur ces mêmes Conseils pour la période 1578-1609.[25] Mais là, nous dépassons le moyen âge.

Grâce à ces travaux, nous commençons à avoir une meilleure connaissance de la formation du gouvernement central, bourguignon et habsbourgeois. Au 15e siècle, nous constatons une spécialisation croissante dans la Curia, causée notamment par la nomination de plus en plus fréquente d'universitaires. Dans le Conseil privé du souverain et dans le Parlement de Malines, tribunal suprême des Pays-Bas (depuis 1504, Grand Conseil de

Malines), les conseillers-maîtres de requêtes furent toujours des juristes. Leur influence et leur pouvoir grandissaient avec le temps aux dépens des conseillers-chambellans issus de la noblesse. Les nobles réagirent en s'inscrivant dans les universités. Leur 'conversion' porta des fruits. Un juriste noble se trouvait, et par sa naissance, et par ses connaissances, dans la position idéale pour atteindre le sommet. Les bourgeois juristes essayèrent par tous les moyens (loyauté, zèle, achat d'une seigneurie, mariage avantageux, corruption, usurpation) d'accéder à la noblesse.[26] Le phénomène de la noblesse de robe est suffisamment connu. Dans les Conseils de Finances, les techniciens et les experts dans le domaine du commerce et des finances furent préférés aux juristes.[27] Une formation juridique pouvait néanmoins avoir des avantages, étant donné notamment le nombre élevé de procès à cette époque. Nous constatons d'ailleurs, que les juristes-universitaires issus du milieu commerçant connurent un accroissement considérable au 16e siècle, surtout vers la fin de ce siècle.[28]

Plusieurs de ces conseillers avaient débuté dans des fonctions subalternes (magistrature ou fonction urbaine, profession d'avocat) ou comme professeur d'université.

Les avocats du moyen âge sont mal connus par manque de sources. Il est cependant clair qu'ils avaient déjà une formation juridique universitaire bien avant que cela ne soit officiellement requis (vers 1500). Les avocats appartenaient à ces mêmes lignages de juristes d'où sortaient les magistrats et officiers territoriaux, provinciaux et nationaux.[29]

Un même accroissement d'universitaires, en majorité de juristes, mais aussi d'artiens et de médecins, est perceptible dans l'administration urbaine. Déjà au 13e siècle, les grandes villes des anciens Pays-Bas et de la Principauté de Liège, firent appel à des universitaires pour assister les échevins de leurs conseils juridiques et diplomatiques.[30] Ces légistes occupèrent en général les fonctions de clerc, secrétaire ou greffier, de pensionnaire et d'avocat ou de procureur auprès des juridictions supérieures.

Au 14e siècle, nous rencontrons déjà plusieurs échevins qui ont fréquenté une université; leur nombre augmente au 15e siècle, par exemple de 2% au début à 15% à la fin du siècle dans les magistratures de Louvain et d'Anvers, villes que j'ai étudiées de plus près.[31] La prolifération d'échevins gradués s'opérait tout le long du 16e siècle, pour atteindre plus que 30% à Louvain, et 50% à Anvers vers la fin da ce siècle, mais seulement 18,5% à Bruges.[32] Au 15e siècle, 70 à 80% des fonctionnaires urbains (pensionnaires, secrétaires, greffiers, clercs, avocats) sont des juristes gradués. Au 16e siècle, aucun fonctionnaire ne fut admis sans diplôme universitaire. Il est impossible de parler d'une mobilité sociale ou professionnelle au sein de la magistrature urbaine. C'était un milieu assez clos, et les échevins ou conseillers urbains ne s'aventurèrent que très peu dans des fonctions provinciales ou nationales. Les fonctionnaires urbains, par contre, ambitionnèrent et accédèrent à des offices publics dépassant le cadre urbain. Les licenciés ou docteurs *utriusque juris*, gradués d'une université française (Orléans) ou italienne (Bologne, Padoue) avaient plus de chance d'y aboutir que les autres. Cette différence d'attitude doit être mise en corrélation avec l'origine sociale des deux groupes. Les magistrat-juristes appartenaient surtout au patriciat urbain, tandis que les fonctionnaires étaient également recrutés dans la petite bourgeoisie ou même dans les métiers (classes moyennes). Ils pouvaient faire carrière grâce à leurs capacités intellectuelles et profession-nelles,—mais hors du milieu urbain—puisque par leur naissance, ils n'ava-ient normalement pas accès à la magistrature de leur ville natale, ou du moins un accès très limité.

Nous avons également constaté que dans des bancs scabinaux ter-ritoriaux, comme celui d'Uccle[33] qui, à côté de sa juridiction locale, exerçait une juridiction territoriale à l'égard d'une centaine de juridictions locales de la région bruxelloise, le nombre d'échevins de formation universitaire était beaucoup plus élévé que dans les autres échevinages. A Uccle, un tiers des échevins étaient gradués au 15e siècle, 50% au milieu du 16e siècle et presque 100% vers 1600. Ces échevins appartenaient à la même couche sociale que les avocats et les conseillers du Conseil de Brabant ou de la Cour féodale de Brabant. Les Conseillers cumulèrent d'ailleurs largement un office au Conseil ou à la Cour avec un siège scabinal ucclois.

(3)

La dernière méthode de travail, la plus longue et la plus laborieuse, est de faire un relevé de tous les universitaires dans une région géographique déterminée. Elle a plusieurs avantages. Premièrement, on a une meilleure idée globale du niveau de scolarisation et de fréquentation universitaire de la population, ou du moins des élites. Il est également possible de mieux saisir la stratification et la mobilité sociale dans les différentes couches de la société et de voir comment les diverses institutions en plein essor ont été pourvues de cadres qualifiés. Une étude plus vaste fait ressortir les relations, parfois étroites, entre certains établissements d'enseignement supérieur et un pays ou une région donnés.

Il ne reste qu'en rechercher les causes. Ou comme l'a dit Mme Renardy dans l'introduction de son livre sur *Le monde universitaire du diocèse de Liège 1140-1350*: 'j'ai voulu dans ce livre mettre en évidence, le plus concrètement possible, l'intégration des universitaires, qu'ils soient ma-îtres-ès-arts, juristes, *physici* ou théologiens, dans les cadres familiaux, administratifs, religieux et politiques du diocèse de Liège.'

Une première tentative dans cette direction a été faite par J. Gilissen avec sa contribution *Les légistes en Flandre aux 13e et 14e siècles*.[34] L'auteur se borne ici aux seuls légistes, qui furent principalement actifs dans les offices publics ou ecclésiastiques, et il met l'accent sur le rôle que ses juristes ont joué sur le plan politique et juridique. Plus général est l'ouvrage déjà cité de Chr. Renardy de Liège.[35] Elle a essayé de reconstituer tout le monde universitaire de l'ancien diocèse de Liège. Son exposé se fonde sur les 797 biographies des maîtres liégeois retrouvés dans toutes sortes de sources et qu'elle a publiées séparément dans un second volume.[36] Dans sa partie descriptive du milieu social des maîtres liégeois, Mme. Renardy traite de leur origine géographique et leur *curriculum studiorum*; des maîtres et l'église liégeoise, des maîtres et la curie pontificale, et des maîtres au service des princes et des villes. Dans un dernier chapitre, l'auteur a consacré plusieurs pages à la place des maîtres dans le domaine du savoir et de la foi. Les résultats de cette recherche sur les universitaires liégeois correspondent en grande partie aux résultats obtenus par les deux premières méthodes de travail, surtout élaborées pour la Flandre et le Brabant: infiltration continue des universitaires dans les institutions ecclésiastiques et laïques, surtout dans les fonctions où des connaissances techniques et juridiques sont requises, rôle diplomatique important des juristes gradués, changements de l'origine sociale des conseillers princiers et des dignitaires et de ce fait, transition progressive d'une noblesse militaire vers une noblesse scolarisée et une noblesse de robe.

Hors de cette étude-ci, la seule de cette envergure a été faite pour une province des Pays-Bas actuels, celle de Noord-Brabant, mais pour l'époque moderne.[37]

Il est évident que l'ordinateur a une place dans ce genre de recherches. Il pourrait non seulement faciliter le stockage et le classement d'une telle quantité d'informations, mais il pourrait, en outre, aider à établir des corrélations dans la masse des données. Un groupe de jeunes chercheurs gantois, sous la direction du professeur W. Prevenier, est en train d'élaborer un projet de recherche par ordinateur: ils stockent nominalement toute la population gantoise et anversoise de la fin du 15e siècle dans l'ordinateur, dans le but de connaître la stratification sociale de presque toute une population urbaine. Il serait très intéressant de localiser les gradués et ceux qui détiennent des fonctions intellectuelles dans une pareille échelle sociale. Cela permettrait de nuancer notre connaissance de la place sociale que les universitaires détiennent dans la société médiévale.

NOTES

[1] Pour avoir un aperçu bibliographique voir: R. Chartier et J. Revel, 'Université et société dans l'Europe moderne: position des problèmes,' *Revue d'histoire moderne et contemporaine*, xxv (1978), 353-74; H. de Ridder-Symoens, 'Universiteitsgeschiedenis als bron voor sociale geschiedenis,' *Tijdschrift voor sociale geschiedenis*,' x (1978), 87-115; N. Hammerstein, 'Neue Wege der Universitätsgeschichtsschreibung,' *Zeitschrift für historische Forschung*, v (1978), 449-63; N. Hammerstein, 'Nochmals Universitätsgeschichtsschreibung,' *ibid.*, vii (1980), 321-36; F. Scheurkogel, 'Nieuwe universiteitsgeschiedenis in late Middeleeuwen,' *Tijdschrift voor Geschiedenis*, xciv (1981), 194-204. Je baserai mon exposé sur des

recherches récentes effectuées sur des bases prosopographiques. Il est évident que la littérature sur cette matière est bien plus vaste.

[2] P. Glorieux, *Répertoire des Maîtres de théologie de Paris au XIIIe siècle* (Etudes de Philosophie médiévale, xvii, xviii, Paris, 1933-34); P. Glorieux, *La faculté des arts et ses Maîtres au XIIIe siècle* (Etudes de Philosophie médiévale, lix, Paris, 1971).

[3] G. Knod, *Deutsche Studenten in Bologna, 1289-1562. Biographischer Index zu den Acta Nationis Germanicae Universitatis Bononiensis* (Berlin, 1899).

[4] S. Stelling-Michaud, *L'université de Bologne et la pénétration des droits romaine et canonique en Suisse aux XIIIe et XIVe siècles* (Travaux d'Humanisme et de Renaissance, xvii, Genève, 1955); S. Stelling-Michaud, *Les juristes suisses à Bologne (1255-1330). Notices biographiques et Regestes des actes bolonais* (Travaux d'Humanisme et de Renaissance, xxxviii, Genève, 1960).

[5] Nous pensons tout spécialement à J. Scheurkogel de l'Université de Leyde (Pays-Bas), qui prépare un doctorat sur les étudiants de l'université d'Avignon (voir son article bibliographique, note 1), à P. Vandermeersch de l'université de Gand (Belgique), qui vient de présenter un mémoire de licence sur la relation entre la ville et l'université dans la seconde moitié du 16e siècle (*Een onderzoek naar de relatie Stad-Universiteit in de periode van het late humanisme. Bruggelingen te Leuven en aan buitenlandse studia* [thèse inédite, Gand, 1983, 2 vols.]), à P. Trio qui a présenté une thèse de licence à Louvain (K. U. Leuven) sur la Confraternité des étudiants de Paris à Ypres de ca 1330 à 1600 (*De O.L.V.-Broederschap van de scholieren van Parijs te Ieper gedurende de late Middeleeuwen, ca 1330-1600* [thèse inédite, Louvain, 1981, 2 vols.]). Les statuts de la Confraternité ont entretemps été édités: 'De Statuten van de laatmiddeleeuwse clericale O.L.V.-Broederschap van studenten van Parijs te Ieper,' *Bulletin de la Commission royale d'histoire de Belgique*, cxlviii (1982), 91-142, et une synthèse de son travail sera publiée dans *History of Universities*, v (1986).

[6] H. de Ridder-Symoens, 'Adel en Universiteiten in de zestiende eeuw. Humanistisch ideaal of bittere noodzaak,' *Tijdschrift voor Geschiedenis*, xciii (1980), 410-32. P. Vandermeersch (voir n. 5) a constaté le même phénomène chez les nobles brugeois.

[7] W. Prevenier, 'Ambtenaren in stad en land in de Nederlanden. Socio-professionele evolutie (veertiende tot zestiende eeuw),' *Bijdragen en Mededelingen betreffende de Geschiedenis der Nederlanden*, lxxxvii (1972), 44-59.

[8] *Premier Livre des Procurateurs de la Nation germanique de l'ancienne université d'Orléans, 1444-1546*, ed. C. M. Ridderikhoff, H. de Ridder-Symoens, D. Illmer (Leyde, 1971-85, 4 vols.).

[9] H. de Ridder-Symoens, 'Brabanders aan de rechtsuniversiteit van Orléans (1444-1546). Een socio-professionele studie,' *Bijdragen tot de Geschiedenis*, lx (1978), 195-347.

[10] R. de Keyser, *Het St.-Donaaskapittel te Brugge (1350-1450). Bijdrage tot de studie van de hogere geestelijkheid tijdens de late Middeleeuwen* (thèse inédite, K. U. Leuven, 1972, 3 vols.); R. de Keyser, 'Chanoines séculiers et universités: le cas de Saint-Donatien de Bruges (1350-1450),' *The Universities in the Late Middle Ages*, ed. J. Ysewyn et J. Paquet (Mediaevalia Lovaniensia, Series I, Studia VI, Louvain, 1978), 584-97. J. Pycke, *Le chapitre cathédral Notre-Dame de Tournai de la fin du XIe à la fin du XIIIe siècle. Son organisation, sa vie, ses membres* (Univ. Cath. de

Louvain, 1976, 2 vols.); J. Pycke, 'Les chanoines de Tournai aux études 1330-1340,' *The Universities in the Late Middle Ages*, 598-613.

[11] P. Vandermeersch, *Een Onderzoek*, i. 210-29.

[12] Th. de Hemptinne, *De Oorkonden van de graven van Vlaanderen Diederik en Filips van de Elzas. Een peiling naar de oorkondingsaktiviteit van de grafelijke kanselarij in de periode 1128-1191, op grond van diplomatisch en paleografisch onderzoek* (Gand, 1978, 5 vols.).

[13] M. Vandermaesen, *De besluitvorming in het graafschap Vlaanderen tijdens de 14de eeuw. Bijdrage tot een politieke sociologie van de Raad en van de Raadsheren achter de figuur van Lodewijk II van Nevers (1322-1346)* (Gand, 1977, 6 vols.).

[14] P. de Ridder, *Vorstelijk inkomstenbeleid en ontwikkeling van de standenstaat in Brabant onder hertog Jan I (1267-1294) en hertog Jan II (1294-1312)* (Gand, 1977, 3 vols.).

[15] P. Avonds, *Ideologie en politiek: Brabant tijdens de regering van Hertog Jan III (1312-1356)* (Gand, 1981, 4 vols.). Cette thèse est à présent publiée, mais sans les biographies qui figurent en appendice dans le manuscrit original: *Brabant tijdens de regering van hertog Jan III (1312-1356). De grote politieke krisissen* (Verhandelingen van de Kon. Academie voor Wetenschappen, Letteren en Schone Kunsten van België, Klasse der Lefteren, jg. 46, nr. 114, Bruxelles, 1985).

[16] A. Uyttebroeck, *Le gouvernement du duché de Brabant au bas moyen âge (1355-1430)* (Travaux de la Faculté de Philosophie et Lettres de l'U.L.B., lix, Bruxelles, 1975, 2 vols.).

[17] W. Prevenier, 'Ambtenaren' (voir n. 7); Th. de Hemptinne et M. Vandermaesen, 'De Ambtenaren van de centrale administratie van het graafschap Vlaanderen in de Middeleeuwen. Een evolutieschets van de XIIde tot de XIVde eeuw,' *Tijdschrift voor Geschiedenis*, xciii (1980), 177-209; M. Vandermaesen, 'Raadsheren en invloeden achter de grafelijke politiek in Vlaanderen in de XIVe eeuw,' *Handelingen XLIe Congres van de Federatie van Kringen voor Geschiedenis* (Mechelen, 1970), 212-20; L. Th. Maes 'Ambtenarij en bureaukratisering in regering en gewesten van de Zuidelijke Nederlanden in de 13de-15de eeuw,' *Tijdschrift voor Geschiedenis*, xc (1977), 350-57.

[18] P. Cockshaw, *Le personnel de la chancellerie de Bourgogne-Flandre sous les Ducs de Bourgogne de la Maison de Valois (1384-1477)* (Ancien Pays et Assemblées d'Etats, lxxix, Courtrai-Heule, 1982), 18, 88, 90, 227-28.

[19] A. Uyttebroeck, *Le Gouvernement*, i. 301-19.

[20] Notamment P. van Peteghem, *Centralisatie in Vlaanderen onder Karel V (1515-55). Een onderzoek naar de plaats van de Raad van Vlaanderen in de Habsburgse Nederlanden* (thèse inédite, Gand, 1979, 3 vols.). Le second vol. contient les biographies des conseillers; voir spécialement, ii. 297-316; déjà A. Gaillard a ajouté un supplément biographique à son ouvrage *Le conseil de Brabant. Histoire-Organisation-Procédure* (Bruxelles, 1902, 3 vols.).

[21] H. de Ridder-Symoens, 'Milieu social, études universitaires et carrière des conseillers au Conseil de Brabant (1430-1600),' *Liber Amicorum Jan Buntinx* (Symbolae Fac. Litt. et Philos. Lovaniensis, series A, vol. x, Gand, 1981), 257-302.

[22] J. Bartier, *Légistes et gens de Finances au XVe siècles. Les conseillers des Ducs de Bourgogne sous Philippe le Bon et Charles le Téméraire* (Mémoires de l'Académie royale de Belgique, Classe des Lettres, 1, Bruxelles, 1955; Index, Bruxelles, 1957).

[23] J. van Rompaey, *De Grote Raad van de Hertogen van Bourgondië en het Parlement van Mechelen* (Verhandelingen van de Koninklijke Academie voor Wetenschappen, Letteren en Schone Kunsten, Klasse der Letteren, lxxiii, Bruxelles, 1973).

[24] A. J. M. Kerckhoffs-De Hey, *De Grote Raad en zijn functionarissen 1477-1531* (Amsterdam, 1980, 2 vols.). Le second volume contient les biographies des conseillers.

[25] M. Baelde, *De Collaterale Raaden onder Karel V en Filips II (1531-1578)* (Verhandelingen van de Koninklijke Academie voor Wetenschappen, Letteren en Schone Kunsten, Klasse der Letteren, lx, Bruxelles, 1965); H. de Schepper, *De kollaterale raden in de Katolieke Nederlanden van 1579 tot 1609. Studie van leden, instellingen en algemene politiek* (Thèse de doctorat à la K. U. Leuven, 1979, 4 vols.). Les deux ouvrages contiennent des biographies des membres des conseils collatéraux.

[26] J. van Rompaey, *De Grote Raad*, 162-63; M. Baelde, 'Edellieden en Juristen in het Centrale bestuur der zestiende-eeuwse Nederlanden (1531-78),' *Tijdschrift voor Geschiedenis*, lxxx-lxxxi (1967), 39-51; A. Kerkhoffs-De Hey, *De Ambtenaren*, i. 76-79; H. de Ridder-Symoens, 'Adel en Universiteiten in de zestiende eeuw. Humanistisch ideaal of bittere noodzaak,' *Tijdschrift voor Geschiedenis*, xc (1980), 410-32; J. Bartier, *Légistes*, 190-207.

[27] J. Bartier, *Légistes*, 69-83; M. Baelde, *De Collaterale Raden*, 122-30.

[28] Ce phénomène est surtout constaté dans le milieu urbain. Voir à ce sujet les travaux mentionnés dans les notes 31 et 32 et dans J. Bartier, *Légistes*, 74-75.

[29] J. Nauwelaers, *Histoire des avocats au Conseil souverain de Brabant* (Bruxelles, 1947, 2 vols.). Le second volume contient les biographies. Voir spécialement i. 387 e.s., 533, et P. van Peteghem, *Centralisatie*, ii. 301-03.

[30] J. Gilissen, 'Les légistes en Flandre au XIIIe et XIVe siècles,' *Bulletin de la Commission des Anciennes Lois et Ordonnances de Belgique*, xv (1939), 177; Chr. Renardy, *Le monde des maîtres universitaires du diocèse de Liège 1140-1350. Recherches sur sa composition et ses activités* (Bibliothèque de la Faculté de Philosophie et Lettres de l'Université de Liège, fasc. ccxxvii Paris, 1979), 391-93.

[31] H. de Ridder-Symoens, 'De universitaire vorming van de Brabantse stadsmagistraat. Leuven en Antwerpen (1430-1580),' *Varia Historica Brabantica*, vi-vii (1978), 21-126.

[32] P. Vandermeersch, *Een Onderzoek*, i. 172-204.

[33] H. de Ridder-Symoens, 'Ukkelse schepenen en universitaire studies in de 15de en 16de eeuw,' *Bijdragen tot de Geschiedenis*, lix (1976), 200-26; adapté en français 'Les échevins d'Uccle et les études universitaires aux XVe et XVIe siècles,' *Les Lignages de Bruxelles*, xvii (1978), nos 75-76, 33-64.

[34] Voir note 30.

[35] Voir note 30.

[36] Chr. Renardy, *Les maîtres universitaires dans le diocèse de Liège. Répertoire biographique (1140-1350)* (Bibliothèque de la Faculté de Philosophie et Lettres de l'Université de Liège, fasc. ccxxxii, Paris, 1981).

[37] H. Bots, J. Matthey, M. Meyer, *Noordbrabantse Studenten 1550-1750* (Bijdragen tot de Geschiedenis van het Zuiden van Nederland, xliv, Tilburg, 1979); voir également W. Frijhoff, *La société néerlandaise et ses gradués, 1575-1814* (Amsterdam, 1981).

SUMMARY

Career Opportunities and Social Mobility for University Graduates in the Middle Ages

This article deals with the evolution which has occurred during recent decades in the history of universities, namely with the emphasis on the social aspects of university history and with the prosopographical methods used. An example of such methods is the historical research in the Low Countries dealing with the mechanisms and determinants of the careers of intellectuals and with social mobility within the group of university graduates. Much work has been done on three levels:

1. Beginning with university sources (matriculation lists, promotion lists, etc.), to reconstruct the careers of a random group of students from one or more universities; in this case the careers are heterogeneous.

2. Starting with an institution (e.g., town council, lawyers, court officials, members of a chapter, etc.), to follow both the studies and the progression of the careers of such an homogeneous group.

3. Taking a certain geographical area (e.g., the Duchy of Brabant or the Prince-bishopric of Liège), to follow the careers of those who have studied at the universities within this area; in this case both the careers and the social groups are heterogeneous.

It is difficult to discover the social background of such men. However it is easier to know the social level they attained at the end of their careers. By using prosopographical methods it is often possible to quantify the data, even for the Middle Ages, and in so doing, generalize the results. Thus from this more personal approach to medieval institutions we now have a better idea about notions such as 'government,' 'management,' 'administration,' 'political decision,' etc. In addition, we can detect some constants in the function of politics and administration and in the motivation and attitudes of officers.

Entre statistique et documentation: Un système de programmes pour le traitement des données prosopographiques

Jean-Philippe Genet et Michael Hainsworth

L'idée de constituer une chaîne de traitement informatique conçue en fonction des possibilités de deux types d'ordinateurs—un micro-ordinateur doté en imprimante d'une machine à écrire électrique à marguerite, et un gros ordinateur classique[1]—est née de l'expérience d'un groupe de chercheurs qui ont tous été amenés à utiliser l'informatique pour des recherches de prosopographie médiévale.[2] Tous se sont trouvés confrontés à la contradiction suivante: leur démarche principale d'historien était une démarche heuristique. C'est-à-dire qu'ils avaient rassemblé une masse de données prosopographiques afin de tester une série d'hypothèses de recherche, et qu'ils devaient donc faire un traitement avant tout statistique[3] de cette masse. Les données devaient donc être codées pour pouvoir être traitées commodément à l'aide des packages disponibles.[4] Mais aussi bien les exigences de la rédaction que la nécessité de fournir au lecteur les informations, à partir desquelles étaient élaborés hypothèses et résultats, obligeaient ensuite à revenir au fichier manuscrit de départ et éventuellement à entreprendre une nouvelle rédaction afin de publier en annexe du travail principal un catalogue prosopographique.[5]

Il est bien évident qu'il s'agit là non seulement d'un travail fastidieux, mais aussi d'un travail inutile et dangereux; inutile, parce que cela revient à faire deux fois la même chose, et dangereux, parce que des changements et des corrections ont pu être effectués entre le traitement statistique et la rédaction du catalogue prosopographique, si bien que le lecteur risque de percevoir certaines discordances et de ne pas les comprendre. Nous avons eu depuis longtemps la volonté de résoudre cette contradiction, mais ce n'est pas si facile. Ces deux types de traitements sont en effet à peu près antinomiques: ou bien l'on constitue une base de type heuristique, avec données codées et structure matricielle, ou bien l'on constitue une base de type documentaire, contenant en clair les principales informations.[6] Nos précédents efforts pour établir un passage automatique entre matrice codée et base documentaire se sont soldés par un constat d'échec, du moins quant à une utilisation à court terme des interfaces entre ces deux types de données.[7]

Le développement de la micro-informatique nous a cependant donné de nouveaux espoirs. Grâce à l'action du L.I.S.H.,[8] nous avons en effet pu nous familiariser avec les micro-ordinateurs, et l'acquisition par notre équipe d'un APPLE II couplé avec une machine à écrire OLYMPIA ESW K 100 nous a permis d'envisager un nouveau type de traitement des données prosopographiques. Le problème de base est simple: nous souhaitons disposer en fin du traitement de deux produits principaux:

(1) un catalogue prosopographique rédigé en clair, avec typographie riche pour être directement reproduit en 'offset' ou tout autre procédé d'impression légère. Ce catalogue, enregistré sur mémoire magnétique, est susceptible d'être corrigé et augmenté à tout moment.

(2) une matrice codée, ayant autant de lignes qu'il y a d'individus considérés comme actifs dans le catalogue (celui-ci peut en effet comprendre des individus supplémentaires) et un nombre déterminé de variables en colonnes. Cette matrice sera produite sur bande magnétique ou disque et formatée en images cartes, de façon à pouvoir être traitée par un logiciel de type SPSS, OSIRIS ou SAS.

A côté de ces deux produits principaux, nous souhaitons disposer de produits annexes:

(1) des produits de travail: pour chacune des variables, on peut en effet disposer d'informations importantes qui n'ont cependant pas à figurer dans la base codée. Des programmes rédigés en PL1 seront chargés, variable par variable, de récupérer et d'exploiter ces informations; les sorties s'effectueront sur imprimante lourde.

(2) des catalogues annexes: les fiches biographiques comportent des éléments qui peuvent être traités isolément; ainsi la liste des oeuvres écrites *par* les individus catalogués, ou la liste des oeuvres écrites *sur* les individus catalogués; les traitements seront essentiellement des tris (matière, alphabétique ou chronologique). Ici, l'on aura, comme dans le cas du catalogue prosopographique principal, besoin des possibilités de typographie riche du micro-ordinateur couplé à la machine à écrire.

Il ressort de ce schéma que l'on aura, en plus, besoin de deux programmes de transmission: (1) un pour copier le contenu des disquettes de l'APPLE sur bande magnétique ou disque, au CIRCE d'Orsay; (2) un pour copier le contenu de certains fichiers résultats obtenus au CIRCE d'Orsay sur les disquettes de l'APPLE. Le schéma général du traitement est présenté sur la figure 1.

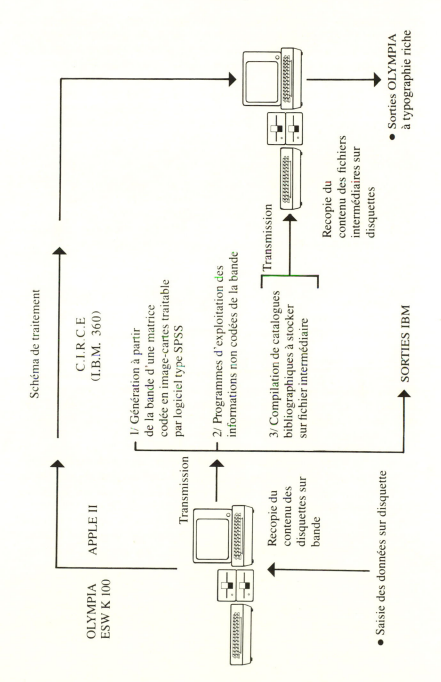

Schéma de traitement

OLYMPIA
ESW K 100

APPLE II

C.I.R.C.E
(I.B.M. 360)

Transmission

1/ Génération à partir
de la bande d'une matrice
codée en image-cartes traitable
par logiciel type SPSS

2/ Programmes d'exploitation des
informations non codées de la bande

3/ Compilation de catalogues
bibliographiques à stocker
sur fichier intermédiaire

Transmission

Recopie du
contenu des
disquettes sur
bande

Recopie du
contenu des fichiers
intermédiaires sur
disquettes

SORTIES IBM

• Saisie des données sur disquette

• Sorties OLYMPIA
à typographie riche

Nous allons maintenant présenter la structure générale du programme en nous aidant d'un exemple précis, à savoir les données prosopographiques concernant les 'auteurs' actifs dans le champ de l'histoire et de la littérature politique de 1300 à 1600 en Angleterre, en l'occurence une population d'environ 1300 individus.

Les données du catalogue prosopographique vont être structurées sur trois modes: (1) un mode marginal; (2) un mode rédactionnel; et (3) un mode typographique.

(1) *Le mode marginal*:

Seront portés en marge de la fiche certains renseignements servant à expliciter la structure rédactionnelle. Ces renseignements apparaîtront à l'écran, mais ils ne seront pas édités. Il s'agit du numéro des paragraphes et des lignes de la fiche, qui serviront à identifier les variables de la matrice codée. La syntaxe des informations marginales est la suivante: (1) numéro du paragraphe; (2) lettre désignant la ligne à l'intérieur du paragraphe. Il peut exister des intercalaires désignées par plusieurs lettres: par exemple, 2aa s'intercalera entre 2a et 2b. Les chapitres comprennent les paragraphes compris entre I et x, x et y, etc. Ils n'ont pas d'autre fonction que de circonscrire des zones particulières, si ce n'est qu'à l'édition, deux lignes blanches sont sautées entre chaque chapitre.

(2) *Le mode rédactionnel*:

Les chapitres sont au nombre de trois. Le chapitre 1 forme le registre d'identification du catalogue et de la base de données. Il comprend obligatoirement les lignes suivantes:

la   numéro du dossier
lb   NOM Prénom
lc   Formes variantes du nom (chaque variante est séparée de la suivante par des virgules et le renvoi à l'index onomastique est fait à partir de la première lettre majuscule rencontrée)

ld   Dates   1. dates de naissance, décès, existence, etc.
              2. après actif, dates d'activité connues (il peut y avoir une seule date). Cette information est, (avec le n° du dossier) utilisée dans la base codée.

Chapitre 2: il contient les paragraphes 2 à 49. Un paragraphe correspond à un groupe de variables concernant un même sujet, une ligne à une ou plusieurs variables. Il n'y a donc pas correspondance automatique entre la numérotation des paragraphes et celle des variables.

Chapitre 3: il contient les paragraphes 50 à n. Ces paragraphes ont une double fonction: d'une part, ils sont susceptibles d'être traités comme ceux du chapitre 2, pour donner naissance à des variables codées; d'autre part, ils peuvent être traités par un programme de type traitement de textes. Ce chapitre contient essentiellement des indications de type bibliographique.

(3) *Le mode typographique*:

La typographie n'est pas entièrement libre; en s'inspirant de l'exemple de plusieurs logiciels documentaires (par exemple CLEO), elle permet d'établir une hiérarchie dans le texte des notices. Cette hiérarchie ne sera pas exploitée au stade du passage à la matrice codée, mais elle permettra l'établissement de programmes spécifiques pour certaines zones de la notice, ou une indexation générale des notices.

< >   enserre des dates. S'il y a une seule date, elle est automatiquement redoublée. Seule exception dans Id, les dates après 'actif.'

/ /   enserre un commentaire. Cette partie commentaire fera intégralement partie de la fiche et sera donc éditée, mais elle ne fera l'objet d'aucun programme de traitement spécifique.

( )   enserre des éléments qui, en fonction de la structure propre au paragraphe et à la ligne dans laquelle on les trouve, feront l'objet d'un programme spécifique sur l'IBM 370.
       * devant tout nom de personne à entrer en index. N'est pas édité.
       $ devant tout nom de lieu à entrer en index. N'est pas édité.
       & caractère de chaînage; n'est pas édité.

La reproduction d'une fiche du catalogue en annexe permettra de mieux saisir imbrication et rôle de ces trois types de fonction.

Nous allons maintenant, chapitre par chapitre, étudier comment peut s'effectuer le passage à la matrice codée. L'application prise ici en exemple, rappelons-le, est la base concernant les auteurs actifs dans le champ de la politique et de l'histoire en Angleterre de 1300 à 1600. Toutefois, pour permettre une certaine homogénéité entre bases différentes, certaines informations importantes non retenues dans le cadre de cette étude se sont vues assigner une place.

CHAPITRE 1

Dans sa totalité, il forme le registre. Son contenu peut être édité à partir de tous les tris (tris à plat, tris croisés) de la matrice. Seules les lignes Ia et Id sont toutefois actives au niveau de la transposition.

		N° de Variable	Colonnes corresp- dantes de la matrice
1a	N° de dossier: Transféré tel quel à la matrice. Identifie les individus et permet la individus et permet la communication entre matrice et registre.	1	1-4
1b	Nom en majuscules, prénom en minuscules, avec majuscule en tête.	-	-
1c	Variantes de nom	-	-
1d	Dates: Seules prises en compte par la matrice, les dates figurant après actif, qui, pour lever toute ambiguïté, sont fournies en clair par l'historien.	-	-

actif avant 1300		2	5
"	1301-10	3	6
"	1311-20	4	7
"	1321-30	5	8
"	1331-40	6	9
"	1341-50	7	10
"	1351-60	8	11
"	1361-70	9	12
"	1371-80	10	13
"	1381-90	11	14
"	1391-00	12	15
"	1401-10	13	16
"	1411-20	14	17
"	1421-30	15	18
"	1431-40	16	19
"	1441-50	17	20
"	1451-60	18	21
"	1461-70	19	22
"	1471-80	20	23
"	1481-90	21	24
"	1491-1500	22	25
"	1501-10	23	26
"	1511-20	24	27
"	1521-30	25	28
"	1531-40	26	29
"	1541-50	27	30
"	1551-60	28	31
"	1561-70	29	32
"	1571-80	30	33
"	1581-90	31	34
"	1591-1600	32	35
"	après 1600	33	36

L'attribution des périodes d'activité est automatique. Toutefois, pour atténuer les déformations de perspectives dûes à la répartition en période, les dates sont automatiquement diminuées de la valeur 2: ainsi, un individu actif pendant 2 années d'une période ne sera pas compté comme actif pendant cette période si, et si seulement, il a été considéré comme actif pendant une ou quelques périodes précédentes.

Ex.   STUBBS John
actif 1561-1591
Cet auteur sera codé comme actif dans les périodes 32 à 34
(1591-2 = 1589) et non dans la période 35.

SCHALBY John de
actif 1282-1333
Cet auteur sera codé comme actif dans le périodes
qui correspondent aux colonnes 5 à 9 (1333-2 = 1331).

CHAPITRE 2

Tous les éléments de ce chapitre figurent normalement dans la matrice codée, en fonction des modules de transferts qui seront décrits à la fin de cette section. La correspondance entre les paragraphes répertoriés en marge, les numéros de colonne de la matrice et le contenu des colonnes (i.e., les codes) est la suivante:

PARAGRAPHE 2:	Origine géographique	Variable	Colonnes
	(module de premier mot)	34	37/38
	Northumberland	1	
	Durham	2	
	Yorkshire	3	
	Cumberland	4	
	Westmoreland	5	
	Lancashire	6	
	Lincolnshire	7	
	Nottinghamshire	8	
	Northamptonshire	9	
	Rutland	10	
	Derbyshire	11	
	Leicestershire	12	
	Chester/Cheshire	13	
	Staffordshire	14	
	Shropshire	15	
	Worcestershire	16	
	Herefordshire	17	
	Gloucestershire	18	
	Monmouthshire	19	

Warwickshire	20
Bristol	21
Oxfordshire	22
Berkshire	23
Buckinghamshire	24
Bedfordshire	25
Hertfordshire	26
Essex	27
Ely	28
Cambridgeshire	29
Suffolk	30
Norfolk	31
Huntingdonshire	32
Londres	33
Surrey	34
Sussex	35
Kent	36
Hampshire	37
Wiltshire	38
Somerset	39
Dorset	40
Cornouailles	41
Devon	42
Pays de Galles	43
Irlande	44
Ecosse	45
France	46
Italie	47
Pays-Bas	48
Allemagne	49
Etranger	50
?(inconnue)	51

PARAGRAPHE 3: Origine et statut social; fortune.

			Variable	Colonne
3a	Statut social du père			
	(Module de premier mot) Modalités:			
	'Common' sans autre précision	1	35	39
	'Common' rural	2		
	'Common' urbain	3		
	Gentry	4		
	Chevalier	5		
	Noble	6		
3b	Statut social de l'individu laïc		36	40
	(même module, même modalité):			
3c	Références généalogiques			
			(informations non retenues)	
3d	Patrimoine et fortune			

PARAGRAPHE 4: Niveau culturel

4a	Formation intellectuelle de type 'secondaire'			
	(Module du premier mot) Modalités:		37	41
	Apprenti	1		
	Formation privée	2		
	Grammar School	3		
	Public School	3		
	Free School	3		
	Winchester	4		
	Eton	5		
	Londres (i.e., l'une des			
	écoles londoniennes)	6		
	Ecole monastique ou noviciat	7		
4b	Université fréquentée		38	42
	(Module liste) Modalités:			
	Oxford	1		
	Oxford et Cambridge	2		
	Cambridge	3		
4ba	Université étrangère fréquentée (Module liste)			
	Paris		39	43
	Université Italienne		40	44
	Modalités: Padoue	1		
	Bologne	2		
	Autre	3		
	Louvain		41	45
	Université Germanique		42	46
	Université catholique			
	'anglaise' (Reims, Pont-à-Mousson, Douai)		43	47
	Autre université étrangère		44	48
4c	Nombre d'années d'études			
	(Module du premier mot)		45	49-50
4d	Possession de livre attestée			
	(Module présence/absence):		46	51
4e	Signature attestée		(information non retenue)	
4fa	Discipline pratiquée: art		47	52
	(Module mixte) Modalités: arts			
	(Grade inconnu ou sans grade)	1		
	B.A.	2		
	M.A.	3		
4fb	Discipline pratiquée: théologie		48	53
	(Module mixte)			
	si non D. Th.	1		
	si D. Th.	2		
4fc	Discipline pratiquée: droit			
	civil, droit canon		49	54
	(Module mixte)			
	Canoniste	1		
	D. Cn. L.	2		

	D.C. & Cn. L.	3	
	Civiliste	4	
	D.C.L.	5	
4fd	Discipline pratiquée: médecine		
	(Module Mixte)		50	55
	si non D.M.	1	
	D.M.	2	

PARAGRAPHE 5: Carrière ecclésiastique

5a   ecclésiastique séculier avant la Réforme   51   56
(Module liste hiérarchique) Ici, il peut être préférable dans certains cas de
convertir cette liste en lignes intercalaires de type 5aa, 5ab, 5ac, etc.

	(Carrière inconnue) ?	1	
	Prêtre	2	
	Recteur ou vicaire	3	
	Chanoine, prébendier	4	
	Master (d'un collège ou d'un	5	
	hôpital)		
	Chanoine dignitaire; trésorier,		
	doyen, precentor, chantre, etc.	6	
	Evêque ou Cardinal	7	

5b   Ecclésiastique séculier après la Réforme   52   57
(Module liste) Mêmes modalités

5c   Ecclésiastique catholique séculier après
la Réforme   53   58
(Module liste) Mêmes modalités:

5d   Ecclésiastique régulier avant la Réforme   54   59-60
(Module du premier mot)

	? (Ordre inconnu)	1	
	Bénédictin, Clunisien	2	
	Cistercien	3	
	Franciscain	4	
	Dominicain	5	
	Carmélite	6	
	Augustin (O.E.S.A.)	7	
	Chartreux	8	
	Chanoine Augustin	9	
	Gilbertin, Grandmontin, Brigittin,		
	Trinitaire, Bonhomme, Prémontré,		
	Crosier, Hospitalier	10	

5e   Ecclésiastique régulier   55   61
catholique après la Réforme
(Module mixte)

	Jésuite	1	
	Franciscain	2	
	Autres	3	

5f   Niveau hiérarchique dans un ordre régulier   56   62
(Module de liste hiérarchique) Modalités:

	Ministre Général	1	

Provincial	2
Abbé	3
Supérieur	4
Obédientaire	5
Autre titre	6

PARAGRAPHE 6: Carrière professionnelle
(Module présence/absence)

6a	Conseiller, juriste, administrateur ecclésiastique	57	63
6b	Homme de loi, juge, notaire	58	64
6c	Conseiller, administrateur d'un seigneur laïc	59	65
6d	Administration municipale	60	66
6e	Médecin	61	67
6f	Maître d'école, précepteur	62	68
6g	Universitaire	63	69
6h	Imprimeur, libraire, écrivain	64	70
6i	Fonctions religieuses à la Cour	65	71
6j	Fonctions culturelles à la Cour (y compris secrétaires)	66	72
6k	Fonctions diverses à la Cour	67	73
6l	Membre de l'administration royale	68	74
6m	Fonctions dans l'administration locale	69	75
6n	Fonctions diplomatiques pour le roi	70	76
6o	Marchand	71	77
6p	Participant à une 'venture'/compagnie (Rabb)	72	78
6q	Marin	73	79
6r	Militaire	74	80
6s	Héraut	75	81

PARAGRAPHE 7: Rôle et attitude politique et religieux
(Module présence/absence)

7a	Fonctions politiques		
7aa	Membre du 'gouvernement' (trésorier, chancelier, secrétaire d'Etat) y compris membres du Conseil	76	82
7b	Membre du Parlement (Communes)	77	83
7ba	Membre du Parlement (Lords laïcs)	78	84
7c	de tendance protestante modérée sous Henri VIII et Edouard VI	79	85
7d	de tendance catholique sous Henri VIII et Edouard VI	80	86
7e	de tendance protestante extrémiste sous Henri VIII et Edouard VI	81	87
7f	Protestant sous Marie	82	88
7g	Catholique sous Marie	83	89
7h	Catholique sous Elizabeth	84	90
7i	Anglican sous Elizabeth	85	91
7j	de tendance puritaine ou puritain sous Elizabeth	86	92
7k	a été emprisonné	87	93
7l	mort de mort violente	88	94

PARAGRAPHE 8: Réseaux de relations
8a	Familiaux ⎫		-	-
8b	Géographiques ⎬ traités par indexation			
8c	Patronage/clientèle ⎭		-	-
8d	Relations culturelles (Module présence/absence)			
8da	Membre du groupe de Parker		89	95
8db	Membre du *College of Antiquaries*		90	96
8dc	Collabore au *Mirror for Magistrates*		91	97

PARAGRAPHE 9: Voyages
(Module présence/absence)
9a	Voyage en Irlande	92	98
9b	Voyage en Ecosse	93	99
9c	Voyage en France	94	100
9d	Voyage aux Pays-Bas	95	101
9e	Voyage en Scandinavie	96	102
9f	Voyage en Péninsule ibérique	97	103
9g	Voyage en Italie	98	104
9h	Voyage aux Pays germaniques	99	105
9i	Voyage en Bohême, Hongrie, Pologne	100	106
9j	Voyage en Moscovie	101	107
9k	Voyage en Méditerranée	102	108
9l	Voyage en 'Régions lointaines'	103	109

PARAGRAPHE 10: Champ littéraire pratiqué
(Module présence/absence)
10a	Histoire	104	110
10b	Politique	105	111
10c	Littérature	106	112
10d	Religion	107	113
10e	Droit	108	114
10f	Science	109	115

Comme on l'a vu, les informations sont transférées de la base documentaire à la matrice codée par cinq types de modules de transfert:

1er type—Le module du premier mot: cela implique que la ligne concernée commence par un des mots dont la liste est finie et fournie, chacun de ces mots correspondant à un code précis; exceptionnellement, ce mot peut ne pas être le premier, mais s'il n'est pas le premier, il doit se trouver à un emplacement prévu (par exemple, à partir du Xème caractère de la ligne concernée).

2eme type—Le module présence/absence: la seule opération accomplie par l'ordinateur est de reconnaître si la ligne a un contenu autre qu'un contenu débutant par / ou (: si tel est le cas, le code est I, sinon le code est 0).

3eme type—Le module mixte: il existe ici un certain nombre de mots par lesquels la ligne peut commencer; si l'on trouve un de ces mots, est attribué pour cette ligne et cet individu le code correspondant; sinon, c'est-à-dire s'il y a un contenu ne commençant pas par / et ne comprenant aucun des mots de tête précédents, il y a un code particulier.

4eme type—Module de liste: le cas type est celui des universités fréquentées. Chaque fois qu'un mot correspondant à une modalité est rencontré, le code correspondant à cette modalité est enregistré.

5eme type—Module de liste hiérarchique: si plusieurs mots correspondant à une modalité prévue par la liste sont rencontrés dans la ligne, seul le code le plus élevé est enregistré.

CHAPITRE 3

Les informations contenues dans le chapitre III ont une double fonction: d'une part, elles font partie intégrante de la matrice codée, du point de vue donc de l'individu sujet de la fiche; d'autre part elles permettent de générer es catalogues bibliographiques du premier type (oeuvres dont les individus de la population considérée sont les auteurs) et du second type (oeuvres consacrées aux individus de la population considérée).

Éléments du catalogue bibliographique du premier type

[pour chaque oeuvre, l'indication marginale est un chiffre (paragraphe) suivi d'une lettre donnant le genre].

50a		
50aa	Ligne 1	Titre
50ab	Ligne 3	Manuscrit, etc.
50ac	Ligne 4	Ed. (pour édité); liste des éditions; si le lieu d'édition est Londres, il n'est pas indiqué; en fin de ligne figure le numéro STC.
50ad	Ligne 5	Langue; forme (prose, vers, etc.)
50ae	Ligne 6	Réseau de l'oeuvre (dédié à, vers de, préface de . . .)
50af	Ligne 7	Editions modernes de l'oeuvre. Si plusieurs oeuvres appartiennent au même genre, elles sont numérotées (50 1a, 50 2a, etc.)

Détaillons ici un seul niveau, celui de la matrice codée. Le transfert des informations retenues à la matrice codée est ici essentiellement assuré par un balayage des marges. Que trouvera-t-on dans les marges? Tout d'abord le code genre littéraire, sous la forme 50a, etc. Voici le détail des indications marginales, les variables et les colonnes de la matrice auxquelles elles correspondent:

		Variable	Col-onne
50a	Chronique universelle	110	116
50b	Histoire d'Angleterre	111	117
50c	Généalogies royales; listes royales	112	118
50d	Histoire d'une période donnée, mais non contemp-oraine, de l'histoire d'Angleterre	113	119
50e	Histoire d'un pays étranger	114	120
50f	Histoire d'une période donnée, mais non contemp-oraine, de l'histoire d'un pays étranger	115	121
50g	Récit de voyage	116	122
50h	Récit d'événements contemporains anglais	117	123
50i	Récit d'événements contemporains non anglais	118	124
50k	Histoire religieuse	119	125
50l	Histoire d'un ordre ou d'un établissement religieux	120	126
50m	Hagiographie	121	127
50n	Biographie religieuse	122	128
50o	Biographie	123	129
50p	Autobiographie	124	130
50q	Topographie, géographie, etc.	125	131
50r	Histoire locale	126	132
50s	Collections de documents variés	127	133
50t	Collections héraldiques et généalogiques	128	134
50u	Essais sur des sujets historiques	129	135
50v	Cartulaires	130	136
50w	Théâtre historique	131	137
50y	Poésie historique	132	138

Une liste du même type, avec le numéro 51, existe pour la littérature politique (variables 133 à 164).

Ces informations correspondent aux trois premiers caractères de l'indication marginale. Elles sont traitées par balayage de la marge, sans tenir compte du nombre des oeuvres considérées: qu'il y ait une ou dix oeuvres en 50a, il y en aura simplement 1 en colonne 116, dénotant que l'auteur a écrit, édité ou traduit une chronique universelle. Cette formule du balayage est reprise (mais cette fois avec examen du contenu de la ligne) pour les variables 165 à 180. Le procédXae peut paraître cavalier, mais il faut se souvenir qu'a' ce stade, l'élément qui nous intéresse est l'auteur, non l'oeuvre. Rien n'interdirait d'ailleurs, de construire à partir du chapitre 3 une base de données sur les oeuvres, mais il est évident qu'une telle base ne pourrait avoir d'utilité scientifique réelle que si elle comprenait les oeuvres anonymes.

En effet, les indications qui apparaissent au niveau du quatrième indicateur marginal (ou cinquième, dans le cas de plusieurs oeuvres appartenant au même genre) nous informent sur la diffusion des oeuvres de nos auteurs, sur le type de langue qu'ils manient et sur les domaines littéraires étrangers auxquels ils ont accès.

Le balayage, en effet, est ici insuffisant, et sert seulement à repérer les lignes auxquelles est ensuite appliqué le module du premier mot. Ces lignes sont les lignes 2(b), 3(c) et 4(d).

Ligne 2: indication marginale du type 50ab commence par Resté manuscrit (pour les oeuvres du XVIème siècle) Manuscrit, pour les oeuvres antérieures.

Ligne 3: indication marginale du type 50ac Ed. . . . avec en fin de ligne référence STC

Le transfert se fait par accumulation de ces indications; en colonne 134 on trouve:

si on a seulement manuscrit	1
si on a resté manuscrit	2
si on a seulement Ed.	3
si on a manuscrit + Ed.	4
si on a resté manuscrit plus Ed.	5

La même opération est répétée de la même façon pour les colonnes suivantes (littérature politique) et le résultat est porté en colonne 170 (variable 165)

Ligne 4: la ligne a la structure suivante:

Vers ⟍   édition de
       ⟍   ╱
      langue
       ╱   ⟍
Prose   traduction de . . . (langue)

L'analyse de cette ligne génère les informations suivantes:

		var.	col.
Vers anglais	si oui, 1 en colonne:	166	171
Vers latin	"	167	172
Prose anglaise	"	168	173
Prose latine	"	169	174
Édition d'une oeuvre	"	170	175
Traduction du latin	"	171	176
Traduction du grec	"	172	177
Traduction du français	"	173	178
Traduction de l'italien	"	174	179
Traduction de l'espagnol	"	175	180
Traduction du hollandais	"	176	181
Traduction du flamand	"	177	182
Traduction du gallois	"	178	183
Texte (i.e., vers + prose) gallois		179	184
Texte (i.e., vers + prose) irlandais		180	185

Le reste des opérations sur le chapitre 3 concerne uniquement la

réalisation des catalogues bibliographiques:
        Catalogue matière (à partir des indications marginales)
        Catalogue par numéros STC
        Cataloque chronologique par date d'édition
        Catalogue des traductions, etc.

La possibilité de demander des catalogues spécifiques à partir des tris croisés sur la base codée existe également (par exemple, demander l'édition des oeuvres des franciscains nés en Irlande).

Éléments du catalogue bibliographique du second type:
        L'indication marginale est 100.
        Aucun de ces éléments n'est intégré à la base codée.
        Sont uniquement possibles dans cette zone des tris:
        tris sur abbréviation—restituer une liste des indi-
        vidus figurant dans D.N.B., B.R.U.C., Bale *Scrip-
        tores*, Venn, Tanjer, etc.; tris alphabétiques sur
        noms d'auteurs.

Les programmes utilitaires destinés à exploiter les informations contenues dans chacun des paragraphes sur l'I.B.M. 370 du C.I.R.C.E. sont très nombreux, et il serait fastidieux de les décrire ici. Un exemple simple sera cependant donné ici pour permettre d'imaginer le genre de renseignements qu'ils permettent d'exploiter.

Soit, par exemple, la fiche biographique de Thomas Sackville, Lord Buckhurst; on trouvera au paragraphe 9 la liste de ses voyages, ainsi présentée:
Voyage en France (<1563>: visite privée; <1568>: ambassade; <1591>: ambassade)
On voit que l'on dispose ici de deux types d'information; dates et motifs des voyages.

Les programmes sont en l'occurence de simples programmes de tris: tris sur dates, qui donnent, année par année, la liste de tous les éléments de la population se retrouvant dans le pays considéré; tris sur motif du voyage (ambassade, visite privée, études, etc.).

Signalons enfin qu'à la saisie des données, on disposera d'une macro-commande de saut de ligne, qui permettra de réserver des lignes blanches pour les corrections et les additions. Si les modifications à apporter à une fiche sont trop importantes, il sera plus expédient de l'annuler et de la transférer sur une autre disquette. Par contre, il sera possible de compacter l'édition, de façon à supprimer les lignes blanches gardées en mémoire, qui n'apparaîtront donc plus que sur l'écran.

NOTES

[1] Le matériel utilisé est le suivant: micro-ordinateur APPLE II 48K coupée avec une machine à écrire OLYMPIA ESW K 100, et deux lecteurs de disquettes et un écran de télévision. La transmission du contenu des disquettes est faite par MODEM du L.I.S.H. au C.I.R.C.E. Au C.I.R.C.E. à Orsay (centre de calcul du C.N.R.S.) le traitement est fait sur I.B.M. 370, les données étant stockées sur une bande magnétique. L'I.B.M. 370 étant également relié à l'ordinateur du centre de Calcul de l'Université de Paris I, un MITRA 525, il est envisagé de recopier les données, ou du moins la matrice codée obtenue en images-cartes à Orsay, sur un disque de Paris I, afin de procéder à un traitement avec le nouveau logiciel BDP 5, actuellement en cours de rédaction à Paris I sous la direction d'Yvonne Girard.

[2] Il s'agit de l'E.R.A. 713 C.N.R.S./Paris I, dirigée par B. Guenée, et dont font partie F. Autrand, C. Beaune, A. Demurger, C. Gauvard, H. Millet, E. Mornet et moi-même; les travaux de cette équipe ont fait l'objet de plusieurs présentations générales sur le plan de la prosopographie: cf. notamment J.-Ph. Genet, 'Die Arbeiten der Forschergruppe "Automatisierte Verarbeitung von Quellen des Spätmittelalters" an der Universität Paris I: Die Kollcktivbiographie von Mikropopulationen,'*Blätter für deutsche Landesgeschichte*, cxv (1979), 144-47; et J.-Ph. Genet, 'Medieval Prosopographical Research at the University of Paris I,' *Medieval Prosopography*, i(2) (1980), 1-13. Le présent article n'est que l'écho d'un travail collectif, mené avec H. Millet, A. Demurger et E. Mornet notamment.

[3] Pour des traitements statistiques simples voir F. Autrand, *Naissance d'un grand corps de l'Etat. Les gens du Parlement de Paris 1345-1454* (Paris, 1981); pour des traitements complexes (analyse factorielle) voir H. Millet, 'La composition du chapitre cathédral de Laon: une analysc factorielle,' *Annales E.S.C.*, xxxvi (1981), 117-38, et H. Millet, *Les chanoines du chapitre cathédral de Laon, 1272-1412* (Rome, 1982); J.-Ph. Genet, 'L'Angleterre et la découverte de l'Europe,' *La conscience européenne au XVème et au XVIème siècles* (Collection de l'E.N.S.J.F., Paris, 1982), 144-69.

[4] Voir H. Millet, *Les chanoines . . . op. cit.*; et A. Demurger, 'Guerre civile et changement du personnel administratif dans le Royaume de France de 1400 à 1418: l'exemple des Baillis et Sénéchaux,' *Francia*, vi (1978), 151-298.

[5] Les packages employés ont été essentiellement à Paris I le logiciel BDP 4, implanté sur l'ordinateur Philips P 880 dont disposait alors cette université, et à Orsay SPSS (J.-Ph. Genet) et OSIRIS (H. Millet); nous avons tous eu recours pour les analyses factorielles aux programmes de l'ADDAD (voir à ce sujet les deux numéros spéciaux de la revue *Le Médiéviste et l'Ordinateur*, n°v sur l'analyse factorielle [1981] et n°vii sur la classification automatique [1982] avec notamment une contribution d'H. Millet, 'Une expérience: essai de classification des chanoines de Laon,' 14-17). Pour BDP 4 voir X. Debanne, *Le système BDP 4*, 2 vols. (Paris).

[6] Sur les problèmes généraux de la prosopographie, ou plus exactement biographie collective des populations telle que nous le concevons, voir J.-Ph. Genet, 'Die Kollektive Biographie von Mikropopulationen: Faktorenanalyse als Untersuchungsmethode,' *Quantitative Methoden in der Wirtschafts und Sozial geschichte der Vorneuzeit*, ed. F. Irsigler (Stuttgart, 1978), 79-100.

[7] Ce problème a fait l'objet d'une A.T.P. du C.N.R.S. entreprise avec Xavier Debanne. Conscients des difficultés, nous avions envisagé deux aspects du problème:

d'une part, sur le fond, X. Debanne s'attaquait au problème de la gestion automatique de bases heuristiques à partir des libellés et de leurs analyses, et d'autre part, avec la collaboration de L. Fossier, A. Guillaumont et C. Bourlet, nous avons essayé d'établir une interface avec le système documentaire CLEO et le système BDP 5 que Y. Girard développait en même temps à Paris I avec le concours de J.-M. Maurin et de M. Turquet: voir J.-Ph. Genet et X. Debanne, *ATP Informatique et Sciences Humaines. Rapport Final (A 651-4213)* (Paris, 1981).

[8] Le L.I.S.H. a dans le domaine de la micro-informatique une action double. Action de formation d'abord, avec l'organisation chaque année de plusieurs stages d'initiation à la micro-informatique, action de développement des matériels ensuite: achat d'appareils (APPLE II), hébergement d'un club ADEMIR (entraînant le dépôt de 6 micro-ordinateurs GOUPIL 2), et participation avec la Fondation de la Maison des Sciences de l'Homme, à la création d'un centre expérimental pour la création de textes scientifiques financé par le Ministère de l'Education Nationale (entraînant le dépôt de 8 micro-ordinateurs Goupil 3); l'acquisition d'autres types de matériel (MICROMEGAS 2000, NEWBRAIN, ATARI 800) est à l'étude.

Exemple d'enregistrement: Les fiches n° 1, n°3 et n°4

1a	1
1b	ABBOT George
1d	1562-1633 . Actif 1585-1633
2	Surrey/ Né à Guildford
3a	Common urbain: père clothworker
4a	Grammar School: Free Grammar School, Guildford
4b	Oxford, Balliol College <1582-1585>
4c	15 ans d'études
4fa	B.A., M.A. <1585>
4fb	B.D. 1593, D.D. 1597
5b	Dean de Winchester <1600-1609> , Evêque de Coventry et Lichfield 1609-1610 , Evêque de Londres <1610-1611> , Archevêque de Canterbury 1611-1633 .
6c	Chapelain de Thomas Sackville (Lord Buckhurst) et de George Hume (Earl of Dunbar).
6g	Fellow de Balliol College <1585-1597>. Master de University College <1597-1600> Vice-Chancelier de l'Université <1603>, <1605>.
7j	/ de tendance calviniste, mais reste partisan de la discipline et de l'autorité royale. Adversaire de Laud et de Bancroft.
7k	Emprisonné <1627> sur l'ordre de George Villiers (Duc de Buckingham)./ Sa position à la Cour a été gravement affaiblie par le fait qu'il a tué un homme, Peter Hawkins, lors d'un accident de chasse.
8d	Ami de Marco Antonio de Dominis et d'Isaac Casaubon.
9b	Voyage en Ecosse <1608> : participe avec Dunbar au règlement des problèmes ecclésiastiques, notamment au procès de Sprot et à l'Assemblée de Linlithgow.
10d	Théologien. Auteur notamment de:

Quaestiones sex totidem praelectionibus in Schola Theologica Oxoniae pro forma habitis discussae et disceptatae anno 1597
Ed. Oxford (J. Barnes) <1598> (STC 36)?
Ed. <1616>

An Exposition upon the Prophet Jonah
Ed. (R. Field) <1600> (STC 34)
Ed. (R. Field) <1613 > (STC 35)

The reasons which Doctour Hill hath brought for upholding papistry unmasked, pt. 1
Ed. Oxford (J. Barnes) <1604> (STC 37)

A Sermon preached at the funerall solemnities of Thomas, Earle of Dorset
Ed. (W. Aspley) <1608> (STC 38)

? *Judgment on bowing at the name of Jesus*
Ed. Hamburg 1632 .
? (Aurait participé avec Henry Savile à l'édition de Thomas Bradwardine, *De Causa Dei adversus Pelagianos*, 1618 .)

50ha *(Préface à Sir William Hart, *The Examination . . . of G. Sprot*)
hc   Ed. (W. Apsley) <1608 > (STC 12894)
     Ed. (W. Apsely) <1609 > (STC 12894a)
hf   *Harleian Miscellany*, IX, p. 560 sq.
     /Contient notes prises au procès Sprot, avec le récit du complot de l'Earl de Gowrie contre Jacques VI.

50ka1 *A Treatise of the Perpetuall Visibilitie and Succession of the True Church in all Ages*
kc1   Ed. (R. Milbourne) <1624 > (STC 39)
      Ed. (R. Milbourne) <1624> (STC 40)
      /historique de la 'vraie' église de Valdo à Luther, *via* Wyclif.
50ka2 *A true narration of a bloodie massacre committed upon the Protestants by the Papists in the greater part of the Valteline in the year 1620*.
      . . in J. Foxe, *Book of Martyrs*, 7ème éd.
kc2   Ed. (A. Islip) <1632> (STC 11228)
      /rien ne permet de savoir, selon Christopher (p. 41) si Abbot est l'auteur des six chapitres qui suivent ce titre, ou du premier des six, le seul consacré au massacre.
50pa1 *His Grace's Arguments. The Lord Archbishop his speech to his Majesty* in An., *The Narrative History of King James for the first fourteen years.*
pb1   Ed. posth. (M. Sparks) <1651>, 95-100.
pf1   Sir Walter Scott, *A Collection of Scarce and Valuable Tracts*, London (1809), ii, 307-10; Cobbett, *State Trials*, (1809), ii, c. 785-862. /en 1715, est paru à Londres—chez E. Curll- un ouvrage intitulé *The Case of Impotency*, sous le nom d'Abbot; mais seul le discours paraît être d'Abbot: sur sa participation au procès du divorce d'Essex.

50pa2   *A short apologie for Arch-bishop Abbot touching the death of Peter Hawkins . . .
pb2   Ed. posth. in Reliquae Selmaniae
pf2   Cobbett, State Trials, (1809), ii, c. 1165-69
         /sur l'accident de chasse de Bramshill Park: l'ouvrage contient une Apologie, une réplique de Spelman et une collection de lettres officielles sur l'affaire. L'apologie est généralement considérée comme étant d'Abbot. Plusieurs rééditions.
50pa3   Archbishop Abbot, his narrative . . . penned with his own hand.
pb3   Ed. post. in J. Rushworth, Historical Collections . . ., 1659
pf3   English Garner, iv. 1882, 535-76.
50qa   *A briefe description of the whole worlde
qc   Ed. (J. Browne) <1599> (STC 24)
         Ed. (J. Browne) <1599>
         Ed. (J. Browne) <1600> (STC 25)
         Ed. (J. Browne) <1605> (STC 26)
         Ed. (J. Browne) <1608> (STC 27) 3ème éd.
         Ed. (J. Browne) <1617> (STC 28) 4ème éd.
         Ed. (J. Marriott) <1620> (STC 29) 5ème éd.
         Ed. (J. Marriott) <1624> (STC 30) 6ème éd.
         Ed. (W. Sheares) <1634> (STC 31)
         Ed. (W. Sheares) <1634>
         Ed. (W. Sheares) <1636> (STC 32)
         Ed. (W. Sheares) <1636>
         /oeuvre plus fondée sur la Bible et les autorités traditionnelles que sur celle des géographes et voyageurs du XVIème siècle.

100   DNB
         STC 24-40
         TAYLOR, LTSG
         CHRISTOPHER (R. A.), George Abbot, Archbishop of Canterbury, 1562-1633,
         Charlottesville (University of Virginia), 1966.
         /étude bibliographique

1a   3
1b   ABELL Thomas
1d   † <1540> Actif 1516-40

4b   Oxford
4fa   B.A. <1513>, MA <1518>

5a   Recteur Great Berkhamstead <1522-30>, Recteur Bradwell <1530-34>

6i   Chapelain de Catherine d'Aragon

7d   /Prend parti contre le divorce d'Henri VIII

71	Arrêté en <1533>
7m	Exécuté à la Tour de Londres <1540> à la suite des dénonciations de la 'Nun of Kent.'
9f	Voyage en Espagne <1529> : mission diplomatique
5Iga	*Invicta Veritas. An answere that by no maner of lawe it maye be lawfull for Kinge Henry the Aight to be divorced.*
gc	Ed. Lüneberge <1532> (STC 61)
gd	Prose Anglais
100	DNB
	STC 61
	BRUO IV
	LE VAN BAUMER

1a	4
1b	ACHURCHE, John of
1d	ca. <1342-44> Actif 1344
5d	Bénédictin (Peterborough)
5f	Obédientiaire: Warden of the Manors
50va1	*Greater Book*
vb1	MS. London, Society of Antiquaires MS 38
	MS. London, B.L., Cotton Cleopatra C I et II
vd1	Prose, latin
50va2	*Red Book*
vb2	MS. Peterborough D. and C., MS 6
vd2p	Prose, latin
100	DAVIS, n°759, 760 et 762
	MELLOWES

SUMMARY

Between Statistics and Documentary Treatment: A System of Programs for the Treatment of Prosopographic Data

The prosopographer is confronted with the following contradiction: he wants clearly readable information on individuals, whereas statistical treatment of a coded data base will be greatly beneficial and informative for him. The problem is how to reconcile these two needs. The project described here starts with entering the data on a microcomputer (Apple II) in natural language. Data is then transferred to a big computer, both in a coded form (automatically generated), and in its former natural language form. The coded form may be dealt with through one of the available statistical packages (SPSS, SAS, OSIRIS), while indexation, editions, and documentary queries may be made from the natural language form.

The Analysis by Computer of A. B. Emden's Biographical Registers of the Universities of Oxford and Cambridge

Ralph Evans

The investigation at Oxford in the 1970s of the medieval members of the universities of Oxford and Cambridge illustrates a number of fundamental themes of medieval prosopography and raises important questions about the application of quantitative methods to medieval English history. I do not propose to discuss here the substantive results of these researches, since they have already been presented elsewhere and will be treated further in future publications.[1] Rather, I will concentrate on the methodological problems posed by the analysis of this very large body of medieval biographical information.

The work in question arose from the establishment in 1968 by the University of Oxford of an ambitious project to produce a completely new and multi-volumed history of the university from its beginnings in the twelfth century to the present day; it was envisaged that it would take some twenty years to produce the new history and that its first two volumes would be devoted to the medieval university. The first volume, covering the period before about 1380, was published in 1984, and a further seven volumes should appear at intervals over the next few years (not necessarily in chronological sequence).[2] It was apparent from the inception of the project that an essential source for the medieval volumes would be A. B. Emden's monumental biographical register of the university to the year 1500. Similarly Emden's further volume covering the period 1501-40 was of great significance for the third volume of the history, which was to deal with the university in the sixteenth century. It also became clear that Emden's parallel register of the University of Cambridge to 1500 was of very considerable comparative interest and that in many respects it was desirable to discuss the two medieval English universities together.[3]

Emden's biographical registers are the fruit of many years of painstaking research in a wide range of printed and unprinted sources devoted to assembling all surviving items of biographical information about members of the universities of Oxford to 1540 and Cambridge to 1500. Their compilation and publication constituted a remarkable, indeed, a heroic achievement. The register of medieval Oxford contains approximately fifteen thousand biographical notices; the register of medieval Cambridge and Oxford 1501-40 each has some seven thousand entries. Even after their publication the indefatigable Emden continued to make corrections and additions to his registers, and the work of other scholars continues to turn up new information. Nonetheless it is likely that the greater part of all possible information about the personnel of the medieval English universities is to be found in Emden's registers.

The nature of the individual entries in the registers naturally varies enormously, from the long and detailed notice of a celebrated author or a successful royal and ecclesiastical administrator to an incidental reference to an otherwise unknown scholar. While the structure of the registers was rigorously biographical, it was evident that they contained, in brilliantly compressed form, a unique wealth of material bearing on the social as well as intellectual history of the universities; and their value was in large measure derived from their inclusion of a mass of more or less obscure men alongside the more famous individuals who had already attracted the attention of historians. It was hoped that the new history of the university would move away from an exclusively intellectual and institutional approach and also consider its social and economic aspects, both its internal structure and its place in a broader setting. On the strictly intellectual side it was intended that so far as the sources allowed attention should be given to the generality of scholars and not only to the most outstanding. It was therefore essential to take full advantage of the mass of data in Emden's registers. But while it was easy to go to the registers to find information about particular individuals selected in advance, or to find interesting examples at random, the biographical format made it impossible to handle the full range of information— buried, so to speak, in the various entries—in a systematic way. The attempts of the project for a new history of the university to make use of this information have their own interest in the historiography of medieval England and have been admirably—and generously—placed in that context by R. B. Dobson earlier in this volume.[4] Their significance lies partly in the fact that, although the social investigation of English universities has old and distinguished antecedents, there is still, I believe, a widespread feeling that it is inappropriate, perhaps even irreverent, to discuss the history of universities except in purely intellectual terms, that the history of universities is the biography of great thinkers.[5] Furthermore there is among British medievalists in particular a strong aversion to anything approaching quantitative history. This is not derived, it seems to me, from a sensible reluctance to apply elaborate statistical techniques to unsuitable medieval sources but corresponds to an exaggerated faith in the value of demonstration by means of a few well-chosen examples.[6]

From the launching of the project in 1968 a good deal of thought was given to the question of making accessible the material in Emden's register of Oxford to 1500. Initially it was intended to make a very simple subject-index in which the names of scholars would be listed on sheets of paper under a few simple headings, such as 'Dominican' or 'author.' Even this scheme, devised in 1971, was essentially designed to facilitate the selection of examples of a few predetermined categories rather than any more comprehensive analysis. It is significant for instance that it was thought that there was no need to index members of the faculty of arts or of theology since it was presumed that they would be so numerous that examples could readily be located in the register itself. Even this relatively simple manual index proved very cumbersome to compile, and in 1972 it was decided to adopt a 'semi-automatic' method of indexing. Under this system the indexer worked through the printed register converting the details of each entry into codes which were entered on standard data-sheets. The codes were transferred, in turn, to large punched sheets which could be sorted, somewhat laboriously, by special equipment. At this stage the information to be encoded about each man was extended (a code being assigned to the faculty of theology for example). As the encoding of the register along these lines proceeded, it was decided that the information on the data-sheets could be fed into a computer as this would provide a more efficient means of handling the material, and, indeed, this proved to be the case. By 1974 all the entries in the register had been entered, by way of data-sheets and punched cards, into the university's computer, where they were stored on magnetic tape. Thus, although the index was computerized, its characteristics were largely determined by its origins as a manual or semi-manual index.

Despite the crude nature of this early system, in comparison to the more sophisticated versions now available to historians, anyone planning a similar biographical project could well profit from a consideration of the strengths and weaknesses of the computerized indices to Emden's registers. In 1973-74 the application of a large-scale computer-based inquiry to medieval English history was something of a new departure, and even today such projects are not as common as might be expected. The idea that the computer should be used as a tool of historical research was welcomed by the Oxford University Computing Service, which was anxious to extend the use of computers to non-scientific subjects.[7] The typical non-scientific user of the university's computer was the linguist compiling a concordance, and the history of the university was for several years virtually the only historical project encountered by the service. Despite their willingness to help, the programers had some difficulty grasping the requirements of a historical inquiry, and the historians were quite unfamiliar with even the most basic aspects of computing. For example, the scientific user will normally ask the computer to perform a complex operation with a restricted amount of data but the historian will more probably require the simple manipulation of a large body of data, and the sheer volume of the data relating to the history of the university has proved a constant source of difficulty for the computing service. In 1973-74 the university's computer was an ICL 1906A, the subsequent replacement of which with more sophisticated equipment presented the project with enormous problems which have not yet been entirely resolved. The only 'package' by which this computer could deal with the index to Emden's registers was FIND2, an information-retrieval system designed for commercial companies. Although FIND2 was both cumbersome and slow to operate, it was well able, once data had been put into a suitable format, to handle the index which had been designed for punched sheets and semi-automatic operation. Had the index been designed for the computer from the outset it could doubtless have been made somewhat more detailed, but it is clear that the nature of FIND2 would have imposed severe restrictions on the way in which the data could have been handled. Far more subtle systems of computer-based inquiry are now available, of course, but a consideration of some of the limitations imposed on this early system, not only by technical factors but also by the way in which its use was envisaged, may well be relevant to projects undertaken in the future.

First, and perhaps most important, anyone contemplating committing data to a computer should appreciate that such projects almost inevitably involve much more time and trouble than initially expected. A good deal of time should be devoted to planning any project in advance, and it is normally advisable to precede any major scheme with a pilot study to establish the feasibility and utility of the initial plan. If this is successful the entering of the full data into the computer may involve very extensive, if routine, typing which in turn will need to be checked carefully. The system will then have to be put into smooth working order and thoroughly tested. All this takes far longer than the historian anticipates. Nor will the computer always respond to questions as immediately as might be hoped. This was certainly true of the indices to Emden's registers, for they depended on an early and overloaded computer and on a software package which, though effective, was relatively slow and unwieldy. Some of these difficulties have been overcome by computers which are speedy, powerful, and which very rarely break down, and by simpler and more efficient means of inquiry, but still the historian unfamiliar with computing may find it difficult to resign himself to the periods of apparently unproductive waiting which give a characteristic rhythm to work even with a well-run computer. He should remind himself that the manual performance of similar operations would require even more time and be less reliable. Thus the enlistment of the computer as an ally in historical investigation has its own internal fascination, but it can absorb quite unforeseen amounts of time which could otherwise devoted to straightforward historical research. Whether or not an enterprise of this kind can be justified will depend to a large extent on the volume and complexity of the data and the nature and number of the questions to be posed. The indices to

Emden's registers, for example, have been brought to bear on a wide range of topics which otherwise could hardly have been approached. But the historian who looks to the computer simply to save time should think very hard before proceeding.

Indeed it can hardly be overemphasized that time spent in planning a computer-based project in advance is time well spent. Even with modern systems of interrogation it is not certain that all available information will be included in the computerized database, and most projects will call for some degree of abbreviation and formating of the data. It follows that much thought should be given to the questions which will ultimately be asked of the data in the computer, for this will determine which information should be entered and in what form. If there is any doubt as to whether or not a category of information should be included, it is safest to put it in, as it is likely to be unduly time-consuming to add further categories to an established database, to say nothing of technical difficulties which may arise. As to the degree of standardization of information entered into the computer it is necessary to strike a satisfactory balance betweeen the possibility of retrieving significant categories from the database and the need to have informative yet readily intelligible output.

The index to Emden's register of medieval Oxford was originally seen as a means of providing finding-lists to the printed register. To this end a range of fundamental categories was devised and unique two-letter codes assigned to each, CN for students of canon law, for example, ME for men associated with Merton College, and so on. In addition the period 1200-1499 was divided into twenty-year periods which were designated by two-digit codes (20 for 1200-19, 22 for 1220-39, and so on to 48 for 1480-99). The name of every man in the register was entered into the computer together with all the codes which corresponded to the information in his biographical notice. It was thus possible for the computer to provide lists of all men in the register in any category; it was also possible to retrieve lists of all men according to specified combinations or non-combinations of categories. The computer could, for example, print the names of all Irish scholars, all members of Oriel College 1380-1419 who studied canon law, or all fourteenth-century theologians who were not members of religious orders. The presumption was that the historian who had requested such a list would use it to look up each name in the printed register where he would find the full biographical details of men who might otherwise have been unknown to him. The principle of encoding which followed from this view of the index was one of maximum comprehensiveness for each category; men in the register should be included in every category with which they had the remotest connection since they could easily be excluded from consideration when the printed register had been consulted. The computerized index has been very successful in discharging its primary function as a subject-index to the printed volumes of the register, and historians, both contributors to the history itself and others working in related fields, have been provided with useful lists of men falling into the categories or combinations of categories which they have specified.

The success of the index to Emden's register of medieval Oxford led to the compilation in 1976-77 of similar indices to the registers of medieval Cambridge and Oxford 1501-40. The enormous labor of encoding the register of medieval Oxford was carried out single-handed by Evelyn Mullally over a period of two years or so, the work of indexing being wisely interspersed with other, more conventional, work. The task proved far less straightforward than had been anticipated, for it was not readily apparent into which of the predetermined categories much of the information in the biographical notices should be placed. The correct interpretation of the entries in the register called for a knowledge not only of the internal workings of the university and of academic terminology—by no means an easy matter in itself—but also of a wide range of other fields, notably, royal and ecclesiastical administration. While there are, doubtless, items which have not been assigned to the most appropriate category, it is the overall standard of accuracy with which this difficult task was completed that is remarkable. The other two registers were encoded simultaneously in a nine-month period, that for Cambridge by Gregor Duncan and for Oxford 1501-40 by Stewart Fergusson. Two indexers working together in this way had the advantage of pooling expertise to resolve queries as they arose and of systematically checking one another's encoding as it proceeded. Thus an extremely high level of accuracy was achieved. Once again, however, the pleasure occasioned by the short space of time in which encoding had been completed was dissipated in the rather longer period taken to enter the material into the computer and to retrieve it in a usable form, to say nothing of the even longer process of making historical sense of the data produced.

The two new systems were essentially the same as their predecessor, and they used identical codes for those categories which they shared. They also incorporated certain improvements designed to remedy shortcomings which had been identified in the operation of the first system. For example, they included a much broader range of categories relating to the careers of scholars when they had left the university. Geographical origins of English scholars, excluded from the first index because they were known only for about a quarter of the men in the register, were entered in the new systems even though no more frequently recorded in the registers; and analysis of this data has in fact been of great interest. The coding of such new categories and their insertion in the original index would be possible but very laborious. It should perhaps be stressed that the registers were encoded as they stood, with virtually no attempt to correct the occasional errors which they certainly contain. To take an extreme example, the nomenclature and identity of Oxford's academic halls present many difficulties which sometimes misled even Emden; as a result, this category is one of the least reliable in the index for medieval Oxford. With a more modern system which allowed changes in the database to be made easily, the computer might provide an excellent means of recording the corrections and additions to the registers which are provided by scholars working in many different areas. Like their prototype, the computerized indices to the registers of medieval Cambridge and early sixteenth-century Oxford have been very useful in providing historians in several countries with a convenient means of finding what interests them in the printed volumes of the registers.

But the very form of the output provided by the computer suggests rather different uses to which the data might be put. Men's names are printed in full down the left-hand side of the page and against them, aligned in columns across the page, a number of readily intelligible codes. The codes, essentially, are flags to indicate the presence in a particular biographical notice of a specified class of information. They do not reveal the precise nature of this material, which could be very extensive and informative or, alternatively, more or less inconsequential, but the reduction of a mass of biographical data to a few simple symbols does enable the historian to identify, almost at a glance, the salient characteristics of an individual or even of a group. In this distilled form the material reveals correlations (and non-correlations) which otherwise might not be apparent.[8] A more extensive examination of the full evidence might either confirm or reject the reality of these connections, but the computer performs a valuable service in suggesting previously unconsidered lines of inquiry.

Furthermore, without being asked to do so, the computer always counts the number of men in the categories it retrieves from the index. This naturally encourages the posing of more or less simple numerical questions which could hardly have been contemplated before the vast quantity of evidence in the registers had been computerized. The most obvious quantitative question of all, that of the absolute size of the university at any date, could not be tackled in this way since it was clear that Emden's registers included, because of the nature of the documentation, only a fraction of the men who had attended the universities of Oxford and Cambridge in the periods they covered; the true proportion remains a matter for conjecture, but is unlikely to be more than one in four for the medieval universities, though much higher for Oxford 1501-40. But if it is not feasible to establish absolute numbers by means of the computer, it does seem reasonable to investigate the numerical relationship between various elements within the university: for example, the relative size of the several faculties, the numerical importance of the religious orders, or the national and geographical origins of students. Although the evidence in the registers bearing on these and other subjects is by no means complete nor even random, it is sufficiently extensive to warrant serious examination. It was never imagined that all aspects of the university could be dealt with in quantitative terms, but it was felt that even very approximate answers to certain basic numerical questions would provide a valuable framework for the investigation of other and less quantitative matters, both social and intellectual.

The index was not originally intended for numerical inquiries of this kind, and the way in which the information was encoded was, in some respects, unsuitable. Because of the extreme inclusiveness of the categories, for example, some men would be counted in categories with which they had only a very tangential connection. Nor was there any way to distinguish between negative evidence and the absence of evidence; the non-appearance of any code against a man's name could indicate either that there was definite evidence that he did not fall within the relevant category or simply that there was no evidence in that regard. This gave rise to problems in the analysis of distribution between faculties, for no code had been assigned to the faculty of arts. This had been done on the assumption that all men not in one of the 'higher' faculties would necessarily be artists; but in fact many men left no record whatever of their faculty. As a result it was impossible to distinguish between men known to have studied in the faculty of arts and others whose faculty was unrecorded. While this simple omission did not invalidate comparisons between the different higher faculties, it did restrict analysis of the faculty of arts. Or again, there was no indication of the chronological relationship of elements in a man's career. Thus it would be possible for a man encoded under the period 1340-79 and in the categories for Oriel College, the faculty of theology, and for officers of the university to have been in each of the last three groups at quite different dates; he would thus present an illusory example of the study of theology at Oriel. Such doubts about the output from the computer could only be resolved by reference to the printed registers. Were a similar system to be designed today the computer would undoubtedly be used in a more flexible manner. Perhaps a more sophisticated series of flags, though essentially similar to the original codes, would allow broad categories to be retrieved; but in addition it might now be possible for the full text of the material analyzed to be entered into the computer—optically rather than manually—more or less in its entirety for more precise interrogation.

If relatively technical problems were far from negligible, the iost serious obstacles to drawing general conclusions about the university from the computerized index lay in the inherent difficulties of analyzing medieval evidence quantitatively. The many sources from which Emden compiled his registers varied greatly in type, provenance, date, completeness, and reliability, and the usefulness of any list provided by the computer can only be established by an assessment of the sources from which it ultimately derives. This purely historical judgment cannot, of course, be delegated to the computer. To what extent is this sample appropriate for the inquiry in hand? Is it possible to take into account the likely bias of the documentation? These are the questions which inevitably recur. These specifically historical problems have been more fully discussed in the two articles which present the first attempts at a wide-ranging quantitative analysis of the material in Emden's registers of medieval Oxford and Cambridge.[9] Some of the broader issues are the much greater volume of evidence from the end of the period, the probable over-representation of the colleges, the dearth of information about academic halls, and, of course, the number of men who left the university after a short while without leaving any trace in the records. But every computation necessarily involves some assessment of the sources.

Just as the sources behind Emden's registers are diverse, so too are the fields of historical inquiry related to the study of the university. In addition to the various internal intellectual, structural, social, and economic characteristics of the university itself, there are the social and geographical origins of students, their support while at the university, contacts with other *studia*, the relationship of the university to the crown, the nobility, the papacy, the secular church, and the religious orders, the careers followed by men trained at the universities, and, so far as it can be ascertained, the extent to which this training determined their influence and position in the world. These and other subjects call for a comprehensive expertise beyond what can be expected even of a team of researchers. The historian of the university should be prepared to venture into the territories of other specialists where his unfamiliarity will expose him to various hazards. In doing so he naturally risks making simple errors, but he may also throw new light not only on the university but also on other sectors of society. These stages in the historical analysis and interpretation of material retrieved by the computer are likely to take far longer than anticipated. If the computerization of the data defies budgeting in advance, the interpretation of output from the computer is an entirely open-ended procedure. Long as they may be in coming, the lists and tables presented by the computer are only the starting point for the real work.

For the typical British medievalist, perfectly innocent of any statistical notion, not to say totally innumerate, there is a difficult transition to be made to an essentially quantitative approach. The pitfalls discovered in the course of the analysis of the material assembled by Emden may seem very obvious to historians trained in more numerate traditions, but for some while yet they will need careful negotiation by historians of medieval England. There is, for example, the spurious impression of accuracy—indeed of authority—given by a list clearly arranged and crisply printed by the computer. A historian who would subject the documents themselves to the most sceptical scrutiny may well accept such a list without giving sufficient thought to the ambiguity and incompleteness of the evidence which lies behind it. Then there is the danger that a sensible reluctance to use absolute numbers when only an uncertain proportion of the real total is known may be taken to extremes. It is often helpful to use percentages rather than absolute numbers when comparing different groups, but this may become absurd when very small absolute totals are involved—for example when three is expressed as a percentage of seven. Once the non-numerate historian has decided to use electronic aids and to adopt a quantitative approach the principal initial hazard is, understandably, an excessive and uncritical enthusiasm.

In the analysis of Emden's registers, increasing sophistication was slowly achieved not (doubtless regrettably) by the acquisition of any theoretical statistical expertise but rather by a much closer correlation between the figures produced by the computer and the historical evidence which lay behind them. The article based on the computerized index to the register of medieval Oxford which was published in 1977 was very much a pioneering study in which the difficulties of the evidence were clearly stated and a large body of figures was presented in relatively unrefined form with a discussion of their likely significance for the history of the university. In 1980 a parallel article dealt with the somewhat improved index to the register of medieval Cambridge and also returned to the Oxford figures, especially as concerned careers after leaving the university. That the second article was more than twice as long as the first was partly the result of more frequent reference back to the printed register and a more systematic examination of the underlying sources. The figures drawn from the computer were also complemented by the manual analysis of various printed sources. It was a little ironic, for example, that a great deal of labor was invested in manually compiling figures from lists of dignitaries and canons of English cathedrals printed in the *Fasti ecclesiae anglicanae*, a source which would lend itself much more readily to analysis by computer than had Emden's register.[10] It is likely that in both articles excessive significance was sometimes attached to relatively small differences in the comparison of different groups and that this betrays the statistical naivety of the authors. It is also the case, however, that only the simplest of numerical computations were attempted and no pretence was made of statistical subtlety.

At another level it was often necessary to present the figures without offering elaborate hypotheses as to the historical factors which had determined them. Here the historian must beware of mistaking correlation for causation. Thus the second article drew attention to the rising proportion of university-trained men among the canons of certain cathedrals but did not tackle the question of whether or not they obtained their prebends as a result of that training. Were canons being recruited from the same sector of society within which a university education was for other reasons becoming more popular? While numerical analysis can reveal important correlations of this nature their explanation calls for closer study by those with specialized knowledge. But even some of the crudest figures drawn from this unique wealth of information have, it seems to me, greatly advanced our understanding of the universities; nor is it at all obvious that their general import will prove to have been seriously undermined by qualifications of the kind I have mentioned. To quote the introduction to the article concerning Cambridge:

The figures in this article no less than those for medieval Oxford should be treated with caution and reserve, and this we have attempted to do. That said, it is to be observed that not infrequently the figures are borne out by incidental evidence of a more general nature. . . . Moreover figures such as those presented in this article offer us, if properly computed and used, our only means of even approaching many of the questions posed and many of the most important aspects of university life. The impressions we derive may of necessity in the end be hedged with qualification and even then not altogether sharply in focus. But they are the best we can hope to obtain.[11]

Such questions as the relative size of the faculties, the representation of the religious orders, the role of the colleges and halls, the geographical and social origins of students, and their subsequent careers are fundamental to our view of the medieval universities. It is the computer that has enabled the vast mass of evidence in Emden's registers to be brought to bear on these subjects. Work inspired initially by the computer has already gone some way to providing answers—albeit unavoidably approximate—to some questions of this kind. It has also demonstrated that the quantitative and the qualitative are complementary rather than alternative approaches and has shown the need to pose more penetrating questions of each type.

There is no doubt that the indices to Emden's registers have been highly successful in their primary function, that of making a mass of intractable material accessible to scholars working on more or less traditional lines. And hopes that their numerical analysis would open fresh avenues of inquiry are beginning to be fulfilled. Studies of this kind have so far been concerned especially with the careers of men trained in the universities, for this is a field in which quantitative notions are already established. It is probably symptomatic that historians from North America have been prominent in the application of quantitative and prosopographical methods to this subject and that they have been among the first to make independent use of the computerized indices to Emden's registers for quantitative analysis.[12] Some British medievalists have also seen the possibilities.[13] Others are probably unsympathetic to the quantitative analysis of institutions of learning, though these reservations have not yet, so far as I know, been put forward systematically. If the anticipated debate has not materialized this may in part be because those who consider quantitative studies to be inappropriate also find them indigestible. Much, therefore, depends on the development of a satisfactory literary presentation of material that is in large part numerical. It is all too easy for exposition of this kind to slip into a lengthy recitation of numbers and percentages which the reader is unable to absorb. A good balance between data and interpretation is obviously vital. But a clear yet sufficiently lively prose style, now all too often absent from historical writing in English, here assumes a new responsibility. It is a paradox that quantitative analysis not only exposes the historian's lack of numeracy but also makes fresh demands on his literacy.

NOTES

¹ T. H. Aston, 'Oxford's Medieval Alumni,' *Past and Present*, lxxiv (1977); T. H. Aston, G. D. Duncan, and T. A. R. Evans, 'The Medieval Alumni of the University of Cambridge,' *Past and Present*, lxxxvi (1980). It is expected that the work in question will be utilized not only in the new history of the University of Oxford described below but also in the publications of other scholars who have already made use of it.

² *The Early Oxford Schools*, ed. J. I. Catto and R. Evans (History of the University of Oxford, i, Oxford, 1984). The general editor and director of research of the new history is T. H. Aston of Corpus Christi College, Oxford, who has supervised the work under discussion here. The history is being published by the Oxford University Press.

³ A. B. Emden, *A Biographical Register of the University of Oxford to A. D. 1500* (Oxford, 1957-59, 3 vols.); *A Biographical Register of the University of Cambridge to 1500* (Cambridge, 1963); *A Biographical Register of the University of Oxford A. D. 1501 to 1540* (Oxford, 1974). Supplementary material was printed in the *Bodleian Library Record*, vi-vii (1957-67), and Emden (1888-1979) marked further additions and corrections in interleaved volumes of his registers, photocopies of which are available in the Bodleian Library, Oxford. This additional material was used in the compilation of the indices described below. It would be helpful if suggestions for new corrections or additions could be sent to The Director, History of the University, Corpus Christi College, Oxford.

⁴ R. B. Dobson, 'Recent Prosopographical Research in Late Medieval English History: University Graduates, Durham Monks, and York Canons,' in this volume, esp. 181 ff.

⁵ A broad view was taken in the classic work of H. Rashdall, *The Universities of Europe in the Middle Ages* (Oxford, 1895, 2 vols. in 3); new ed. F. M. Powicke and A. B. Emden (London, 1936, 3 vols.). See also, for example, the comments of John Major (1521) cited by Aston, Duncan, and Evans, 'Cambridge,' 11-12. Social analysis of English universities in the sixteenth century has advanced further, not least because of the nature of the sources. A prosopographical analysis of Corpus Christi College, Oxford, has been undertaken by J. K. McConica of St. Michael's College, University of Toronto, the editor of the third volume of the new history of the university. See J. K. McConica, 'The Prosopography of the Tudor University,' *Journal of Interdisciplinary History*, iii (1973-74); and 'The Social Relations of Tudor Oxford,' *Transactions of the Royal Historical Society*, 5th ser., xxvii (1977), esp. 128-33. This project has now been computerized and its findings will be considered in volume three of the history, to appear in 1985 as *The Collegiate University*, ed. J. K. McConica (History of the University of Oxford, iii, Oxford, 1985).

⁶ These criticisms do not apply with such force to the economic history of medieval England, where quantitative methods are well established; even there, however, a good deal of misplaced impressionism is to be found.

⁷ In the computerization of the indices to Emden's registers the advice and assistance of Carol Bateman and Susan Hockey of the Oxford University Computing Service were especially valuable. More recently Lou Burnard, Paul Salotti and Ian

Marriott have undertaken the recasting of the data in a form appropriate to the computers now used by the service.

[8] For instance the low proportion of legists known to have studied arts (there being special codes for this group though not for artists generally). See: Aston, 'Oxford,' 8, and n. 18; Aston, Duncan, and Evans, 'Cambridge,' 58, and n. 134; and the examples mentioned by Dobson, in this volume, 181 ff.

[9] See in particular: Aston, 'Oxford,' 3-6; and Aston, Duncan, and Evans, 'Cambridge,' 9-11, 57, 67.

[10] On this source see: D. E. Greenway, 'Cathedral Clergy in England and Wales: *Fasti ecclesiae anglicanae*,' *Medieval Prosopography*, i/1 (1980), 15-22.

[11] Aston, Duncan, and Evans, 'Cambridge,' 11.

[12] See, for example: J. T. Rosenthal, 'The Universities and the Medieval English Nobility,' *History of Education Quarterly*, ix (1969); and *The Training of an Elite Group: English Bishops in the Fifteenth Century*, Transactions of the American Philosophical Society, NS, lx, pt. 5 (Philadelphia, 1970); G. F. Lytle, 'Patronage Patterns and Oxford Colleges c. 1300-c. 1530,' in *The University in Society*, ed. L. Stone (Princeton, 1975, 2 vols.), i. 111-49; J. A. Brundage, 'The Monk as Lawyer,' *The Jurist*, xxxix (1979); and 'English-Trained Canonists in the Middle Ages: A Statistical Analysis of a Social Group,' in *Law-Making and Law-Makers in British History*, ed. A. Harding (London, 1980), a study firmly grounded in statistical theory. See also: J. Courtenay, 'The Effect of the Black Death on English Higher Education,' *Speculum*, lv (1980); and M. C. Burson, 'Emden's *Registers* and the Prosopography of Medieval English Universities,' *Medieval Prosopography*, iii/2 (1982), 35-51.

[13] See, for example: R. L. Storey, 'The Foundation and the Medieval College, 1379-1530,' in *New College Oxford 1379-1979*, ed. J. Buxton and P. Williams (Oxford, 1979); A. B. Cobban, 'The Medieval Cambridge Colleges: A Quantitative Study of Higher Degrees to c. 1500,' *History of Education*, ix (1980), 1-12; and 'Theology and Law in the Medieval College of Oxford and Cambridge,' *Bulletin of the John Rylands University Library of Manchester*, lxv (1982-83). See also: *Profession, Vocation, and Culture in Later Medieval England: Essays Dedicated to the Memory of A. R. Myers*, ed. C. H. Clough (Liverpool, 1982); R. N. Swanson, 'Universities, Graduates and Beneficies in Later Medieval England,' *Past and Present*, cvi (1985), 28-61. Professor Lytle, Professor Storey, and Dr. Cobban are writing chapters for the second volume of the new history of the University of Oxford.

RÉSUMÉ

L'analyse par ordinateur des registres biographiques d'A. B. Emden pour les universités d'Oxford et de Cambridge

Les recherches pour une nouvelle histoire monumentale de l'Université d'Oxford, commencées en 1968, ont comporté l'analyse des quelques trente mille notices biographiques contenues dans les registres d'A. B. Emden pour les universités d'Oxford (jusqu'en 1540) et de Cambridge (jusqu'en 1500). Ce qui a commencé en 1971 sous la forme d'un index manuel a été dès 1974 transféré sur un ordinateur, et ces tentatives relativement précoces d'utilisation de l'ordinateur afin d'organiser un considérable corpus de données médiévales peut encore intéresser les médiévistes confrontés à des problèmes similaires. Une attention particulière doit être attirée sur la nécessité d'anticiper autant que possible les questions qui seront posées aux données informatisées, sur le besoin d'une planification complète et d'une mise à l'épreuve avant que le système définitif soit mis en place, et sur l'investissement probable de beaucoup plus de temps et de travail qu'on ne le prévoyait initialement. L'ordinateur a offert un fructueux index-matière à l'énorme quantité d'informations riches mais auparavant peu maniables contenues dans les registres d'Emden. Il a aussi ouvert la voie à quelques analyses quantitatives fondamentales qui n'auraient pu autrement être entreprises et qui en retour ont nécessité un examen plus serré des sources sur lesquelles les registres sont basés. Ces méthodes d'approche de l'histoire des universités anglaises médiévales et du rôle de leurs membres ont démontré la nécessité d'une combinaison plus subtile et plus pénétrante de procédures de recherche quantitative et qualitative.

ZUSAMMENFASSUNG

Die Computerauswertung von A. B. Emdens biographischen Verzeichnissen der Universitaten Oxford und Cambridge

Die 1968 begonnene Arbeit an einer breit angelegten Geschichte der Universität Oxford schloss die Analyse der ca. 30.000 biographischen Notizen in A. B. Emdens Verzeichnissen der Universitäten Oxford (bis 1540) und Cambridge (bis 1500) ein. Was 1971 als manueller Index begonnen wurde, wurde 1974 auf Computer übertragen. Diese relativ frühen Versuche des Computereinsatzes zum Zwecke der Bewältigung von mittelalterlichen Massendaten mag auch heute noch für diejenigen, die an ähnlichen Problemen arbeiten, von Interesse sein. Besondere Aufmerksamkeit wird auf die Erfordernis gelenkt, so weit wie möglich alle Fragen, die an das gespeicherte Material gestellt werden können und sollen, im voraus zu bedenken, sowie auf das unerlässliche gründliche Planung und Überprüfung, bevor das endgültige System festgelegt wird, ebenso wie auf den im allgemeinen sehr viel grösseren als ursprünglich angenommen hierfür benötigten Zeit- und Arbeitsaufwand. Der Computer hat einen erfolgreichen Themen-Index für die Masse der in den Emdens Registern enthaltenen erläuternden, aber vorher nicht zu bewältigenden Informationen geliefert. Ausserdem hat er einige grundlegende quantitative Analysen ermöglicht, die sonst nicht hätten durchgeführt werden können und die darüberhinaus die Aufmerksamkeit auf die diesen Verzeichnissen zugrundeliegenden Quellen gelenkt haben. Diese Methoden zur Erforschung der mittelalterlichen englischen Universitäten und ihrer ehemaligen Studenten haben die Notwendigkeit einer feineren und mehr in die Tiefe gehenden Verbindung von quantitativen und qualitativen Auswertungsverfahren deutlich gemacht.

RESEDA: système d'intelligence artificielle pour le traitement de prosopographies médiévales

Monique Ornato
Joanna Pomian-Turquet

RESEDA est un système d'*information retrieval* conçu afin de construire et d'exploiter une base de données prosopographiques portant sur le bas Moyen-Age français.[1] Plus particulièrement, le système RESEDA a été initialement élaboré pour permettre l'étude des biographies des représentants du premier humanisme franlais, mais il lui est possible de traiter d'autres corpus biographiques de la même période, comme par exemple celui des baillis et sénéchaux franlais présenté par Alain Demurger[2] dans l'article qu'il leur a consacré et qui constituera le corpus de référence de cet article, cela afin de mettre en évidence l'intérêt que peuvent présenter certaines procédures d'intelligence artificielle pour l'étude de prosopographies.

Les données biographiques utilisées par l'historien lorsqu'il s'occupe de questions prosopographiques sont extrêmement hétérogènes. Or, pour reconstruire des biographies, tout en respectant l'orientation de la source ou de l'érudit dont on exploite les données, il faut retenir un maximum d'informations. Aucun reseignement ne doit être négligé ou interprété à priori, pas plus que les hypothèses et les suppositions, tant du personnage que de l'historien; ainsi, il est important à plus d'un titre de savoir à propos d'un bailli, Regnault d'Azincourt par exemple, que celui-ci a participé en septembre 1408 à l'expédition contre Liège: il est possible d'en déduire qu'il appartenait à l'entourage de Jean sans Peur, que c'était un homme d'armes, etc. Cette information citée ponctuellement semble ne se rapporter qu'à Regnault d'Azincourt, mais elle concerne également l'ensemble du groupe de baillis, car confrontée à d'autres informations, elle permettera de tirer des conclusions générales sur les relations privilégiées entre les officiers royaux et les membres de la famille royale.

Dans cette optique, il apparaît clairement que le système qui prend en charge le traitement global des biographies doit être très souple; il ne saurait être question d'employer des critères numériques qui peuvent être, eux, très opérants pour des tris et appliqués à des corpus fermés, mais perdent leur pertinence dans une base ouverte et polyvalente. Le but d'un système comme RESEDA est donc non seulement de permettre à l'historien d'enregistrer toutes les informations relatives aux personnages, à leur entourage ou au contexte général, telles quelles sont présentées par la source, mais aussi d'y avoir accès par n'importe quel biais indépendamment de la formulation initiale de l'information. La base est constituée tout à la fois des connaissances biographiques sur lesquelles on questionne le système, et aussi des connaissances socio-historiques de contexte.

Nous allons présenter les différents outils de RESEDA conçus pour offrir à l'historien un maximum de souplesse et que l'on peut, du point de vue de l'utilisateur, présenter comme suit:

Les principaux outils utilisés lors de la constitution de la base:

> le métalangage,
> l'identification.

Les principaux outils utilisés lors de l'exploitation de la base:

> les transformations,
> les hypothèses.

A. Le métalangage RESEDA

Afin de rendre compte de la diversité matérielle et idéologique des données biographiques, le système RESEDA se sert d'un métalangage spécifique qui permet de coder les informations collectées. Le métalangage est suffisamment riche en possibilités d'expression pour représenter les données tant 'concrètes' que 'abstraites,' ces dernières étant absolument fondamentales pour la description des activités d'un intellectuel avec ses manifestations d'intérêt littéraire, politique et religieux, mais aussi par celles d'un membre du personnel d'administration royale ou locale. Lorsque la formulation initiale de l'information est complexe, c'est le cas parfois quand elle provient d'un ouvrage d'érudit, le documentaliste doit la réorienter dans la perspective biographique et la reformuler en unités restreintes conformes aux possibilités du métalangage RESEDA.

De la phrase:

> A nouveau menacé de perdre son poste, le 23 août 1413, date à laquelle 'il s'oppose à ce que aucun ne soit relue en bailli de Gisors,' il est révoqué le 22 septembre 1413.[3]

On extrait les épisodes suivants:

- Regnault d'Azincourt pense qu'il pourrait perdre son poste;
- Regnault d'Azincourt fait opposition au Parlement, le 23/08/1413;
- Regnault d'Azincourt fait opposition parce qu'il se sent menacé;
- Regnault d'Azincourt est révoqué le 22/09/1413.

Lorsque l'information est ainsi exprimée, elle peut faire l'objet d'un enregistrement dans le fichier biographique: un tel enregistrement est appelé plan; aux cinq informations 'minimales' reconnues dans la phrase témoin correspondent donc les cinq plans de la Figure 1.

1) ment + PRODUIRE

    SUJ   REGNAULT-d'AZINCOURT
    OBJ $\alpha 2$

    date 1 :   /09/1413
    date 2 :
    bibl. :   DEMURGER, p. 230

2) * fin + ETRE-AFFECTE

    SUJ   REGNAULT-d'AZINCOURT
    OBJ   bailli lieu : GISORS

    date 1 :
    date 2 :
    bibl. :   DEMURGER, p. 230

3) produire

    SUJ   REGNAULT-d'AZINCOURT
    OBJ   opposition
    DEST   Parlement-de-Paris lieu : PARIS

    date 1 :   12/08/1413
    date 2 :
    bibl. :   DEMURGER, p. 230

4) $\alpha 3$ (CAUSE $\alpha 1$)

5) fin + ETRE-AFFECTE

    SUJ   REGNAULT-d'AZINCOURT
    OBJ   bailli lieu : GISORS
    SOURCE conseil-royal

    date 1 :   22/09/1413
    date 2 :
    bibl. :   DEMURGER, p. 230

Les plans formulés en métalangage sont compréhensibles intuitivement; les plans 1, 2, 5 sont organisés autour d'un prédicat qui constitue leur noyau central. Il y a 5 prédicats: ETRE-PRESENT, ETRE-AFFECTE, PRODUIRE, DEPLACER, SE-COMPORTER. Leur sens se précise en fonction du modulateur qui leur est associé, par exemple ici *ment-* (mentalement), *fin*, employés devant le prédicat. Ainsi PRODUIRE qui tout seul signifie faire, créer etc, . . . prend avec 'ment' le sens de penser, concevoir, c'est-à-dire que les modulatuers ont pour charge de préciser les variations sémantiques permises à chaque prédicat, tout en maintenant au minimum leur nombre total.

Dans RESEDA, chaque plan prédicatif est formé autour d'un prédicat et d'un seul, lequel est accompagné des indicateurs de cas appelés corréla-teurs qu'introduisent les arguments SUJ, OBJ, DEST, SOURCE. De même chaque plan prédicatif permet également d'enregistrer des indications tem-porelles, spatiales et biographiques.

Les indications temporelles qui jouent un rôle prédominant dans une base documentaire de type historique sont rendues avec un maximum de finesse, et elles constituent un des critères du classement logique des données. Le médiéviste dispose donc de deux blocs (date 1 et date 2) susceptibles de contenir chacun une date ou une fourchette de dates: seul le premier bloc est rempli lorsque l'événement décrit est ponctuel, les deux blocs le sont lorsque l'événement est considéré dans toute son extension et prennent alors la valeur de date de début et de date de fin. Si la source ne fournit pas de date directement, celle-ci doit être reconstituée dans une approximation très large par l'historien et elle figure alors entre parenthèses (cela est fait dans l'optique du classement). De même, sont indiqués dans chaque plan les éventuelles localisations à la date donnée, du sujet de l'objet, de la source et du destinataire.

Les épisodes disjoints, représentés par les plans prédicatifs ne suffisent pas à traduire tout le contenu de l'énoncé de départ: les liens logiques qui unissent les épisodes font partie intégrante de l'information. Pour les rendre, RESEDA utilise les plans de liaison (comme le plan 4). Ils sont construits de combinaisons emboîtables de trois éléments ou entre deux étiquettes de plan. On voit apparaître un autre type de mot-outils qui relève, par exemple, du domaine de la Causalité comme CAUSE, CONFER, FINAL ou MOTIF. Ainsi, dans l'exemple (Figure 1) un plan de liaison, le plan 4, enregistre que Regnault d'Azincourt fait opposition (plan 3) parce que (CAUSE) il se sentait menacé (plan 1).

De plus, il nous a fallu rendre compte de ce que l'information relatée au plan l'était une supposition et non un fait: nous utilisons pour cela le code 'conjectural' * qui est suggéré dans la formulation en langage naturel par un conditionnel, réel ou sous-jacent à la phrase.

Nous venons de présenter, en ce qui concerne le métalangage RESEDA quelques éléments essentiels. Ceux-ci bien d'autres permettent d'effectuer certaines opérations, très intéressantes pour l'historien surtout lorsqu'il s'intéresse aux études prosopographiques.

B. Les identifications

Savoir qui est qui, mettre un nom adéquat sur un personnage non identifié, ce sont des problèmes qui se posent quasi quotidiennement à l'historien médiéviste et d'ailleurs ce problème est constamment revenu ici dans de nombreuses communications. Il suffit de citer comme exemple les recherches généalogiques, les identifications d'une même personne nommée de plusieurs façons et cela à des moments différents, l'identification du destinataire ou d'un expréditeur d'une lettre.

Prenons une autre phrase de la biographie de Regnault d'Azincourt:

> Jeune seigneur, il tenta d'enlever, le 18 février 1405, une jeune veuve qui tenait une boutique d'épiceries dans la grande rue Saint-Denis. Arrêté, jugé par le prévôt de Paris. . . .[4]

Dans cette phrase apparaissent deux personnages non identifiés (anonymes): la jeune veuve et le prévôt de Paris. Comme il est impossible de les nommer directement, il faut procéder d'une façon particulière en faisant apparaître le mot 'anonyme' et en associant à chaque 'anonyme' un plan d'identification.

Ainsi pour coder 'Regnault d'Azincourt est arrêté par le prévôt de Paris,' on crée les plans de la Figure 2.

6) ANONYME (SPECIF identité) [plan 7, plan 8]

7) Const + ETRE-AFFECTE	SUJ	REGNAULT-d'AZINCOURT
	OBJ	Arrestation
	SOURCE	ANONYME (SPECIF α6)
	date 1 :	18/02/1405
	date 2 :	
	bibl. :	DEMURGER, p. 230
8) Const + ETRE-AFFECTE	SUJ	ANONYME (SPECIF α6)
	OBJ	Prévôt-de-Paris lieu : PARIS
	date 1 :	18/02/1405
	date 2 :	
	bibl. :	DEMURGER, p. 230

La base contient d'autres plans relatifs au personnel administratif français, s'y trouvent donc aussi les noms et les dates d'affectation à leur poste de différents prévôts de Paris. On consultera alors la liste de prévôts en demandant: qui était le prévôt de Paris entre le 01/01/1405 et le 01/03/1405. Etant donné que le stockage des plans prend en compte le critère temporel, l'intervalle de recherche [1-jnv-1405, 1-mars 1405] permet de sélectionner la personne qui remplit la fonction de prévôt de Paris à cette date: en parcourant l'index ou' sont enregistrées les adresses des plans du type ETRE-AFFEC-TE, on sélectionne ceux qui s'inscrivent dans une fourchette de dates entre le

01/01/1405 et le 01/03/1405. La liste de plans obtenus est testée par appariement avec la question modèle qui, elle, fait intervenir le mot du lexique 'prévôt-de-Paris' comme objet d'affectation. On récupère de cette façon le nom cherché: celui de Guillaume de Tignonville qui remplace alors dans les plans de la Figure 2 le corrélé ANONYME (SPECIF 6), et la suppression du plan 1 dans l'enregistrement définitif est ensuite automatique.

Cette recherche, modelée sur la démarche de l'historien, est faite, dans l'exemple, au moment même de la campagne de saisie. Rien n'exclut pour autant une démarche semblable, effectuée par l'utilisateur pendant une campagne d'exploitation de la base, la réponse ne pouvant cette fois-ci être enregistrée qu'après l'accord du responsable de la base.

C. Les transformations

Jusqu'ici, nous avons vu la construction pragmatique du corpus, la procédure d'identification permettant de réduire le nombre de personnages indéterminés. Néanmoins, il est évident qu'étant donné la masse de renseignements accumulés, les documentalistes qui assurent le codage ne peuvent éviter les redondances. Il faut donc contrôle la multiplicité de réalisations particulières qui peuvent, dans la plupart des cas, être associées à une assertion plus générale. Le contrôle de cette multiplicité d'expression relève directement des fonctions assignées à la procédure des transformations. Etant donnés les principes qui ont guidé la définition du système, en fonction de l'expression adoptée par l'érudit, le documentaliste retiendra, par exemple, tantôt la formulation: X suivait les cours de Y, tantôt la formulation Y donnait des cours à X et Z. Pour un utilisateur s'intéressant à la carrière de Y, l'information est équivalente; or, toute constatation de redondance est une indication de l'existence d'une 'règle de sens commun' qui peut alors être extraite des cadres particuliers ou' elle est apparue pour être élaborée en une procédure de transformation particulière qui vient enrichir le corpus des inférences.

Prenons le cas d'un autre bailli étudié par Alain Demurger, Robert de Bonnay. Nous apprenons que celui-ci est entré comme chambellan au service du Duc d'Orléans le 8 avril 1409 et qu'il a signé le 9 octobre 1411 le manifeste des capitaines du parti d'Orléans. Ces informations constituent aux yeux de l'historien dont nous suivons ici le raisonnement, des témoignages de l'appartenant de Robert de Bonnay au parti Armagnac. Cette troisième information n'est pas directement attestée dans la notice biographique et il n'est dès lors pas question de l'introduire dans la base de faits, en revanche, nous introduirons la démarche déductive de l'historien dans la base de connaissances sous forme de tranformations suivantes.

Pour chercher si un personnage V1 est du parti d'un personnage V2, en absence de l'attestation directe:

a) ETRE-AFFECTE   SUJ parti (SPECIF V2)
                                           OBJ VI
    On peut chercher soit:
    - si ce personnage V1 est au service de V2.
b) ETRE-AFFECTE   SUJ hôtel (SPECIF V2)
                                           OBJ V1
    - si ce personnage V1 soutient V2.
c) Pour SE-COMPORTER   SUJ V1
                                           OBJ V2
    dans l'intervalle de dates correspondant, bien entendu.

D. Les hypothèses

Le système RESEDA se charge évidemment de répondre à des questions de type causal (pourquoi), lorsqu'une relation de cause à effet est attestée dans la base par un enregistrement de type 'plan de liaison' (voir Plan 4 de la Figure 1), mais lorsqu'il n'existe pas de plan de liaison causale explicite, il faut recourir à une démarche particulière. Pour cela, le système utilise la généralisation mémorisée des démarches effectives de l'historien dans des cas particuliers. Après avoir posé la question, on obtient une série de plans, qui sans être une réponse directe, doivent constituer le contexte explicatif de l'information de départ. Ainsi, l'historien, dont nous suivons ici le raisonnement, s'attache à faire apparaître dans les biographies individuelles des baillis leurs attaches aux divers membres des partis en présence sous le règne de Charles VI, afin d'étayer sa thèse sur le lien entre les changements d'influence au conseil royal et les nominations successives des officiers. C'est cette démarche que nous reproduisons ici en la généralisant par la création d'une série d'hypothèses RESEDA concernant les nominations et destitutions d'officiers royaux. Le corpus d'inférence de RESEDA comprend donc entre autres une hypothèse que l'on peut formuler en clair de la façon suivante:

P) Si c'est un personnage (V1) est nommé à un office (m) à une date d1 par une instance dirigeante (n).

C. C'est peut-être parce que tout à la fois:
- C1) Un autre personnage (V2) a accédé au pouvoir dans cette instance dirigeante (n) dans un intervalle de dates i^1 fonction de d1.
- C2) Le personnage (V1) est parmi les partisans de V2 dans un intervalle de dates i^2 fonction de d1.

L'item P) constitue la 'prémisse' de cette hypothèse; rédigée dans les termes du métalangage, elle permet de tester les questions d'utilisateur pour décider si l'hypothèse leur est applicable. L'item C) constitue la 'condition' de l'hypothèse et, par sa forme (C1   C2) exige, pour une réponse positive, que ces deux modèles, également rédigés dans les termes du métalangage, aient réussi à s'apparier—toutes restrictions (intervalles de dates, organismes correspondants, mêmes personnages) satisfaites—avec des informations effectivement attestées dans la base.

Cette hypothèse sera, par exemple, mise en action par une question concernant les causes de la nomination de Robert de Bonnay au poste de bailli. En effet, dans la base, suivant la formulation de Demurger: 'Il est nommé bailli de Mâcon et sénéchal de Lyon le 27 septembre 1413, "par le roy en son conseil, présents le roi de Sicile, le duc d'Orléans, le connétable, le chancelier de Guyenne"'[5]; quatre plans ont été enregistrés:

9) incep + SOC + ETRE-AFFECTE   SUJ   ROBERT-DE-BONNAY
                                           OBJ   bailli lieu : MACON
                                           SOURCE   Conseil-du-roi

                                           date 1 :   27/09/1413
                                           date 2 :
                                           bibl. :   DEMURGER, p. 234

10) incep + SOC + ETRE-AFFECTE   SUJ   ROBERT-DE-BONNAY
                                           OBJ   Sénéchal lieu : LYON
                                           SOURCE   Conseil-du-roi

                                           date 1 :   27/09/1413
                                           date 2 :
                                           bibl. :   DEMURGER, p. 234

11) ETRE-PRESENT   SUJ   (COORD CHARLES-DE-
                                                           FRANCE-B LOUIS-D'ANJOU
                                                         CHARLES-D'ORLEANS
                                                         CHARLES-D'ALBRET
                                                         JEAN-JOUVENEL)
                                           MODAL   Conseil-du-roi

                                           date 1 :   27/09/1413
                                           date 2 :
                                           bibl. :   DEMURGER, p. 234

12) (COORD α 9 (CONFER α 11) α 10 (CONFER α 11)

L'attestation de la nomination de Robert de Bonnay comme bailli est donc assortie, en plan de liaison d'information complémentaire introduite par COORD (conjonction de deux nominations traditionnellement associées) et par CONFER (circonstance, cause 'faible' de la nomination), mais non d'une indication de cause proprement dite (CAUSE).

L'hypothèse présentée ici est applicable au plan 9 ('bailli' est spécifique d'officier, 'le conseil-du-roi' est une 'instance dirigeante,' la date est indiquée) qui l'actualise en donnant aux variables V1, m, n, dl, les valeurs correspondates Robert de Bonnay, bailli, conseil-du-roi, 27-septembre-1413. La recherche de la condition est dès lors enclenchée et dans le mois précédent la nomination (i^1 = [27-août-1413, 27-septembre-1413]), on recherche une prise du pouvoir au conseil du roi.[6] On satisfait la condition C1 et on donne une série de valeurs possibles à la variable V2 réutilisée par le modèle C2. Cette partie de la condition sera à son tour satisfaite avec la valeur Charles d'Orléans grâce aux transformations présentées ci-dessus et concernant les attaches de Bonnay avec Charles d'Orléans dans la période i^2 = [27-septembre -1408, 27-septembre-1413].

En conclusion, on peut affirmer que l'intégration de procédures d'intelligence artificielle de ce type dans un système de question/réponse permet de saisir l'information dans la plus grande fidélité à la source et sans manipulation, préjugeant de son utilisation ultérieure, tout en potentialisant son exploitation au moment même de l'interrogation. En contre-partie, cependant, il baut souligner que, tant l'élaboration du lexique et de sa stratification, que la mise au point extrêmement minutieuse des hypothèses et de transformations, nécessitent toutes la collaboration intensive des historiens et des informaticiens. En plus le codage lui-même des données, de par sa finesse, serait coûteux, s'il ne pouvait, comme le prévoit le développement du système, être assuré, ou plus exactement, largement assisté, par un traitement informatique approprié.

NOTES

[1] RESEDA est un projet conçu et dirigé par G. P. Zarri. Il est financé par la Délegation Generale à la Recherche Scientifique et Technique (RESEDA/I CNRS-DGST contrat n/75.7.0456), l'Institut de Recherche d'Informatique et d'Automatique (RESEDA/I, CNRS/INRIA contrat n/78.206) et par le Centre National de la Recherche Scientifique dans le cadre de l'Action Thématique Programmée 'Intelligence Artificielle' (ATP n/955045).

[2] A. Demurger, 'Guerre civile et changement du personnel adminsitratif dans le royaume de France, de 1400 à 1418: l'exemple des Baillis et Sénéchaux,' *Francia*, vi (1978), 151-298.

[3] *Ibid.*, 230.

[4] *Ibid.*, 230.

[5] *Ibid.*, 234.

[6] *Ibid.*, 234.

SUMMARY

RESEDA: A System of Artificial Intelligence for Treating Medieval Prosopographies

RESEDA, a project conceived and directed by G. Zarri, is a system developed to study the representatives of the first French humanism. The respective data on the subject are made available thanks to a special metalanguage which makes documentary research possible. For this, we resort to a transformational technique, which formalizes semantic equality between different formulations through common sense rules, and to a hypothetical technique, which makes it possible to answer complex queries of a causal type by the use of inferences, corresponding to the generalized operations used by the historian. RESEDA thus enables us to enter all the information and to handle it without prejudice to its later use.

Eine Datenbank zur Erforschung mittelalterlicher Personen und Personengruppen

Dieter Geuenich

Nahezu vierhunderttausend formatiert erfasste Personen-Daten, die mittelalterlichen Handschriften entnommen sind, werden zur Zeit von einer Freiburger Arbeitsgruppe[1] in ein Datenbanksystem integriert, das voraussichtlich Ende 1983 voll funktionsfähig und benutzbar sein wird. Der gesamte bislang erfasste Datenbestand wurde von unterschiedlichen Bearbeitern[2] seit etwa 1970 im Zusammenhang der personen- und sozialgeschichtlichen Erforschung einzelner mittelalterlicher Überlieferungskomplexe auf elektronisch auswertbare Datenträger aufgenommen. Diese regional und zeitlich begrenzten Arbeitsvorhaben erfolgten im Rahmen und als Bestandteil des 'Kommentierten Quellenwerkes zur Erforschung der Personen und Personengruppen des Mittelalters "Societas et Fraternitas,"'[3] das von Karl Schmid (Freiburg) und Joachim Wollasch (Münster) initiiert wurde.

1. Das Material

1.1. Die Quellen

Wenn auch das ferne Ziel dieses Quellenwerkes die Aufnahme einer möglichst grossen Zahl zeitlich und geographisch breit gestreuter schriftlicher Personennamenzeugnisse des Mittelalters ist, so erfolgte die Auswahl und Bearbeitung der einzelnen Überlieferungskomplexe, die bereits erforscht und kommentiert publiziert worden sind, nicht etwa systematisch mit Blick auf dieses Ziel, sondern nach gewissen Überlieferungsschwerpunkten. Vor allem die *Libri memoriales* und die Necrologien, also die sogenannte 'Memorialüberlieferung' im engeren Sinne, bildeten bisher die Schwerpunkte der Erforschung, da sie nicht nur einzelne Personen, sondern auch Personengruppen mit 'natürlichen' verwandtschaftlichen (Familien, Sippen) oder 'künstlichen' sozialen Bindungen (geistliche, monastische oder genossenschaftliche Gemeinschaften) erkennen lassen. So sind mit rund zweihundertachtzigtausend Belegen mehr als zwei Drittel des gespeicherten Gesamtmaterials mittelalterlichen Verbrüderungsbüchern, Professbüchern, 'Totenannalen,' Gedenklisten, Necrologien und Martyrologien entnommen, während bis zum jetzigen Zeitpunkt erst etwa hundertzwanzigtausend Namenzeugnisse aus Traditionen und Urkunden aufgenommen wurden. Dieser zuletzt genannte Quellenbereich, der bekanntlich zahlreiche Personenbezeugungen, vor allem in den Zeugenreihen der Privaturkunden und Cartulare, aufweist, bedarf also im Hinblick auf die angestrebte Vollständigkeit noch am meisten der Ergänzung; doch sind hier die methodischen Probleme der paläographischen und inhaltlichen Abgrenzung, der Datierung und der regionalen Zuweisung bei weitem nicht so gross wie bei den scheinbar 'ungeordneten Namenmassen' der Memorialüberlieferung.

Die Aufnahme der Namenzeugnisse erfolgte jedoch, wie gesagt, nicht systematisch nach Quellengattungen, sondern nach gewissen Forschungsschwerpunkten der beteiligten Mitarbeiter. Da in der Zeit des frühen und hohen Mittelalters, bevor dann die Höfe und Städte Zentren des gesellschaftlichen Lebens wurden, die Klöster als Kristallisationskerne sozialen Lebens gleichzeitig Mittelpunkte der Produktion von Überlieferung allgemein und von Gedenküberlieferung im besonderen waren, galt das erste im Verbund verschiedener Fachvertreter durchgeführte Vorhaben der Erforschung einer der bedeutendsten monastischen Stätten des früheren Mittelalters, nämlich der Klostergemeinschaft von Fulda.[4] Im Zusammenhang dieser 1978 durch eine fünfbändige Publikation abgeschlossenen Untersuchungen wurden nicht nur knapp vierzigtausend Personennamenzeugnisse aller Quellengattungen aufgenommen und ausgewertet, sondern auch bereits achtunddreissig Äbte und sechshundertsechsundzwanzig Mönche des fuldischen Konvents sowie elfhundertfünfzig sonstige Personen mit zum Teil umfangreichen 'Personenkommentaren' versehen.

Das zweite grosse, inzwischen vor dem Abschluss und der Publikation stehende Unternehmen gilt der Erforschung der *Cluniacensis ecclesia*, deren Personennamenzeugnisse vor allem in den mehr als sechsundneunzigtausend Einträgen greifbar sind, die in neun erhaltenen Necrologien des cluniacensischen Klosterverbandes vorliegen.[5] Auch hier ist die Einbeziehung der urkundlichen Überlieferung durch die Aufnahme aller Personennamen in den von Bernard und Bruel um die Jahrhundertwende edierten Urkunden vorgesehen.[6]

Während die Erforschung solch grosser Überlieferungskomplexe trotz der Zuhilfenahme der EDV nur im Zusammenwirken einer Gruppe von Forschern in Angriff genommen werden kann, wie dies im Rahmen eines Sonderforschungsbereiches und ähnlicher Organisationen oder Institutionen möglich ist, konnten gleichzeitig alle bekannten Verbrüderungsbücher und zahlreiche grössere Necrologien durch kommentierte Personennamenregister erschlossen werden. Entsprechende Publikationen, teilweise mit beigefügten Facsimile-Wiedergaben, sind inzwischen erschienen oder befinden sich in Druckvorbereitung. Die Aufnahme der Personennamen erfolgte auch hier nach den verbindlich festgelegten Absprachen, so dass inzwischen ausser dem Material der genannten Schwerpunkte 'Fulda' und 'Cluny'

> - das gesamte Überlieferungsgut der *Libri vitae* bzw. Verbrüderungsbücher von Reichenau[7], St. Gallen,[8] Pfäfers,[9] Remiremont,[10] Brescia,[11] Salzburg,[12] Corvey[13] und Durham[14] sowie
> - das Namengut der Necrologien von Borghorst,[15] Hersfeld,[16] St. Michael/Hildesheim, Lüneburg, Magdeburg, Merseburg,[17] St. Blasien,[18] Reichenau,[19] St. Gallen,[20] Niederaltaich, St. Emmeram/Regensburg, Tegernsee, Piacenza,[21] Monte Cassino, Lucca, St.-Bénigne/Dijon,[22] St.-Gilles[23] und Paris (Saint-Denis und Saint-Germain-des-Prés)[24]

in gesicherter Lesung nach den Handschriften erfasst sind. Von den Personennamen, die in urkundlicher Überlieferung vorliegen, sind ausser Fulda und Cluny bereits die Bestände von Saint-Germain-des-Prés (Polyptychon Irminonis), von Lorsch, St. Gallen und Weissenburg vollständig aufgenommen worden.[25] Inzwischen wurde auch mit der Integration von Beständen ausländischer Wissenschaftler begonnen.[26]

1.2. Die Aufnahme

Unabdingbare Voraussetzung für jedes prosopographische Forschungsvorhaben, das mittelalterliche Quellen unter Zuhilfenahme der EDV auszuwerten beabsichtigt, ist eine wie auch immer geartete Normierung der überlieferten Personenbezeichnungen. Nur wenn eine Person namens Konrad etwa in stets gleicher Schreibweise eingegeben ist, unabhängig davon, ob die jeweils verarbeitete Quelle den Namen als *Conradus*, *Kuonrat*, *Chonrath* etc. überliefert, wird der Rechner in die Lage versetzt, eine Personenidentität, von der aufgrund übereinstimmender (oder innerhalb bestimmter Grenzen abweichender) Kontextinformationen ausgegangen werden darf, zu erkennen. Der in solchen Fällen meist beschrittene, weil einfachste Weg ist die Normierung aller vorkommenden Schreibweisen eines Namens zugunsten einer wie auch immer ermittelten 'Normalform.' Dieses Verfahren ist jedoch schon deshalb abzulehnen, weil das solcherart normierte Belegmaterial die tatsächliche historische Überlieferung verfälscht. Zudem ist auf diese Weise von vornherein die Möglichkeit einer späteren Edition des Belegmaterials (durch den unten angesprochenen 'Lichtsatz') oder auch weiterführender philologischer Untersuchungen aufgrund der Namenformen und Namengraphien verbaut.

Der von uns eingeschlagene Weg, über eine 'automatische Lemmatisierung'[27] der Namenzeugnisse allen Varianten eines Personennamens eine jeweils identische maschineninterne Lemma-Information zuzuweisen, welche die maschinellen Vergleichs- und Suchoperationen steuert, lässt die angesprochenen Möglichkeiten dagegen offen. Auf diese Weise können die Namenbelege in der originalen Schreibweise aus den Handschriften aufgenommen werden, ohne dass der Überlieferungsbefund verändert oder durch Konjekturen und Emendationen verbessert werden muss. Da die Personennamen durch das Verfahren der automatischen Lemmatisierung morphologisch segmentiert und mittels eines 'Namenwörter-Lexikons' auf ihre voralthochdeutsche Sprachstufe zurückgeführt werden—was hier nicht im einzelnen ausgeführt werden kann[28]—sind sie über die ihnen zugeordneten Lemmata ausserdem für sprachgeschichtliche, sprachgeographische und namenkundliche Untersuchungen auf jede gewünschte Weise abrufbar.[29]

Ausser den Personennamen selbst wurden sämtliche in den Handschriften mit überlieferten oder aus dem Kontext erschliessbaren Informationen mit aufgenommen und gespeichert,[30] wie Zusätze zur Person (Titel, Amt, Stand), Angaben zur Herkunft, zur Datierung, Verwandtschaftsangaben, aber auch Informationen über den Überlieferungsträger (Provenienz der Handschrift, Bibliothekssignatur, Folio/Pagina) und textkritische Anmerkungen zur Lesung der Namen. Unterschiedliche Anforderungen an den Bearbeiter stellt—je nach Überlieferung—das Problem der Abgrenzung von 'Eintragsgruppen'[31]. Während bei urkundlichen Quellen etwa die Einheit der Urkunde und innerhalb dieser paläographischen und inhaltlichen Einheit gegebenenfalls Unter-Einheiten (Zeugenlisten, Hörigenverzeichnisse) klar abgrenzbar vorgegeben sind, müssen die 'Eintragsgruppen' innerhalb der Memorialüberlieferung in der Regel erst ermittelt werden. So ist es notwendig, in den Necrologien und Necrologabschriften die zeitlich unterschiedlich einzuordnenden Eintragsschichten abzugrenzen und entsprechend zu kennzeichnen. In den Verbrüderungsbüchern mit ihrem scheinbar unüberschaubaren Gewirr von Nameneinträgen ist die Abgrenzung von paläographischen und inhaltlichen 'Eintragsgruppen' besonders schwierig, bildet aber für die personen- und sozialgeschichtliche Auswertung eine unabdingbare Voraussetzung.[32]

2. Möglichkeiten der Auswertung mit Hilfe eines Datenbanksystems (DBS)

Vergleichende Forschungen auf der Basis des Gesamtmaterials oder auch einer daraus getroffenen Auswahl, die nach irgendeiner der mit aufgenommenen und gespeicherten Informationen (Name, Datierung, Amt, Stand, Geschlecht, [regionale] Herkunft, Zugehörigkeit zu einer bestimmten Gruppe oder Gemeinschaft etc.) oder einer Kombination dieser Informationen erfolgen kann, sind erst möglich, seit die einzelnen oben beschriebenen Dateien zu einer einheitlich lemmatisierten und strukturierten Gesamtdatei zusammengefasst wurden. Die Arbeit mit einer Gesamtdatei solchen Ausmasses von zur Zeit mehr als fünfzig Millionen Zeichen bringt allerdings, wie leicht einzusehen ist, Probleme hinsichtlich der Speicher-

und Laufeffizienz auf der Rechenanlage mit sich. Der relativ grosse Aufwand, den maschinenintern beispielsweise das Auffinden einer bestimmten Person oder Personengruppe innerhalb des Gesamtmaterials verursacht, bot den Anlass zur Suche nach einer geeigneteren Organisationsform. Diese wurde in dem Datenbanksystem des Freiburger Universitätsrechenzentrums gefunden (Data Management System 1100 auf der Anlage UNIVAC 1100/82). Als Wirtssprachen können für das DBS die Programmiersprachen PL/1, Fortran, Cobol und—mittels einer geeigneten Schnittstelle—Simula dienen; als Anfragesprache wird QLP 1100 von der Firma UNIVAC (Query Language Processor 1100) benutzt.

Die Anwendung des DBS beseitigt einerseits die wechselseitige Abhängigkeit zwischen den Daten und den zahlreichen Programmen, die zur Auswertung der Daten konzipiert wurden, und ermöglicht andererseits auch die erfolgreiche Bearbeitung neuer Fragestellungen, die früher noch nicht im Blick waren. Vor allem sind die immer wieder notwendigen Prozeduren des Speicherns, Suchens, Vergleichens, Veränderns und Druckens auf der Grundlage des DBS in optimaler Weise durchführbar.[33]

2.1. Personennamenregister

Voraussetzung für die Erforschung der Memorialquellen ist zunächst die Herstellung brauchbarer Editionen, da sich die vorhandenen älteren Ausgaben der Verbrüderungsbücher und Necrologien als irreführend und mehr oder weniger untauglich erwiesen haben.[34] Als geeignete Arbeitsinstrumente haben sich Faksimile-Ausgaben mit lemmatisierten Personennamenregistern bewährt, welche die Personennamen in kritischer Lesung nach Lemmata geordnet wiedergeben.[35] Dass die Erstellung dieser Register mit Anmerkungsapparat, Textnachweisen, Ortsregistern und dergleichen direkt vom Magnetband im Lichtsatzverfahren[36] erfolgen kann, ist einer der wesentlichen Vorteile der gewählten Art der Datenaufnahme und Datenverarbeitung.

Ausser diesen Registern zu einzelnen Handschriften sind natürlich zahlreiche weitere Register produzierbar, die bestimmte Teilmengen des Gesamtmaterials nach Lemmata geordnet wiedergeben (Register aller Bischöfe, Äbte, Grafen; aller an einem bestimmten Kalendertag Verstorbenen; aller weiblichen Personen aus dem 9. Jahrhundert etc.[37]). Die beigefügte Tabelle

Belege für einen Abt Meginwart im 77. Jahrhundert

Suche A:	Lemma: *magin/ward*	Genus: männlich	Name:	Amt: *abbas*	Stand:	Todesjahr: 1096 oder
1)	”	”	*Meginuuardus*	*abbas*		1096
2)	”	”	*Meinuuardus*	*abbas*		
3)	”	”	*Meginwardus*	*abbas*		
4)*	”	”	*Meinwardus*	*abbas*		
Suche B:	*magin/ward*	männlich		*abbas*		>1025<1125
5)	”	”	*Megenuuartus*	*abbas*		<1121
6)	”	”	*Meginuuartus*	*abbas*		<1121
7)	”	”	*Meinuuardus*	*abbas*		1071
8)	”	”	*Meynwardus*	*abbas*		11. Jh.
9)	”	”	*Meginwardus*	*abbas*		11. Jh.
10)	”	”	*Meinwardus*	*abbas*		11. Jh.
11)	”	”	*Meinwardus*	*abbas*		11. Jh.
12)	”	”	*Meginwardus*	*abbas*		11. Jh.
Suche C:	*magin/ward*	männlich		*abbas*		>1025<1125
13)	”	”	*Megenwardus*	*abbas*		11. Jh.
14)	”	”	*Meinwardus*	*abbas*		11. Jh.

Suche Dff : weitere 115 Zeugnisse des Namens

* **KOMMENTAR (zu Nr. 1-4):** Mönch von St. Wigbert/Hersfeld: vor 1069 (1044?) dritter Abt von St. Michael/Hildesheim; 1070 von Heinrich IV. als Abt von Reichenau eingestzt; verzichtete 1071 auf dieses Amt; darauf wieder Mönch in Hersfeld? (Hildesheim?); 1084-1096, wieder Abt von St. Michael/Hildesheim.
QUELLEN: Lampert von Hersfeld a.1069: *Meginwardus abbas Hildenesheimensis*; a.1071: *Meginwardus abbas Augiensis*; Annales Altahenses maiores a.1071: *Sigibertus*(!) *abbas de Hildenesheim*; Bertholdi Annales a.1069, 1070: *Meginwardus de Hiltinisheim abbas*; Bernoldi chronicon a.1069, 1070: *Meginhardus abbas Augiensis*; UB Hildesheim Nr. 140 (S.135): *Hildeneshemensis abbas Megenwardus*.
LITERATUR: K. Beyerle, *Von der Gründung* (1925) 122; *Fuldawerk* 2/1 (1978) S. 371. K. Schmid, *Freiburger Diözesanarchiv*, iic (1978), 560f.; Eckhard Freise, *Frühmittelalterliche Studien*, XV (1981), 233f.; Karl Schmid, *Die Personennamen auf der Altarplatte* (1982).

-tag:	Ort(bez.Amt/Stand)	Uberlieferung:
25.04.	Hildesheim **oder** Reichenau **oder** keine Angabe	
	,,	Prümer Totenannalen fol. 114^r
25.04.	,,	Dom-Necrolog Hildesheim fol. 65^r
25.04.	,,	Necrolog St. Moritz/Minden fol. 11^r
25.04.	,,	Necrolog Frauenberg/Fulda fol. 20^v
	Hildesheim **oder** Reichenau	
	,,	Verzeichnis Hersfeld fol. 5^r
	,,	Verzeichnis Hersfeld fol. 5^r
	,,	Prümer Totenannalen fol. 112^v
24.04.	,,	Necrolog St. Michael/Hildesheim fol. 142^r
25.02.	,,	Necrolog Frauenberg/Fulda fol. 10^v
25.02.	,,	Necrolog St. Michael/Hildesheim fol. 127^v
25.02.	,,	Necrolog Lünenberg p. 15
	(Gruppe 21)**	Altarplatte Reichenau T35
	(beliebige Information)	
25.02.	St. Wigbert/Hersfeld	Necrolog Tegernsee fol. 4^v
25.02.	St. Moritz/Minden	Necrolog St. Moritz/Minden, fol. 6^r

** **GRUPPEN-KOMMENTAR (zu Nr. 12):** Altarplatte Gruppe 21: Abt Meginwardus wurde mit drei Priestern (Gregorivs, Gerhalm und Cotesclalh), über deren Provenienz (Reichenau? Hildesheim?) nichts bekannt ist, an zentraler Stelle der Platte vermutlich um 1070/71 eingetragen. (s. Personenkommentar zu Meginward abb.).

'Belege für einen Abt Meginwart im 11. Jahrhundert' verdeutlicht exemplarisch den maschinellen Suchvorgang und führt die im einzelnen abrufbaren Belege auf, die bei der Eingabe von:

A) Namen-Lemma (*megin/ward*), Amt (*abbas*), Todesjahr (1096) oder Todestag (25. April) sowie Ort (der Tätigkeit als Abt: Hildesheim oder Reichenau oder keine Angabe) [Belege 1-4],

B) Namen-Lemma (*megin/ward*), Amt (*abbas*), geschätztes Jahrhundert der Lebenszeit (1025-1125) sowie Ort (der Tätigkeit als Abt: Hildesheim oder Reichenau) [Belege 5-12],

C) Namen-Lemma (*megin/ward*), Amt (*abbas*) und geschätztes Jahrhundert der Lebenszeit (1025-1125) [Belege 13 und 14], erzielt werden.[38]

2.2. Such- und Vergleichsoperationen

Wie bereits angedeutet ist einer der wichtigsten Arbeitsschritte auf dem Weg zur Erschliessung der Memorialquellen die Abgrenzung und Bestimmung der Eintragsgruppen und Eintragsschichten in der Überlieferung. Denn dies ist die unabdingbare Voraussetzung zur Erkenntnis und Erforschung der Personengruppen, die zum Zwecke des Gebetsgedenkens aufgezeichnet worden sind. Erst wenn diese Arbeit geleistet ist, kann der Bezug und die Stellung des Einzelnen zur Gruppe, innerhalb deren er namentlich eingetragen ist, thematisiert, erörtert und, wenn möglich, bestimmt werden.

Ist eine solche Gruppe gemeinsam in ein Gedenkbuch eingetragener Personen (eine Familie, eine Pilgergruppe, eine genossenschaftliche Vereinigung, ein Mönchskonvent etc.) ermittelt, so kann diese durch die Anwendung unterschiedlich strukturierter 'Gruppensuchprogramme'[39] innerhalb des DBS mit allen anderen Gruppen des Gesamtmaterials verglichen werden. Ergeben sich Übereinstimmungen im Namengut, in der Schreibweise, in der Reihenfolge der Namen usw. mit anderen, inhaltlich möglicherweise bereits bestimmten Personengruppen, so bedeutet dies einen ersten wichtigen Schritt zur Identifizierung der Personen und zur Erkenntnis der Gruppenstruktur.

Im Allgemeinen muss davon ausgegangen werden, dass wir für den weitaus grösseren Teil der in Memorialquellen aufgezeichneten mittelalterlichen Personen nicht über die Bestimmung der Zugehörigkeit zu einer oder mehreren Gruppen (zu einem Verwandtenkreis, einer Pilgergemeinschaft, einer Genossenschaft, einer monastischen oder geistlichen Kommunität etc.) hinauskommen werden und nur für einen kleineren Teil detailliertere biographische Informationen gewinnen können.

2.3. Kommentare zu Personen und Personengruppen

Als Ergebnis der bereits publizierten Untersuchungen zu bestimmten

Überlieferungsschwerpunkten sind von den jeweiligen Bearbeitern 'Personenkommentare' formuliert worden, die regestenartig die wichtigsten biographischen Informationen zu den einzelnen bekannten und identifizierten
Personen zusammenfassen. So sind beispielsweise im Zusammenhang der
Erforschung der Klostergemeinschaft von Fulda, wie oben schon ausgeführt
wurde, mehr als achtzehnhundert solcher Personenkommentare zu verschiedenen Herrschern und ihren Angehörigen, zu Bischöfen, Äbten,
Grafen, Mönchen und sonstigen bekannten Personen erstellt worden, die
nun auf der Basis des DBS mit den überlieferten und aufgenommenen
Belegen, die diese Personen bezeichnen, verbunden werden.

Trotz der Vorarbeiten, die von den Bearbeitern der einzelnen
Überlieferungskomplexe bereits erbracht wurden, ist die Kommentierung
zahlreicher weiterer bereits identifizierter Personen noch zu leisten. Auch
müssen nun im Blick auf das Gesamtmaterial Verbindungen und Verknüp-
fungen zwischen einzelnen Kommentaren hergestellt werden (etwa
zwischen den Kommentaren von Verwandten; von Angehörigen derselben
Kommunität, Dynastie, Genossenschaft; von Äbten oder Mönchen dessel-
ben Klosters; von Bischöfen am gleichen Bischofssitz etc.).

Vor allem aber sind nicht nur einzelne Personen zu kommentieren,
sondern auch Personengruppen als ganze, die als solche in ihrer zeitlichen
und regionalen Zuordnung sowie möglicherweise auch hinsichtlich ihrer
Struktur 'bekannt' sind, obwohl die einzelnen Mitglieder dieser Gruppe in
der sonstigen Überlieferung nicht selbständig begegnen. Die Notwendigkeit
zur Erstellung solcher Gruppen-Kommentare oder 'Kollektivbiographien'[40]
ergibt sich aus der Erkenntnis, dass sich der Mensch des Mittelalters vor
allem und zuerst als Angehöriger von Gemeinschaften und in seiner Einge-
bundenheit in das seiner Zeit entsprechende Sozialgefüge zu erkennen
gibt.[41] Dabei wird deutlich, dass die mittelalterliche Prosopographie oft nur
über die Gruppenforschung zur Personenforschung vordringen kann und
dass die Erforschung von Personen und Personengruppen in der Mediävistik
eng und unlösbar miteinander verbunden sind.

ANMERKUNGEN

[1] Die Freiburger Arbeitsgruppe unter der Leitung von Karl Schmid steht in enger
Kooperation mit dem von Joachim Wollasch geleiteten Projekt 'Personen und
Gemeinschaften' im Münsterer Sonderforschungsbereich (7) 'Mittelalterforschung.'
Zum engeren Kreis der Freiburger Gruppe gehören der Diplom-Mathematiker
Manfred J. Schneider sowie Gerd Althoff, der in diesem Band unter dem Titel
'Unerforschte Quellen aus quellenarmer Zeit (IV). Zur Verflechtung der
Führungsschichten in den Gedenkquellen des frühen 10. Jahrhunderts' exemplarisch
die Auswertungsmöglichkeiten der Memorialüberlieferung verdeutlicht.
[2] Grössere Datenbestände haben während ihrer Tätigkeit als Mitarbeiter in
Münster oder Freiburg die folgenden Bearbeiter aufgenommen und bearbeitet: Gerd
Althoff, Hartmut Becher, Michael Borgolte, Eckhard Freise, Jan Gerchow, Maria

Hillebrandt, Hubert Houben, Franz-Josef Jakobi, Axel Müssigbrod, Franz Neiske, Otto Gerhard Oexle, Dietrich Poeck, Roland Rappmann, Mechthild Sandmann, Ulrich Winzer und Alfons Zettler.

[3] K. Schmid und J. Wollasch, *Societas et Fraternitas. Begründung eines Kommentierten Quellenwerkes zur Erforschung der Personen und Personengruppen des Mittelalters* (Berlin-New York, 1975) (= zugleich: *Frühmittelalterliche Studien*, ix (1975), 1-48). Vgl. zuletzt K. Schmid und J. Wollasch, 'Zum Einsatz der EDV im Quellenwerk 'Societas et Fraternitas,' *L'histoire médiévale et les ordinateurs. Rapports d'une Table ronde internationale Paris 1978*, ed. K. F. Werner (München-New York-London-Paris, 1981), 69-71; K. Schmid, 'Prosopographische Forschungen zur Geschichte des Mittelalters,' *Aspekte der Historischen Forschung in Frankreich und Deutschland. Schwerpunkte und Methoden*, ed. G. A. Ritter und R. Vierhaus (Veröffentlichungen des Max-Planck-Instituts für Geschichte, lxix, Göttingen, 1981), 54-78.

[4] *Die Klostergemeinschaft von Fulda im früheren Mittelalter*, unter Mitwirkung von G. Althoff, E. Freise, D. Geuenich, F.-J. Jakobi, H. Kamp, O. Oexle, M. Sandmann, J. Wollasch und S. Zörkendörfer, ed. K. Schmid (Münstersche Mittelalter-Schriften, viii/1-3, München, 1978).

[5] *Synopse der cluniacensischen Necrologien*, unter Mitarbeit von W.-D. Heim, J. Mehne, F. Neiske, D. Poeck, ed. J. Wollasch (Münstersche Mittelalter-Schriften, xxxix/1-2, München, 1983).

[6] *Recueil des chartes de l'abbaye de Cluny*, ed. A. Bernard/A. Bruel, (Paris, 1897-1903, 6 vols.). Vgl. dazu jetzt M. Hillebrandt, 'The Cluniac Charters: Remarks on a Quantitative Approach for Prosopographical Studies,' *Medieval Prosopography*, ii/1 (1982), 3-25.

[7] *Das Verbrüderungsbuch der Abtei Reichenau*, ed. J. Autenrieth, D. Geuenich und K. Schmid (Monumenta Germaniae Historica, Libri memoriales et necrologia NS i, Hannover, 1978); Supplement-Band dazu: *Die Altarplatte von Reichenau-Niederzell*, ed. R. Neumüllers-Klauser, D. Geuenich und K. Schmid, (Hannover, 1983).

[8] *Materialien und Untersuchungen zum Verbrüderungsbuch und zu den älteren Urkunden des Stiftsarchivs St. Gallen. Subsidia Sangallensia I*, ed. M. Borgolte, D. Geuenich und K. Schmid (St. Galler Kultur und Geschichte), im Druck.

[9] *Liber Viventium Fabariensis I: Faksimile-Edition*, ed. A. Bruckner und H. R. Sennhauser in Verbindung mit F. Perret (Basel, 1973). Ein als Band II. konzipierter Untersuchungsband mit Registerteil ist seit langem in Vorbereitung.

[10] *Liber memorialis von Remiremont*, ed. E. Hlawitschka, K. Schmid und G. Tellenbach (Monumenta Germaniae Historica, Libri memoriales, i, Hannover, 1970). Dazu befindet sich eine neue Untersuchung von F.-J. Jakobi, *Studien zum 'Liber memorialis' von Remiremont*, in Vorbereitung.

[11] H. Becher, *Studien zum Liber vitae-Sacramentar von San Salvatore/Santa Giulia in Brescia mit einer Wiedergabe der Namen* (Diss. Freiburg, 1981); Fjetzt: 'Das königliche Frauenkloster San Salvatore/Santa Giulia in Brescia im Spiegel seiner Memorialüberlieferung, *Frühmittelalterliche Studien*, xvii (1983), 299-392.

[12] *Das Verbrüderungsbuch von St. Peter in Salzburg. Vollständige Faksimile-Ausgabe im Originalformat der Handschrift Al aus dem Archiv von St. Peter in Salzburg* (Codices selecti, li, Graz, 1974). Zum Stand der Erschliessung zuletzt: K. Schmid, 'Probleme der Erschliessung des Salzburger Verbrüderungsbuches,' *Mitteilungen der Gesellschaft für Salzburger Landesgeschichte*, (1983).

[13] *Der Liber vitae von Corvey. Einleitung, Register, Facsimile*, ed. K. Schmid und J. Wollasch (Veröffentlichungen der Historischen Kommission für Westfalen, xl, Westfälische Gedenkbücher und Nekrologien, ii/1, Wiesbaden, 1983).

[14] *Liber vitae Ecclesiae Dunelmensis*, ed. J. Stevenson (The Publications of the Surtees Society, xiii, London, 1841); Facsimile-Edition, *ibid.*, cxxxvi (1923). Dazu J. Gerchow, *Die Memorialquellen im angelsächsischen Bereich. Ein Katalog* (Diss. Freiburg, 1984).

[15] G. Althoff, *Das Necrolog von Borghorst. Edition und Untersuchung*, (Veröffentlichungen der Historischen Kommission für Westfalen, xl, Westfälische Gedenkbücher und Nekrologien, i, Münster, 1978).

[16] E. Freise, *Die klösterliche Gemeinschaft von Hersfeld*, in Vorbereitung.

[17] ie *Totenbücher von Merseburg, Magdeburg und Lüneburg*, ed. G. Althoff und J. Wollasch (Monumenta Germaniae Historica, Libri memoriales et necrologia, NS ii, Hannover, 1983).

[18] H. Houben, 'Das Fragment des Necrologs von St. Blasien. Facsimile, Einleitung und Register' *Frühmittelalterliche Studien*, xiv (1980), 274-98.

[19] R. Rappmann, *Die necrologische Überlieferung der Abtei Reichenau* (Diss. Freiburg, 1984).

[20] Th. M. Bauer, *Die St. Galler Necrologien im Cod. 914 und 915* (Freiburg, in Vorbereitung).

[21] F. Neiske, *Das ältere Necrolog von S. Savino in Piacenza. Edition und Untersuchung der Anlage* (Münstersche Mittelalter-Schriften, xxxvi, München, 1979).

[22] N. Bulst, F. Neiske, J. Vezin und J. Wollasch, *Die Necrologien von St. Benigne de Dijon* (Beiheft zur *Francia*, in Vorbereitung).

[23] U. Winzer, *Studien zum Necrolog von St.-Gilles* (Münster, in Vorbereitung).

[24] O. G. Oexle, *Forschungen zu monastischen und geistlichen Gemeinschaften im westfränkischen Bereich* (Münstersche Mittelalter-Schriften, xxxi, München, 1978).

[25] Zu St. Gallen, vgl. Anm. 8.

[26] So etwa Personennamen aus südfranzösischen Urkunden von P. J. Geary (Gainesville, Florida).

[27] Die Fortschritte, die im Verfahren der automatischen Lemmatisierung in mehr als zehnjähriger erfolgreicher Erprobung erzielt wurden, sind in folgenden Berichten dokumentiert: K. Schmid, 'Arbeitsbericht zum Projekt "Personen und Gemeinschaften" im Sonderforschungsbereich 7: "Mittelalterforschung",' *Frühmittelalterliche Studien*, vii (1973), 377-91, bes. 383; D. Geuenich, 'Die Lemmatisierung und philologische Bearbeitung des Personennamenmaterials,' *Die Klostergemeinschaft von Fulda* (wie Anm. 4, vol. i), 37-84; H. Kamp, 'Ein Algorithmus zur automatischen Lemmatisierung von Personennamen,' *op. cit.*, 85-107; D. Geuenich, A. Lohr, 'Der Einsatz der EDV bei der Lemmatisierung mittelalterlicher Personennamen,' *Onoma*, xxii (1978), 556-85: W.-D. Heim, 'Lemmatisierung und Registrierung der Personennamen,' *Synopse der cluniacensischen Necrologien* (wie Anm 5).

[28] Vgl. die in Anm. 27 aufgeführte Literatur.

[29] Dazu D. Geuenich, 'Vorbemerkungen zu einer philologischen Untersuchung frühmittelalterlicher Personennamen,' *Alemannica. Landeskundliche Beiträge. Festschrift für Bruno Boesch*, zugleich: *Alemannisches Jahrbuch* 1973-75 (Brühl, 1976), 118-42; ders., 'Der Computer als Hilfsmittel der Namen- und

Sprachforschung,' *Freiburger Universitätsblätter*, li (1976), 33-45. Als Beispiel einer sprachgeschichtlichen und namenkundlichen Auswertung kann genannt werden: D. Geuenich, *Die Personennamen der Klostergemeinschaft von Fulda im früheren Mittelalter* (Münstersche Mittelalter-Schriften, v, München, 1976).

[30] Vgl. hierzu ausführlicher G. Althoff, 'Zum Einsatz der elektronischen Datenverarbeitung in der historischen Personenforschung,' *Freiburger Universitätsblätter*, lii (1976), 17-32; F. Neiske, 'Die Erforschung von Personen und Personengruppen des Mittelalters mit Hilfe der elektronischen Datenverarbeitung,' *L'histoire médiévale et les ordinateurs. Rapports d'une Table ronde internationale Paris 1978*, ed. K. F. Werner (München-New York-London-Paris, 1981), 77-109.

[31] Vgl. dazu K. Schmid, 'Wege zur Erschliessung des Verbrüderungsbuches,' *Das Verbrüderungsbuch der Abtei Reichenau* (wie Anm. 7), lx-ci, bes. lxxx-lxxxiv.

[32] Vgl. die Ausführungen von G. Althoff (wie Anm. 1).

[33] Vgl. vorerst D. Geuenich, M. J. Schneider, *Erste Datenorganisation und Programmbibliothek* (Freiburg, Dezember 1980).

[34] S. dazu etwa die Kritik an der Edition der Verbrüderungsbücher der Bodenseeklöster, *Libri confraternitatum Sancti Galli, Augiensis, Fabariensis*, ed. P. Piper (Monumenta Germaniae Historica, Libri confraternitatum, 1884) durch K. Schmid, 'Probleme einer Neuedition des Reichenauer Verbrüderungsbuches,' *Die Abtei Reichenau. Neue Beiträge zur Geschichte und Kultur des Inselklosters*, ed. H. Maurer (Sigmaringen, 1974), 35-67, bes. 41 ff. und ders. (wie Anm. 31), lxx ff.

[35] Vgl. etwa die in den Anm. 7, 11, 13, 14, 15, 17 und 18 genannten Publikationen. Zum Verfahren: D. Geuenich, 'Möglichkeiten lemmatisierter Personennamenregister,' in: K. Schmid, D. Geuenich, J. Wollasch, 'Auf dem Weg zu einem neuen Personennamenbuch des Mittelalters,' *Onoma*, xxi (1977), 355-83.

[36] W. Ott, 'Integrierte Satzherstellung für wissenschaftliche Werke,' *Der Druckspiegel*, xxxi (1976), 35-44, bes. 42 f.; ders., 'Computertechnik im Dienst der Edition lateinischer Texte,' *Probleme der Edition mittel- und neulateinischer Texte*, ed. L. Hödl, D. Wuttke (Boppard, 1978) 151-74, vgl. auch die Bibliographie, 175-85.

[37] Eine Auflistung aller Belege mit dem Zusatz *miles* brachte beispielsweise Aufschlüsse zur Entstehung des Rittertums: G. Althoff, 'Nunc fiant Christi milites, qui dudum extiterunt raptores. Zur Entstehung von Rittertum und Ritterethos,' *Saeculum*, xxxii (1981), 317-33, bes. 323 ff.

[38] Ausgehend von der Frage nach den Belegen für den im 'Kommentar (zu Nr. 1-4)' beschriebenen Abt Meginward von Hildesheim, der 1070/71 der Reichenauer Mönchsgemeinschaft vorstand, innerhalb des gespeicherten Materials der Datenbank ergab der maschinelle Suchvorgang insgesamt 129 Bezeugungen des Namens (mit allen Varianten), von denen aber nur die 14 aufgeführten Belege einen *abbas*-Titel aufweisen. Den Belegen Nr. 1-4, die mit Sicherheit den gesuchten Abt bezeichnen, ist der (unterhalb wiedergegebene) Personen-Kommentar zugeordnet; zu Beleg Nr. 12 ist das Beispiel eines Kommentars (zu einer Eintragsgruppe auf der Altarplatte zu Reichenau/Niederzell) wiedergegeben (= 'Gruppen-Kommentar' 21 auf der Altarplatte). Zu den Kommentaren s. unten die Ausführungen in Abschnitt 2.3.

[39] L. Lasthaus-Freund, J. Ringbeck, M. Schücke, 'Gruppensuche mit Hilfe maximaler Ketten-Algorithmen (Programme),' *Schriftenreihe des Rechenzentrums der Universität Münster*, (1980). Vgl. dazu M. Hillebrandt, 'The Cluniac Charters' (wie Anm. 6), bes. 4 ff.

[40] Zum Begriff der 'collective-biography' L. Stone, 'Prosopography,' *Histor*

ical Studies Today, ed. F. Gilbert, St. R. Graubard (New York, 1972) 107-40, dt. Übersetzung: *Quantifizierung in der Geschichtswissenschaft. Probleme und Möglichkeiten*, ed. K. H. Jarausch (Düsseldorf, 1976), 64-97; dazu: Schmid, 'Prosopographische Forschungen' (wie Anm. 3), 56.

[41] Schmid, 'Prosopographische Forschungen,' (wie Anm. 3), 60.

SUMMARY

A Data Bank for Research on Medieval Persons and Groups

At the moment a data bank system (Data Management System on UNIVAC 1100/82) has been built up at Freiburg/Breisgau which makes it possible to handle processed data on about 400,000 individuals, who have been registered from medieval manuscripts ('Libri vitae,' necrologies, documents, etc.). By means of a program of lemmatisation which adjusts the different traditions of spelling names, it is possible to look mechanically for identical persons and to identify groups, who occur several times in different manuscripts of an equal or similar composition.

The Freiburg team is aiming to comment on the identified persons and groups by means of short notices containing essential biographical information and to prepare—in combination with the manuscript sources—a 'data bank for research on medieval persons and groups.'

CONTRIBUTORS

Gerd Althoff is Privatdozent in Medieval and Modern History at the University of Freiburg i. Br. His research and publications on the history of the early and central Middle Ages are characterized by making full use of the so-called 'memorial-tradition.'

George T. Beech is Professor of History at Western Michigan University in Kalamazoo, Michigan. He has published on peasant and aristocratic society in Poitou, tenth to twelfth centuries, and on personal names and naming for the same period. He is a co-editor of *Medieval Prosopography* and is currently engaged in a prosopographical study of Poitevin society called 'A Biography of William IX, Duke of Aquitaine 1086-1126.'

Claudine Billot is a research worker at the Centre National de la Recherche Scientifique in Paris. Her doctoral dissertation was devoted to *Chartres aux XIVe et XVe siècles, une ville et son plat pays* (Paris VIII, 1985). She has also edited the *Chartes et documents de la Sainte-Chapelle de Vincennes (XIVe et XVe siècles)* (1985). She is currently engaged in the preparation of a synthesis especially concerning migrants, immigrants, and settlers in the Kingdom of France (1300-1550).

Neithard Bulst is Professor of Medieval and Early Modern Social and Institutional History at the University of Bielefeld. His publications and research concern problems of monastic reform in the eleventh century, the social and institutional history of France in the late Middle Ages, especially the Estates General, the Black Death and its social, cultural, economic, and demographic consequences, and questions of medieval social revolts and demography.

R.B. Dobson is Professor of History at the University of York. Among his previous publications are: an edition of documents relating to *The Peasants' Revolt of 1381* (2nd ed., 1983); *Durham Priory, 1400-1450* (1973); *The Jews of York and the Massacre of March 1190* (1974); with J. Taylor, *Rymes of Robyn Hood* (1976); 'The Later Middle Ages 1215-1500' in *A History of York Minster*, ed. G. E. Aylmer and R. Cant (1977); an edition of *York City Chamberlains' Account Rolls, 1396-1500* (Surtees Society, cxcii, 1980). The majority of his articles and papers have been devoted to urban and monastic history in northern England.

Arnold Esch is Professor of Medieval History at the University of Bern. His publications and research mainly concern the history of Italy in the Middle Ages and

419

the Renaissance, especially the history of the popes, economic history, and the survival of antiquity.

Ralph Evans is medieval research assistant in the project for a new history of the University of Oxford. His interests lie in the social history of the medieval English universities and also in the social and economic condition of the English peasantry in the fourteenth century.

Jean-Philippe Genet is Maître Assistant in Medieval History at the University of Paris I. He also works with the Scientific Direction for Human and Social Sciences in the C.N.R.S. He is co-editor of *Le Médiéviste et l'Ordinateur* and is completing a thesis on, 'Social and Political Ideas in England from the Fourteenth Century to the Middle of the Sixteenth Century.'

Dieter Geuenich is Privatdozent in Medieval History at the University of Freiburg i. Br. His research and publications deal with problems of prosopography and social history, especially with the history of early medieval monasticism.

Michael Hainsworth was born in 1951 at Pickering (Yorks). He graduated as an Egyptologist with a doctoral thesis on Meroitic personal names. He is currently Director of the Computing Center of LISH (Laboratoire d'Informatique pour les Sciences Humaines, C.N.R.S.) and a lecturer at the Ecole des Hautes Etudes en Sciences Sociales and at the University of Paris III.

Jean Kerhervé has been Maître Assistant in Medieval History at the 'Centre de Recherche Bretonne et Celtique' of the University of Brest since 1970. His research work deals with the Duchy of Brittany in the fourteenth and fifteenth centuries, more particularly its financial administration and officers. Since 1976, he has published several papers on this subject, and he is also interested in the later medieval historiography of Brittany. He is joint-author of a work on the history of Brittany in the seventeeth century, based on a report by Charles Colbert (1978).

Christiane Klapisch-Zuber is Director at the Ecole des Hautes Etudes en Sciences Sociales. She has written with David Herlihy *Les Toscans et leurs familles. Une étude du catasto florentin de 1427* (Paris, 1978; English translation: Yale, 1984). Her present research bears on demography, matrimonial strategies, rituals, and the imagination of Florentine families of the fourteenth and fifteenth centuries.

Hélène Millet is a research worker at the Centre National de la Recherche Scientifique in Paris. Her doctoral dissertation on the *Chanoines de Laon (1272-1412)* has been published by the Ecole Française de Rome in 1982, and she is now engaged on a study of the higher clergy of the kingdom of France at the end of the Great Schism, in order to emphasize links between political choice and clerical responsibilities.

Elisabeth Mornet is Maître Assistant at the University of Paris I (Panthéon-Sorbonne) and works on the university studies and culture of the Scandinavian clergy from the fourteenth century to the Reformation. She has published two articles on the 'Pauperes Scolares' (*Le Moyen Age*, lxxiv [1978]) and 'La Culture historique des Danois' (*Annales de Bretagne et des Pays de l'Ouest*, lxxxvii, [1980]).

Nicholas Orme is Reader in History at the University of Exeter. His publications include studies of English school education in the Middle Ages, the medieval English clergy, and the history of swimming in Britain. His latest book, *From Childhood to Chivalry: The Education of the Aristocracy in England from the Twelfth to the Sixteenth Centuries*, was published in 1984.

Monique Ornato is a member of the research group on Humanism in the fourteenth and fifteenth centuries. She is the author of the *Dictionnaire des charges, emplois et métiers relevant des institutions monarchiques en France aux XIVᵉ et XVᵉ siècles* (1975). Her part in the research group's current work is the management and exploitation of the biographical files, especially in relation to the various possibilities offered by automatic treatment, notably in the RESEDA project.

Werner Paravicini is a Professor of Medieval History at the University of Kiel. His research and publications deal with the court of the duchy of Burgundy (*Guy de Brimeu* [1975]; *Charles the Bold* [1976]); an edition of the 'ordonnances de l'hôtel' of the dukes of Burgundy (*Francia*, x, 1983 and ff.), and the European nobility in the late Middle Ages (D. phil. thesis: *Die Preussenreisen*, ms., 1982).

Agostino Paravicini Bagliani is Professor of Medieval History at the University of Lausanne. His research work concerns the social and intellectual history of the papal court in the thirteenth century. He has published two books on cardinals and their 'familiae' (1972) and on the wills of cardinals in the thirteenth century (1980). He is particularly interested in studying the scientific movement (medicine and natural sciences) at the papal court before it moved to Avignon.

Joanna Pomian-Turquet is research-engineer at the CIMSA (Thomson-CSF) and has specialized in the handling of natural language. She is also completing a doctorate on 'Images, representations and knowledge of the Other at the end of the Middle Ages: the example of France and Italy.'

L. R. Poos is an Assistant Professor of History at the Catholic University of America, Washington D.C. He studied at Harvard and Cambridge Universities, receiving his PhD degree from the latter, and was, until 1983, a Fellow of Fitzwilliam College, Cambridge. His research interests are the social and demographic history of English rural communities between the thirteenth and seventeenth centuries, and he is currently studying agricultural servants and wage laborers in the later medieval period.

Hilde de Ridder-Symoens is Chercheur Qualifié of the Fonds National de la Recherche Scientifique de Belgique and of the University of Ghent. Her publications and research concern the history of universities and education, especially the mobility of students (thirteenth to eighteenth century) and the social history of academics.

Heinrich Rüthing is Akademischer Oberrat in Medieval History at the University of Bielefeld. His main research interests are the urban and agrarian history of Westphalia in the late Middle Ages.

Monique de Saint Martin is Maître Assistant at the Ecole des Hautes Etudes en Sciences Sociales and belongs to the Center for the Sociology of Education and Culture. She has written a book *Les fonctions sociales de l'enseignement scientifique* and several articles, especially in *Actes de la recherche en sciences sociales*. Her research in collaboration with Pierre Bourdieu deals with employers, the episcopacy, and the 'grandes écoles.' She is particularly interested in the study of the specific machinery of accumulation, maintenance, and conveyance of social capital in the upper bourgeoisie and the aristocracy.

Klaus Schreiner is Professor of Medieval History at the University of Bielefeld. His research and publications are on the social history of medieval monasticism, hagiography, and historiography, as well as educational history and the history of ideas.

Rainer Christoph Schwinges is Privatdozent of the Institute of Medieval History at the University of Giessen, specialising in medieval history and social and economic history. His publications are on the history and ideology of the crusades, on the social background of the origins of nations and national consciousness (especially in Bohemia), as well as on university, educational, and social history (fourteenth to eighteenth century).

Jacques Verger is Maître Assistant in medieval history at the Ecole Normale Supérieure. He works on the universities of southern France (Avignon, Cahors, Montpellier, Toulouse) at the end of the Middle Ages, chiefly from the point of view of social history (recruiting, careers), and of the working of the institutions (university administration, cursus, methods of teaching).

Stefan Weinfurter is Professor of Regional History at the Catholic University of Eichstätt. His publications and research concern the reform of the canons (eleventh to twelfth century), the constitutional aspects of medieval episcopal power, the reign of the emperor Henry II, as well as the social and economic situation and development of the Bavarian nobility (fifteenth and sixteenth century).

Klaus Wriedt is Professor of Medieval History at the University of Osnabrück. His research and publications deal with problems of the history of universities, social and educational history, and with historiography in the late Middle Ages.

Herbert Zielinski is a member of the German Commission for the revision of the *Regesta imperii* at the Academy of Sciences and Literature in Mainz and Privatdozent of Medieval History and Auxiliary Sciences at the University of Giessen. His D. phil. thesis was on the German episcopate of the eleventh and early twelfth century (1980). Other publications are on thirteenth century private charters of Spoleto (1972) and *Tancredi et Willelmi III regum diplomata* (1982).